信息系统集成技术

邓劲生 郑倩冰 编著

清华大学出版社
北京

内 容 简 介

本书全面而系统地介绍了信息系统集成的原理、方法和技术，分析了系统集成项目管理的方法，并从网络集成、数据集成和应用集成三个方面，对系统集成的各项技术予以详细描述和探讨，涵盖网络设计、综合布线、数据中心、数据交换、SOA集成、软硬件集成、跨操作系统等多种集成技术。在此基础上辅以大量的案例分析，涉及招投标、无线校园、统一认证、移动支付、平安城市、智能仓储、城市一卡通等当前热点问题，为读者提供了从理论学习到工程实践的全方位视图。

本书适合高等学校计算机科学与技术、网络工程、软件工程、电子商务、教育技术、信息管理与信息系统等专业的本科高年级或研究生使用，也适合作为大型公司信息系统集成的培训教材以及开发人员和管理人员的技术参考资料。

图书在版编目(CIP)数据

信息系统集成技术/邓劲生，郑倩冰编著. —北京：清华大学出版社，2012.10(2024.2重印)
ISBN 978-7-302-29772-7

Ⅰ. ①信… Ⅱ. ①邓… ②郑… Ⅲ. ①计算机系统—信息系统—高等学校—教材 ②信息系统—计算机通信网—高等学校—教材 Ⅳ. ①G202 ②TP391

中国版本图书馆CIP数据核字(2012)第189652号

责任编辑：白立军
封面设计：傅瑞学
责任校对：白 蕾
责任印制：杨 艳

出版发行：清华大学出版社
网 址：https://www.tup.com.cn，https://www.wqxuetang.com
地 址：北京清华大学学研大厦A座 **邮 编**：100084
社 总 机：010-83470000 **邮 购**：010-62786544
投稿与读者服务：010-62776969，c-service@tup.tsinghua.edu.cn
质 量 反 馈：010-62772015，zhiliang@tup.tsinghua.edu.cn
课 件 下 载：https://www.tup.com.cn，010-83470236
印 装 者：涿州市般润文化传播有限公司
经 销：全国新华书店
开 本：185mm×260mm **印 张**：30 **字 数**：703千字
版 次：2012年10月第1版 **印 次**：2024年2月第11次印刷
定 价：79.00元

产品编号：048644-03

前 言

系统集成是当前信息化相关建设的重要工作，也是各种行业应用积累到一定的程度所必须实施的工程。单个业务系统的建设已经很常见，打破“数据孤岛、应用孤岛”的信息系统集成，才是当前信息化领域的重点和难点。一方面，相关专业的学生在经过诸多专业课程学习之后不知道如何将操作系统、网络、通信、编程等零散知识点贯穿使用；另一方面，从事相关专业的公司却非常缺乏系统集成的人才。

在本书编写中，坚持“系统观点为纲、实用技术为主、工程实践为线、侧重主流产品”的原则，立足于“看得懂、学得会、用得上”的策略，由浅入深、循序渐进地介绍信息系统集成的原理、方法和技术。工程性和可操作性体现在全书的每一个章节，其特点是贯穿了可以促使读者对信息系统集成完全理解的内容，并且结合作者多年从事系统集成的实践经验，对信息系统集成给出了一个从宏观到微观的全面视图。

本书牵涉的技术面非常广泛，几乎每个章节都可以单独展开成书，需要大量的背景知识和参考资料作为辅助。信息技术的飞速发展及其向一切领域的广泛渗透，使得每件事物都在变化，并且具有强大的加速度。在层出不穷、纷纷扰扰的各类术语之间，本书试图为读者把握技术发展的趋势，帮助看清市场迷雾背后的真相，引领读者对信息系统集成的管理、技术及方法迅速达到全面的认识。

全书共分为五大部分，共 21 章。第一部分系统集成概述包括第 1～3 章，讨论了系统集成的概念、管理组织及招投标过程。第二部分网络集成包括第 4～8 章，从需求分析、详细设计、施工与验收多个阶段讨论网络集成的全过程和综合布线、数据中心等实施方案，并给出了智能楼宇和无线校园等案例。第三部分数据集成包括第 9～12 章，从数据的采集、转换、表示、访问、应用等阶段讨论了集成方法，分析用户集成与统一认证方案，并给出数据交换 ETL 和单点登录作为案例。第四部分应用集成包括第 13～17 章，涵盖了当前应用集成的各个方面，包括中间件、分布式对象、Web Service 等技术，解决了跨软硬件、跨操作系统、跨编程语言等一系列问题，并给出移动支付作为案例。第五部分综合案例包括第 18～21 章，分析了平安城市、智能仓储、城市一卡通、数字化校园等案例。

本书的案例突出地体现了信息系统集成的时代特征，具有很强的工程针对性。弱电综合布线工程设计、虚拟化数据中心建设、大学无线网络系统集成、统一身份认证集成、企业异构平台互联、城市一卡通以及异构系统集成解决方案都来自工程实践。读者可以直接应用在网络工程设计与系统集成的项目之中。

本书结构清晰，实用性强，通俗易懂，具有教材和技术资料双重特征，适合高等学校计算机科学与技术、网络工程、软件工程、电子商务、教育技术、信息管理与信息系统等专业的高年级本科生或研究生使用，也适合作为大型公司信息系统集成的培训教材以及开发人员和管理人员的技术参考资料。

本书的编写工作由邓劲生、郑倩冰组织并编写了大部分章节，李阳、周广新、曹介南、蔡志平、杨礼广等参与了部分章节的编写。徐明、朱培栋、杨岳湘、汪诗林、易凡、王韶红等专家教授审阅了部分内容。潘晓辉、赵亮、邓文平、王永文等以不同方式提供了帮助。由于编者水平有限，书中不免存在遗漏、偏差乃至错误之处，欢迎广大读者批评指正。

编 者

2012 年 8 月

目 录

第一部分 系统集成概述

第三部分 数据集成

第四部分 应用集成

第五部分　综合案例

简要目录

第一部分　系统集成概述

第二部分　网络集成

第三部分　数据集成

第四部分　应用集成

第五部分　综合案例

第一部分　系统集成概述

第1章 系统集成体系结构

目前，各类信息系统在各行各业得到广泛应用。随着社会的进一步信息化，人们试图整合各类信息系统并综合加以利用的需求也越来越迫切，信息系统集成的任务迫在眉睫。但由于信息系统异构性强，集成的工作复杂烦琐且技术难度大，因此，建立信息系统集成的体系结构，整理集成的思路尤为重要。本章主要对信息系统的相关概念、信息系统集成的相关概念以及信息系统集成的框架进行了介绍和阐述。

1.1 信息系统的概念

不同学科对信息有不同的定义。一般来讲，广义的信息提供了有关现实世界事务的消息和知识；狭义的信息是一种已经被加工为特定形式的数据。这种数据形式对于接收者来说是有意义的，而且对当前和将来的决策具有明显的或实际的价值。

自从有了计算机和通信系统，信息的获取、传输、存储和应用等发生了巨大变化。以前信息传递的手段落后，常让人感叹信息的获取太难。而如今自从有了计算机、手机和Internet，信息量呈爆炸式增长。如何管理数量庞杂的信息成为社会的迫切需求。信息系统正是顺应这种需求产生的。

信息系统定义为由计算机系统和通信系统组成的，用于对信息进行采集、传输、处理、存储、管理，并有效地供用户使用的系统。随着信息系统的应用范围越来越广，信息系统在人类的活动中越来越占据主动的地位。信息系统覆盖应用领域广、种类繁多，如管理信息系统、地理信息系统、指挥信息系统、决策支持系统、办公信息系统、科研协作系统、情报检索系统、医学信息系统、银行信息系统、民航订票系统等都属于这个范畴。

1.1.1 信息系统的功能

信息系统的基本功能包括信息采集、信息处理、信息存储、信息传输和信息管理。

1. 信息采集

信息采集负责把分布在各部门、各地点的有关信息收集起来，集中转化成信息系统中可以相互交换和处理的形式。信息采集的方式有多种：人工录入数据、网络获取数据、传感器自动收集等。信息系统的信息采集功能取决于系统所要达到的目的、系统的能力和信息环境的许可。

2. 信息处理

信息处理负责对进入信息系统的数据进行加工处理，从而得到管理所需的各种综合指标。信息处理的方法包括排序、分类、归并、查询、统计、预测、模拟以及各种数学运算。专用的数据处理工具还可以进行基于数据仓库技术的联机分析处理和数据挖掘技术。

3. 信息存储

信息存储负责存储各种信息资料和数据。存储的方式不仅包括物理存储，即将各种信息存储到适当的介质上，还包括逻辑组织，即根据信息的逻辑内在联系和使用方式将大批信息组织成合理的结构。

4. 信息传输

信息传输负责将采集到的数据传送到处理中心，再将经加工处理后的信息传送到使用者。信息传输的方式分成无线传输和有线传输两大类。信息系统规模越大，信息传输问题越复杂。

5. 信息管理

信息系统存储和处理的数据量大，需要加强管理才会避免产生大量无用信息。信息管理负责对信息采集、处理、存储、传输等环节进行控制，如规定数据的种类、名称、数据的存储介质、逻辑组织方式、传输方式、保存时间等，同时也负责对系统的各种信息处理设备进行管理。

1.1.2　信息系统的发展

随着需求的变化和技术的进步，信息系统的发展经历了电子数据处理系统、管理信息系统、决策支持系统、数据仓库和数据挖掘这几个阶段，如图 1-1 所示。

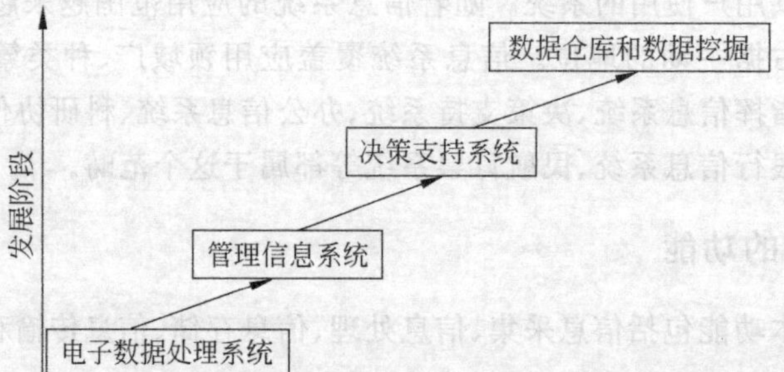

图 1-1　信息系统发展阶段

20 世纪 60 年代，计算机的功能由数值计算向非数值计算的数据处理方向发展。数据处理包括对数据的采集、存储、检索、加工、变换和传输。数据处理系统（Data Processing System，DPS）负责用于操作层的重复但变化不大的各种过程处理和事物处理，如增加、删除、排序、统计、检索等操作。

20 世纪 70 年代兴起的管理信息系统是管理科学和计算机科学结合的产物。管理信息系统（Management Information System，MIS）是一个由人、计算机结合的对管理信息进行收集、传递、储存、加工、维护和使用的系统。MIS 有别于一般信息系统，是为实现企业的整体管理目标，对企业管理信息进行系统的综合处理，并辅助各级管理人员进行管理决策的信息处理系统。典型的 MIS 有企业的业务管理信息系统、物流管理信息系统、人力资源管理信息系统等。

20 世纪 80 年代，决策支持系统(Decision Support System，DSS)得到迅速发展。DSS 负责在人和计算机交互的过程中帮助决策者探索可能的方案，生成为管理决策所需要的信息。DSS 增加了模型库和模型库管理系统，既具有数据处理功能，又具有数值计算功能。

20 世纪 90 年代之后，两项决策支持的新技术数据仓库(Data Warehouse，DW)和数据挖掘(Data Mining，DM)兴起。DW 是在数据库的基础上发展起来的，是一个面向主题的、集成的、相对稳定的、反映历史变化的数据集合，用于支持管理决策。DM 又称为数据库中的知识发现，是在人工智能的机器学习中发展起来的，负责从大量的、不完全的、有噪声的、模糊的、随机的数据中，发现并提取隐含的、潜在的、有价值的信息或知识的过程。

1.1.3 信息系统的层次结构

为了让异构的信息系统互连并实现相互通信，国际标准化组织 ISO 提出了开放系统互连(Open System Interconnection，OSI)分层模型。任何两个遵守 OSI 模型和有关标准的系统就能实现互连通信。从信息系统的开放性和互操作性出发，与 OSI 模型相似，信息系统也采用了分层的思想，分成了七层，如图 1-2 所示。OSI 模型是一个或多个信息系统在运行过程中的相互通信的方式和规则。信息系统的七层模型是一个大型信息系统在分析、设计、实现中的模型。两者分别解决了不同性质的问题。

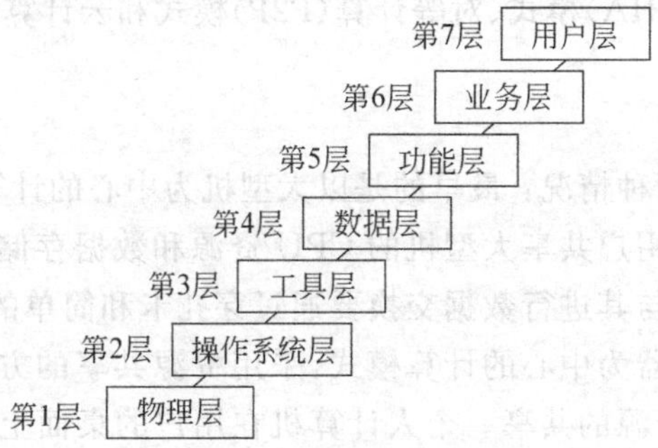

图 1-2 信息系统的层次模型

(1) 物理层由网络硬件及通信设施组成，它是网络操作系统的物质基础，为实现操作系统的各种功能而进行不同的硬件配置。

(2) 操作系统层一般由 UNIX、Windows Server 等操作系统组成，它支持、管理各种软件工具，为实现软件工具的各种功能而产生各种进程。

(3) 工具层由各种 DBMS、CASE、编程工具组成，它支持、管理信息系统的数据模型，并使数据模型能更好地为应用程序服务。

(4) 数据层由信息系统的数据模型组成，它是信息系统的核心层。数据模型是信息系统的 E-R 图加上与之紧密相关的各种数据字典。针对某个具体的 DBMS，数据模型就具体化为基本表、中间表、临时表、视图、关系、索引、主键、外键、参照完整性约束、值域、触发器、过程和各种数据字典。

(5) 功能层是信息系统功能的集合。一个信息系统的基本功能项目是有限的,但基本功能项目的排列组合是无限的,有限的基本功能项目能支持无限的组合功能项目,即构成了信息系统的复杂业务模型。

(6) 业务层是信息系统的业务模型,表现为各种各样的物流、资金流、信息流,在网络中集中表现为数据流。

(7) 用户层是用户面向对象的操作。用户通过鼠标与键盘操作信息系统,其操作方式是面向对象,而不是面向过程。

一般而言,用户在第 6、7 层上工作,程序员在第 5 层上工作,信息系统分析员在第 4 层上工作,DBA 与系统管理员在第 2、3 层上工作,硬件安装与维护人员在第 1 层上工作。上述七层的相互关系是下一层是上一层的基础,上一层是下一层的实现目标。信息系统的七层模型揭示了信息系统建设的基本方法:系统分析是从第 7 层开始,由上向下直至第 1 层结束;而系统设计与实现是从第 1 层开始,由下向上直至第 7 层结束。

1.1.4　信息系统的计算模式

构建信息系统的目的是为了实现各种应用。针对不同的应用,如何组织信息系统的各种硬件、网络、系统软件、应用软件等要素的逻辑和物理配置以及选择多个计算机之间的工作方式,是计算模式涵盖的内容。从计算机的诞生到现在,产生了一系列计算模式,包括传统的集中式计算模式、客户机/服务器(C/S)计算模式、浏览器/服务器(B/S)计算模式以及之后出现的富网络应用(RIA)模式、对等计算(P2P)模式和云计算模式。

1. 集中式计算模式

集中式计算模式有两种情况:最早的是以大型机为中心的计算模式,这种计算模式,采用分时共享的方法,许多用户共享大型机的 CPU 资源和数据存储功能,访问这些大型机将会受到严格的控制,用户与其进行数据交换要通过穿孔卡和简单的终端;之后随着个人计算机的出现,演变为以服务器为中心的计算模式,采用资源共享的方法,服务器主要提供文件的共享和打印机等硬件资源的共享。个人计算机在用户的桌面上提供了有限的 CPU 和数据存储能力,以及界面友好的软件。

2. 客户机/服务器计算模式

随着个人主机性能的不断提高,客户机/服务器计算模式开始兴起。客户机/服务器计算模式的实质就是将数据存取和应用程序分离开来,由数据服务器执行数据操作,客户机来执行应用程序。用户在客户端通过网络同服务器打交道,客户端又包括用户界面和业务逻辑,网络上传送的数据主要是客户端向服务器发出的请求以及服务器发送给客户端的响应结果和出错信息。客户机/服务器计算模式可以显著地减少局域网传输量、降低对数据控制的难度,提供了多用户开发特性,保障了用户投资。

客户机/服务器技术主要采用两层结构,即用户界面和大部分业务逻辑一起放在客户端,共享的数据放置在数据库服务器上。业务应用主要放在客户端,客户端对数据的请求送到数据库服务器,数据库服务器处理后将结果返回客户端。这种结构对于规模较小、复杂程度较低的信息系统是非常合适的,但在开发和配置更大规模的企业应用中逐渐显现出不足。应用程序安装在每台客户机上,进行升级和维护时就只能逐一地进行。当客户机分布在不同的地点时,维护和升级的任务就变得非常繁重。同时,业务逻辑放在客户端,要求客户机具有完成这些计算任务的强大功能,客户机的性能成为制约系统性能的因素,当业务逻辑更加复杂时,只有提高客户机的性能才能满足业务要求。

3. 浏览器/服务器计算模式

随着浏览器软件的出现和普及,出现浏览器/服务器模式。浏览器/服务器模式以 Web 为中心,采用 TCP/IP、HTTP 为传输协议,客户端通过浏览器访问 Web 以及相连的后台数据库,它实质上是一种三层结构的 C/S 模式。它的基本思想是将用户界面同企业逻辑分离,把信息系统按功能划分为表示、功能和数据三大块,分别放置在相同或不同的硬件平台上。它主要有以下几层。

(1) 表示层。信息系统的用户接口部分,即人机界面,是用户与系统间交互信息的窗口,主要功能是指导操作人员使用界面,输入数据,输出结果。它并不拥有业务逻辑,或只拥有部分不涉及企业核心机密的应用逻辑。

(2) 功能层。应用的主体,包括系统中核心的和易变的业务逻辑(规划、运作方法、管理模式等),它的功能是接收输入,处理后返回结果。

(3) 数据层。即数据库管理系统,负责管理对数据库的读写和维护,能够迅速执行大量数据的更新和检索。

采用浏览器/服务器计算模式的信息系统具有用户界面简单易用、易于维护与升级、良好的开放性、信息共享度高、扩展性好、网络适应性强、安全性好等优点。

4. 富网络应用模式

浏览器/服务器计算模式的 Web 交互能力弱,随着越来越多的应用需要移植到 Web 上,这一缺点日益突出。在此情况下,富网络应用(Rich Internet Application,RIA)模式应运而生。RIA 实际上是一种基于 Web 的 C/S 模式(可称之为 C/B/S)。由于有一个客户端,所以 RIA 应用可以提供强大的功能,让用户体验到高交互性和高用户体验。同时,RIA 又是基于 Internet 浏览器的应用,所以用户使用 RIA 非常方便。RIA 采用异步通信,从而可以实现比基于 HTML 响应速度更快且数据往返于服务器次数更少的用户界面。它将部分的服务器负载转移到客户端,同时又不会丧失使用和部署上的方便性。可以说,RIA 是力图在 C/S 和 B/S 之间找最佳结合点。RIA 的缺点是终端依赖性强,安全性较差。

5. 对等计算模式

传统的 C/S 和 B/S 模式,大量的客户端的资源经常处于闲置状态,造成浪费,服务器也很容易成为系统可扩展性和性能的瓶颈。由此,P2P 计算模式应运而生。P2P 计算模式中处于网络边缘的主机和骨干网上的服务器不再区分客户机和服务器地位,均可同时充当客户机和服务器的角色，它们之间无须通过专门的服务器就可直接通信来共享资源。P2P计算当前广泛用于广域分布式计算、文件共享、协同工作、分布式存储、应用层组播、即时通信等应用领域。

6. 云计算模式

云计算是近几年随着计算机的普及规模日益扩大，出现的新的计算模式。其基本原理是通过使计算分布在大量的分布式计算机上，而非本地计算机或远程服务器中，数据中心的运行将更与Internet相似，使得中心能够将资源切换到需要的应用上，根据需求访问计算机和存储系统。而用户通过笔记本、手机等接入数据中心，按各自的需求进行存储和运算。由于在远程的数据中心是由几万甚至几千万台机器组成，因此云计算可以让用户体验每秒超过10万亿次的高性能运算能力。

由于不同的计算模式适应不同的软硬件、网络环境以及应用需求，而且每种计算模式都各有优缺点，迄今为止，这些计算模式都还在不同范围和信息系统中存在着，并不存在某一种计算模式被另一种计算模式完全替代的现象。

1.2　信息系统集成的概念

1.2.1　信息系统集成的必然性

1979年，美国哈佛大学教授里查德·诺兰总结了多个公司、部门发展信息系统的实践经验，认为任何组织由手工信息系统向以计算机为基础的信息系统发展时，都存在着一条客观的发展道路和规律，提出了著名的信息系统进化的六阶段理论模型。如图1-3所示，诺兰模型的六个阶段分别是起步阶段、扩展阶段、控制阶段、集成阶段、数据管理阶段和成熟阶段。

(1) 起步阶段。计算机刚进入企业，只作为办公设备使用，应用非常少，通常用来完成一些报表统计工作，甚至大多数时候被当做打字机使用。企业对计算机基本不了解，更不清楚IT技术可以带来哪些好处，解决哪些问题。在这一阶段，IT的需求只被作为简单的办公设施改善的需求来对待，采购量少，只有少数人使用，没有普及。企业引入了类似于管理应收账款和工资这样的数据处理系统，各个职能部门也在致力于开发他们自己的系统。人们对数据处理费用缺乏控制，信息系统的建立往往不讲究经济效益。用户对信息系统也是抱着敬而远之的态度。

(2) 扩展阶段。企业对计算机有了一定了解，想利用计算机解决工作中的问题，比如进行更多的数据处理，给管理工作和业务带来便利。于是，应用需求开始增加，企业对IT应用开始产生兴趣，并对开发软件热情高涨，投入开始大幅度增加。但此时很容易出现盲目购机、盲目定制开发软件的现象，缺少计划和规划，因而应用水平不高，IT的整体效用无法突显。这时，管理者开始关注信息系统方面投资的经济效益，但是实质的控制还不存在。

(3) 控制阶段。在前一阶段盲目购机、盲目定制开发软件之后，管理者意识到计算机的使用超出控制，IT投资增长快，但效益不理想。出于控制数据处理费用的需要，管理者召集

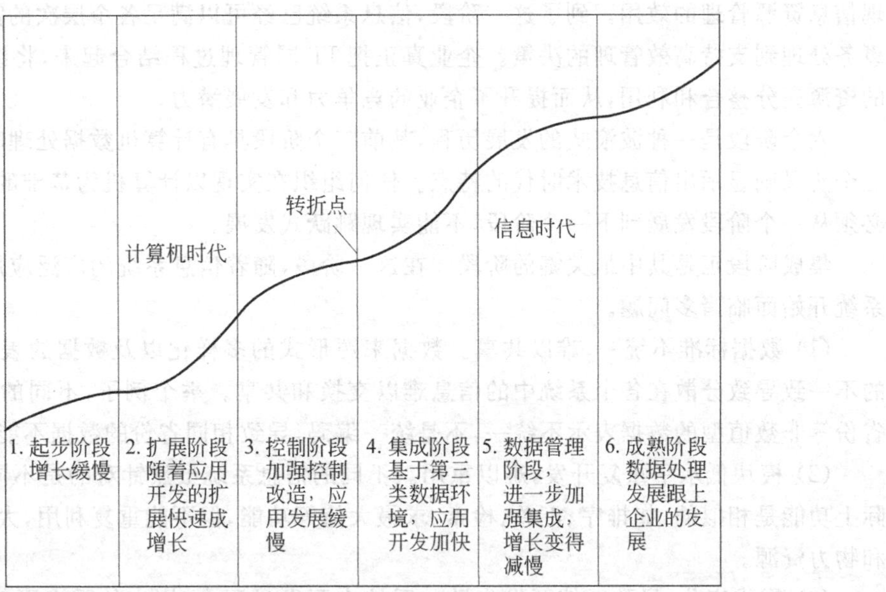

图 1-3　诺兰六阶段模型

来自不同部门的用户组成委员会，以共同规划信息系统的发展。这种委员会成为一个正式部门，以控制其内部活动，启动了项目管理计划和系统发展方法。于是开始从整体上控制计算机信息系统的发展，在客观上要求组织协调，解决数据共享问题。此时，IT 建设更加务实，对 IT 的利用有了更明确的认识和目标。应用开始走向正规，并为将来的信息系统发展打下基础。在这一阶段，一些职能部门内部实现了网络化，如财务系统、人事系统、库存系统等，但各软件系统之间还存在"部门壁垒"、"信息孤岛"。信息系统呈现单点、分散的特点，系统和资源利用率不高。

(4) 集成阶段。此时，IT 主管开始把企业内部不同的 IT 机构和系统统一到一个系统中进行管理，使人、财、物等资源信息能够在企业集成共享，更有效地利用现有的 IT 系统和资源。不过，这样的集成所花费的成本会更高、时间更长，而且系统更不稳定。从管理计算机转向管理信息资源，这是一个质的飞跃，一个转折点。从第一阶段到第三阶段，通常产生了很多独立的实体。在第四阶段，企业开始使用数据库和远程通信技术，努力整合现有的信息系统。在控制的基础上，企业开始重新进行规划设计，建立基础数据库，并建成统一的信息管理系统。IT 建设开始由分散和单点发展到成体系。

(5) 数据管理阶段。这一阶段中，企业开始选定统一的数据库平台、数据管理体系和信息管理平台，统一数据的管理和使用，各部门、各系统基本实现资源整合、信息共享。IT 系统的规划及资源利用更加高效。信息系统开始从支持单项应用发展到在逻辑数据库支持下的综合应用。企业开始全面考察和评估信息系统建设的各种成本和效益，全面分析和解决信息系统投资中各个领域的平衡与协调问题。高层意识到信息战略的重要，信息成为企业的重要资源，企业的信息化建设也真正进入到数据处理阶段。

(6) 成熟阶段。中上层和高层管理者开始认识到，管理信息系统是组织不可缺少的基础，正式的信息资源计划和控制系统投入使用，以确保管理信息系统支持业务计划，充分体现信息资源管理的效用。到了这一阶段，信息系统已经可以满足各个层次的需求，从简单的事务处理到支持高效管理的决策。企业真正把 IT 同管理过程结合起来，将组织内部、外部的资源充分整合和利用，从而提升了企业的竞争力和发展潜力。

六个阶段是一种波浪式的发展历程，其前三个阶段具有计算机数据处理时代的特征，后三个阶段则显示出信息技术时代的特点。任何组织在实现以计算机为基础的信息系统时都必须从一个阶段发展到下一个阶段，不能实现跳跃式发展。

集成阶段正是其中最关键的阶段。在这一阶段，随着信息系统的广泛应用和发展，信息系统开始面临诸多问题。

(1) 数据标准不统一，难以共享。数据来源形式的多样化以及数据的表示标准和规范的不一致导致分散在各个系统中的信息难以交换和共享。举个例子，不同的信息系统关于省份等非数值型的数据表示不统一，不是统一编码，导致相同省份的数据不能共享。

(2) 模块低水平重复开发，难以重用。不同的信息系统虽然针对的是不同的应用，但实际上功能是相似的，如排序、汇总、检索、求最大值等功能，但不能重复利用，大量浪费了人力和物力资源。

(3) 需求变化，导致系统开发失败。系统在开发过程中，用户的需求可能会不断变化。如果是增加管理信息，就要重新修改数据库结构，导致系统的整体改动。如果是新的性能需求，原来设计好的系统结构就有可能满足不了这种性能需求，如 C/S 结构要改为 B/S 结构，就会导致系统开发失败。

(4) 各个信息系统相互封闭，很难形成产业。不同时期针对不同技术环境和特殊要求而采用不同的解决方案开发的各信息系统彼此分离、独立，互操作困难，带来自动化孤岛问题。比如，在某物资油料部，它下属的各种油料方面的系统多达几十种，它们大部分是一个个的信息孤岛，很难整合有效利用。

针对这些问题，信息系统发展的集成阶段需要解决许多应用上的需求以及技术上的难题，发展信息系统集成技术迫在眉睫。

1.2.2　信息系统集成的定义

广义的系统集成是指为实现某一目标而形成的一组元素的有机结合，而系统本身又可以作为一个元素单位参与多次组合，这种组合过程可概括地称为系统集成。对于系统集成，人们从各自不同的出发点分别提出了不同的定义。美国 IDC 公司认为系统集成是将软件、硬件与通信技术组合起来为用户解决信息处理问题的业务。IBM 公司把系统集成定义为将信息技术、产品与服务结合起来实现特定功能的业务。美国大型系统集成商 INPUT 公司认为系统集成是由一家厂商全面承包用户的大型复杂信息系统，负责系统设计，利用硬件、软件与通信技术实施，包括资源调查、文档管理、用户培训与运行支持在内的全面项目管理。

综合来讲，信息系统集成的内涵就是根据应用的需求，通过结构化的综合布线系统和计算机网络技术，将各种网络设备、服务器系统、终端设备、系统软件、工具软件和应用软件等相关软硬件和相关数据信息等集成到相互关联的、统一的、协调的系统之中，使资源达到充分共享，实现集中、高效、便利的管理，并具有优良性能价格比的计算机系统的全过程。

信息系统集成相关技术的一方面涉及的是选择的问题。各个信息技术企业所提供的产品仅仅限于它所专长的领域，例如，Microsoft公司重点在于操作系统和办公自动化领域；Oracle、Informix等公司专注于数据库领域；华为、Cisco等公司在网络平台上各有所长；AMD公司则一心要在CPU市场上与Intel公司一争高下。几乎没有一个厂商能够提供一个企业建设信息系统所需要的全部产品和技术，而且每个产品也不可能只有一家厂商才能提供，由此必然要求使用多家的产品来建设一个企业或一个部门乃至一个区域的信息系统。因此，人们需要在各种产品中做出选择：选择哪一种服务器平台？哪一种客户机平台？哪一种网络协议？哪一种组网方式？哪一种操作系统？哪一种数据库系统？哪一种系统管理体系？哪一种开发工具？虽然每个问题可有多种选择，但任何一个错误的选择，都将可能导致整个系统建设的失败。

信息系统集成相关技术的另一方面涉及的是屏蔽异构的问题。由于多个信息系统不是同一时期建设，也不是同一研发部门开发，也不是用来满足同一应用需求，信息系统集成必然面临信息系统的异构问题。因此，需要一套方法来屏蔽异构性，整合不同的信息资源，建设集成化的信息系统。后面将要学习的各类信息系统集成技术，就是为了解决这样一种需求而产生的。

1.2.3 信息系统集成的原则

为了保证集成后的信息系统能够满足用户的各种需求以及系统开发本身的需要，信息系统集成采用的相关技术和设计要遵循以下原则。

1. 先进性原则

先进性原则即强调前瞻性。先进性有两层含义：一是目前先进性；二是未来先进性。系统的先进性是建立在技术先进性之上的，只有先进的技术才有较强的发展生命力，系统采用先进的技术才能确保系统的优势和较长的生存周期。建立一个复杂的信息系统需要花费大量的人力、物力、财力，如果刚用了没几年就不能用了，显然是巨大的浪费。要选择先进和成熟的计算机软硬件技术，使新建立的系统能够最大限度地适应今后技术发展变化和业务发展变化的需要。如可以采用先进的计算机技术来保证系统的可靠性，如双机热备、容错容灾、RAID等技术；采用先进的网络技术保证系统未来性能的需求，如无线接入、光交换、统一网管等技术。

2. 开放性原则

一个可集成的信息系统必然是一个开放的信息系统。只有开放的系统才能满足可互操作性、可移植性以及可伸缩性的要求，才可能与另一个标准兼容的系统实现“无缝”的互操作，应用程序才可能由一种系统移植到另一种系统，不断地为系统的扩展、升级创造条件。因此，系统硬软件平台、通信接口、软件开发工具、网络结构的选择要遵循工业开放标准。如果选择不开放的，就肯定会受制于某个厂家的产品，兼容性不好。现在的计算机、Internet都是开放体系结构的示例，就因为开放才能发展得如此壮大。

3. 实用性原则

实用性原则即集成的系统能够最大限度地满足实际工作要求。系统集成时，要避免一些误区，如认为技术越先进越好、价格越便宜越好、性能越强越好、设备越多越好等。技术过于先进将导致系统集成费用过高；价格过于便宜将使系统性能不适应未来应用需求；性能追求太强大与应用需求脱节将导致性能资源的浪费；设备过多将带来管理复杂的弊病。

因此，针对实用性原则，系统总体设计要充分考虑用户当前各业务层次、各环节管理中数据处理的便利性和可行性，把满足用户业务管理作为第一要素进行考虑。技术方案要采取总体设计、分步实施的方式。用户接口及界面设计将充分考虑视觉特征，界面尽可能美观大方，操作简便实用等。

4. 可扩充与可维护性原则

系统维护和后期扩展在整个信息系统的生命周期中所占比重是最大的，因此，提高系统的可扩充性和可维护性是提高管理信息系统性能的必备手段。针对这一原则，信息系统集成要实现以参数化方式配置系统的硬件、软件及其相关参数的功能。软件要采用模块化结构，充分考虑软件的维护性和移植性，同时要合理地设计数据结构和存储结构设计等。

5. 可靠性原则

系统故障有可能给用户带来不可估量的损失，所以要在系统设计的时候，采用一些能够提高系统可靠性的技术，如备份、冗余、容错和故障管理技术。如采用具有容错功能的服务器及网络设备，选用双机热备份的硬件设备配置方案，出现故障时能够迅速恢复并有适当的应急措施；每台设备均考虑可离线应急操作，设备间可相互替代；采用容灾数据备份与恢复、数据日志、故障处理等系统故障对策功能；采用网络管理、严格的系统运行控制等手段达到系统监控功能。

6. 安全保密原则

信息系统安全的重要性是不言而喻的。在进行信息系统集成时要针对用户的安全需要，采用安全级别较高的产品，如服务器操作系统平台最好选专用的服务器操作系统，数据库可以选 Oracle、Sybase、DB2、Informix 等，使系统处于 C2 安全级基础之上；采用安全防范系统，如防火墙系统、加密系统、身份认证与授权系统等；尽量选用具有自主知识产权的软硬件产品；采用操作权限控制、设备钥匙、密码控制、系统日志监督等多种手段防止系统数据被窃取和篡改。

7. 经济性原则

过高的预算将阻碍信息系统集成工作的顺利展开。因此，在进行信息系统集成时，在满足系统需求的前提下，应尽可能选用价格便宜的设备，以便节省投资，即选用性能价格比优的设备。

1.3 信息系统集成的体系框架

在信息系统集成的过程中需要展开各种各样的工作，如需求分析、方案设计、项目管理、环境施工、软硬件选型与采购、软硬件安装和配置、应用软件开发等，同时要顺利地开展信息系统集成不仅要考虑诸多的技术因素，还要考虑很多管理因素。将信息系统集成的工作划分成不同的层次以建立体系框架，有助于深入了解信息系统集成的内涵。信息系统集成的体系框架如图1-4所示。

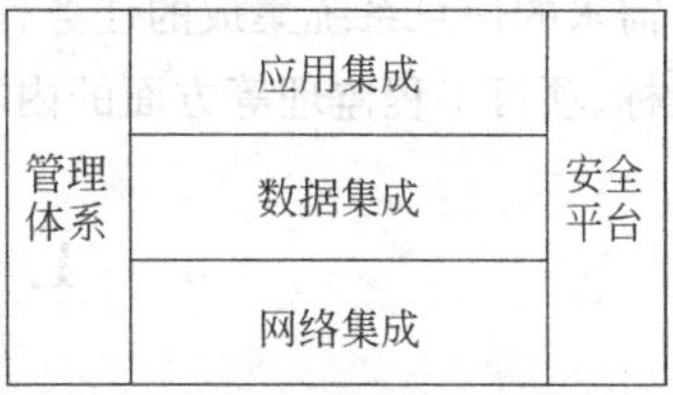

图1-4 信息系统集成的体系框架

1.3.1 网络集成

网络集成技术的主要目的是为了提供信息系统运行的硬件环境、支持网络系统的互联以及系统软件运行的物质基础。网络集成的工作主要包括网络结构设计、综合布线、异构信息系统的网络互联、各种网络设备和服务器的组合配置和选型、机房设计、机房装修、电力系统、消防系统、空调系统、门禁系统、照明系统、防雷系统、接地系统、服务器虚拟化、存储虚拟化等。

1.3.2 数据集成

数据集成是信息系统集成建设中最深层、最核心的工作。数据集成的核心任务是要将互相关联的分布式异构数据源集成到一起，使用户能够以透明的方式访问这些数据源。数据集成的工作主要包括数据采集技术、XML技术、元数据、ETL技术、公共数据模型、联邦数据库技术、数据仓库、多维数据分析、数据挖掘、用户集成与统一身份认证等。

1.3.3 应用集成

应用集成将截然不同的、基于各种不同平台、用不同方案建立的应用软件和系统，有机地集成到一个无缝的、并列的、易于访问的单一系统中，并使它们就犹如一个整体一样，进行业务处理和信息共享。应用集成主要目的是为了实现应用的互联，目前被产业界公认的最佳方式是SOA。应用集成涵盖了分布式对象、消息中间件、Web Service技术、软硬件集成、跨编程语言集成、跨操作系统集成等。

1.3.4 安全平台

集成的信息系统异构性强，开放性强，与单一的信息系统比，存在更多的安全漏洞和隐患，一旦遭受攻击，将对信息系统的安全性造成严重的威胁。要保证信息系统的安全性，系统需要进行安全防护体系的设计，该安全体系的设计将涉及集成工作的各个层次的内容。具体内容包括冗余链路设计、数据备份技术、防火墙技术、入侵检测技术、漏洞扫描技术等安全技术。

1.3.5 管理体系

在信息系统集成中，不仅涉及方方面面的技术工作，管理工作也非常重要，是保证信息系统集成工作顺利开展并最终成功完成的关键。信息系统集成中的管理工作将完成针对特点用户需求的信息系统集成的任务作为一个项目进行管理。整个管理体系包括项目管理、项目招投标、项目工程监理等方面的内容，工作内容贯彻了信息系统集成工作开发的整个过程。

1.4 信息系统集成的趋势

信息系统的发展趋势体现在三个方面：一是系统概念边界的模糊化，由于其功能的巨大变化，信息系统已经不再局限于传统意义上的为部门管理提供信息层面，将是集决策支持、商务智能、电子商务等于一体的一套系统或多套系统的组合；二是系统开发方法的变革，主要体现在可视化、规范化方面，开发技术本身将不再是关注的重点，开发者会将注意力集中在用户的需求和系统功能的完善方面；三是在系统运行方面，其功能将趋向于智能化，由被动地为管理者提供辅助企业管理功能向主动地自动参与和部分替代人的管理的方向发展。

随之而来的是信息系统的集成日新月异的巨大改变，下面仅列出一些有关发展趋势的实例。

1.4.1 信息终端和接入方式的改变

信息系统正在以前所未有的速度加快集成，并且正在改变人们的思维模式。手机的大部分时间不是拿来打电话，而电视也不再满足于作为信号接收器。电脑、电话和电视的“三电合一”，成为某些场合下信息系统的主要终端形式；比如在农村，它破解了农业信息走进农户的“最后一千米”难题，重在创新农业服务能力，意味着信息资源的进一步开发。

网络接入设备从单一的计算机及外设扩展到手机、平板电脑、监控设备、智能家电等。利用手机等便携式工具，对远程智能设备的“遥感、遥信、遥控”，已经将数千千米之外的设备把握在方寸掌控中。光纤到桌面、超级 Wi-Fi、GPRS、WCDMA、广电宽带、电力载波等各种方式，保障了网络的无处不在。

传统的有线网络也正在被“三网融合”的概念所取代。电信网、广播电视网、互联网在向宽带通信网、数字电视网、下一代互联网演进过程中，通过技术改造其技术，功能趋于一致，业务范围趋于相同，网络互联互通、资源共享，能为用户提供语音、数据和广播电视等多种服务。高层业务的融合应用广泛，遍及智能交通、环境保护、政府工作、公共安全、平安家居等多个领域。

自动语音识别等技术的使用，使得设备能够“听写”出不同人所说出的连续语音，是实现“声音”到“文字”转换的技术。语音识别技术适用于家用电器和电子设备，如电视、计算机、汽车、音响、空调等的声控遥控器，电话、手机或 PDA 上的文本录入、数字录音机的声控语音检索标签、儿童玩具的声控等；也可用于个人、呼叫中心，以及电信级应用的信息查询与服务等领域。

1.4.2　虚拟和现实的统一化

电子世界和现实世界之间的差异性逐步缩小，Internet 上拥有了越来越多的真实信息。从前有句名言“在 Internet 上，没人知道你是一条狗”渐渐不那么适用。实名制微博、微信、社交网络、手机认证、邮箱绑定、手机位置服务、网上银行等的广泛使用，使得在网络上隐匿行踪渐成奢望。

虚拟货币正在变得和真实货币一样流通。能在 Internet 上使用的电子现金，就和传统的货币一样，在虚拟世界里畅通无阻，并可以随时提现。例如，当使用手机时，仅花少量电子货币就可以从应用软件服务提供商那里租用软件。

集成虚拟现实的通信技术正在拉近世界的距离。虚拟现实模拟产生一个三度空间的虚拟世界，提供使用者关于视觉、听觉、触觉等感官的模拟，让使用者如同身临其境一般，可以即时、没有限制地观察三度空间内的事物。能够以逼真立体方式呈现人物的三维图像的 CAVES，可以使人们感觉远程的人物和你在同一个房间。

生物测定学利用生物特征，比如指纹、视网膜的血管脉络、声音甚至呼吸进行识别。这是个严密的、狭义的定义，然而生物测定学正逐渐包含更多的内容，不仅仅是识别，甚至能够判断人是否有低血糖，以及出现帮助盲人恢复视力的生物芯片。

1.4.3　管理的集约化

从各个业务系统中抽取核心信息进行数据大集中、大交换，实现应用的集成和整合，解决不同系统之间无法实现信息沟通的问题，再实现与数据挖掘、联机处理的融合。智能决策支持系统的功能立足于数据集中和交换之上，提供模型建造知识、模型操纵知识和领域知识，具有智能的模型管理功能，系统自学习能力的提高，人机接口具有自然语言理解能力，系统能够理解问题并解释运行结果。

应用集成的重点逐渐由事务性处理转向企业管理的高层决策方面，势必需要通过各类集成方法来屏蔽各系统之间的差异，适应不同的业务、交易流程和交易接口，跨区域性的全面快捷实现应用的整合。比如信息系统与 GIS 的结合，不仅能提供传统上的管理辅助功能，而且能够借助于 GIS 的优势，为管理者提供更全面、更深入的立体化的信息。

软件即是服务（SaaS）是一种软件的支付模式，允许用户按照使用次数来支付应用软件的费用，而不必完全买下这个软件。应用软件服务提供商（ASP）在 Internet 上提供应用软件服务和一些相关的服务，以后在管理部门将会发挥更大的作用。

面向用户提供各类业务的服务器也在走向虚拟化，物理位置正在失去意义。下一步的云存储中心将全面提供生产中心、存储中心、灾难恢复、金融演练、远程数据保护、IT 系统运维、网络优化、安全管理等全方位的服务外包以及各种云平台服务。

思　考　题

(1) 请简述信息系统的功能及其层次结构。用发展的眼光，讨论为什么要进行信息系统集成。

(2) 请简述信息系统的计算模式及其特点。

(3) 根据用户需求而制订的集成解决方案多数是集成方以前没有做过的,在集成过程中会遇到各种各样的难题。因此,按照集成解决方案制订的计划在实施过程中有可能出现不能够按计划实施的困境,甚至导致整个系统开发工作失败。请从系统开发的范围、工期、成本和目标等方面阐述信息系统集成可能面临的问题,并考虑解决问题的思路。

(4) 信息系统集成的成败可以说是“三分技术七分管理”,那么在管理中容易出现哪些问题?请分别从人员配置、过程实施、对第三方依赖等方面阐述信息系统集成面临的问题,并考虑解决问题的思路。

第2章 系统集成项目管理

集成信息系统的工作通常作为一个项目来实施，因此如何对信息集成系统的项目进行管理，保障项目的顺利实施和成功完成是信息系统集成的管理体系中的重要环节。本章主要对项目管理的相关概念、项目管理生命期、项目管理过程、项目管理组织的内容进行阐述，此外对参与项目实施中的信息系统集成商和信息系统工程监理进行了介绍。

2.1 项目管理概述

美国项目管理协会发布的《项目管理知识体系指南(2000年版)》将项目(Project)定义为："为创造某个独特的产品或服务所做的暂时性努力。"也可以说项目是在有限的资源、有限的时间和特定要求限制下，为特定客户完成特定目标而相互联系的一次性工作任务。其目标是某一独特产品或服务。

2.1.1 项目的特点

项目与日常工作是有区别的。日常工作是连续不断、周而复始的活动，如企业日常生产产品的活动。而项目具有非常明显的特点：时限性、独特性和渐进性。

(1) 时限性是指每一个项目都具有明确的开端和明确的结束，时限性并不意味着持续的时间短，许多项目会持续好几年。但是，无论如何，一个项目持续的时间是确定的。因此，项目是临时性的、一次性的活动。这些活动可以是企业的技术改造活动、一项环保工程的实施、一个水电站的建设、一次公益活动的策划、修建一座大楼或一项设施、开展一次政治性的活动、完成一项新的商业手续或程序等。也许只需要不到100个小时就能完成项目，也许会需要上千万小时。

(2) 独特性是指该项产品或服务与同类产品或服务相比在某些方面具有显著的不同。项目所涉及的某些内容是以前没有被做过的，也就是说这些内容是唯一的。即使一件产品或一项服务属于某一大类别，它仍然可以被认为是唯一的。比方说，城市中每一座独立的建筑都是唯一的。它们分属于不同的业主，作了不同的设计，处于不同的位置，由不同的承包商承建等。具有重复的要素并不能够改变其整体根本的唯一性。

(3) 渐进性是综合了临时性和独特性后的整体项目特性。因为项目的产品或服务事先不可见，在项目前期只能粗略地进行定义，随着项目的进行才能逐渐完善和精确。这意味着在逐渐明晰的过程中一定会进行很多修改，产生很多变更。因此，在项目执行过程中要注意对变更的控制，特别要确保在细化过程中尽量不要改变工作范围，否则会对进度和成本造成重大的影响。项目的渐进性也意味着很多项目可能不会在规定的时间内、按规定的预算由规定的人员完成。这是因为计划在本质上是基于对未来的估计和假设进行的预测，在执行过程中与实际情况难免有差异，还会遇到各种始料未及的"风险"和"意外"，使项目不能按计划运行。因此，在项目管理中要使制定的计划应切实可行，遇到具体问题应具体分析。

如表 2-1 所示，项目可按项目规模、复杂程度、项目结果、所属行业和用户状况等分成不同的类别。

表 2-1 项目的分类

分类依据	项目类别
项目规模	大型项目、中等项目、小项目
复杂程度	复杂项目、简单项目
项目结果	结果为产品的项目、结果为服务的项目
所属行业	农业项目、工业项目、投资项目、教育项目、社会项目
用户状况	有明确用户的项目、无明确用户的项目

2.1.2 系统集成项目的特点

通常所说的系统集成项目是指系统集成公司根据客户实际需求实施的项目。例如，为客户实施安防系统集成，包括门禁系统、楼宇对讲系统、监控系统等，还提供这些系统的应用维护服务。由于系统集成项目的高技术性要求，因此其工作不但需要高强度的脑力劳动，而且在某些具体项目阶段还需要安排人员提供体力劳动，所有项目成员都必须认真细致，避免发生错误。

除了具有项目的一般特点，典型的系统集成项目还有如下特点。

1. 项目内容涉及多学科交叉

系统集成项目涉及多个现代技术领域，属典型的多学科合作。这些项目一般需要多种学科的配合，如指挥调度系统，需要计算机、有线和无线通信、网络、电力电子等技术。系统集成项目往往涉及当前最新的科技技术，这些迅猛发展、不断创新的技术既为项目技术人员提出了挑战，要求他们必须不断学习、消化、应用新技术，同时也缩短了项目的生命周期，为项目的成功带来一定的技术风险。

2. 项目实施不可控因素多

传统的生产活动一般是在车间等固定场所进行的，而系统集成项目则有很大一部分工作要在现场完成，这就对现场的作业管理的质量控制提出了新的挑战。

3. 项目人员素质要求高

项目中的人员素质要求较高，掌握知识范围要比较全面，可能既需要技术专家，也需要行业专家。在项目实施过程中，从调研分析用户需求完成设计技术方案，到用户现场硬件设备及软件应用的安装调试，都需要精通软硬件技术并能够将两者完美结合的项目组专业技术人员齐心协力，同时还必须有精通相关业务知识的行业专家。项目组技术和业务人员对当前项目领域业务知识的掌握程度的深浅，最终会影响项目的质量和生命周期。

4. 项目具有较高的复杂性

系统集成项目团队庞大且专业化程度高。项目需要使用的硬件产品涉及多个生产厂商;随着项目的不断推进清晰,客户需求会频繁变化,导致项目范围频繁变更;在较短的项目生命周期内有机融合大量高新技术难度较大;项目结尾后运行维护成本高等,这些都表明系统集成项目有较高的复杂性。

2.1.3　项目管理的概念

随着信息系统集成项目越来越复杂,规模也越来越庞大,作坊式管理已经越来越不适应发展的需要,项目失败的几率也随之增加。项目失败的原因可以归纳为四大类:项目组织原因、缺乏需求管理、缺乏计划与控制和估算错误,因此项目管理的需求十分迫切。

美国项目管理学会(Project Management Institute,PMI)给出的项目管理的定义是指在项目活动中运用知识、技能、工具和方法,使项目能够实现或超过项目干系人的需要和期望。其中,项目干系人是指积极参与项目,可以对项目及其工作产品施加影响,同时其利益受项目的执行和结束积极影响或消极影响的个人或者组织。项目干系人除了项目经理、项目小组以外,还包括客户、投资方、项目小组的领导、贷款方(银行)、相关的主管部门、项目的支持者、竞争对手,甚至包括反对项目的人。目前,项目管理作为现代管理学的重要分支之一,已发展成为独立的学科体系。由于项目管理在科学研究及生产实践中显示出的强大功能,因此在世界各国各行业已得到普遍的推广与应用。

任何项目都会在范围、时间及成本三个方面受到约束,这就是项目管理的三约束。

(1) 项目的范围约束。项目的范围就是规定项目的任务是什么。作为项目经理,首先必须搞清楚项目的商业利润核心,明确把握项目发起人期望通过项目获得什么样的产品或服务。对于项目的范围约束,容易忽视项目的商业目标,而偏向技术目标,导致项目最终结果与项目干系人期望值之间的差异。因为项目的范围可能会随着项目的进展而发生变化,从而与时间和成本等约束条件之间产生冲突,因此面对项目的范围约束,主要是根据项目的商业利润核心做好项目范围的变更管理。既要避免无原则的变更项目的范围,又要根据时间与成本的约束,在取得项目干系人的一致意见的情况下,按程序合理地变更项目的范围。

(2) 项目的时间约束。项目的时间约束就是规定项目需要多长时间完成,项目的进度应该怎样安排,项目的活动在时间上的要求,各活动在时间安排上的先后顺序。当进度与计划之间发生差异时,如何重新调整项目的活动历时,以保证项目按期完成,或者通过调整项目的总体完成工期,以保证活动的时间与质量。在考虑时间约束时,一方面要研究因为项目范围的变化对项目时间的影响,另一方面要研究因为项目历时的变化,对项目成本产生的影响。并及时跟踪项目的进展情况,通过对实际项目进展情况的分析,提供给项目干系人一个准确的报告。

(3) 项目的成本约束。项目的成本约束就是规定完成项目需要花多少钱。对项目成本的计量,一般用花费多少资金来衡量,但也可以根据项目的特点,采用特定的计量单位来表示。关键是通过成本核算,能让项目干系人,了解在当前成本约束之下,所能完成的项目范围及时间要求。当项目的范围与时间发生变化时,会产生多大的成本变化,以决定是否变更项目的范围,改变项目的进度,或者扩大项目的投资。许多项目多数只重视项目的进度,而不重视项目的成本管理。一般只是在项目结束时,才交给财务或计划管理部门的预算人员进行项目结算。对内部消耗资源性的项目,往往不做项目的成本估算与分析,使得项目干系人根本认识不到项目所造成的资源浪费。

由于项目是独特的,每个项目都具有很多不确定性的因素,项目资源使用之间存在竞争性,除了极小的项目,项目很难最终完全按照预期的范围、时间和成本三大约束条件完成。因为项目干系人总是期望用最低的成本、最短的时间,来完成最大的项目范围。这三个期望之间是互相矛盾、互相制约的。项目范围的扩大,会导致项目工期的延长或需要增加加班资源,会进一步导致项目成本的增加;同样,项目成本的减少,也会导致项目范围的限制。项目管理就是以科学的方法和工具,在范围、时间、成本三者之间寻找一个合适的平衡点,以便项目所有干系人都尽可能地满意。

2.1.4 项目管理的问题

最近几年,系统集成企业已经开始意识到建立企业级项目管理的重要性并不断探索建立该级别项目管理体系的方法和途径。相比其他发达国家,我国正规的项目管理研究起步比较晚,项目管理知识的普及程度也比较低,这样也就导致现在大多数组织中的项目管理或多或少存在着这样或那样的问题。主要表现如下。

(1) 项目管理缺乏系统性。项目运作主要体现为过程行为,项目的任务细分与计划性不够,造成项目进度延迟、资源浪费、质量低下或项目失败。

(2) 项目管理控制体系不健全。大部分组织缺乏完整的项目管理体系,相关的责权不够分明,项目管理的漏洞较多,缺乏协调性。

(3) 不重视项目领导技巧。项目经理的领导技能较弱,项目团队建设出现问题的例子也时常出现,如项目中途合作各方散伙、项目经理不能得到组织高层领导及客户的有效支持等,常常导致项目中途下马,项目成员效率低下等。

(4) 项目风险防范意识缺乏。很多组织的项目管理没有风险防范计划。项目的可行性分析流于形式;项目计划时不注重项目中的自然、经济、技术、管理与运作中的风险分析;项目实施中不重视风险的监控;因项目风险管理不当招致的项目失败不在少数。

(5) 不注重项目经验总结。大多数组织没有项目收尾的项目总结过程。导致项目管理原地踏步,项目绩效较低。每个项目的运作过程中都会有所收获,同时也一定会有应吸取的教训,这些经验的总结与共享是组织项目管理水平提供的原动力。

2.1.5 项目管理的知识体系

项目管理的九大知识领域是 1996 年由 PMI 提出的。目前,这些知识已成为现在的项目管理知识体系,简称为 PMBOK(Project Management Body of Knowledge)。国际标准化组织以该文件为框架,制订了 ISO 10006 关于项目管理的标准。如图 2-1 所示,在 PMBOK 知识体系中,项目管理被划分为九大知识领域,即范围管理、时间管理、成本管理、质量管理、人力资源管理、沟通管理、采购管理、风险管理和项目整体管理。作为项目经理,就是要运用项目管理的九大知识领域,在项目的五个过程组中,科学合理地分配各种资源,尽可能地实现项目干系人的期望，使他们获得最大的满意度。

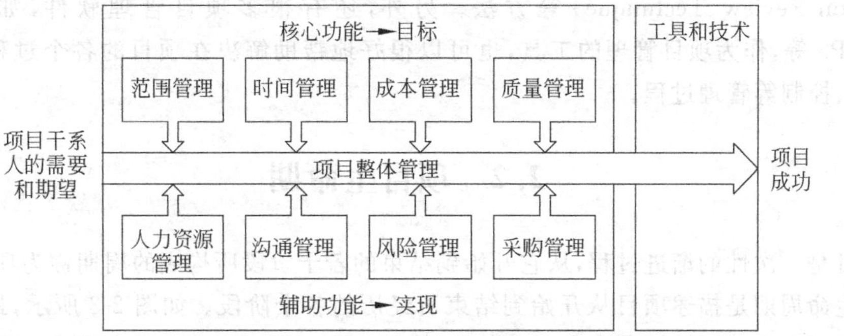

图 2-1　PMBOK 项目管理知识体系

在九大知识领域中，每个领域包含的内容要点见图 2-2，详细内容可参照 PMI 的《A Guide to the Project Management Body of Knowledge》，在此不再赘述。体系中的四大核心知识领域是指范围管理、时间管理、成本管理和质量管理，这是因为这四个方面可以形成具体项目的项目目标。而四大辅助知识领域包括人力资源管理、沟通管理、风险管理和采购管理，这是因为项目目标是通过它们实现的。

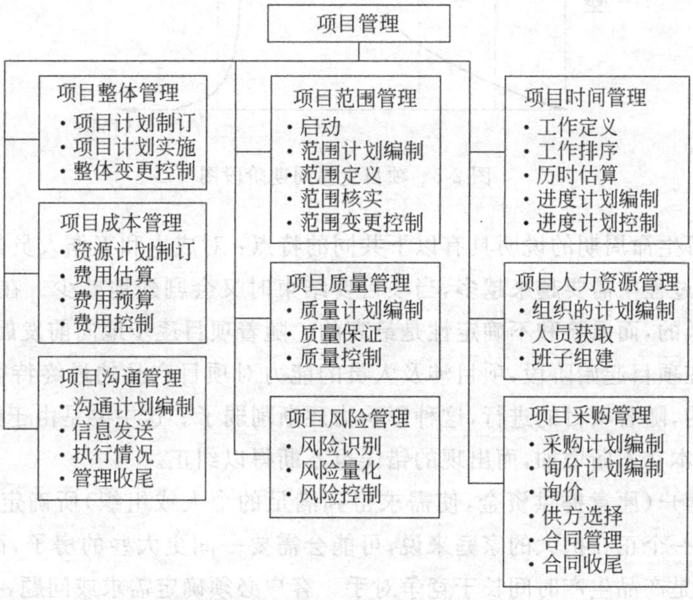

图 2-2　九大知识领域的内容要点

项目管理的九个方面并不是割裂的，而是紧密联系的，最终统一在项目管理的框架之内。从理论上讲，项目管理包括以上九个部分，但实际项目中很难做到面面俱到，通常是根据项目的实际情况针对项目的几个关键因素进行管理。

项目管理的九大知识领域涉及很多的管理工具和技术，以用来帮助项目经理与项目组成员完成项目的管理，主要有头脑风暴（Brainstorming）、工作分解结构（Work Breakdown Structure）、矩阵图（Matrix）、网络图（Network Chart）、甘特图（Gant Chart）、资源直方图

(Resource Histogram)、关键路径法(Critical Path Method)、项目评估与评审技术(Project Evaluation Review Technique)等方法。另外,还有很多项目管理软件,如 Microsoft Project、P3 等,作为项目管理的工具,也可以很好地帮助解决在项目的各个过程中完成计划、跟踪、控制等管理过程。

2.2　项目生命期

项目是一次性的渐进过程,从它开始到结束的若干阶段所构成的周期称为项目生命期。项目的生命周期是描述项目从开始到结束所经历的各个阶段。如图 2-3 所示,最一般的划分是将项目分为"识别需求、提出解决方案、执行项目、结束项目"四个阶段。实际工作中根据不同领域或不同方法再进行具体的划分。在项目生命周期运行过程中的不同阶段里,由不同的组织、个人和资源扮演着主要角色。

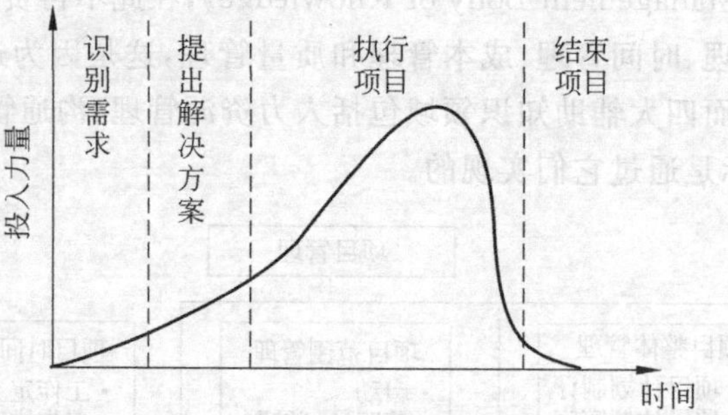

图 2-3　项目生命周期阶段图

大多数项目生命周期的说明具有以下共同的特点:对成本和工作人员的需求最初比较少,在向后发展过程中需要越来越多,当项目要结束时又会剧烈地减少。在项目开始时,成功的概率是最低的,而风险和不确定性是最高的。随着项目逐步地向前发展,成功的可能性也越来越高。在项目起始阶段,项目涉及人员的能力对项目产品的最终特征和最终成本的影响力是最大的,随着项目的进行,这种影响力逐渐削弱了。这主要是由于随着项目的逐步发展,投入的成本在不断增加,而出现的错误也不断得以纠正。

当需要被客户(愿意提供资金,使需求得到满足的个人或组织)所确定时,项目就诞生了。例如,对于一个正在扩大的家庭来说,可能会需要一间更大些的房子,而对于一个公司来说,问题可能是产品生产时间长于竞争对手。客户必须确定需求或问题,有时问题会被迅速确认,如在灾难(例如,地震或爆炸)发生时。而在另外一些情况下,可能会花去几个月的时间,顾客才清晰地确认需要,收集问题的有关资料,确定解决问题的个人、项目团队或承约商所需满足的条件。

项目生命周期确定了项目的开端和结束。例如,当一个组织看到了一次机遇,它通常会做一次可行性研究,以便决定是否应该就此设立一个项目。对项目生命周期的设定会明确这次可行性研究是否应该作为项目的第一个阶段,还是作为一个独立的项目。

项目生命周期的设定也决定了在项目结束时应该包括或不包括哪些过渡措施。通过这种方式，可以利用项目生命周期设定来将项目和执行组织的连续性操作链接起来。项目的整个生命周期由项目的各个阶段构成，每个项目阶段都以一个或一个以上的工作成果的完成为标志。

项目生命周期的第一阶段涉及需求、问题或是机会的确认能导致客户向个人、项目团队或是组织(承约商)征询需求建议书，以便实现已确认的需求或解决问题。具体要求通常由客户在一个叫做需求建议书(Request For Proposal，RFP)的文件里注明。通过RFP，客户可以要求个人或承约商提交有关他们如何在成本约束和进度计划下解决问题的申请书。一个把以升级其计算机系统作为需求的公司，可能会以RFP的方式把它的需求用文件证实下来，并把文件分别送给几家计算机咨询公司。然而，并不是所有的情况下都有一个正式的RFP。如在一组单个个体之间召开的会议或讲座人们通常会很随便地定义需求。某些人可能会自愿或是被要求准备一份申请书，以决定项目是否由其承担，并满足需求。

项目生命周期的第二个阶段，是提出解决需求或问题的方案。这个阶段将会导致某个人或更多的人、组织(承约商)向客户提交申请书，他们希望客户为今后成功执行解决方案而付给他们酬劳。在这个阶段，承约商的努力变得很重要。对回复RFP感兴趣的承约商，可能会花几个星期的时间来提出一种解决问题的方案，并估计所需资源的种类、数量，设计执行解决方案所需花费的时间。每个承约商都会以书面申请的方式，把有关信息用文件的方式证实下来。所有的承约商都把申请书提交给客户。例如，几个承约商可能会同时向一个客户提交有关开发和执行一个自动开发票和结账系统的申请书。在客户评估了申请书并选出中标者后，客户和中标的承约商将协商签署合同(协议)。

项目生命周期的第三个阶段是执行解决方案。此阶段开始于客户已认定了哪个解决方案能最好地满足需求，客户与提交申请书的承约商之间已签订了合同后。此阶段即执行项目阶段，包括为项目制订详细的计划，然后执行计划以实现项目目标。在执行项目期间，将会使用到不同类型的物力和人力资源。例如，有关设计并建造一幢办公楼的闭路视频监控系统项目，项目努力的方向可能首先包括由几个系统设计师和弱电工程师制订一个监控系统建设计划。然后，在建设工程期间，大量增加所需物力和人力资源，包括综合布线技术人员、线路施工人员、视频等设备安装人员等。项目结束之前，设备线路测试人员将负责整个系统的调试和测试。此阶段将会导致项目目标的最终实现，使整个项目高质量地在预算时间内完成。

项目生命周期的最后阶段是结束项目阶段，当项目结束时，某些后续的活动仍需执行。例如，确定一下所有应交付的货物是否已提交给了客户？客户接收了吗？所有的款项已经交付结清了吗？这一阶段的一个重要任务就是评估项目绩效，以便从中得知该在哪些方面改善，在未来执行相似项目时有所借鉴。这一阶段应当涉及从客户那儿获取反馈，以查明客户满意度和项目是否达到了客户的期望等活动。同样也应从项目团队那儿得到反馈，以便得到有关项目绩效改善方面的建议。

项目生命周期的长度从几个星期到几年不等，依项目内容、复杂性和规模而定。而且，并不是所有项目都必然经历项目生命周期的4个阶段。例如，几个技术人员决定，他们要用自己的时间和资源，组织一次小规模的技术研讨活动，他们可能只涉及第三个阶段——计划和执行，项目生命周期的前两个阶段可能就与这个项目不相关了。同样，如果一所学校的校长决定改造教师办公室的格局以提高教学的效率，他可能简单地批示，让各系主任主持这一项目，并由各办公室的教师去执行项目。在这种情况下，将不会存在来自外部承约商的书面注建议书。一般来说，当项目在商业环境中执行时，项目生命周期会以更正式、更有内在结构性的方式展开。当项目由私人或志愿者执行时，项目生命周期则趋向于较随便、不太正式。

2.3 项目管理过程

如图 2-4 所示，按照作用和影响的不同，一个项目管理过程包括启动、计划、执行、控制和收尾五个管理过程组，它们作用于整个项目生命期的某一阶段或整个过程。其中计划、执行、控制过程组的工作内容是项目管理的核心。

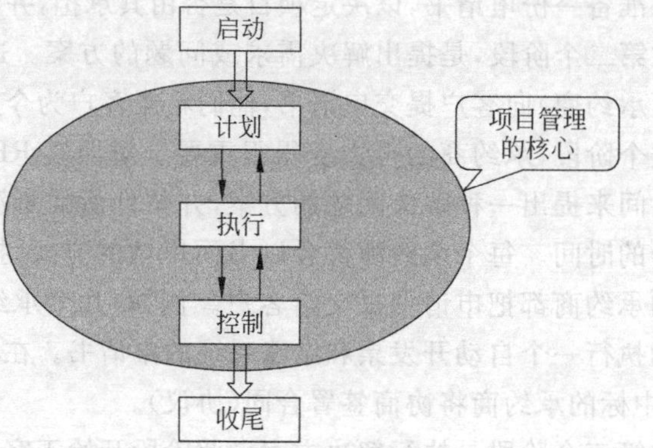

图 2-4 项目管理的过程组

下面给出每个过程组所包含的工作内容。

1. 启动过程

启动过程定义和批准一个项目。在这一过程中包括识别需求、项目目标的确定、项目可行性分析、项目立项、项目的初步方案和项目章程的确定等内容。

在一个新项目的启动阶段，组织认可一个新项目的存在。这些文件确认一个项目的干系人，证明项目的正确性，规定高层的范围、时间和项目的成本目标。项目经理和关键的团队成员如果没有在预启动过程中被选择，通常也是在启动过程组的过程中被选择。启动过程在项目的每个阶段都发生。因此，不可以将过程组与项目阶段等同起来。不同的项目有不同的项目阶段，但是所有的项目都包含这五个过程组。例如，项目经理和团队应该在项目生命周期的每个阶段重新检查项目的业务需求，来决定项目是否值得继续进行。终止一个项目同样需要启动过程。必须有人启动活动以保证项目团队完成所有的工作、归档经验总结和重新分派项目的资源，并保证顾客接受工作的结果。

2. 计划过程

计划过程制订和维护一个可执行的计划，以保证项目满足组织的要求。在这一过程中包括确定和定义项目工作范围、确定为执行项目而需要进行的工作范围内的特定活动、明确每项活动的职责、确定这些活动的逻辑关系和完成顺序、估算每项活动的历时时间和资源、制订项目计划及其辅助计划等内容。

通常没有单一的"项目计划"。有几种项目计划，比如范围管理计划、调度管理计划、成本管理计划和采购管理计划等，这些管理计划及时地定义了与项目相关的每个知识领域。例如，项目团队必须制订一个计划来定义需要做的工作，安排工作相关的活动，估计执行工作需要的成本，决定需要采购什么样的资源来完成工作等。为了适应项目和组织不断变化的环境，项目团队经常需要在项目生命周期的每个阶段修改项目计划。

计划过程组的成果包括完成工作流分解结构和范围说明书、项目进度和项目成本估计。计划过程对于 IT 项目是特别重要的。一旦一个项目团队执行一个新的系统，将需要花费大量的努力来改变这个系统。研究表明实现最佳实践的公司应该花费至少 20% 的时间用于启动和计划过程。

3. 执行过程

执行过程用来协调人力和其他资源来执行项目的计划，以产生项目或者项目阶段的产品、服务或者结果。这一过程包括项目团队的建设和发展、项目按计划执行的过程、项目的采购管理等内容。具体工作如组织项目团队、指导和管理项目团队、执行质量保证、发布信息和选择供应商等。

执行过程组主要成果是项目实际工作的交付。例如，如果一个 IT 项目涉及提供新的硬件、软件和培训，那么执行过程就包括领导项目组和其他干系人去购买硬件，开发和测试软件，交付和参与培训。执行过程组应当与其他过程组重叠，通常需要最多的资源。

4. 控制过程

控制过程用来有效地控制项目，其关键是及时定期地监测项目的实际进程，并与基准计划进程相比较，如有必要应立即采取纠正措施，处理隐患，降低项目的各种风险。控制过程包括有规律地测量和控制项目进程以保证项目团队能够满足项目目标。项目经理和项目成员控制和测量偏离计划的过程，在需要的时候采取正确的行动。通常的控制过程是绩效报告，在这些报告中，项目的干系人能够识别任何需要的变化，从而保证项目没有偏离目标。

控制过程度量项目目标的进展，控制与计划的偏离，采取正确的行动来使进展与计划相符。项目经理应当严密地监视进展情况以保证可交付成果能够完成，同时达到目标。项目经理必须与项目团队及其他的干系人紧密配合，采取合适的活动以保证项目的顺利进行。控制过程组的理想产出是通过交付满足时间、成本和质量约束的项目来成功地完成项目。如果需要变更项目的目标或者计划，那么监控过程就要保证这些变更是有效的，同时能够满足干系人的需要和期望。监控过程与其他的项目管理过程组是有重叠的，因为变更可以随时发生。

5. 收尾过程

收尾过程是对项目或者项目阶段正式验收，并有效地终止。收尾过程包括项目的工作范围确认、项目的相关文件准备、项目的验收、项目的后评价。管理活动通常出现在这个过程组中，例如项目文件归档、完成合同、总结经验教训，同时作为阶段或者项目的一部分的交付工作而收到的正式确认。

在收尾过程，项目团队努力获得最终产品、服务和结果，最终使项目或者阶段有效地结束。该过程组的关键结果是工作的正式验收和结束文档的撰写，例如，完成最终的项目报告和经验教训报告。

每个过程组都不是孤立的事件。活动的层次和每个过程组的长度是随着项目不同而变化的。通常，执行过程需要最多的资源和时间，然后是计划过程。启动和收尾过程通常是最短的，需要的资源和时间最少。尽管每个项目都是唯一的，但也有例外。可以把这些过程组应用到项目的每个主要阶段，或者可以把过程组应用到整个项目。

2.4 项目管理组织

项目组织是为完成项目而建立的组。一些大中型项目，如建筑施工项目的项目组织目前在我国叫项目经理部，由于项目管理工作量很大，因此，项目组织专门履行管理功能，具体的技术工作由他人或其他组织承担。而有些项目，例如，软件开发项目或某些科学研究项目，由于管理工作量不大，没有必要单独设立履行管理职责的班子，因此，其具体技术性工作和管理职能均由项目组织成员承担。这样的项目组织负责人除了管理之外，也要承担具体的系统设计、程序编制或研究工作。

2.4.1 组织机构设置原则

项目组织的具体职责、组织结构、人员构成和人数配备等会因项目性质、复杂程度、规模大小和持续时间长短等有所不同。项目组织可以是另外一个组织的下属单位或机构，也可以是单独的一个组织。项目组织的一般职责是项目规划、组织、指挥、协调和控制。项目组织要对项目的范围、费用、时间、质量、采购、风险、人力资源和沟通等多方面进行管理。

项目管理组织机构设置原则如下。

(1) 目的性原则。项目组织机构设置的根本目的，是为了产生组织功能实现项目目标。从这一根本目的出发，就应因目标设事，因事设岗，因职责定权力。

(2) 精干高效。大多数项目组织是一个临时性组织，项目结束后就要解散，因此，项目组织应精干高效，力求一专多能，一人多职，应着眼于使用和学习锻炼相结合，以提高人员素质。

(3) 项目组织与企业组织一体化原则。项目组织往往是企业组织的有机组成部分，企业是它的母体，项目组织是由企业组建的，项目管理人员来自企业，项目组织解体后，其人员仍回企业，所以项目的组织形式与企业的组织形式密切有关。

2.4.2 组织结构类型

项目组织是保证项目正常实施的组织保证体系，就项目这种一次性任务而言，项目组织建设包括从组织设计、组织运行、组织更新到组织终结这样一个生命周期。项目管理要在有限的时间、空间和预算范围内将大量物资、设备和人力组织在一起，按计划实施项目目标，必须建立合理的项目组织。在项目管理的过程中，项目组织作为完成一个项目主要工作的相关利益主体，所起的作用是非常重要的，而项目组织的结构类型的设计则直接关系到项目完成的质量。根据 PMI 的定义，项目组织结构从大类上可以划分为职能型、项目型、矩阵型三种基本类型。

1. 职能型项目组织结构

如图 2-5 所示，在职能型组织结构中，各职能部门派人参加项目，参加者向本部门领导报告，跨部门的协调都是在各部门领导之间进行的，没有专职的项目经理。例如，开发一个新产品项目可以被安排在技术部的下面，直接由技术部门经理负责。这种做法是在基于职能的组织结构中最常见的项目组织方式。在职能型项目组织结构下，项目管理实施班子的组织并不十分明确，各职能部门均承担项目的部分工作，而涉及职能部门之间的项目事务和问题由各个部门负责人负责处理和解决，在职能部门经理层进行协调。

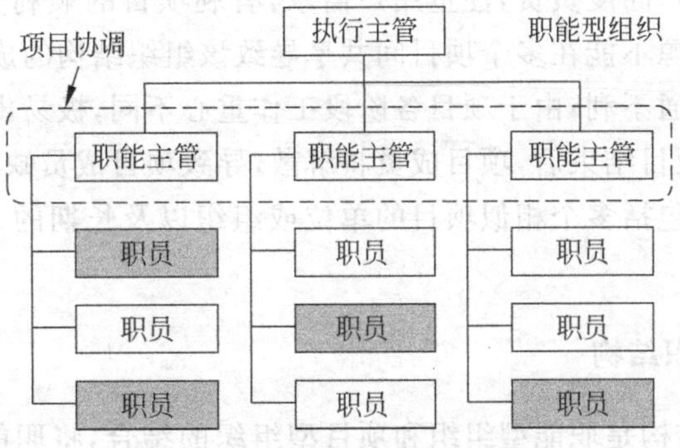

图 2-5　职能型项目组织结构图

职能型项目组织结构的优点是将同类专家归在一起可以产生专业化的优势并减少人员和设备的重复配置，成员有一个在他们具体专业知识和技能上交流进步的工作环境，技术专家可以同时为不同的项目效力，部门内比较容易沟通，工作效率高，重复工作少。这种组织结构的缺点是部门间沟通不畅，各部门往往为追求职能部门的目标而看不到全局目标，不以项目或客户为主，不注重与其他职能部门的团队协作，使整个组织具有一种狭隘性，致使责任不明确、部门间协作成本增大，当项目任务出现问题时，互相推诿与指责，解决问题速度缓慢。因此，这种结构适用于规模较小的、以技术为重点的项目，不适用于时间限制性强或对变化快速相应的项目。

2. 项目型项目组织结构

项目型的组织结构如图 2-6 所示，是采用项目经理负责制的结构，由项目经理及其下的项目人员负责项目的执行、实施，项目经理负责协调项目内部的各种问题。项目化组织结构与职能化组织结构完全相反，其系统中的部门全部是按项目进行设置的，每一个项目部门均有项目经理，负责整个项目的实施。系统中的成员也是以项目进行分配与组合，接受项目经理的领导。

项目型项目组织结构的优点是项目团队成员被选拔而来，每一项目均拥有具备不同技

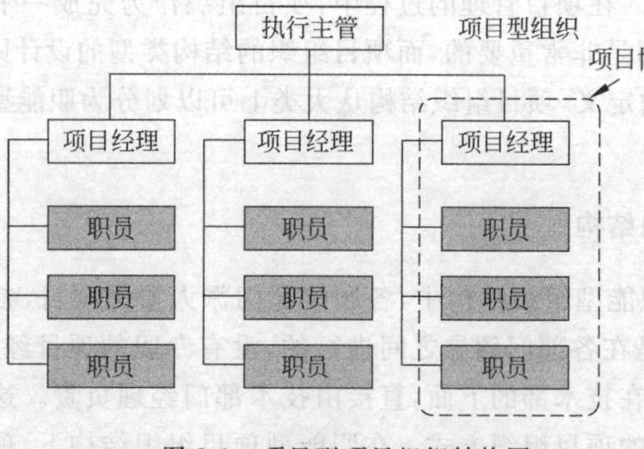

图 2-6 项目型项目组织结构图

能的独立人员为之全职工作，项目经理可以完全控制所有资源，上下沟通便捷、协调一致、能快速决策及响应，对客户高度负责，注重用户需求，有利项目的顺利实施。这种组织结构的缺点是设备、人员等资源不能在多个项目间共享导致该组织结构的成本低效；由于内部依赖关系强，导致与外界沟通不利；由于项目各阶段工作重心不同，极易出现专职人员忙闲不均，总体工作效率低下。项目结束后，项目成员将解散，导致项目成员缺乏事业上的连续性和保障性。因此，它适用于包括多个相似项目的单位或组织以及长期的、大型的、重要的和复杂的项目。

3. 矩阵型项目组织结构

矩阵型项目组织结构是职能型组织和项目型组织的结合，将职能型组织的纵向优势和项目型组织的横向优势有效结合起来。按项目经理权力大小及其他项目特点，矩阵型组织结构又分为弱矩阵型、平衡型矩阵和强矩阵型。

弱矩阵型结构如图 2-7(a)所示，由各职能部门派协调人员参加项目，参加者向本部门领导报告，跨部门的协调首先在各部门派出的协调人之间进行，没有专职的项目经理。这种组织方式也是基于职能的组织结构中很常见的项目组织方式，其工作效率较前者略高，但和前者一样，由于没有人对项目负责，项目组织效果很有限。但毕竟有了通过部门领导以外的协调人之间的横向沟通，所以把这种组织结构称为弱矩阵型结构。

平衡型矩阵结构在弱矩阵型结构的基础上，指定一名项目经理，负责项目的管理，其他各部门委派的协调人不仅要向本部门报告，在项目过程中还要向项目经理报告，项目经理有一定的权力安排参加者的工作。由于项目经理的出现，使项目管理有了具体的直接责任人，在一定程度上使项目得到了保证，会大大提高项目的工作效率。因此，这种组织结构被称为平衡矩阵结构，如图 2-7(b)所示。

强矩阵型结构如图 2-8 所示，在平衡矩阵的基础上，增加与各职能部门平行的专门的项目管理办公室，负责企业内的项目管理，专职的项目经理都归项目管理办公室管理，在项目中各个职能部门配合项目管理办公室的工作。每个职员有两个经理——项目经理和职能经理，项目性职责向项目经理汇报，职能性职责向职能经理汇报。项目负责人对项目结果负责，职能部门提供完成项目所需资源，两者共同发挥作用完成项目任务。该结构力求发扬职

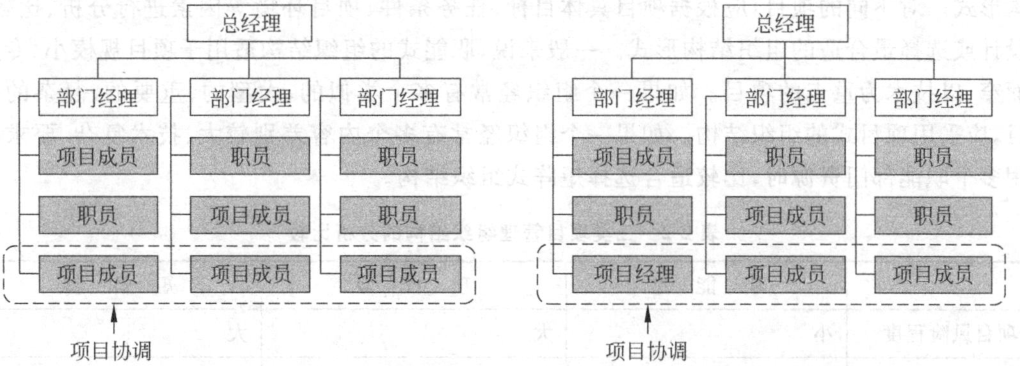

图 2-7　弱矩阵型结构和平衡型矩阵结构

能型结构和项目型结构的优点，克服两者的不足之处。强矩阵型项目组织由于有了专门的组织来负责项目管理，项目管理作为企业内的一项任务长期存在，并能够不断地积累、发展，项目经理也不是根据项目临时任命，而是成为常设岗位，这样从组织上、人员上都使项目管理得到了保障。因此，这种结构被称为强矩阵结构。

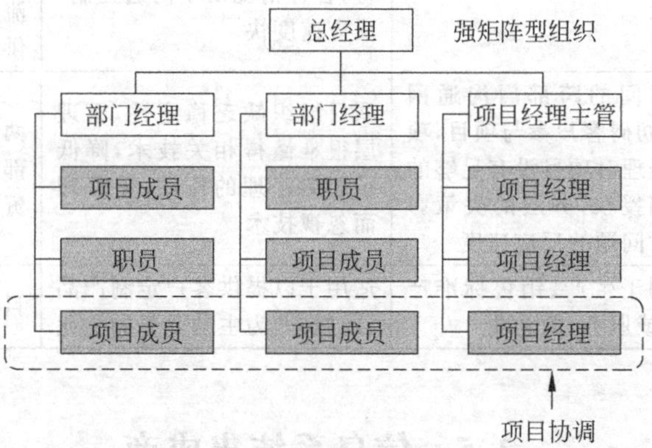

图 2-8　强矩阵型结构

强矩阵型组织结构是现代大型项目中应用最广泛的新型组织形式。矩阵型项目组织结构的优点是组织成员及相应设备属于职能部门，他们能够为适应项目的变化需要而在各项目之间流动，成员的基础核心职业技能及设备可供所有项目应用，从而能有效利用资源，减少重复和冗余。不同部门的专家可通过项目实施过程进行交流和合作，信息传递迅速，发现问题及时，反应迅速。这种组织结构的缺点是项目团队成员有两个汇报关系，若分配某个成员同时在数个项目中工作，这个成员就会有好几个经理，这会由于工作优先次序而产生不安和冲突。项目经理和职能经理在涉及工作优先次序、项目中具体人员的分配、工作中的技术方案，以及项目变化等方面时有可能产生矛盾冲突，如果二者之间权力分配模糊不清，会因权力斗争而导致项目运行困难。

三类项目管理组织结构的特点、优点、弊端和适用场合比较分析如表 2-2 所示。从中可以看出，每一种组织结构形式都有其优点、缺点和适用条件，没有一种万能的、最好的组织结构形式。对不同的项目，应根据项目具体目标、任务条件、项目环境等因素进行分析、比较，设计或选择最合适的组织结构形式。一般来说，职能式的组织结构适用于项目规模小、专业面窄、以技术为重点的项目。如果一个组织经常有多个类似的、大型的、重要的、复杂的项目，应采用项目式的组织结构。如果一个组织经常有多个内容差别较大、技术复杂、要求利用多个职能部门资源时，比较适合选择矩阵式组织结构。

表 2-2　三类项目管理组织结构的分析比较

	职能型	项目型	矩阵型
项目风险程度	小	大	大
项目复杂程度	小	大	适中
项目持续时间	短	长	适中
项目投资规模	小	大	适中
客户的类型	多	单一	一般
优点	清楚的上下级关系，按专长组织的团队易于提高技术	项目经理对项目强有力的控制，职责清晰的团队，沟通容易，各种情况易于沟通控制，反应速度快	促进跨专业团队的建立，对客户的需求有较好的响应，人力资源在项目间的流动，职业部门为项目提供专业技术支持
弊端	项目间的跨部门沟通困难，妨碍客户参与项目，项目经理对项目没有足够的控制授权，分层的决策影响对问题的反应速度	项目组织缺乏稳定性，管理层很难懂得相关技术，降低了职能经理的作用，重管理而忽视技术	两个老板，双重汇报；职能部门与项目之间优先级、资源的冲突
应用场合	适用于生产、销售标准产品（或服务）的企业	适用于以提供客户定制产品（或服务）为主题业务的企业	目前比较常用的一种类型

2.5　信息系统集成商

系统集成商是指具备系统资质，能对行业用户实施系统集成的企业。根据所做工作的不同，系统集成商大致分为智能建筑集成商、硬件系统集成商、弱电系统集成商、安防系统集成商、计算机网络系统集成商、应用系统集成商等。

目前国内真正的系统集成商并不多，主要是因为要做好系统集成的工作需要系统集成商在经济实力、专业技术、人力、物力、管理技术上均要有相当实力。

系统集成的工作是一个多学科交叉的工作，需要拥有一批多专业的且具有一定工程经验的技术人员。从技术角度看，计算机技术、应用系统开发技术、网络技术、自动控制技术、通信技术、建筑装修技术，综合运用在一个工程中是技术发展的一种必然趋势。系统集成商就是要根据用户提出的要求，为用户做一个完整的解决方案，不仅仅是要在技术上实现用户的要求，同时还要对用户投资的实用性和有效性进行有效的分析，对用户的技术支持、培训有所保障。还应具有从技术规范化、工程管理科学化等多方面知识。更重要的是，系统集成商具备所服务的客户行业的专业知识、专业技能以及丰富的集成经验是极为必要的。一个系统集成项目在签约后，一般来讲，系统集成商要投资额度达 50%～80%，而且工程周期长，在这过程中要花费大量的人力、物力，尤其在投标过程中花费了大量的物力、人力。若不中标，则付诸东流，这就要系统集成商具有相当的经济实力。

2.5.1　信息系统集成商的发展方向

随着系统集成市场的规范化、专用化的发展，系统集成商将向以下三个方向发展。

1. 产品技术服务型

产品技术服务型系统集成商以原始厂商的产品为中心，对项目具体技术实现方案的某一功能部分提供技术实现方案和服务，即产品系统集成。

2. 系统咨询型

系统咨询型系统集成商对客户系统项目提供咨询包括项目可行性评估、项目投资评估、应用系统模式、具体技术解决方案。如有可能承接该项目，则负责对产品技术服务型和应用产品开发型的系统集成商进行项目实现招标，并负责项目管理。

3. 应用产品开发型

应用产品开发型集成商与用户合作共同规划设计应用系统模型，与用户共同完成应用软件系统的设计开发，对行业知识和关键技术具有大量的积累，具有一批懂行业知识又懂信息系统的交叉学科型专业人员，为用户提供全面统解决方案，完成最终的系统集成。

2.5.2　信息系统集成商的资质等级

为了规范我国的计算机系统集成市场，信息产业部从 1999 年就在全国 IT 行业的数百家系统集成商中开展了系统集成资质认证工作，推出了《计算机信息系统集成资质等级评定条件》。系统集成资质认证对促进系统集成产业的规范化发展，推动国家信息化建设都具有重要意义。根据工业和信息化部规定，我国系统集成企业的资质等级从高到低分为 1～4 级，其中一级企业可独立承揽国家级(含)以下集成项目；二级企业可独立承揽省级(含)以下集成项目；三级企业可独立承揽中小型企业项目或合作承揽大型企业项目；四级企业可独立承揽小型企业项目或合作承揽中型企业项目。系统集成企业的资质等级是企业能力与信誉的象征，它对企业的业务范围有着重要的影响。在系统集成项目招投标或竞争中，系统集成资质等级将作为一个重要的约束条件出现。

2012 年，工业和信息化部计算机信息系统集成资质认证工作办公室，又发布了最新的《计算机信息系统集成企业资质等级评定条件(2012 年修订版)》。该评定条件从综合条件、财务状况、信誉、业绩、管理能力、技术实力、人才实力 7 个方面进行评价，将计算机信息系统集成企业分为一级、二级、三级、四级共 4 个等级资质。

截至 2011 年 10 月，已获集成资质的企业有 3742 家，其中获得一级资质的企业 238 家，获得二级资质的企业 586 家。系统集成商之间的实力相差较大，已经不能充分体现高级别高实力的初衷，为广大用户选择合适的系统集成企业增加了难度，也不利于企业展现自身的实力。2012 版评定条件在很多硬性指标上提出了更高的要求，同时对一些不易审核落实、对企业综合实力不能定性或定量衡量的指标进行了调整。2012 版颁布后，所有新申请资质企业的评审按照新条件执行，达不到新评定条件对应资质等级标准的企业将无法获得相应的集成资质。

对照集成资质等级评定的新旧条件，不难发现：一级资质和二级资质的门槛明显提高。以一级资质认定为例，2012 版要求：企业近三年的系统集成收入总额不少于 5 亿元(或不少于 4 亿元且近三年完成的系统集成项目总额中软件和信息技术服务费总额所占比例不低于 80%)。1999 版则规定：企业近 3 年完成计算机信息系统工程项目总值 2 亿元以上。2012 版规定：企业注册资本和实收资本均不少于 5000 万元。而 1999 版则规定：企业注册资本 1200 万元以上。按照 2012 版标准，将有数十家获得一级资质的系统集成商不再符合一级的条件，或将被降级。

为规范企业经营、避免系统集成企业“不务正业”，2012 版评定条件还对企业集成业务收入做了硬性规定。一级资质要求企业近三年的系统集成收入总额占营业收入总额的比例不低于 70%；二级资质要求企业近三年的系统集成收入比例不低于 60%。

与此同时，2012 版对软件和服务企业适当倾斜，对这类企业申请高级资质构成了有利条件。以往，硬件集成营业额高、技术含量低，而软件和服务签单金额小、准入门槛高，后者即使有较高的服务水平，也难获得高等级资质。2012 版的集成资质评定条件，降低了软件和服务企业的营业额标准，这对软件和服务企业申请高级资质是有利的。

2.6 信息系统工程监理

要确保信息系统集成项目的顺利实施，除了选择具有相应资质的信息系统集成商以外，还应该选择好的信息系统工程监理。信息系统工程监理是信息系统工程领域的一种社会治理结构，为信息系统工程提供规划与组织、协调与沟通、控制与管理、监督与评价方面的服务，其目的是支持与保证信息系统工程的成功。

信息系统工程监理是独立第三方机构，《计算机信息系统集成企业资质等级评定条件(2012 年修订版)》中已经明文规定了所有资质等级的信息系统集成商都不能同时是信息系统工程监理单位，这就是为了防止既当运动员又当裁判员的情况出现。

信息系统工程监理在信息系统集成项目的实施过程中具有重要的地位。2012 年，工业和信息化部计算机信息系统集成资质认证工作办公室发布了《信息系统工程监理单位资质等级评定条件(2012 年修订版)》，将信息系统工程监理单位分成了甲、乙、丙三个等级。

根据图 2-9 所示的信息系统工程监理的体系结构，信息系统工程监理的主要内容是对建设项目的五大目标：质量目标控制(Quality Control)、时间目标控制(Time Control)、信息安全控制(Security Control)、知识产权保护(Intellectual Property Protection)和成本目标(Cost Control)的控制，可概括为五控制、二管理、一协调。

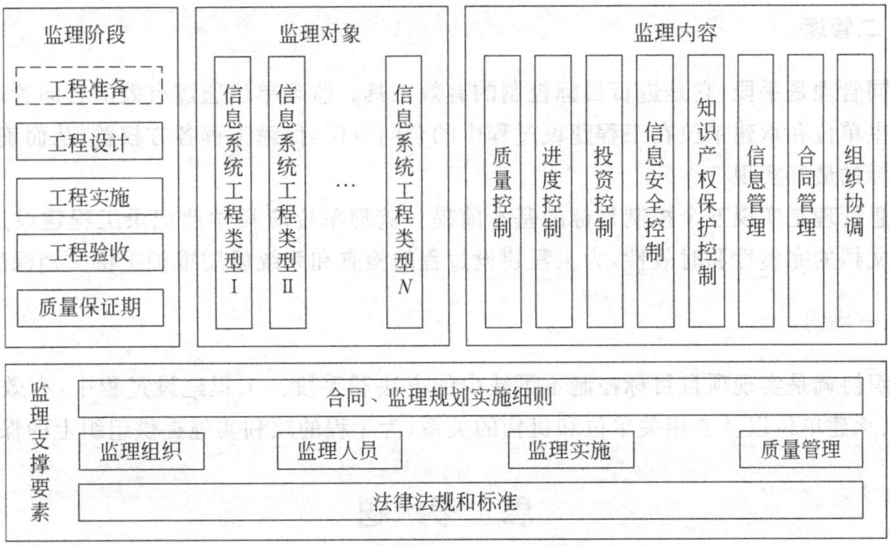

图 2-9　信息系统工程监理体系结构

1. 五控制

质量控制主要通过审核设计方案、监督标准规范的实施、检查设备及其他器材是否符合要求等手段加以控制。在监理工作的各个阶段必须严格依照承建合同的要求，审查关键性过程和阶段性结果，检查其是否符合预定的质量要求，而且整个监理工作中应强调对工程质量的事前控制、事中监管和事后评估。

进度控制主要是通过一系列手段，运用运筹学、网络计划等措施，使工程项目建设工期控制在项目计划工期以内。在工程实施过程中，监理工程师应严格按照招标文件、合同、工程进度计划的要求，对工程进度进行跟进，确保整体施工有序进行。如项目发生变更时，对变更进行管理，确保变更有序进行。对于软件开发项目来说，发生变更的环节比较多，因此变更控制显得格外重要。

投资控制主要通过核实设备价格、审核修改设计和设计变更等手段加以控制。信息系统工程的投资基本由软硬件设备购置投资、项目配套工程投资、项目集成费用和工程建设其他投资组成，主要包括设计阶段的投资控制和实施阶段的投资控制。

信息安全控制主要是通过对信息系统方案设计进行审核、对设备选型进行把关和在实施工程中严格进行工程质量控制等措施，确保信息系统工程符合业主对信息安全的要求和国家相关信息安全规范。

知识产权保护控制贯穿于整个项目的全过程，包括工程方案设计、设备选型、设备采购、软件开发等，信息系统监理工程师应按照国家有关知识产权保护的规定严格要求信息系统工程建设各方遵照执行。知识产权保护控制的目标包括方案设计阶段知识产权的保护、设备材料、系统软件、管理软件采购阶段知识产权的保护和系统开发阶段知识产权的保护。

2. 二管理

合同管理是手段，它是进行目标控制的有效工具。监理单位通过有效的合同管理，有效解决业主单位和承建单位在工程建设过程中的合同争议，保障工程各方权益，从而确保项目五个目标的最好实现。

信息管理是实现五个控制目标的基本前提。监理单位应科学地记录工程建设过程，保证工程文档的完整性和时效性，为工程建设过程的检查和系统后期维护提供文档保障。

3. 一协调

组织协调是实现项目目标控制不可缺少的方法和手段。工程建设过程中，有效协调业主单位、承建单位以及各相关单位和机构的关系，为工程的顺利实施提供组织上的保证。

思 考 题

(1) 请简述项目的定义及特点。

(2) 请简述项目管理的三个约束。

(3) 一个项目的管理过程包括哪些管理过程？每个管理过程具体包含哪些内容？

(4) 项目管理的知识体系包括哪些领域的内容？

(5) 项目组织结构有哪几种类型？每种类型分别具有什么特点，适用什么场合？

(6) 请调查目前信息系统集成商的发展现状。

(7) 请考虑信息系统集成商与信息系统工程监理之间的关系。工程监理在整个项目中的地位如何，请阐述其必要性。

第3章 系统集成项目招投标

系统集成项目通常具有一定的复杂性。为了确保系统集成项目顺利且高质量地完成，必须采用招投标的方式来确定承接项目的集成商。本章主要学习招投标的整个过程以回答对系统集成项目该如何进行招标，在招标过程中应注意哪些问题，如何组织评标以及评标时需要关注哪些重点等关键问题。

3.1 概 述

招投标是指采购人事先提出货物、工程或服务的条件和要求，邀请必要数量的投标者参加投标并按照法定或约定程序选择交易对象的市场交易行为。其实质是以较低的价格获得最优的货物、工程和服务。

3.1.1 招投标的发展历程

招投标的产生可以追溯到18世纪，英国在1782年设立了文具公用局，作为专门负责政府办公用品采购的机制。为保证采购行为合理有效和便于公众监督，开始通过公开招标进行政府部门及公用事业开支的采购活动。美国在1861年通过的一项联邦法案规定，超过一定金额的联邦政府采购，都必须使用公开招标方式。经过200多年社会政治体制和市场经济体制的发展，招标投标不仅作为社会公共支出和政府采购的最重要形式之一，而且在世界自由贸易和经济交往活动中，成为国际工程承包、货物贸易、技术引进、开放市场等方面的重要方式。

我国真正具有科学意义的招标投标是在20世纪80年代后才出现。之后，招投标制度在我国的发展大体分为3个阶段。

1. 试行阶段

国务院在1980年10月颁布了《关于开展和保护社会主义竞争的暂行规定》，首次指出“对一些适宜于承包的生产建设项目和经营项目，可以试行招标、投标的办法”。世界银行在1980年提供给我国的第一笔贷款，即第一个大学发展项目时，便以国际竞争性招标方式在我国(委托)开展其项目采购与建设活动。自此之后，招标活动在我国境内得到了重视，并获得了广泛的应用和推广。国内建筑业招标于1981年首先在深圳试行，进而推广至全国各地。1984年11月，国家计委和城乡建设环境保护部联合制订了《建设工程招投标暂行规范》，从此打开了我国招投标制度的序幕。

2. 全面展开阶段

招投标制度在建筑业中为试点取得成功。1985年，国务院决定成立中国机电设备招标中心，并在主要城市建立招标机构，招标投标工作正式纳入政府职能。从那时起，招标投标制度在各个领域迅速发展起来，包括基础建设领域、科技项目领域和政府采购领域等。其中基础建设领域包括建设项目主体工程的设计、建设、安装、监理和主要设备、材料供应等。例如，三峡工程、二滩工程等都是进行公开招标的。

3. 蓬勃发展阶段

2000 年 1 月，《招标投标法》正式施行，全面推进招标投标制度有了法律依据和法律保证。2002 年，我国又颁布实施了《政府采购法》，极大地推动了我国招投标事业的发展。从此，招标投标事业进入了一个新的发展阶段。

3.1.2 招投标相关法规

《招标投标法》是对整个招投标过程进行控制和管理的国家法规。制订《招标投标法》的根本目的是完善社会主义市场经济体制。市场经济的一个重要特点，就是要充分发挥竞争机制的作用，使市场主体在平等条件下公平竞争，优胜劣汰，从而实现资源的优化配置。而招标这种择优竞争的方式能完全符合市场经济的上述要求，它通过事先公布采购条件和要求，众多的供应商和承包商同等条件进行竞争，招标人按照规定程序从中选择订约方这一系列程序，就可以真正实现"公开、公平、公正"的市场竞争原则。纵观世界各国，凡是市场机制比较健全的国家，大多都有比较悠久的招标历史和比较完善的招标法律制度。《招标投标法》的直接立法目的有以下四点。

(1) 规范招标投标活动。改革开放以来，我国的招标投标事业得到了长足的发展，推行的领域不断拓宽，发挥的作用也日趋明显。但是，当前招投标活动中存在一些突出问题，例如，推行招标投标的力度不够，不少单位不愿意招标或想方设法规避招标程序规范，做法不统一，漏洞较多，不少项目有招标之名而无招标之实；招标投标中的不正当交易和腐败现象比较严重，吃回扣、钱权交易等违法犯罪行为时有发生；政企不分，对招标投标活动的行政干预过多；行政监督体制不顺，职责不清，在一定程度上助长了地方保护主义和部门保护主义。因此，依法规范招标投标活动，是《招标投标法》的主要立法宗旨之一。从这一目的出发，《招标投标法》用较大的篇幅规定了招标投标程序，并规定了违反这些程序性规则应承担的法律责任。

(2) 提高经济效益。招标的最大特点是通过集中采购，让众多的供应商承包商进行竞争，以最低或较低的价格获得取优的货物、工程或服务。在西方市场经济国家，由于政府及公共部门提高采购效率、节省开支是纳税人和捐赠人对政府和公共部门提出的必然要求。因此，这些国家普遍在政府及公共采购领域推行招标投标，招标逐渐成为市场经济国家通行的一种采购制度。我国从 20 世纪 80 年代初开始引入招标投标制度，先后在利用国外贷款、机电设备进口、建设工程发包、科研课题分配、出口商品配额分配等领域推行，取得了良好的经济效益和社会效益。制定《招标投标法》，依法推行招标投标制度，对于保障资金的有效使用，提高投资效益，有着极为重要的意义。从这一目的出发，《招标投标法》中特别规定了强制招标制度，即规定某些类型的基础上必须通过招标进行，否则项目单位要承担法律责任。

(3) 保证项目质量。由于招标的特点是公开、公平和公正，将采购活动置于透明的环境之中，有效地防止了腐败行为的发生，使工程、设备等采购项目的质量得到了保证。在某种意义上说，招标投标制度执行得如何，是项目质量能否得到保证的关键。从我国近些年来发生的重大工程质量事故看，大多是因为招投标制执行差，搞内幕交易，违规操作，使无资质或者资质不够的施工队伍承包工程，造成建设工程质量下降，事故不断发生。因此，通过推行招标投标，选择真正符合要求的供货商、承包商，使项目的质量得以保证，是制定《招标投标法》的主要目的之一。《招标投标法》第三条特别指出，大型基础设施、公用事业等关系社会公共利益、公众安全的项目，使用国有资金投资、国家融资的项目，使用国际组织或者外国政府贷款、援助资金的项目，必须进行招标。这些项目的质量状况，不仅关系到国家建设资金的有效使用，关系到人民群众生命财产安全，而且关系到国家的对外形象。正因为如此，《招标投标法》才特别强调要对这几类项目进行招标，并从保证项目质量的角度出发，规定了严格的招标投标程序。

(4) 保护国家利益、社会公共利益和招标投标活动当事人的合法权益。这个立法目的从前三个目的引申而来。无论是规范招标投标活动，还是提高经济效益，或保证项目质量，最终目的都是为了保护国家利益、公共利益，保护招标投标活动当事人的合法权益。也只有在招标投标活动得以规范，经济效益得以提高，项目质量得以保证的条件下，国家利益、社会公共利益和当事人的合法权益才能得以维护。因此，保护国家利益、社会公共利益和当事人的合法权益，是《招标投标法》最直接的立法目的。从这一目的出发，《招标投标法》第五章对规避招标、串通投标、转让中标项目等各种非法行为做出了处罚规定，并通过行政监督部门依法实施监督(第七条)，以及允许当事人提出异议或投诉(第六十五条)，来保障国家利益、社会公共利益和当事人的合法权益。

3.1.3 招投标过程

招标投标当事人包括招标人、投标人和招标代理机构。招标人是依照招标投标的法律、法规提出招标项目、进行招标的法人或者其他组织。投标人是响应招标、参加投标竞争的法人或者其他组织。招标代理机构是依法设立、从事招标代理业务并提供相关服务的社会中介组织。

招标投标分为货物招标投标、工程招标投标、服务招标投标三种类型。货物招标投标是指对各种各样的物品，包括原材料、产品、设备、电能和固态、液态、气态物体等，以及相关附带服务的招标投标过程。工程招标投标是指对工业、水利、交通、民航、铁路、信息产业、房屋建筑和市政基础设施等各类工程建设项目，包括各类土木工程建造、设备建造安装、管道线路制造敷设、装饰装修等，以及相关附带服务的招标投标过程。服务招标投标是指除货物和工程以外的任何采购对象(如咨询评估、物业管理、金融保险、医疗、劳务、广告等)的招标投标过程。

招投标方式是在货物、工程和服务的采购行为中，招标人通过事先公布的采购和要求，吸引众多的投标人按照同等条件进行平等竞争，按照规定程序并组织技术、经济和法律等方面专家对众多的投标人进行综合评审，从中择优选定项目的中标人的行为过程。招投标的几个主要过程如下。

1. 招标

招标是指招标方根据自己的需求，通过招标公告或投标邀请书等形式，向潜在的具有法定条件和具有承建能力的企业发出投标邀请的行为。

2. 投标

投标是指经资格审查合格的投标人，在同意并遵循招标方核定的招标文件的各项规定和要求的前提下，按招标文件的规定和条件填写投标文件和编制投标报价，在招标文件限定的时间送达招标单位，以期通过竞争为招标方选中的交易过程。

3. 开标

开标是指到了投标人提交投标文件的截止时间，招标人（或招标代理机构）依据招标文件和招标公告规定的时间和地点，宣布投标人名称、投标价格及投标文件中的有关主要内容的过程。

4. 评标

评标是指招标人根据按照招标文件规定的评标标准和方法，对投标方件进行审查、评议的过程。评标工作一般由招标方组织评标委员会进行。评标委员会负责依据一定的原则和招标文件的要求进行评标，提出书面评标报告，推荐合格中标候选人。

5. 定标

定标包括中标和授标。对于投标人来说就是中标，对于招标方来说就是授标。中标是指招标方在充分评审的基础上，在推荐的中标候选人中最终确定中标人的过程。被选中的投标人叫中标人。授标是指招标方对经公示无异议的中标人发出中标通知书，接受其投标文件和投标报价。中标人确定后，招标人应当向中标人发出中标通知书，并同时将中标结果通知所有未中标的投标人。中标通知书对招标人和中标人具有法律效力。中标通知书发出后，招标人改变中标结果的，或者中标人放弃中标项目的，应当依法承担法律责任。

6. 签订合同

签订合同是指中标通知书发出规定时限之内，招标人与中标人就招标文件和投标文件中存在的问题进行谈判，并签订合同书。至此就完成了招标投标的全过程。

3.1.4 招投标的基本特性

整个招标投标过程具有如下基本特性。

(1) 组织性。招标投标是一种有组织、有计划的商业交易活动，它的进行过程必须按照招标文件的规定，在指定的地点、时间内，按照规定的规则、办法和程序进行，有着高度的组织性。

(2) 公开性。招投标具有公开性即进行招标活动的信息、开标的程序、评标的标准和程序和中标的结果公开。

(3) 公平性和公正性。招标方应对各方投标者一视同仁，招标方不得有任何歧视某一个投标者的行为。开标过程实行公开方式。要采用严格的保密原则和科学的评标办法，保证评标过程的公正性。与投标人有利害关系的人员不得作为评标委员会成员。招标的组织性与公开性则是招标过程中公平、公正竞争的又一重要保证。

(4) 一次性。招标与投标的交易行为,不同于一般商品交换,也不同于公开询价与谈判交易。招标投标过程中,投标人没有讨价还价的权利是招标投标的又一个显著特征。投标人参加投标,只能应邀进行一次性秘密报价,是“一口价”。投标文件递交后,不得撤回或进行实质性条款的修改。

(5) 规范性。按照目前通用做法,招标投标程序已相对成熟与规范,不论是工程施工招标,还是有关货物或服务采购招标,都要按照编制招标文件、发布招标公告、投标、开标、评标和签订合同这一相对规范和成熟的程序进行。

3.2 招　标

招标是指招标人通过招标公告或投标邀请书等形式,招请具有法定条件和具有承建能力的投标人参与投标竞争。如表3-1所示,根据《招标投标法》,在我国境内进行的工程建设项目中分为必须进行招标的和由审批部门批准无须进行招标的项目。

表3-1　必须招标的项目和无须招标的项目

类　别	名　称
必须进行招标的项目	大型基础设施、公用事业等关系社会公共利益、公共安全的项目
	全部或部分使用国有资金投资或者国家融资的项目
	使用国际组织或者外国政府贷款、援助资金的项目
无须进行招标的项目	涉及国家安全、国家秘密或者抢险救灾而不适宜招标的
	属于利用扶贫资金实行以工代赈需要使用农民工的
	施工主要技术采用特定的专利或者专有技术的
	施工企业自建自用的工程,且该施工企业资质等级符合工程要求的
	在建工程追加的附属小型工程或者主体加层工程,原中标人仍具备承包能力的
	法律、行政法规规定的其他情形

对于必须进行招标的项目,任何单位和个人不得将依法必须进行招标的项目化整为零或者以其他任何方式规避招标。依法必须进行招标的项目,其招标投标活动不受地区或者部门的限制。任何单位和个人不得违法限制或者排斥本地区、本系统以外的法人或者其他组织参加投标,不得以任何方式非法干涉招标投标活动。

3.2.1　招标的组织

招标分为招标人自行组织招标和招标人委托招标代理机构代理招标两种组织形式,如表3-2所示。

表 3-2　招标组织形式

分　类	特　征
自行招标	具有编制招标方件和组织评标能力的招标人,自行办理招标事宜,组织招标投标活动
委托招标	招标人自行选择具有相应资质的招标代理机构,委托其办理招标事宜,开展招标投标活动

招标组织为组织招标单位在招标前组建的与招标项目相适应的招标机构。招标组织机构的构建应具备以下条件。

(1) 必须是法人依法成立组建的其他组织。

(2) 有与招标项目相适应的经济技术管理人员。

(3) 有组织编制招标文件的能力。

(4) 有审查的能力。

(5) 有组织开标、评标、定标的能力。

从构建条件可以看出,如果招标人不具有编制招标文件和组织评标能力,就必须委托具有相应资质的招标代理机构办理招标事宜。招标人有权自行选择招标代理机构,委托其办理招标事宜。任何单位和个人不得以任何方式为招标人指定招标代理机构。从事工程建设项目招标代理业务的招标代理机构,其资格由国务院或者省、自治区、直辖市政府的建设行政主管部门认定。

招标人可以根据招标项目本身的要求,在招标公告或者投标邀请书中,要求潜在投标人提供有关资质证明文件和业绩情况,并对潜在投标人进行资格审查;国家对投标人的资格条件有规定的,依照其规定。招标人不得以不合理的条件限制或者排斥潜在投标人,不得对潜在投标人实行歧视待遇。招标人不得向他人透露已获取招标文件的潜在投标人的名称、数量,以及可能影响公平竞争的有关招标投标的其他情况。招标人设有标底的,标底必须保密。

3.2.2　招标的方式

招标方式分为公开招标、邀请招标和议标三种方式。

1. 公开招标

公开招标又称无限竞争性招标,即由招标人在报刊、网络或其他媒体上刊登招标公告的方式,吸引众多企业单位参加投标竞争,招标人从中择优选择中标单位的招标方式。

公开招标方式的具体工作步骤如图 3-1 所示,其中招标申请必须投审到相关部门,审批通过后再进行下一步工作。评标委员会中委员的选取是从专家库中随机抽取。整个开标、评标和定标的过程都必须在相关机构的监督或委托监督之下进行。

公开招标方式的优点是投标的项目承包商多、竞争氛围大,招标方有较大的选择余地,有利于降低项目的造价,提高项目完成质量。其缺点是投标的项目承包商多,招标工作复杂,需投入较多的人力、物力,招标过程所需时间较长,因而此类招标方式主要适用于投资额度大、工艺、结构复杂的较大型项目。因此,目前公开招标是三种招标方式中最具竞争性、最完整规范、最典型、成本最高、所需时间最长的招标方式。

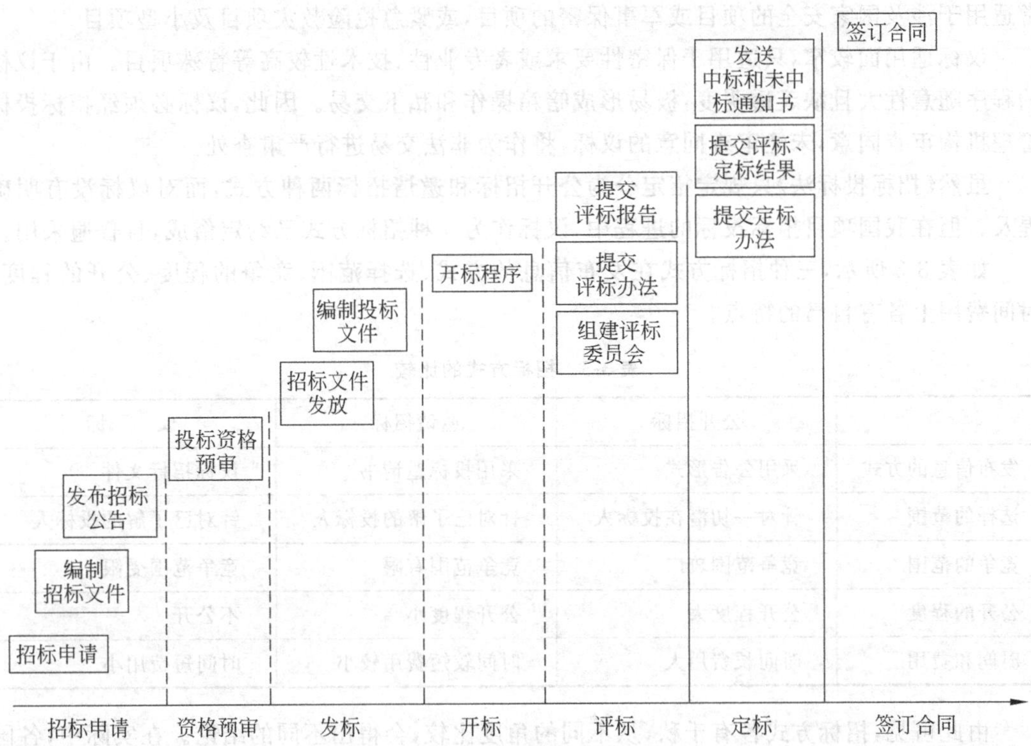

图 3-1　公开招标的具体工作步骤

2. 邀请招标

邀请招标又称有限竞争性招标，是指招标人以投标邀请书的方式邀请特定的法人或其他组织投标。这种方式不发布广告，招标方根据自己的经验和所掌握的各种信息资料，向有能力承担该项目的 3 个以上承包商发出投标邀请书，邀请他们参加招标竞争，收到邀请书的单位有权利选择是否参加投标。

邀请招标方式与公开招标一样都必须按规定的招标程序进行，要制定统一的招标文件，投标人都必须按招标文件的规定进行投标。

邀请招标方式的优点是参加竞争的投标商数目可由招标单位控制，目标集中，招标的组织工作较容易，工作量比较小。其缺点是由于参加的投标单位相对较少，竞争性范围较小，使招标单位对投标单位的选择余地较少，如果招标单位所掌握的信息资料不足，有可能会失去发现最合适承包商的机会。在我国，邀请招标和公开招标的适用范围相同，被同等看待。国务院发展计划部门确定的国家重点项目和省、自治区、直辖市政府确定的地方重点项目不适宜公开招标的，经批准都可以进行邀请招标。

3. 议标

议标也称限制性招标，是一种以议标文件或拟议的合同草案为基础的，直接通过谈判方式分别与若干家承包商进行协商，选择自己满意的一家，签订承包合同的招标方式。议标通常适用于涉及国家安全的项目或军事保密的项目，或紧急抢险救灾项目及小型项目。

议标适用面较窄，只适用于保密性要求或者专业性、技术性较高等特殊项目。由于议标的程序随意性大且缺乏透明度，极易形成暗箱操作和私下交易。因此，议标必须经招标投标管理机构审查同意，未经审查同意的议标，将作为非法交易进行严肃查处。

虽然《招标投标法》只规定招定分为公开招标和邀请招标两种方式，而对议标没有明确提及。但在我国项目招标投标的进程中，议标作为一种招标方式已约定俗成，且普遍采用。

如表 3-3 所示，三种招标方式在发布信息的方式、选择范围、竞争的程度、公开的程度、时间费用上各有自己的特点。

表 3-3 招标方式的比较

	公开招标	邀请招标	议　　标
发布信息的方式	采用公告形式	采用投标邀请书	议标招标文件
选择的范围	针对一切潜在投标人	针对已了解的投标人	针对已了解的投标人
竞争的范围	竞争范围较广	竞争范围有限	竞争范围受限
公开的程度	公开程度大	公开程度小	不公开
时间和费用	时间长费用大	时间较短费用较小	时间短费用小

由此可见，招标方式各有千秋，从不同的角度比较，会得出不同的结论。在实际中，各国或国际组织的做法也不尽一致。有的未给出倾向性的意见，而是把自由裁量权交给了招标人，由招标人根据项目的特点，自主决定采用哪种方式，只要不违反法律规定，最大限度地实现“公开、公平、公正”即可。

3.2.3 招标文件

1. 招标文件的概念

招标文件是招标人向投标人发出的，旨在向其提供为编写投标文件所需的资料并向其通报投标将依据的规则和程序等内容的书面文件，属于邀约的范畴。招标文件的功能在于阐明项目的性质和需求，通报招标程序将依据的规则和程序用来告知订立合同的条件。招标文件既是投标人编制投标文件的依据，又是招标人与中标人签订合同的基础。因此，招标文件是招标活动中最重要的法律文件之一。

在公开招标方式中的招标文件称为招标公告，招标公告是指招标人以公开方式邀请不特定的潜在投标人就某一项目进行投标的明确的意思表示。《招标投标法》第十六条规定招标人采用公开招标方式的，应当发布招标公告。依法必须进行招标的项目的招标公告，应当通过指定的报刊、信息网络或者其他媒介发布。

招标文件的编制应遵守有如下原则。

1）遵守法律法规

招标文件是一份具有法律效力的文件，接到采购项目委托以后，首先要考虑该项目是否有可行性论证报告、是否通过国家相关管理部门的批准、资金来源是否已落实等。招标文件的内容应符合国内法律法规、国际惯例、行业规范等。这就要求政府采购从业人员不仅要具有精湛的专业知识、良好的职业素养，还要有一定的法律法规知识，如合同条款不得和《合同法》相抵触。如有的招标文件中要求必须有本省的某行业领域资格证书，限制外地供应商竞争的规定，就与我国法律相背离。

2）反映采购人需求

招标代理机构面对的是采购单位对自己的项目了解程度差异非常大，再加上采购项目门类繁多，招标代理机构编制招标文件前就要对采购单位状况、项目复杂情况、具体要求等所有需求有一个真实全面的了解。在编招标文件时应该考虑的都要考虑到，即使当时不能确定具体要求，也应把考虑到的要求提出来。想到了，但不能确定的也应该把想到了的提出来，让投标者根据自己的经验来建议。

3）公正合理

公正是指公正、平等对待使用单位和供应商。招标文件是具有法律效力的文件，双方都要遵守，都要承担义务。合理是指采购人提出技术要求、商务条件必须依据充分并切合实际。技术要求根据可行性报告、技术经济分析确立，不能盲目提高标准、提高设备精度等，否则会多花不必要的钱。合理的特殊要求，可在招标文件中列出，但这些条款不应过于苛刻，更不允许将风险全部转嫁给中标方。由于项目的特殊要求需要提供出合同条款，如支付方式、售后服务、质量保证、主保险费及投标企业资格文件等，这部分要求的提出也要合理。验收方式和标准应采用我国通用的标准，或我国承认的国外标准、欧洲标准等。

4）公平竞争

公平竞争是指招标文件不能存有歧视性条款。只有公平才能吸引真正感兴趣、有竞争力的投标厂商。招标文件不能含有歧视性条款，政府采购监管部门对招标工作的监管最重要的任务之一就是审查招标文件中是否存有歧视性条款。当然，技术规格要求制定得过低，看似扩大了竞争面，实则给评标带来了很大困难，评标的正确性很难体现，最后选择的结果可能还是带有倾向性。

为了减少招标文件的倾向性，首先根据通过使用要求和使用目的确定货物档次，建议采用同档次产品开展市场调查进行比较，或向有水平的行业专家咨询，找出各匹配产品质量、性能、价格等差异所在。多分析、多观察，确定一些必须满足的基本指标，既要满足采购人的要求，又要保证有足够的供应商参与竞争。招标文件应载明配套的评标因素或方法，尽量做到科学合理，这样会使招标更加公开，人为因素相对减少，会使潜在的投标人更感兴趣。招标文件成型后，最好组织有关专家审定、把关。这些都是保证招标公平、公正的关键环节。

5）科学规范

以最规范的文字，把采购的目的、要求、进度、服务等描述得简捷有序、准确明了。使有兴趣参加投标的所有投标人都能清楚地知道需要提供什么样的货物、服务才能满足采购需求。不允许使用大概、大约等无法确定的语句，不要委婉描述，不要字句堆砌，表达上的含混不清，会造成理解上的差异。不要在某一部分说清楚了的事，又在另外章节中复述，弄不好，可能产生矛盾，让投标人无所适从。如对设备的软件是否另购问题，也应根据需要合理提示，以防在签约时出现价格问题。

6）维护政府、企业利益

招标文件编制要注意维护采购单位的秘密，如给公安系统招网络设备就要考虑安全问题。不得损害国家利益和社会公众利益，如噪音污染必须达标。总之考虑要尽量地细致、全面，执行起来就越顺当。招标项目门类繁多，只有多积累、多调查、多思索、多积累经验，才能深入浅出，编出一份合乎规范的招标文件来。

2. 招标文件的编制

招标文件是由一系列有关招标方面的说明性文件资料组成的，包括各种旨在阐述招标人意志的书面文字、图表、电报、传真、电传等材料。

《招标投标法》规定招标公告至少应包括如下内容：

(1) 招标人的名称、地址，委托代理机构进行招标的，还应注明该机构的名称和地址。

(2) 招标项目的性质，是属于工程项目的采购还是货物或服务的采购。

(3) 招标项目的数量。

(4) 招标项目的实施地点，通常是指货物的交货地点、服务提供地点或建设项目施工地点。

(5) 招标项目的实施时间即交货或完工时限。

(6) 招标文件的获取办法，包括发售招标文件的地点，文件的售价及开始和截止出售的时间。招标文件的售价一般应只收成本费，以免投标者因价格过高而失去购买招标文件的兴趣。

招标公告还可以载明招标的资金来源、对投标人的资格要求，报送投标书的时间、地点及投标截止日期等其他有关招标信息，但不得在招标通告中指定投标人或有其他影响招标的公开性、平等竞争性的内容。招标人应当根据招标项目的特点和需要编制招标文件。招标文件应当包括招标项目的技术要求、对投标人资格审查的标准、投标报价要求和评标标准等所有实质性要求和条件，以及拟签订合同的主要条款。国家对招标项目的技术、标准有规定的，招标人应当按照其规定在招标文件中提出相应要求。招标项目需要划分标段、确定工期的，招标人应当合理划分标段、确定工期，并在招标文件中载明。招标文件不得要求或者标明特定的生产供应者，以及含有倾向或者排斥潜在投标人的其他内容。

招标文件的内容一般由标题、正文、结尾三部分组成。

1）标题

写在第一行的中间。常见写法有四种。一是由招标单位名称、招标性质及内容、招标形式、文种四元素构成；二是由招标性质及内容、招标形式、文种三元素组成的标题；三是只写文种名称“招标书”；四是广告性标题。如《××大学修建图书馆楼的招标通告》、《××集团招标公告》。

2）正文

正文由引言、主体部分组成。引言部分要求写清楚招标依据和原因。主体部分要详细交代招标方式（公开招标、内部招标、邀请招标）、招标范围、招标程序、招标内容的具体要求，双方签订合同的原则、招标过程中的权利和义务、组织领导、其他注意事项等内容。

(1) 引言。应写明招标目的、依据以及招标项目的名称。

如《××学校数字化校园建设招标通告》:“依据××市政府采购办××号政府采购计划下达函要求采购,××市政府采购中心受××市第二中学的委托,对其数字化校园建设项目以公开招标方式进行采购,择优选定承包单位,现将招标有关事项通告如下。”

(2) 主体。这是招标公告的核心。要详细写明招标的内容、要求及有关事项。一般采用横式并列结构,将有关要求逐项说明。具体包括如下几个方面。

① 招标内容。如标明工程名称、建筑概要、设计要求、承包方式、交工日期等。

如上述通告中“工程名称:××学校数字化校园建设。项目主要内容:校园网络;多媒体教室;高清全自动课程录播教室;网络视频监考及教学观摩系统(含安防监控);大屏显示系统;机房装修。工程质量要求应符合国家施工验收规范。承包方式:全部包工包料(建设单位提供三材指标)。施工地址:×市×路×号。设计及要求:见附件(略)。交工日期:2014 年 2 月”。

② 投标资格。投标单位资格及应提交的文件。例如,凡具有计算机信息系统集成二级或以上资质的投标供应商皆可报名参加投标。报名时应提交下列文件:A. 投标单位概况表;B. 技术等级证书;C. 工商营业执照;D. 资质原件及复印件。

③ 招标程序。包括内容:A. 报名及资格审查;B. 领取招标文件;C. 招标交底会(交代要求及有关说明);D. 接受标书;E. 开标;F. 交招标文件押金或购买招标文件。

④ 招投标双方的权利和义务、双方签订合同的原则、组织领导以及其他事项等。

3) 结尾

招标书的结尾,应签具招标单位的名称、地址、电话等,以便投票者参与。

招标文件的形式结构通常分为若干个章和条目,表 3-4 给出了一种典型格式。

表 3-4　招标文件的格式

章　节	内　容	章　节	内　容
第 1 章	投标须知	第 6 章	投标书格式要求
第 2 章	合同条件	第 7 章	清单与报价表
第 3 章	合同协议条款	第 8 章	辅助资料表
第 4 章	合同格式	第 9 章	图纸
第 5 章	技术规范		

3. 招标文件的发布

公开招标方式中招标文件采用什么样的发布方式尤为重要。招标公告的发布方式对信息能否广泛传播也起着决定性的作用,直接影响招标公告的发布效果。

《招标投标法》规定公开招标的招标信息必须通过公告的途径予以通告,使所有合格的投标人都有同等的机会了解招标要求,以形成尽可能广泛的竞争局面。可以说,发布招标公告是公开招标的第一步,也是决定投标竞争的广泛程度,确保招标质量的关键性的一步。依法必须进行招标的项目,招标公告应当在国家指定的报刊、信息网络等公共媒介发布。其中具体哪些项目应在哪一级的报刊或信息网络上或其他媒介上发布以及发布的范围等都要由国家指定。目前,法律、行政法规尚无这方面的专门规定,国务院有关部门对此作了一些规定。但是目前实践中这方面存在的问题主要是,一些部门的规定不一致,招标公告发布的渠道比较分散。根据我国的实践,对法定强制招标的项目公开招标的,招标公告至少应刊登在一家全国性的报刊上。

国际上也十分重视招标公告的发布,国外一般对法定强制招标项目的招标公告都规定了固定的发布渠道,如加拿大规定将招标信息发布在《加拿大公报》上,西班牙规定将招标信息发布在《国家官方日报》上,中国香港地区规定国际招标信息发布在《香港政府公报》上。世界银行规定,凡世行贷款进行招标的项目,其总采购公告要送交世行,由世行免费安排在联合国的发展商业报上刊登。世行还规定具体采购广告应在借款国国内至少一份普遍发行的报纸上刊登,并将广告副本转发给合格货源国的驻当地代表。

发布公告的一个重要补充是发邀请函。因为一种信息载体的发行范围总是有限,且由于资金限制,不可能每天都登同一公告,这就可能使一些信誉好、实力强的潜在投标人错过机会。招标机构可根据业务经验,对一些著名的集成商发出专门的邀请,促进其投标。

4. 招标标底

招标标底是项目招投标中的一个重要文件。它是指项目招标人对项目在方案、质量、期限、价格、方法、措施等方面的自预期控制指标或预期要求。如果没有标底,招标人对招标项目中的预期和认同就常常会带有一定的盲目性,既不利于控制项目投资,又不利于保证项目完成质量。

招标标底文件是对一系列反映招标人对招标项目交易预期控制要求的文字说明、数据、指标、图表的统称,是有关标底的定性要求和定量要求的各种书面表达形式。其核心内容是一系列数据指标,即有关标底价格的数据。项目招标标底文件一般由标底报审表和标底正文两部分组成。标底报审表是招标文件和标底正文内容的综合摘要。标底正文是详细反映招标人对项目价格等的预期控制依据和具体要求的部分。

招标标底的编制、审定和公布,是项目招投标程序中的重要环节,对衡量标价、确定中标人具有重要作用。标底泄露是导致市场混乱的因素之一。因此,标底在开标前必须保密,送审时间通常在投标文件递交截止日至开标之日,以免标底在审查过程中泄露。

3.3 投　　标

项目投标是投标人寻找选取合适的投标信息,在同意、遵循招标方核定的招标文件的各项规定和要求的前提下,提出自己的投标文件,通过竞争被招标方选中的交易过程。

3.3.1 投标的组织

投标项目选定后,就需要组织专门人员对投标的全部活动过程进行组织和跟踪。投标组织一般由三类人才组成：管理类人才，指专门从事经营管理、制订和贯彻经营方针与规划，具有决策水平的人才；技术专业类人才，指与项目相关的各类技术人员，具有较强的实战能力，从技术可行的角度拟定项目的实施方案；商务金融类人才，从经济和风险角度为方案的制定把关。

系统集成项目包含功能集成、网络集成、软硬件集成等多种集成技术。同时，它是一个多厂商、多协议和面向各种应用的体系结构，其本质是最优化的综合统筹设计，其目标是追求整体性能最优，即所有部件和成分合在一起后不但能工作，而且全系统是低成本、高效率、性能匀称、可扩充性和可维护性的系统。作为集成商在投标时应充分考虑其特点，并在投标时区别于其他项目。

(1) 看清投标资格。对系统集成项目而言，参与投标的供应商除了要满足《政府采购法》第 22 条规定外，还应该依据自己的主业满足相应的资质条件。目前比较常用的资质条件主要有：投标人注册资金、类似项目经验和成功案例、工业和信息部颁发的《计算机信息系统集成资质》、国家保密局颁发的《涉及国家秘密的计算机信息系统集成资质》、省级公安厅/局安全技术防范办公室颁发的《安全技术防范系统设计、施工》资质、软件工程成熟度 CMM 认证证书、ISO 9001:2000 质量管理体系认证证书，软件企业认证证书，高新技术企业认证证书等。满足资质要求是对投标人的最低要求。

(2) 了解各项要求。要仔细阅读招标文件，明确具体要求，如投标保证金交付方式，本地企业只需带支票即可，非本地企业则要了解中标人的账号和开户行，并将支票提前汇出以使保证金在投标截止前到账，或开好汇票、保函，投标时当场交给招标人。又如对招标人安排现场踏勘或招标答疑的时间、地点要了解清楚；如果招标人没有安排，但投标人认为应该安排，否则无法完整、正确完成招标文件，则应向招标人提出，要求安排现场踏勘或招标答疑。再对如投标时间、地点、投标截止时间等也要牢记，一旦搞错就无法弥补。

(3) 及时提出问题。投标人对技术需求中有不明白、不理解以及认为存在排他性、歧视性的指标、参数，要及时向招标人提出，千万不要自以为是，按自己的理解来报价、做方案。对不明白、不理解的地方可以要求招标人进行解释、澄清；而对排他性、歧视性的指标、参数，则应要求招标人进行更改。所有的质疑、澄清要求均应在招标文件规定的时间内提出，并附相关证据、证明文件和联系方式，以利招标人调查取证后作出必要的更正或答复。

3.3.2　投标的基本流程

投标必须按照规定的流程和做法，满足招标文件的各项要求条件，遵守规定的招标时间，进行公平、公正的竞争。投标的基本流程如图 3-2 所示。

3.3.3　投标文件

1. 投标文件的概念

投标文件是项目投标人单方面阐述自己响应招标文件要求，旨在向招标人提出愿意订立合同的意愿，是投标人确定、修改和解释有关投标事项的各种书面表达形式的统称。

投标人在投标文件中必须明确向招标人表示愿以招标文件的内容订立合同，必须对招

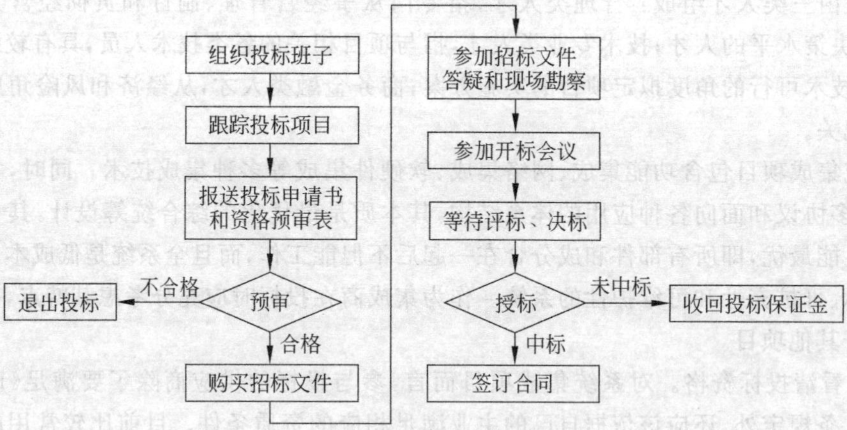

图 3-2 投标基本流程

标文件提出的实质性要求和条件做出响应，不得以低于成本的报价竞标；必须由有资格的投标人编制；必须按照规定的时间、地点递交给招标人。

投标文件是投标方参与投标竞争的重要凭证，是日后评标、定标和签订合同的依据。投标文件通常由下列几种文件组成。

(1) 商务文件。用以证明投标人履行了合法手续及招标人了解投标人商业资信、合法性的文件。一般包括投标保函、投标人的授权书、证明文件、联合体投标人提供的联合协议、投标人所代表的公司的资信证明等。

(2) 技术文件。用以评价投标人技术实力和经验的文件。一般包括集成项目的设计方案和技术方案。

(3) 价格文件。价格文件是投标文件的核心，是影响中标的一个关键因素。

2. 投标文件的编制

投标文件一般包括以下内容。

(1) 开标一览表。

(2) 投标函。

(3) 投标函附录。

(4) 投标保证金。

(5) 投标报价单。

(6) 法定代表人资格证明书。

(7) 授权委托书。

(8) 具有标价的项目业务量清单与报价表。

(9) 辅助资料表。

(10) 资格审查表。

(11) 对招标文件中的合同协议条款内容的确认和响应。

(12) 项目运营组织设计。

(13) 招标文件规定提交的其他资料。

投标文件的编制应选择一种官方主导语言，并使用招标文件提供的投标文件的格式。投标文件有下列情况之一的，在开标时将被作为无效或作废的投标文件，不能参加评标。

(1) 投标文件未按规定标志、密封的。

(2) 未经法定代表人签署或未加盖投标人公章或未加盖法定代表人印鉴的。

(3) 未按规定的格式填写，内容不全或字迹模糊辨认不清的。

(4) 投标截止时间以后送达的投标文件。

3.4　开标、评标和定标

3.4.1　开标

开标也称为唱标，是指招标人在招标文件中所规定的投标人提交投标文件的截止时间、地点，召集各投标人集中开会，当众对投标文件正式启封和宣布的活动过程。这一个过程是招标投标程序中的一个法定环节。按照投标人是否参加为标准，开标的方式分为公开开标和秘密开标。

开标活动由招标人主持并组织，开标的时间就是投标截止时间。开标的内容一般包括投标方的投标报价、工期和质量标准、质量保证等承诺、替代方案报价、投标保证金、主要人员等，同时也包括招标人的标底。

3.4.2　评标

投标文件经开标后，送达评标委员会进行评议，以选择最有利的投标的过程称为评标。评标时招标方的单独行为，由招标方组织进行。

1. 评标组织

根据《招标投标法》第37条的规定，评标由招标人依法组建的评标委员会负责。评标委员会负责评标活动，向招标人推荐中标候选人或者根据招标人的授权直接确定中标人。评标委员会成员名单一般应于开标前确定，在中标结果确定前保密。

为了保证评标委员会的公正性、权威性，应尽可能地有合理的知识结构和高质量的组成人员，因此法律规定其评标委员会由招标人的代表和有关技术、经济等方面的专家组成，成员由五人以上单数，其中技术、经济等方面的专家不得少于成员总数的三分之二，参加评标委员会的专家应当有较高的专业水平，并依照法定的方式确定；与投标人有利害关系的人不得进入相关项目的评标委员会。评标委员会成员的名单在中标结果确定前应保密。评标委员会设负责人的，评标委员会负责人由评标委员会成员推举产生或者由招标人确定。评标委员会负责人与评标委员会的其他成员有同等的表决权。

评标委员会的专家成员是从评标专家库中抽取的。国家发展计划委员会制定的自2003年实施的《评标专家和评标专家库管理暂行办法》做出了组建评标专家库的规定，指出评标专家库由省级以上政府有关部门或者依法成立的招标代理机构依照《招标投标法》的规定自主组建。政府投资项目的评标专家必须从政府有关部门组建的评标专家库中抽取。确定评标专家,可以采取随机抽取或者直接确定的方式,与投标人有利害关系的人不得进入相关工程的评标委员会。技术特别复杂、专业性要求特别高或者国家有特殊要求的招标项目,采取随机抽取方式确定的专家难以胜任的,可以由招标人直接确定。

2. 评标规则

关于评标的规则,是招标投标法的重要内容。评标规则应对评标委员会有严格要求,这也是非常必要的,因为能否在评标环节上,对投标文件做出公正、客观、全面的评审和比较,正是招标能否成功的一个关键,也是能否公正地推荐和确定中标人的必要前提。主要的评标规则如下。

(1) 评标过程应该处于封闭状态。招标必须按法定的规则进行,这是公正评标的必要保证,因此规定招标应当采取必要措施,保证评标在严格保密的情况下进行,这是要求评标在封闭的状态下进行,使评标过程免受干扰。

(2) 评标过程不得受到非法干预。任何单位和个人不得非法干预、影响评标的过程和结果,这是以法律形式排除在现实中经常会出现的非法干预,排除从外界施加的压力,也是在法律上保证公正评标,维护招标人、投标人的合法权益。

(3) 评标应该按招标文件的评价标准进行。评标委员会应当按照招标文件确定的评标标准和方法对投标文件进行评审和比较,这是明确了评标的原则,也是为了保证评标的公平性和公正性,在评标中不应采用招标文件中未列明的标准和方法,也不应改变招标文件中已列明的标准和方法,否则将失去衡量评标是否公平、公正的依据。

(4) 评标成员应当客观、公正地履行职务。评标委员会成员应当客观、公正地履行职务,遵守职业道德,对所提出的评审意见承担个人责任。这是保证公正评标的必要条件,评标委员会成员的工作必须是合乎招标投标制度本质要求的,体现维护公平竞争的原则,并对自己的工作负个人责任,这就不但有规范,而且有责任,从而促使形成强烈的责任感。

(5) 评标成员必须廉洁公正。评标委员会成员不得私下接触投标人,不得收受投标人的财物或者其他好处,这是由于评标委员会成员享有评标的重要权力,因而必须保证他们是廉洁公正的,就要求他们个人的行为绝对是严格地割断与投标人的任何利益联系,所以对其个人行为做出了禁止性的规定。

(6) 评标成员不得泄露评标情况。参与评标的人员包括评标委员会的成员和有关工作人员,都不得透露评标情况,也就是对评标情况负有保密义务,这是保证评标工作正常进行,并使评标工作有公正结果,防止参与评标者牟取不正当利益的必要措施。

3. 评标方法

招投标相关法律和规定的颁布,对于规范投资领域的招标投标活动,保护国家利益、社会公共利益和招投标当事人的合法权益,发挥了十分积极的作用。但是要真正保证招标项目质量,降低项目成本,提高项目经济效益,体现招标活动的公平、公正、择优原则,还必须重视评标方法的选择。评标方法,就是运用在招标文件中已确定的评标标准评审、比较、选择中选投标人的具体方法。

法律规定的中标人的投标应当符合下列条件之一。

(1) 能够最大限度地满足招标文件中规定的各项综合评价标准。

(2) 能够满足招标文件的实质性要求，并且经评审的投标价格最低；但投标价格低于成本的除外。

《评标委员会和评标方法暂行规定》中指出评标方法包括经评审的最低投标价法、综合评估法或者法律、行政法规允许的其他评标方法。

1) 经评审的最低投标价法

经评审的最低投标价法是指能够满足招标文件的各项要求，并且经评审的最低投标价的投标，应当推荐为中标候选人。一般而言，这种方法用于采购简单商品、半成品、设备、原材料，以及其他性能、质量相同或容易进行比较的货物时，价格可以作为评标时考虑的唯一因素时使用。

采用经评审的最低投标价法选择中标人时，必须注意的是，投标文件必须能够满足招标文件的各项要求，评标委员会应根据招标文件规定的评标价格调整方法，以所有投标人的投标报价以及投标文件的商务部分做必要的价格调整；如果投标不符合招标文件的实质性要求，则投标价格再低，也不在考虑之列。另外，经评审的最低投标价法选择中标人时，投标价不得低于成本，如果投标人的价格低于自己的个别成本，则意味着投标人取得合同后，可能为了节省开支而想方设法偷工减料、粗制滥造，给招标人造成无可挽回的损失。

2) 综合评估法

不易采用经评审的最低投标价法的招标项目一般应当采取综合评估法进行评审。根据综合评估法，最大限度地满足招标文件中规定的各项综合评价标准的投标，应当推荐为中标候选人。综合评估法按其具体分析方式的不同，又可分为定性综合评估法和定量综合评估法。

定性综合评估法又称评议法，由评标组织对项目报价、工期、质量、运营组织设计、主要材料消耗、安全保障措施、业绩、信誉等评审指标，分项进行定性比较分析，综合考虑，经过评议后，选择其中被大多数评标组织成员认为各项条件都比较优良的投标人为中标人，也可用记名或无记名投票表决方式确定投标人。定性综合评议法的特点是不量化各项评审指标。该方法虽然能够深入地听取各方面的意见，但由于没有进行量化评定和比较，评标的科学性较差。其优点是评标过程简单、较短时间内即可完成，一般适用于小型项目。

定量综合评估法又称打分法。它是根据项目规模大小、复杂程度、侧重点不同等因素，分别对投标商的报价、质量目标、工期目标、文明运营目标、安全生产目标、运营组织设计、优惠条件、企业资质、企业业绩、企业财务状况、人员设备等指标赋分，得分最高者中标。在以上诸多的指标中，报价一般占40%～60%，是中标与否的关键。打分法是一种使用频率较高的评标方法，广泛应用于工程、服务、货物采购、技改中。由于该评标方法直观，便于操作，而且可以避免各种非正常因素对评标工作的影响，公平、公正，受到招投标双方的欢迎。打分法在使用中需要注意评标细则的制定，特别是确定商务和技术的权重及价格离散敏感系数时应当慎重，如果商务和技术的权重和离散敏感系数确定不科学，评标结果就会变成单纯的价格或技术的竞争。另外，在工程评标时，非价格因素如工期、质量、施工人员和管理人员的素质、以往的经验；在服务评标时，非价格因素如投标人及参与提供服务人员的资格，经验、信誉、可靠性、专业和管理能力；在货物评标时，非价格因素如运费和保险费、付款计划、交货期、运营成本、货物的有效性和配套性、零配件和服务的供给能力、相关的培训、安全性和环境效益等，都要在评标细则中细化反映。

在实际工作中，上述几种评标办法也有其局限性。

(1) 使用打分法评标时，由于商务和技术的权重及敏感系数难以科学合理地界定，因此在评标过程中，合理的投标价格或技术方案，打出的分数不一定最高。另外，一些小公司经常以大公司的名义投标，由于其持有大公司的各种资质证书及授权，评标打分时很占便宜，但大公司并不具体负责投标项目的施工及质量监控，因此项目的质量不一定能得到保证。

(2) 采用评议法时，招标方如果有私心，在评标时公开陈述明显偏向个别投标人的意见，在缺乏硬性指标的情况下，很难保证评标过程的公平公正。

(3) 采用经评审的最低投标价法一般项目使用得不多，只要在招标时规定出具体的评标计算因素及其量化计算方法，没有什么大问题，所以经常被技改项目及进口设备招标选用。

(4) 采用经评审的最低投标价法选择中标人时，必须要有参考标底，否则由于评标时间紧迫，又缺乏相关信息资料，很难确定合理的投标价位及投标人所投价格是否低于自己的个别成本。此外，个别投机取巧的投标人可能会串通起来抬标、恶意低价抢标。

4. 评标的内容

评标委员会成立后，对投标文件要进行初步评审和详细评审两个阶段。初步评审主要是包括检验投标文件的符合性和核对投标报价。确保投标文件响应招标文件的要求，剔除法律法规所提出的废标。经过初步审查，只有合格的标书才有资格进入下一轮的详细评审。初步评审和详细评审的具体评审内容如表 3-5 所示。

表 3-5 初步评审和详细评审

评审阶段	评审内容
初步评审	投标书的有效性
	投标书的完整性
	投标书与招标书的一致性
	标价计算的正确性
详细评审	价格分析
	技术评审
	管理和技术能力的评价
	对拟派该项目主要管理人员和技术人员的评价
	商务法律评审

评标委员会完成评标后，应当向招标人提出书面评标报告，并抄送有关行政监督部门。评标报告应当如实记载以下内容。

(1) 基本情况和数据表。

(2) 评标委员会成员名单。

(3) 开标记录。

(4) 符合要求的投标一览表。

(5) 废标情况说明。

(6) 评标标准、评标方法或者评标因素一览表。

(7) 经评审的价格或者评分比较一览表。

(8) 经评审的投标人排序。

(9) 推荐的中标候选人名单与签订合同前要处理的事宜。

(10) 澄清、说明、补正事项纪要。

评标报告由评标委员会全体成员签字。对评标结论持有异议的评标委员会成员,可以书面方式阐述其不同意见和理由。评标委员会成员如果拒绝在评标报告上签字且不陈述其不同意见和理由的,视为同意评标结论。评标委员会应当对此做出书面说明并记录在案;向招标人提交书面评标报告后,评标委员会即告解散。评标过程中使用的文件、表格以及其他资料应当即时归还招标人;评标委员会推荐的中标候选人应当限定在 1～3 个,并标明排列顺序。

3.4.3　定标

定标是指招标人在评价的基础上,最终确定中标人,或者授权评标委员会直接确定中标人的行为。定标对招标人来说是授标;对投标人来说则是中标。定标由招标人单独完成。整个定标流程如图 3-3 所示。

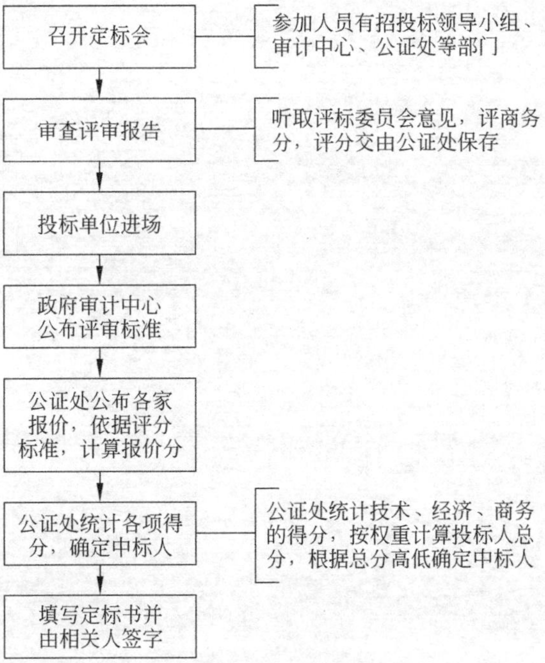

图 3-3　定标流程图

定标后，在标书有效截止日期前，招标单位须向中标单位发出书面的《中标通知书》。中标通知书连同承包人的书面回函都具有构成业主和承包人之间合同关系的效用。中标通知书应在其正文或附录中包括以下内容：一个完整的文件清单，其中含已被接受的投标书，以及通过招标人和承包人之间的协议对原来提交的投标书所做修改的确认，这些修改包括计算上的错误以及修改或删除某些保留的条件。中标通知书还应记载合同价格及履行担保的递交及正式签订合同的事宜。自中标通知书发出之日起的30日内，招标单位应当与中标单位签订合同。

思考题

(1) 请简述招投标的过程，并阐述招投标在信息系统集成项目中的重要性。

(2) 评标的方法对于评标的结果具有十分关键的作用，目前的评标方法有哪几种？有哪些局限性？

(3) 某学校在长沙有三个分院，分别在河西(3栋12层大楼)、四方坪(4栋10层大楼)、五一路(1栋24层楼房中的第10～12层)。要求在三个分院间建立信息系统，具有财务、远程教育、视频会议、视频点播等相关系统和功能。试写出该系统的招标书和投标书的主要内容。

第二部分　网络集成

第 4 章 网络集成技术

网络集成是信息系统集成中重要而基础的内容。大部分信息系统集成商完成的工作仅仅是网络集成的工作内容。本章首先对网络集成的相关概念、网络集成的过程、网络集成涉及的技术等进行介绍。其次，对网络集成过程中的各个步骤的内容和设计进行了详细的阐述。

4.1 网络集成概述

网络集成是对用户网络系统的应用需求进行分析，根据用户需求，对网络系统进行规划、设计与实施，将网络设备、服务器系统、终端设备、应用系统等集成在一起，组成满足设计目标、具有优良性价比、使用、管理与维护方便的网络系统的全过程。

4.1.1 网络系统集成的过程模型

网络集成系统的工作步骤一般按照如图 4-1 所示的网络集成的过程模型开展。

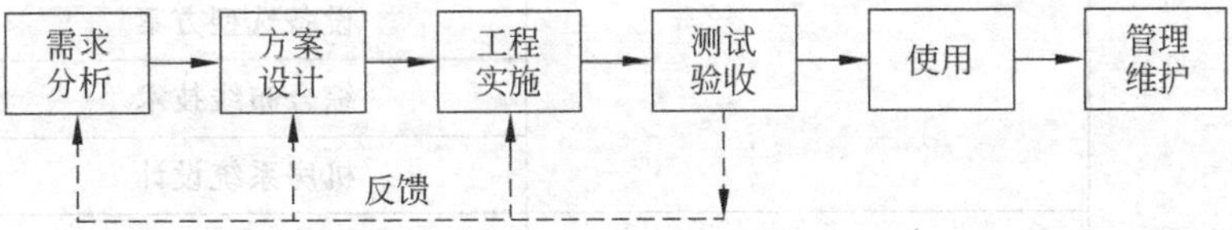

图 4-1 网络系统集成的过程模型

该过程模型是一个支持带有反馈的循环。需求分析阶段重点解决做什么的问题。集成商重点考虑用户的需求和目标，并将这些需求转换成商业和技术的目标。方案设计阶段重点解决怎么做的问题。集成商根据用户的需求，完成逻辑网络和物理网络的设计、网络可靠性、网络安全和管理等方面的设计。工程实施阶段重点解决如何动手去实现的问题。集成商做好施工前的准备后将进行综合布线的施工、机房环境的建设、网络设备和服务器的安装与配置、软件系统的安装调试等工作。测试验收阶段重点回答做得怎么样的问题。集成商通过各种测试软件、测试工具、测试方法来评估实现的系统是否满足用户需求。使用阶段主要帮助用户解决怎么用的问题。集成商将组织用户的系统相关的培训工作。管理维护阶段主要解决系统出了故障如何做的问题。这一阶段的工作由集成商和用户共同完成。用户可以使用系统支持的网管功能实现日常事务的常规管理以及小故障的排查。而在系统出现较大故障和问题的时候，由集成商通过远程维护、现场维护或者硬件返修的方式来进行维护。

4.1.2 网络系统集成的主要技术

在网络系统集成过程中，本书主要学习的是需求分析、方案设计、测试验收步骤中涉及的主要技术，如表 4-1 所示。其中方案设计步骤又分为逻辑网络设计、物理网络设计、网络系统可靠性设计、网络系统安全性设计、网络管理设计、网络服务设计几个子部分。各个子部分又涉及许多相关的技术。在方案设计阶段需要的专业技术知识最多最繁杂。这些技术相对独立，整个网络集成的任务是各类技术人员、管理人员、项目管理人员、施工人员、系统分析人员等一起协作完成的。本章重点关注系统分析人员、技术人员需要掌握的知识。其中综合布线技术将在第 5 章阐述，数据中心、机房设计将在第 6 章阐述。

表 4-1　网络系统集成的主要技术

网络系统集成阶段		主要技术
需求分析		网络性能分析技术
方案设计	逻辑网络设计	网络拓扑结构设计
		出口路由规划
		服务器部署
		IP 地址规划
	物理网络设计	网络传输技术
		网络互联技术
		网络接入技术
		设备选型方案
		综合布线技术
		机房系统设计
	网络系统可靠性设计	链路冗余技术
		链路聚合技术
		双机热备技术
		集群技术
		Raid 磁盘阵列技术
		数据容灾备份技术
	网络系统安全性设计	网络风险评估
		防火墙技术
		入侵检测技术
	网络管理设计	网络管理协议
	网络服务设计	数据中心等
测试验收		测试方法、网络测试工具

4.2 需求分析与设计原则

4.2.1 需求分析的必要性

网络系统需求是对待建的网络系统采用的技术、系统的结构、功能/行为和属性/性能的描述，是网络系统设计、建设、测试、验收的依据和基础。而需求分析是在网络系统设计过程中，通过与客户的沟通和交流，获取客户关于网络系统的基本需求，并经过分析与处理，最终确定支撑客户业务工作所必需的网络系统需求(如网络服务、性能指标等)的过程。

用户通常对网络系统的需求存在不同层面的理解，理解上也比较片面、模糊和不够深入。而准确的需求是网络系统设计、施工、测试、验收的依据，所以只有进行详细需求分析才能使得系统的功能与客户达成一致。因此，可以说需求分析是网络系统集成中的最重要的环节。

4.2.2 需求分析的过程

需求分析主要完成用户网络系统调查，了解用户建网需求，或用户对原有网络升级改造的要求。包括综合布线系统、网络平台、网络应用的需求分析，为下一步制订网络方案打基础。需求分析是整个网络设计过程中的难点，需要由经验丰富的系统分析员来完成。

需求分析一般由需求调查、需求分析与处理和需求确认三个阶段组成。

1. 需求调查

需求调查的目的是从实际出发，通过现场实地调研，收集第一手资料，取得对整个工程的总体认识，为系统总体规划设计打下基础。需求调查的方式包括问卷调查、座谈会、现场测量与调研等。需求调查的内容如下。

1) 用户调查

就是与网络系统的用户进行交流，尤其是旧网络改造项目，这个环节尤为重要。用户群并不能从技术角度描述需求。但系统分析员一般可以从期望延时时间、可靠性/可用性、可扩展性、高安全性等方面去设计用户调查表，从而了解用户在这些方面的实际需求。这些需求可以由系统分析员对网络用户发放相关调查表来完成调查。

2) 应用调查

网络信息系统建立最终的目的是为了实现应用，不同的行业有不同的应用要求。应用调查就是要弄清用户建网的真正目的。一般的应用，从 OA 系统、人事档案、工资管理到企业 MIS 系统、电子档案系统、ERP 系统，从文件资源共享到网站信息服务，从单一数据流到音频、视频多媒体流传输应用等。只有对用户的实际需求进行细致的调查，并从中得出用户应用类型、数据量大小、数据重要程度、网络应用的安全性及可靠性、实时性等要求，才能据此设计出切合用户实际需要的网络系统。

一般而言，经过多年的信息化建设，建网单位往往已经有了一定的计算机系统和网络的基础。这时需按对方的网络化水平和财力区分对待，对于不能满足未来 3 年需要的原有信息设施，应建议用户推翻重建，反之可提出在原有网络设施上升级或扩充的思路。对于用户即将选择的行业应用软件，或已经在用的外购业务应用系统，需了解该软件对网络系统服务器或特定网络平台的系统要求。

应用调查的通常做法是由网络工程师或网络用户 IT 专业人员填写应用调查表。设计和填写应用调查表要注意颗粒度，如果不涉及应用开发，则不要过细，只要能充分反映用户比较明确的主要需求没有遗漏即可。

3) 地理布局勘察

对建网单位的地理环境和人文布局进行实地勘察是确定网络规模、网络拓扑结构、综合布线系统设计与施工等工作不可或缺的环节。主要包括以下几项内容。

(1) 用户数量及其位置。它是网络规模和网络拓扑结构决定因素。对于楼内局域网，应详细统计出各层每个房间有多少个信息点，所属哪些部门，网络中心机房(网络设备间)在什么位置对于园区网/校园网，则重点应放在各个建筑物的总信息点数即可，布线设计阶段再进行详细的室内信息点分析。

(2) 建筑群调查。建筑群调查包括建筑物群的位置分布，估算建筑物内和建筑物之间的最大距离，以及建筑物中心点(设备间)与网络中心所在的建筑物之间的距离，中间有无马路、现成的电缆沟、电线杆等。将其作为网络整体拓扑结构、骨干网络布局、尤其是综合布线系统需求分析与设计的最直接依据。

(3) 在建筑物局部，最好能找到主要建筑物的图纸，绘制分层图。以便于确定网络局部拓扑结构和室内布线系统走向和布局，以及采用什么样的传输介质。

2. 需求分析与处理

需求分析与处理首先要对调查得到的原始需求进行分析处理，需要删除前后矛盾的、技术上和进度上无法实现的、投资上或政策上不允许的、用户业务系统不需要的需求，修改表述不清/模糊的需求，合并重复的需求。再根据用户的建设目标和业务系统情况，对用户没有提出的需求但是其潜在的需求进行关联分析和挖掘如潜在的建设目标需要但用户未提出的、同类用户一般都采用的需求、目前需求中已隐含或关联的需求、未来 3 年之内可能提出的需求等。最后使用行业内专业术语对需求进行描述，形成《用户需求分析报告》。

需求分析与处理的内容包括应用概要分析、详细需求分析。

1) 应用概要分析

通过对应用调查表进行分类汇总，从网络系统集成的角度进行分析，归纳出对网络设计产生重大影响的一些因素，进而使网络方案设计人员清楚这些应用需要一些什么样的服务器，需要多少，网络负载和流量如何平衡分配等。就目前来说，网络应用大致有以下几种典型的类型。

(1) 网络公共服务。包括 Web 服务、电子邮件系统、FTP 服务、电子商务系统、公共信息资源在线查询系统。

(2) 数据库服务。构建关系数据库系统为很多网络应用，如 MIS 系统、OA 系统、企业 ERP 系统、学籍考绩管理系统、图书馆系统等提供后台的数据库支持，如 Oracle、Sybase、IBM DB2、SQL Server 等。构建非结构化数据库系统为公文流转、档案系统提供后台支持，如 Domino、Exchange Server 等。

(3) 网络专用服务系统应用类型。包括公共专用服务，如 VOD 视频点播系统、电视会议系统等，部门专用系统如财务管理系统、项目管理系统、人力资源管理系统等。

(4) 网络基础服务和信息安全平台。包括网络基础服务如 DNS 服务、SNMP 网管平台等、信息安全平台库、CA 证书认证服务、防火墙等。

2) 详细需求分析

(1) 网络费用分析。

网络费用分析是让设计的网络方案在满足一定的网络应用需求的前提下，网络性能与用户方所能承受的费用达到折中。首先要设法弄清建网单位的投资规模，即为建网络所能够投入的经费额度，投标标底，或费用承受底线。投资规模会影响网络设计、施工和服务水平。就网络项目而言，用户都想在经济方面最省、工期最短，从而获得投资者和单位上级的好评。事实上，即使竞争再激烈，系统集成商也要营利。因此，用户应先对网络费用进行估算，防止投标方以牺牲质量降低价格的不正当竞争手段来争取中标。

网络工程项目本身的费用主要包括：

① 网络设备硬件。有交换机、路由器、集线器、网卡等。

② 服务器及客户机设备硬件。有服务器群、海量存储设备、网络打印机、客户机等。

③ 网络基础设施。有 UPS 电源、机房装修、综合布线系统及器材等。

④ 软件。有网管系统、数据库、外购应用系统、网络安全与防病毒软件、集成商开发的软件等。

⑤ 远程通信线路或电信租用线路费用。

⑥ 系统集成费用。包括网络设计、网络工程项目集成和布线工程施工费用。

⑦ 培训费和网络维护费。

不同级别的设备和服务水平都有不同的价格。系统集成商要根据用户的投资规模，才能据此确定网络硬件设备和系统集成服务的水平，产生与此相配的网络规划。

(2) 网络总体需求分析。

通过相应的用户调研，综合各部门人员(信息点)及其地理位置分布情况，结合应用类型以及业务密集度的分析，大致分析估算出网络数据负载、信息包流量及流向、信息流特征等元素，从而得出网络带宽要求，并勾勒出应当采用的网络技术和骨干拓扑结构，从而确定网络总体需求架构。

① 网络数据负载分析。根据当前的应用类型，网络数据主要有 Web 类应用、文件传输类应用、实时流媒体数据等类型。不同类型的数据在数据交换频率、对网络负载的影响、延迟上的要求各不相同。而这些具体要求决定了选择多高的网络带宽，选择什么样的传输介质等。

② 信息包流量及流向分析。分析的主要目的是为了给网络服务器指定地点。分布式存储和协同式网络信息处理是计算机网络的优势之一。把服务器集群中放置在单个机房有时并不是明智的做法，会造成局部网络拥塞、单点故障的风险。分析信息包的流向就是为服务器定位提供依据。

③ 信息流特征分析。主要包括信息流实时性要求、有无信息最大响应时间和延时时间

的要求、信息流的批量特性、信息流交互特性、信息流时段性等特征描述。

④ 拓扑结构分析。可从网络规模、可用性要求、地理分布和房屋结构诸因素考虑来分析。例如，建筑物较多，建筑物内点数过多，交换机端口密度不足，就需要增加交换机的个数和连接方式。网络可用性要求高，不允许网络有停顿，就要采用双星结构。

⑤ 网络技术分析选择。一些特别的实时应用（如工业控制、数据采样、音频、视频流等）需要采用面向连接的网络技术，能够保证数据实时传输。除此之外，应选择当前主流的网络技术，如千兆以太网、802.11n 等。

(3) 综合布线需求分析。

通过对用户实施综合布线的相关建筑物进行实地考察，由用户提供建筑工程图，了解相关建筑物的建筑结构，分析施工难易程度，并估算大致费用。需了解的其他数据包括中心机房的位置、信息点数、信息点与中心机房的最远距离、电力系统供应状况、建筑接地情况等。

(4) 网络可用性/可靠性需求分析。

证券、金融、铁路、民航等行业对网络系统可用性要求最高，网络系统的崩溃或数据丢失会造成巨大损失，商业企业次之。可用性要求的高低，需要有相应的网络高可用性设计来保障，如采用磁盘双工和磁盘阵列、双机容错、异地容灾和备份减灾措施等。另外，还可采用大中型 UNIX 主机（如 IBM 和 SGI），但这样做的结果会致使费用成指数级增长。

(5) 网络安全性需求分析。

一个完整的网络系统应该渗透到用户业务的方方面面，有比较重要的业务应用和关键的数据服务器，有公共 Internet 出口或难以控制的 PPPoE 虚拟拨号上网，这就使得网络在安全方面有着普遍的强烈需求。为了全面满足以上安全系统的需求，必须制订统一的安全策略，使用可靠的安全机制与安全技术。安全不单纯是技术问题，而是策略、技术与管理的有机结合。

3. 需求确认

需求分析完成后，应产生文字描述的《用户需求分析报告》。该报告包括如下内容。

(1) 网络系统总体功能和各组成部分的详细功能。

(2) 网络软硬件环境（交换机、路由器、服务器、操作系统等）。

(3) 网络系统性能定义。

(4) 网络系统的软件和硬件接口与配置清单。

(5) 网络系统维护要求。

(6) 网络系统运行环境要求（机房，设备间，配线间，光缆、电缆敷设，供配电，电气保护，接地和防雷击等）。

(7) 应用系统结构与服务分布情况。

(8) 应用系统数据流程和数据存储量。

(9) 网络管理及维护功能。

(10) 网络安全与可靠性要求。

(11) 网络测试与验收指标。

(12) 项目完成时间及进度。

(13) 培训要求。

(14) 项目售后服务。

系统分析师应对用户逐条解释对分析后的需求，与用户充分的交互并修改，最终应该经过由用户方组织的评审，根据评审意见，形成最终的需求分析，取得用户对需求的签字认可，作为后期方案设计、工程施工、测试与验收的依据。用户以后的新需求当属新增项目，需另外再议。有了需求分析报告，网络系统方案设计阶段就会有据可依。

4.2.3　用户需求性能指标

需求分析好后，一般确定了网络的功能需求、性能需求等。对于性能需求需要制订一些量化的指标以方便验收。衡量网络信息系统性能的重要指标如表 4-2 所示。

表 4-2　衡量网络信息系统性能的重要指标

指　标	解　释
数据率	单位时间内传输的比特数，即网络上的主机在数字信道上传输数据的速率，也称为数据传输率，其单位是 b/s
带宽	在计算机网络中，网络带宽表示的是单位时间内从网络中的某一点到另一点所能通过的“最高数据率”，单位为 b/s
接口速率	表示单位时间段内接口能发送/接收的最大字节数，用来衡量接口通信性能。该参数用来考察单个接口，取决于接口的缓冲区大小、处理单元速率等因素
接口流量	接口流量表示统计时间段内流入/流出某网络接口的字节数，用来观察是否存在流量异常现象。该指标适用于单个设备和设备的单个端口。值取决于接口速率、缓冲区大小、处理单元速率等因素
接口丢包率	接口丢包率表示单位时间内数据传输时丢失的分组数与发送的总分组数的比率。无拥塞时路径丢包率为 0%，轻度拥塞时丢包率为 1%～4%，严重拥塞时丢包率为 5%～15%。丢包的主要原因是网络流量太大，网络发生拥塞现象导致交换机/路由器的缓存队列溢出、设备端口故障、网线质量问题。该指标适用于网络整体或单个设备和设备的单个端口
接口差错率	接口差错率表示单位时间内数据传输时出错的分组数与发送的总分组数的比率。在正常情况下，差错率 $<10^{-6}$。出错的主要原因是网络接口故障、线路质量问题或距离太长、设备或端口故障、电磁干扰等。该指标适用于网络整体或单个设备和设备的单个端口
接口多播包率	接口多播包率表示单位时间内传输的非单播数据分组数与发送的总分组数的比率。在正常情况下，多播包率为 30%以下。出错的主要原因是网络接口故障、网络结构不合理(未划分 VLAN)、存在环路、大量采用了 Hub、存在使用多播/广播包的业务或程序(如视频点播、网络扫描或黑客、病毒程序等)等。该指标适用于单个设备和设备的单个端口
吞吐量	吞吐量表示在单位时间内某个设备传输无差错数据的数量。该指标用来衡量网络整体或网络设备的负载和设备的 I/O 处理能力。显然吞吐量受网络设备带宽的限制。网络吞吐量非常依赖于当前的网络负载情况，为了得到正确的网络吞吐量，最好在不同时间分别进行测试，才能全面衡量吞吐量的实际情况。指标同样可以用来考察网络整体、单个设备和设备的单个端口，取决于设备接口的速率、缓冲区大小、处理器速率等因素

续表

指　标	解　释
时延	指数据(一个报文或分组)从网络的一端传送到另一端所需要的时间。总的时延由发送时延、传播时延、处理时延和排队时延组成。一般是用往返时延(Round-Trip Time)来计量网络的时延。时延的长短考察网络整体,取决于网络的结构、传输速率、网络设备性能等
时延抖动	指网络中相邻的两个数据包传输的单向时延的变化量。这个变化率应小于时延的1%～2%,例如,平均时延为200ms的数据包,时延的变化量(抖动)应≤2～4ms。视频、音频等实时业务的通信时延对抖动要求高。该指标考察网络整体,取决于网络忙闲情况等因素
网络路由	指从源节点到目的节点之间的"节点—链路"集合,该集合是由路由器中的路由算法决定的。路由的变动将导致使时延、丢包率、抖动等指标发生变化。该指标适用于网络整体性能指标
服务响应时间	指从服务请求发出到接收到服务响应所花费的时间,是衡量整体网络性能、服务系统整体性能的重要指标。服务响应时间等于网络通信时延+等待服务时延+服务处理时延。该指标适用于服务整体性能指标
网络利用率	网络利用率是指网络被使用的时间占总时间(即被使用的时间加上空闲的时间)的比例
设备利用率	设备利用率表示指定时间段内设备使用量与设备容量之比。例如,某网段的利用率是30%,意味着有30%的容量在使用中
可用性	可用性是指网络或设备可用于执行任务的时间与总时间的百分比。应用系统的可用性除了自身的原因外,还依赖于网络丢包率,当丢包率超过设定阈值时,应用系统变得不可用(服务中断)。该指标用于衡量网络与应用系统的整体性能
平均故障间隔时间	平均故障间隔时间(Mean Time Between Failures,MTBF)指两次故障间隔时间。MTBF越长表示可靠性越高,可用性越强。一般设备MTBF>4000小时
平均故障恢复时间	平均故障恢复时间(Mean Time To Recovery,MTTR)指从出现故障到故障恢复的时间。MTTR包括确认故障所需时间、维护所需时间、获得配件的时间、维修团队的响应时间、将设备重新投入使用的时间等。MTTR越短表示易恢复性越好
平均无故障时间	平均无故障时间(Mean Time To Failure,MTTF)即系统平均能够正常运行多长时间,才发生一次故障,系统的可靠性越高,平均无故障时间越长。MTBF等于MTTF加上MTTR

4.2.4 总体方案设计原则

用户需求分析结束后,系统集成商在对网络集成系统进行总体方案设计时要考虑以下方面。

1. 功能性

构建的网络信息系统必须实现用户需求的功能,这是最基本的要求。在网络功能方面,一般的小型企业网络没有什么特别需求,基本上就是网络资源共享和共享上网这两个主要方面。在网络资源共享方面,一般是仅通过局域网访问进行的,一般也无须专门的文件服务器或FTP站点。但对于一些行业用户或者中大型企业网络系统,网络功能方面的需求可能就比较多，不容忽视。例如，网络管理需求、服务器管理需求、访问控制需求、容错需求、网络存储需求、安全需求等，以及特殊的 Web 网站、FTP 网站、邮件服务器系统和各种复杂的广域网连接需求等，这些都是需要认真调查并加以具体分析的。

不同的网络功能会影响网络设计采用的拓扑结构、设备性能和技术。例如，在一个多媒体教室中，虽然用户数可能只有几十个，但由于要演示的是多媒体教学软件，这类数据传输需要较高的网络带宽，所以在这类网络中所采用的技术通常也比较高，一般都选择千兆位以太网技术和支持千兆以太网技术的交换机设备。

在网络应用方面，也可以分为局域网应用和广域网应用两个方面。在局域网应用方面主要包括 Web 网站、FTP 站点、E-mail 邮件系统、OA 自动化办公系统等。在广域网应用方面，主要需要考虑到在网络中传输的数据类型以及网络传输实时性的要求。一般的网络文件共享没有另外的要求，但如果网络中主要传输的是图片(如图片 FTP 站点等)、视频(如视频点播、多媒体教学等)、动画(如多媒体企业网站、动画教学等)，这时如果没有足够的带宽保证，就无法保证上述任务正常工作，可能出现停滞、不连续，甚至死机现象。

在企业网络应用方面，还有一种比较普遍的现象，那就是现在各种信息化数据库软件(如进销存软件、财会软件、ERP 和 B2B、B2C 电子商务软件等)的使用。由于这类软件一般同时有非常多的用户在持续使用，所以对网络带宽要求也较高，在网络设计时要充分考虑这些用户的网络应用对网络的带宽需求。

2. 可升级、可扩展性

网络技术的发展速度是相当快的，不仅原有技术在不断升级换代，而且不断有新的技术涌现。再加上公司的网络应用需求也在不断提升，这一切都将对网络可升级、可扩展性提出迫切需求。企业网络设计之初又不可能有很全面的前瞻性，在网络中部署所有未来的技术和应用接口。而单位网络经常重建的可能非常小，一般都是采取升级的方式来提高网络的性能。这就要求网络设计之初的网络规划就要充分考虑这一点。

网络的可升级、可扩展性主要体现在综合布线、网络拓扑结构、网络设备、网络操作系统、数据库系统等多个方面。在综合布线方面，在设计之初就要考虑将来各部门的人员都有可能大幅增加，就必须在最初布线时留下一定量的端口用于连接终端用户或下级交换机，否则就可能在需要扩展用户时需要重新敲开墙面或者更换线槽，不仅工程量大，还会带来巨大的工程成本、影响网络系统的持续正常使用。同时，还要充分考虑传输介质的升级，如原来的网络较小，都是采用廉价的双绞线，现在网络规模大了，某些关键节点的应用需求提高了，这时可能就要改变传输介质，如采用光缆，这要求在综合布线和网络设备选择时给予充分考虑。

网络拓扑结构的可升级、可扩展性考虑就是要使在网络用户增加时，能灵活拓展，添加网络设备，改变网络层次结构。局域网中的网络拓扑结构有多种，其中包括双绞线、光缆、电缆使用的星型以太网结构，同轴电缆、光缆使用的环型结构和总线型结构，还有一种是由星型结构和总线型结构混合组成的混合型结构。这 4 种主要拓扑结构的可扩展性能不同，总体上来说，混合型的可扩展性能最好，适用于较大型、地理位置比较分散(如分布在多栋建筑物之间、不同楼层之间)的网络；星型网络次之，适用于在同一楼层的小型以太网；单纯的总线型和环型网络已很少在企业局域网中使用。

网络设备方面的可升级、扩展性主要体现在网络设备是否具有多类接口或采用模块化结构。如在关键位置的交换机，最好具有如吉比特接口转换(Gigabit Interface Converter, GBIC)、小型可插拔头(Small Form Pluggables, SFP)之类的千兆模块结构，支持多种不同传输介质和接口类型，以便灵活选用。模块化结构可以灵活地通过添加模块来扩展网络用户接口。但一般因为模块化结构的网络设备价格昂贵，所以不必所有网络设备都支持模块化，而只是对处于关键位置的网络设备有这方面的需求，而其他位置的网络设备可直接通过添加设备数来扩展。

网络服务器方面的可升级、扩展性主要体现在其使用的技术上。现在部门级以上的服务器都在可扩展性方面有了明显的要求，如IBM的按需扩展理念，就是在需要时，可随时通过扩展服务器中的CPU数量、扩展插槽数量和磁盘数量来提升服务器性能。

网络技术的可升级、扩展性主要体现在网络升级后，原有设备的可用性。在设计网络之初，应尽可能在相应网络层次上应用当前最主流的网络技术，而根本不要考虑早已过时的10Mb/s网络设备。这样在网络升级以适应大带宽要求时，原有网络设备就不至于全部淘汰。如在一个企业网络中，网络升级后新添加了核心层交换机，则原来担当核心交换机的就要下降到汇聚层，甚至接入层。而原网络中的汇聚层或接入层的设备性能太差，则可能不能满足升级后网络的应用需求，面临淘汰。所以，在组建网络选择设备时就要考虑日后的升级，不要贪一时便宜选择太低档的网络，否则网络升级后所承受的投资浪费就可能更大。

3. 性能均衡性

网络设计时要注意不同层次设备性能的均衡性。很多情况下，企业组网时舍得投资购买服务器、核心交换机之类的关键设备，而在选择非关键的设备时就能省则省。这样做的结果将导致整个网络性能非常不均衡，瓶颈无处不在，根本无法享受到高档服务器、核心交换机所带来的高性能服务。因为网络性能与网络安全都遵循一个“木桶”规则，那就是一条链路上的网络性能取决于最差的那一段。如某一链路上层虽然可以达到千兆，可是连接到客户机的网卡只是10Mb/s，这样客户机在访问连接在千兆上的服务器、客户机或者其他网络设备时最终的性能也只能是10Mb/s。鉴于这一因素，要求在设计网络时，一定要对整个网络性能综合考虑。

4. 性价比

在大型网络组建时，需要大笔的投资，少则几万，多则成百上千万。做网络设计时要尽可能在有限的资金下，建设一个性价比最好、最符合企业实际应用需求的网络系统。

在网络投资成本中，网络设备的投资占的比例最大。购买这些设备一定要与自己企业的网络以及总的投资成本结合起来考虑。一般来说，在网络设备投资中，重中之重的是服务器、核心交换机、路由器和防火墙这4类。而这几类设备中，除了服务器外，其他的一般只有1～2台。

另外，影响投资成本的另一个重要因素就是网络技术的采用。同样作用的交换机，采用不同技术的价格相差很远。服务器更是这样，不同级别服务器的价格不能相提并论。

还有就是设备的品牌，同一档次的设备，不同厂家的产品价格也可能相差很远，一线的比二线或以下的要贵很多，这就要在设备选型时权衡考虑了。

5. 可管理性

网络设计应能够为保证网络的可靠运行提供方便的监测和管理功能。不同用户对系统的可管理目标是各不相同的。所有的管理目标都可以归到国际标准化组织定义的网络管理的五个管理功能域。

(1) 故障管理(Fault Management)。它是网络管理最基本的功能之一，其功能主要是使管理中心能够实时监测网络中的故障，并能对故障原因做出诊断和进行定位，从而能够对故障进行排除或能够对网络故障进行快速隔离，以保证网络能够连续可靠地运行。故障管理主要包括故障的检测、定位与恢复等功能。具体有告警报告、事件报告管理、日志控制功能、测试管理功能、可信度及诊断测试分类五个标准。

(2) 配置管理(Configuration Management)。是用来定义网络、识别初始化网络、配置网络、控制和检测网络中被管对象的功能集合，它包括客体管理、状态管理和关系管理三个标准。其目的是实现某个特定的功能或使网络性能达到最优，网络管理应具有随着网络变化，对网络进行再配置的功能。

(3) 计费管理(Accounting Management)。计费管理主要记录用户使用网络情况和统计不同线路、不同资源的利用情况。它可以估算出用户使用网络资源可能需要的费用和代价。网络管理员还可规定用户可使用的最大费用，从而控制用户过多占用网络资源，这也从另一个方面提高了网络的效率。

(4) 性能管理(Performance Management)。是以提高网络性能为准则，其目的是保证在使用最少的网络资源和具有最小网络时延的前提下，网络提供可靠、连续的通信功能。它具有监视和分析被管网络及其所提供服务的性能机制的能力，其性能分析的结果可能会触发某个诊断测试过程或重新配置网络以维持网络的性能。

(5) 安全管理(Security Management)。一是为了网络用户和网络资源不被非法使用；二是确保网络管理系统本身不被非法访问，包括安全告警报告功能、安全审计跟踪功能以及访问控制的客体和属性三个标准。

通常一个网络信息系统在网络管理方面的目标并不一定都包含网络管理的五大功能，不同的系统可能会选取其中不同的几个功能加以实现，但几乎每个网络信息系统都会要求实现故障管理的功能。

6. 安全性

如今，网络安全问题十分突出。黑客出于各种各样的目的对企业、政府的网络信息系统进行攻击。集成的网络信息系统开放性强、异构性强，安全漏洞多，极易成为攻击的目标，从而影响企业信息业务的正常开展，带来巨大的损失。因此，大多数企业在构建网络信息系统时对安全方面的需求就是系统的设计能够保证系统的正常运行，并能够避免企业数据和其他资源不被丢失和破坏。

一个安全性高的网络信息系统的安全防范体系划分为物理环境安全、操作系统安全、网络安全、应用安全和管理安全。

(1) 物理环境安全。该层次的安全主要包括通信线路的安全、物理设备的安全、机房的安全等。物理环境的安全主要体现在通信线路的可靠性(线路备份、网管软件、传输介质),软硬件设备安全性(替换设备、拆卸设备、增加设备),设备的备份,防灾害能力、防干扰能力,设备的运行环境(温度、湿度、烟尘),不间断电源保障等。

(2) 操作系统安全。该层次的安全问题来自网络内使用的操作系统的安全。主要表现在操作系统本身的缺陷带来的不安全因素如身份认证、访问控制、系统漏洞等,操作系统的安全配置问题、病毒对操作系统的威胁等。

(3) 网络安全。该层次的安全问题主要体现在网络方面的安全性,包括网络层身份认证、网络资源的访问控制、数据传输的保密与完整性、远程接入的安全、域名系统的安全、路由系统的安全、入侵检测的手段、网络设施防病毒等。

(4) 应用安全。该层次的安全问题主要由提供服务所采用的应用软件和数据的安全性产生,包括 Web 服务、电子邮件系统、DNS 等。此外,还包括病毒对系统的威胁。

(5) 管理安全。安全管理包括安全技术和设备的管理、安全管理制度、部门与人员的组织规则等。管理的制度化极大程度地影响着整个网络的安全,严格的安全管理制度、明确的部门安全职责划分、合理的人员角色配置都可以在很大程度上降低其他层次的安全漏洞。

所有用户的安全需求基本上都可以归入这个安全防范体系中。实现整个安全防范体系的代价是巨大的,这就需要在进行安全设计时在价格、性能和安全性之间做好权衡。

4.3 逻辑网络设计

在确定好网络信息系统集成用户的需求后,首先要进行整个网络信息系统的逻辑网络设计。逻辑网络设计重点放在网络系统部署和网络拓扑等细节设计上。主要工作包括网络拓扑的设计,确定采用平面结构还是采用层次结构;出口路由的规划;服务器的部署;IP 地址的规划;网络可靠性设计;网络安全性设计;网络管理方案设计和网络服务的设计。

4.3.1 网络拓扑结构设计

在逻辑网络设计阶段,首要问题是确定网络和信息点的数目,明确网络的大小和范围以及网络互联的类型。

1. 简单网络拓扑设计

对于信息点少,用户需求简单,网络互联类型单一的网络,采用平面网络结构或简单的二层网络结构就能满足用户需求。平面网络结构就是没有层次的网络,网络中的每个信息点的工作地位相等,完成的是相同性质的工作。该结构具有设计简单、易于实现的优点。

在局域网中,平面网络结构的实现通常是将多个计算机和服务器与集线器或交换机相连。如图 4-2(a)所示,所有的网络设备(如服务器、工作站、PC、笔记本、路由器、防火墙、网络打印机等),只要交换机的端口支持相应设备的端口类型都可以直接连接在交换机的端口,共同构成星型网络结构。但由于这些机器处于同一个冲突域或广播域,在多个机器相互通信时将会影响通信延迟和网络吞吐量。

在广域网中,平面结构可以通过由分散在各地的几个网络组成,如图 4-2(b)所示。如每个网络都通过各自的广域网路由器与相邻网络互联。如果把每个网络看成是一个节点的话,则此广域网形成一个平面的回路结构。由于节点少,路由器采用路由协议很快就能收敛,且具有一定的容错能力。但如果节点多的话,采用这种平面回路结构会产生路由环,导致时延增大,出错率增加。

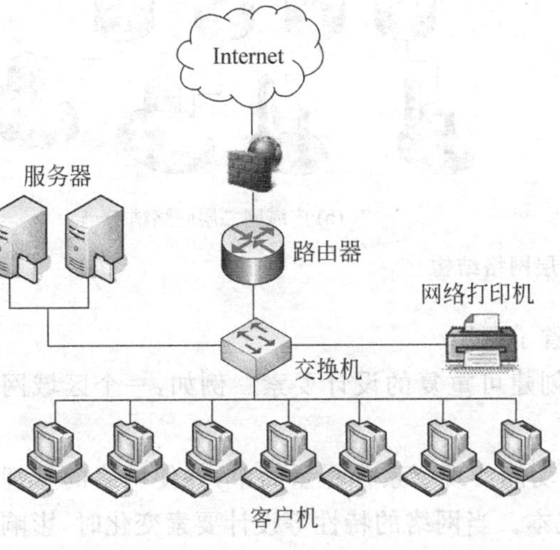

(a) 局域网星型网络结构

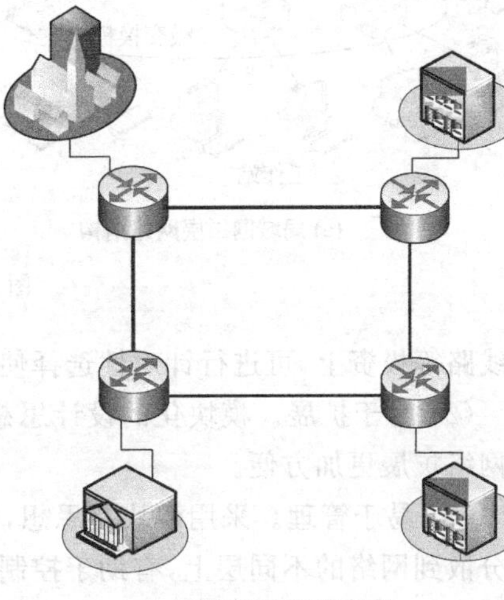

(b) 广域网平面回路结构

图 4-2　平面网络结构

在局域网中为了满足用户高带宽的需求,可以采用二层网络结构将网络分割成多个冲突域,减少冲突。如图 4-3(a)所示,可以采用多个交换机组成的二层结构,底层的交换机带宽较低,分别与若干个工作站和个人计算机连接,并与上层交换机相连。上层的交换机带宽较高,与一些带宽需求大的服务器直接相连。这种结构采用了简单的分层设计思想,将原来平面结构的一个冲突域分割成多个冲突域,较好地解决了节点规模较大时带来的通信时延问题,以及服务器高带宽的需求。

在广域网中,随着节点数目增多,网络范围较大时,也应当开始考虑使用这种二层的网络结构。如图 4-3(b)所示的二层网络结构,可以减少回路结构带来的冗余流量,但为了避免单点故障问题,可以采用冗余的结构设计。

2. 复杂网络拓扑结构设计

当网络规模大,信息点数目多,用户需求复杂的时候,就必须采用网络分层设计模型。在 Internet 协议的设计中,采用了分层参考模型,使用这种 OSI 的层次模型简化了两台计算机设备的通信过程,使网络协议能够更好地实现。同样,分层的思想也适用于网络互联的结构设计,其基本原理就是在每一网络层选用适合的设备,集中实现特定的功能,并采用模块化方式进行设计。层次设计模型有如下优点。

(1) 节省投资费用。由于不同层次根据需要实现不同的功能需求,因此在网络设备、带

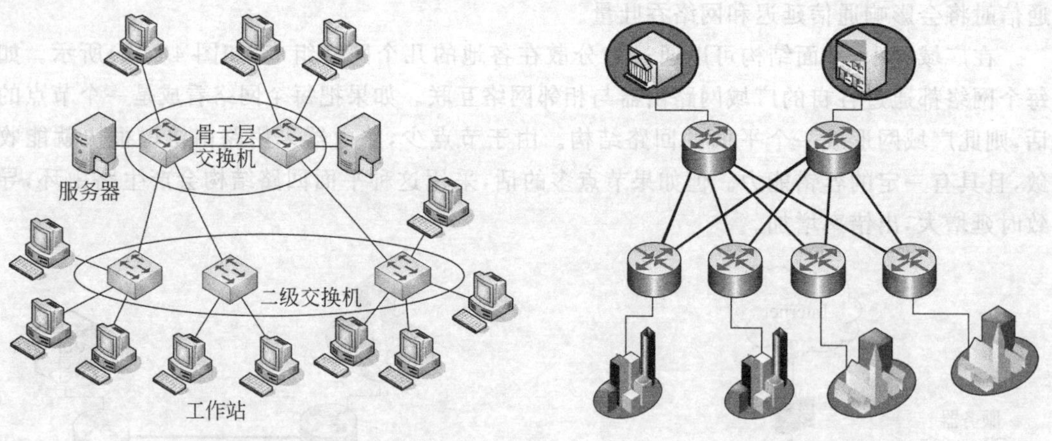

(a) 局域网二层网络结构　　(b) 广域网二层网络结构

图 4-3　二层网络结构

宽线路等投资上，可进行针对性选择使用，节省了费用。

(2) 易于扩展。模块化的设计思想允许创建可重复的设计要素。例如，一个区域网络使网络扩展更加方便。

(3) 易于管理。采用模块化思想，使每个功能实现要素都尽量简单，并使网络的管理职责分散到网络的不同层上，有助于控制管理成本。当网络的特性等设计要素变化时，影响只限制在一个小范围内。同时，对于故障的处理、隔离等也可以在小范围内进行定位，因此有助于识别网络故障点。

如图 4-4 所示，复杂网络拓扑结构一般采用 3 层的分级结构。该结构适用于复杂的局域网，也适用于范围广、节点多的广域网。在 3 层网络设计模型中，网络设备按核心(Core)层、汇聚(Distribution)层和接入(Access)层进行分组。

1) 核心层

核心层是网络高速交换的主干，对整个网络的性能至关重要，因此其特征主要包括高速交换、高可靠性、低时延等特性，而在设计策略上，为达到其目标，需要注意以下策略。

(1) 不执行网络策略。任何形式的策略必须在核心层外执行，如数据包的过滤和复杂 QoS 处理，即可以将网络策略执行放在访问层边界设备上。禁止采用任何降低核心层设备处理能力或增加数据包交换延迟时间的方法；避免增加核心层路由器配置的复杂程度。

(2) 对网络中每个目的地具备充分的可到达性。具有足够的路由信息来交换发往网络中任意端设备的数据包；核心层的路由器不应该使用默认的路径到达内部的目的地；聚合路径能够用来减少核心层路由表大小，默认路径用来到达外部的目的地。

(3) 采用冗余性设计保障核心网络的可靠性。核心网络可采用网状、环型，或部分网状实现，这些结构各有其适用范围。

当网络规模很小时，一个中心路由器就可以充当网络核心层，与汇聚层上的所有其他路由器相连接，甚至也可以将汇聚层功能包含在核心层里，其特点是容易管理，但扩展性不好，且存在单点故障。在大型网络中则使用一组由高速局域网连接的路由器，或者一系列高速的广域网链接形成一个核心层网络。并且在用某个网络作为核心层，可将冗余特性加入到

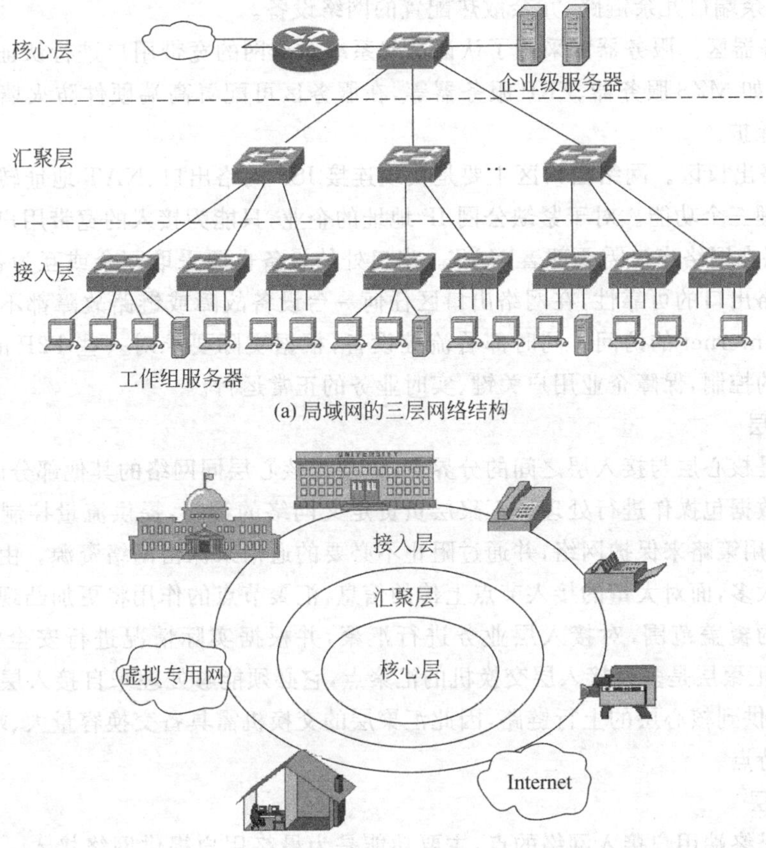

(a) 局域网的三层网络结构

(b) 广域网的三层网络结构

图 4-4　网络分层设计模型

核心层规划中。这样做虽然管理要复杂一些，但网络的扩展性、可靠性都得到大大提高。

核心层通过高速转发通信提供优化的可靠的传输结构，通常情况下核心层用来提供 Internet 的接入和楼宇之间的连接，与核心层连接的设备主要包括汇聚层设备和企业级服务器。在 Internet 接入方式上，可以通过路由器接入或者直接通过交换机连接到服务商。

在核心层，由于数据处理量大且与国家数据骨干网直接相连，所以，对数据的处理应采用独立的核心路由器或三层交换机，充分利用集中交换的优势。这样，当核心网络需要升级或增加新的网络功能时，只需对这几个核心路由器或三层交换机进行操作即可，简便易行。在这一层的设计中不应该牵涉复杂的数据报操作或者任何减慢数据交换的处理，即应该避免在核心层使用类似访问控制列表和数据包过滤的这类功能。同时，由于在核心层可能采用的接入 Internet 的方式可能有多种，因此核心层的路由器和三层交换机最好具备多种类型的端口。

核心层负责整个网络系统数据的快速转发，从功能上又分为三块。

(1) 核心骨干网。核心骨干网负责连接服务器区、网络出口区及宽带接入服务器区，是整个网络最关键的部分。核心层交换机应拥有更高的数据传输率、更高的可靠性、性能和吞吐量。为了保证高可靠性，在核心层，应选择具备冗余的引擎，冗余的电源，冗余的风扇，支持热插拔、冗余端口冗余链路、冗余散热配置的网络设备。

(2) 服务器区。服务器区采用了认证计费系统对全网的宽带用户进行认证计费。一些业务服务器,如 MZS 服务器、ERP 服务器等,在服务区可配置高端硬件防火墙实现对服务器区的安全保护。

(3) 网络出口区。网络出口区主要是实现连接 ISP 网络出口、NAT 地址转换及网络出口的带宽管理三个功能。对于紧缺公网 IP 地址的企业,只能为接入的宽带用户分配私网的 IP 地址,所以在网络出口需要部署 NAT。出口处的设备也要采取冗余或互为备份技术,提高了整个网络出口的可靠性,在网络出口区任何一台设备故障或链路故障都不会影响整个企业用户对 Internet 的访问。同时部署流控设备,根据实际要求对一些 P2P 的、非实时业务进行有效的控制,保障企业用户关键、实时业务的正常运行。

2) 汇聚层

汇聚层是核心层与接入层之间的分界点,该层把核心层同网络的其他部分区分开,并对潜在的复杂数据包操作进行处理。汇聚层负责定义网络的策略,提供流量控制和用户管理功能,可以使用策略来保护网络,并通过阻止不必要的通信来保留网络资源。由于核心节点数量不可能太多,面对大量的接入节点上传的信息,汇聚节点的作用将更加凸现。汇聚层负责延伸网络的覆盖范围,对接入层业务进行汇聚,并根据实际情况进行安全策略控制及 QOS 处理。汇聚层是多台接入层交换机的汇聚点,它必须能够处理来自接入层设备的所有通信量,并提供到核心层的上行链路,因此汇聚层的交换机需具备交换容量大、端口密度高、可靠性高等特点。

3) 接入层

接入层是终端用户接入网络的点,主要功能是为最终用户提供网络接入。接入层为网络提供通信并实现网络入口控制,最终用户通过接入层访问网络。该分层能够通过过滤和访问控制列表提供对用户流量的进一步控制。

由于接入层的目的是允许终端用户连接到网络,是最终用户与网络的接口,数量最多,因此接入层的交换机应具有即插即用、低成本和高端口密度特性,同时应该非常易于使用和维护。接入交换机是最常见的交换机,使用最广泛,尤其是在一般办公室、小型机房和业务受理较为集中的业务部门、网站管理中心等部门。由于不同类型的用户需求可能不同,接入层设备还应该能提供高密度的宽带端口以满足基于 IP 的数据、语音、视频的需求。

在网络分层设计模型中,核心层是提供网络节点之间的最佳传输通道,汇聚层是提供基于策略的连接控制,访问层是提供用户接入网络的通道。每一层都为网络提供了特定而必要的功能,通过各层功能的配合,从而构建一个功能完善的网络系统,这些层的功能都可在路由器或交换机里实现。在实际应用时,会将连入接入层的用户侧机器单独划分成一层作为用户层。根据实际需求也可对网络层次进行简化,如采用核心层和汇聚层合并,或汇聚层和接入层合并的层次结构。

4.3.2 出口路由规划

绝大部分企业建立网络信息集成,都会有访问 Internet 的需求,而不光是建立内部的网络。那么出口路由器应该选择哪种类型的路由协议是设计者应该考虑的。

如表 4-3 所示，典型的路由选择方式有两种：静态路由和动态路由。静态路由是所有路由器中的路由表必须由管理员手工配置。静态路由的缺点是当网络的拓扑结构发生变化时，网络管理员必须手工修改路由配置以适应这种变化。因此，静态路由一般用于网络规模不大、拓扑结构固定的网络中。静态路由的优点是简单、高效、可靠，还可以实现重定向的功能以加强安全访问控制。在所有的路由中，静态路由优先级最高。当动态路由与静态路由发生冲突时，以静态路由为准。动态路由是网络中的路由器之间相互通信，传递路由信息，利用收到的路由信息更新路由器表的过程。它能实时地适应网络结构的变化。动态路由适用于网络规模大、网络拓扑复杂的网络。静态路由和动态路由可以在网络中并存，可以在边界网络配置静态路由，而骨干网络使用动态路由协议。

表 4-3　路由协议分类比较

分　类		协　议	特　点
静态路由		手工配置	缺点是不能适应拓扑结构变化。优点是简单、高效、可靠并可实现重定向功能。适合规模小、拓扑结构固定的网络
动态路由	内部网关协议(IGP)	RIP、RIPII、OSPF、IGRP	可以实时适应网络结构变化。适用于网络规模大、网络拓扑复杂的网络，运行在自治系统内。中小型企业网采用 RIP，大型企业网采用 OSPF
	外部网关协议(EGP)	BGP	可以实时适应网络结构变化。适用于网络规模大、网络拓扑复杂的网络，运行在自治系统之间

根据是否在一个自治域内部使用，动态路由协议又分为内部网关协议(IGP)和外部网关协议(EGP)。这里的自治域指一个具有统一管理机构、统一路由策略的网络。自治域内部采用的路由选择协议称为内部网关协议，常用的有 RIP、OSPF；外部网关协议主要用于多个自治域之间的路由选择，常用的是 BGP 和 BGP-4。

关于路由协议的详细内容不是本书学习的重点。设计者需要根据不同路由协议各自的特点来进行选择，具体内容可以参考相关资料。

4.3.3　服务器部署

服务器是网络环境中的高性能计算机，它侦听网络上的其他计算机提交的服务请求，并提供相应的服务。为此，服务器必须具有承担服务并且保障服务的能力。它的高性能主要体现在高速度的运算能力、长时间的可靠运行、强大的外部数据吞吐能力等方面。服务器的构成与计算机基本相似，有处理器、硬盘、内存、系统总线等，但相对于普通 PC 来说，服务器在处理能力、稳定性、安全性、性能、可靠性、可扩展性、可用性等方面都要求更高，因此采用的体系架构、处理器技术、接口技术、容错技术等更为先进和独特。网络系统集成中就要考虑如何选择满足用户需求的服务器以及服务器的部署方案。

可选择的公共网络服务包括 Web 服务、E-Mail 服务、代理服务、DNS 服务、文件服务、网络管理服务、业务系统应用服务器和数据库服务器等。设计者要根据用户的需求和应用规模，选择合适档次的服务器系统，安装相应的服务系统。

1. 按机箱结构分类

服务器按照机箱结构外观划分，可分为塔式服务器、机架式服务器、刀片式服务器等。

1）塔式服务器

塔式服务器是目前应用最为广泛，最为常见的一种服务器。塔式服务器从外观上看上去如同一台体积比较大的PC，机箱做工一般比较扎实，非常沉重。塔式服务器由于机箱很大，可以提供良好的散热性能和扩展性能，并且配置可以很高，可以配置多路处理器，多根内存和多块硬盘，当然也可以配置多个冗余电源和散热风扇。如IBM x3800服务器可以支持4路至强处理器，提供了16个内存插槽，内存最大可以支持64GB，并且可以安装12个热插拔硬盘。

塔式服务器由于具备良好的扩展能力，配置上可以根据用户需求进行升级，所以可以满足企业大多数应用的需求，所以塔式服务器是一种通用的服务器，可以集多种应用于一身，非常适合服务器采购数量要求不高的用户。塔式服务器在设计成本上要低于机架式和刀片式服务器，所以价格通常也较低，目前主流应用的工作组级服务器一般都采用塔式结构，当然部门级和企业级服务器也会采用这一结构。塔式服务器虽然具备良好的扩展能力，但是即使扩展能力再强，一台服务器的扩展升级也会有个限度，而且塔式服务器需要占用很大的空间，不利于服务器的托管，所以在需要服务器密集型部署或实现多机协作的领域，塔式服务器并不占优势。

2）机架式服务器

机架式服务器可以统一安装在按照国际标准设计的机柜当中，机柜的宽度为19英寸，机柜的高度以U为单位，1U是一个基本高度单元，为1.75英寸，机柜的高度有多种规格，如10U、24U、42U等，机柜的深度没有特别要求。通过机柜安装服务器可以使管理、布线更为方便整洁，也可以方便和其他网络设备的连接。

机架式服务器也是按照机柜的规格进行设计，高度也是以U为单位，比较常见的机架服务器有1U、2U、4U、5U等规格。

通过机柜进行安装可以有效节省空间，但是机架式服务器由于机身受到限制，在扩展能力和散热能力上不如塔式服务器，这就需要对机架式服务器的系统结构专门进行设计，如主板、接口、散热系统等，这样就使机架式服务器的设计成本提高，所以价格一般也要高于塔式服务器。由于机箱空间有限，机架式服务器也能和塔式服务器一样配置非常均衡，可以集多种应用于一身，所以机架式服务器还是比较适用于一些针对性比较强的应用，如需要密集型部署的服务运营商、集群计算等。

3）刀片式服务器

刀片式结构是一种比机架式更为紧凑整合的服务器结构。它是专门为特殊行业和高密度计算环境所设计的。刀片服务器在外形上比机架服务器更小，只有机架服务器的1/3至1/2，这样就可以使服务器密度更加集中，更大地节省了空间。

多个刀片服务器可以通过刀片架进行连接，通过系统软件，可以组成一个服务器集群，可以提供高速的网络服务，实现资源共享，为特定的用户群服务。如果需要升级，可以在集群中插入新的刀片，刀片可以进行热插拔，升级非常方便。每个刀片服务器不需要单独的电源等部件，可以共享服务器资源，这样可以有效降低供功耗，并节省成本。刀片服务器不需要对每个服务器单独进行布线，可以通过机柜统一进行布线和集中管理，这样为连接管理提供了非常大的方便，可以有效节省企业总体拥有成本。

虽然刀片服务器在空间节省、集群计算、扩展升级、集中管理、总体成本方面相对于另外两种结构的服务器具有很大优势，但是刀片服务器至今还没有形成一个统一的标准，刀片服务器的几大厂家各自有不同的标准，之间互不兼容，刀片标准之争目前仍在继续，这样导致了刀片服务器用户选择的空间很狭窄，制约了刀片服务器的发展。

总之，塔式服务器、机架式服务器和刀片式服务器分别具有不同的特色，塔式服务器应用广泛，性价比优良，但是占用较大空间，不利于密集型部署。机架式服务器平衡了性能和空间占用，但是扩展性能一般，在应用方面不能做到面面俱到，适合特定领域的应用。刀片式服务器大大节省空间，升级灵活、便于集中管理，为企业降低总体成本，但是标准不统一，制约了用户的选择空间。建议在采购时根据实际情况，综合考虑，以获得最适合企业信息化建设的解决方案。

2. 按综合性能分类

服务器依据整个服务器的综合性能来划分，如表 4-4 所示的等级从低到高可分为入门级服务器、工作组级服务器、部门级服务器、企业级服务器。高等级服务器包含低等级服务器的所有功能。

表 4-4　服务器按综合性能分类

类　别	技 术 特 点	适 用 环 境
入门级服务器	与 PC 配置相仿	可满足办公室型小型网络用户的文件共享、数据处理、Internet 接入及简单数据库应用的需求，适用于没有大型数据库数据交换、日常工作网络流量不大，无须长期不间断开机的小型企业
	支持用户数目有限，大概 20 个	
	稳定性、可扩展性和容错性较差	
工作组级服务器	支持一个工作组(大概 50 个)的用户	可满足办公室型中小型网络用户的文件共享、数据处理、Internet 接入及简单数据库应用的需求
	支持多核 CPU 结构和大容量 ECC 内存	
	功能较全面，可管理性强，易于维护	
部门级服务器	支持一个部门(大概 100 个)的用户	是企业网络中分散的各基层数据采集单位与最高层的数据中心保持顺利连通的必要环节，一般为中型企业的首选，也可用于金融、邮电等行业
	支持几路几核的 CPU 架构，硬件配置较高	
	可扩展性强、可靠性较高	
	具有全面服务器管理能力，可在线升级	
企业级服务器	支持大规模用户，数量在上百台以上	适合运行在需要处理大量数据、高处理速度和对可靠性要求极高的金融、证券、交通、邮电、通信或大型企业
	支持多路多核的 CPU 架构，硬件配置高	
	可扩展性强、可靠性高、容错能力强	

入门级服务器是最基础、最低档的一类服务器。随着PC技术的日益提高，现在许多入门级服务器与PC机的配置差不多。工作组服务器是一个比入门级高一个层次的服务器，但仍属于低档服务器之类。它只能连接一个工作组(50台左右)那么多用户，支持的网络规模较小，服务器的稳定性一般，性能较低。部门级服务器是属于中档服务器之列，具备比较完全的硬件配置，如磁盘阵列、存储托架等。部门级服务器的最大特点就是集成了大量的监测及管理电路，具有全面的服务器管理能力，可监测如温度、电压、风扇、机箱等状态参数，结合标准服务器管理软件，使管理人员及时了解服务器的工作状况。同时，大多数部门级服务器具有优良的系统扩展性，能够满足用户在业务量迅速增大时能够及时在线升级系统，充分保护了用户的投资。企业级服务器是属于高档服务器行列，能生产这种服务器的企业也不是很多，但并没有行业标准硬件规定企业级服务器需达到什么水平。但企业级服务器是硬件配置最高、可扩展性、可靠性和容错能力最强的服务器。

3. 服务器性能指标

用户总希望有一种简单、高效的度量标准，来量化评价服务器系统，以便作为选型的依据。但实际上，服务器的系统性能很难用一两种指标来衡量。现在有包括TPC、SPEC、SAP SD、Linpack和HPCC在内的众多服务器评测体系，从处理器性能、服务器系统性能、商业应用性能直到高性能计算机的性能，都给出了一个量化的评价指标，其中应用面较广泛的是TPC和SPEC。

全球事务处理性能委员会(Transaction processing Performance Council，TPC)是国际上最权威的服务器性能测试的非盈利组织，总部设在美国。TPC的成员主要是计算机软硬件厂家，而非计算机用户，其功能是制定商务应用基准程序的标准规范、性能和价格度量，并管理测试结果的发布。事务处理性能委员会负责定义诸如TPC-C、TPC-H和TPC-W基准测试之类的事务处理与数据库性能基准测试，并依据这些基准测试项目发布客观性能数据。TPC基准测试采用极为严格的运行环境，并且必须在独立审计机构监督下进行。为保证测试结果的客观性，被测试者必须提交给TPC一套完整的报告，包括被测系统的详细配置、分类价格和包含五年维护费用在内的总价格。

标准性能评估机构(the Standard Performance Evaluation Corporation，SPEC)是一个全球性的、权威的第三方应用性能测试组织，它旨在确立、修改以及认定一系列服务器应用性能评估的标准。SPEC服务器应用性能测试是一个全面衡量Web应用中Java企业应用服务器性能的基础测试。目前包括8大测试规范、26种测试模型。在这个基准测试中，系统模拟一个现代化企业的电子化业务工作，如客户订购查询、产品生产制造管理、供应商和服务器提供商管理等，给系统以巨大的负载，以全面测试运行典型Java业务应用的服务器性能水平。由于它体现了软、硬件平台的性能和成本指标，被金融、电信、证券等关键行业用户作为选择IT系统一项权威的选型指标。该测试是目前业界标准的、权威的基准测试之一，得到众多国际软硬件厂商如Intel、BEA、Oracle、IBM等的支持和参与。

这些服务器评测体系中的主流性能指标如表4-5所示。

表 4-5　服务器主流性能指标

基准名称	基本描述	侧重点
TPC-C	单位为 tpmC，对系统在线事务处理能力进行评价，含义为每分钟内系统处理事务的个数	通过模拟企业 MIS、ERP 等来考验服务器联机业务处理能力
TPC-H	单位为 QphH@size，表示系统在处理特定数据量的数据库时，系统在一小时之内能完成查询的数量	考验基于特定查询的决策支持能力，强调服务器在数据挖掘、分析处理上面的能力
SPEC CPU 2000	单位为比值，是系统执行测试程序的时间与参考系统的比值	考察系统 CPU 运算能力和内存性能
SPEC Web 2005	系统能同时响应的最大 HTTP 连接数	侧重 CPU、内存、系统 I/O 和网络的整体性能
SPEC jAppServer 2004	基于 Java 平台的应用服务器每秒能执行的 Java 操作数	衡量 J2EE 1.3 应用服务器的性能
Linpack	指 HPC 采用高斯消元法求解一元 N 次稠密线性代数方程组的每秒处理次数	衡量 HPC 单机或集群的浮点性能
HPCC	为 HPL、双精度矩阵乘法、内存带宽、并行矩阵转置、随机存储、傅里叶变换与通信带宽延迟	全面衡量 HPC 系统性能，缺陷是比较复杂，测试时间较长
能效比（Performance Per Watt)	是基准性能值除以平均电力消耗。在计算机领域，性能的计量通常可采用每秒浮点运算数（Floating Point Operations Per Second，FLOPS）和每秒百万指令数（Million Instructions Per Second，MIPS）	能效比是评价计算机结构或计算机硬件能源利用效率的指标

4.3.4　网络与 IP 地址规划

网络拓扑设计好后，接下来就要划分网络规划和进行 IP 地址规划。网络规划是根据应用需求和网络规模，决定采用多少个网络/子网/虚网，并分配对应的网络号、网络掩码、网关地址。IP 地址规划是根据网络规划方案，为每个网络/子网/虚网中的 IP 设备分配相应的 IP 地址，并明确相应的网络掩码、默认网关地址。

1. IP 地址分配方案

一台主机通常只有一条链路连接到网络上，当主机运行的 IP 协议想要发送一个数据报，它就在该链路上发送。主机与物理链路之间的边界称为接口。而路由器是从链路上接收数据报从某一条链路发送出去。路由器经常拥有多条链路与之相连。路由器与它任意一条链路之间的边界也称为接口。因为每台主机和路由器都要能从各自所有的接口上发送和接收 IP 数据报，所以 IP 协议要求每台主机和路由器接口都拥有一个全局唯一的 IP 地址。即一个 IP 地址在技术上是与一个接口相关联的，而不是与包括该接口的主机或路由器。

在 IPv4 协议中，IP 地址的长度是 32 位。32 位 IP 地址采用网络号加主机号的层次结构来组织。IP 地址管理机构在给各机构分配 IP 地址时只分配网络号，而剩下的主机号则由分配到该网络号的机构自行分配。

2. 子网划分技术

当企业内部网络复杂，有多个独立部门时，仅凭分配的若干网络号无法进行有效的层次化管理。这时候就要采用子网划分技术，即根据需求从主机号借用若干个比特作为子网号，划分成多个子网。因此，IP 地址虽然长度没变，但是 IP 地址结构按如图 4-5 所示从二级结构变为三级结构。

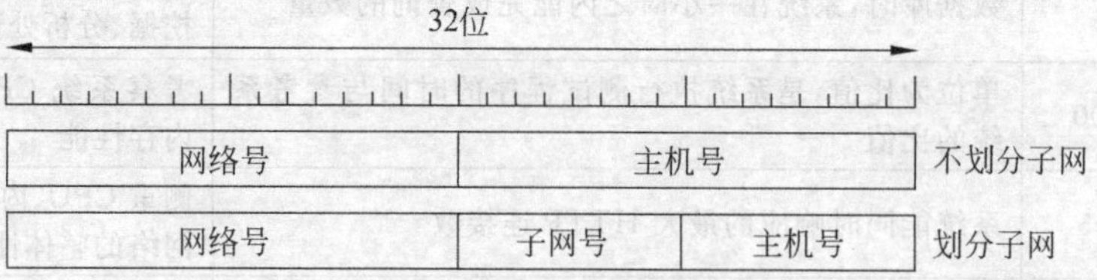

图 4-5 IP 地址结构的变化

3. 虚拟局域网划分技术

使用集线器和二层交换机连接在一起的主机或服务器处于同一个广播域，当同一广播域内节点数量增多时，广播包将严重影响网络通信效率。采用虚拟局域网方法，可以有效地解决这一问题。

虚拟局域网（Virtual Local Area Network，VLAN）是指在交换局域网的基础上，采用网络管理软件构建的可跨越不同网段、不同网络的端到端的逻辑网络。一个 VLAN 组成一个逻辑子网，即一个逻辑广播域，它可以覆盖多个网络设备，允许处于不同地理位置的网络用户加入到一个逻辑子网中。建立 VLAN 需要相应的支持 VLAN 技术的网络设备。当网络中的不同 VLAN 间进行相互通信时，需要路由的支持，这时就需要增加路由设备实现路由功能。

常见的 VLAN 的划分方式主要有四种，如表 4-6 所示。VLAN 目前发展很快，主要的大网络厂商在其交换机设备中都实现了 VLAN 协议。目前 VLAN 的标准是 IEEE 提出的 802.1Q 协议，即 Virtual Bridged Local Area Networks 协议，不同厂家的交换机只要支持 802.1Q 就可以跨越交换机，实现统一划分管理。

表 4-6 VLAN 的划分方式及其特点

划分方式	原理	特点
基于端口	根据以太网交换机的交换端口来划分	应用广泛，配置简单，适合任何规模的网络。但若用户物理位置移动，必须重新配置
基于 MAC 地址	根据每个主机的 MAC 地址来划分	用户物理位置移动，无须重新配置。网络规模大时，配置工作复杂，适合小型局域网
基于网络层协议	根据网络层协议来划分	用户可自由移动，无须重新配置。但需检查网络层信息，效率低
基于 IP 组播	根据 IP 组播组来划分	应用领域延伸到广域网，灵活性大，容易扩展。适合于不在同一地理范围的局域网用户

虚拟局域网的好处是控制网络的广播风暴、确保网络安全、简化网络管理、减少了对路由器的需求、灵活的网络分组、减少网络解决方案费用、更合理地利用服务资源。网络的虚拟化是未来网络发展的潮流。VLAN 充分体现了现代网络技术的重要特征：高速、灵活、管理简便和扩展容易。是否具有 VLAN 功能，是衡量局域网交换机的一项重要指标。

4. IP 地址规划

IP 地址规划要根据网络规划方案，为每个网络/子网/虚网中的 IP 设备分配相应的 IP 地址，并明确相应的网络掩码、默认网关地址。

如某单位已申请了一个地址块：200.24.16.0/20。该单位有 8 个部门，希望能将地址平均分配。因此，现在就是要将一个地址块划分成 8 个子网，则需要从主机号中借 3 位。根据该单位的需求，IP 地址规划方案如表 4-7 所示。

表 4-7　某单位 IP 地址规划方案

部　门	子网号及掩码长度	子网掩码
部门 1	200.24.16.0/23	200.24.16.0～200.24.17.255
部门 2	200.24.18.0/23	200.24.18.0～200.24.19.255
部门 3	200.24.20.0/23	200.24.20.0～200.24.21.255
部门 4	200.24.22.0/23	200.24.22.0～200.24.23.255
部门 5	200.24.24.0/23	200.24.24.0～200.24.25.255
部门 6	200.24.26.0/23	200.24.26.0～200.24.27.255
部门 7	200.24.28.0/23	200.24.28.0～200.24.29.255
部门 8	200.24.30. 0/23	200.24.30.0～200.24.31.255

4.4　物理网络设计

物理网络设计的主要任务包括网络环境设计和网络设备选型。网络环境设计包括综合布线工程、机房系统设计等。综合布线工程将在第 5 章学习，机房系统设计在第 6 章学习。网络设备选型是在需求分析和逻辑设计的基础上，决定采用哪种网络技术和哪种品牌和型号的设备的过程。

4.4.1　网络传输介质选择

网络传输技术是指利用不同信道的传输能力构成一个完整的传输系统，使信息得以可靠传输的技术。传输技术主要依赖于具体信道的传输特性。不同的信道的传输特性与通信介质相关。通信介质指计算机用以收发电子或光信号的物理路径，也可称为传输介质。传输技术按传输介质的不同主要分为有线传输技术和无线传输技术。

由于传输介质是计算机网络最基础的通信设施,因此其性能好坏对网络的性能影响很大。衡量传输介质性能优劣的主要技术指标有传输距离、传输带宽、衰减、抗干扰能力、连通性和费用等。在网络系统集成工作中重点考虑的指标是传输距离、带宽、施工难度和组网成本等。

1. 有线传输介质

局域网中常用的有线传输介质主要包括双绞线、同轴电缆和光缆等。如表 4-8 所示,不同传输介质的传输距离、带宽、施工难度和费用等都不相同,可以根据实际需求来选择。目前局域网的主要技术是以太网技术,其中 100Mb/s 快速以太网技术是一个里程碑,也是当前桌面和局域网中主要采用的技术。

表 4-8 主流有线传输介质的技术指标比较

传输介质类型	最大传输距离(m)	带宽(Mb/s)	施工难度	组网成本
5 类双绞线(100BASE-TX)	100	100	非常容易	成本低
5 类双绞线(1000BASE-TX)	100	1000	非常容易	成本低
粗同轴电缆	500	10	容易	成本较高
细同轴电缆	185	10	容易	成本较高
单/多模光缆(100BASE-FX)	2000/412	100	难	成本高
多模光缆(1000BASE-SX)	220～550	1000	难	成本高
单模光缆(1000BASE-LX)	5000	1000	难	成本高

在这几类传输介质中,双绞线性价比高,施工容易,成为连接桌面设备的首先传输介质。但由于其传输距离比较短,易受环境电信号干扰,因此只适用于短距离传输。基带同轴电缆可以直接传输数字信号,但可靠性不好,现在基本上已被双绞线取代。而宽带同轴电缆用来传输模拟信号,主要用于闭路电视信号的传输。光缆由于抗干扰能力强,传输速率高,传输距离远,但成本高施工难度大,主要用于远距离传输,适用于骨干网的组建。随着光缆的普遍使用,成本的降低,光缆已成为当前主要发展的传输介质。

如在图 4-4(a)所示的网络拓扑结构设计的基础上,接入层设备与用户层机器之间的连接以及接入层设备与汇聚层之间的连接可以考虑采用双绞线,但是它们之间的距离不能大于 100m。汇聚层与核心层设备的连接可以考虑光缆,如果是百兆标准的单模光缆,距离不能超过 2km,如图 4-6 所示。

2. 无线传输介质

采用有线传输介质进行传输,即便是最容易施工的双绞线,也要挖槽进行铺设。对于传输线路要越过高山、跨岛屿的、已经建设好的环境再提出组网需求的或临时组网需求的情况,有线传输方式就不适用了,这就需要用到无线传输技术。在自由空间利用电磁波发送和接收信号进行通信就是无线传输。常用的无线传输技术主要包括无线电波、微波、红外线等。无线传输介质的最大缺点就是抗干扰能力相比有线传输介质弱,且由于传输信号容易

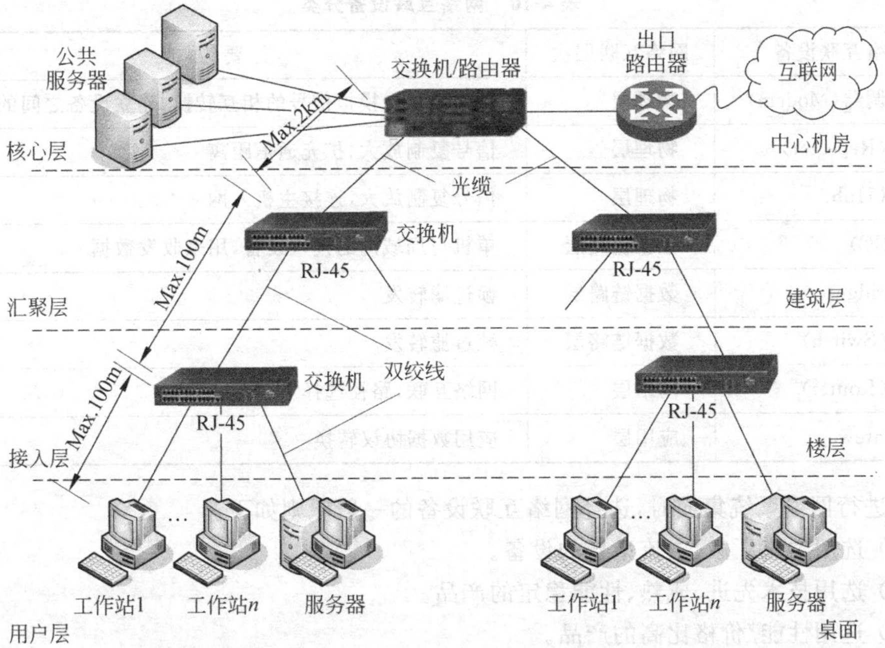

图 4-6　局域网传输介质选择举例

被空中截获，数据传输的安全保密性也较低。

如表 4-9 所示，组成无线网络随着网络范围的不同，采用的技术也各不相同。

表 4-9　不同无线网络采用的无线网络技术

无线网络		代表技术
无线广域网	通过移动通信卫星通信	2G、3G、GPRS、CDMA
无线城域网	通过移动电话或车载装置通信	MBWA(802.20)、WiMax(802.16)
无线局域网	区域间的无线通信	802.11 系列 Wi-Fi
无线个人网	10m 范围内的无线通信	WPAN(802.15)、BlueTooth、Zigbee

无线局域网的组网方式已经广泛运用在办公、生产、家庭、工业等领域，成为与有线组网方式结合的常用组网方式。

4.4.2　网络互联设备选择

网络互联技术就是将若干个独立的计算机网络互联起来组成更大范围的网络。网络互联的方式包括局域网与局域网的互联、局域网与广域网的互联以及广域网与广域网的互联。网络互联技术的核心是网络协议和网络互联设备。网络互联设备包括中继器、集线器、网桥、交换机、路由器、网关等。如表 4-10 所示，这些设备分别完成了不同层次的互联和不同的功能。随着各类网络设备在技术上的不断创新，有些设备在互联层次之间已经没有之前那样明显的界限。

表 4-10 网络互联设备分类

网络互联设备	网络互联层次	主要功能
调制解调器(Modem)	物理层	数字信号与模拟信号的相互转换,建立设备之间的连接
中继器(Repeater)	物理层	信号复制放大,扩充通信距离
集线器(Hub)	物理层	信号复制放大,连接主机入网
网卡(NIC)	数据链路层	单机与局域网的接入设备,用来收发数据
网桥(Bridge)	数据链路层	帧过滤转发
交换机(Switch)	数据链路层	帧过滤转发
路由器(Router)	网络层	网络互联,路径选择
网关(Gateway)	应用层	应用数据协议转换

在进行网络系统集成时,选择网络互联设备的一般原则如下。

(1) 选用主流厂家、主流型号的设备。

(2) 选用技术先进、成熟、性能稳定的产品。

(3) 选用性能/价格比高的产品。

(4) 选用行业惯例产品。

(5) 选用用户熟悉的或已用过的厂家设备。

(6) 尽量同一厂家的设备,型号不宜太多,以便管理与维护。

目前,在局域网中使用最广泛的网络互联设备是交换机和路由器。

选择交换机,要判断交换机在前面 4.3.1 节所说网络层次结构中属于哪一层来选择相应的性能。根据所属的层次,交换机分为核心层交换机、汇聚层交换机和接入层交换机。核心层的任务就是为骨干网络提供高速的数据交换和最优化通信。在核心层要避免执行任何复杂的网络策略和执行可能降低处理能力、增加延迟的任务。因此核心层交换机的选择要重点放在冗余能力、可靠性和高速传输上。汇聚层负责延伸网络的覆盖范围,对接入层业务进行汇聚,并根据实际情况进行安全策略控制及 QoS 处理。汇聚层是多台接入层交换机的汇聚点,它必须能够处理来自接入层设备的所有通信量,并提供到核心层的上行链路,因此汇聚层交换机需具备交换容量大、端口密度高、可靠性高特点,并应支持安全策略控制和 QoS 处理的功能。接入层是最终用户与网络的接口,接入层交换机应该具有即插即用、高端口密度的特性,还应该易于维护和使用。

交换机的主要技术与性能参数如表 4-11 所示。

路由器的主要技术与性能参数包括吞吐率、背板带宽、丢包率、转发时延、路由表容量、支持的路由协议等。

衡量交换机和路由器可靠性的主要指标是无故障工作时间,包括平均故障间隔时间和平均故障恢复时间。提高交换机和路由器的可靠性,还可以通过选择其对部件冗余如接口冗余、插槽冗余、电源冗余、系统板冗余、时钟板冗余等的支持以及对某些组件热插拔的支持。

表 4-11　交换机主要技术与性能参数

性能参数	含　义
交换结构	选择交换矩阵和分布式交换模块的交换机，可实现高端口密度条件下的高速无阻塞交换，避免选择采用集中式结构的交换机。因为集中式结构存在中心交换的瓶颈问题
背板带宽	是交换机接口处理器或接口卡和数据总线间所能吞吐的最大数据量。表明了交换机总的数据交换能力，单位为 Gb/s。一般交换机的交换容量从几十到上百 Gb/s 不等。交换容量越高，处理数据的能力就越强，数据交换速度就越快，但成本也越高
转发方式	主要有直通式转发和存储式转发。直通式转发只检查数据包的包头，不存储数据包，所以数据转发延迟小，交换速度快；而存储式转发，交换机对从端口收到的数据包全部存储，校验无误后再转发，故处理时间长。选择哪种方式要看网络对数据存储速率的要求
时延	指交换机从某一端口接收到数据包到开始向目的端口发送数据包之间的时间间隔。不同档次的交换机其时延大小不同，可从几微秒到几毫秒，相差上百倍。时延越小越好
MAC 地址数	交换机支持的 MAC 地址数越多，MAC 端口地址映射表就越大，数据转发速率就越高
端口速率	一般分为 10Mb/s、10/100Mb/s、1000Mb/s、10Gb/s 几种。端口速率越高价格越贵。根据实际需求，一般是核心层和主干交换机使用高速率端口
端口密度	一台交换机最多能包含的端口数量。端口密度越大的交换机，单端口的成本就可能越小
堆叠能力	交换机支持级联和堆叠。不同类型的交换机只能级联，而只有同类交换机才能堆叠。具备堆叠能力的交换机可扩展能力强
端口链路聚合协议	指把一台设备的若干端口与另一台设备的同等端口连接起来提供若干倍的带宽。链路聚合由链路聚合协议管理。当一条链路失效，协议会协调其他链路继续工作。该参数反映设备间的冗余性和扩展性
支持的协议	指是否支持 VlAN/STP/RSTP/MSTP/RIP/OSPF 等多种协议。从支持的协议可以发现该交换机是哪一层的
VLAN 支持	支持 VLAN 是中高档交换机的标准配置。不同厂商的设备对 VLAN 的支持能力不同，支持的 VLAN 的数量也不同
QoS 支持能力	支持 QoS，就能为重要业务保留带宽，并对各种应用合理分配带宽
管理功能支持	需要配置和管理交换机就必须支持 SNMP 管理、Web 管理和 Telnet 管理等网络管理方式。所有中高档的交换机都应该是可网管的。建议都采用可网管交换机

4.4.3　Internet 接入技术选择

Internet 的网络接入技术考虑的就是如何将远程的计算机或计算机网络以合适的性能价格比接入 Internet。由于网络接入通常需要借助于某些广域网（如 PSTN、DDN）完成，接入技术也包括拨号接入、xDSL 接入、混合光缆同轴电缆接入、光缆接入、无线接入等方式。因此，在接入之前，必须认真考虑各种接入方式的接入效率、接入费用等诸多问题。

设计者在选择接入方式时主要考虑的因素如下。

(1) 用户对网络接入速度的要求。

(2) 接入计算机或计算机网络与 Internet 之间的距离。

(3) 接入后用户网络与 Internet 之间的通信量。

(4) 用户希望运行的应用类型。

下面列举几种常见的接入情况。

1. PSTN 接入

公共交换电话网(Public Switch Telephone Network,PSTN)是人们日常生活中最常见的通信网络。

通过 PSTN 连接到 Internet 的示意图如图 4-7 所示。用户的计算机(或网络中的服务器)和 Internet 中的远程访问服务器(Remote Access Server,RAS) 均通过调制解调器与电话网相连。用户在访问 Internet 时,通过拨号方式与 Internet 的 RAS 建立连接,借助 RAS 访问整个 Internet。

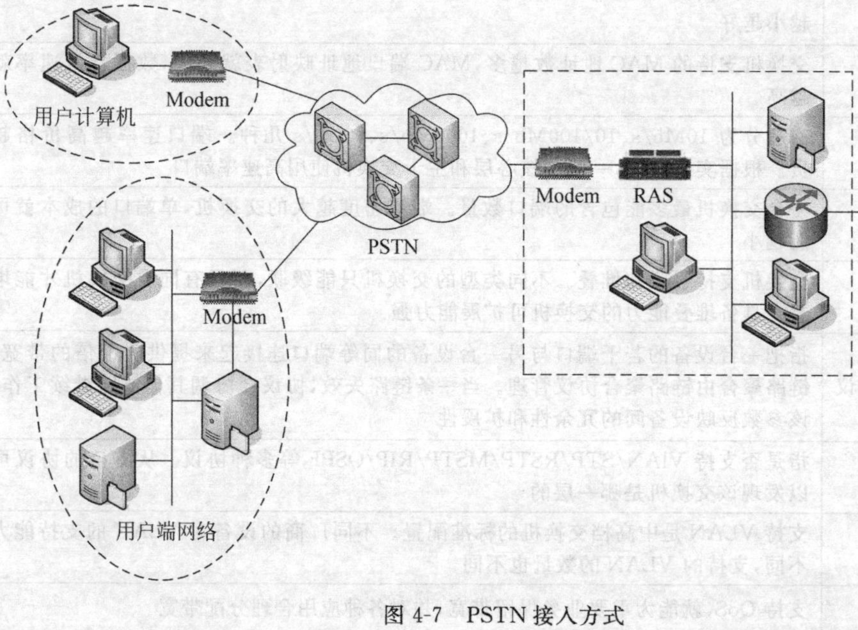

图 4-7 PSTN 接入方式

PSTN 接入的优点是接入简单、费用低。缺点是传输速率低,目前较好线路的最高接入速率为 56kb/s。需要通过拨号建立连接,接续速度慢。在宽带日益普及的今天,PSTN 接入被称为"窄带"。

2. ADSL 接入

非对称数字用户环路(Asymmetric Digital Subscriber Line,ADSL)是一种上、下行不对称的高速数据调制解调技术。不对称表现在下行通道的数据传输速率远远大于上行通道的数据传输速率。而 ADSL 这种非对称性正好符合人们下载信息量大而上传信息量小的特点。ADSL 的数据传输速率与线路的长度成反比。传输距离越长,信号衰减越大,越不适合高速传输。在 5km 的范围内,ADSL 的上行速率为 16～640kb/s,下行速率是 1.5～9Mb/s。

利用 ADSL 进行网络接入的示意图如图 4-8 所示。整个 ADSL 系统由用户端、电话线路和电话局端 3 部分组成。其中电话线路可以利用现有的电话网资源，不需要做任何变动。

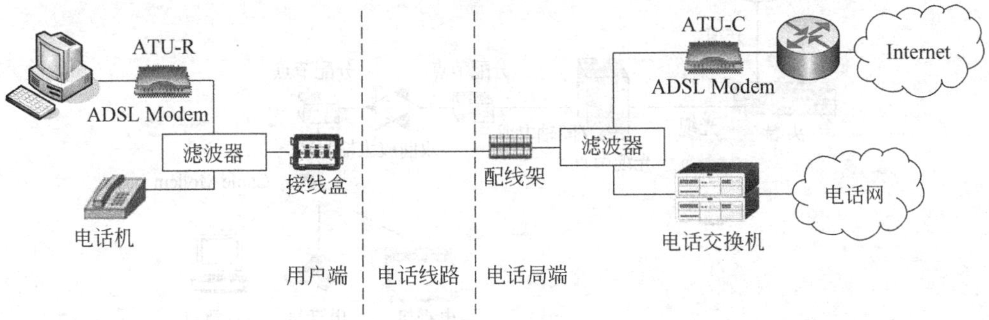

图 4-8　ADSL 接入

ADSL 接入方式允许数字信号和电话信号可以同时传输，互不影响。ADSL 接入具有使用费用低、无须重新布线和建设周期短的特点，尤其适合家庭和中小型企业的 Internet 接入需求。

3. 使用 HFC 接入

光缆同轴电缆混合网(Hybrid Fiber Coaxial，HFC)是一种新型的宽带网络，也可以说是有线电视网的延伸。它采用光纤从交换局到服务区，而在进入用户的“最后 1 千米”采用有线电视网同轴电缆。它可以提供电视广播(模拟及数字电视)、影视点播、数据通信、电信服务(电话、传真等)，以及丰富的增值服务等。

HFC 接入技术是以有线电视为基础，采用模拟频分复用技术，综合应用模拟和数字传输技术、射频技术和计算机技术所产生的一种宽带接入网技术。以这种方式接入 Internet 可以实现 10～40Mb/s 的带宽，用户可享受的平均速度是 200～500kb/s，最快可达 1500kb/s。

HFC 接入方式如图 4-9 所示。其中头端(Head End，HE)设备将传入的各种信号进行多路复用，转换成光信号导入光缆。光缆节点将光信号转换成适合于在同轴电缆传输的射频信号，然后在同轴电缆上传输。

HFC 接入方式采用非对称的数据传输速率，上行为 10Mb/s 左右，下行为 10～40Mb/s。由于 HFC 的传输方式为共享式，所有 Cable Modem 的发送和接收使用同一个上行和下行信道；因此同时在线的用户规模越大，每个用户实际可以使用的带宽就越小。

4. 通过数据通信网接入

数据通信网是专门为数据信息传输建设的网络，通过这些数据通信网接入 Internet，传输性能和传输质量更高。

数据通信网的种类有 DDN、ATM、帧中继等。通过数据通信网接入 Internet 的示意图如图 4-10 所示。目前，大部分路由器都可以配备和加载各种接口模块(如 DDN 网接口模块、ATM 网接口模块、帧中继网接口模块等)，通过配备有相应接口模块的路由器，用户的

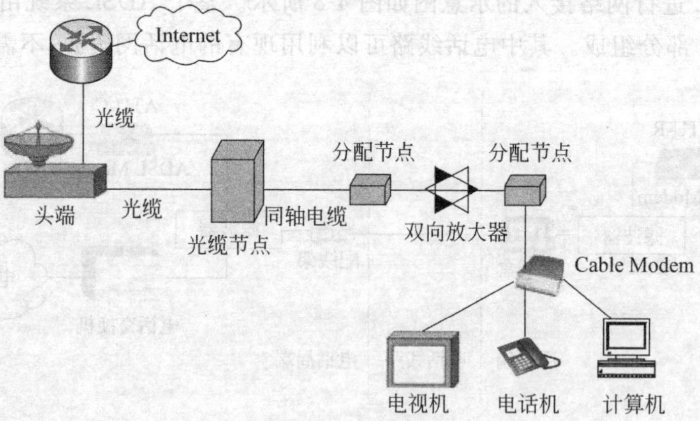

图 4-9 HFC 接入

局域网和远程 Internet 就可以与数据通信网相连，并通过数据网交换信息。采用数据通信网接入 Internet 的带宽较高，但通信费用昂贵。

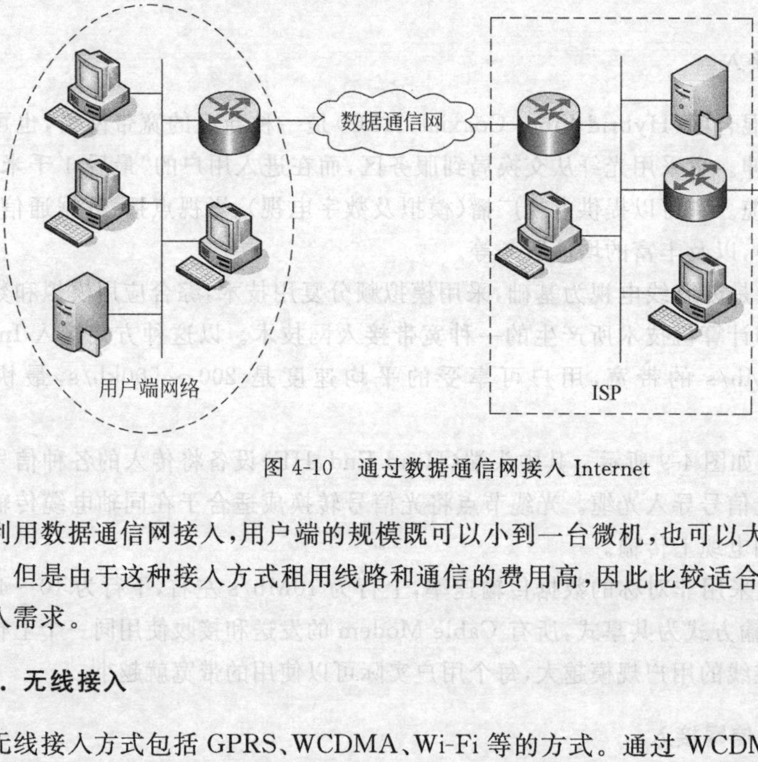

图 4-10 通过数据通信网接入 Internet

利用数据通信网接入，用户端的规模既可以小到一台微机，也可以大到一个企业网或校园网。但是由于这种接入方式租用线路和通信的费用高，因此比较适合具有一定规模企业的接入需求。

5. 无线接入

无线接入方式包括 GPRS、WCDMA、Wi-Fi 等的方式。通过 WCDMA 等 3G 的方式连接 Internet 速率受到限制，其中传输速率最高的理论峰值才达到 14.4Mb/s。如通过 Wi-Fi 连接无线局域网，再通过无线局域网连接到 Internet 的速率在无线接入方式中速率最高，如采用 802.11n 标准可以达到 300Mb/s。但是这种方式在遇到障碍物时，速率就会急速下降。因此采用无线接入方式目前还仅适合办公数据传输、家庭局域网、小规模网络的上网需求。

通过无线局域网访问 Internet 如图 4-11 所示。

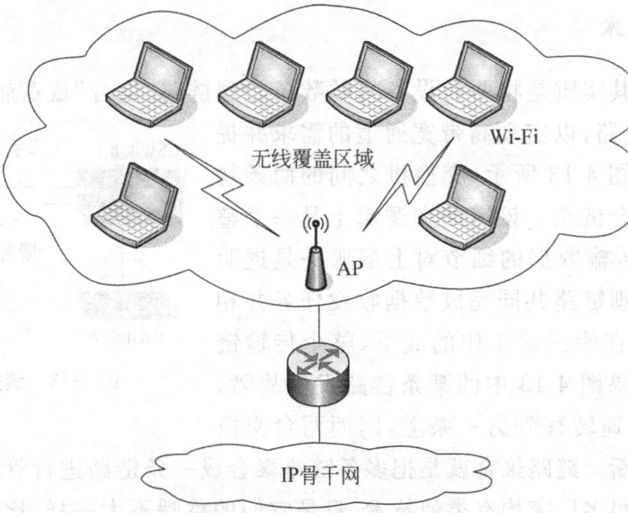

图 4-11　通过无线局域网访问 Internet

4.5　网络系统可靠性设计

为了提高网络与服务系统的可靠性，为避免单点故障，可从提高网络可靠性、服务系统可靠性和数据可靠性三方面出发着手设计。

4.5.1　网络可靠性技术

1. 冗余备份链路技术

在网络拓扑结构的设计中，大部分系统采用以树型结构为主的层次结构。如果上下层设备只有一条链路，在链路发生故障时，将导致系统不可用。因此，如图 4-12 所示，网络拓扑结构的设计是以树型结构为主，适当在核心层、会聚层之间引入冗余链路，避免单点故障，以提高系统的可靠性。同时，在一些关键链路上也可以采用这种技术。

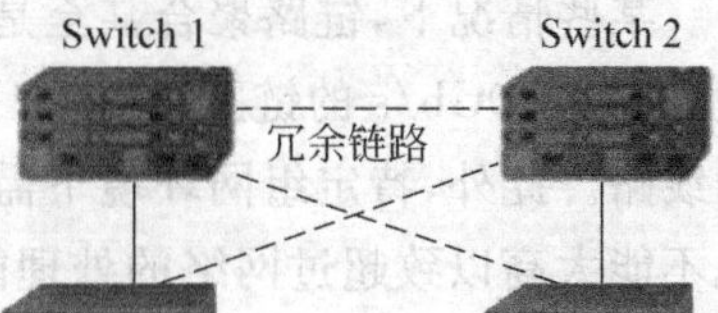

图 4-12　链路冗余设计

冗余备份链路是为防止通信链路故障，提供备用的网络连接。尽管冗余可以防止整个交换网络因为单点故障而中断但是它也会带来一些问题例如广播风暴、多个帧副本以及 MAC 地址的不稳定性。为了保持一个冗余网络的优势同时防止因为环路所导致的问题，采用冗余备份链路的交换机应该启动生成树协议 802.1d 或快速生成树协议 802.1w。生成树协议可以发现环路的存在，将冗余链路中的一个设为主链路，其他设为备用链路。无故障时，数据只通过主链路交换流量。生成树协议会定期检查链路的状况，当发现主链路发生故障将流量切换到备用链路。链路切换的方式，若允许短暂中断，可人工启用备用链路，这样系统开销小。若链路中断要求控制在秒级范围，则需采用主、备链路间自动切换技术，但系统运行开销大。

2. 链路聚合技术

链路聚合技术其实质是将两台设备间的数条物理链路“组合”成逻辑上的一条数据通路，称为一条聚合链路，以实现高带宽通道的需求并提高链路可靠性。如图 4-13 所示，交换机之间的两条物理链路组成一条聚合链路。该链路在逻辑上是一个整体，内部的组成和传输数据的细节对上层服务是透明的。聚合内部的物理链路共同完成数据收发任务并相互备份。只要还存在能正常工作的成员，整个传输链路就不会失效。如果图 4-13 中的某条链路发生故障，它的数据任务会迅速转移到另一条上，因而两台交换机间的连接不会中断。链路聚合就是把多条链路聚合成一条链路进行管理，以实现高带宽通道的需求。目前很多厂家均有类似技术，只是它们的称呼不太一样，比如通道聚合、链路聚合、端口汇聚等，但它们的原理基本一样。

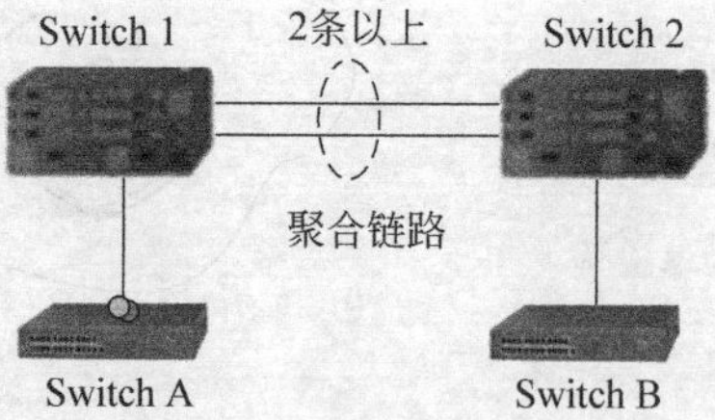

图 4-13 链路聚合技术

链路聚合具有如下显著的优点。

(1) 提高链路可用性。链路聚合中，成员互相动态备份。当某一链路中断时，其他成员能够迅速接替其工作。与生成树协议不同，链路聚合启用备份的过程对聚合之外是不可见的，而且启用备份过程只在聚合链路内，与其他链路无关，切换可在数毫秒内完成。

(2) 增加链路容量。链路聚合技术的另一个明显的优点是为用户提供一种经济的提高链路传输率的方法。通过捆绑多条物理链路，用户不必升级现有设备就能获得更大带宽的数据链路，其容量等于各物理链路容量之和。聚合模块按照一定算法将业务流量分配给不同的成员，实现链路级的负载平衡功能。负载均衡算法可采用静态算法和动态算法。静态算法适合用于网络负载变化不大的情况。动态算法利用系统当前负载信息作为决定，负载均衡性好，但开销较大。

某些情况下，链路聚合甚至是提高链路容量的唯一方法。例如，当市场上的设备都不能提供高于 10Gb/s 的链路时，用户可以将两条 10Gb/s 链路聚合，获得带宽大于 10Gb/s 的传输线路。此外，特定组网环境下需要限制传输线路的容量，既不能太低以致影响传输速度，也不能太高以致超过网络的处理能力。但现有技术都只支持链路带宽以 10 为数量级增长，如 10Mb/s、100Mb/s、1Gb/s 等。而通过聚合将 n 条物理链路捆绑起来，就能得到更适宜的 n 倍带宽的链路。

目前链路聚合技术的正式标准为 IEEE 802.3ad，由 IEEE 802 委员会制定。标准中定义了链路聚合技术的目标、聚合子层内各模块的功能和操作的原则，以及链路聚合控制的内容等。

4.5.2 服务系统可靠性技术

服务系统的可靠性技术的目标是提供不间断的、可靠的应用服务。对于重要服务（如应用数据库系统），使用两台/多台服务器，安装同一个应用系统，采用主从或并行的方式工作，当某台服务器出现故障时，备份的服务器或其他服务器接替其工作，保证服务不会中断。

1. 双机热备技术

双机热备技术提高可靠性的实质是故障隔离，即利用故障点转移的方式来保障业务连续性。其业务的恢复不是在原服务器，而是在备用服务器。

如图4-14所示，双机热备技术的工作过程是两台服务器之间通过网线或串口线作为心跳线连接。同一时刻只有一台服务器处于工作状态，另一台处于加电备份状态。两台服务器各自都配有不同的私有IP，连接到内部网络上。同时，双机系统还配置同一个公网IP地址，主服务器使用该IP对外提供服务。

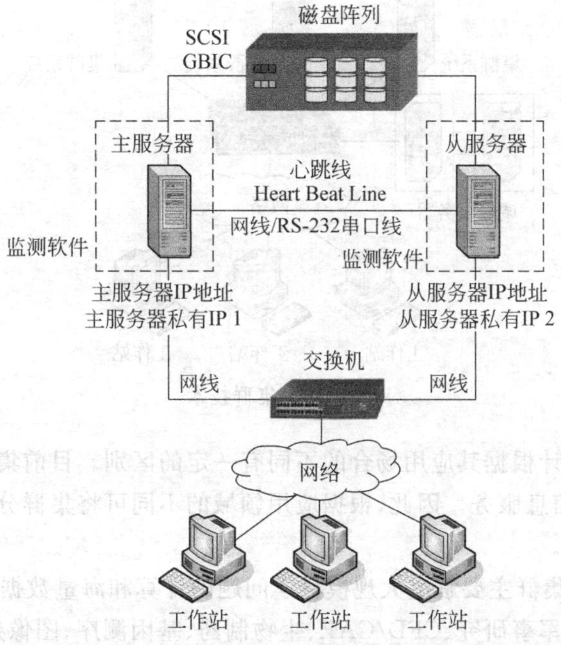

图4-14　双机热备技术

服务切换时实际上是公开IP的切换，在服务切换过程会暂时中断服务。每台服务器上运行双机热备软件，监测本机运行状态包括设备故障、操作系统故障、应用软件故障等。当主服务器出现故障时，从服务器将立刻侦测到，并自动启动应用系统，提供服务。为了在服务切换时保证数据的一致性，通常每台服务器都会连接到同一个磁盘阵列上。

值得注意的是，热备与单纯的备份技术是不同的。热备主要保障业务的连续性，实现的方法是故障点的转移。而备份技术，主要目的是为了防止数据丢失而做的一份副本，所以强调的是数据恢复而不是应用的故障转移。

2. 集群技术

对于可靠性要求特别高、访问量特别大的服务系统，可使用多台服务器并行提供服务，即采用集群技术。集群服务器是利用标准的网络将各种普通的服务器连接起来，通过特定的方法，向用户提供更高的系统计算性能、存储性能和管理性能，同时为用户提供单一系统映像功能的计算机系统。集群技术避免单点故障、消除服务瓶颈，均衡负载、共同承担繁重任务，可使服务器提供全天候服务。

采用集群技术的网络拓扑设计如图 4-15 所示。每台服务器安装相同的应用系统，同时安装一个集群监测软件，实时报告本机状态和负载情况。当工作站向集群系统传输数据时，调度服务器会根据一定的负载分配算法将数据分配给不同的服务器。某服务器出现故障，调度服务器不分配任务给该机器，即可避免服务中断。当该服务器的故障恢复后，调度服务器又给它重新分配任务。

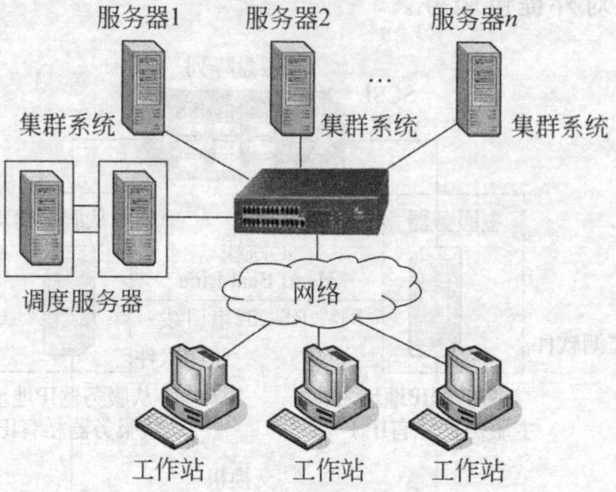

图 4-15 集群技术

集群服务器的设计根据其应用场合的不同有一定的区别。目前集群服务器有两大应用领域，高性能计算和信息服务。因此，根据应用领域的不同可将集群分为两类：高性能计算集群和信息服务集群。

(1) 高性能计算集群主要解决大规模科学问题的计算和海量数据的处理，如科学研究、气象预报、计算模拟、军事研究、CFD/CAE、生物制药、基因测序、图像处理等。

(2) 信息服务集群的应用范围很广，包括如数据中心、电子政务、电子图书馆、大中型网站、网络游戏、金融电信服务、城域网/校园网、大型邮件系统、VOD、管理信息系统等。

跟传统的 RISC 小型机或者普通的 PC 服务器群比较，集群的优势主要体现在以下几个方面。

① 更高的性能价格比。集群系统目前已经成为高性能计算机的发展方向，世界上 Top500 排行榜的高性能计算机系统绝大多数是集群系统。

② 更高的可扩展性。集群系统可以通过原有预留的扩展接口进行无缝的扩展。

③ 更高的系统鲁棒性。集群系统采用了标准的硬件设备，容易采购，也较容易维护。

④ 对应用系统的更多的支持。集群系统可以支持大量的操作系统，也支持 32 位和 64 位的软件系统，在集群系统上运行的软件是小型机系统的成百上千倍。

4.5.3 数据可靠性技术

数据是信息系统所管理的对象，也是信息系统的命脉所在。服务器及网络设备的故障和损毁，其损失的价值是有限的；而数据的损坏，其损失的价值可能无法估量。在实际设计中,通常采用磁盘冗余阵列和容灾备份等技术来保护数据的可靠性。

1. 磁盘冗余阵列技术

单块磁盘的容量、访问速率、可靠性等都无法满足大型应用的需求。采用磁盘冗余阵列算法将多个磁盘连在一起,实现对多个磁盘的并行读写访问,可以有效地解决这一问题。磁盘冗余阵列技术的思想就是组合小的廉价磁盘来代替大的昂贵磁盘,以降低大批量数据存储的费用,并采用冗余信息的方式,使得磁盘失效时不会丢失数据,同时支持并行访问,提高数据访问速度。

如图 4-16 所示,磁盘阵列由一个或多个供大量磁盘放置的磁盘柜、阵列控制器、阵列背板、若干电源、风扇等硬件部件组成。每个磁盘阵列控制器支持多个多种硬盘接口类型(如 SCSI、IDE、SATA)的输入,输出一个硬盘接口。此外,磁盘阵列一般都是以一个控制器连接主机及磁盘,在磁盘阵列的容错功能下达到数据的完整性。但磁盘阵列控制器同样会发生故障,在此情况之下,数据就有可能丢失。为了解决此问题,可以把两个控制器用缆线连接起来,相互备份。为了支持两个控制器,磁盘阵列最好选择热插拔双控制器冗余的架构。

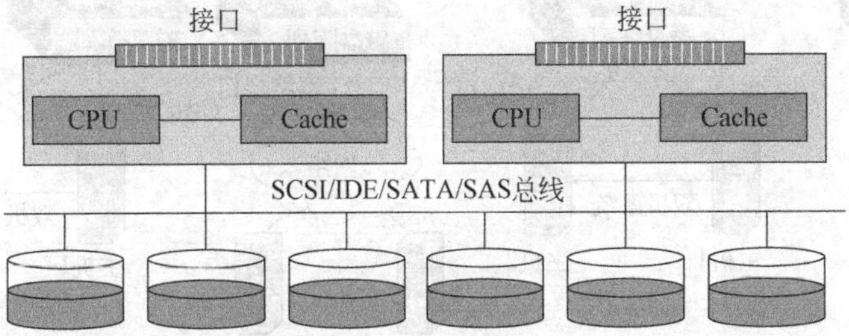

图 4-16　磁盘阵列的结构

磁盘阵列实现其功能所利用的技术是廉价冗余磁盘阵列(Redundant Array of Independent Disk,RAID)算法。RAID 把多个硬盘组合成为一个逻辑磁区,因此操作系统只会把它当做一个硬盘。RAID 主要包含 RAID 0~RAID 6 等几个级别。不同的 RAID 级别对应于不同的性能、容量和可靠性,代表了这三种关键参数的不同平衡组合,用户可以根据实际需求进行选择。其中 RAID 5 是三个关键参数折中较好的级别,应用广泛。不同 RAID 级别的原理和特点如表 4-12 所示。

表 4-12　不同 RAID 级别的原理和特点

级　别	原　理	特　点
RAID 0	在存储数据时由 RAID 控制器将数据分割成大小相同的数据条块,同时写入阵列中的多个磁盘中	读写速度很快,磁盘利用率很高。但无数据冗余能力,可靠性很差
RAID 1	将相同的数据块同时写入两个硬盘,任何一个硬盘的数据出现问题,可以马上从另一个硬盘中进行恢复	可靠性很高,但磁盘利用率很低
RAID 2	将数据条块化(单位为位)分布于不同的硬盘上,使用加重平均纠错码技术来提供错误检查及恢复	读写速度快,可靠性高。但设计复杂,磁盘利用率低

续表

级　别	原　理	特　点
RAID 3	将数据条块化(单位为字节)分布于不同的硬盘上,使用奇偶校验码技术来提供错误检查及恢复	读写速度快,可靠性较高,设计简单,磁盘利用率较高。适合需要读取大量数据的需求
RAID 4	与 RAID 3 相似,但条块化是按数据块(即完整的数据集合)为单位存储的	保证数据完整性,可靠性较高。设计复杂,读写数据较慢
RAID 5	和 RAID 4 相似,但不使用专门的校验磁盘而将校验数据以循环的方式放在每一个数据磁盘中	可靠性较高,读写速度较快,磁盘利用率较高。但设计复杂,不适合小型系统
RAID 6	与 RAID 5 相比,RAID 6 增加了两个独立的奇偶校验信息块。两个独立的奇偶系统使用不同的算法	可靠性很高,但磁盘利用率低,设计复杂,写速度慢

目前磁盘阵列是中高档服务器的重要配置之一,甚至在某些高端的笔记本中也开始采用磁盘阵列的 RAID 技术。磁盘阵列与主机或服务器的常见连接方式如图 4-17 所示。

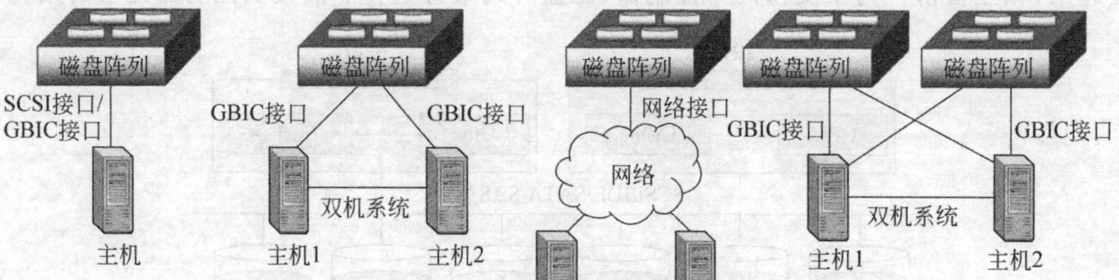

图 4-17　磁盘阵列的常见连接方式

2. 容灾备份技术

容灾备份技术是通过特定的容灾机制,在各种灾难发生后,仍然能最大限度地提供正常服务的技术。信息系统的重要数据都是存储在磁盘上,如果磁盘发生故障,导致数据丢失,将会导致无可挽回的损失。因此,对一些特别重要的资料,为了防止不可抗拒的因素导致数据丢失,可采用自动异地保存的方式。在服务器上安装一套联机备份系统,根据指定的备份对象、备份内容、备份策略和存储格式自动将数据备份到异地指定的存储设备上。在服务器发生故障造成数据丢失时,该技术就能从异地指定的存储设备方便地将备份的数据恢复到相应的服务器中。

容灾备份技术分为数据备份和应用备份。数据备份的目标是保证用户数据的完整性、可靠性和一致性,而对于提供实时服务的信息系统,用户的服务请求在灾难中可能会中断。则应用备份的目标是提供不间断的应用服务,让客户的服务请求能够继续运行,保证信息系统提供的服务完整、可靠与一致。

容灾备份技术的主要措施有双机热备技术、异地数据备份技术等。双机热备技术前面章节已经学习过,这里主要学习的是异地数据备份技术。

如图 4-18 所示，异地数据备份技术在网络中设立备份服务器，安装备份软件，根据指定的备份对象、备份内容、备份策略和存储格式向各服务器发送相关指令。各服务器接收到指令后，将数据备份到指定的存储设备。这些存储设备可以包括磁带库、磁盘阵列、光盘塔等大容量设备。在服务器数据发生故障需要数据恢复时，备份服务器能方便地将备份的数据恢复到相应的服务器中。在异地数据备份技术中，制定合适的备份策略是至关重要的，这和用户需求相关。异地数据备份技术的备份策略分为周期性增量备份和完全备份。如果是非关键数据，可以制定每天增量备份，1 个月进行完全备份的备份策略。

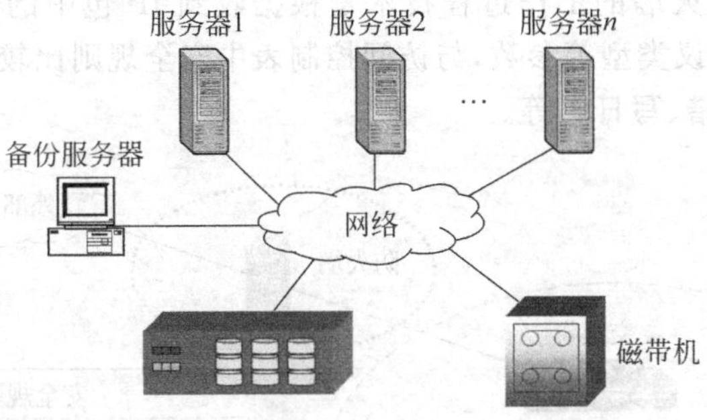

图 4-18　异地数据备份系统结构

4.6　网络系统安全性设计

网络集成系统必然是一个开放的系统，容易产生各种安全漏洞和隐患。此外，信息系统安全威胁不仅来自外部网络，也同样来自内部网络，内外勾结危害更大，将使网络信息系统发生人为的故障，破坏信息的机密性、完整性、可用性、不可否认性和可控性，带来不可弥补的损失。因此，网络系统集成中必须考虑采用什么样的网络安全体系来解决安全问题。

针对这一问题，美国 Internet 安全系统公司(Internet Security Systems Inc.,ISS)公司提出的动态网络安全体系模型 P2DR。如图 4-19 所示，PPDR 安全模型认为没有一种技术可完全消除网络中存在的安全漏洞，必须在整体安全策略的控制指导之下，在综合运用防护工具的同时，利用检测工具了解和评估系统的安全状态，通过适当的反馈建系统调整到相对安全和风险最低的状态，也能达到所需的安全要求。因此，网络安全技术包括网络防护技术、网络检测技术、网络响应以及相应的网络安全策略等。具体来说，有防火墙技术、入侵检测技术、安全扫描技术、虚拟专用网技术、加密、认证和数字签名技术、病毒防杀技术、蜜罐技术，以及必要的行政措施等。

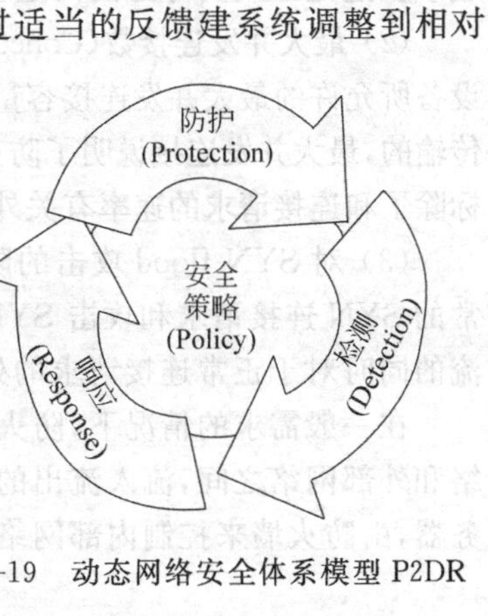

图 4-19　动态网络安全体系模型 P2DR

本节主要对与逻辑网络结构设计相关的主要技术进行学习，即防火墙技术、入侵检测技术和安全扫描技术。

4.6.1 防火墙技术

当连接 Internet 的内部网络受到安全威胁，需要在该网络和 Internet 之间插入一个中间系统，竖起一道安全屏障。其作用是阻断来自外部网络的威胁和入侵，在不安全的网络环境中构造一个相对安全的子网环境。防火墙(Firewall)是用一个或一组网络设备，通过执行安全策略，在两个或多个网络间加强访问控制，以保护一个网络不受来自另一个网络攻击的安全技术。

如图 4-20 所示，防火墙的工作过程技术是根据收到 IP 包中的源 IP 地址、目的 IP 地址、TCP/UDP 端口、协议类型等参数，与访问控制表中安全规则比较，并采取控制措施如转发、代理服务、丢弃、报错、写日志等。

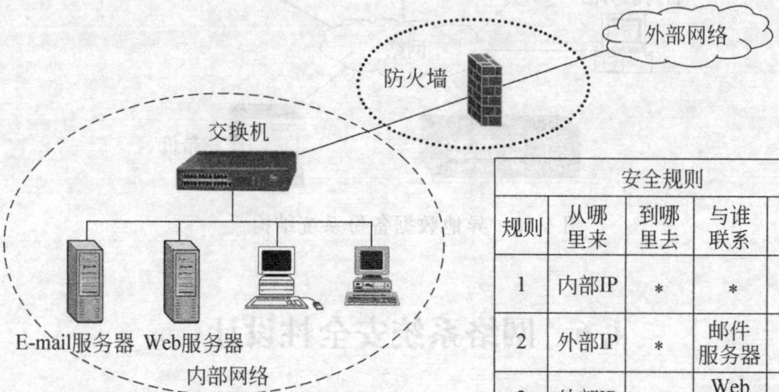

安全规则				
规则	从哪里来	到哪里去	与谁联系	控制
1	内部IP	*	*	允许
2	外部IP	*	邮件服务器	拒绝
3	外部IP	*	Web服务器	允许

图 4-20 防火墙工作过程

在抵御外界攻击方面，防火墙起了相当重要的作用。在选择防火墙时，可以重点关注以下指标。

(1) 吞吐量(Throughput)。吞吐量是衡量网络设备对数据吞吐能力的基本指标。其值的高低决定了防火墙在没有丢帧的情况下发送和接收帧的最大速率。防火墙作为一款重要的网络设备，所有的数据流都会经过它转发。如果吞吐量小的话，它将成为整个网络的性能瓶颈。这是必须要考虑的问题。

(2) 最大并发连接数(Concurrent Connection Capacity)。最大并发连接数是测试一个网络设备所允许的最大并发连接容量的基本指标。当今网络上的流量大约有 90% 是靠 TCP 连接传输的，最大并发连接说明了防火墙在不丢失连接的基础上所能处理的最大连接数。这个指标除了和连接请求的速率有关外，还和防火墙本身的内存容量、连接数据存储结构有关。

(3) 对 SYN-flood 攻击的防范能力。对 SYN-flood 攻击的防范能力的测量是通过将正常的 SYN 连接请求和攻击 SYN 包混合一起发给被测设备，测试被测设备在成功阻断攻击流的同时对于正常连接请求的处理情况。

在一般需求的情况下，防火墙采用如图 4-21 所示的常规部署方式。防火墙位于内部网络和外部网络之间，流入流出的所有网络通信均要经过此防火墙。非军事区中放置公用服务器，由防火墙来控制内部网络和非军事区的访问规则。

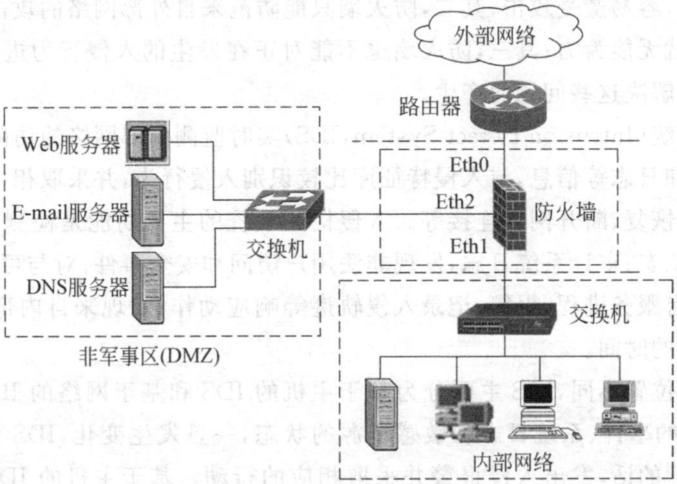

图 4-21　防火墙的常规部署方式

由于防火墙本身也会出现故障,因此对于安全性需求较高的网络系统可以采用如图 4-22 所示的高可靠的部署方式。两个防火墙采用类似双机热备的技术,用心跳线相连,当防火墙 1 出现故障时,可快速切换到防火墙 2 来替代防火墙 1 的功能。

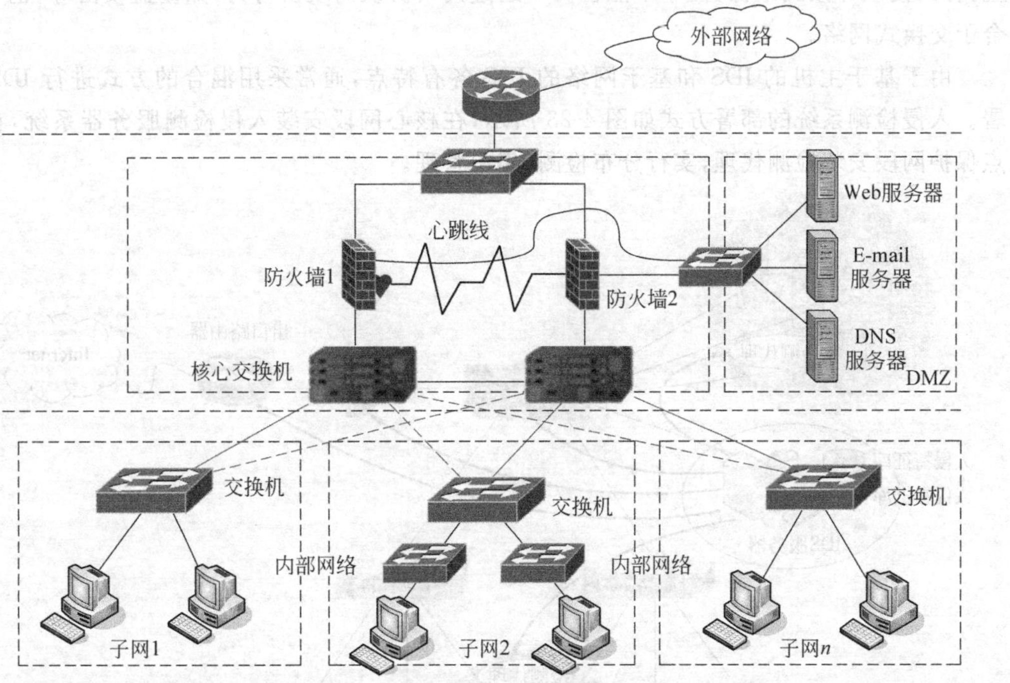

图 4-22　防火墙的高可靠部署方式

4.6.2　入侵检测技术

有了防火墙,网络系统安全性并没有得到完全的保障。原因有三：其一,防火墙系统本身可能存在漏洞，容易遭受攻击；其二，防火墙只能防范来自外部网络的攻击，如果入侵者就在内部网络中，就无能为力；其三，防火墙也不能对正在发生的入侵行为进行检测。入侵检测技术正是为了解决这些问题而产生。

入侵检测系统(Intrusion Detect System，IDS)实时监测内部网络的访问流量、应用进程状态、系统事件和日志等信息，与入侵特征库比较识别入侵行为，并采取相应的措施，如记录证据用于跟踪和恢复、断开网络连接等。入侵检测系统的主要功能是检测可疑网络连接与流量、异常进程状态；审计系统日志，发现非法用户访问和安全事件；对与可能的入侵可以采取切断连接、重启服务进程、报警、记录入侵轨迹等响应动作；发现来自内部网络的攻击，从而缩短黑客入侵的时间。

根据部署的位置不同，IDS 主要分为基于主机的 IDS 和基于网络的 IDS。基于主机的 IDS 监视主机上的事件、系统日志和敏感资源的状态，一旦发生变化，IDS 将与攻击特征进行比较；如果匹配的话，发出入侵报警并采取相应的行动。基于主机的 IDS 适用于任何网络环境，不需要额外的硬件，但不能检测利用网络包的攻击行为，如 DOS 攻击。

基于网络的 IDS 使用数据包作为分析数据源，实时监视网络传输的数据，一旦检测到攻击，采取通知、报警以及中断连接等方式来对攻击做出反应。基于网络的 IDS 独立于操作系统，成本低，不需要在每台设备上部署，攻击者转移证据很困难，可实时检测和快速响应，将入侵破坏减到最低，但它不能检测不通过网络协议的攻击行为，如键盘攻击等，也不适合于交换式网络。

由于基于主机的 IDS 和基于网络的 IDS 各有特点，通常采用混合的方式进行 IDS 部署。入侵检测系统的部署方式如图 4-23 所示，在核心网段安装入侵检测服务器系统，在重点保护网段安装检测代理，实行分布检测，集中管理。

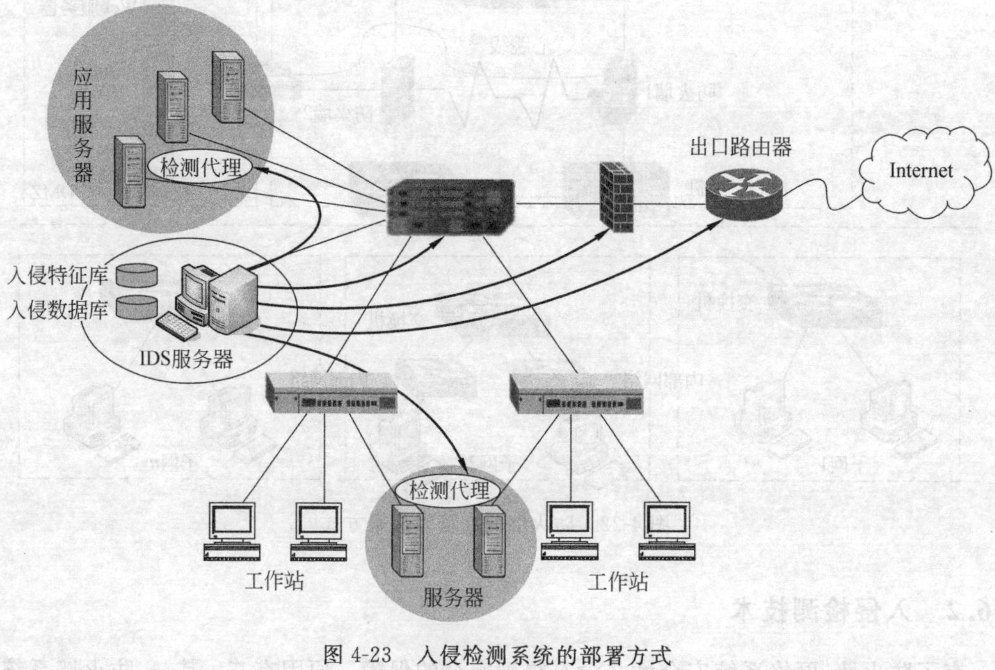

图 4-23 入侵检测系统的部署方式

4.6.3　安全漏洞扫描技术

安全漏洞扫描技术是通过对网络设备、系统软件、应用软件等的配置信息和运行情况进行分析和模拟攻击，及时发现系统中存在的安全漏洞以及补救措施，有效避免黑客攻击的发生，做到防患于未然。因此，安全漏洞扫描技术是防火墙技术和入侵检测技术有益的补充。

扫描系统的主要功能如下。

(1) 发现系统漏洞，进行安全评估。通过对主机和网络设备的扫描，可以发现不合理的配置；通过模拟黑客攻击行为，可以发现系统的薄弱环节。

(2) 提交安全扫描报告。扫描结束后，扫描器会生成详细的扫描结果报告，分析网络的现状，同时提出改善建议，网络管理员可以制定网络安全策略，不断提高网络的安全性。

(3) 生成网络拓扑图。扫描器可以准确生成网络拓扑图，标识网络上的主机和网络设备，系统管理员可以轻而易举地了解网络上发生的变化，采取响应的措施，修改安全策略。

(4) 发现应用服务。扫描器可以发现网络上运行的所有应用服务(或开放的服务端口)，并对其进行分析和安全评估，决定关闭哪些无用的服务，完善系统安全策略。

扫描器分为基于服务器的扫描器和基于网络的扫描器。基于服务器的扫描器主要扫描与服务器相关的安全漏洞，如 password 文件、目录和文件权限、共享文件系统、敏感服务、软件、系统漏洞等，并给出相应的解决办法建议。基于网络的扫描器主要扫描网络内的路由器、网桥、交换机、访问服务器、防火墙等设备的安全漏洞，并可设定模拟攻击，以测试系统的防御能力。

扫描器性能指标包括扫描速度、是否支持网络拓扑发现、能够发现的漏洞种类和数量、是否支持可定制的模拟攻击、是否能够给出清楚的安全漏洞报告和防护措施以及安全漏洞库是否具有周期性更新与升级的功能等。

扫描器在网络中的部署方式如图 4-24 所示，与入侵检测系统类似，也是在核心网段安

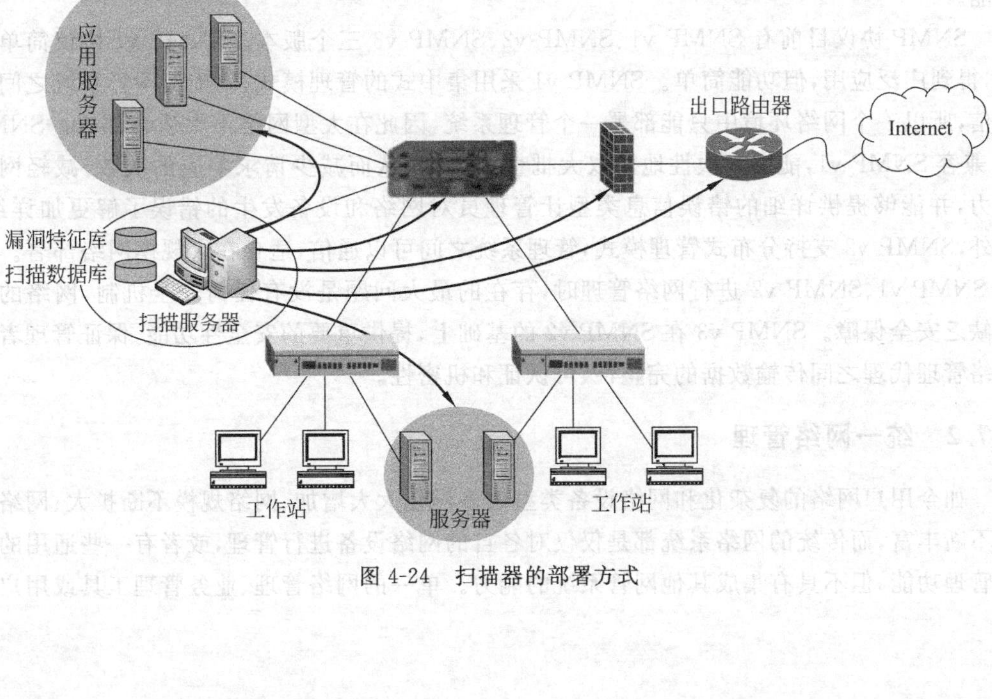

图 4-24　扫描器的部署方式

装扫描服务器，对重点保护网段中的关键设备进行漏洞扫描，将扫描信息存储在扫描数据库，分析数据以发现可能存在的漏洞。

4.7 网络管理系统设计

网络集成系统通常规模较大，需要对其进行有效的管理，从而保证系统的良好运行。因此，在网络系统集成中必须考虑采用什么样的网络管理技术。网络管理是对网络资源进行监视、测试、配置、分析、评价和控制，以使网络系统有效运行，提供满足用户需求的服务。网络管理技术包括配置管理、性能管理、安全管理、计费管理和故障管理。

4.7.1 SNMP 网络管理协议

多数企业的网络环境由多个厂商提供的设备、操作系统以及网络应用程序组成。如果每个厂商提供专有的管理系统对自己的产品进行管理，这将使得网络管理变得十分复杂。管理协议的一致性是降低网络管理成本和系统复杂度的关键所在。目前被普遍应用的网络管理协议是简单网络管理协议(Simple Network Management Protocol，SNMP)。SNMP 已经成为事实上的标准，选择网络设备时，应要求该设备支持 SNMP 标准。

SNMP 协议采用如图 4-25 所示的网络管理模型。在每个被管理设备(如交换机、路由器、服务器等)上运行网络管理代理程序，在管理工作站上运行管理者程序。管理者程序和网络管理代理之间通过 SNMP 协议定义的数据报文进行通信，来完成远程获取被管理设备信息、设置被管理设备信息的功能。

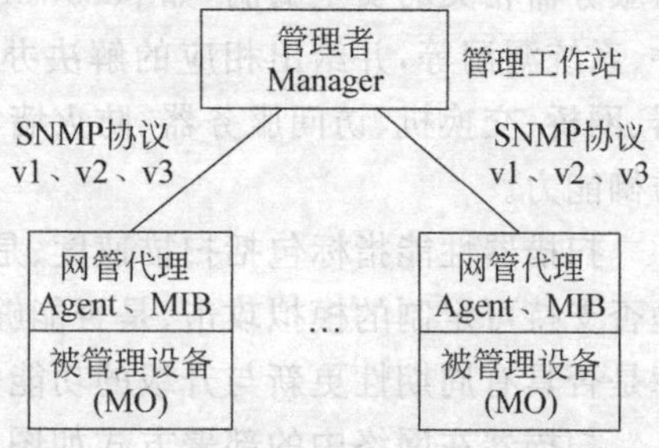

图 4-25 SNMP 协议的网络管理模型

SNMP 协议目前有 SNMP v1、SNMP v2、SNMP v3 三个版本。SNMP v1 协议简单灵活，得到广泛应用，但功能简单。SNMP v1 采用集中式的管理模式，不支持网管系统之间的通信，所以一个网络环境中只能部署一个管理系统，因此在大型网络不太适合部署。SNMP v2 兼容 SNMP v1，能够一次性地获取大批量的数据，从而减少请求响应的次数，减轻网络压力，并能够提供详细的错误信息类型让管理员对网络和设备发生的错误了解更加详细。此外，SNMP v2 支持分布式管理模式，管理系统之间可以通信，适合在大规模网络部署。使用 SNMP v1、SNMP v2 进行网络管理时，存在的最大问题是没有任何安全机制，网络的管理缺乏安全保障。SNMP v3 在 SNMP v2 的基础上，提供重要的安全性功能，保证管理者与网络管理代理之间传输数据的完整性、可认证和机密性。

4.7.2 统一网络管理

如今用户网络的复杂化和网络设备类型的多样化大大增加、网络规模不断扩大、网络业务不断丰富，而传统的网络系统都是仅仅对各自的网络设备进行管理，或者有一些通用的网络管理功能，但不具有集成其他网管系统的能力。单一的网络管理、业务管理工具或用户及接入管理往往缺乏相互融合，导致管理手段孤立、有效信息无法共享、管理力度不足、管理操作复杂。这样就导致了用户的网络工作站上面分散地部署了多个厂商的网管系统，给用户的网络管理和网络系统本身的维护造成了很大的不便和一些不必要的麻烦。

建立统一网络管理平台不仅为系统各业务组件的集成提供了包括统一权限控制、SOA框架、统一操作日志管理、各组件控制、分布式安装等基本功能，而且还为用户提供了包括操作员管理、资源管理、拓扑管理、性能管理、告警管理、配置管理、系统日志管理及操作日志管理等网络管理功能，以及资产管理、VLAN 管理、ACL 管理、虚拟化网络管理、安全控制中心、接入管理、报表管理等基础业务功能。

统一网络管理在底层与网络设备的通信不仅支持 SNMP 协议，还支持一些设备的专用协议，因此具有丰富的设备资源管理的能力和网络管理集成能力，主要表现如下。

(1) 更多的管理设备类型。除了传统的路由器、交换机外，还能对网络中的无线、安全、语音、存储、监控、服务器、打印机、UPS 等设备进行管理，实现设备资源的集中化管理。

(2) 多厂家设备的统一管理。可以管理业界其他主流厂家网络设备，并支持用户手动添加设备型号、设备厂商。

(3) 不同网络管理平台的集成。支持不同厂家网络管理平台如 OpenView、NetView 等网管平台集成。

(4) 分级分权管理。对于大型网络和业务管理的需要提供分级分权管理功能。通过权限管理，可为不同的操作人员规划不同的权限，不同的权限对应不同的设备分组，从而实现精细化分权管理能力。

4.8　网络系统的测试与验收

为了保证集成的网络系统不出故障且能满足用户的性能需求，必须进行系统测试。网络系统测试包括电缆测试、传输信道测试和网络测试等内容。电缆测试是测试电缆的基本安装情况和已安装完毕的电缆的电气参数是否满足有关标准。传输信道测试主要测试传输信息的频谱带宽、传输速率、误码率等参数。网络测试主要进行网络的规程、性能检测、安装调试、维护、故障诊断等。要完成系统测试的各项任务需要使用各种测试设备和仪器。

4.8.1　网络系统测试

网络系统测试是网络工程实施阶段的最后一个关键步骤，测试通过后，施工方才能提请用户对系统进行验收。测试需要检验采购的设备与系统是否存在缺陷、工程施工过程中是否存在问题、网络系统的技术指标是否达到设计要求、网络工程的设计方案是否满足用户需求等内容。

为了对网络系统进行系统的、有效的测试，应以用户需求为指南，制订一个详细的测试计划，该测试计划包括测试目标、测试内容、测试通过的标准、测试环境与测试工具、测试方法与用例、测试的人员与进度安排等。

1. 测试流程

测试的流程包括三个步骤。

(1) 测试准备。根据用户需求制订测试计划、编制根据用户需求编制测试记录表。所有网络设备都要全部联网运行,避免一些备份设备日后开通时对网络的影响。所有网络服务全部启动运行,PC尽可能多地联网,以便测试网络实际承载能力。

(2) 实施测试。根据测试计划,测试人员分组(每组2人以上)对测试内容逐项进行测试,并填写测试记录表。在测试过程中,测试人员应对事不对人,不要进行评价,主要工作技就是详细记录测试事件和现象。

(3) 测试评估。对测试结果进行分析与评估,重点分析不合格项的可能原因,建议采取的修正措施,并提交测试报告。

2. 测试内容

测试内容主要分为功能测试和性能测试两个方面,具体如表4-13所示。

表 4-13 具体测试内容列表

设备连通性测试	
测试对象	本地默认网关、接入层、骨干层、核心层、网络出口、Internet标志节点等网络设备(包括交换机、路由器、防火墙、服务器、PC等)
功能指标	节点是否可达、路由是否正确、子网间是否连通等
性能指标	传输时延、丢包率、经过的路由节点及时延
测试工具	Ping、Tracert
测试方法	在每一个子网/VLAN中随机选取一台客户机,用Ping、Tracert对测试对象进行测试
通过标准	局域网内正常网络传输时延≤10ms,最佳情况≤1ms;到广域网对端设备的包传输时延≤15ms
网络服务访问测试	
测试对象	本地主要网络服务,包括HTTP、Telnet、FTP、DNS、SMTP、POP3等
功能指标	服务是否可正常访问
性能指标	服务响应时间
测试工具	Internet Explorer、Outlook Express、Telnet、FTP、nslookup等
测试方法	在每一个子网/VLAN中随机选取一台客户机,用测试工具测试相应服务
通过标准	如是Web服务,浏览器应能正常访问Web服务器主页,且访问主页响应时间≤10s;如是DNS服务,DNS应能解析局域网内部域名,且解析时延≤10ms,能解析Internet上标志域名,且解析时延≤3s;如是E-mail服务,局域网内用户邮件收发应该正常,且与服务器连接的响应时间≤10ms,与其他邮件服务器之间邮件转发与接收正常,且转发/接收邮件的时延≤60ms;如是FTP/Telnet及其他服务,客户端与FTP/Telnet等服务器应通信正常,且连接服务器的响应时间≤1s

续表

业务系统访问测试	
测试对象	本地业务系统，如办公自动化系统等
功能指标	业务系统的各项服务是否可正常访问
性能指标	服务响应时间
测试工具	与业务系统相关的客户端程序等
测试方法	在每一个子网/VLAN 中随机选取一台客户机，用测试工具测试相应服务
通过标准	根据业务系统设计指标确定
网络设备冗余性测试	
测试对象	交换机之间的聚合链路和冗余链路、服务器、防火墙双机/群机热备系统等
功能指标	在所有冗余设备联网的状态下系统能否正常工作；服务能自动切换、切换后服务是否正常等
性能指标	切换时服务中断时间、数据丢包率等
测试工具	双机热备系统客户端程序、Ping 等
测试方法	人工操作将聚合链路、冗余链路中的一条或多条断开、将目前提供服务的服务器停机、断网或模拟其他需要切换的事件；通过 Ping 和服务访问来检测设备是否可达、服务是否可访问
通过标准	服务能正确切换、切换后能正常提供服务，链路切换时间 STP≤50s，RSTP≤1s，服务器切换时间与服务类型有关
网络系统安全性测试	
测试对象	防火墙系统、入侵检测系统、漏洞扫描系统、病毒查杀系统、身份认证系统等
功能指标	参考各系统使用手册
性能指标	参考各系统使用手册
测试工具	各安全系统客户端程序、Ping 等
测试方法	按照系统安全需求部署各安全系统，根据网络安全策略配置好安全系统，然后对安全目标逐项检测
通过标准	具有安全保护、安全预警/告警、安全事件日志等功能
设备性能测试	
测试对象	网络互联设备、服务器系统等
性能指标	交换机/路由器/服务器网络接口的报文吞吐率、入报文流量、出报文流量、丢包率、错包率、广播包率、网络瓶颈等
测试工具	网络管理系统
测试方法	设备启动 SNMP 协议，通过网络管理系统采集所管设备的接口性能数据，进行统计与分析
通过标准	单位时间内的接口的入报文流量＋出报文流量＜10%×接口速率，丢包率＜10^{-5}、错包率＜10^{-7}、多播包率＜30%

4.8.2 网络系统验收

当网络系统完成施工且经过测试各项功能和技术指标符合设计要求，施工方就可以提请对工程进行验收。验收的目的是确认投资、结束施工、认定工程质量和系统性能达标、系统投入运行。验收是施工方和用户确认项目完成的标志。

一般来说，验收包括设备到货验收、系统测试验收（初验）和工程鉴定验收（终验）三种验收方式。

(1) 设备到货验收是对工程中采购的软硬件设备进行检验，确认生产厂家、设备型号、数量、配置与合同中的订货清单一致。其先期准备是由施工方根据采购合同，编制《到货设备检查表》，以便进行核查、清点，然后是开箱检查即由施工方和用户一起，对照《到货设备检查表》和设备厂商提供的设备验收单，逐项检查验收，最后签署设备到货验收报告。

(2) 测试验收也称工程初验，当施工方完成全部施工任务，且施工方内部测试各项技术指标满足设计要求，则可提请进行系统验收前的验收测试，如测试通过则启动工程初验。对于大型项目可由第三方有资质的专门测试机构或专家对网络系统进行测试。对于中小型项目由用户、施工方对网络系统进行测试。验收完了以后，专家、施工方和用户对测试结果共同确认，并在验收报告上签字。测试通过后系统进入试运行期。

工程初验通过后，为妥善处理测试中未暴露的问题，一般设定三个月以上试运行期，并保留 5%～10%的工程尾款，直至试运行期结束鉴定验收之后再支付。试运行期间，验收要完成的任务包括监视系统运行、网络负载能力测试、业务应用系统全面测试、记录运行过程出现的一般性问题（不影响业务系统的使用）、处理运行过程中出现的重大故障。试运行期满后，如果有必要可对系统进行适当调整与优化。如果系统未出现重大问题，则可对工程进行终验。

(3) 终验过程首先检查试运行期间的所有运行报告及各种测试数据，走访终端用户，了解系统使用情况，确认不存在遗留问题。如果需要可按照验收测试的标准对工程进行抽样测试。如果没有问题，撰写并签署《终验报告》，并移交系统使用权、管理权和工程文档资料。

思考题

(1) 请简述网络集成的总体方案设计的原则以及网络集成需求分析的过程。

(2) 逻辑网络设计和物理网络设计的目标分别是什么？

(3) Internet 接入方式主要有哪几种？分别阐述其传输速率、价格以及适用场合。

(4) 调查当前交换机、路由器的主流品牌以及低、中、高档配置情况，并对其涉及的技术进行说明。

(5) 某企业在湖南有 10 个分公司，分布在湖南省的各个地市州，要求在各分公司间建立信息系统，运行财务等相关系统和功能，重点在长沙、湘潭、株洲间实现视频会议功能，需求上重点考虑系统的可靠性。试写出该系统的高可靠性的网络集成设计方案。

第5章　综合布线系统

综合布线系统(Premises Distribution System,PDS)是一套用于建筑物内或建筑群之间为计算机、通信设施与监控系统预先设置的信息传输通道。它将语音、数据、图像等设备彼此相连,同时能使上述设备与外部通信数据网络相连接。本章首先阐述了综合布线的特点、系统组成、设计内容、施工、验收与调试等相关内容;其次,介绍了综合布线相关的主流应用系统。

5.1　综合布线系统概述

5.1.1　基本概念

在20世纪50年代,经济发达的国家在城市中兴建新式大型高层建筑,为了增加和提高建筑的使用功能和服务水平,首先提出楼宇自动化的要求。在房屋建筑内装有各种仪表、控制装置和信号显示等设备,并采用集中控制和监视,以便于运行操作和维护管理。因此,这些设备都需分别设有独立的传输线路,将分散设置在建筑内的设备相连,组成各自独立的集中监控系统,这种线路一般称为专业布线系统。然而,由于这些系统基本采用人工手动或初步的自动控制方式,科技水平较低,所需的设备和器材品种繁多而复杂,线路数量很多,平均长度也较长,不但增加了工程造价,而且不利于施工和维护,所以这种布线方式并没有给整个网络系统带来多少好处。

自20世纪80年代以来,随着科学技术的不断发展,尤其是通信、计算机网络、控制和图形显示技术的相互融合和发展,高层房屋建筑服务功能的增加和客观要求的提高,传统的专业布线系统已经不能满足需要。为此,发达国家开始研究和推出了现在所说的综合布线系统。美国AT&T公司率先将综合布线系统推向中国市场,发展到现在综合布线已成为现今和未来的计算机网络和通信系统的有力支撑环境。近几年来随着我国国民经济持续高速的发展,城市中各种新型高层建筑和现代化公共建筑不断涌现,作为信息化社会象征之一的智能化建筑中的综合布线系统就成了现代化建筑工程中的热门话题,也成为建筑工程和通信工程中设计和施工相互结合的一项十分重要的内容。

随着现代化的智能建筑和建筑群体的不断涌现,综合布线系统的适用场合和服务对象逐渐增多,目前主要有以下几类。

(1) 商业贸易类型。如商务贸易中心、金融机构、高级宾馆饭店、股票证券市场和高级商城大厦等高层建筑。

(2) 综合办公类型。如政府机关、群众团体、公司总部等办公大厦,办公、贸易和商业兼有的综合业务楼和租赁大厦等。

(3) 交通运输类型。如航空港、火车站、长途汽车客运枢纽站、江海港区(包括客货运站)、公共交通指挥中心、出租车调度中心、邮政枢纽楼、电信枢纽楼等公共服务建筑。

(4) 新闻机构类型。如广播电视台、新闻通讯社、书刊出版社及报社业务楼等。

(5) 其他重要建筑类型。如医院、急救中心、气象中心、科研机构、高等院校和工业企业的高科技业务楼等。

此外,军事基地和重要部门(如安全部门等)的建筑及高级住宅小区等也需要采用综合布线系统。在 21 世纪,随着科学技术的发展和人类生活水平的提高,综合布线系统的应用范围和服务对象也会逐步扩大和增加。例如,智能化居住小区(又称智能化社区)的大量兴建,都将有相当部分采用综合布线系统。综合布线系统具有美好的前景,为智能化建筑中实现传送各种信息创造有利条件,以适应信息化社会的发展需要,这已成为时代发展的必然趋势。

5.1.2 综合布线的特点

综合布线同传统的布线相比较,有着许多优越性。其特点主要表现在它的兼容性、开放性、灵活性、可靠性、先进性和经济性,而且在设计、施工和维护方面也给人们带来了许多方便。

1. 兼容性

综合布线的首要特点是它的兼容性。兼容性是指它自身是完全独立的而与应用系统相对无关,可以适用于多种应用系统。过去,为一幢大楼或一个建筑群内的语音或数据线路布线时,往往是采用不同厂家生产的电缆线、配线插座以及接头等。综合布线将语音、数据与监控设备的信号线经过统一的规划和设计,采用相同的传输媒体、信息插座、交连设备、适配器等,把这些不同信号综合到一套标准的布线中。由此可见,这种布线比传统布线大为简化,可节约大量的物资、时间和空间。在使用时,用户可不用定义某个工作区的信息插座的具体应用,只把某种终端设备(如个人计算机、电话、视频设备等)插入这个信息插座,然后在管理间和设备间的交接设备上做相应的接线操作,这个终端设备就被接入到各自的系统中了。

2. 开放性

对于传统的布线方式,只要用户选定了某种设备,也就选定了与之相适应的布线方式和传输媒体。如果更换另一设备,那么原来的布线就要全部更换。对于一个已经完工的建筑物,这种变化是十分困难的,要增加很多投资。综合布线由于采用开放式体系结构,符合多种国际上现行的标准,因此它几乎对所有著名厂商的产品都是开放的,如计算机设备、交换机设备等;并对所有通信协议也是支持的,如 ISO/IEC 8802-3、ISO/IEC 8802-5 等。

3. 灵活性

传统的布线方式是封闭的,其体系结构固定,若要迁移设备或增加设备则相当困难并且麻烦,甚至不可能。综合布线采用标准的传输线缆和相关连接硬件,模块化设计,因此所有通道都是通用的。每条通道可支持各种设备的终端或以太网工作站及令牌环网工作站，所有设备的开通及更改均不需要改变布线，只需增减相应的应用设备以及在配线架上进行必要的跳线管理即可。另外，组网也可灵活多样，甚至在同一房间可有多种用户终端和以太网工作站并存，为用户组织信息流提供了必要条件。

4. 可靠性

传统的布线方式由于各个应用系统互不兼容，因而在一个建筑物中往往要有多种布线方案。建筑系统的可靠性要由所选用的布线可靠性来保证，当各应用系统布线不当时，还会造成交叉干扰。综合布线采用高品质的材料和组合压接的方式构成一套高标准的信息传输通道。所有线槽和相关连接件均通过 ISO 认证，每条通道都要采用专用仪器测试链路阻抗及衰减率，以保证其电气性能。应用系统布线全部采用点到点端接，任何一条链路故障均不影响其他链路的运行，这就为链路的运行维护及故障检修提供了方便，从而保障了应用系统的可靠运行。各应用系统往往采用相同的传输媒体，因而可互为备用，提高了备用冗余。

5. 先进性

综合布线采用光纤与双绞线混合布线方式，极为合理地构成一套完整的布线。所有布线均采用世界上最新通信标准，链路均按八芯双绞线配置。5 类双绞线带宽可达 100Mb/s，6 类双绞线带宽可达 200Mb/s。对于特殊用户的需求可把光纤引到桌面（Fiber To The Desk）。语音干线部分用钢缆，数据部分用光缆，为同时传输多路实时多媒体信息提供足够的带宽容量。

6. 经济性

综合布线比传统布线具有经济性优点，综合布线可适应相当长时间需求，传统布线改造很费时间，耽误工作造成的损失更是无法用金钱计算。随着科学技术的迅猛发展，人们对信息资源共享的要求越来越迫切，越来越重视能够同时提供语音、数据和视频传输的集成通信网。因此，综合布线取代单一、昂贵、复杂的传统布线，是信息时代的要求，也是历史发展的必然趋势。

5.2 系统组成

如图 5-1 所示，按照国际标准 ISO/IECIS 11801 规定，综合布线系统由工作区子系统、水平子系统、垂直干线子系统、设备间子系统、管理子系统和建筑群子系统组成。

综合布线系统使用物理分层星型拓扑结构，积木式、模块化设计，遵循统一标准，使系统的集中管理成为可能，也使每个信息点的故障、改动或增删不影响其他的信息点，使安装、维护、升级和扩展都非常方便，并节省了费用。

5.2.1 工作区子系统

如图 5-2 所示，工作区子系统用于终端设备连接到信息插座上，它由适配器、连接水晶

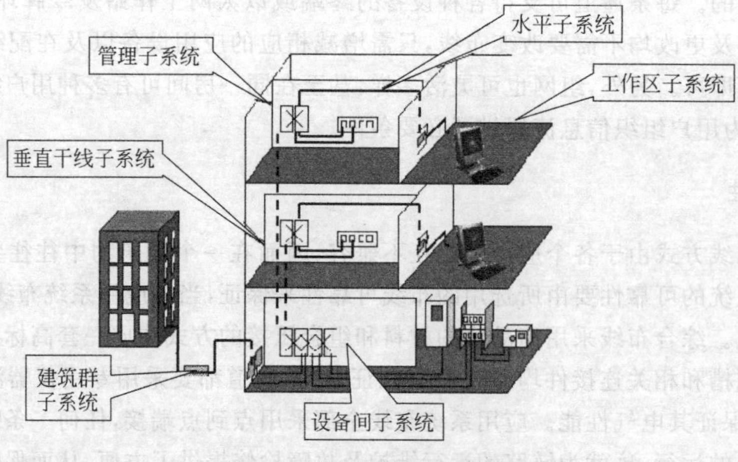

图 5-1 综合布线系统的组成

头、RJ-45 插座与跳线组成。工作区的信息插座应支持电话机、数据终端、计算机及监视器等终端设备的接入需求。

工作区是工作人员利用终端设备进行工作的地方。通常 6～10m² 为一个工作区，每个工作区都要求提供信息插座。按照单位平方数计算信息点数。工作区子系统设计与安装注意事项。

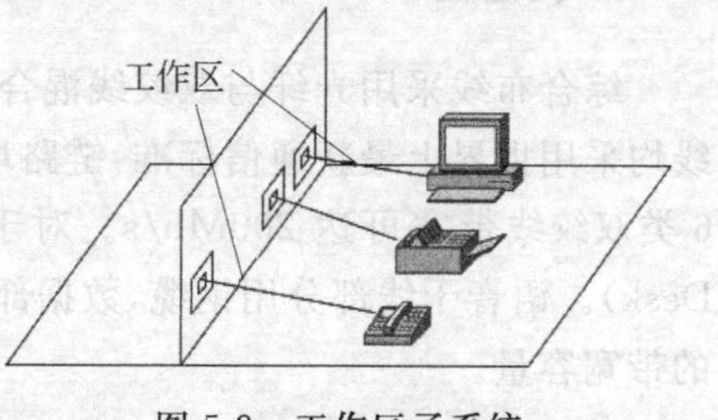

图 5-2 工作区子系统

(1) 从 RJ-45 插座到终端设备 UTP 双绞线≤6m。

(2) RJ-45 插座需安装在墙壁上，距离地面≥30cm。

(3) 信息线路避免与强电线路在无屏蔽、距离小于 20cm 情况下平行走 3m 以上，如无法避免，需采取屏蔽隔离措施。

(4) 插座数量控制在每 9m² 1～2 个。

(5) 配线架上的信息模块与信息插座和插头的线缆的制作要采用同一标准，比如 EIA-568A 或 EIA-568B，不可接错。直连电缆两头采用 EIA-568B 标准用于计算机、路由器与交换机相连。交叉电缆两头分别采用 EIA-568A 和 EIA-568A 用于交换机与交换机、PC 与 PC、Hub 与 Hub 标准端口之间相连。

5.2.2 水平子系统

水平子系统的作用是将干线子系统线路延伸到用户工作区，主要功能是实现信息插座和管理子系统间的连接，由楼层配线设备、信息插座、楼层设备至信息插座的水平电缆、楼层配线设备和跳线等组成。水平子系统如图 5-3 所示。

水平布线是将电缆线从配线间接到每一楼层的工作区的信息输入/输出(I/O)插座上。水平子系统的布线方案要根据建筑物的结构特点，从路线最短、造价最低、施工方便、布线规范等几个方面考虑。水平布线一般包括直接埋管线槽方式、先走线槽再分管方式和地面线

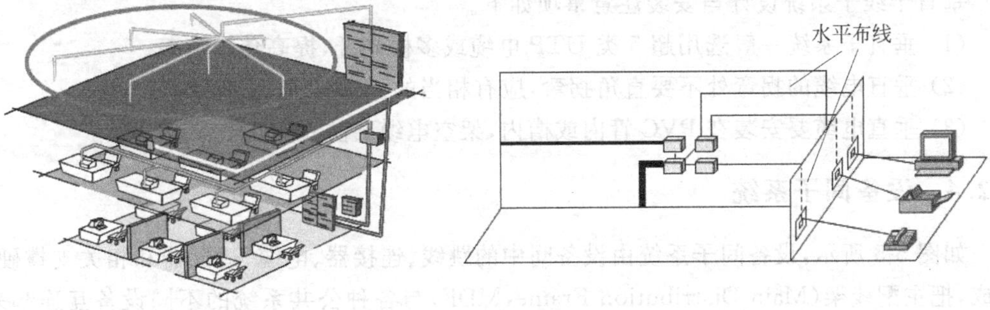

图 5-3　水平子系统

槽方式。其余都是这三种方式的改良型和综合型。

一般情况,水平电缆应采用 4 对双绞线电缆。在水平子系统有高速率应用的场合,应采用光缆,即光缆到桌面。水平布线子系统将电缆从楼层配线架连接到各用户工作区的信息插座上,通常处于同一楼层之上,可以采用 3 类、5 类或超 5 类 4 对屏蔽/非屏蔽双绞线,速率更高时可采用光缆。

水平布线子系统设计范围较分散,遍及整个楼宇的每一层,且与建筑和管槽系统有密切关系,在设计中应注意相互之间的配合。水平子系统设计与安装注意事项如下。

(1) 水平子系统一般采用 UTP 双绞线,长度一般不超过 90m。

(2) UTP 双绞线一般敷设在天花板吊顶内,不提倡敷设地面线槽。

(3) 5 类双绞线可传输速率为 100Mb/s,超 5 类双绞线可传输速率为 1000Mb/s。

(4) 确定距配线间最近和最远的 I/O 距离,以估算水平区所需线缆长度。

5.2.3　垂直干线子系统

如图 5-4 所示,垂直干线子系统是建筑物内网络系统的中枢,用于将公共系统设备、各楼层的水平子系统联系起来,由设备间的配线设备和跳线以及设备间至各楼层子配线间的大对数铜缆或光缆组成,它的一端接于设备机房的主配线架上,另一端接在楼层接线间的各个子配线架上。其主要功能是把来自各管理间和远程通信服务管理间的信号传送到设备间,直至传送到最终接口,再通往外部网部。

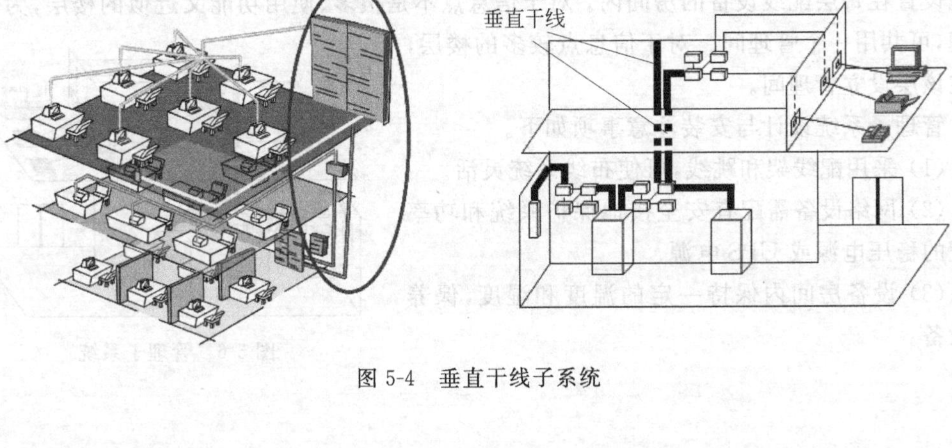

图 5-4　垂直干线子系统

垂直干线子系统设计与安装注意事项如下。

(1) 垂直子系统一般选用超5类UTP电缆或多模光纤,提高传输速率。

(2) 垂直电缆的拐弯处不要直角拐弯,应有相当的弧弯,以防线缆受损。

(3) 垂直电缆要安装在PVC管内或槽内,架空电缆要防止雷击。

5.2.4 设备间子系统

如图5-5所示,设备间子系统由设备间中的跳线、连接器、电缆、适配器和相关支撑硬件组成,把主配线架(Main Distribution Frame,MDF)与各种公共系统的不同设备互连起来,如网络设备和监控设备等与主配线架之间的连接。设备间子系统是在每一幢大楼的适当地点设置进线设备,进行网络管理以及管理人员值班的场所。设备间子系统是综合布线系统的关键部分,因为它是外界引入和楼宇内部布线的交汇点。

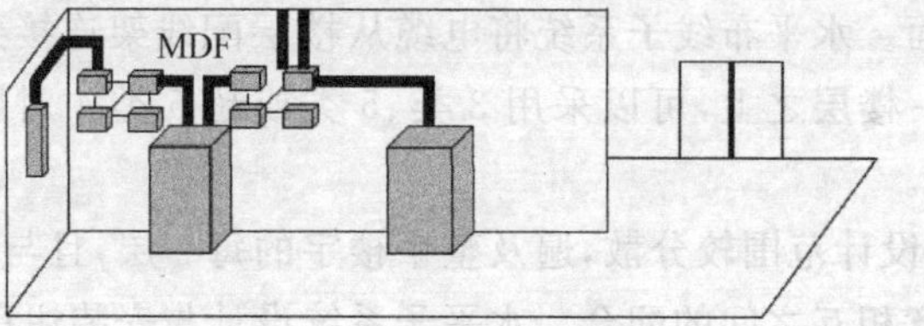

图5-5 设备间子系统

设备间子系统设计与安装时注意事项如下。

(1) 设备间要有足够的空间。

(2) 设备间要有良好的工作环境。

(3) 设备间的建设标准应按机房建设标准设计,要有性能良好的接地保护系统。

(4) 采用可靠的供电系统。供电方式包括市电直接供电方式、UPS系统供电方式以及综合式供电方式。

5.2.5 管理子系统

如图5-6所示,管理子系统把干线子系统的干线和水平子系统的水平电缆交叉连接,由配线设备、输入/输出设备、配线架、跳线等组成,为接入其他子系统提供连接手段。管理子系统设置在每层配线设备的房间内。对于信息点不是很多、使用功能又近似的楼层,为便于管理,可共用一个管理间。对于信息点较多的楼层,应在该层设立管理间。

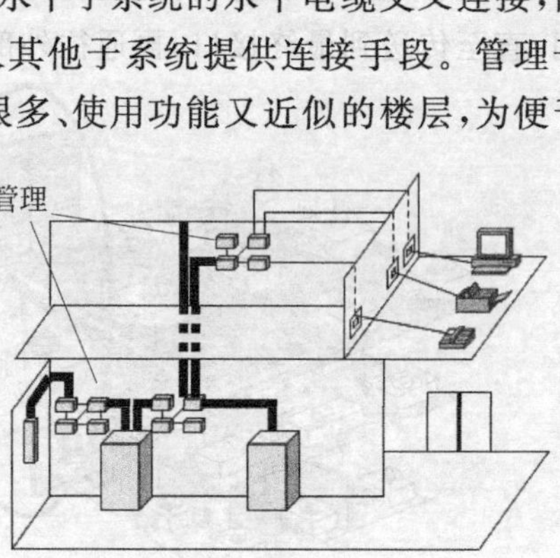

图5-6 管理子系统

管理子系统设计与安装注意事项如下。

(1) 采用配线架和跳线,可使布线系统灵活。

(2) 网络设备需配有安全接地保护系统和功率匹配的稳压电源或UPS电源。

(3) 设备房间内保持一定的温度和湿度,保养好设备。

5.2.6 建筑群子系统

建筑群子系统是用于连接建筑物之间的通信设备，由连接各建筑物之间的缆线组成，其中包括引导管线、电缆、光缆和防止浪涌电压进入建筑物的电气保护设备，如图 5-7 所示。

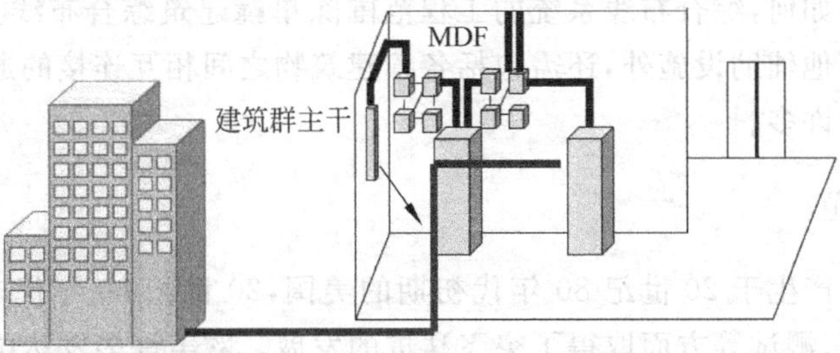

图 5-7　建筑群子系统

建筑群子系统设计安装注意事项如下。

(1) 采用 62.5/125μm 多模光缆长度不超过 550m，8.3/125μm 单模光缆长度不超过 3000m。

(2) 室外敷设光缆一般有三种方式：架空、直埋和地下管道，视具体环境决定；必须有防雷措施，以免对网络设备造成损坏。

(3) 采用地下管道敷设方式时，至少应预留 2～4 个备用管孔，以供扩充之用。

(4) 采用直埋沟敷设时，如果在同一个沟内埋入了其他的图像和监控电缆，应设立明显的共用标志。

5.3 设计内容

完善的布线系统工程必须完成方案论证、系统设计、工程施工、系统验收、文档说明和系统培训等工作。

(1) 方案论证。针对用户的应用功能和建筑特征，结合用户在未来 15～20 年内业务发展的趋势，提出合理的设计方案。

(2) 系统设计。根据应用的特点，选择满足应用条件的性能价格比最佳的系统产品，在此基础上提出有针对性的系统设计。

(3) 工程施工。需要完善的施工设计图纸，有经验的工程施工队，严格的质量控制管理措施，明晰的施工进展计划，高质量地完成工程施工。

(4) 系统验收。在系统施工完成之后，需要对工程作全面的验收测试，测试应明确测试程序、测试方法、测试设备、结果确认和质量保证等环节。

(5) 文档说明。文档是用户日后应用和维护布线系统的重要依据，完整的文档系统应包括施工图纸、施工记录、测试报告、产品说明、接线代码和标识等。

(6) 系统培训。除由厂商提供的产品培训之外，工程承包商应对工程的应用和维护向用户方技术人员做出详尽的解释，并指导其在现场操作。

综合布线系统的应用范围应根据建筑工程项目范围来定，一般有两种范围，即单幢建筑和建筑群体。单幢建筑中的综合布线系统范围一般指在整幢建筑内部敷设的管槽系统、电缆竖井、专用房间（如设备间等）、通信缆线及连接硬件等。建筑群体因建筑幢数不一和规模不同，有时可能扩大成为街坊式的范围（如高校校园网和小区宽带网等），其范围难以统一划分。但无论其规模如何，综合布线系统的工程范围除单幢建筑综合布线方式中的每幢建筑内的通信线路和其他辅助设施外，还需包括各幢建筑物之间相互连接的通信管道和线路，相对来说设计要复杂许多。

5.3.1 设计规范

综合布线系统产生于20世纪80年代初期的美国，20世纪80年代末期综合布线技术在设计、产品、标准、测试等方面取得了突飞猛进的发展。欧美许多发达国家对其特别重视，并先后制定标准对其进行规范。综合布线系统标准基本上都是由具有相当影响力的国际或大国标准组织制定的。

按发布地域，综合布线系统的各类标准如表5-1所示。其中被许多国家广泛采用的有美国电子工业协会/电信工业协会制定的TIA/EIA-568A标准和国际标准化组织制定的ISO/IEC 11801标准。这两个标准的制定对促进综合布线技术的普及和计算机网络技术的发展奠定了基础。ISO 11801标准对布线系统的规定较TIA/EIA-568A标准严格。另外，ISO 11801标准适用于布线系统所要求的全部传输介质，包括屏蔽和非屏蔽的双绞线、光缆及其端接，而TIA/EIA-568A标准只适用于非屏蔽的双绞线及光缆。ISO 11801标准较TIA/EIA-568A标准在规定测试参数方面要严格，而且能够很好地反映出安装之后布线系统工程的综合性能。

表5-1 综合布线系统参照的各类标准

标准分类	标准名	内容
美洲标准	TIA/EIA-568	商务大厦电信布线标准，定义综合布线系统的线缆与相关组成部件的物理和电器指标
	TSB 36	定义UTP性能指标
	TSB 40	定义UTP布线连接硬件分类和具体操作规范
	TSB 95	100Ω 5类布线附件传输性能指南
	TIA/EIA/IS-729	100Ω外屏蔽双绞线布线的技术规范
	TIA/EIA/-569-A	商业建筑电信通道和空间标准
	TIA/EIA/-570-A	住宅电信布线标准
	TIA/EIA/-606	商业建筑电信基础设施管理标准
	TIA/EIA-607	商业建筑物接地和接线规范
国家标准	IEC 61935	定义了实验室和现场测试的比对方法、布线系统的现场测试方法及对测试仪器的精度要求
	ISO/IEC 11801	有关元器件和测试方法等

续表

标准分类		标准名	内容
国内标准	协会标准	CECS72:97	建筑与建筑群综合布线系统工程设计规范
		CECS89:97	建筑与建筑群综合布线系统工程施工及验收规范
	行业标准	YD/T 926—2001	大楼通信综合布线系统
	国家标准	GB/T 50311—2000	建筑与建筑群综合布线系统工程设计规范
		GB/T 50312—2000	建筑与建筑群综合布线系统工程验收规范

实际项目工程中,并不需要涉及所有的标准和规范,而应根据布线项目性质(生产与销售、设计、施工或包含设计与集成两者在内的集成服务),涉及的相关技术工程情况适当地引用标准规范。通常来说,作为厂家更多地应遵循布线部件标准和设计标准,布线方案设计应遵循布线系统性能、系统设计标准。

5.3.2 总体设计

目前综合布线系统主要综合电话、数据、图文、图像及多媒体设备的布线。对于楼宇管理系统的传输网络以及其他如火灾报警、有线广播、背景音乐、紧急广播、有线电视、监视电视系统也可以纳入综合布线系统的范畴。综合布线系统的总体设计原则如下。

(1) 综合布线系统的设施及管线的建设,应纳入建筑与建筑群相应的规划之中。在土建建筑、结构的工程设计中对综合布线信息插座的安装、管线的安装、交接间、设备间的设置都要有所规划。

(2) 综合布线系统工程设计对建筑与建筑群的新建、扩建、正建项目要区别对待。如有的改(扩)建项目,电话通信使用传统电话布线方式,而众多的计算机采用同轴电缆网络已经不能适应需要,为此必须进行改建工程,为了节省投资可只设计计算机网络的综合布线而不对电话布线进行更换。

(3) 综合布线系统应与大楼信息网络、通信网络、楼宇管理自动化等系统统筹规划,按照各种信息的传输要求,做到合理使用,并应符合相关的标准。传统的楼宇管理自动化的建设过程是按照各项机械或电气规定分别安装的,这些系统有火灾报警、安全和通行控制、闭路电视、供热、通风和空调、能量管理系统、照明控制。这些系统一般是低速网络,典型的传输速率慢,并监视和控制楼宇环境的各个方面。楼宇管理系统互相之间进行通信,以便共享信息和公用设备,为楼宇管理系统提供一个公共的电缆分布系统,就可能降低建设和维修、运行费用。

(4) 工程设计时,应根据工程项目的性质、功能、环境条件和近、远期用户要求,进行综合布线系统设施和管线的设计。工程设计必须保证综合布线系统质量和安全,考虑施工和维护方便,做到技术先进、经济合理。设计工作开始到投入运行有一段时间,短则 1~2 年,有的 3~5 年;而信息技术发展很快,按摩尔定律,每 18 个月计算机运行速度增加一倍,因此综合布线所用器材适度超前是需要的。

(5) 工程设计中必须选用符合国家或国际有关技术标准的定型产品。未经国家认可的产品质量监督检验机构鉴定合格的设备及主要材料不得在工程中使用。如果采用国外器材还要经过国内机构的认定,要有进关手续及商检证明,说明原产地。要大力扶植及支持使用经国家认可的合格的国内产品。

(6) 综合布线系统的工程设计,除应符合本规范外,还应符合国家现行的相关强制性或推荐性标准规范的规定。

综合布线采用的主要布线部件如表 5-2 所示。

表 5-2 综合布线系统的主要布线部件

布线部件	简称	布线部件	简称
建筑群配线设备	CD	配线子系统电缆或光缆	无简称
建筑群子系统电缆或光缆	无简称	集合点(选用)	CP
建筑物配线设备	BD	信息插座模块	TO
建筑物干线子系统电缆或光缆	无简称	工作区线缆	无简称
电信间配线设备	FD	终端设备	TE

综合布线系统可以采用的网络结构有星型网络结构、树型网络结构等。

如图 5-8(a)所示,星型网络结构是以一个建筑物配线架 BD 为中心,配置若干个楼层配线架 FD,每个楼层配线架 FD 连接若干个通信引出端 TO,表现出的传统两级星型拓扑结构,是单幢智能建筑物综合布线系统的基本形式。

如图 5-8(b)所示,树型网络结构以建筑群配线架 CD 为中心,以若干建筑物配线架 BD 为中间层,相应的有再下一层的楼层配线架和水平子系统,构成树型网络拓扑结构。这种形式在智能小区中经常使用,其综合布线系统的建设规模较大,网络结构也较复杂。有时为了使综合布线系统的网络结构具有更高的灵活性和可靠性,允许在同级的配线架(如 BD 或 FD)之间增加直通连接线缆,如图 5-8(b)中虚线所示的 L_1、L_2、L_3 和 L_4。

综合布线系统的主干线路连接方式均采用星型网络拓扑结构,要求整个布线系统的干线电缆或光缆的交接次数一般不应超过两次,即从楼层配线架到建筑群配线架之间,只允许经过一次配线架,即建筑物配线架,成为 FD—BD—CD 的结构形式。这是采用两级干线系统(建筑物干线子系统和建筑群干线子系统)进行布线的情况。如果没有建筑群配线架,而只有一次交接,则成为 FD—BD 结构形式的一级建筑物干线子系统的布线。

建筑物配线架至每个楼层配线架的建筑物干线子系统的干线电缆或光缆一般采取分别独立供线给各个楼层的方式,在各个楼层之间无连接关系。这样当线路发生障碍时,影响范围较小,容易判断和检修,有利于安装施工。缺点是线路长度和条数增多,工程造价提高,安装敷设和维护的工作量增加。

标准规范的设备配置分为如图 5-9(a)所示的建筑物 FD—BD 一级干线布线系统结构和图 5-9(b)所示的建筑群 FD—BD—CD 两级干线布线系统结构两种形式,但在实际工程中,往往会根据管理的要求、设备间和配线间的空间要求、信息点的分布等多种情况对建筑物综合布线系统进行灵活的设备配置。

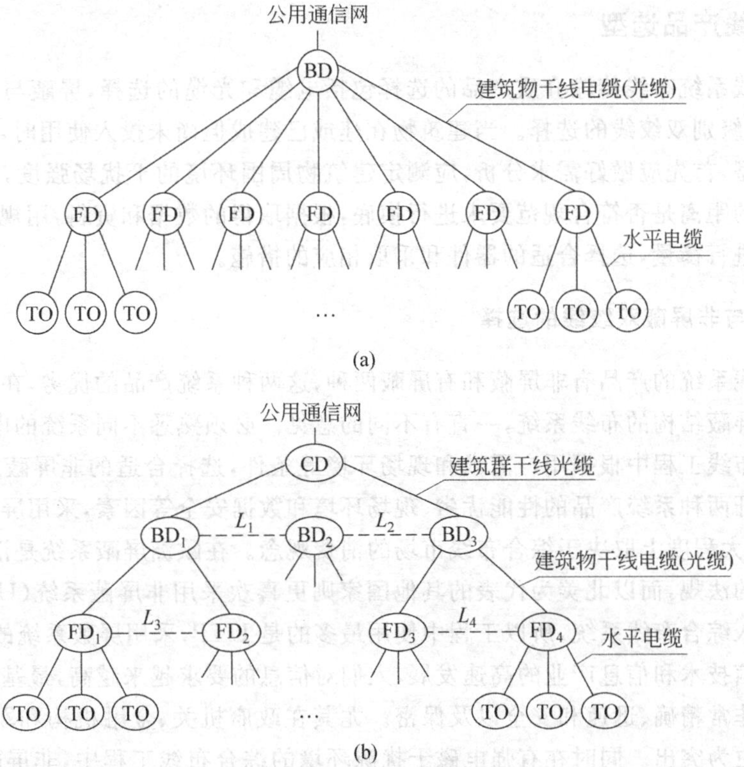

图 5-8 星型网络结构和树型网络结构

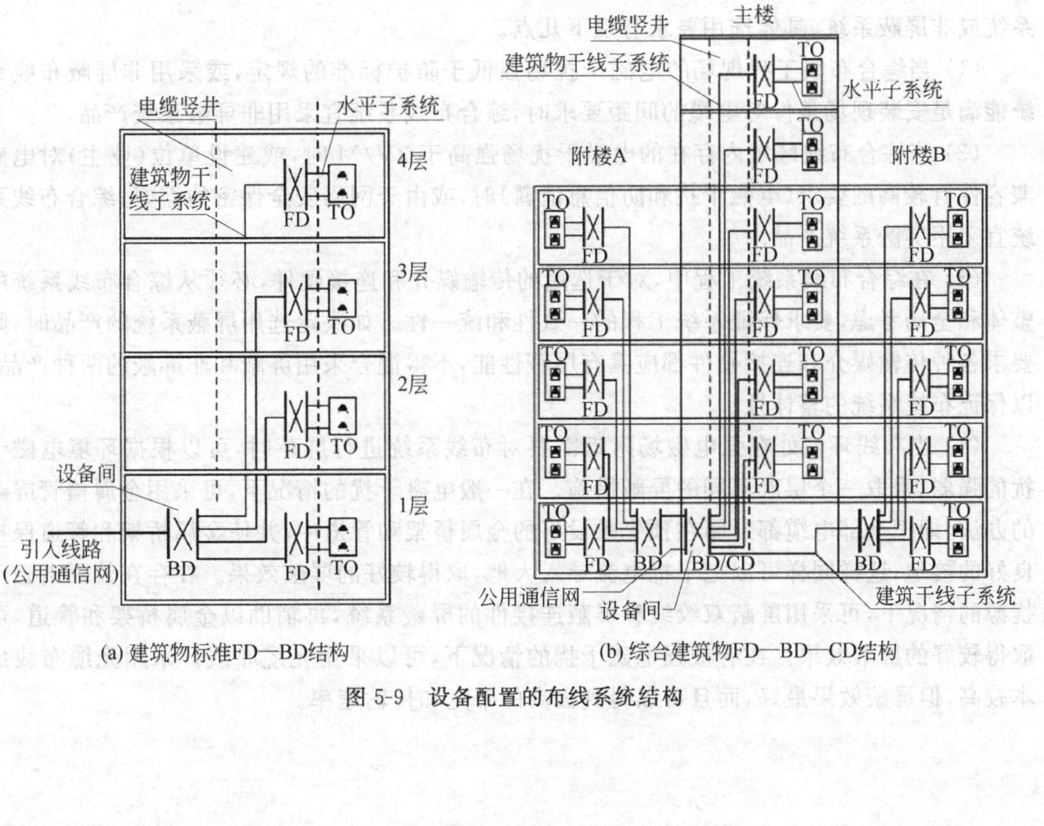

(a) 建筑物标准FD—BD结构　(b) 综合建筑物FD—BD—CD结构

图 5-9 设备配置的布线系统结构

5.3.3 布线产品选型

综合布线系统布线传输介质产品的选择包括电缆和光缆的选择，屏蔽与非屏蔽双绞线的选择，不同级别双绞线的选择。当建筑物在建或已建成但尚未投入使用时，为确定综合布线系统的选型，首先应做好需求分析，应测定建筑物周围环境的干扰场强度，对系统与其他干扰源之间的距离是否符合规范要求进行摸底，根据取得的数据和资料，用规范中规定的各项指标要求进行衡量，选择合适的器件和采取相应的措施。

1. 屏蔽与非屏蔽双绞线的选择

综合布线系统的产品有非屏蔽和有屏蔽两种，这两种系统产品的优劣，在综合布线系统中是否采用屏蔽结构的布线系统，一直有不同的意见。必须熟悉不同系统的电气特性，以便在实际综合布线工程中根据用户需求和现场环境等条件，选择合适的非屏蔽或屏蔽布线系统产品。抛开两种系统产品的性能优劣、现场环境和数据安全等因素，采用屏蔽系统还是非屏蔽系统，很大程度上取决于综合布线市场的消费观念。在欧洲屏蔽系统是消费主流，而且已成为地区的法规，而以北美为代表的其他国家则更喜欢采用非屏蔽系统(UTP)。我国最早从美国引入综合布线系统，所以工程中使用最多的是 UTP，采用屏蔽系统的产品较少。

随着通信技术和信息产业的高速发展，人们对信息的要求越来越高，最基本的要求是信息传输必须非常精确、迅速和安全以及保密。尤其在政府机关、金融机构和军事、公安等重要部门之间更为突出。同时在有强电磁干扰源环境的综合布线工程中，非屏蔽系统难以达到较好的抗干扰效果，就可以考虑使用非屏蔽系统。

在综合布线系统工程中应根据用户通信要求、现场环境条件等实际情况，确定选用屏蔽系统或非屏蔽系统，具体选用要求有以下几点。

(1) 当综合布线工程现场的电磁干扰场强低于防护标准的规定，或采用非屏蔽布线系统能满足安装现场条件对电缆的间距要求时，综合布线系统宜采用非屏蔽系统产品。

(2) 当综合布线区域内存在的电磁干扰场强高于 3V/M 时，或建设单位(业主)对电磁兼容性有较高的要求(电磁干扰和防信息泄露)时，或由于网络安全保密的需要，综合布线系统宜采用屏蔽系统产品。

(3) 在综合布线系统工程中，对于选用的传输媒介和连接硬件，必须从综合布线系统的整体和全局考虑，要求保证系统工程的一致性和统一性。如决定选用屏蔽系统的产品时，则要求各种传输媒介和连接硬件都应具有屏蔽性能，不得混合采用屏蔽和非屏蔽的两种产品，以保证布线系统的整体性。

(4) 当布线环境处在强电磁场附近需要对布线系统进行屏蔽时，可以根据环境电磁干扰的强弱，采取三个层次不同的屏蔽措施。在一般电磁干扰的情况下，可采用金属槽管屏蔽的办法，即把全部电缆都封闭在预先敷设好的金属桥架和管道中，并使金属桥架和管道保持良好的接地，这样同样可以把干扰电流导入大地，取得较好的屏蔽效果。在存在较强电磁干扰源的情况下，可采用屏蔽双绞线和屏蔽连接件的屏蔽系统，再辅助以金属桥架和管道，可取得较好的屏蔽效果。在有极强电磁干扰的情况下，可以采用光缆布线。采用光缆布线成本较高，但屏蔽效果最好，而且可以得到极高的带宽和传输速率。

2. 超 5 类与 6 类布线系统的选择

综合布线系统自 20 世纪 90 年代引入我国以来，已经历了数次技术上的更新换代，从 3 类、5 类、超 5 类到 6 类，代表了布线传输介质标准的不同演进过程。目前市面上也出现了超 6 类和 7 类的布线产品。据统计，每 5 年布线技术将使网络带宽获得 10 倍的提升，以满足相应的网络运用需求。当前综合布线主要介质已由 5 类发展为超 5 类，随着 1000Mb/s 网络的逐渐流行，6 类布线产品也逐渐为用户所接受，目前在国家的一些政府部委、校园网及重点工程中得到了广泛的应用，并得到认可。因此在综合布线工程中常常存在是选择超 5 类还是选择 6 类布线系统的问题。

综合布线是信息化平台的基础部分，系统的性能对整个信息化进程产生直接影响，如何选择一套投资合理、满足需求、适当超前的布线系统是布线工程师在规划和设计阶段就得思考的问题。

相对于超 5 类布线系统而言，6 类布线系统的优势主要体现对 1000Mb/s 以上网络的支持。超 5 类产品主要用于 100Mb/s 的网络，能支持到 1000Mb/s。与超 5 类相比，6 类布线系统具有更好的抗噪声性能，可提供更透明、更全能的传输信道，在高频率上尤其如此。因此对于传输速率是 1000Mb/s 以上的网络，就可以看到 6 类布线系统的优势。另外 6 类电缆的结构能承受更大的拉力，在技术上较超 5 类布线系统有着绝对的优势。

综合布线系统是否选用 6 类布线系统产品，必须以紧密结合工程实际情况为出发点，要根据智能化建筑或智能化小区的不同类型、主体工程性质、所处环境地位、技术功能要求和工程建设规模等具体特点。此外，要考虑不同的综合布线系统的服务对象，其信息需求是有显著差别的，例如，国际商务中心区和一般商业区是大为不同的，所以在综合布线系统选用产品类别时应有区别，绝不能盲目攀比或超前追求高标准和新技术。应该说，在我国有不少地区或用户采用 5 类或超 5 类的综合布线系统，其传输频带带宽已达到 100MHz，可以满足一定时期的需要。不宜过早地追求过高的带宽，如都以 6 类布线系统考虑，在技术上不可取，在经济上不合理。

3. 双绞线与光缆的选择

有一种观点认为，铜质电缆在不久的将来会逐渐消亡，取而代之是光缆布线系统和无线网络系统。这种观点虽然偏激，但客观上也反映了目前计算机通信的一个发展方向，应该说这种看法虽有道理，但并不全面。替代铜质电缆的两种系统都有其优越之处，但细加分析，在目前和今后一段时期，它们也各有难以解决的缺点和课题。

综合布线的数据干线，光缆是绝大多数工程的首选。运用 RJ-45 连接器的 5 类布线，最初的规范是 1995 年颁布的 TIA/EIA 标准，使用 2 对芯线即可以支持 100Mb/s 的数据传输速率。到了 1999 年，开发者成功实现了使用 4 对芯线全双工传输时，5 类电缆也可以支持千兆以太网，但不是所有的 5 类电缆都能支持，于是很快又出现了一种增强型 5 类电缆(CAT 5e)，可以支持到 1Gb/s 的数据传输速率，这种千兆级数据传输速率，对于 5 类电缆来说，在物理性能上可以说是达到了极限。

尽管在高速数据传输上光缆比铜缆具有上述优势，但也不是十全十美的。首先是价格问题。使用光缆会大幅度地增加成本，不但光缆布线系统（光缆和光缆配线架、光缆耦合器、光缆跳线等）本身价位比铜缆高，而且使用光缆传输的网络连接设备，如带光缆端口的交换机、光电转发器、光纤网卡等价格也要高。其次有光缆安装施工技术要求高以及安装难度大等缺点。此外，从目前和今后几年的网络应用水平来看，并不是所有的桌面都需要1000Mb/s 的传输速率。

因此，未来的解决方案是光缆在综合布线系统中有着重要的地位，但在目前和今后一定时期，它还不能完全立即取代铜线电缆。光缆主要用在建筑物间和建筑物内的主干线路，而双绞线电缆将会在距离近、分布广和要求低的到工作区的水平布线系统广泛应用，只是当水平布线距离很远，电缆无法达到，桌面应用有高带宽和高安全性等要求时，水平布线中需要采用光缆布线系统。光缆的应用和发展是一个循序渐进的过程，从光缆到路边、光缆到楼、光缆到户发展到光缆到桌面，实现全光缆网，也许还有漫长的路要走。因此，光缆主干系统+双绞线水平系统还是相当长一段时间内综合布线系统的首选方案。

4. 综合布线其他产品选型

综合布线系统是智能建筑内的基础设施之一。从国内以往的工程来分析，系统设备和器材的选型是工程设计的关键环节和重要内容。它与技术方案的优劣、工程造价的高低、业务功能的满足程度、日常维护管理和今后系统的扩展等都密切相关。因此，从整个工程来看，产品选型具有基础性的意义，应予以重视。在众多的布线产品中，产品选型的原则如下。

(1) 满足功能需求。产品选型应根据智能建筑的主体性质、所处地位和使用功能等特点，从用户信息需求、今后的发展及变化情况等考虑，选用等级合适的产品，例如 3 类、5 类、6 类系统产品或光缆系统的配置，包括各种线缆和连接硬件。

(2) 结合环境实际。应考虑智能建筑和智能小区所处的环境、气候条件和客观影响等特点，从工程实际和用户信息需求考虑，选用合适的产品。如目前和今后有无电磁干扰源存在，是否有向智能小区发展的可能性等，这与是否选用屏蔽系统产品、设备配置以及网络结构的总体设计方案都有关系。

(3) 尽量选用同一品牌的产品。由于在原材料、生产工艺、检测标准等方面的不同，不同厂商的产品在如阻抗特性等电气指标方面存在较大差异，如果线缆和接插件选用不同厂商的产品，由于链路阻抗不匹配会产生较大的回波损耗，这对高速网络是非常不利的。

(4) 符合相关标准。选用的产品应符合我国国情和有关技术标准，包括国际标准、我国国家标准和行业标准。所用的国内外产品均应以我国国家标准或行业标准为依据进行检测和鉴定，未经鉴定合格的设备和器材不得在工程中使用。

(5) 技术性与经济性相结合。目前我国已有符合国际标准的通信行业标准，对综合布线系统产品的技术性能应以系统指标来衡量。在产品选型时，所选设备和器材的技术性能指标一般要稍高于系统指标，这样在工程竣工后，才能保证全系统的技术性能指标满足发展的需要，当然也不能一味地追求高的技术性能指标，否则会增加工程造价。

此外，一些工作原则在产品选型中应综合考虑，例如，在产品价格相同且技术性能指标符合标准的前提下，若已有可用的国内产品且能提供可靠的售后服务，应优先选用国内产品，以降低工程总体的运行成本，促进民族企业产品的改进、提高和发展。

5.4 综合布线系统施工与验收

5.4.1 施工的基本要求

综合布线系统施工的基本要求如下。

(1) 在新建或扩建的智能化建筑或智能化小区中，如采用综合布线系统，必须按照《建筑与建筑群综合布线系统工程验收规范》(GB/T 50312—2000)中的有关规定进行安装施工。在现有已建或改建的建筑物中采用综合布线系统，在安装施工时，应结合现有建筑物的客观条件和实际需要，可以参照该规范执行。

(2) 在综合布线系统工程安装施工中，如遇到上述规范中没有包括的内容，可按照《建筑与建筑群综合布线系统工程设计规范》(GB/T 50311—2000)中的有关规定要求执行，也可根据工程设计要求办理。

(3) 智能化小区的综合布线系统工程中，其建筑群主干布线子系统部分的施工，与本地电话网路有关，因此，安装施工的基本要求应遵循我国通信行业标准《本地电话网用户线路工程设计规范》(YD5006 2003)等标准中的规定。

(4) 综合布线系统工程中所用的缆线类型和性能指标、布线部件的规格以及质量等级应符合我国通信行业标准《大楼通信综合布线系统第1～3部分》等规范或设计文件的规定，工程施工中，不得使用未经鉴定合格的器材和设备。

(5) 在智能化建筑内的综合布线系统工程安装施工，力求做到不影响房屋建筑结构强度，不损坏内部装修美观要求，不发生降低其他系统使用功能和有碍于用户通信畅通的事故。

(6) 施工现场要有技术人员监督、指导。为了确保传输线路的工作质量，在施工现场要有参与该项工程方案设计的技术人员进行监督、指导。因为只有熟悉设计方案的技术人员，才能对敷设线路的施工工作进行有效的监督、指导。如果需要委托其他技术人员进行此项工作，必须要向被委托人讲清线路敷设的具体要求，并使他熟悉该项工程方案设计中的线路设计部分。

(7) 标记一定要清晰、有序。清晰、有序的标记会给下一步设备的安装、调试工作带来便利，以确保后续工作的正常进行。

(8) 对于已敷设完毕的线路，必须进行测试检查。线路的畅通、无误是综合布线系统正常可靠运行的基础和保证，测试检查室线路敷设工作中不可缺少的一项工作。要测试的标记是否准确无误，检查线路的敷设是否与图纸一致等。

(9) 敷设一些备用线。备用线的敷设是必要的，其原因是：在敷设线路的过程中，由于种种原因难免会使个别线路出现问题，备用线的作用就在于它可及时、有效地代替这些出问题的线路。

(10) 高低压线须分开敷设。为保证信号、图像的正常传输和设备的安全，要完全避免电涌干扰，要做到高低压线路分管敷设，高压线需使用铁管；高低压线应避免平行走向，如果由于现场只能平行时，其间隔应保证按规范的相关规定执行。

(11) 在智能化小区内安装时,要做好与各方面的协调配合工作,不损害其他地上、地下的管线或结构物,力求文明施工,保证安全生产。

5.4.2　施工的准备工作

施工前的准备工作主要包括技术准备、施工前的环境检查、施工前设备器材及施工工具检查、施工组织准备等环节。

1. 技术准备工作

(1) 熟悉综合布线系统工程设计、施工、验收的规范要求,掌握综合布线各子系统的施工技术以及整个工程的施工组织技术。

(2) 熟悉和会审施工图纸。施工图纸是工程人员施工的依据,因此作为施工人员必须认真读懂施工图纸,理解图纸设计的内容,掌握设计人员的设计思想。只有对施工图纸了如指掌后,才能明确工程的施工要求,明确工程所需的设备和材料,明确与土建工程及其他安装工程的交叉配合情况,确保施工过程不破坏建筑物的外观,不与其他安装工程发生冲突。

(3) 熟悉与工程有关的技术资料,如厂家提供的说明书和产品测试报告、技术规程、质量验收评定标准等内容。

(4) 技术交底。技术交底工作主要由设计单位的设计人员和工程安装承包单位的项目技术负责人一起进行的。技术交底的方式有书面技术交底、会议交底、设计交底、施工组织设计交底、口头交底等形式。技术交底的主要内容包括如下。

① 设计要求和施工组织设计中的有关要求。

② 工程使用的材料、设备性能参数。

③ 工程施工条件、施工顺序、施工方法。

④ 施工中采用的新技术、新设备、新材料的性能和操作使用方法。

⑤ 预埋部件注意事项。

⑥ 工程质量标准和验收评定标准。

⑦ 施工中安全注意事项。

(5) 编制施工方案。在全面熟悉施工图纸的基础上,依据图纸并根据施工现场情况、技术力量及技术准备情况,综合做出合理的施工方案。

(6) 编制工程预算。工程预算具体包括工程材料清单和施工预算。

2. 施工前的环境检查

在工程施工开始以前应对楼层配线间、二级交接间、设备间的建筑和环境条件进行检查,具备下列条件方可开工。

(1) 楼层配线间、二级交接间、设备间、工作区土建工程已全部竣工。房屋地面平整、光洁,门的高度和宽度应不妨碍设备和器材的搬运,门锁和钥匙齐全。

(2) 房屋预留地槽、暗管、孔洞的位置、数量、尺寸均应符合设计要求。

(3) 对设备间铺设活动地板应专门检查,地板板块铺设必须严密坚固。每平方米水平允许偏差不应大于 2mm,地板支柱牢固,活动地板防静电措施的接地应符合设计和产品说明要求。

(4) 楼层配线间、二级交接间、设备间应提供可靠的电源和接地装置。

(5) 楼层配线间、二级交接间、设备间的面积，环境温湿度、照明、防火等均应符合设计要求和相关规定。

3. 施工前的器材检查

工程施工前应认真对施工器材进行检查，经检验的器材应做好记录，对不合格的器材应单独存放，以备检查和处理。

1) 型材、管材与铁件的检查要求

(1) 各种型材的材质、规格、型号应符合设计文件的规定，表面应光滑、平整，不得变形、断裂。预埋金属线槽、过线盒、接线盒及桥架表面涂覆或镀层均匀、完整，不得变形、损坏。

(2) 管材采用钢管、硬质聚氯乙烯管时，其管身应光滑、无伤痕，管孔无变形，孔径、壁厚应符合设计要求。

(3) 管道采用水泥管道时，应按通信管道工程施工及验收中相关规定进行检验。

(4) 各种铁件的材质、规格均应符合质量标准，不得有歪斜、扭曲、飞刺、断裂或破损。

(5) 铁件的表面处理和镀层应均匀、完整，表面光洁，无脱落、气泡等缺陷。

2) 电缆和光缆的检查要求

(1) 工程中所用的电缆、光缆的规格和型号应符合设计的规定。

(2) 每箱电缆或每圈光缆的型号和长度应与出厂质量合格证内容一致。

(3) 缆线的外护套应完整无损，芯线无断线和混线，并应有明显的色标。

(4) 电缆外套具有阻燃特性的，应取一小截电缆进行燃烧测试。

(5) 对进入施工现场的线缆应进行性能抽测。抽测方法可以采用随机方式抽出某一段电缆(最好是 100m)，然后使用测线仪器进行各项参数的测试，以检验该电缆是否符合工程所要求的性能指标。

3) 配线设备的检查要求

(1) 检查机柜或机架上的各种零件是否脱落或碰坏，表面如有脱落应予以补漆。各种零件应完整、清晰。

(2) 检查各种配线设备的型号，规格是否符合设计要求。各类标志是否统一、清晰。

(3) 检查各配线设备的部件是否完整，是否安装到位。

5.4.3 综合布线调试

所有铜电缆在线槽或管道内布线；垂直电缆则可以直接置放在电缆托架上或线槽内。所有光缆在线槽或管道内布线，并保证为整个电缆路线留有足够大的弯曲半径。按照规定方法将所有电缆固定于槽箱和托架上。

为了正确地完成安装工作所需的任何专用安装设备或工具。这将包括终接电缆设施、铜/电缆接线设施、通信设施、电缆转盘的支撑架或其他安装电缆所需的工具。在没有合适垫具的情况下，不得卷动或储存电缆转盘。不应沿电力线路旁安装任何电缆，或与其他电气器具共享同一根线管、线槽或套管。

在安装过程中，任何时间均不使超过电缆最大允许的拉力，电缆的最小弯曲半径不超过所指定的极限。在安装设备或电子部件时尽可能接近配线架，并考虑将来的发展以便于管理与服务。在安装完毕的电线槽、电缆管和入口洞处用被批准的防火材料密封。电线槽、电缆管穿过防火楼梯前室时做防火处理。所安装的线管道，若长度超过30m或90°弯头超过2个，则使用合适尺寸接线箱或者分线盒。

1. 调试的注意事项

(1) 电磁干扰的分离。带有不同种类信号或不同电压的设备如集装在一个共享的容器内，按供货商的有关要求，有效地与任何其他一类的设备屏蔽以避免电磁干扰。

(2) 电缆的安排。根据图纸或规格说明书的要求提供一切必需的电缆插销、插座、接头耳等，并按照电缆的种类与入口方向把它们固定于安装板和安装带上。整齐地安排系统内所有线路的电缆导体，并按规范的间距将所有线缆固定，以防止电缆在运行情况下损坏(例如热膨胀、震动等)或引起其他线路短路。

(3) 电缆的终接。不让已绝缘的导体触及未绝缘的有电部件或锐利的边缘。每个终端只连接一条电缆导体。新安装的线槽，均在适当的位置连接接地点，并保证能正确地与任何现有设施连接，正确将所有有关的电缆、包合体、柜、服务箱和框架连接起来，以保证接地的延续性。所有接地由铜线或铜带组成，由一个公用楼宇接地点供应，并与主要电气接地点连接。设备或者箱体的所有门、盖板，均接地铜导体的最小断面积为$2.5mm^2$。

2. 综合布线调试要求

综合布线的主要调试要求如下。

(1) 缆线的型号、规格应与设计规定相符。

(2) 直埋电缆通过交通要道时，应穿钢管保护。电缆应采用具有铠装的直埋电缆，不得用非直埋式电缆作为直接埋地敷设转弯地段的电缆，地面上应有电缆标志。

(3) 双绞线中间不允许有接头。

(4) 缆线的布放应自然平直，不得产生扭绞、打圈接头等现象，不应受外力的挤压和损伤。

(5) 缆线弯曲半径是否符合国家标准要求：非屏蔽4对对绞线电缆的弯曲半径应至少为电缆外径的4倍；屏蔽4对对绞线电缆的弯曲半径应至少为电缆外径的6～10倍；主干对绞电缆的弯曲半径应至少为电缆外径的10倍；光缆的弯曲半径应至少为光缆外径的20倍；同轴电缆的弯曲半径应大于电缆直径的15倍。

(6) 端接时，每对对绞线应保持扭绞状态，扭绞松开长度对于6类线不应大于8mm。

(7) 各类跳线缆线和接插件间接触应良好，接线无误。跳线选用类型应符合设计要求。

(8) 缆线两端应贴有标签，应标明编号，标签书写应清晰、端正和正确。

(9) 各类跳线长度应符合设计要求，一般对绞电缆跳线不应超过5m，光缆跳线不应超过10m。

(10) 当采用架空电缆与其他线路共杆架设时，其两线间最小垂直间距应符合相关规定。

3. 测试调试

(1) 所有安装的电缆在验收前采用专用测试仪器进行全面的连续运行测试，测试 6 类非屏蔽线缆测各项性能质量参数是否合格。

(2) 按整体测试内容要求，根据各信息点的标记图进行一一测试，测试的同时做好标号工作，把各点号码在信息点处及配线架处用标签纸标明并在平面图上注明，以便今后对系统进行管理、使用及维护。

(3) 6 类非屏蔽线缆测试参考标准 ANSI/ EIA568B、TIA 6 类非屏蔽布线标准和 ISO-E 级布线标准。

如图 5-10 所示，国际标准组织及 SYSTIMAX 推荐下列 6 类布线测试仪表：DSP-4000 (Fluke Corporation)、OMMI-Scanner (Microtest Inc)、WireScope-350 (Agilent Technologies)、LT-8600(WaveTek Inc)。

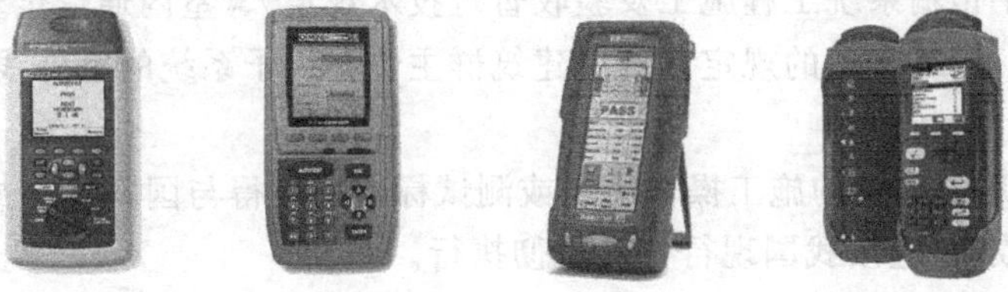

(a) DSP-4000　(b) ONMI-Scanner　(c) WireScope-350　(d) LT-8600

图 5-10　布线测试仪表

4. 性能测试

系统性能测试应采用专用测试仪器对系统的各条链路进行测试，并对系统的信号传输技术指标及工程质量进行评定。系统性能测试时，光缆布线应全部测试。测试双绞电缆布线链路时，以不低于 10% 的比例进行随机抽样测试；抽样点必须包括最远布线点。

系统性能测试的内容和必须符合的标准如表 5-3 所示。

表 5-3　性能测试符合的标准

测试内容	符合标准	测试单位
工程电气性能测试	按 GB/T 50312 第 8.0.2 条的规定执行	信息工程测评机构
光缆特性测试	按 GB/T 50312 第 8.0.2 条的规定执行	信息工程测评机构
综合布线系统管理	采用软件对综合布线系统管理和维护时，应符合以下要求： ① 显示所有硬件设备及其楼层平面图； ② 显示干线子系统和配线子系统的元件位置； ③ 实时显示和登录各种硬件设施的工作状态。	承建单位

5.4.4　验收的基本要求

综合布线系统工程验收的基本要求如下。

(1) 综合布线系统工程的验收工作是对整个工程的全面验证和施工质量评定。因此，必须按照国家规定的工程建设项目竣工验收办法和工作要求实施，不应有丝毫草率从事或形式主义的做法，力求工程总体质量符合规定的目标要求。

(2) 在综合布线系统工程施工过程中，施工单位必须重视质量，按照《建筑与建筑群综合布线系统工程验收规范》(GB/T 50312—2000)中的有关规定，加强自检和随工检查等技术管理措施。建设单位的常驻工地代表或监理人员必须按照上述工程质量要求检查工作，力求消灭一切因施工质量而造成的隐患。所有随工验收和竣工验收的项目内容和检验方法等均应按照《建筑与建筑群综合布线系统工程验收规范》中的有关规定办理。

(3) 由于智能化小区的综合布线系统既有室内的垂直干线子系统和水平子系统，又有室外的建筑群主干布线子系统。因此，对于综合布线系统工程的工程验收，除应符合《建筑与建筑群综合布线系统工程验收规范》以外，与综合布线系统衔接的城市电信接入网设施尚应符合国家现行的《本地网通信线路工程验收规范》、《通信管道工程施及验收技术规范》、《电信网光纤数字传输系统工程施工及验收暂行技术规定》、《室内通信全塑电缆线路工程施工及验收技术规范》等有关的规定。其中建筑群主干布线子系统的室外线路施工要求，可参照上述类同的标准执行。

(4) 各生产厂商提供的施工操作手册或测试标准均不得与国家标准或通信行业标准相抵触，在竣工验收时，应按我国现行标准贯彻执行。

5.4.5 验收的内容

根据综合布线工程施工与验收规范的规定，综合布线工程竣工验收主要包括三个阶段：工程验收准备，工程验收检查，工程竣工验收。工程验收工作主要由施工单位、监理单位、用户单位三方一起参与实施。

1. 工程验收准备

工程竣工完成后，施工单位应向用户单位提交一式三份的工程竣工技术文档，具体应包含以下内容。

(1) 竣工图纸。竣工图纸应包含设计单位提交的系统图和施工图，以及在施工过程中变更的图纸资料。

(2) 设备材料清单。它主要包含综合布线各类设备类型及数量，以及管槽等材料。

(3) 安装技术记录。它包含施工过程中验收记录和隐蔽工程签证。

(4) 施工变更记录。它包含由设计单位、施工单位及用户单位一起协商确定的更改设计资料。

(5) 测试报告。测试报告是由施工单位对已竣工的综合布线工程的测试结果记录。它包含楼内各个信息点通道的详细测试数据以及楼宇之间光缆通道的测试数据。

2. 工程验收检查

工程验收检查工作是由施工方、监理方、用户方三方一起进行的，根据检查出的问题可以立即制定整改措施，如果验收检查已基本符合要求的可以提出下一步竣工验收的时间。工程验收检查工作主要包含内容如表 5-4 所示。

表 5-4　工程验收检查表

项　　目	内　　容
信息插座检查	① 信息插座标记是否齐全； ② 信息插座的规格和型号是否符合设计要求； ③ 信息插座安装的位置是否符合设计要求； ④ 信息插座模块的端接是否符合要求； ⑤ 信息插座各种螺丝是否拧紧； ⑥ 如果屏蔽系统，还要检查屏蔽层是否接地可靠。
楼内线缆的敷设检查	① 线缆的规格和型号是否符合设计要求； ② 线缆的敷设工艺是否达到要求； ③ 管槽内敷设的线缆容量是否符合要求。
管槽施工检查	① 安装路由是否符合设计要求； ② 安装工艺是否符合要求； ③ 如果采用金属管，要检查金属管是否可靠地接地； ④ 检查安装管槽时已破坏的建筑物局部区域是否已进行修补并达到原有的感观效果。
线缆端接检查	① 信息插座的线缆端接是否符合要求； ② 配线设备的模块端接是否符合要求； ③ 各类跳线规格及安装工艺是否符合要求； ④ 光纤插座安装是否符合工艺要求。
机柜和配线架的检查	① 规格和型号是否符合设计要求； ② 安装的位置是否符合要求； ③ 外观及相关标志是否齐全； ④ 各种螺丝是否拧紧； ⑤ 接地连接是否可靠。
楼宇之间线缆敷设检查	① 线缆的规格和型号是否符合设计要求； ② 线缆的电气防护设施是否正确安装； ③ 线缆与其他线路的间距是否符合要求； ④ 对于架空线缆要注意架设的方式以及线缆引入建筑物的方式是否符合要求，对于管道线缆要注意管径、人孔位置是否符合要求，对于直埋线缆注意其路由、深度、地面标志是否符合要求。

3. 工程竣工验收

工程竣工验收是由施工方、监理方、用户方三方一起组织人员实施的。它是工程验收中一个重要环节，最终要通过该环节来确定工程是否符合设计要求。工程竣工验收包含整个工程质量和传输性能的验收。

工程质量验收是通过到工程现场检查的方式来实施的，具体内容可以参照工程验收检查的内容。由于前面已进行了较详细的现场验收检查，因此该环节主要以抽检方式进行。传输性能的验收是通过标准测试仪器对工程所涉及的电缆和光缆的传输通道进行测试，以检查通道或链路是否符合 ANSI/TIA/EIA TSB-67 标准。由于测试之前，施工单位已自行对所有信息点的通道进行了完整的测试并提交了测试报告，因此该环节主要以抽检方式进行，一般可以抽查工程的 20%信息点进行测试。如果测试结果达不到要求，则要求工程所有信息点均需要整改并重新测试。

思 考 题

(1) 请阐述综合布线与传统布线相比具备哪些特点。

(2) 试从经费投资、未来服务范围、用户设备类型和网络通信类型等方面，考虑如何确定网络综合布线工程的范围。

(3) 请考虑如果要估算工作区子系统中的信息模板的总需求量，需要了解哪些方面的信息。

(4) 请简述综合布线系统的组成以及各部分的主要范围。

(5) 请查找资料列出建筑群子系统的主要布线方法，并比较其优缺点。

(6) 请简述综合布线工程施工前准备工作的主要内容。

(7) 工程竣工完成后，施工单位应向用户单位提交哪些工程竣工技术文档？

第6章 数据中心

随着信息系统的广泛铺开，各个行业及部门均开始建设大规模的数据中心机房，对数据的处理和存储进行集中管理，以提高稳定性并有效降低了运行及维护成本。数据中心采用高速网络与各个信息系统相连通，进一步提高了数据的可靠性及设备的使用效能，并使得统一的冗灾备份成为可能。在此基础上，基于各种虚拟化技术和模块化技术的深入实施，逐步发展成为云数据中心。

6.1 数据中心机房建设

中心机房是各种信息系统的中枢，数据中心机房工程必须保证服务器设备、网络设备、存储设备等高级设备能长期而可靠运行，同时还为机房工作人员提供一个舒适而良好的工作环境。机房建设工程不仅仅是一个装修工程，实质是电子环境工程的建设，除装修效果外，更注重于内部环境的建设。

建设内容包括机房装修、防雷系统、电气工程、空气调节系统、门禁系统等，如图 6-1 所示。

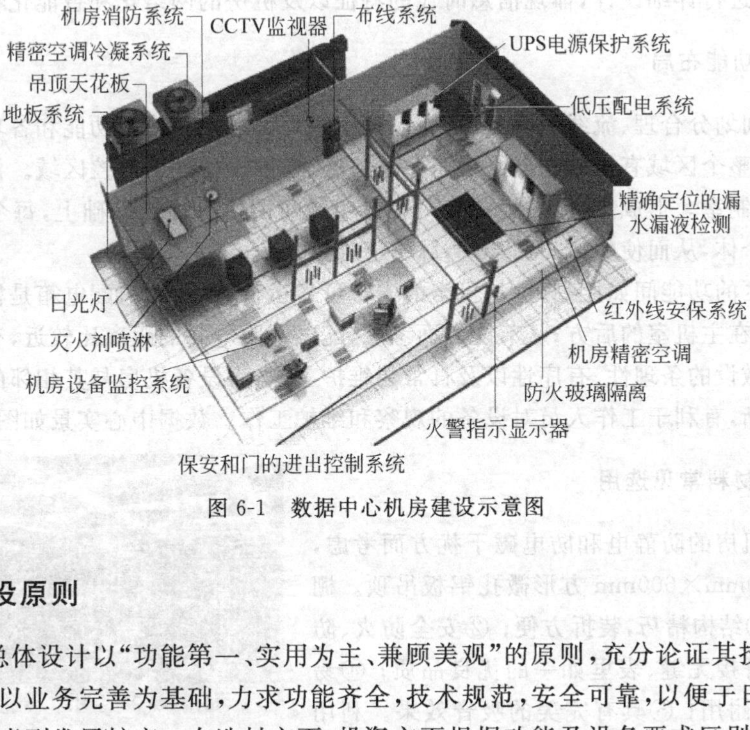

图 6-1　数据中心机房建设示意图

6.1.1 建设原则

建设的总体设计以“功能第一、实用为主、兼顾美观”的原则，充分论证其技术先进性和经济合理性，以业务完善为基础，力求功能齐全，技术规范，安全可靠，以便于日后维护和管理，同时也考虑到发展扩充。在选材方面、投资方面根据功能及设备要求区别对待，做到投资有重点，确保系统的安全运行。建设原则如下。

(1) 先进性。使机房系统具有一定的超前性，确保机房系统长期高效运行。

(2) 可靠性。在意外情况下的抗干扰性和快速补充性，保证各环节都安全可靠。

(3) 标准性。严格按国家技术场地的有关标准设计，图纸文件规范齐全。

(4) 实用性。充分考虑数据机房系统功能完善的基础，使其性价比达到最优。

(5) 扩充性。留有充分的扩展余地，系统可进一步开发及适应未来系统更新换代。

6.1.2 机房装修

针对机房建设的要求，并以机房设计规范为依据进行设计。主要对机房的装饰、电气、空调、消防、感应门禁、闭路监控等几方面进行着重设计。

1. 设计的主导思想

机房设计的主导思想：首先需要保证机房设备安全可靠地运行，主要考虑机房的供配电系统、UPS不间断电源、防雷和接地等方面。其次要充分满足机房设备对环境的要求，主要考虑机房环境的温湿度、空气的洁净度、防静电和防电磁干扰、机房智能化等方面。因此不但要通过相应的设备(如空调、新风机等)对机房环境进行控制，而且要考虑装饰材料对机房环境的影响。另一方面针对机房的特点，还要考虑机房环境足够的照度和防眩光处理以及机房对噪声的要求。

在建设时，需要遵循以上的主导设计思想，以达到安全、可靠、经济、美观和环保节能为原则，对工程进行详细设计，体现信息时代的特征以及机房的网络化和智能化特点。

2. 平面功能布局

依据空间划分合理、流线明确的原则，设计中机房区域按其使用功能和各功能间之间的相互关系，将整个区域有机地划分为机房主设备区、外围设备区和监控区域。机房设备区包括主机房、控制室。形成主机区、控制室两者在功能间衔接有序的基础上，每个区域又可单独成为一个个体，从而使整体布局合理，脉络清晰，并符合各系统要求。

将机房区的功能间如此划分，从机房的安全可靠运行方面考虑，配电箱是机房区域的核心，故将其设在主机室的后方；从节能方面考虑，配电室距电井的距离比较近，有利于管线的节约和管线敷设的条理性、有序性以及日常的维护工作；将设备机房与其相邻的控制室之间采用玻璃隔断，有利于工作人员对设备的观察和维护工作。数据中心实景如图6-2所示。

3. 装修材料常见选用

首先从机房的防静电和防电磁干扰方面考虑，天花采用600mm×600mm方形微孔铝板吊顶。棚板特点为：①结构精巧，装拆方便；②安全防火、防潮功能；③拼接无缝、表里如一的优良品质；④易于清洁，经久耐用；⑤具有完美的吸音效果。利用其特点，以满足机房气密性好、不起尘、易清洁、不

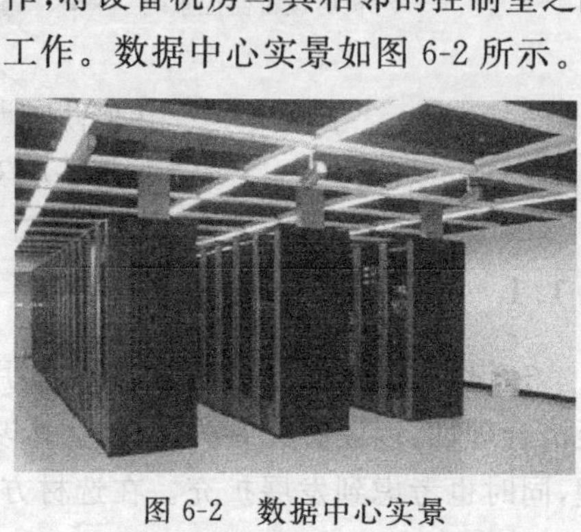

图6-2 数据中心实景

霉变、变形小、吸音好和坚固可靠等要求。

墙壁装饰一般采用铝塑板饰面,该铝塑板采用50轻钢龙骨做骨架,粘贴于9mm厚密度板上进行饰面装饰。此铝塑板特点为:①超强剥离度;②超耐候性;③涂层均匀,色彩多样;④防火性强;⑤耐冲击性;⑥材质轻易加工;⑦易保养;⑧金属质感强烈。另外,铝塑板对机房的防静电和防干扰具有良好的作用,是机房墙柱面装饰的首选。

机房地面选用抗静电地板。抗静电地板的特点为地板规格尺寸为600mm×600mm,该地板特点为:①地板机械性能高;②承载力大;③防火性能好;④表面静电喷塑、柔光、耐磨、防蚀;⑤地板表面粘贴装饰板,耐磨性及抗静电性能优良;⑥造型美观,装饰性强;⑦组装灵活、互换性好;⑧维修方便,经久耐用。

6.1.3 防雷系统

1. 机房防雷设计

电源两级防雷:在机房的进线配电箱处做一级电源防雷,目的是防止雷电通过市电电源线传导到机房破坏设备。在UPS取电处做二级电源保护,目的是防止雷电通过电源线传导到机房经过简单的一级防雷后仍有残压损坏设备。

网络信号防雷:在机房端的外网线接入处用防雷器来保护网络设备,目的是防止雷电通过外网线传导到机房损坏设备。

两种防雷方式如图6-3所示。

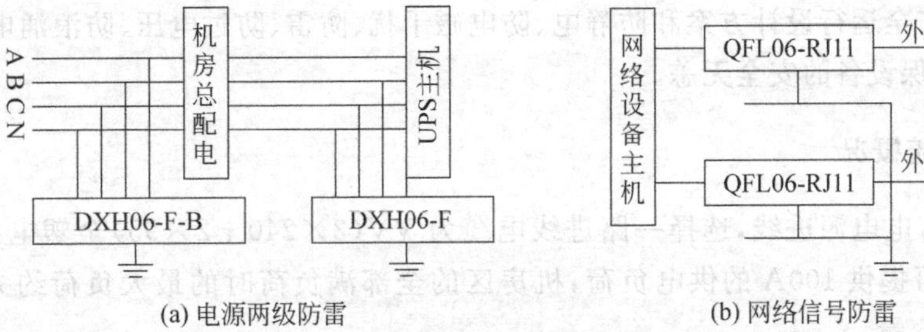

图6-3 两种防雷方式示例

2. 接地系统

接地是相当重要的一个环节,良好的接地是防雷起作用的重要的保障。防雷接地系统在静电地板下用铜排先制作等电位汇流排,汇流排上的接线端子与静电地板,防雷器接地线以及其他设备机壳相连。室外新增地网选择离机房较近的泥土区域开挖做地网,开挖6个深1m,底部长0.7m宽0.5m的坑,放置接地体。最后用扁钢将接地铜芯线与地网相连接。连接目的是能让雷电浪涌,静电经过汇流排等电位并通过接地网泻流到大地而不对设备造成破坏。接地网图如图6-4所示。

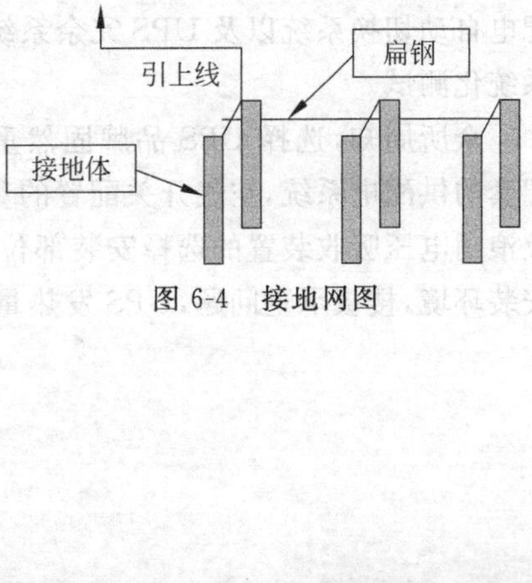

图6-4 接地网图

3. 等电位连接

等电位连接的目的是减小需保护空间内各金属部件和各系统之间的电位差。穿过各防雷区交界的金属部件和系统,以及在一个防雷区内部的金属部件和系统都应在防雷区交界处做等电位连接。在机房内主要采用均压环做等电位连接,能大大减小由雷电或其他原因引起的电位差,从而有效保护机房内各电子设备,如图 6-5 所示。

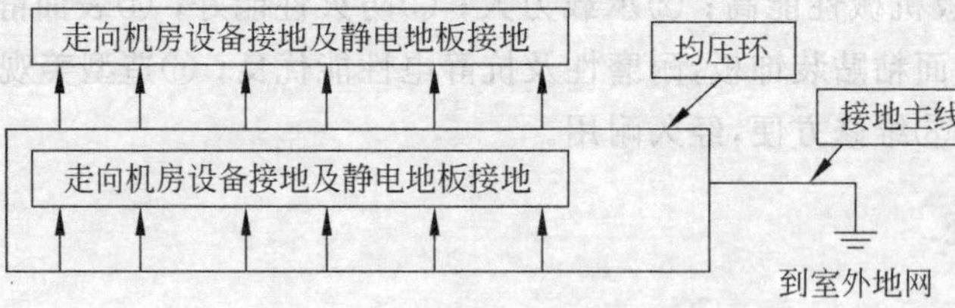

图 6-5 汇流排等电位连接示意图

6.1.4 电气工程

如果说机房的装饰是人的面貌,那么机房的电气系统就是心脏,只有安全可靠的供配电系统才能保证机房中的设备安全可靠的运行。现在的计算机和数据传输设备的时钟都是 ns 级的,它们要求电源的切换时间为零秒。计算机处理的数据和传输的数据是弱电信号,电流为 mA 级,电压为 5 伏以下,非常脆弱,所以必须有良好的接地系统,必须具备计算机场地供配电系统安全运行设计方案和防静电、防电磁干扰、防雷、防过电压、防浪涌电压的施工工艺,才可能确保设备的安全无恙。

1. 配电系统概况

根据一路市电电源进线,选择一路进线电缆为 VV(3×240+2×95)全塑电缆,引至机房配电箱 AP,可提供 100A 的供电负荷,机房区的全部满负荷时的最大负荷约为 50kVA,尚有 50%备用容量。

机房区供电分成两个部分:其中一部分供市电负荷,空调机、新风机、市电插座,照明系统供电;第二部分由 UPS 供给本数据中心计算机系统和服务器系统负荷用电,保证本数据中心计算机系统正常运行,还为应急照明灯具供电。应急照明灯具与正常照明灯具共用,正常情况下由市电电源供电,市电出现故障时自动切换到应急照明电源。

计算机场地电力系统的高可用性是建立在电力系统从高压、低压、UPS 到插座这样一个完整的供配电系统基础上的。电力系统中每一个环节都具有可扩展性和可管理性;低压配电自动切换系统以及 UPS 冗余系统等,对于这些系统不仅要精心设计,还要精心施工和系统化测试。

众所周知,选择 UPS 品牌固然重要,UPS 系统电力配套安装服务更为重要。为 UPS 配套的供配电系统,空气开关配置的参数性能稳定,保护完整,过载短路熄弧分断能力强,以及浪涌电压吸收装置的选择安装部位等都要进行系统化的精心设计。UPS 及电池设备的安装环境,楼板承重问题,UPS 发热量及环境热负荷对空调机制冷量的配置等一系列的服务，是精密机房系统解决方案的核心。不间断供电电源（UPS）如图6-6所示。

由于对UPS系统设施进行全方位的保护，不仅可使UPS系统工作稳定，而且还使UPS系统负载故障范围大大缩小，从而提高了UPS供配电系统的高可靠性。

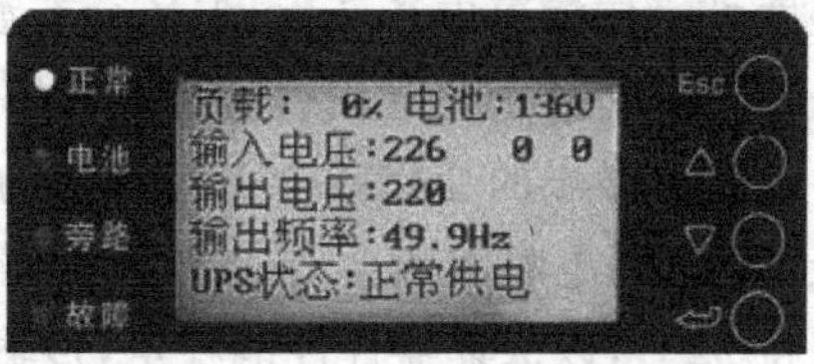

图6-6 不间断供电电源

2. 人员设备用电的安全措施

人的生命是第一位的，需要采用多项保证人身安全和设备安全的技术措施。

第一项措施，采用事故断电措施。进户端装设了具有过载、短路保护的、高灵敏度的断路器，并装设跳闸机构。一旦出现消防事故报警，能够通过报警装置提供的信号，将市电配电系统的交流进线断路器断开、切断市电电源，确保事故不再蔓延，确保人身和设备安全。

第二项措施，采用UPS电源设备及相应的蓄电池设备，提高设备用电的安全与可靠性。为了提高安全系数采用的通用设计原则"大马拉小车原则"，在选用线路和器件时，控制器件和线路的工作温升，低于器件和线路额定温升的75%。器件和线路的工作负荷，控制在器件和线路的额定负荷50%～75%以下。这种设计原则大大提高了系统的可靠系数，也大大延长了系统的使用寿命。虽然初始投资略有增加，但从整体来看大大提高了经济效益。如果不按此设计，一旦发生事故，那么一次事故的经济、政治损失要比初始投资大十几倍，甚至几百倍。

第三项措施，所有的墙壁插座均按规范要求选用漏电保护断路器控制，某一个墙壁插座漏电时，在30mA内就能切断线路，确保人身安全。

第四项措施，所有的机壳都进行接地保护，所有的插座均有接地保护。

3. 供电安全措施

机房网络交换机或计算机，其心脏器件的时钟都是ns级，要求供电切换时间为零秒。可采用两台不同容量的UPS及配备相应数量的蓄电池作为计算机系统用电，这样设计可以保证供电不间断，确保机房中的设备安全可靠地运行。

4. 数据安全措施

数据安全除了软件措施外，如防火墙、容错技术等，而对网络硬件也提出了更高的要求；硬件安全措施也是保证数据安全不可缺少的技术之一。因为数据信息均为弱电信号，本身非常脆弱，可采取防静电和防尘等措施保证数据安全。

第一项数据安全措施是防静电干扰。需采用堵疏相结合的防静电技术措施。机房内有很多电子发射设备，如显示器，另外目前人们的穿戴大部分是化纤、毛料制品，这些衣物在活动中也会产生大量游离电子，这些游离电子在漂浮游离过程中会聚集成电子云，有时会形成的时间为ns级电压为kV级，一旦与信息设备接触会造成极大的破坏。

设计中主要可采取以下防静电措施：一是采用恒温恒湿空调，降低游离电子的产生，实验证明机房的相对湿度低于30%时，静电电压可达5000V，当机房相对湿度低于20%时，静电电压可达10 000V，所以机房的相对湿度必须保持在45%～65%之间。保持机房的相对湿度可堵住游离电子产生，但还会有游离电子存在。二是采用恒温空调，数据设备的核心部分基本上是电子集成块、电阻、电容等，信息在其内部的传输电压仅几伏，电流为mA级，器件参数有微小的变化就会引起数据的不真实，实验证明机房温度每变10℃，其可靠性会降低25%，而电阻阻值会变化10%，电容会降低寿命。在机房需安设恒温空调保证机房温度保持22℃，以保证器件性能稳定，传输数据真实。

第二项数据安全措施是防尘。数据传输设备中印刷电路板的线距很近，不允许有金属灰尘侵入，一旦有金属灰尘侵入会形成线间短路。另一方面光驱、硬盘的读写为非接触式的，但其间距是μm级的，不允许有灰尘附在读写头上。机房是封闭的除门与外相通外，窗户是封闭的。虽设有新风机，但室外空气通过几级过滤才进入机房，而且机房内气压与机房外气压正差10～20Pa，这样即使门窗封闭不严，外面空气也不能进入机房。这样就可以避免灰尘对设备正常工作造成威胁。

5. 照明系统设计

机房要求有足够的照度，并且无眩光。按GBJ 133—1990规定机房照度分低档200Lx、中档300Lx、高档500Lx，在灯具配置上按高于中档照度的要求配置。为消除眩光，可选用格栅灯，此种灯具反射强，并无眩光。

应急照明按正常照明照度的10%布置灯具。灯具使用正常照明灯具，应急照明电源在市电正常时由市电供电，在市电故障时自动转由用UPS电源作为应急照明电源。

6. 常规接地系统

1）交流工作接地、安全保护接地、防静电接地及直流接地系统（逻辑接地及其他模拟量信号系统的接地）

根据现场的实际情况，分别采取不同措施。机房设计中有两种接地系统，一是保护接地系统，机房中所有金属顶棚、龙骨、墙面等，所有设备的金属外壳、金属管线、防静电地网、防静电地板的支架连接一体都与保护地有良好的连接，既保证人身设备安全，又给机房内游离电子一个顺畅通路。设计利用大楼的PE线统一接入大地，不再单独设置保护接地极。另一个是在通常情况下计算机系统不宜采用悬浮接地而应采用逻辑接地系统，因弱电设备的工作需要一个均衡的标准零电位，机房的防静电地板下设置了一个与保护地有良好绝缘的逻辑地网，计算机的地与其相接，保证机房中的计算机有一个等电位的工作环境。为了保证计算机系统稳定工作，可采用单独做一组独立的逻辑接地极，并建议使用小于1Ω地极。

2）接地系统的选择

服务器的各种不同机型，对直流工作接地电阻值及接地方式的要求各异。为了避免对系统的电磁干扰，宜采用将多种接地的接地线分别接到各接地母线上，由接地母线采用一根接地线单点与接地体相连接的单点接地方式。由计算机设备至接地线的连接导线应采用多股编织铜线，且应尽量缩短连接距离，并采取格栅等措施，尽量使各接地点处于同一等电位上。

机房接地方式是一个比较复杂的问题，直接关系着抗干扰的效果。具体形式如下。

(1) 点接地系统。将计算机中的接地信号接到机房内的活动地板下的逻辑地网上，再将地网单点与总接地装置或接地端子箱作金属连接成为一点接地系统。其特点是有统一的基准电位，相互干扰减少，而且能泄漏静电荷，容易施工又经济，所以规范推荐这种一点接地系统。多个计算机系统中的接地系统，除各计算机系统单独采用单点接地外，也可共用一组接地装置。为避免相互干扰，应将各计算机系统的接地母线分别采用接地线直接与共用接地装置的接地体相连接。

(2) 混合接地系统。在计算机内部的逻辑地、功率地、安全地在柜内已经共同接到一个端子上了，所以在设计时只将此端子和接地装置作金属连接即可。但由于相互干扰，一般不采用。

(3) 悬浮接地系统。电子设备或计算机内部部分电路之间依靠磁场耦合(例如变压器)来传递信号，整个设备外壳都与大地相绝缘，也就是悬浮。或计算机内部各信号地接至机房活动地板下与建筑绝缘又不与接地体相连的铜排网上，安全地接至总接地端子或接到专用线 PE 线上。悬浮接地的抗干扰性比较差，所以新规范计算机信号系统不宜采用悬浮接地。

计算机的逻辑接地系统与防雷接地应该相距 20m 以上，这是很困难的，因为建筑物供电系统重复接地和防雷接地一般是合一的，推荐电阻不大于 1Ω。防雷接地通常有许多组接地装置，相距不过 20m，建筑物密度往往也比较大，所以很难把计算机的逻辑接地与防雷接地分开做。但有条件时尽量满足此要求，否则采用综合接地方式(各种接地分别接至统一的综合接地极)。

3) 接地电阻值的选择

交流工作接地、安全保护S接地、直流工作接地、防雷接地的四种接地可共用一组接地装置，其接地电阻值应由其中最小值确定。若防雷装置单独设置接地装置时，其余三种接地宜共用一级接地装置，其接地电阻不应大于其中最小值，并要求采取防止反击措施。一般要求综合接地极阻值小于 1Ω。

对直流工作接地有特殊要求需单独设置接地装置的计算机系统，其接地电阻值及与其他接地装置的接地体之间的距离，应按计算机系统及有关规范的需要确定。可采用单独设置逻辑接地极，阻值小于 1Ω。计算机系统接地应采取单点接地，不宜采取等电位措施。

当多个计算机共用一级接地装置时，宜分别采用接地线与接地体连接。

7. 机房防雷及防过电压系统

机房的供电为 TN-S 系统(三相五线制)，总进线为埋地引入总配电室，目前中心机房的配电是由总配电室引入。根据国际防雷系统要求，应将大厦需要保护的空间划为不同的防雷区，以确定各部分空间不同的雷闪电磁脉冲的严重程度和相应的防护措施。依据防雷设计原理，大厦的防雷保护分为三级。

(1) 电源防雷及过电压一级保护。在总配电的总电源输入并联防雷器一组，作为总电源的一级防雷及过电压保护。

(2) 电源防雷及过电压二级保护。在每一个楼层配电柜或数据中心机房主配电柜的总进线开关并联一组防雷器，作为电源的二级防雷及电压保护。

(3) 电源防雷及过电压三级保护。在数据中心机房的 UPS 输出(入)母线上或在主要计算机负荷上并联一组防雷器，作为电源的三级防雷及过电压保护。

根据以上情况，数据中心机房的防雷及过电压保护采用二级保护方式，即在 UPS 输入母线上加装并联防雷器一组，完成对 UPS 设备及 UPS 负荷的保护。如针对雷区，为了保证供电可靠性，加强防雷效果，可增加一台多级避雷器，在防雷方面有更佳的效果。

6.1.5 空调系统

空调的主要目的是为机房中的人员及设备提供一个安全舒适的工作环境。数据中心机房作为电子系统信息管理、交换和处理的中枢，其重要性和特殊性不言而喻；通过空调为机房设备创造一个可靠、稳定运行的工作环境便显得尤为重要。同时，适应人性化管理要求，为机房工作人员营造一个良好舒适的工作环境，对效率的充分发挥也是同等重要的。

根据国家对机房设计和建设的有关规范的具体要求，结合地区具体环境条件，并主要考虑到机房对温湿度、控制空气含尘量及空气新鲜度要求的重要性和独特性，其对环境状况的特殊要求如：要对温度、湿度、洁净度、空气流速等采取每天 24 小时，每年 365 天的不间断的精确严格的控制，这不是一般的民用或商用空调设备所能满足的。为了保证机房环境最大程度的安全性和可靠性，必须选用高效能、高灵敏度的机房专用精密恒温恒湿空调系统。

1. 负荷计算

根据机房内部的区域划分和各区域功能的不同，空调系统总控制室主要包括主控主机室、空调配电室、外围设备室和监控室等不同工作区间。机房内空调系统的负荷主要包括如下几种。

(1) 设备的冷负荷。

(2) 照明的冷负荷。

(3) 外窗的辐射热和窗体传热的冷负荷。

(4) 外墙和屋顶的传热冷负荷。

(5) 人体的冷负荷及湿负荷。

由于机房窗户采用 8mm 厚玻璃进行二次封闭，内部有窗帘阻隔，地面又做保温处理，内部人员数量和流动性都很小，同时根据相关资料介绍和实际测算，机房内空调的负荷主要来自于其中的设备和照明的发热，约占其负荷总量的 70%～80%，所以为简化计算设计只对设备和照明的发热进行计算，而其他类型负荷只进行适当估算。

2. 设备选型

1) 设备选型

空调系统对于机房内部环境的温度、湿度、空气洁净度以及空气流动速度等，都起着至关重要的作用，针对气温相对较高，湿度较大，机房内设备一年四季又要求连续正常运行，所以必须根据这种实际建立一套完整可行且具有良好安全保证的空气调节系统。

在系统选型时既要考虑满足负荷要求，又要考虑系统的安全可靠。需要具备智能化精密控制、模块化结构、高效节能环保、安装维修简单方便、体积小重量轻等指标。空调机组的系统控制器根据工作人员设定的温湿度和室内空气温湿度状态，自动调整压缩机和风冷凝器的工作状态。保证能耗最低。

2）其他说明

（1）空调室外机与内机之间的水平距离不能大于25m，若其安放位置高于内机，则垂直高度不能大于15m；反之，则不能大于5m。

（2）为满足空调机加湿用水需求，如果当地水质较硬，空调机进水需做软化技术处理。大楼如有中央空调机组，其用水如已做软化处理且符合机房专用空调厂商要求，则可直接引用以节约造价。否则需另加装软水器。

（3）空调机要有完整的上下水系统，以满足加湿器和除湿器的需要。管路敷设位置需根据现场条件确定，并且下水管的直径和坡度应足够大，以免管道堵塞。

（4）每个空调机下部均应设防水堰、地漏、下水管，以便在空调加湿器漏水或水管破裂后，保证机房内设备和设施的安全。

6.1.6 感应门禁系统

随着时代的发展，对于安全、方便的身份认证技术的需求变得越来越紧迫，安全防范项目越来越受到重视。监控、防盗、门禁在各个地区、各个领域均得到不同程度的应用。然而，监控系统、防盗系统的工作均具有一定的局限性。要想从根本上解决安全问题，就要从最基本的方面做起。首要的条件就是必须可以控制能随意进出安全防范区的人的数量。进入安全防范区域内人的数量减少，安全系数必定会同时增大。

在主机室入口处和运行区入口均可设计门禁系统，主要是用来进行内部人员出入门的通道控制。设计通常采用无接触感应卡开门方式，即感应式门禁系统方案。

系统设计技术要求如下。

（1）门禁系统要求安全、可靠，符合消防技术要求；在断电时，大门为开启状态；大门开启，响应速度快。

（2）大门开启响应速度一般情况下要求小于1s，整个系统在高峰开门时，最大延时不能超过3s。

（3）除系统管理员外，其他任何人无权更改系统数据和实时数据。

（4）在系统或读卡器出现故障时，应能及时、方便地开启大门。

（5）对每个工作人员可进行开门权限设置，包括开启的大门和开启的时间。

（6）对所有的出入信息，可随时地按时间、大门、人员进行查询和统计。

（7）具有考勤功能。

（8）可以实现多人开锁功能。

6.1.7 机房消防系统

机房区域消防系统分为消防自动报警系统和消防灭火系统两大部分。由于机房内部火灾主要为电气火灾，而机房的吊顶上、地板下有大量的配电线路，因此需设置吊顶上、吊顶下、地板下三层报警；机房内大量的计算机及外联设备严格要求使用气体来灭火。

1. 系统设计

建设设计共对主机房、集线室、配电间、地板下四个保护区，进行气体自动灭火系统的管网设计。

消防系统由两大部分构成：火灾自动报警和气体自动灭火。机房自动消防系统应能自动检测火情、自动报警、自动切断电源和自动灭火。报警系统和自动灭火系统应与空调、通风系统联动。火灾自动报警系统应设有自动和手动两种触发装置。灭火系统主要由灭火剂储瓶、瓶头阀、单向阀、压力表、启动装置、挠性接头、钢瓶架、汇集管、安全阀、选择阀、压力反馈装置及管网和喷头组成。

消防控制中心包括智能火灾报警控制主机，用于集中报警及控制。消防控制中心外围报警及控制包括光电感烟探测器、感温探测器、组合控制器和气瓶等。报警主机采用壁挂式汉字液晶显示报警器(联动型)，容量要满足系统要求(主机布置在主控室)。其他控制模块、急停按钮、声光报警器、标识灯、数量和功能均按系统需要配备。消防报警检测系统应覆盖机房全区域，并设三层报警探测。

2. 控制方式及工作原理

气体灭火系统的控制，要求同时具有气动启动、电启动、电气手动启动和应急机械启动四种方式。

(1) 气动启动。当某个防护区两火灾控测器同时发出火灾信号，自动灭火控制器立即发出信号指令，打开该区启动钢瓶，瓶中高压氮气分为两路，一路经气路单向阀打开该区选择阀，一路直接打开灭火剂储瓶组，施行该防护区灭火，备用启动钢瓶与备用灭火剂储瓶组的气动启动原理同上，主、备用瓶组的切换在灭火控制器上进行。

(2) 电启动。当保护区内两探测器同时发出火灾信号，自动灭火控制器立即发出电信指令，使钢瓶分盘按预先给定的组合分配方式，电启动瓶头阀及对应的选择阀，实施自动灭火。钢瓶分盘用来通过电气原理，实现各区灭火的钢瓶的组合分配方式，并具有接线端子箱的功能，在钢瓶分盘上设有主、备钢瓶的转换开关。

(3) 电气手动启动。将灭火控制柜面板上启动方式转换开关置于半自动位置，手动按动灭火系统启动按钮，使相应保护区的选择阀及灭火剂储瓶组瓶头阀打开，便可实施电气手动启动灭火功能，其优点是，可根据火灾现场及人员撤退情况，适时释放灭火剂。

(4)应急机械手动启动。当电启动、气动启动及电气手动启动功能失效时，工作人员可在设备现场实施应急手动，以打开相应保护区域的选择阀及瓶头阀，进行灭火。

紧急启动切断盒用于被保护区现场，人为应急启动灭火系统或停止灭火系统的启动。

3. 安全要求

防护区内应设火灾声报警器，必要时可增设光报警器。防护区的入口处应设光报警器，报警时间不宜小于灭火时间过程所需的时间，并应能手动切断报警信号。防护区入口处设灭火系统防护标志和喷放指示灯。

6.1.8 机房屏蔽系统

数据中心机房的电磁屏蔽应根据机房内设备工作的性能和安全的要求来选择。一般有以下三种方法：屏蔽机房、屏蔽工作间、设备专项屏蔽。屏蔽机房是为了保障国家和部门的政治、经济、军事上的安全，需要用屏蔽的手段来防止计算机泄密。屏蔽工作间是为了保密和防止减少电磁场的干扰，在局部范围内采取的屏蔽手段。设备专项屏蔽通常是专门为设备调试或安全运行准备的屏蔽场所，产品形式有屏蔽机柜等。屏蔽机房示意图如图 6-7 所示。

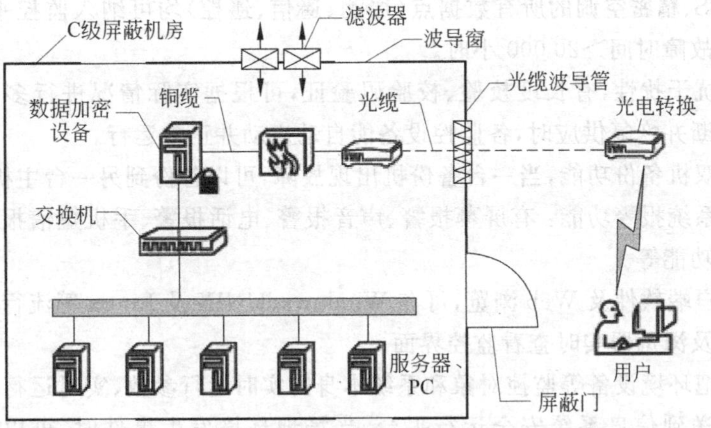

图 6-7 屏蔽机房示意图

数据中心机房固态电磁屏蔽工程一般有三种形式，即焊接式电磁屏蔽壳体、装配式电磁屏蔽壳体和薄膜屏蔽，还有多层屏蔽体。

(1) 焊接式电磁屏蔽壳体是按设计将预加工的单元金属板块在机房内焊接成整体，形成电磁屏蔽壳体。装配式电磁屏蔽壳体是预先将屏蔽壳体制成组件，在机房内进行组装成整体，形成电磁屏蔽壳体。

(2) 薄膜屏蔽是一种金属膜附着在一支撑金属膜结构上，而不是靠金属膜本身之支撑力，以金属薄腊抵挡电磁场的干扰。

(3) 多层屏蔽是将屏蔽面作成多层，表面与金属之间留很小的空间，而不是紧密地接触在一起，在很小的空间中充满空气或其他电介质，多层屏蔽能起到很好的屏蔽效果。

6.2 机房环境监测系统

目前对于机房管理的重点都集中在防黑客或非法入侵、计算机病毒、网络故障、数据备份等方面，往往忽略了机房的环境变化，可能致使产生不可预见的后果，如机房的温度、湿度过高、电力系统不稳定、机房安全措施不完善等，造成的隐患/故障而引发的机房事故，导致不必要的经济损失。

科学的管理才能保证机房内的网络和计算机等重要设备长期、可靠、稳定地运行。机房集中监控系统是管理机房的不可或缺的重要工具。环境监测系统的主要监控对象包括

UPS系统、供配电系统、空调系统、漏水检测系统、温湿度检测系统、新风系统、消防系统等。

6.2.1 功能要求

(1) 严格按照机房建设有关技术防范的规定建设实施，采用高标准的监控系统设计原则，系统采用嵌入式监控系统，可在恶劣环境下连续工作。

(2) 应采用模块化结构，具有功能完备、稳定可靠、中文界面、可组态、多级组网结构、远程升级维护及操作简单等特点。

(3) 必须对于各类智能设备通信协议具有专业的解码能力，要对智能设备解码100%的完整性，对UPS、精密空调的所有数据点(遥测、遥信、遥控)均可纳入监控平台。监控整个系统的平均无故障时间>20 000小时。

(4) 具备抗干扰性，有长度校验、校验码验证，可根据实际情况进行多次确认才报警。当供电意外中断并恢复供应时，各监控设备能自动启动并正常运行。

(5) 具有双机备份功能，当一台备份机出现故障，可以备份到另一台主机上。

(6) 监控系统报警功能：有屏幕报警、声音报警、电话报警、手机短信报警、电子邮件报警及电话查询功能等。

(7) 有客户端软件及Web浏览，可在Windows、UNIX及Linux等流行操作系统上，通过客户端软件及浏览器实时查看监控界面。

(8) 可以把环境设备等监控对象和系统本身的实时运行参数、实时运行状态、报表及事件日志数据发送到信息系统安全运行平台，当场地环境发生事件时，可以通过Socket或SNMP Trap方式通知信息系统安全运行平台。

(9) 内嵌OPC Server及SNMP Agent。可集成门禁、安防、视频等其他系统。

(10) 场地环境信息的采集、控制及报警系统，必须具备不受病毒感染、多级授权、授权数据加密等功能。

(11) 系统支持各式各样的UPS、空调、电量仪、门禁、消防监控主机、云台等设备直接监控；提供开放式接口，提供与其他系统进行数据交换的接口。

(12) 数据表内容刷新时间<1s，设备的监控情况及事件日志存储到数据库时间<1s。

6.2.2 系统组成

整个系统主要由机房监控单元、现场设备采集层、远程浏览站组成。

(1) 机房监控单元。实时采集设备的各种信息，进行本地数据处理及存储。

(2) 现场设备采集层。实时采集供配电、UPS、空调、漏水、温湿度、消防以及服务器和网络设备等现场信号，将采集的信号经过分析、处理以后，直接传送到机房监控单元。

(3) 远程浏览站。远程浏览站的主要功能是通过网络在远程主机上以浏览器的方式进行浏览。监控中心的管理服务器和现场的嵌入式服务器均支持浏览器。从而便于管理人员随时随地了解机房的实际工作状况，实现管控一体化，在远程的管理人员可以通过浏览器，直接观看监控画面，并且该监控画面与监控中心管理服务器和各现场嵌入式服务器保持一致，通过该界面远程监控设备的运行状况。

系统由监控主机、网络、智能模块、协议转换模块、信号处理模块、多设备驱动卡及智能设备等组成。为了增强系统的功能,用户可根据需要选择配置多媒体声卡、智能电话语音卡、短信报警模块、视频卡等设备。

常见的机房环境监控系统结构如图 6-8 所示,监控主机设置可放置在值班室/保安室或机房内,值班人员可查看各环境运行状况、获取报警信息,通过监控主机实现。管理人员亦可通过对监控主机的 Web 浏览监控到环境的实时情况。

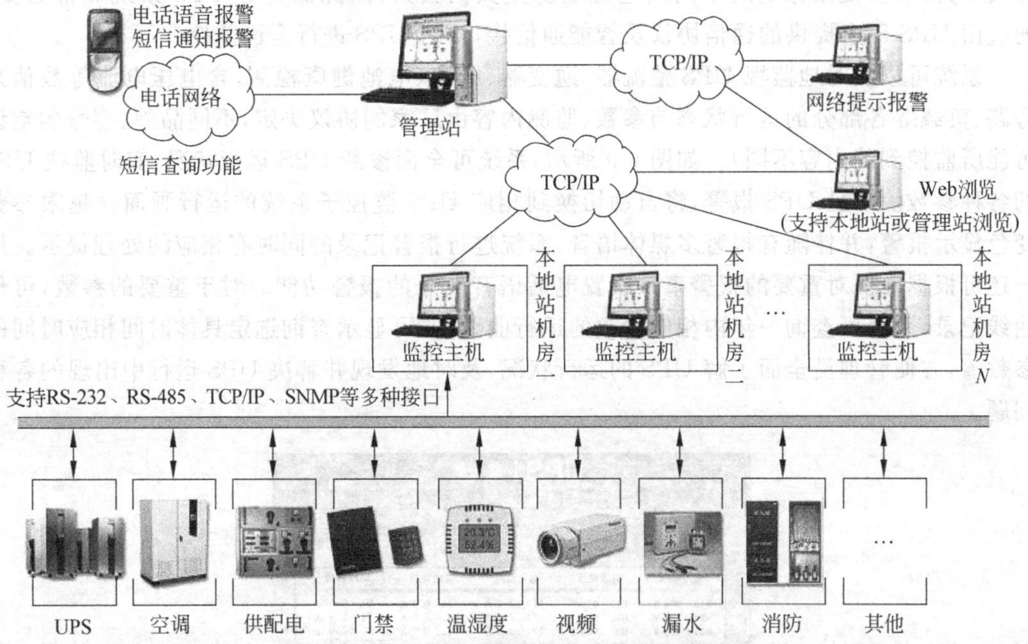

图 6-8 机房环境监测系统结构图

6.2.3 报警方式

系统提供多种报警方式,包括现场声音、短消息、电话报警和网络报警等。一旦发现异常事件,系统即自动执行预定的控制策略,同时启动报警,报警可以有几种方式,如报警窗口、语音提示、电话语音、短信等。使用时,可以选择其中一种或多种报警;当有多个报警同时发生时,系统通过事件等级对报警事件进行排队,并逐一报警,其中的电话号码、手机号码等由用户设置。

报警具备灵活定义功能,可以分别设置设备的报警方式以及相关管理人员,比如可以设定以下报警方式:精密空调故障通过电话语音方式通知精密空调管理人员,而 UPS 报警可通过手机短信方式通知 UPS 维护人员。这种方式大大增加管理的灵活度。

管理人员可打开浏览器查看报警设备的具体参数和状态,从而做出相应的决定。在报警时系统同时提供专家处理意见,如果发生故障,而维护人员又不能及时赶到处理故障,则为了最大程度地减少客户的损失,在发生报警的同时提供专家处理意见,将用户的损失减小到最少。

6.2.4　系统的实现

1. UPS及电池检测系统

UPS是机房中提供稳定电源的关键设备。机房中许多设备如服务器、小型机、路由器等设备，都需要使用稳定的不间断电源以防止数据丢失，因此监管好UPS系统非常必要。通过由UPS厂家提供的通信协议及智能通信接口，对UPS进行全面监控。

系统可以实时地监视UPS整流器、逆变器、电池(电池健康检测，含电压电流等数值)、旁路、负载等各部分的运行状态与参数(监测内容由厂家的协议决定，不同品牌、型号的空调可能所监控到的内容不同)。如图6-9所示，系统可全面诊断UPS运行状况，实时监视UPS的各种参数。一旦UPS报警，将自动切换到相应UPS监控子系统的运行画面。越限参数变色显示报警，并伴随有报警多媒体语音，系统进行报警记录的同时有相应的处理提示。用户还可根据需要对重要的报警事件设置电话语音拨号的报警功能。对于重要的参数，可作曲线记录，系统可查询一年内相应参数的运行曲线，并可显示查询选定具体时间相应时间的参数值，方便管理员全面了解UPS的运行状况，及时地发现并解决UPS运行中出现的各种问题。

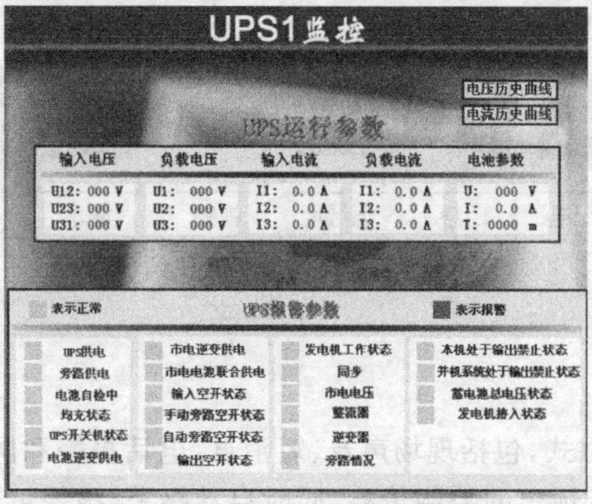

图6-9　UPS及电池监测

为了保证UPS的正常运行，避免出现误操作，一般来说机房监测系统不对UPS进行控制操作。

2. 精密空调系统监控

通过空调自带智能通信接口，如图6-10所示，系统可实时、全面诊断空调状况，监控空调各部件(压缩机、风机、加热器、加湿器、去湿器、滤网等)的运行状态与参数，并可远程修改空调设置参数(温度与湿度)，实现空调的远程开关机。一旦监测到有报警或参数越限，将自动切换到相关的运行画面。越限参数将变色，并伴随有报警声音，有相应的处理提示，及相关处理提示。对重要参数，可作曲线记录，用户可通过曲线记录直观地看到空调机组的运行品质。空调机组即使有微小的故障，也可以通过系统检测出来，及时采取步骤防止空调机组进一步损坏。对严重的故障,可按用户要求加设各种报警方式实现多种报警。

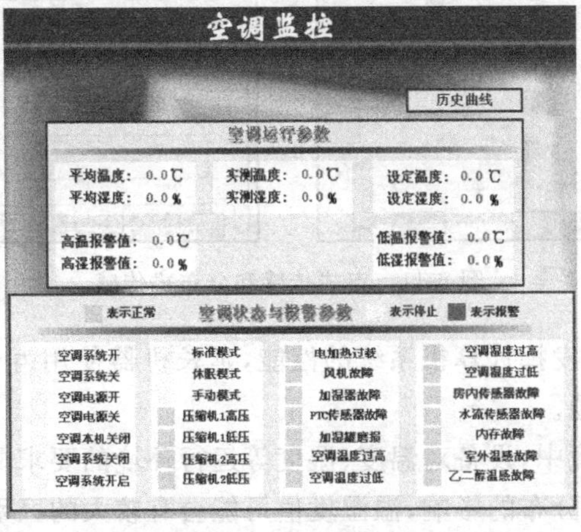

图 6-10　精密空调监控

机房精密空调一般提供控制功能。在权限范围内,可对空调进行远程开机、关机、温湿度的上下限设定等操作。实际的参数、状态和控制功能以协议为准。

相应参数:回风温度、回风湿度、回风温度上限、回风湿度上限、回风温度下限、回风湿度下限、温度设定值、湿度设定值、空调运行状态、压缩机运行时间、乙二醇运行时间、加热百分比、制冷百分比、加热器运行状态、制冷器运行状态、除湿器运行状态、加湿器运行状态、温湿度变化曲线图、压缩机高压报警、压缩机低压报警、空调漏水报警、温湿度过高报警、温湿度过低报警、加湿器故障报警、主风扇过载报警、加湿器缺水报警、滤网堵塞报警等。

3. 漏水监控系统

机房内有潜在的漏水水源,如空调机组的冲洗水回路、排水管等。由于环境区地上强电、弱电、地线、电缆纵横交错,如不慎发生漏水,不及时发现并清除,后果将不堪设想。正因为环境漏水危害大,又不容易发现,对环境内的漏水状态进行实时的检测是十分必要的。

目前,泄漏检测主要有两种方式:点式传感和分布式传感。点式传感决定于环境情况及传感点的分布,泄漏可能扩散非常大,其可靠性得不到保障。分布式传感即用特种绳将水源包围,可以真正意义上做到防患于未然,把泄漏危害降低到最低程度。推荐用户采用分布式传感检测系统。

两者比较如图 6-11 所示。

机房内安装绳式漏水检测设备本身包括漏水控制器、漏水感应线及其他辅助设备,系统可检测感应线上任何点的漏水位置。感应线缆为高分子感应材料制成,抗腐蚀、抗酸碱。系统功能完善,并具有对感应线断线报警功能。对漏水检测绳及控制器进行维护后,可继续使用。

4. 温湿度监测系统

对于环境内精密的电子设备,其正常运行对环境温湿度有比较高的要求。计算机环境

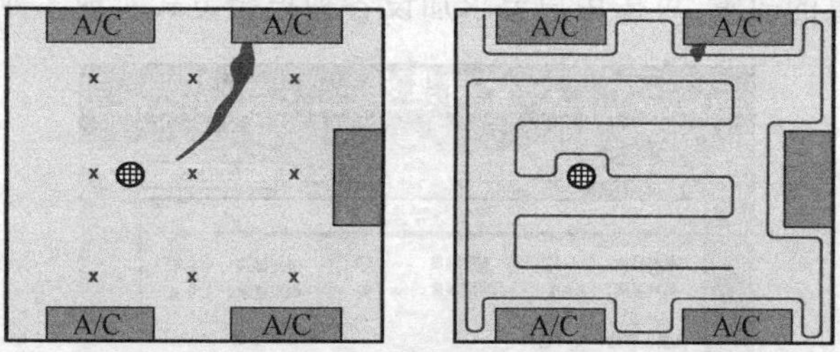

图 6-11 点式传感和分布式传感

环境条件的好坏，对充分发挥计算机系统的性能，延长机器使用寿命、确保数据安全性以及准确性是非常重要的问题。

在重要的计算机环境中，设备对温度、湿度等运行环境的要求非常严格。对于面积较大的环境，由于气流及设备分布的影响，温湿度值可能会有较大的区别。所以应根据环境实际面积在环境加装若干个温湿度传感器，以实时客观检测环境内的温度、湿度。温湿度一体化传感器将把检测到的温湿度值实时传送到监控主机中，并在监控界面上以如图 6-12(a)所示的图形形式直观地表现出来。

管理员可实时了解环境各点的实际温湿度值，一旦环境内实际温湿度值越限，系统将自动弹出报警框并触发语音报警，提示管理员通过调节送风口的位置、数量，设定空调的运行温湿度值，尽可能让环境各点的温湿度趋向合理，确保环境设备的安全正常运行。

系统还可以将一段时间内环境里的温湿度值通过历史曲线直观地表现出来，以方便管理人员事后进行分析查看，为今后管理提供依据。

5. 供配电监测系统

机房区所有供电电源的质量好坏将直接影响机房设备的安全，因此对市电监测非常重要。通过智能电量仪通信接口检测各路配电的参数及状态，具体参数状态视通信协议而定。

智能电量仪检测的模拟量主要有输入相电压、输出相电压、输入相电流、输出相电流、输出频率、系统负载等。该表带有报警功能和智能通信接口，也可单独使用。当发生断电或缺相时系统会自动报警。供配电监控系统监控界面如图 6-12(b)所示。

6. 新风检测系统

通过机房新风系统提供接点信号，检测新风系统工作情况，正常时无报警信息，一旦有报警发生(如新风停止)，由新风系统给出的干接点报警信号，通过开关量模块，将干接点变化信号经过处理后送到监控主机发出报警，即可达到实时监测机房新风情况。

7. 消防检测系统

通过机房消防系统提供接点信号，检测消防系统工作情况，正常时无报警信息，一旦有报警发生，由消防主机给出的干接点报警信号，通过开关量模块，将干接点变化信号经过处理后送到监控主机发出报警，即可达到实时监测机房消防情况。

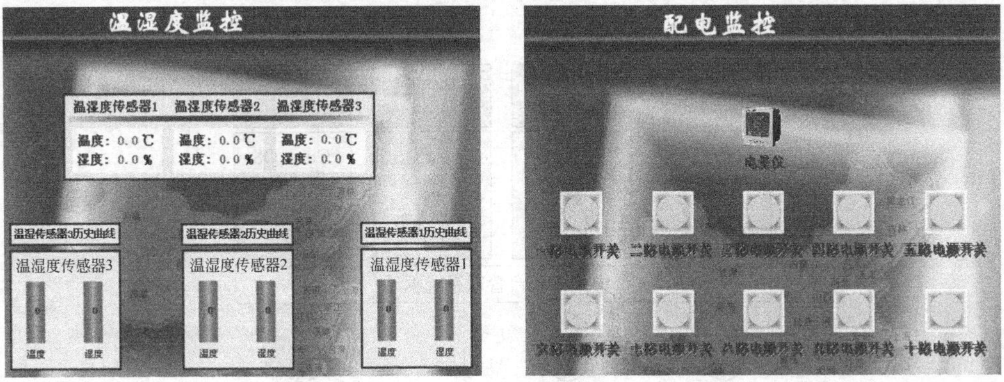

(a) (b)

图 6-12 温湿度监控和供配电检测

6.3 服务器虚拟化

关于服务器虚拟化的概念，各家有不同的定义，其核心思想是一致的。即它是一种方法，能够通过区分资源的优先次序，并随时随地能自动将服务器资源分配给最需要它们的工作负载，来简化管理和提高效率，从而减少为单个工作单位的负载峰值或储备的资源。

6.3.1 服务器虚拟化的好处

随着时代的发展和业务变化，数据中心基础设施会因新增加的应用和计划外的增长变得复杂，每次当面临新需求、新应用时，就会增加一批服务器，从而需要更多的空间、电源、散热、网络接口、数据存储以及管理员工。服务器数量蔓延，规模日益庞大，导致IT成本难以控制。而现有大部分服务器的利用率低，只有5%～10%；数据中心基础架构对业务需求反应不够灵敏，不能有效地调配系统资源适应业务需求。具体来说，传统数据中心基础架构面临的问题如表6-1所示。

表 6-1 传统数据中心基础架构存在的问题

缺点	解释
总体拥有成本高	服务器数量增多，直接带来采购成本的增加。数据中心的复杂度不断提高，难于管理，导致管理成本增加。运行成本增加，包括机房空间、机柜、电源及冷却系统耗电等
服务器利用率低	服务器都是单机运行，有些服务器工作负载很重，而有些服务器工作负载很轻，服务器资源不能被合理、有效利用
缺乏灵活性	安装、部署新服务器、存储和应用的时间长，不能灵活快速地对新的业务需求做出响应
缺乏可管理性	服务器分布式部署，系统架构复杂，难于进行集中管理。硬件维护需要数小时，维护前还需要进行数天甚至数周的变更管理准备
兼容性差	系统和应用迁移到新的硬件平台无法与旧系统兼容
高可用性问题	当服务器或核心业务升级时，业务和服务器不得不停机，无法保证24小时运行

虚拟化示意如图 6-13 所示。

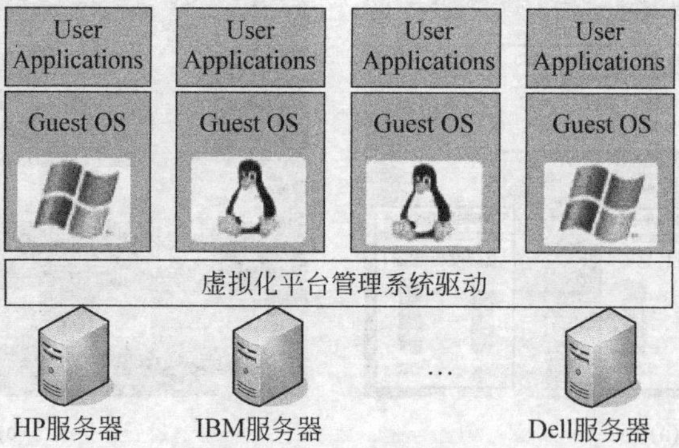

图 6-13 虚拟化示意

通过将服务器资源分配到多个虚拟机，虚拟化技术可以实现不同应用、不同操作系统在同一企业级服务器上同时运行。每个虚拟机犹如一台独立的服务器，但实际上在同一台物理服务器上运行。这样能够提高服务器使用率，并减少了需要管理和维护的服务器数量。当应用需求增加时，可以迅速创建更多的虚拟机；从而无须增加物理服务器，即可灵活地响应不断变化的 IT 系统需求。此外还可以在服务器之间迁移正在运行的虚拟机，保持服务的高可用性。

虚拟化打破了数据中心、服务器、存储、网络、数据和应用中的物理设备障碍，降低动态基础架构的总体拥有成本，提高弹性和灵活性。实施服务器虚拟化可以有效解决上述问题，有助于提高资源利用率和降低管理维护的费用。

1. 总拥有成本(TCO)的整合与降低

借助虚拟化，一个硬件平台可以运行不同操作系统的多个任务，其中每个任务均在自己的隔离区(虚拟机)内运行，并共享对硬件资源的访问。采用服务器虚拟化技术，用户可以将自己的多个应用系统整合至一个硬件平台中，大大降低需要投入的软件、硬件、维护等成本。

2. 工作效率提高

升级和更新软件是企业网管员最常做的一项重要任务。虚拟化可提高开发人员和质量保证人员的工作效率。系统管理人员可以通过在隔离的虚拟机上执行测试来缩短停机时间和周转时间。如果没有可靠的虚拟化解决方案，则发生故障的内核组件可能导致需要重新安装或重建操作系统。

3. 业务系统可靠性提高

虚拟化技术将大大提高了业务系统的服务可用性。在实施虚拟化技术之前，如果服务器发生硬件故障，通常要停用 1～2 天的时间来进行硬件更换。如果运行虚拟系统的服务器发生硬件故障，只需要将备份好的虚拟服务器的配置文件和虚拟硬盘镜像文件还原到新的服务器上，并恢复最近一次数据备份，就可以恢复业务系统的正常使用。

4. 系统升级、迁移，平滑过渡

某些用户以前的服务器面临过保报废，希望新购的服务器能够支持只能运行于老旧的操作系统平台的应用且完全兼容。使用服务器虚拟化解决方案，能够在体会新一代服务器硬件优越性能的同时，低成本、高效率地满足多操作系统异构平台的应用整合，并实现原有操作系统和应用系统到新系统体系的平滑迁移。

6.3.2 寄居架构和裸金属架构

当前服务器虚拟化主要产品有 VMware、Hyper-V 和 Linux KVM。其中 Microsoft 的 Hyper-V 与 VMware 的 ESX Server 都是行业中的龙头。虚拟基础结构简化了 IT，它使各个公司可以利用自己的存储、网络和计算资源来控制成本，并提高响应速度。通过虚拟基础架构进行 IT 管理的方法，脱离物理 IT 基础架构来创建虚拟服务，使管理员能够快速将这些虚拟资源分配到最需要它们的业务单元。

硬件管理完全独立于软件管理，硬件设备可以视为一个单独的处理器、存储硬盘或内存，可以将它随时分配给各个软件服务，也可以从软件服务取消分配。在虚拟基础架构中，管理员可以从全局角度管理和优化资源，用户则可以将资源视为自己的专用资源。通过虚拟基础架构体系结构能够通过提高效率、增加灵活性和加快响应速度来降低 IT 成本。通过管理虚拟基础架构，IT 部门能够快速将资源与业务需求相联系，并对其进行管理。

虚拟化架构分为寄居架构（Hosted Architecture）和裸金属架构（Bare Metal Architecture）。前者依赖于主机操作系统对设备的支持和物力资源的管理；而后者仅依赖虚拟层内核，直接构架在硬件上，并且还有一个代理和控制应用的服务控制台。

寄居架构虚拟化指的是在操作系统的层面之上进行虚拟机的划分，比方说服务器主机的操作系统是 Windows Server，如果使用了寄居架构的虚拟化，那么就要先在计算机上安装 Windows，然后在 Windows 上安装一个虚拟化系统，进而通过在这个虚拟化系统上进行配置，来实现虚拟机的划分。这类虚拟化的底层是操作系统，虽然虚拟机之间相对独立，但是当底层的操作系统出现了问题，那么所有的虚拟机也会出现问题。

而裸金属架构虚拟化是在计算机硬件上直接进行虚拟化，这类虚拟化系统是架设在计算机硬件和操作系统之间的虚拟化，通过裸金属架构的虚拟化，计算机硬件可以直接被切割成若干的虚拟机，然后在这些虚拟机上面再进行各自的系统和应用程序的安装，这样一来，虚拟机的底层是虚拟出来的 CPU、内存等计算机硬件资源，而不是操作系统，虚拟机之间便会实现完全的独立。

VMware 的寄居架构和裸金属架构如图 6-14 所示。

Hyper-V 和 ESX 都是裸金属架构，但 Hyper-V 的内核只包含了进程管理，内存管理和进程通信，其他的都是通过 Windows 的用户模式进行。ESX 内核还包含了应用、网络管理等。简单地说，Hyper-V 就是一个虚拟化层加 Windows 虚拟机，ESX 则是虚拟层加 Linux 管理工具（其他管理工具），本质上是裁剪并替换优化了部分操作系统内核，特别是虚拟化及管理部分。

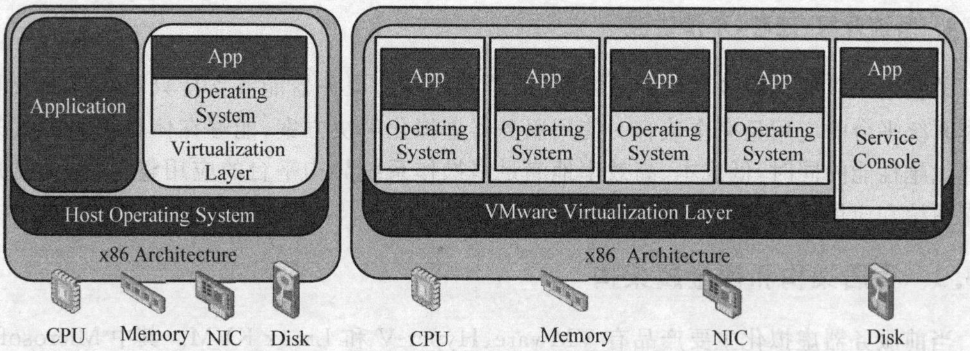

图 6-14 VMware 的寄居架构和裸金属架构

6.3.3 服务器虚拟化特性

服务器虚拟化架构具有如下特性。

(1) 分区。分区意味着虚拟化层为多个虚拟机划分服务器资源的能力；每个虚拟机可以同时运行一个单独的操作系统(相同或不同的操作系统)，使得能够在一台服务器上运行多个应用程序；每个操作系统只能看到虚拟化层为其提供的"虚拟硬件"(虚拟网卡、SCSI 卡等)，以使它认为它是运行在自己的专用服务器上。通过分区特性，在一个物理系统中可以支持多个应用程序和操作系统，计算资源被视为以可控方式分配给虚拟机的统一池。提高了利用率，减少了服务器数量。

(2) 隔离。虚拟机互相独立地运行，由于这种隔离，使得可以在单一机器上同时运行多个负载/应用程序/操作系统，而不会出现传统 x86 服务器体系结构的局限性的那些问题(应用程序冲突、DLL Hell 等)。①一个虚拟机的崩溃或故障(例如，操作系统故障、应用程序崩溃、驱动程序故障等)不会影响同一服务器上的其他虚拟机；②一个虚拟机中的病毒、蠕虫等与其他虚拟机相隔离；③虚拟机之间不会泄露数据，而且应用程序只能通过配置的网络连接进行通信；④高级服务器虚拟化产品中可以进行资源控制以提供性能隔离，可以为每个虚拟机指定最小和最大资源使用量，以确保某个虚拟机不会占用所有的资源而使得同一系统中的其他虚拟机无资源可用。

(3) 封装。完整的虚拟机环境(硬件配置、BIOS 配置、内存状态、磁盘状态、I/O 设备状态、CPU 状态)保存为单个文件；便于进行备份、移动和复制，为应用程序提供标准化的虚拟硬件，可保证兼容性，所有与虚拟机相关的内容都存储在文件中，只需复制几个文件就可以随时随地根据需要复制、保存和移动虚拟机。特性应用如下：①服务器资源调配类似于复制文件；②服务器迁移现在类似于数据迁移，不是搬动物理服务器；③备份和恢复；④数据管理技术可用于服务器管理(服务器克隆/拷贝、版本控制、服务器存档、远程镜像)；⑤数据生命周期管理，分层存储。

(4) 硬件独立。虚拟机相对于硬件是独立的。因为虚拟化层从操作系统和应用程序中抽取硬件，运行于虚拟化层之上，所以虚拟机只能看到虚拟化层提供的虚拟硬件，虚拟硬件不必考虑物理服务器的情况。这样，虚拟机就可以在任何 x86 服务器上运行而无须进行任何修改。这打破了操作系统和硬件以及应用程序和操作系统/硬件之间的约束,所以虚拟机不在乎实际硬件是什么,从而达到相对于硬件独立。从而虚拟机的部署可以任意选择硬件,不会锁定硬件厂商,迁移、恢复时也可以到不同的硬件。

6.3.4 VPS主机租用服务

虚拟专用服务器(Virtual Private Server,VPS)主机是利用虚拟服务器软件(如Microsoft的Virtual Server、VMware的ESX Server、SWsoft的Virtuozzo)在一台物理服务器上创建多个相互隔离的小服务器。Virtuozzo的主机逻辑结构如图6-15所示。

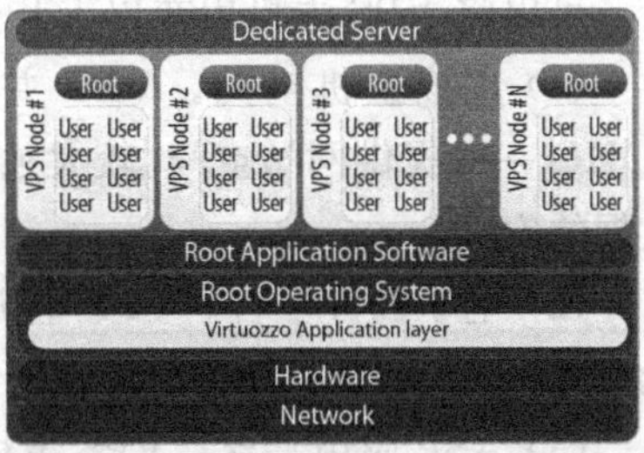

图6-15 Virtuzzo主机逻辑结构

虚拟专用服务器确保所有资源为用户独享,给用户最高的服务品质保证,让用户以虚拟主机的价格享受到独立主机的服务品质,即每个VPS都可分配独立公网IP地址、独立操作系统、独立空间、独立内存、独立CPU资源、独立执行程序和独立系统配置等,VPS用户除了可以二次分配为多个虚拟主机之外,更具有独立服务器功能,可自行安装程序,单独重启服务器。

服务器合租让很多虚拟主机客户感觉越来越不满足,VPS以其简单的管理、低廉的价格、从满足客户角度出发顺应了时代潮流,越来越受到企业用户以及个人用户的欢迎。

1. 技术特色

VPS主机是一项服务器虚拟化和自动化技术,这些VPS主机以最大化的效率共享硬件、软件许可证以及管理资源。每一个VPS主机均可独立进行重启,并拥有自己的administrator (root)访问权限、用户、IP地址、内存、过程、文件、应用程序、系统函数库以及配置文件。

VPS主机特色包括如下。

(1) 用户间彼此隔离,直接控制VPS。对VPS全面控制,可运行任意应用软件、创建任意定制的配置。

(2) 高安全性。更高的安全性同时意味着更高的服务可靠性。

(3) 资源控制和峰值性。确保用户得到更高水平的服务和资源。允许峰值性使用闲置的服务器资源,提供了一个优于独立低端服务器水平的服务。

(4) 模板和应用程序套件。获得新的应用操作系统和应用软件能及时更新,降低安全风险。

(5) 轻松迁移。进行升级和迁移时无须停止服务。服务商可满足从低到高几乎全部主机服务的需求。

(6) 备份和恢复。具有备份和恢复功能。许多的VPS租用服务方案都包括了为用户进行备份的空间。

2. VPS 主机用途

VPS 虚拟服务器技术可以通过多种不同的方式灵活地分配服务器资源，每个虚拟化服务器的资源都可以有很大的不同，可以满足各种用户的需求。通过在一台服务器上创建 10～20 个 VPS 主机(要看宿主机的具体配置)，可以确保每一个虚拟主机的用户独享 VPS 资源，其运行和管理完全和独立主机相同。VPS 主机可以为高端用户提供安全、可靠、高品质的主机服务。

可以将 VPS 主机用在以下几个方面。

(1) 虚拟主机空间。VPS 主机非常适合为中小企业、小型门户网站、个人工作室、SOHO 一族提供网站空间，较大独享资源，安全可靠的隔离保证了用户对于资源的使用和数据的安全。

(2) 电子商务平台。VPS 主机与独立服务器的运行完全相同，中小型服务商可以以较低成本，通过虚拟主机建立自己的电子商务、在线交易平台。

(3) ASP 应用平台。VPS 主机特有的应用程序模板，可以快速地进行批量部署，再加上独立主机的品质和极低的成本，是中小型企业进行应用服务提供商(Application Service Provider，ASP)应用的首选平台。

(4) 数据共享平台。完全的安全隔离，使得中小企业、专业门户网站可以使用 VPS 主机提供数据共享、数据下载服务。对于大型企业来说，可以作为部门级应用平台。

(5) 在线游戏平台。低廉的价格、优秀的品质、独享的资源使得 VPS 主机可以作为在线游戏服务器，为广大的 Internet 用户提供游戏服务。

6.4 存储虚拟化

数据已成为各行业信息系统的核心部分，数据存储系统的建设正受到前所未有的重视。利用目前先进的存储虚拟化技术，建立整合、统一、标准、共享的数据资源存储平台，能够有效管理庞大、繁多、复杂的数据及相关的设备，提高资源利用率，并建立起全面的数据安全保障体系。

6.4.1 存储虚拟化的用途

为什么需要将存储资源虚拟化起来呢？它有如下重要用途。

(1) 支持服务器虚拟化和高可用。存储虚拟化提供的共享存储，让虚拟机之间做迁移和负载均衡时不需要在存储系统之间迁移数据，同时也简化了动态虚拟化环境下存储资源的优化。共享存储池支持虚拟机集群技术以实现虚拟机的高可用，也就是在检测到错误时自动切换并能快速重启虚拟机。同样，共享存储池也支持物理服务器上关键应用程序的高可用，也就是手动切换存储系统并能支持应用程序的集群技术。

(2) 简化管理。从管理的角度来看，与管理服务器直连存储相比，一个大的共享存储意味着更少的管理工作。当需要扩展现有存储或者在存储系统之间迁移数据的时候，存储虚拟化能够提供无干扰的存储空间扩容。越大的磁盘阵列越发拥有更好的管理工具，从而能更简化给服务器分配存储这类日常工作，减少管理员的工作量。

(3) 存储资源整合和分级存储。尤其是在 NAS 设备上，存储虚拟化可以被用来整合存储和对存储资源进行重复利用。例如，越来越多的对性能要求很高的数据会被迁移到更新的磁盘阵列上，而旧的磁盘阵列作为二级存储则被用来存放备份数据。很多存储设备和虚拟化设备也有存储分级功能，能够实现这样的数据分层存储。

(4) 简化数据保护和灾难恢复。存储虚拟化技术能够帮助数据在本地和异地直接复制以实现灾难恢复，很多存储虚拟化解决方案自带了远程异步复制功能。

(5) 易于部署。数据块级别虚拟化通常实现方式有三种。它可以是运行在操作系统管理程序上的软件，也可以是和 DAS 直连的虚拟机或者应用服务器，还可以是运行在磁盘阵列控制器上的软件。

6.4.2 三种实现方式

存储网络工业协会(Storage Networking Industry Association，SNIA)对存储虚拟化技术是这样定义的：通过将一个或多个目标服务或功能与其他附加的功能集成，统一提供有用的全面功能服务。

存储虚拟化技术将底层存储设备进行抽象化统一管理，向服务器层屏蔽存储设备硬件的特殊性，而只保留其统一的逻辑特性，从而实现了存储系统集中、统一而又方便的管理。对比一个计算机系统来说，整个存储系统中的虚拟存储部分就类似于计算机系统中的操作系统，对下层管理着各种特殊而具体的设备，而对上层则提供相对统一的运行环境和资源使用方式。

存储的虚拟化可以在三个不同的层面上实现，包括了基于专用卷管理软件在主机服务器上实现，或者利用阵列控制器的固件在磁盘阵列上实现，再或者利用专用的虚拟化引擎在存储网络上实现。

1. 基于主机的存储虚拟化技术

基于主机的存储虚拟化技术由主机操作系统下的逻辑卷管理软件在服务器上完成(安装客户端软件 Agent)，经过虚拟化的存储空间可以跨越多个异构的磁盘阵列。这种类型的虚拟化通常由主机操作系统下的逻辑卷管理软件实现，在大型机系统和 UNIX 服务器上已经有多年的广泛应用，在 Windows 操作系统上也提供类似的卷管理器。

由于控制软件是运行在主机上，这就会占用主机的处理时间，使得可扩充性较差，实际运行的性能不是很好。基于主机的方法也有可能影响到系统的稳定性和安全性，因为有可能导致不经意间越权访问到受保护的数据，并且一个主机的故障可能影响整个 SAN 系统中数据的完整性。软件控制的存储虚拟化还可能由于不同存储厂商软硬件的差异，而带来不必要的互操作性开销，所以灵活性也比较差。

但是，因为不需要任何附加硬件，基于主机的虚拟化方法最容易实现，其设备成本最低。使用这种方法的供应商趋向于成为存储管理领域的软件厂商，而且目前已经有成熟的软件产品。这些软件可以提供便于使用的图形接口，方便地用于 SAN 的管理和虚拟化，在主机和小型 SAN 结构中有着良好的负载平衡机制。从这个意义上看，基于主机的存储虚拟化是一种性价比不错的方法。如果信息系统规模较大，所使用的主机类型和应用软件种类较多，而且对系统性能和稳定性要求比较高，那么不适合使用基于主机的存储虚拟化技术。

2. 基于存储设备的存储虚拟化技术

当有多个主机服务器需要访问同一个磁盘阵列的时候，可以采用基于存储设备的存储虚拟化技术。此时虚拟化的工作是在存储设备的控制器上完成，通过在存储设备控制器中添加虚拟化功能，将一个存储设备（如磁盘阵列）上的存储容量划分为多个存储空间(LUN)，供不同的主机系统访问。

智能的存储设备控制器提供数据块级别的整合，同时还提供一些附加的功能，例如，LUN Masking、缓存、即时快照、数据复制等。在品牌单一的存储系统中这种方法较容易实现，只需和某个特定存储供应商的设备相协调，所以更容易管理，同时它对用户或管理人员都是透明的。

这种方法依赖于提供相关功能的存储模块。如果没有第三方的虚拟软件，基于存储的虚拟化经常只能提供一种不完全的存储虚拟化解决方案。对于包含多厂商存储设备的SAN存储系统，这种方法的运行效果并不是很好。依赖于存储供应商的功能模块将会在系统中排斥JBOD(Just a Bunch Of Disks，简单的硬盘组)和简单存储设备的使用，因为这些设备并没有提供存储虚拟化的功能。利用这种方法意味着最终将锁定某一家单独的存储供应商。

对于数据量较小、存储设备单一的情形，适合使用基于存储设备的存储虚拟化技术。而对于数据量大的单位，往往采用多种存储设备，并要求能进行跨设备、跨地域的数据共享和整合，因而不适合采用基于存储设备的存储虚拟化技术。

3. 基于存储网络的存储虚拟化技术

基于存储网络的存储虚拟化技术，通过在SAN中添加虚拟化引擎实现。虚拟化引擎是一个或多个独立的设备，对多个存储设备和数据进行管理，并向多台主机提供数据存储和访问的界面。

基于存储网络的虚拟化是近年存储行业的一个发展方向。与其他两种方式不同，基于存储网络的虚拟化功能是在SAN内部完成的，基于存储和基于主机的两种虚拟化方法的优点都可以在存储网络虚拟化上同时体现，它支持数据中心级的存储管理以及异构的主机系统和存储系统。

尽管基于主机和基于存储的方法不需要任何附加硬件，但对于异构存储系统和操作系统而言，系统的运行效果并不是很好。在网络端实施虚拟存储具有其合理性，因为它的实施介于主机和存储设备之间，可能是最“开放”的虚拟实施环境，最有可能支持任何的服务器、操作系统、应用和存储设备。它回避了一些安全性问题，存储虚拟化的功能较强，能减轻单一主机的负载，同时可获得很好的可扩充性。从技术上讲，在网络端实施虚拟存储的结构形式有两种，即对称式与非对称式虚拟存储。

基于互连设备的方法如果是对称的，那么控制信息和数据走在同一条通道上；如果是不对称的，控制信息和数据走在不同的路径上。在对称的方式下，互连设备可能成为瓶颈，但是多重设备管理和负载平衡机制可以减缓瓶颈的矛盾。同时,多重设备管理环境中,当一个设备发生故障时,也比较容易支持服务器实现故障接替。但是,这将产生多个 SAN 孤岛,因为一个设备仅控制与它所连接的存储系统。非对称式虚拟存储比对称式更具有可扩展性,因为数据和控制信息的路径是分离的。

如果信息系统数据量大,往往采用多种类型的主机和存储设备,并往往要求对其他系统进行数据共享和整合,那么适合采用基于存储网络的存储虚拟化技术。

6.4.3 高级特性

为了在性能上更好地搭配前端服务器的业务需求,并且用户可以在线进行存储扩展,在空间增长的同时性能将进一步提高,从而实现性能随着空间增长的线性提高,在存储虚拟化实现中有必要支持一些高级特性,包括存储聚合、网络 RAID、自动精简配置、数据快照与复制等。

1. 存储聚合

每个存储节点内部都配备独立的硬盘,这些硬盘受控于各自节点的控制器,由于每个控制器控制的空间有限,同时处理能力有限。因此,为了发挥虚拟化存储的优势,需要支持存储的聚合能力。通过存储聚合,将几个甚至几十个存储节点进行虚拟化的统一管理,形成一个大的存储池。存储池内的空间可以被任意地使用,用户可以根据实际需求进行空间划分。这样,原来只有一个控制器才能处理的数据将有几个或几十个控制器同时控制,存储性能将成倍提升,如图 6-16(a)所示。

2. 网络 RAID

为了提升用户数据的可靠性,需要支持一种基于网络进行的 RAID 数据保护,即用户数据可以跨越存储节点进行数据的同步复制,可以将某个空间的数据复制 2 份、3 份甚至 4 份。这样,即使用户的某些节点宕机,数据依然完整的存在,客户端可以进行正常的数据访问,如图 6-16(b)所示。

3. 自动精简配置

很多用户在初期购买存储设备时通常会预期购买一部分额外空间,这部分空间主要用于未来的数据增长。但数据的增长量随着业务的发展充满着不确定性,因此,用户往往为了存储空间的初始化配置头疼不已。存储管理系统需要提供功能强大的存储空间精简配置(Thin Provision),用户在系统初期只要分配很少的真实空间给应用系统,随着应用系统数据量的增长,精简配置工具会自动进行空间调整,从而避免了用户空间的浪费,降低了用户在磁盘上的过多投资,如图 6-17(a)所示。同样,通过精简配置可以大量降低用户日常的维护工作。

4. 数据快照与复制

随着用户数据量的暴涨,数据快照可以帮助用户减少数据备份的压力,如图 6-17(b)所

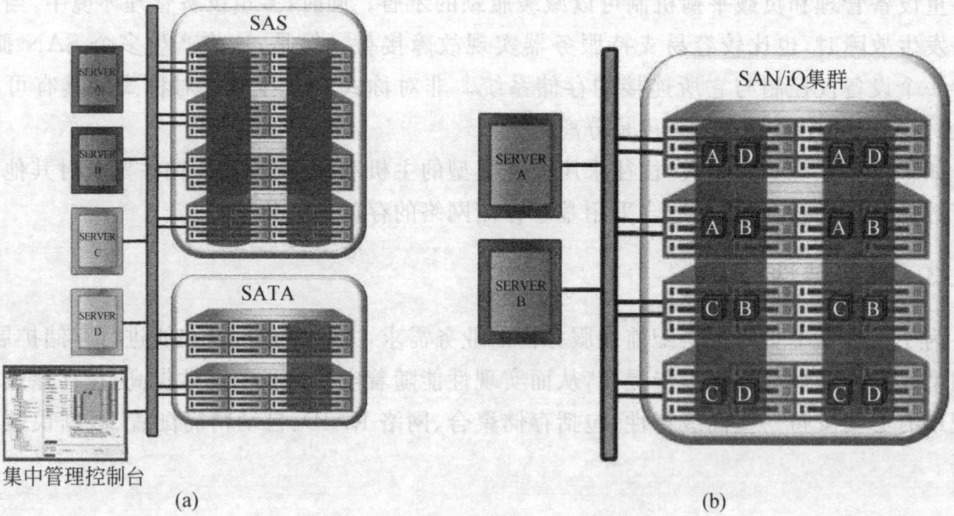

图 6-16 存储聚合和网络 RAID

示。可以达到基于分钟级的数据快照，因此，数据快照使得传统磁带或虚拟带库每日数据备份的周期骤然降低，用户在数据出现问题时的恢复能力将更强。

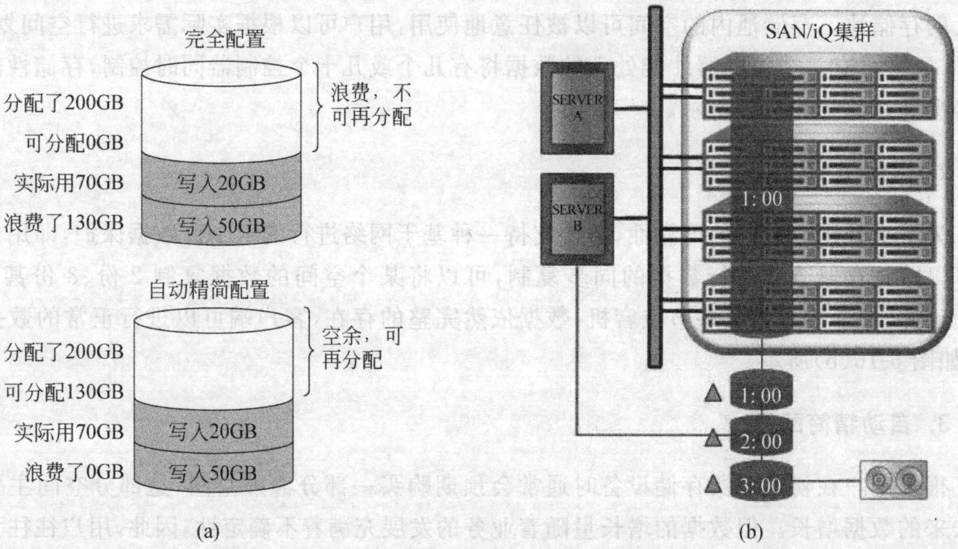

图 6-17 自动精简配置和快照复制

6.4.4 性能调优建议

服务器虚拟化将原本很多台服务器的工作负载集中到几台物理服务器中，而且这些物理服务器后端也只使用几台存储设备，这就意味着多台虚拟机会争抢存储资源，有可能产生严重的瓶颈问题。

对虚拟环境下的存储系统的管理是一项持续的挑战，它通常需要管理员同时具有服务器、虚拟化以及存储系统方面的知识和技能，从而支撑整个虚拟化系统良好运行。存储管理员需要更加有效地配置存储资源，以满足底层被虚拟化整合的基础架构。

下面有几条性能调优的建议，来帮助更好地管理虚拟环境中的存储系统。

(1) 了解存储负载情况。不同的虚拟服务器之间所产生的负载情况会有显著差异。如果完全不考虑它们对磁盘 I/O 方面的需求而随便将虚拟机放置到任何一台主机上，那么便可能会产生持续的瓶颈。根据某台虚拟机上运行的应用程序以及其他负载，应当可以估算出来这台虚拟机所耗费的大概磁盘 I/O 情况。这样就可以将有高磁盘 I/O 需求的虚拟机平衡地部署到所有的物理服务器以及存储资源之上。如果一台物理主机所承载的需要高磁盘 I/O 性能的虚拟机太多的话，那么可能就会造成这台主机底层的存储控制器超载。同样，多台具有高磁盘 I/O 需求的虚拟机如果共同访问单个存储系统或者 LUN 的话，那么就会造成性能瓶颈。

(2) 避免磁盘 I/O 过载。对运行在同一台物理机或者底层使用同一台存储设备的多个虚拟机，进行并行的备份任务时会产生大量的 I/O，从而导致运行于同一台物理机或者底层对应同一台存储设备的其他虚拟机运行缓慢。此时可以考虑一下那些支持 Server-Free 的备份软件，它们可以直接访问虚拟机底层对应的存储资源而无须通过前端主机，从而对前端主机运行不产生影响。对于一些计划任务(如病毒扫描以及补丁安装等)，尽量将所有任务平衡排列，进行任务优先级计划从而将这些操作平衡，以至于它们不会同时被触发。

(3) 避免不必要的 I/O 操作。如果根本不需要的话，就不要生成额外的磁盘 I/O，尽量尝试去限制虚拟服务器以及虚拟桌面生成磁盘 I/O。这包括禁用任何不需要的 Windows 服务、卸载不需要的应用程序、禁用文件索引、限制操作系统和应用程序的日志生成等。当然还有很多其他零零碎碎的可以调节的地方，这些细小的地方积累起来可以产生大量磁盘 I/O；如果消除它们，那么就可以大大降低额外不必要的磁盘 I/O 了。例如，可以使用 Active Directory 组策略来帮助控制和配置这些设置。这样的话，不仅可以降低虚拟机耗费的不必要的磁盘 I/O，而且还可以降低对其他系统资源的消耗。降低虚拟机耗费的磁盘 I/O 绝对是一个聪明之举，它可以让存储系统最为高效地运行。

(4) 有选择性地抛弃传统的一些方法。从物理环境迁移到虚拟环境，往往伴随着一些思想上的变化。比如对于备份、服务器部署、监控和管理等过程均会随着虚拟环境的部署而模样大变。那些为监控物理环境而编写的应用程序可能将变得不再对虚拟环境有效，因为这些程序根本无法感知处于硬件和 Guest 操作系统之间的虚拟层中的逻辑以及部件。

(5) 对存储数据流量进行优先级划分。对于一个承载多个虚拟机运行于其上的物理服务器，此时此刻这台服务器上的状况正犹如战国争雄一样，多个虚拟机会争抢这台物理服务器上有限的资源。极端情况下可能会发现，非关键的虚拟机影响了那些关键虚拟机对资源的控制和使用。为了避免这种情况的发生，可以考虑使用存储 I/O 控制，对特定的关键虚拟机或者虚拟机上的关键业务提供 QoS 保证。

6.5 模块化数据中心

数据中心基础设施的模块化建设是近年来非常热门的一个话题。尤其是随着云计算概念的出现，相关的讨论更是风起云涌，设备供应商、方案商、企业用户、灾备中心、外包商等方方面面都参与其中。下面介绍数据中心基础设施模块化建设的根本推动力，以及模块化的不同形式。

数据中心基础设施的业务价值是如何体现的？它取决于其所保护支撑的IT业务需求。随着数据中心整合、虚拟化，以及云计算趋势的不断深入，IT业务对于数据中心基础设施的需求日益明显地体现在以下方面：连续运行的高可用性、快速响应需求变化的灵活性以及在全生命周期内建设和运营的总成本(TCO)。如图6-18所示，要整体提升数据中心基础设施的业务价值，可以从三个方面入手。而数据中心基础设施的标准化建设是同时实现这三个目标的不二选择。

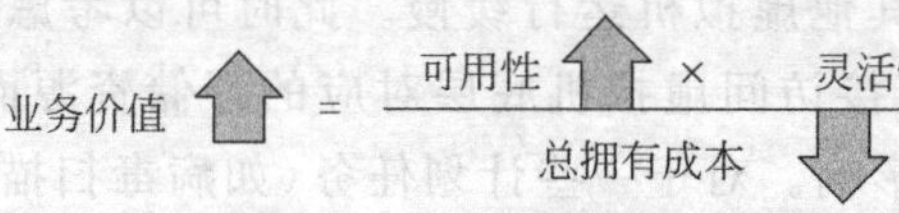

图6-18 数据中心业务价值需求

6.5.1 基础设施向标准化的转变

因为有了标准化，日常事务的许多基础设施已成了现代生活的一部分，事情变得更加便利、更可预测、更为经济、更易于理解以及更加安全。标准化遍及现代生活的每个角落，人们几乎注意不到它的存在。从驾驶汽车到更换电池，标准化无不隐藏在幕后：在购买灯泡时，知道它会与灯座完全匹配；在使用USB接口时，不会担心计算机不兼容。在某种程度上，标准化在许多行业已上升到一个全新的高度，成为一种富有创造性并具突出战略意义的企业哲学。

希望数据中心基础设施也同样如此，也能和许许多多成熟的基础设施一样，默默而可靠地发挥着自己的功能，甚至被人遗忘，但迄今为止这方面进展不甚理想。数据中心物理基础设施的建设从多方面而言仍停留在手工行业阶段：将来自不同供应商的、类型迥异的组件进行定制设计，在现场组合成一个独特的大型基础设施系统。现今全球数千个数据中心的基础设施呈现出令人惊讶的复杂性和不一致性。这就导致数据中心需要独特的诊断和维护，这既昂贵耗时，又对其他数据中心缺乏借鉴意义。

如今，数据中心基础设施的建设虽然受到广泛关注，但在某种程度上也反映了数据中心行业离标准化的差距，这对数据中心行业从业人员既是机遇，也是鞭策。可以预见的趋势是将标准化普遍应用于数据中心物理基础设施的设计、部署和运营当中，从而使得数据中心也像许多成熟的基础设施一样，默默地、可靠地工作于后台。

1. 实现标准化的途径是模块化

那么如何实现数据中心基础设施的标准化呢？在一个IT需求多变的环境中实现标准化的关键在于模块化，即预先设计、标准的构造模块可根据用户需求进行快速灵活的配置。模块化将完整的产品、系统或流程分成具备类似大小或功能的模块，然后根据需要对这些模块进行组装，以产生原始产品、系统或流程的各种变体组合。

模块无须完全相同，以积木为例，这些模块在某些方面相同，某些方面却不同。例如，其颜色、大小和形状各不相同，但连接方式和尺寸均采用标准形式，以便可以将积木(模块)组装成一个集成系统。不同的模块化系统可以根据所需的功能划分目标，定义模块之间相同元素、不同的元素的等级和数量。再举几个例子，可以将不同数量的电池(模块)进行组合，从而获得不同功率的电源；在IT设备中，将多个刀片式服务器和RAID阵列组合在一起获得不同数量的服务器或不同大小的存储容量，等等。

标准化给数据中心基础设施建设的方方面面都带来好处：占据物理空间的方式、功能，以及从初始设计与安装到翻新配置的不同生命周期。对于包含多个数据中心的较大IT运营而言，不仅在单个数据中心内部，还可以在多个数据中心之间实现标准化，从而进一步扩大标准化所带来的好处。如果不同数据中心尽可能多地采用同样的配置，例如，从相同的防雷规划到相同的UPS部件，那么，可以充分挖掘标准化在设计、安装、运营、维护、避免出错，以及成本方面蕴藏的巨大潜力。

2. 模块化如何提升数据中心基础设施的业务价值

要整体提高数据中心基础设施的业务价值，可以从提高可用性和灵活性，以及降低TCO三个方面入手。下面来看模块化是从哪些方面来实现这三个任务的。

(1) 提高可用性。影响可用性的因素有设备的可靠性、平均恢复时间(MTTR)和人为错误。

① 提升设备的可靠性。标准化的模块化组件可以量产，从而降低了生产缺陷。此外，采用标准化连接的模块化系统可以在工厂内进行配置预先测试以发现缺陷，确保后续现场安装的顺利。标准化的模块化组件也使得内部冗余以及热插拔更换功能更易实现。

② 降低平均恢复时间。标准化模块易于更换维护，不存在因等待修理而耽搁系统恢复的情况，同时加快了问题的诊断速度，并提高了用户自己进行诊断与更正的可能性。

③ 减少人为错误。统计显示，超过50%以上的数据中心事故是人为造成，所以，减少人为错误是提高可用性最有效的手段。随着设备与程序的标准化模块化，功能更加透明，日常操作更加简单并更容易学习，一切事物都按照预计的方式运行——所有这些，都降低了发生从输入错命令到拔错插头的任何故障的可能性。

基础设施模块化的好处如图6-19所示。

(2) 增加灵活性。灵活性指的是迅速、有效地响应商机、需求或变化的能力，包括部署速度、可扩展能力，以及可重新配置的能力。

① 加快部署速度。模块化组件加快了规划与设计速度，由于用户还可以仅选用满足当前IT需求所需的设备数量与类型，因而只部署比典型的传统系统设备数量更少的小型基

图 6-19 基础设施模块化的好处

础设施，这样进一步缩短了各个部署阶段所需的时间。由于模块化结构所固有的设计灵活性，加上标准化批量生产的设备可以实现现货供应，提高交货速度，现场配置与连接的速度也更快了。再加上因为连接方式都采用标准化形式并进行了简化，还因为由于只使用必需的构造模块，设备的数量减少了。此外，由于标准化模块可以采用与现场一模一样的方式在工厂进行连接并预先测试，系统的调试速度也提高了。

② 可扩展的能力。采用模块化构造模块结构，功能可以逐块获得，因而可使从配线柜到大型数据中心的任何大小的空间配置达到最佳状态。更为重要的一点是，在初始阶段，可以按照当时的需求来设计基础设施。此后，随着需求的增长再添加更多的模块，而无须重新对整个系统进行工程设计，也无须关闭关键设备。这种“系统规模优化”策略显著降低了数据中心在使用寿命期间的成本。

③ 可重新配置的能力。IT 设备的更新周期通常为两年，因此，设备的重新配置、升级或移动能力在数据中心基础设施灵活性中占据着重要的地位。模块化组件可以拔下、重新排列并重新连接。除了因商业需要而进行的重新配置之外，IT 设备的功率密度随着其物理尺寸的不断缩小（如刀片式服务器）而不断增长，因此，也需要定期重新配置机架、供电系统和制冷系统。此外，可热插拔的模块化组件为重新配置不同级别的冗余、不同电压或不同插头类型提供了可能性。模块化结构不仅简化了设备之间断开连接、移动并重新连接这一物理过程，制造商对设备模块化的仔细设计也将系统重新设计的需要降至最低，并最大限度地提高了将现有设备重复用在新配置中的能力。

(3) 降低 TCO。数据中心基础设施生命周期的 TCO 包括投资成本、非能源运营成本和能源成本。

① 降低投资成本。标准化的模块化结构从以下两个方面降低了投资成本：①采用模块化结构后，基础设施的大小紧密配合当前的 IT 需求而规划，而不是根据最大的计划需求来构建初始容量，只需购买所需要的；②其简单明了的结构简化了从规划到安装的整个部署过程中的每个步骤。这种简化不仅缩短了每个阶段所需的时间，而且往往减少了寻求外部帮助的需要。

② 非能源运营成本。设计变得简单、易于学习，意味着培训的效率可以更高，运营维护程序也可以更高效并减少出错的几率。标准化设备与程序意味着更多的维护工作可以由 IT 人员来完成，而无须供应商提供维护。标准化的模块化组件可以更换送至工厂维修，这比在现场维修更为可靠，成本也更低。

③ 能源成本。数据中心在使用寿命期间的电力成本是 TCO 中最大的一项。按照现有的 IT 需求规划基础设施，并根据 IT 需求的增长添加新的组件，这种方式使用户只需为所

需的设备提供配电和制冷，因此而节约的电力成本非常可观。模块化UPS设计使得UPS的容量与负载需求更为匹配，从而提高了UPS的工作效率并减少了实现冗余所需的UPS模块的容量。模块化制冷设计，如基于机架的空气分配单元，使气流更准确，从而提高了制冷效率，进而减少了制冷设备所消耗的能源。

6.5.2 工程设计的模块化

从功能上，将数据中心基础设施划分成功能独立而又相互依托的区域或功能模块，包括电气支持区、暖通空调支持区、IT核心机房、综合布线系统、安防、监控以及其他。同时，对于规模较大的模块还可以进一步划分为规模更小的模块，目的是将整个数据中心基础设施化整为零，成为功能相对独立的模块进行设计、施工、调试，以及运营维护。

1. 选择模块化的产品

这需要制造商进行深入的工程设计，以使模块化在标准化程度与用户灵活性之间取得最佳平衡。模块化的产品广泛存在于从机柜到行排，再到机房等不同规模的物理空间，以及从UPS到配电，到制冷等不同产品种类中。采用标准化结构和连接方式的模块化组件使一切变得更容易、更迅速，且成本更低。

(1) 模块化UPS电源和电池。在电源、冗余模块和运行时间方面均实现了可扩展性，而且能够进行在线更换，从而在维修时不需要中止系统运行。

(2) 模块化布线方式。将房间布线细分为行级模块或机架级模块。既有为整行负载供电的模块化列头柜，又有服务于单个机架的电源插板。

(3) 模块化机架级气流分配装置。将房间气流细分为各机架局部控制，以便对高温区域进行精确制冷。

(4) 高密度组件。将机架、配电系统和制冷系统集成为一个独立的封闭房间或区域，以隔离和冷却发热量密集的IT设备。

2. 集装箱(室外模块)

通常说的集装箱实际上是室外型模块化最普遍的一种，以集装箱或预制建筑为基本单元，直接部署。可以有柴发、供电、制冷、IT设备或者一体化等各种类型的集装箱，图6-20展示了集装箱的实例。对于郊区和低层仓储式大开间的工厂化建筑，可以用集装箱运输车和吊车快速交付，可以一体化交付，满足野外、应急的临时性需求，或迁移性较强的业务类型，或土地审批周期冗长的情况。如果安装在建筑顶部，则对建筑的楼板承重、楼间高度要求较高，并且需要拆墙以满足集装箱的吊装。集装箱数据中心实例如图6-20所示。

与传统数据中心机房对比，集装箱的特点如下。

(1) 多。采用高密度设计，计算容量5倍于同面积传统机房。

(2) 快。可按需、分步、快速部署，及时应对动态业务需求。

(3) 省。一是指省能耗，集装箱的PUE值可降至1.5，能耗节约可达30%；二是指省空间，节省75%空间，降低TCO；三是省精力，集装箱即插即用的功能模块组成，让IDC从工程变为即用产品。

图 6-20 集装箱数据中心实例(Sun 和 IBM)

使用集装箱数据中心必须具备以下基础条件：安装场地、电力供应、空调供水、网络。由于集装箱数据中心的特性，决定了其适用对象是设备较统一，自用为主的企业。

集装箱的好处在于：标准尺寸、易于运输(铁路、公路、船运)、内部空间紧凑、外部单一入口、便于管理(外接光缆、电源和水源即可)。

3. 微模块(室内模块)

微模块对 IT 基础设施和建筑进行解耦，以分布式标准化单元进行快速部署，满足业务快速变换的需求。将 IT 设备(包括网络、服务器、存储等)进行分类，配置对应的供电系统、制冷系统、管理系统、机架系统等，分别封装到不同的微模块中，实现了数据中心 IT 基础设施的模块化封装、模块化部署与应用。微模块内各子单元的标准化，可以根据微模块的类型灵活组合，按需配置，并结合自身的管控系统实现模块化运营。

这种模式为室内型模块化，如图 6-21 所示，最大特点是以机柜等为单元，现场组装，较适合于市区机房或者多层建筑，无法进行仓储式大开间的工厂化吊装部署，只能通过电梯运输条件下，现场拼装。通过工厂预制标准化组件，通过电梯运送，可在室内现场快速拼装，并做灵活配置以满足不同体积、不同类型的业务需求。

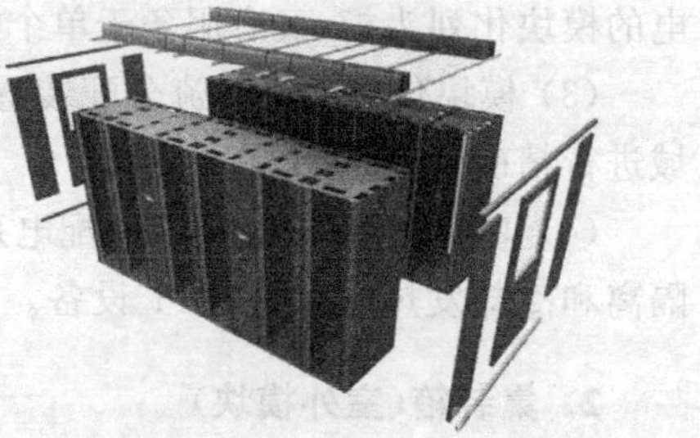

图 6-21 根据业务需求灵活部署的微模块

由于集装箱式数据中心对建筑的承重、层高有很高的要求，现有的场地往往很难满足集装箱对场地和运输的要求，因此这种更小体积重量，方便拆装运输的室内模块化解决方案更为实用。采取室内微模块可以做到优化供电结构、空调气流组织、提升管理水平和运营体验，边成长边投资，颗粒度小且灵活。

简化数据中心基础环境建设，可以是退役厂房，也可以是大体量的仓储式建筑，简单装修，建设好基础的电气接入系统和水系统及管路。基础环境建好后，数据中心内部则由 N 个集合了机柜、空调及末端配电系统的相对独立的微模块组成，这些微模块可以和服务器一样，按需下单，灵活堆叠。微模块的组件达到标准化、工业化要求，大部分可在工厂预制，从下单开始到现场组装完成，整个周期在 3 个月以内完成。边成长边投资，减少前期投资成本。

思考题

(1) 请简述数据中心机房的建设内容和建设。

(2) 请简述机房环境监测系统的系统组成,各部分之间是如何工作的。环境监测系统的主要监测对象是哪些?有哪几种报警方式?

(3) 请阐述服务虚拟化的含义及其带来的好处。调查目前服务器虚拟化产品主要采用哪些架构,各有什么特性?

(4) 自动分级存储技术可以改善存储虚拟化,例如,Compellent 公司的 Fluid Data、EMC 的 FAST,试分析其原理。

(5) 要整体提升数据中心基础设施的业务价值,可以从哪三个方面入手?如何实现这三个目标?

第7章　无线校园案例

随着各类无线产品的日益成熟和普及，如何适应用户接入设备和使用习惯的改变，实现校园网各种应用向各移动终端的迁移，提供真正适用移动校园网应用服务，是每个学校面临的新挑战。无线校园的目标就是全面覆盖全校多个校区的教学楼、图书馆、行政办公楼、报告厅、公共会议室等重要功能楼宇以及大部分室外区域。

7.1　现　状

从前在校园网中多数是以有线网络的建设为重点，有线网络基本都能够有效覆盖教学区和宿舍区，满足日常教学办公和学习需求。而近年来无线技术和产品(包括3G技术、智能手机和平板电脑等)的成熟，学习和办公不再局限于教室、宿舍或办公室。师生们希望不仅仅在实验室将他们的设备连上网络，而在校园的草坪上、宿舍区、学术报告厅、图书馆等任何一个角落，都能随时随地、随心所欲地连入校园网或Internet，师生活动呈现出很强的移动性，而有线网络只能提供固定的、有限的网络信息点，难以满足这样的需求。

通过无线局域网(Wireless LAN，WLAN)技术解决上述问题是一个有效的解决方案，无线局域网作为一种能够帮助移动人群保持网络连接的技术，自20世纪90年代走向成熟并投入商用后，在全球范围内受到来自多个领域的支持，目前已经获得迅猛发展。采用无线技术组建校园网，学生们不仅可以在宿舍和实验室等固定的地方上网，还可以在课堂上、图书馆和自习室里方便地接入，也在可以在学校宽阔空旷的花园和草坪上上网查阅学习资料。学生的自主性更强，能够有效和合理地利用自己的时间，而且也能够有效减轻实验室、图书馆和宿舍等有线覆盖区上网的压力，改进学习环境。

对于学校来说，利用无线网络更有利于推进教学及管理信息化，拓展学生的知识面。一方面可以增强教学的互动性，另一方面也能大大增加教学的信息量。在课堂上，学生不再仅仅是被动的听者，也是互动教育的参与者，学生可以用自己的资料来参与教学，同时这些资料可随时共享，在课堂上现场做演示，并允许老师和同学们随时交流。无线校园网网络的建设，不仅为师生们提供了一个崭新的学习平台，也为网络化学习、教学开创了新的应用模式。

7.2　需求分析

校园无线网建设基本上构建在校园现有网络的基础上，进一步扩展校园网的覆盖范围，使全校师生能够随时随地、方便高效地使用校园网络。无线网以其灵活布设、高带宽和无线接入的优势，可以突破有线网络节点限制、实现多人同时上网的问题，大大地增加了校园网络信息点，方便在校师生获取信息，进一步提升学校的信息化水平。此外，无线网络环境的引入，为崭新的无线多媒体提供了应用平台，从而将教育信息化建设带入一个崭新的天地。

需要达到如下主要目的。

(1) 促进教学和科研发展，进一步拓展研究空间。

(2) 提升校园网络环境，提高管理水平和效率，推动学校信息化建设。

(3) 覆盖校园内部分区域，为教学和学习生活提供切实可用的无线网络环境。

1. 无线网建设技术要求

(1) 采取通行的网络协议标准。目前无线局域网普遍采用802.11系列标准，因此校园无线局域网将主要支持802.11n(540M带宽)标准以提供可供实际应用的相对稳定的网络通信服务，同时兼顾多种类型应用，需要同时支持801.11g和802.11b。

(2) 全面的无线网络支撑系统(包括无线网管、无线安全，无线计费等)，以避免因无线设备及软件之间的兼容性或网络管理的混乱而导致的问题。

2. 无线网覆盖范围要求

(1) 有线网络无法接入的室外场所。校园内一些室外场所难以实现网络有线接入，采用无线方式可以实现覆盖大范围室外空间的无线网络接入。主要包括各宿舍及教学楼附近空地等。

(2) 有线网络使用不便或受限的室内空间。校园内一些室内场所空间较大，有多人同时接入网络的需求，采用有线的方式只能提供少量接口，不能满足要求。用无线网络覆盖来解决相当数量的移动设备同时访问网络的问题。主要包括图书馆、办公楼和各教学楼等。

3. 工程布线和安装要求

(1) 室内部分。定好较为开阔位置，将网线和电源线走暗线敷设到位；挂在墙上，可利用设备本身自带的安装附件进行安装。如果需要遮蔽，则需要定制非金属安装盒。如果是挂在天花板上，则根据天花板的情况而定，若天花板是非金属结构，可以固定在天花板内。安装过程中应充分考虑防盗问题。

(2) 室外部分。根据设备位置有两种布线方式。如果AP设备放置在楼顶，则需要走网线和电源线。如果AP设备放置在室内，天线放置在室外，则需要走天线馈线。这两种方式馈线都需走铁管，采用贴防水胶的方式处理。另外应充分考虑防盗。

(3) 供电部分。AP的供电可采用POE方式由接入的网络设备进行供电(无须本地供电)。

4. 产品能力要求

(1) 产品支持AES、WEP和WPA2加密等安全标准。

(2) 漫游切换，即用户可以在移动过程中实现AP的无缝接管。

(3) 支撑QoS能力。

7.3　方案设计

7.3.1　逻辑拓扑图

目前大多数院校有线网络已经较为完善，已经是千兆到楼，部分楼已经做到万兆到楼，故可采用 AP 就近接入的原则。同时，又因为有线网络为无线网络只能提供一个有线接口，因此在有线接口下接一台交换机完成网络接口的扩展，并完成 POE 供电的功能。作为整个无线局域网络的中央管理控制器，无线交换机、无线控制器通过校园的核心交换机接入网络。具体的逻辑组网图和物理组网图分别如图 7-1 和图 7-2 所示。

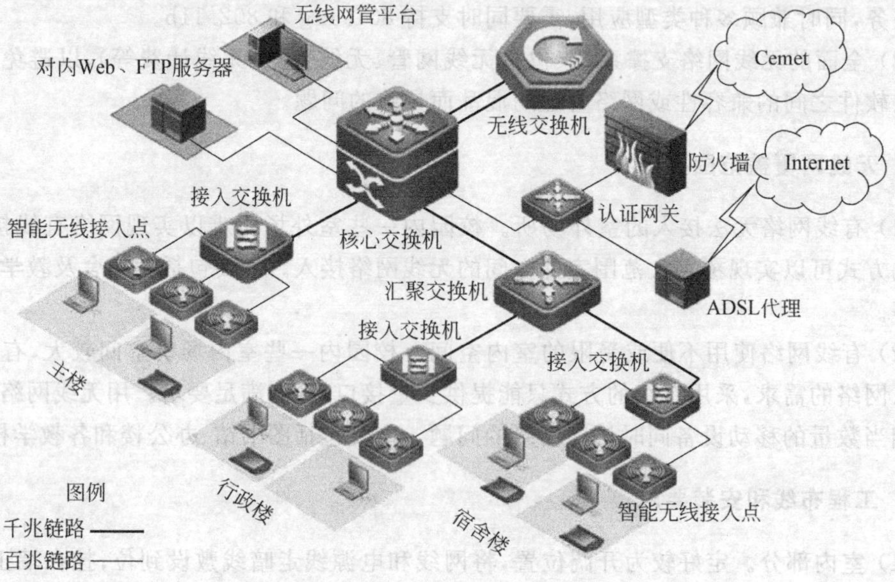

图 7-1　校园无线网逻辑拓扑图

在具体实施无线组网工程时，由于目前针对大规模 WLAN 的组网规划、设计和实施还没有成熟的理论和工具。考虑在明确有覆盖 WLAN 需求的热点后，就需要对热点情况进行初步的调研，这包括如下内容。

(1) 通过查看与热点有关的建筑图纸并对热点进行实地考察以了解热点的覆盖面积、建筑结构特点以及某些可能影响 WLAN 部署的环境因素。

(2) 调研使用该热点无线网络用户的类型、数量和网络资源访问需求等。通过调研收集了热点相关信息后，结合各种无线信号覆盖技术的特点，就可以为热点选择适宜的覆盖方法来实施覆盖。

7.3.2　无线局域网互联

很多的解决方案选择了“有线网络覆盖范围扩展方案”，即从有线网络扩展出一些无线接入点。受到环境因素的限制，网络难以覆盖校园的每一个角落。当新的信息点产生的时

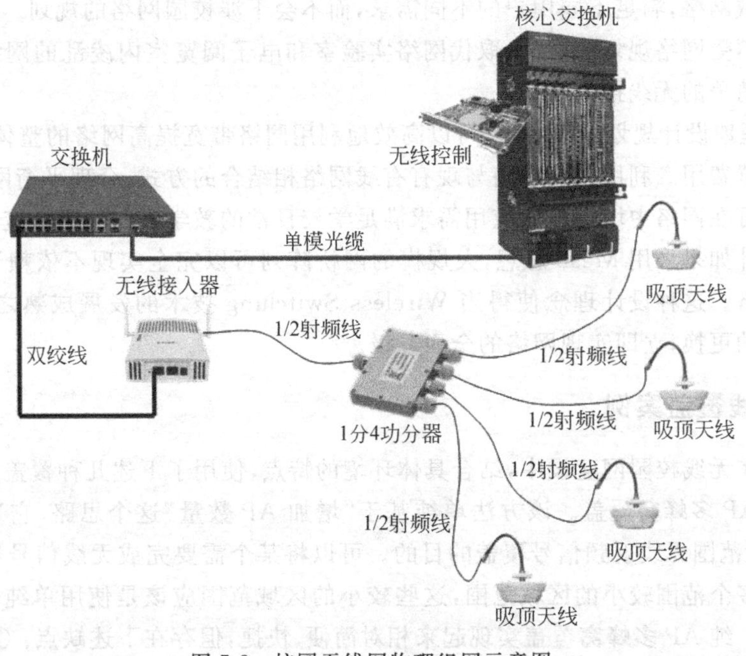

图 7-2　校园无线网物理组网示意图

候，则又需要对有线网络进行新的布线，引发一系列的“蠕动需求”，从而带来高昂的维护投资。同时，新的校园网络方案要全面考虑到，对超过正常使用年限的建筑进行综合布线，网络造价和施工要求将极高，施工过程将对建筑造成无法预知的安全隐患。

伴随着无线网络技术的发展和成熟，“无线局域网络互联”思想进入考虑。根据对无线局域网络的研究发现如下问题。

(1) 无线局域网络具备有线网络所不具备的移动性和漫游功能。使得在无线信号覆盖的范围之内，局域网用户不管在任何地方都可以实时地访问信息。无线校园网络能够支持移动办公与移动网络管理，用户可以随时随地在校园内部安全地接入网络。

(2) 无线局域网络的安装具有快速性和简单性。保障了网络建设的过程中，消除了穿墙或过天花板布线的烦琐工作，所需的少量布线工程均使用轻型超 5 类非屏蔽双绞线缆，明管布线将不对现有建筑造成任何影响。即便是大规模的施工周期也能明显缩短，施工过程不影响学校的正常运转。

(3) 无线网络工作站可以在经过一个几分钟简单的配置之后就可以运转，用户的接入过程简便。这将有利于无线接入技术在校园内的使用和推广，同时无线技术可以使网络遍及有线所不能到达的地方，轻松满足信息化校园网络的覆盖要求。

(4) 传统“无线局域网硬件的初始投资要比有线硬件高”的观念，已经随着无线组网技术的成熟而消失。无线组网的费用已经远远低于有线网络，甚至在实现需求的标准上可以低至 1∶7 的标准。网络的维护费用很低，在需要频繁移动和变化的动态环境中，无线局域网的投资将获得更高的回报。

(5) 无线局域网可以组成多种拓扑结构，可以十分容易地从少数用户的对等网络模式扩展到上千用户的结构化网络。灵活的无线局域网络临时组网方案可以轻松地组建各种类型的无线局域网络，满足不同用户的不同需求，而不会干涉校园网络的规划。同时使得工作区域的规划不受网络规划的限制，取代网络实验室和电子阅览室内凌乱的网络线缆的将是一个个设计精美的无线接入点。

(6) 合理地设计规划无线网络，可以高效地利用网络带宽提高网络的整体性能和安全，减少网络运营费用。利用无线网络与现有有线网络相结合的方式，合理平衡网络负载，使用现有带宽即可在网络中增加新的应用需求满足学校日常的教学、工作、生活应用。

网络设计如果采用 Mesh 思想，大规模的网桥阵列可以完全实现不依赖于有线网络的无线网状网络。这种设计理念使得当 Wireless Switching 技术的发展成熟之后，能够简单地通过设备的更换，立即实现网络的全面升级。

7.3.3 无线覆盖案例

某大学在无线校园网建设中，结合具体环境的特点，使用了下述几种覆盖方法。

(1) 纯 AP 多蜂窝覆盖。该方法单纯基于“增加 AP 数量”这个思路，它通过使用多个 AP 来达到大范围无线射频信号覆盖的目的。可以将某个需要完成无线信号覆盖的大范围区域划分为多个范围较小的区域范围，这些较小的区域范围应该是使用单纯一个 AP 即可实现覆盖的。纯 AP 多蜂窝覆盖实现起来相对简便、快捷，但存在下述缺点：①易受 WLAN 高频和低功率的限制，在室内覆盖时，建筑格局的多样性和复杂性也会对 AP 信号覆盖的效果产生很大影响；②众所周知，目前主流的 802.11b/g AP 在从 2.4～2.4835GHz 的频段范围内只有 3 个完全不重叠的频点，如果无法将相邻 AP 的频点错开就会出现同频干扰，当干扰严重时就会影响正常的数据通信。室外空旷地带的覆盖都采用这种方式，通过“AP＋定向天线”的办法，方便、快捷地实现大面积室外地带的无线校园网覆盖。

(2) 从室外向室内覆盖。该方法是 AP 多蜂窝覆盖的一种特殊应用。当某一楼宇建筑结构为规则的“筒子楼”时，可将 AP 装在楼宇外面，从楼宇两侧通过房间的窗户向楼宇覆盖，使用这种方式，每个 AP 可以覆盖多层楼面中的多个房间，这样只要使用少数几个 AP 就可以达到覆盖整幢楼宇的目的。当用户不是很多时，该方法不失为一种便捷、低成本的部署方式。

(3) WLAN＋GSM 的合路覆盖。该方法首先是基于“延伸单个 AP 信号的覆盖范围”和“增加 AP 数量”两种设计思想的组合。此外，该方法的重要特征是：使用符合 WLAN＋GSM 合路要求的天馈系统来延伸单个 AP 信号的覆盖范围。在天馈系统中使用多频天线、多频功分器和耦合器等元器件，使 GSM 与 WLAN 两网的无线信号可以通过一套天馈系统传送出去。该方法的优势之一是在支持 WLAN 的同时，还可以解决移动通信系统存在的室内覆盖问题，降低投资成本和施工难度，加快工程进度，方便系统维护，对运营商开展综合无线业务较为有利。此方法可以和移动运营商合作实施。

无线覆盖案例如图 7-3 所示。

7.3.4 布线方案

在校园无线网络建设需求中，主要存在三种典型的应用环境。第一是房间多、用户数量不多但分布较散的楼宇，如教学办公楼、宿舍等；第二是局部开放的室内大环境，如典型公共

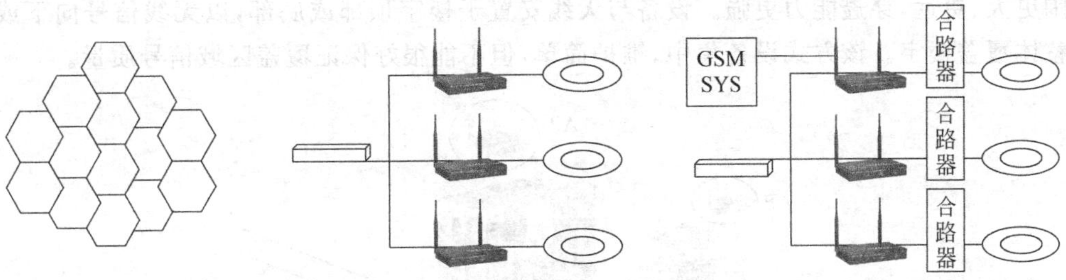

(a) 蜂窝方式　(b) 天馈方式　(c) GSM+WLAN合路方式

图 7-3　无线覆盖案例

教室、图书阅览室等；第三是校园内的户外公共区域。

1. 房间多、用户分散

第一种情况，建筑设施具有面积大、墙体结构厚、房间多的特点，而且用户无线应用也比较频繁。主要用户群是校内教师、学生。另外，学校建筑多为走廊式结构，如各办公楼、教学楼、图书馆和宿舍楼等。

因为无线信号穿越墙壁、地板等障碍物会存在衰减，但在走廊式结构的室内区域具备一定的穿越障碍的能力，一般是穿越一道墙壁之后信号效果较好。因此这样的结构适合在走廊中布置 AP，通过内置天线覆盖楼道两侧房间，无线信号通过房间的门窗传输到室内，实现了比较细腻的覆盖环境，AP 通过有线接入到楼层交换机。室内走廊部分都可以采用吸顶天线的方式布线。室内布线如图 7-4 所示。

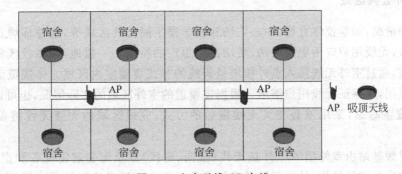

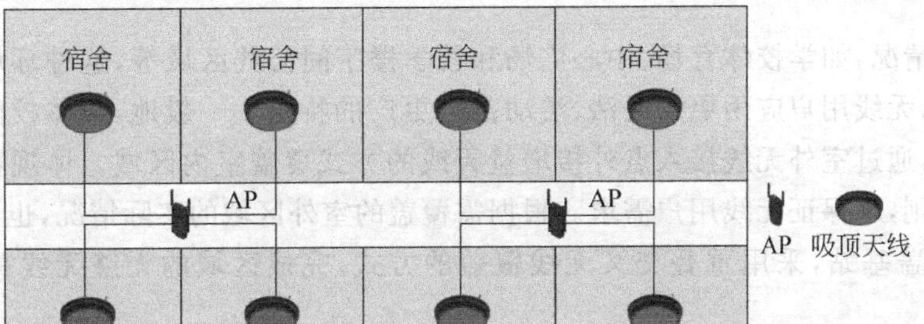

图 7-4　室内无线 AP 布线

该方案采用高灵敏度、穿透能力强的无线 AP 产品，配合分离式吸顶天线，以一个 AP 配合一个天线，或一个 AP 配合多个天线，完成室内区域的完全覆盖。同时，采用分离式天线设计，可以适应无线设备与高增益天线的连接使用，以保障高质量的无线信号能够覆盖更远距离，同时增强设备在干扰较大的频率环境中使用的能力。

上述方案，在保证高质量无线信号的同时，也为后期维护工作带来了不便。方案中 AP 设备多，并且比较分散，不便管理和维护。除了上述方案中的室内覆盖方式，还可采用室外覆盖方式。

室外覆盖方式选用室外无线 AP，如图 7-5 所示。通过天线聚集无线信号，使无线覆盖范围更大、更远,穿透能力更强。设备与天线安置于楼宇顶部或底部,以无线信号向下或向上整体覆盖楼宇。该方式设备集中,维护简单,但不能很好保证覆盖区域信号质量。

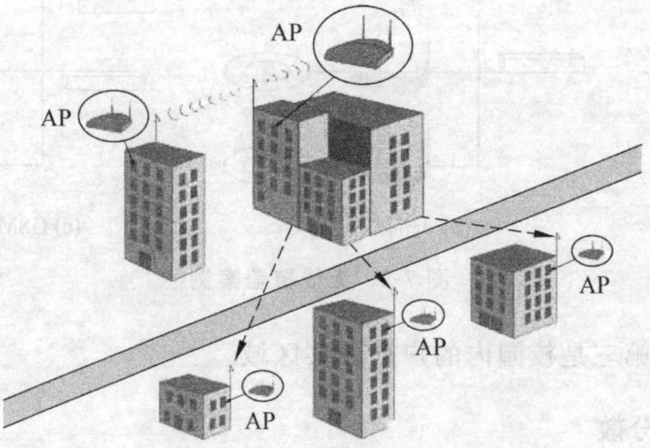

图 7-5 室外无线 AP 覆盖

2. 局部开放的室内大环境

第二种情况,针对局部开放的室内大环境,如图书阅览室、礼堂、体育馆和大教室等,网络用户数量较多而集中,在此环境下布线,无须考虑穿越墙壁、地板等障碍物对隔壁空间的覆盖,故可以采用以单个 AP 小面积覆盖,多个 AP 整合交叉覆盖形成大面积覆盖区域的方式布线,每个 AP 都独立接到交换机上,保证有效带宽更宽。

3. 室外公共区域

第三种情况,如学校体育场、中心广场和教学楼宇间公共区域等,这种环境具有区域相对比较分散,无线用户应用更加灵活、活动范围更广的特点。一般地,整体校区室外部分进行全面覆盖,通过室外无线接入点外接增益天线的方式覆盖室内区域。体现覆盖范围最大化的覆盖原则,来保证无线用户需求。根据需覆盖的室外区域的实际情况,也可以设计建立多个无线覆盖基站,采用重叠交叉无线覆盖的方式,完成区域的无缝无线覆盖,如图 7-6 所示。

室外射频基站由室外型 AP、外接天线(全向、扇区)以及配套避雷设备和报杆等组成。根据复杂的室外建筑结构,外接天线的选择尤为重要。选择天线型号时应根据现场环境考虑如下因素:增益、水平波束宽度、垂直波束宽度、极化方式、视觉效果(尺寸、外形、重量)。

7.3.5 安全解决方案

无线局域网络主要服务于学校的学生与教师,也是具有一定规模的公众型网络,同时由于学生可能会出于对技术的研究兴趣,对网络发起各种各样的攻击。另外,校区周边覆盖区域,未认证用户也可能对网络发起攻击。因此在建设初期就必须考虑网络安全问题,主要侧重两个方面:用户安全和网络安全。

在校园网络中主要依附于用户实体的属性主要包括用户使用的信息终端二层属性(诸如 MAC 地址)及用户的账号和密码,而对于学校学生用户来说,账号信息都满足实名原则,

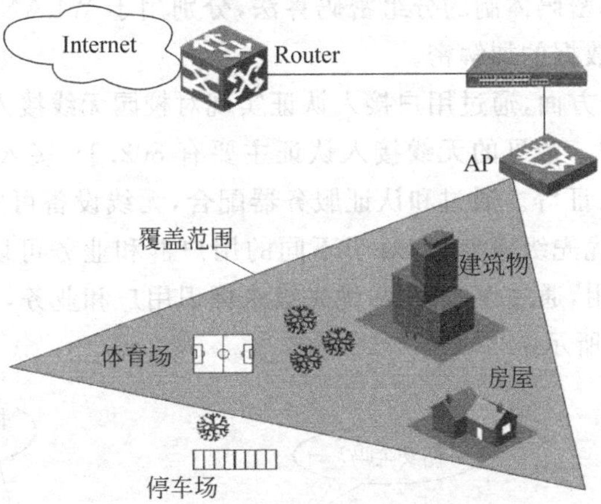

图 7-6 公共区域 AP 覆盖

与学生的学籍进行关联的,因此在无线网络中着重考虑使用无线网络的各类密码信息的安全机制,同时也要考虑与无线相关的有线网络的安全问题。

无线网络安全主要包括以下几个方面的内容。

(1) MAC 地址过滤。基于 MAC 地址进行过滤,限制具有某种类型的 MAC 地址特征的终端才能进入网络中。

(2) SSID 管理。SSID 是一种网络标识的方案,将网络进行一个逻辑化标识。对终端上发的报文都要求带上 SSID,如果没有 SSID 标识则不能进入网络。

(3) WEP 加密。WEP 加密是一种静态加密机制,通信双方具有一个共同的密钥,终端发送的任何信息报文必须使用共同的密钥进行加密。

(4) 支持 AES 加密,AES 安全机制是一种动态密钥管理机制,密钥生成基于不对称密钥机制来实现。同时密钥的管理也定期更新,具体的时间由系统设定,一般情况都设定为 5min 左右,这样非法用户要想在 5min 之内获取足够数量的报文并解出密钥,基本上不可能。

(5) 支持 WPA 安全架构的 802.1x 认证方式,借助 TKIP 技术动态生成的数据加密密钥使空中无线数据通信如同在一条加密隧道中传输,保证了信息传输的高安全性。在认证方面,802.1x 标准为认证方定义了两种访问控制端口:受控端口和非受控端口。受控端口分配给那些已经成功通过认证的实体进行网络访问。而在认证尚未完成之前,所有的通信数据流从非受控端口进出。非受控端口只允许通过 802.1x 认证数据,一旦认证成功通过,请求方就可以通过受控端口访问 LAN 资源和服务。

(6) 用户权限控制,即相同用户在不同地点接入无线网络其权限保持一致;密钥设置可能根据 SSID 信息与用户信息进行组合,即不同的 SSID 下不同的用户的密钥生成可以不一样,这样一定程度上保证用户之间串号问题产生,从而保护投资,以达到运营维护平衡。

(7) 无线网络监控,实现流量异常、报文异常监管,从而保护网络的进一步安全。

针对无线设备安全,目前常用的主要加密机制包括 WEP 加密、TKIP 加密、CCMP 加密、WAPI 加密等。其中 WAPI 采用国家密码管理委员会办公室批准的公钥密码体制的椭圆曲线密码算法和对称密码体制的分组密码算法，分别用于 WLAN 设备的数字证书、证书鉴别、密钥协商和传输数据的加解密。

在无线网用户安全方面，通过用户接入认证实现对校园无线接入用户的身份认证，为网络服务提供了安全保护。常见的无线接入认证主要有 802.1x 接入认证、PSK 认证、MAC 接入认证以及 Portal 认证等。通过和认证服务器配合，无线设备可实现对认证用户动态下发带宽、VLAN、ACL、优先级等参数，对于不同的用户群和业务可以控制其访问网络的权限，限制网络资源的使用，通过 VLAN 和优先级来标识用户和业务，从而做到业务隔离。认证与授权过程如图 7-7 所示。

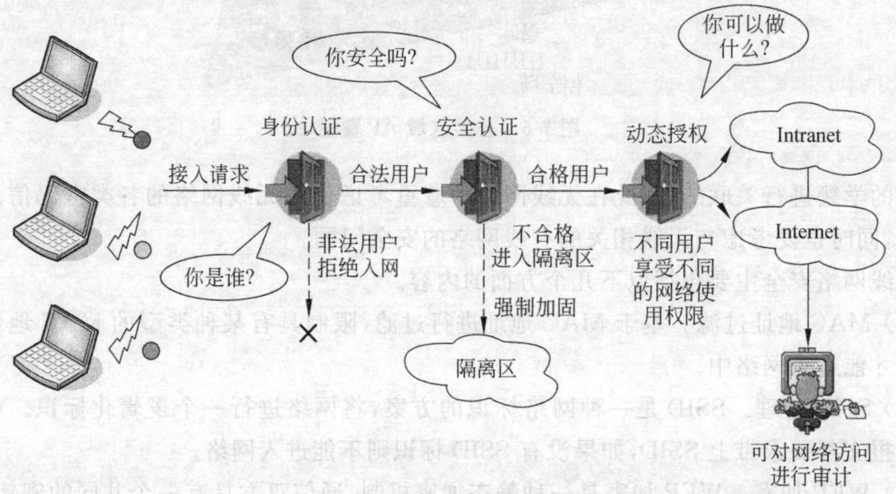

图 7-7 用户权限控制

为了保证无线用户和整个校园网络的安全，仅仅保证接入点的安全性是远远不够的。还需要从网络用户终端准入控制入手，整合网络接入控制与终端安全产品，通过安全客户端、安全策略服务器、网络设备以及第三方软件的联动，对接入网络的用户终端强制实施企业安全策略，严格控制终端用户的网络使用行为，加强网络用户终端的主动防御能力，保护网络安全。

此外，一个完善的无线入侵检测系统也是保证无线安全的重要手段，它可以自动监测非法设备，并适时上报网管中心，同时对非法设备的攻击可以进行自动防护，最大程度地保护无线网络。

7.3.6 网络管理解决方案

校园无线网络规模大、环境复杂，因此无线网络建设应该支持高效的运营网络级的管理功能，方便未来无线网络的运维管理。无线网管理系统应能够把各无线局域网内的 AP 设备以及其相连的运行状况实时纳入网管系统的管理范围。面向全网，为网络维护人员提供统一的、完备的全网视角，准确、快速地把握全网的实时性能与能够尽早发现潜在的问题，及时采取相应的措施确保校园无线网的高可靠性。

目前多数无线局域网管理系统基于标准的 SNMP 协议实现对设备的管理，并可实现对无线局域网所有网元的管理。一般的网管工作站可以放在网上的任意位置，通过标准的SNMP协议即可实现对无线交换机的管理。无线交换机可以实现更为强大的管理包括AP的自动拓扑发现、自动升级、批量配置、分级管理、分级告警等，可以直观地反映出AC、AP和其他相关设备之间的对应关系。并可实现针对无线覆盖空间内的射频扫描、非法接入点监听等安全功能。并能够实现配置管理整个WLAN无线网络，图7-8展示了无线管理系统的整体功能。

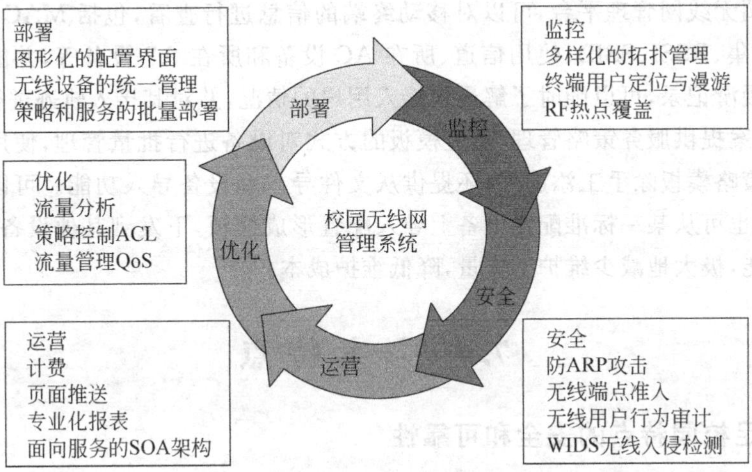

图7-8 校园无线网管理系统功能模块

无线局域网管理系统作为保障无线网络稳定运行不可缺少的重要组成部分，应具备以下特点。

(1) 防盗防入侵。敏感配置信息不在本地保存，即使设备被入侵被盗也不会丢失安全信息。实际运营中很多AP是放置在公共场所，如果密钥、SSID等安全信息在本地保存的话，一旦失窃对全网安全性造成威胁，所以AP设备应尽量不保存敏感信息。

(2) 支持灵活的拓扑结构。AP允许多种部署，从而能够直接或间接连接到管理它的无线局域网控制器。无线控制器与AP之间可以隔离任何路由器或交换机，只要共同连接进网络，无线控制器就能及时发现AP设备或AP设备可以自动寻找到无线控制器并进行注册。

(3) 方便的用户管理机制。可以通过无线网管理端，方便地添加、删除用户，或对用户的接入控制属性进行设置，定制用户级别的接入控制策略。并可以对用户的位置、带宽以及漫游等历史数据进行记录跟踪。

(4) 流量控制。通过无线网管理端将不同用户的带宽按不同需要进行管理，保证某些重要用户的带宽，从而保证了关键性的校园无线网应用的畅通，并能限制P2P应用带来的带宽压力，也有效防止了带宽过量占用的拒绝服务攻击。

(5) 安全管理。提供入侵检测功能，专用AP可以不断地扫描空域，以便对要求更高安全性的环境提供全天候保护。一旦无线网络中有非法接入点接入，校园无线网管理端应能够及时发现并告警。

校园无线网管理解决方案不仅为用户提供了灵活的组件选择，同时具备良好的扩展性，能够满足客户网络管理的需求。通过集中式管理架构和统一的网管系统，可以保证设备互通性和无线网络的轻松配置，实现无线网络的高效管理。

通过无线业务逻辑拓扑模块，可以直观了解网络部署情况及设备和链路当前状态。它可根据不同的方式组织资源，有效进行拓扑分组、真实组织全网资源。物理位置视图中可根据需要创建多维度、多层次的物理位置结构，并在指定平面图上根据真实情况摆放设备，逼近真实网络环境。

通过校园无线网管理平台，可以对移动终端的信息进行查看，包括 MAC 地址、信号强度、发射速率集、RSSI、SSID、使用信道、所在 AC 设备和所在 AP 设备等，并能查看各移动终端的全部漫游记录，可以随时了解最终接入用户的情况，并对其接入轨迹进行审计。

此外，方案提供服务策略管理，通过模板的方式对设备进行批量管理，使用户快速完成网络配置。策略模板除手工添加外，还提供从文件导入和设备导入功能。可以从系统导出或导入模板，也可从某一标准配置设备上导入配置形成模板，下发到其他设备，完成策略的批量克隆功能，极大地减少维护工作量，降低维护成本。

7.4 方案特点

7.4.1 满足校园特点的安全和可靠性

安全方案支持高校多级别、多种类、多级的认证方式和加密技术，支持精确的无线入侵、射频干扰、非法 AP 定位和隔离，保证高校无线网络免受无线类的安全攻击；完善的无线网管理机制保证校园复杂接入环境的安全无线接入，通过实时监控机制和入侵检测系统，为高校提供可靠的无线接入网络；独特的访客隔离机制，保证跨校园漫游用户与校园网用户的隔离。将访客和校园网络完全逻辑隔离，在允许访客跨校园漫游访问 Internet 的同时保证高校网络的相对安全。

7.4.2 高效的运维和管理

无线网管理体系确保校园网络的高效运营，同时为运营维护提供高效率和低成本。一体化的管理方式有效监管无线网的实时状态，保证所有 AP 都在可控状态下运行，有效保证网络的安全和稳定。

7.4.3 支持用户全网漫游

校园无线网支持用户全网快速、安全、无缝漫游，保证用户在园区移动过程中可以保证 IP 地址不变、网络连接不间断、应用会话不间断，从而保证用户网络应用在移动中的不间断性。在校园里的终端用户在移动中进行网络通信时，用户可能会在 AP 之间漫游，甚至跨越不同的 IP 子网，无线接入点必须瞬间完成客户的重新认证和密钥分配，并为客户建立由所在网段的 AP 提供通往原网段 AP 的隧道，继续保持用户的通信。实现无缝的用户移动性和自由性，从而可以进行安全连接和漫游，一次认证多次接入，免去在不同 AP 下切换的再次认证。

思　考　题

(1) 请阐述实现无线校园的关键技术，其方案设计包括哪些内容？试从网络架构、应用背景、覆盖范围、部署方式、安全考虑、网络管理等方面提出一个建设方案实例。

(2) 俗称的"胖AP"是自主AP，具备独立配置管理功能。而"瘦AP"是轻量级AP，只具有基本功能，大部分的管理功能集中到瘦AP的管理器（有些叫控制器）或后台服务器上。两者有何异同？在无线校园的建设中一般采用哪种模式，为什么？

(3) 利用笔记本的无线网卡，通过桥接方式可作为AP使用，或者实现两台笔记本互联。请分析其原理并实验。

第8章　智能楼宇调试案例

本章以一个包含酒店和写字楼的智能楼宇的综合布线系统为例，简要介绍一下相关各个系统的调试过程。系统包括卫星天线及有线电视、视频监控、门禁管理、防盗报警、无线对讲、无线巡更、停车场管理、楼宇设备自控、UPS配电等内容。

8.1　卫星天线及有线电视

酒店有线电视系统以国家标准规定的指标为依据，采用5～1000MHz邻频传输系统，支持双向传输，使整个系统满足未来发展的各种应用需求，特别是已经开始实施的有线电视数字化。

主干设计上，有线电视系统传输由进线机房经过分支分配、放大器放大后到达微型机房，卫星信号混合后分别传输到分支器引出到各个区域。实现信号的有效传输。

自前端输出开始，至每个放大器箱的输入，主干采用SYWV-75-9电缆；每个放大器箱输出至各区域的分配器采用SYWV-75-7同轴电缆，每个分配器传输至各分支器串联主干采用SYWV-75-5同轴电缆；分支器输出至各终端插座的线路亦采用同轴电缆。

为满足高级酒店的要求，将有线电视系统建成一个图像清晰、可收看有线电视节目的娱乐网络。客户可根据需要安装自办节目源和卫星天线，还可以收看自办节目、卫星电视节目，方便扩展。

卫星天线及有线电视需要充分考虑系统的先进性和实用性；充分考虑系统的可靠性，满足用户对系统的流畅不间断严格要求；充分考虑系统的安全性、保密性；使系统各部分既可有机地融合，又有相对的独立性，为日后系统的升级扩展和设备更新留有余地；注重系统的经济性和复用率，选用实用的设备。

8.1.1　系统组成

酒店频道分配包括(具体节目内容和标准需待酒店管理公司提供)：所有本地的有线电视频道；至少两个调频无线电(AM/FM)频道；两个室内音乐频道；卫星接收(TVRO)频道；提供客房账单浏览/酒店信息系统等。

引自卫星电视节目与引自有线电视节目，在酒店通信机房与客房背景音乐广播节目、卫星电视节目、酒店信息节目混合后，通过分支分配系统遍布与酒店各个休息区域、各客房、各酒吧和餐厅、各功能室、经理办公室、健身俱乐部、员工餐厅和酒店工程部等。

卫星信号经过同轴电缆传输到卫星机房通过功分器分成24路送到每个卫星接收机上，通过卫星接收机解调出中频信号送到调制器上，经过调制器调制成射频信号通过混合器混合送到电脑房和电话总机房经过解调、调制、混合和放大后送到酒店塔楼的各个区域。

系统组成如图8-1所示，包含如下设备。

(1) 调制器采用 PBI-4000MUV 专业级全频道捷变频邻频电视调制器。

(2) 混合器采用 PBI-4016C 混合器。

(3) 卫星接收机采用 PBI-1000。

(4) 放大器采用 ZV20 放大器。

(5) 分支分配器采用迈威分支分配器。

(6) 用户终端盒迈威电视插座。

(7) 电缆线采用 SYV75-5、75-7、75-9 电缆。

(8) 连接头采用冷压头，使有线电视前端及节目传输系统接头接触可靠，故障减少。

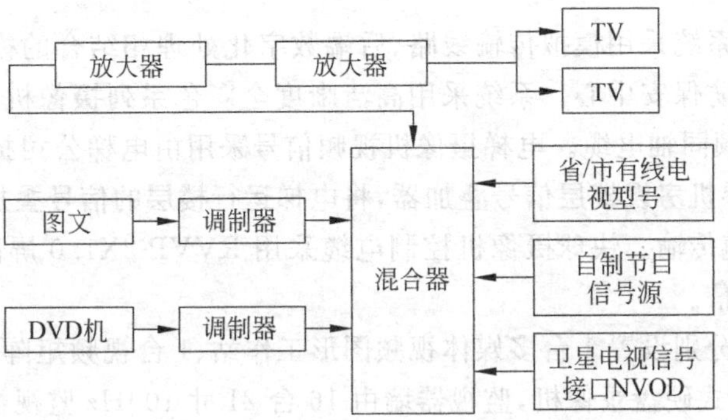

图 8-1　酒店有线电视系统结构

8.1.2　调试要求

有线电视调试要求如下。

(1) 收播有线电视。接入当地有线电视网。

(2) 自办节目。预留两套自办节目，通过 DVD 机或录像机播放招待所内部录制的各种高清晰度 DVD/电视节目，通过邻频调制处理后以模拟节目方式播放给各路终端。

(3) 宽带传输。系统可以满足今后在利用 HFC 宽带传输数据时，留有另一条高速传输网络通道的接口。

(4) 双向传输。系统应用 1000MHz 双向邻频传输模式设计，为双向办公、开路电视信号、自办录像节目、视频点播(VOD)节目以及网上增值业务图文信息和场所信号的交互传输分配提供一个宽带的高速信息传输平台。

有线电视系统调试是施工中比较重要的一个环节，调试过程的好坏直接关系到以后的运行质量。一般有线电视系统的调试分为以下几个部分。

(1) 首先检查接地、避雷及线路检测，无误后再进行下面的工作。

(2) 对前端、干线和分配网络依次进行调试，检查各信息点的电平是否符合设计要求或系统技术规范规定的范围内，并做好记录。

(3) 调试中或试运行中发生的故障，无论是查明原因还是排除，都应做好记录。

8.2 视频监控系统

视频监控系统是安全防范系统的一个组成部分，是目前智能楼宇和智能小区必备的系统。在我国国家标准《智能建筑设计标准》(GB/T 50314—2000)和建设部 1999 年 12 月颁发的《全国住宅小区智能化系统示范工程建设要点与技术导则》中都明确安全防范系统应配备视频监控系统。

8.2.1 系统组成

视频安防监控系统采用模拟传输线路、后端数字化处理相结合的模拟、数字混合系统，总控室设在首层消防保安中心。系统采用高清晰度全彩色系列摄像机，视频信号传输电缆采用 SYV-75-5 射频同轴电缆。电梯摄像机视频信号采用由电梯公司提供的电梯专用综合电缆传输，并在电梯机房设楼层信号叠加器，将电梯运行楼层的信号叠加后通过监控系统的 SYV-75-5 同轴电缆传输。快球摄像机控制电缆采用 RVVP-2X1.0 屏蔽多芯铜电缆，采用星型结构与矩阵通信。

安防控制中心分别设置 1 台多媒体视频图形工作站、1 台视频矩阵切换器、一个控制键盘、15 台 16 路嵌入式硬盘录像机，监视器墙由 16 台 21 寸 100Hz 监视器组成。

系统前端将所有视频信号及控制信号分别传送至控制中心，接入 16 路嵌入式数字硬盘录像机进行录像，输入信号经录像机环接输出后连同录像机的 16 路输出信号同时接入中心的视频矩阵，通过矩阵控制，将不同区域的视频信号归类输出到监视器上进行自动轮巡或定格切换监视。在监视器上同时显示对应画面图像的摄像机编号。

上述操作一次编程后自动运行，操作员得到授权后，可通过与矩阵连接的图形工作站或控制键盘修改程序及实时调看指定的摄像机或录像机图像。通过工作站上的图形操作界面或用控制键盘可对一体化摄像机的云台、镜头进行操控。

如图 8-2 所示，视频监控系统由数据采集、传输、控制以及显示四大块组成。

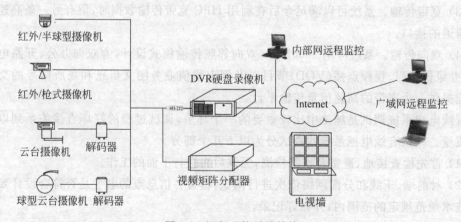

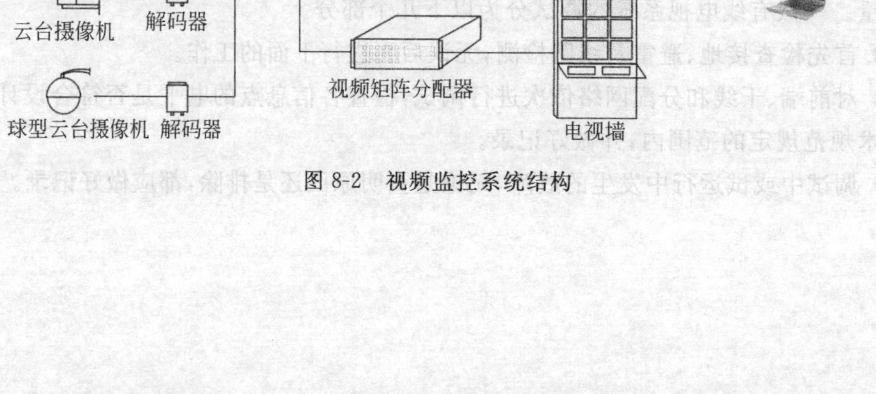

图 8-2 视频监控系统结构

8.2.2　调试要求

视频监控调试要求如下。

(1) 画面显示应可任意编程，具备画面自动轮巡、定格及报警显示等功能，可自动或手动切换。对多路摄像信号具有实时传输、切换显示、后备存储等功能。对多画面显示系统应具有多画面、单画面转换、定格等功能。

(2) 应具备日期、时间、字符显示功能，可设定摄像机识别和监视器字幕；电梯轿厢的摄像机信号要求能将楼层的字符叠加上去，通过视频线传至安防监控室，并在监视器墙上显示。

(3) 前端所有视频信号均能在硬盘录像机上录制下来(包括时间、摄像机编号等)。

(4) 可对视频输入进行编组，用以对各组不同视频的显示及操作进行组别限制。

(5) 应具备独立的图形工作站及软件控制功能，实现对系统的管理、编程，并采用软件方式对矩阵、硬盘录像机的控制和视频画面调用显示，在工作站上能以电子地图的方式调看及控制摄像机图像(摄像机图像应能在工作站的显示器及监视器墙上显示)。

(6) 图形工作站可对系统进行编程。当收到联动控制信号时，工作站能自动调出与警报点相关的现场平面在监视墙上显示，并启动录像，同时声光报警提醒值班人员及时处理。

(7) 实现监视系统状态事件功能，系统的报警、功能切换、顺序事件、键盘活动、视频信号丢失等信息可以被实时地显示在图形工作站的显示器上。

(8) 可利用键盘或鼠标对各摄像机、云台、镜头、监视器进行控制，操作简单方便。

(9) 具有独立的视频移动报警功能，可按需要设置任意的报警画面或局部画面的移动报警。

(10) 应可设置操作员权限，操作员具有不同的操作权限、监控范围和系统参数。

(11) 应可设定任一监视器或监视器组用于报警处理，报警发生时立即显示报警联动的图像。系统应可记忆多个同时到达的报警，并按报警的优先级别(如级别相同则按时间)进行排序。

(12) 应具有对主要设备的自检功能，故障报警。

(13) 应独立运行，并提供开放的通信接口及协议，与安全管理系统进行集成，组成一个完整的安防系统。

8.3　门禁管理系统

门禁管理系统主要是对于中心机房、重要房间、通道出入口等区域，主要在该区域的通道入口门处设置门禁管理系统，授予工作人员的正常出入管理，同时按照授权的权限来判断合理的出入区域，避免机密区域受到不正常的出入侵犯。

门禁点位置：在办公区域的空调机房、厨房、开关房、风机房、消防控制中心、发电机房、办公监控中心、高低压配电室、水泵房、制冷机房、制冷机房控制室、热水机房、传输泵房、楼梯前室、人防报警室、电梯机房等重要办公场所。

酒店区域的空调机房、热水机房、新风机房、前台办公室及楼梯前室，也是要设置门禁的地方。

8.3.1 系统组成

门禁控制系统由软件、硬件两部分组成，包括识别卡、前端设备（读卡器、电动门锁、门磁开关、各种报警探头、控制设备等）、传输设备、通信服务器及相关软件。

硬件部分中最主要的是控制设备，所有的读卡器、门磁、开门按钮、报警探头等其他前端设备均接入相应的控制设备中，以完成各种系统功能（门禁控制、电子巡更、闭路监控和防盗报警等）的目的。

软件安装在管理中心中专门用于监控管理的计算机上，管理人员借助门禁软件，对系统进行设置及发卡授权管理，查看各通道口通行对象及通行时间；巡更计划完成情况；防区报警情况等，并进行相关的实时控制或设定程序控制目标。系统结构如图 8-3 所示。

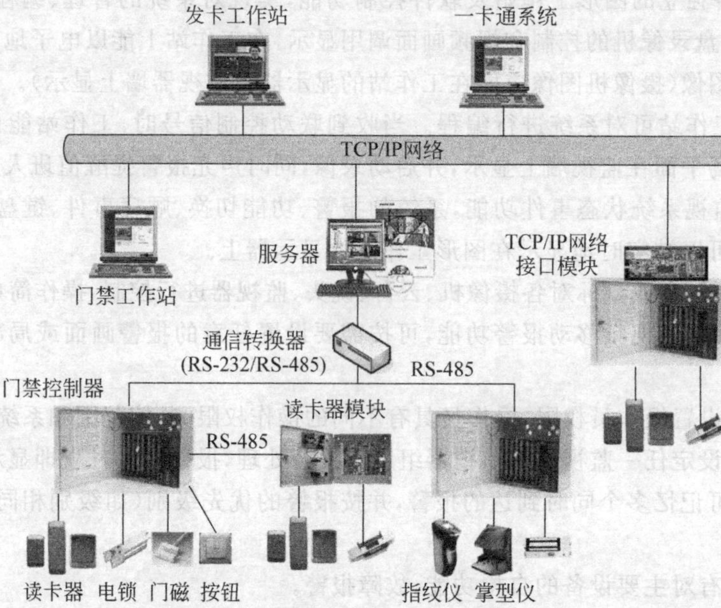

图 8-3 门禁管理系统结构

8.3.2 调试要求

门禁系统采用 RS-422 或 RS-485 总线制方式联网，整个系统的拓扑结构非常简单，整个工程的实施过程中可分为管线敷设、设备安装接线、系统调试三个阶段。

调试分为单点调试与系统调试。

1. 单点调试的步骤

(1) 检查接线是否正确。

(2) 接通电源，如有异常情况则立即断电。

(3) 测试。测试内容如下。

① 指示灯正常情况下红灯亮或红灯闪烁,按动开门按钮指示灯变绿。

② 蜂鸣器正常情况下不发出声音,按动开门按钮蜂鸣器鸣叫一声。

③ 将卡靠近读卡器,蜂鸣器应鸣叫两声。

④ 电控锁平常上锁,按动开门按钮时打开,维持数秒后应自动关闭。

如果测试结果符合以上四项,则该点通过测试。

2. 系统调试的步骤

(1) 检查网线有无短路。

(2) 设备号设置。门禁控制器的地址码设置分软设置与硬设置;系统认可的卡片指在系统运行正常的情况下可在系统范围内正常使用的卡片;其他事宜参阅相关图纸。

(3) 接通网络扩展器电源。

(4) 测试。测试内容如下。

① 设置时钟,对设备进行初始化,软件均应显示"设置成功"。

② 将任意一张系统认可的IC卡登录到控制器,若在规定时间段,应可开锁。

③ 将已登录到控制器的IC卡删除,应不能开锁。

④ 读卡后采集数据,检查采集到的数据是否正确。

如果所有门禁点的测试结果均符合以上四项,则系统通过测试。

8.4 防盗报警系统

本系统主要是在酒店前台接待柜、贵重物品保管室、总出纳室、财务部总机房、财务经理办公室、总经理办公室等场所的隐蔽部位安装紧急报警装置,启动紧急报警装置时保安中心应能准确显示报警部位,同时启动声光报警装置。

(1) 在财务部及出纳室、电话程控交换机房、中心机房、总经理办公室等场所设红外微波双鉴探测器,并可通过现场键盘进行布/撤防,用于防止无人办公时的非法入侵,探测器报警时保安中心应能准确显示报警部位,同时启动声光报警装置。

(2) 在桑拿干蒸房、蒸汽房和游泳池旁设紧急报警按钮,实现紧急报警和对健身中心服务台的求助。

(3) 在非正常出入的消防疏散门的门楣上设门磁开关监视其状态。当报警后,系统向安防中心发出报警信号,并联动视频安防监控系统监视并记录相关部位的图像。

(4) 在酒店内所有残疾人卫生间设紧急报警按钮,作为残疾人的紧急求助。

8.4.1 系统组成

入侵报警系统由红外微波双鉴探测器、报警按钮、八路总线扩展模块、布/撤防键盘、报警主机、管理键盘、声光报警装置、管理工作站及监控软件等构成。系统控制中心设于首层消防保安中心。

报警主机采用总线与安装于楼层弱电间的总线扩展模块连接。扩展模块的8个信号接收端口与相应楼层的红外微波双鉴探测器、报警按钮等报警装置星型连接,实现探测器与主机的通信。报警主机可即时接收探测器的报警及状态信息，管理人员通过管理工作站或主机配置的键盘对系统进行维护管理。系统除声光报警外，管理工作站可同时采用电子地图方式显示报警点，并通过接口直接联动视频监控系统的矩阵，实现联动控制。

8.4.2 调试要求

防盗报警系统的调试要求如下。

(1) 与视频监控系统联动。报警主机通过 RS-232 接口，将报警信息、地址信号送至视频监控系统的矩阵，矩阵根据预先编定的程序，自动将报警点附近摄像机的画面调出在主显示屏上显示；同时，矩阵向硬盘录像机发出信号，录像机自动将报警前后时间段的录像画面登记，作为不可修改及覆盖的信息储存，作为日后事件处理的依据。

(2) 与智能照明系统联动。报警管理工作站通过软件接口，向上与安全管理系统集成。系统报警后，通过联动智能照明系统，把现场附近区域的灯光打开，便于保安人员通过视频监控系统监察现场画面。

具体系统功能调试如下。

① 能按时间、区域部位任意布防或撤防。

② 系统自成网络，且有输出接口，用手动或自动方式，通过有线向外报警。

③ 提供与视频监控系统矩阵联动硬件接口，实现报警显示及录像功能。

④ 提供数据集成端口、协议，与安全管理系统进行集成，实现安全管理系统对入侵报警系统的自动化管理及联动控制。

⑤ 以分区多层电子地图的形式显示用户位置及状态，报警自动弹出地图，显示并记录报警部位及有关警情数据，自动生成报警日志。

⑥ 能对设备运行状态和信号传输线路进行检测，及时发出故障报警并指示故障位置。

⑦ 具有防破坏功能，探测器被拆或线路被切断时，系统应能发出报警。

⑧ 提供本系统所需的全部相关软件，包括与其他系统的集成联动，以及可能要求的与其他相关系统联网所必需的应用软件。

⑨ 系统应用软件须具有防止非法操作的功能。包括外人非法操作以及操作人员的越权操作等。当发生非正常操作、停止运行时，应该能够发出报警信号。

⑩ 具备防止操作人员对历史资料进行篡改的功能。

8.5 无线对讲系统

本系统主要在酒店塔楼和办公楼两个部分，主要为酒店及办公楼各个区域及地下停车场安装配套设施。提供无对讲系统覆盖，实现对讲通话。系统采用信号中转放大的方式，实现大范围、长距离的通信，为用户管理提供移动无线电话通信服务。

本系统采用了 3 台摩托罗拉 CDR700 中转台设立三套中转台频道，放置于工程师办公室，配合天线和低损耗馈线组成的天馈系统，来满足用户的通信系统要求，实现楼宇无盲区对讲机通信，供 3 个部门独立工作，各部门之间互相不干扰。另设置 7 个对讲机直通频道，供其他部门操作群组使用。

8.5.1 系统组成

无线对讲系统网络由转发器、放大器、天线分布系统等组成，如图 8-4 所示。

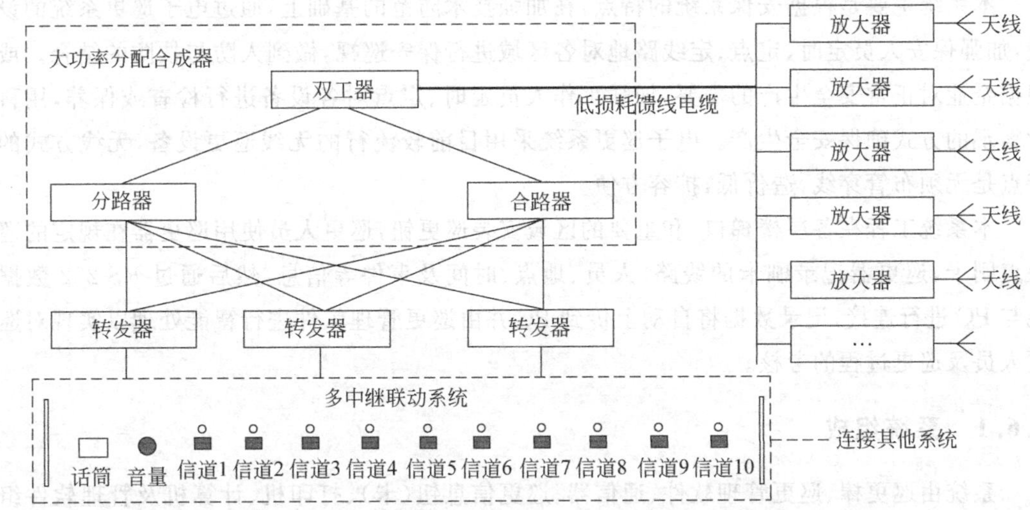

图 8-4 无线对讲系统结构

(1) 转发器。转发器内包括接收机、发射机、电源供电系统等设备组成，本系统转发器采用摩托罗拉生产的 CDR700 台式机，该转发器发射功率为 40W。

(2) 分布天线系统。分布天线系统由低损耗馈线电缆、微带设计封装的大功率分配合成器和天线组成，由于楼宇钢筋水泥对电磁波造成的严重衰减和屏蔽作用，本系统根据其楼宇结构，分 36 副天线分布。

(3) 对讲机。选购 60 台摩托罗拉产品 GP3688。

(4) 储物架。定制一台，用于存放对讲机用。

(5) 双向放大器。用于线路损耗放大，确保信号衰减达到系统要求。

(6) 系统备用电源。本系统的备用电源使用免维护电池，正常使用时，市电给基站供电的同时并给免维护电池浮充。当市电停断时，免维护电池自动切换供电。每个信道配备一块 12V 65AH 的免维护电池，正常使用时每块电池维持每个信道至少 2 小时以上的工作。

8.5.2 调试要求

系统调试要求如下。

(1) 信号覆盖所有的楼层包括楼梯、地库、大楼周边、楼内电梯及大楼外之行人路。

(2) 电磁场覆盖面之强度须优于 150μV/m 而没有杂声及干扰，或为有关部门之强度。

(3) 信号强度质量大部分达到 5 级，语音质量应达到 4～5 级标准。

(4) 易升级、投资少、组网灵活、可靠性高、维护方便、性价比高。

(5) 符合当地无线电管理办公室的信号覆盖要求。

8.6 无线巡更系统

本系统主要是根据安保系统的特点，在加强技术防范的基础上，通过电子巡更系统的设置，加强保安人员定时、定点、定线路地对各区域进行保安巡视，做到人防与技防的结合。或根据企业对正常安全生产的需要，加强工作人员定时、定点对各设备进行检查或保养，用科学客观的方式确保安全生产。电子巡更系统采用目前较流行的无线巡更设备，无线方式的特点是无须布管穿线，造价低，扩容方便。

本系统工程在各层楼梯口，和重要的区域安装巡更钮，巡更人员使用巡更器在规定的巡更点刷卡，巡更器记录刷卡的线路、人员、地点、时间及事件等信息，然后通过 RS-232 数据线与 PC 进行连接，记录数据将自动上传到 PC 并由巡更管理软件进行智能处理以实现对巡更人员及巡更过程的考核。

8.6.1 系统组成

系统由巡更棒、巡更管理软件、通信器、巡更信息钮（卡）、打印机、计算机及管理软件组成。其中巡更钮用于标识巡更点的地点；人员钮用于标识巡更人员的身份；巡更棒用于数据采集、储存和传输巡更记录信息；通信器通过 RS-232 通信线与计算机连接，实现巡更棒和计算机之间的通信、打印等。

8.6.2 调试要求

调试工作主要针对系统的如下功能进行调试。

(1) 软件启动密码操作。启动管理软件，设置软件系统包含密码保护、系统管理密码、操作员密码。分别对应不同的权限和更新功能密码的权限。

(2) 信息采集器登录及巡更人设置。在系统中添加巡更人，并分配信息采集器。软件中可通过信息芯片定义巡更人以降低成本，软件可管理的巡更人数目不受限制。

(3) 设置信息钮登录及地点。在系统管理软件中添加巡更地点，并分配信息钮。软件可添加的巡更地点是没有数量限制的。

(4) 巡更班次设置。在管理软件中设置上下班时间，可划分不同的上班时间段，方便查询。班次的设置可跨零点。

(5) 巡更路线设置。将巡逻的地点组织成不同的巡更路线，规定巡更人按路线进行巡逻，可更方便地进行管理。在查询时通过路线查询，对巡更人是否遗漏巡更点一目了然。

(6) 查询功能。在系统中按人名、时间、巡更班次、巡更路线对巡更人工作情况进行查询，更可按多种条件组合查询。生成巡更情况总表、巡更事件表、巡更遗漏表。每月还可列出月统计报表，并可通过打印机将结果输出。

(7) 设置巡更数据备份、恢复功能。设置管理软件的备份、恢复功能，定期可将以前的数据备份到光盘或硬盘上，需要的时候可恢复到软件中。

8.7 停车场管理系统

停车场管理系统设置在首层进入地下停车场的入口处，对停车场进出车辆实施自动管理。系统要求具备出入口管理、停车收费及车辆图像对比等功能。

8.7.1 系统组成

系统由入口管理设备、出口管理设备、管理工作站及软件等构成。出入口管理设备安装于停车场出入口，收费及管理控制计算机设于停车场出口处。

(1) 入口设备包括入口控制器、读卡器、发卡机、中文电子显示屏、满位指示灯、自动道闸、车辆感应控制器、感应线圈、对讲机、彩色摄像机等。主要完成车辆进场时的发卡(或验卡)、车辆图像及进场时间记录、剩余车位引导等功能。

(2) 出口设备包括出口控制器、读卡器、费率显示屏、自动道闸、车辆感应控制器、感应线圈、收费计算机、票据打印机、对讲机、彩色摄像机等。主要实现车辆出场时的验卡、计费、车辆图像对比等功能。

8.7.2 调试要求

从系统功能上看，系统由收费及管理计算机、管理软件、智能终端、发行器、RS-485通信卡、智能感应卡和道闸等设备组成。系统调试工作主要就是测试各个设备的功能是否正常运行。各个设备的功能如下。

(1) 收费及管理计算机。运行系统数据库管理软件，管理系统所有数据；运行系统应用管理软件，实现对系统智能终端设备及相关工作的管理。

(2) 管理软件。人机交互接口，实现对系统智能终端设备及相关工作的管理。

(3) 智能终端。识别用户卡片，判别卡的合法有效性，并做出相应的控制，如开启道闸、操作提示等，同时将有效读卡数据存储。

(4) 发行器。系统管理员登录注册及卡片发行、检测、清空、挂失、退卡等功能。

(5) RS-485通信卡。完成计算机与其下位智能终端设备的通信传输及转换。

(6) 智能感应卡。承载信息的载体，用户使用系统的凭证。

(7) 道闸。接受智能终端发出的控制指令做出相应的控制，如道闸对通道的开启和关闭等。

8.8 楼宇自控/管理系统

楼宇自控系统(Building Automation System，BAS)作为楼宇管理系统(Building Management System，BMS)的核心基础，功能主要是对机电设备进行集散式监控，优化系统运行控制、收集分析运行数据、故障自动报警，以延长设备使用寿命、节省能耗、简化管理、确保安全。系统配置电话拨号软件，实现远程监控，能在发现故障时自动拨号至主管工程师的手机上，通知其及时进行处理。

楼宇管理系统(BMS)是以BAS为核心的一种实时域系统集成,它最大的特点就是将原来独立的SAS(安全防范系统)和FAS(火灾自动报警系统)与BAS系统有机地集成起来,实现了系统联动控制和整个楼宇的全局响应能力。另外,《民用建筑设计规范》第26章的规定把安全、防火均视为BAS的子系统,BMS和BAS区分已经并不明显。

8.8.1 系统组成

BMS系统监控/监测范围包括空调机房控制系统、空调、通风系统、热水(蒸汽)锅炉系统、游泳池循环过滤系统、给排水及污水系统、电梯及自动扶梯监测等内容。具体监控接入方式如表8-1所示。

表8-1 楼宇设备自控系统组成

组成部分	备注
空调系统	系统设备采用网络控制单元(Net Control Unit,NCU)和直接数字控制器(Direct Digital Control,DDC)接入BMS,实现监控
冷冻系统	采用通信接口或协议接入BMS,BMS只监不控
采暖系统	锅炉系统采用通信接口或协议接入BMS,BMS只监不控。其他设备采用NCU和DDC接入BMS,实现监控
给排水系统	系统设备采用NCU和DDC接入BMS,实现监控。泳池热泵机组系统采用通信接口或协议接入BMS,BMS只监不控
变配电系统	采用通信接口或协议接入BMS,BMS只监不控。普通照明采用DDC接入BMS,实现监控
发电机系统	采用通信接口或协议接入BMS,BMS只监不控
电梯系统	采用通信接口或协议接入BMS,BMS只监不控
消防系统	采用通信接口或协议接入BMS,BMS只监不控
冷房、冷藏库	系统设备采用NCU和DDC接入BMS,实现监控

整个楼宇的设备和安全防卫、火警等实时信息都反馈到BMS工作站便于集中监视和控制。如图8-5所示,为了实现BMS的高效率和可靠集成,各子系统之间还包含一些横向关系,即实时域的联动响应并不完全依靠BMS的网络交换设备。例如,火警的报警带来的电气设备自动断电(空调、照明等)、安全防范报警和应急照明系统的联动等。正是有了这些有机的纵横交织的功能管理,才使得今天的建筑具备了较高智能化的集成度,作为比较成熟的集成系统BMS得以广泛应用。

8.8.2 调试要求

BMS/BAS的调试较为复杂,不但牵涉每个相关子系统的调试,而且联调时还需要一定的定制开发工作。由于篇幅有限,在此只进行简要介绍。

当现场子系统调试人员通知该子系统基本可运行时,集成调试人员进入现场。首先检查BMS系统与各子系统的全部连线是否敷设好,在接线头是否做好并接好。安装好本系统操作系统、BMS软件、数据库服务器软件以及一些常用的测试软件等,当这些准备工作做

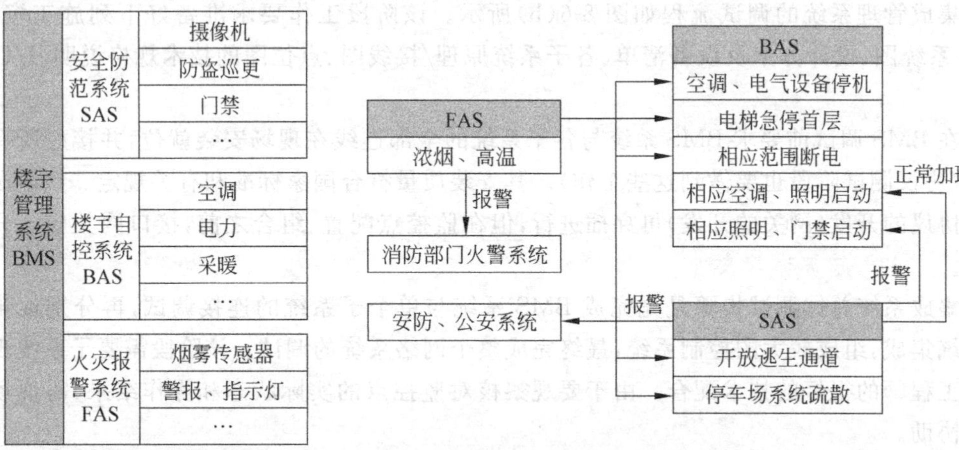

图 8-5　楼宇管理系统的结构和内部联动机制

好，就可以对协议进行现场测试。

启动子系统，调试人员可以用一些测试软件测试子系统上传数据或下发命令，进一步对协议理解和确认。对与子系统提供的接口协议或其他的通信方式的技术参数、使用示例等了解清楚后，就可以开发接口通信网关，流程如图 8-6(a)所示。

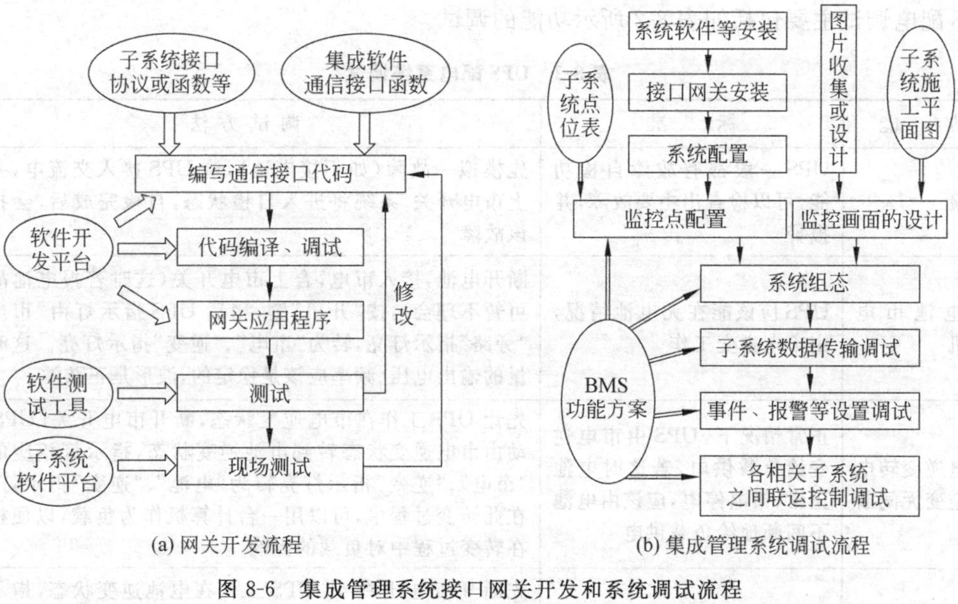

图 8-6　集成管理系统接口网关开发和系统调试流程

根据集成软件提供的软件接口函数和子系统提供的接口通信协议或函数，工程师就可以在相关的软件开发平台编写网关代码，通过编译、调试生成网关应用程序。有的网关可直接通过软件测试工具在办公室里测试：运行网关程序，在集成管理软件进行几个点的组合后运行，运行软件测试工具，通过在组合页面和软件测试工具界面操作(读、写)，就能在界面上观察到传输数据的正确性，反映出编写的网关是否成功。往往大多种网关的测试要到现场，开启子系统软件平台后进行。这一步也可归到系统的现场调试、运行阶段。

集成管理系统的调试流程如图 8-6(b)所示。该阶段工作要求准备好下列施工资料：BMS 系统图、设计方案及设备清单、各子系统原理/接线图、点位图的技术规格说明、I/O 点数表。

在 BMS 调试前要求 BMS 系统与各子系统的全部连线在现场安装就位，并接好所有电缆线(协议测试阶段也要做到这些工作)。其安装质量符合国家标准和有关规定。该阶段与接口协议的开发(网关的开发)可穿插进行，但在监控点配置、组合之前，接口网关应已开发结束。

集成系统总体调试步骤是先完成 BMS 系统与单个子系统的连接调试，再分别逐步进行系统集成，组成较大的控制系统，最终完成整个网络系统的调试。该阶段需要子系统现场调试工程师的很好的技术配合。由于要观察核对监控点的实际状态和操作结果，需现场电工的协助。

8.9 UPS 配电系统

本工程的 UPS 配电，为视频监控系统、报警系统、门禁系统、BAS 系统等各个系统供电。UPS 放置于消防中心配置一台山特 30kW 的 UPS，为消防中心酒店所有有弱电系统供电。在办公楼保安中心配置一台山特 20kW 的 UPS，为办公楼该部分的弱电系统供电。UPS 配电调试主要包括如表 8-2 所示功能的调试。

表 8-2 UPS 配电系统调试

功能	标准	调试方法
自检	UPS 一般都有故障自检功能，可以检查出主要故障，并报警	先模拟一故障(如不接电池)，给 UPS 接入交流电，并合上市电开关，系统将进入自检状态，自检完成后，会报警该故障
无电池市电开机	UPS 应该能在无电池情况，由市电逆变工作	断开电池，接入市电，合上市电开关(这时若报电池故障可暂不理会)，按“开机”键，稍后 UPS 指示灯由“市电”、“旁路”指示灯亮，转为“市电”、“逆变”指示灯亮。这时测量的输出电压、频率应该是稳定的，波形是正弦波
市电逆变转电池逆变无间断	正常情况下，UPS 由市电逆变给负载供电，若这时电池正常，市电停电，应该由电池不间断地给负载供电	先让 UPS 工作在市电逆变状态，断开市电开关；UPS 自动由市电逆变状态转到电池逆变状态，指示灯相应的由“市电”、“逆变”指示灯亮转为“电池”、“逆变”指示灯亮。在此转变过程中，可以用一台计算机作为负载，以便检测在转变过程中对负载的影响
电池逆变转市电逆变	如果 UPS 工作于电池逆变方式，在市电正常后，UPS 应不间断地转到市电逆变方式	先断开市电开关，让 UPS 工作在电池逆变状态，指示灯为“电池”、“逆变”指示灯亮；再合上市电开关，UPS 将自动由电池逆变转为市电逆变，指示灯由“电池”、“逆变”指示灯亮转为“市电”、“逆变”指示灯亮。在此过程中，可以用一台计算机作为负载，以便检测在转变过程中对负载的影响

续表

功能	标准	调试方法
转维修旁路供电	对于中等容量以上UPS(一般5kVA以上),应设计有维修旁路供电。在机器故障时,可以让UPS工作在维修旁路,以便进行内部不带电维修	先合上旁路开关,按“关机”键,让UPS工作在市电旁路状态,再合上维修开关,并且关闭输入和旁路开关,这时输出应不断电,UPS内部板件部分应没有电。最后合市电、旁路开关,UPS工作在市电旁路后,再将维修开关断开,按开机键转市电逆变。在此过程中,同样可以用一台计算机作为负载进行检测
市电逆变关机	UPS在市电逆变工作方式应能安全关机	UPS工作在市电逆变状态,按下“关机”键,直至听到“嘀”的一声,逆变指示灯灭,旁路指示灯亮,UPS工作在旁路供电模式,再断开市电应无输出
电池逆变关机	UPS在电池逆变工作方式应能安全关机	UPS工作在电池逆变状态,按下“关机”键,直至听到“嘀”的一声,UPS停止工作,无输出
主机转从机	对于主备方式工作的UPS,主机应安全转到从机供电	主机与从机均工作在市电逆变状态,这时负载由主机输出带载,断开主机市电开关及电池开关,这时负载能正常运行,负载由从机输出带载

思考题

(1) 试总结目前用于综合布线调试的楼宇设备有哪些种类?它们之间如何相互联动达到智能化效果?

(2) 查找资料,总结智能停车场系统的系统功能与组成、结构设计以及综合布线要求等相关情况。

(3) 智能楼宇管理系统(IBMS)被称为BMS的升级,更进一步地与通信网络系统、信息网络系统实现更高一层的集成。试根据相关资料进行讨论。

第三部分　数 据 集 成

第9章 数据集成技术

近些年来，应用的需求不断推动着政府、企业、学校的信息化建设。人们迫切需要进行数据共享实现综合的业务，并希望依据已有的数据帮助进行科学的决策。而信息系统建设通常具有阶段性和分布性的特点，之间是孤立的且不能互通。同时，信息数据的来源也呈现多样化，可能来自异构的数据源、分布式数据库等，如何将这些数据集成到一起并提供透明的访问接口，就是数据集成要解决的问题。

本章首先介绍了数据集成的概念与过程，其次总结了在数据集成的每个步骤中如数据采集、数据表示与转换、数据存储与访问、数据展示与应用中涉及的各种数据集成的相关技术。

9.1 数据集成概论

9.1.1 数据集成的起因

随着网络应用的普及，越来越多的企业实施了各种信息系统，开发了内部网、建立了门户网站和各种应用系统。但随之而来的问题是多年来分散开发或引进的信息系统，互相之间不能信息共享，业务不能顺利执行和有效控制，形成了许多"信息孤岛"，影响了信息化的继续推进。这是因为原始数据分布在不同的物理位置、不同信息系统中，并以不同的格式表示和不同的介质存储。当用户的应用系统又需要对各种数据进行互访和共享时，就会遇到障碍。

信息孤岛已成为阻碍信息化发展的一大难题，因此，避免"信息孤岛"在许多信息化规划及信息化系统建设中就被频频提及，但是信息孤岛的形成是信息化发展过程中的一种必然。究其原因有两点：一是系统建设时间先后造成的，因为信息化建设是个循序渐进的过程，计算机系统较早前大多应用于实现业务部门操作层面，这些系统独立于各部门的需求，并没有整体的考虑，随着业务的不断深入及发展，也就形成了信息孤岛；二是业务需求的不断深入及拓展引发的，对信息化系统的要求也随之而改变，各原本独立的系统之间随着这种业务发展要求紧密联系在一起，如果不能很好地进行整合，这些旧系统就产生"信息孤岛"，甚至成为"信息荒岛"。

以某研究所为例，目前正在使用的信息系统依据不同的划分类别主要有如下几种。

(1) 按照系统结构划分，既有单机版也有网络版。网络版中既有 B/S 模式也有 C/S 模式。

(2) 依据编程语言分类，编程语言有 Visual Basic、C++、Java、ASP.NET、Delphi。

(3) 依据数据库划分有 Access 数据库、Oracle 数据库、SQL Server 数据库。

(4) 依据建设单位分为集团公司统建、自行开发、与其他单位共同开发。由于不同阶段不同部门的需求不同，造成信息系统之间没有统一的技术和数据标准，数据之间不能自动传递，缺乏有效的关联和共享，从而形成一个个彼此隔离的信息孤岛。

信息孤岛带来的弊端如下。

(1) 信息的多口采集、重复输入以及多头使用和维护，信息更新的同步性差，从而影响了数据的一致性和正确性，并使信息资源拆乱分散和大量冗余，信息使用和管理效率低下，且失去了统一的、准确的依据。

(2) 缺乏业务功能交互与信息共享，致使物流、资金流和信息流的脱节，难以对业务过程及业务标准实施有效监控，导致不能及时发现经营管理过程中的问题，进而带来无效劳动、资源浪费和效益流失等严重后果。

(3) 孤立的信息系统无法有效地提供跨部门、跨系统的综合性信息，各类数据不能形成有价值的信息，局部的信息不能提升为管理知识，以致对决策支持只能流于空谈。

(4) 企业信息孤岛的存在，还将影响信息化的集团化、行业化应用。

针对这些问题，有的企业采用升级的办法或用全新的系统替换旧系统，将旧系统中产生的数据导入到新系统中，从而消除现有信息孤岛。但升级替换方法投资巨大且易造成新的"信息孤岛"，不能从根本上解决信息共享。有的企业采用建立统一数据交换协议和数据接口的方法，但易受系统开发商具体情况限制且无法实现业务流程、公共数据、应用软件和各种标准一体化。为彻底解决这一问题，人们开始关注数据集成研究。

9.1.2 数据集成的定义

数据集成是信息系统集成建设中最深层、最核心的工作。数据集成的核心任务是要将互相关联的分布式异构数据源集成到一起，使用户能够以透明的方式访问这些数据源。集成是指维护数据源整体上的数据一致性、完整性、提高信息共享利用的效率；透明的方式是指用户无须关心如何实现对异构数据源数据的访问，只关心以何种方式访问何种数据。如图 9-1 所示，数据集成系统为用户提供统一的数据源访问接口，执行用户对数据源的访问请求。

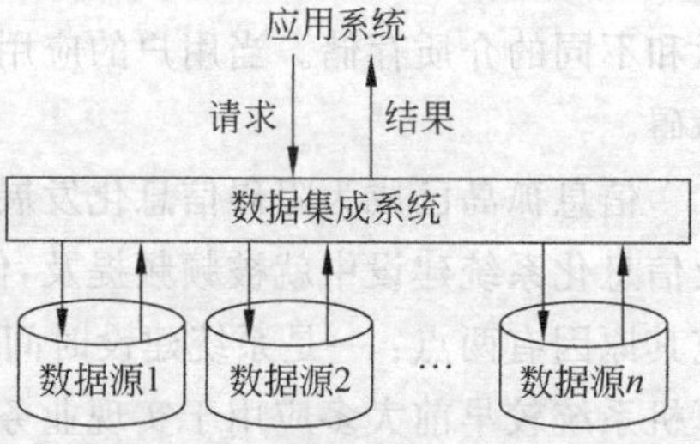

图 9-1 数据集成系统模型

数据集成的数据源主要指各类数据库，广义上也包括各类 XML 文档、HTML 文档、电子邮件、普通文件等结构化、半结构化信息。数据集成是信息系统集成的基础和关键。好的数据集成系统要保证用户以低代价、高效率使用异构的数据。要实现这个目标，必须解决数据集成中的一些难题。

数据集成的难点可以归纳为以下主要方面。

(1) 异构性。被集成的数据源通常是独立开发的，数据模型异构，给集成带来很大困难。这些异构性主要表现在：数据语义、相同语义数据的表达形式、数据源的使用环境等。

(2) 分布性。数据源是异地分布的，依赖网络传输数据，这就存在网络传输的性能和安全性等问题。

(3) 自治性。各个数据源有很强的自治性，它们可以在不通知集成系统的前提下改变自身的结构和数据，给数据集成系统的鲁棒性提出挑战。为了解决这些难题，人们尝试了很多方法来感知这些改变并作出调整，但还没有完全解决数据集成中的一些难题，这也是人们一直关注数据集成研究的原因。

9.1.3 数据集成的发展历史

数据集成技术的研究始于 20 世纪 70 年代中期。从一开始的多数据库集成发展到现在的异构数据源集成，范围和作用都在不断扩大。数据集成的发展可大致分为三个阶段来看。

(1) 20 世纪 70 年代至 80 年代中期。主要技术是联邦数据库，重点在于使有着不同软硬件设备的系统进行互连和通信，解决了一定程度上的语法和结构异构，实现了地理分布、数据模式等的透明性。

(2) 20 世纪 80 年代中期至 90 年代中期。出现了一些支持不同类型系统的中间件技术，如 ODBC、DCOM 及 RMI 等，利用这些中间件技术可以进行异构数据集成。

(3) 20 世纪 90 年代中期到现在。这个阶段比较关注数据集成过程中的语义异构的解决问题，更多地运用知识领域的有关技术，主要有信息的智能集成、数据挖掘等。

构建异构数据集成系统是一个十分复杂的过程，且涉及众多知识领域。在异构分布的数据环境中，共享、维护、操作数据源是必须解决的问题。异构数据集成屏蔽各种异构数据间的差异，对各种异构数据提供统一的操作，使集成后的异构数据对用户来说是统一的和无差异的。

9.1.4 数据集成的阶段划分

数据集成并不是简单的数据集中。数据集成就是要屏蔽信息系统的异构性和数据表示方式的差异性，将不同系统中的数据通过各种技术进行无缝连接，并实现统一的访问。如图 9-2 所示，将分散的异构数据源进行数据集成，要经历数据采集、数据传输、数据表示、数据转换、数据存储、数据访问、数据展示和应用多个阶段。

信息系统处理的数据是异构多样化的，通过各种数据采集技术可将不同类型的数据转换为系统能够处理的数据，采集的数据将通过不同的传输方式传输到信息系统。数据集成的实质工作可能发生在数据传输以后的各个阶段当中，在数据表示与转换、数据存储与访问和数据展示及应用中将涉及不同层次的数据集成技术。下面各节将按照数据集成的不同阶段，分别阐述涉及的问题以及相关的技术。

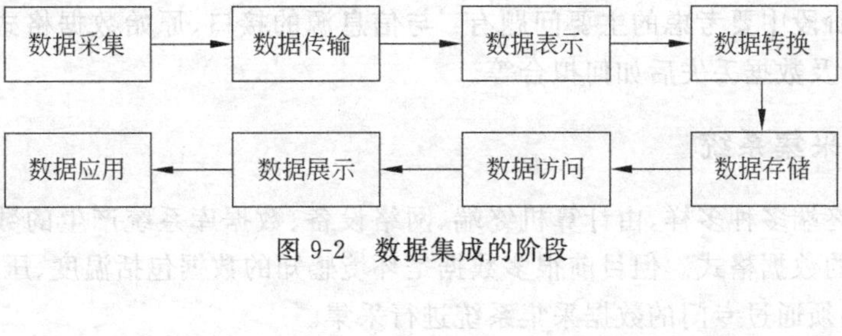

图 9-2　数据集成的阶段

9.2 数据采集阶段

如果信息系统的数据分散在各地，就要将位置分散的、动态产生的、离散的数据通过网络通信等手段收集起来转换成需要的格式并保存起来。如图 9-3 所示，数据采集需要将来自计算机系统、网络设备、通信设备、空调环境设备、数据库系统以及其他系统(包括读卡器、监控摄像头、物理环境传感器等设备收集的数据，这些面向各种特定应用的系统收集的数据已成为数据采集的重要数据来源之一)产生的数据通过(如以太网接口、串行接口等)各种通信手段进行收集，转换成信息系统能够处理的格式并采用各种物理介质保存起来。因此，数据采集所做的工作就是将分散在各处的数据在物理上进行集中。

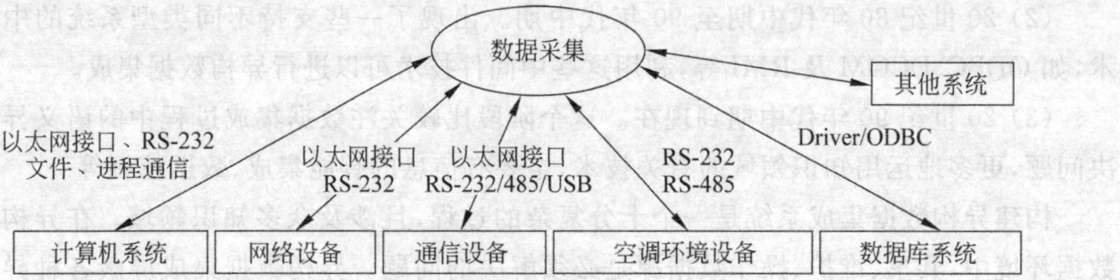

图 9-3 数据采集示例

数据采集的框架如图 9-4 所示，数据采集终端设备是一种具有现场实时数据采集、处理功能的自动化设备，具备实时采集、自动存储、即时显示、即时反馈、自动处理、自动传输功能。原始数据由各种数据采集终端、数据库系统或其他系统通过各种信息源输出接口通过数据传输通道传输到数据采集地再通过信息源输入接口输入到信息系统。数据采集的方式包括人工采集、Wi-Fi 与以太网数据采集设备、传感器数据采集、RFID 数据采集、条码数据采集、摄像头采集、麦克风语音采集等。

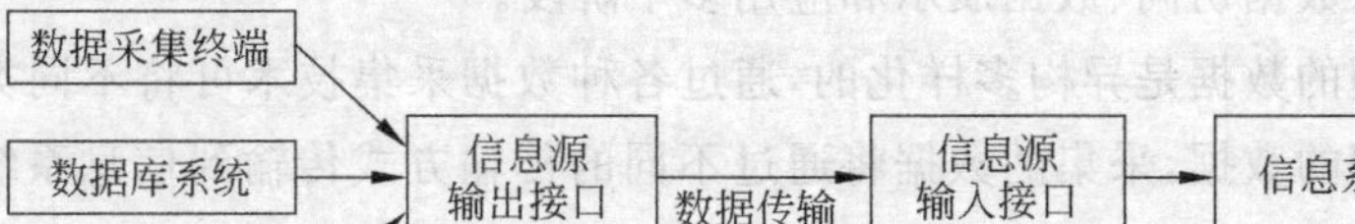

图 9-4 数据采集框架

数据采集阶段中要考虑的主要问题有：与信息源的接口、原始数据格式、采集频率/粒度、通信协议以及数据丢失后如何拟合等。

9.2.1 数据采集系统

数据采集终端多种多样，由计算机终端、网络设备、数据库系统产生的数据已经是信息系统可以处理的数据格式。但目前很多数据是环境感知的数据包括温度、压力、流量等模拟量，这些数据必须通过专门的数据采集系统进行采集。

数据采集系统(Data Acquisition System，DAS)，是指将温度、压力、流量、位移等模拟量进行取样、量化转换成数字量后，以便由计算机进行存储、处理、显示或打印的装置。要将环境感知的物理信息送入计算机进行处理，就必须先将这些连续的物理量离散化，并进行量化编码，从而变成数字量。数据采集系统将被测对象（外部世界、现场）的各种参量（可以是物理量，也可以是化学量、生物量等）通过各种传感元件做适当转换后，再经信号调理、采样、量化、编码、传输等步骤，最后送到控制器进行数据处理或存储记录。

这些专门的数据采集系统广泛应用在各个领域。系统中的数据采集工具包括摄像头、麦克风、各类传感器等。被采集数据是各种物理量，如温度、水位、风速、压力、几何量（或包括物理量，如灰度）数据等，可以是模拟或数字信号。系统一般采取采样的方式，即相隔一定时间（称采样周期）对同一点数据重复采集。采集的数据大多是瞬时值，也可是某段时间内的一个特征值。准确的数据测量是数据采集的基础。数据测量方法有接触式和非接触式，检测元件多种多样。不论哪种方法和元件，均以不影响被测对象状态和测量环境为前提，以保证数据的正确性。

传感器是信息采集系统的首要部件，传感器是指那些对被测对象的某一确定的信息具有感受（或响应）与检出功能，并使之按照一定规律转换成与之对应的有用输出信号的元器件或装置。当然，这里的信息应包括电量或非电量。

如表 9-1 所示，根据被测信息的不同，传感器分成物理量传感器、化学量传感器和生物量传感器三类，每类对应若干具体的传感器。

表 9-1　传感器分类

分　类	具体传感器举例
物理量传感器	硬度传感器、姿态传感器、流量传感器、速度传感器、压力传感器、温度传感器、红外线传感器、转速传感器、加速度传感器、重力传感器
化学量传感器	气体传感器、湿度传感器、离子传感器
生物量传感器	血压传感器、葡萄糖传感器

9.2.2　数据采集系统设计

由于实际物理界面的多样化和目前器件水平的限制，绝大部分数据采集系统仍需设计人员和应用者自行设计。数据采集系统设计的主要工作是误差的合成与分配、系统结构的选择、硬软件的合理配置。

设计数据采集系统时，首先根据被测信号的特点及对系统性能的要求，选择系统的结构形式。进行结构设计时，主要考虑被测信号的变化速率和通道数以及对测量精度、分辨率、速度的要求等。此外，还要考虑性能价格比等。

信息集成系统的数据采集体一般较为分散，因此比较适合采用如图 9-5 所示的分布式数据采集系统。该系统主要由若干个数据采集站和一台上位机及通信线路组成。

数据采集站的组成相当于小型的集中式数据采集系统，一般是由单片机控制的数据采集装置组成，位于被测对象附近，可独立完成数据采集和预处理任务。采集的数据将以数字信号的形式传送给上位机，从而彻底克服了模拟传输的固有缺陷。

上位机一般是计算机或工作站，并可根据需要配置串口卡、打印机和绘图仪等外部设

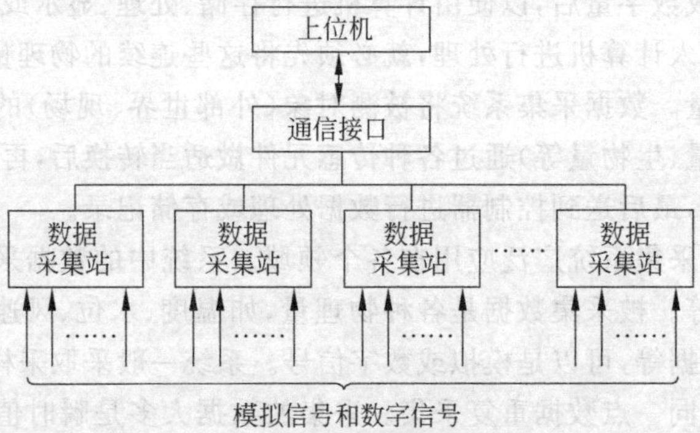

图 9-5 分布式数据采集系统

备。上位机用来将各个数据采集站传送来的数据集中处理、显示、打印，或以文件形式储存在外部存储器上如磁盘、光盘等。此外，还可以将系统的控制参数发送给各个数据采集站，以调整数据采集站的工作状态。

数据采集站的工作受上位机的控制。数据采集站与上位机之间通常采用异步串行传送数据。数据通信通常采用主从方式，由上位机确定与哪一个数据采集站进行数据传送。分布式数据采集系统的主要特点如下。

(1) 系统的适应能力强。无论是大规模的系统，还是中小规模的系统，分布式结构都能够适应。因为可以通过选用适当数量的数据采集站来构成相应规模的系统。

(2) 系统的可靠性高。由于采用了多个以单片机为核心的数据采集站，若某个数据采集站出现故障，只会影响某项数据的采集，而不会对系统的其他部分造成任何影响。

(3) 系统的实时响应性好。由于系统中各个数据采集站之间是真正并行工作的，所以系统的实时响应性较好。这一点对于大型、高速、动态的数据采集系统来说，是一个很突出的优点。

(4) 对系统硬件的要求不高。一个单片机仅需完成数量十分有限的数据采集和处理任务。因此，可以用低档的硬件组成高性能的系统，这是集中式数据采集系统方案所不可比拟的。

另外，这种数据采集系统使用数字信号传输代替模拟信号传输，有利于克服常模干扰和共模干扰，因此特别适合于在恶劣的环境下工作。

9.2.3 数据采集案例

针对不同应用的信息系统都首先需要实现数据采集，才能进行信息处理。现介绍数据采集在地震勘探、城市交通、网络管理中的应用。

1. 地震勘探中的数据采集系统

地震勘探是应用地球物理学的一个重要分支。它的基本工作过程是通过人工方法，在地层中激发弹性波场(地震波)，然后利用地震数据采集系统接收、记录波场的数据(从地下返回的带有地层信息的地震波)，经分析处理后，来推断地下地质参数。利用地震勘探可以跨越介质进行勘探。地震勘探具有精度高、分辨率高、勘探深度大等优点。因此,已成为油、气等资源勘探中一种最有效的勘探方法。

地震勘探工作大体上可以分为资料采集、资料处理和资料解释三个阶段。资料采集就是利用地震数据采集系统在野外探区采集地震数据资料。资料采集的质量如何,对勘探的最终效果具有决定性影响。

早期地震数据采集系统一般采用集中式结构。随着地震勘探的要求不断提高,尤其是道数(每激发一次同时接收的观测点数)的迅速增加。集中式结构已不能适应这种需求,所以现代地震数据采集系统均采用分布式结构。在野外观测点上布置采集站,它负责将模拟信号数字化,并通过有线或无线传输将数据送往位于仪器车中的主机,最后记录在数字磁带上形成原始记录。

2. 城市交通流量监控的数据采集系统

随着城市交通的状况越来越复杂,建立城市交通流量实时监控系统已经成为各大城市交通管理部门的目标。该系统通过建立覆盖城市主要干道及路口的数字网络,配备相应的图像监视设备和软件,可将交通路口车辆运行状况实时传送到监控中心,对道路车辆运行状况进行监控。同时,可以根据现场实际情况对道路车流量进行控制,通过交通诱导诱导屏提示驾驶员提前选择合适道路,以及动态控制红绿灯的时间长短等多项手段,将车辆安排到畅通的路段,减少堵塞,保证道路交通畅通,实现城市交通管理的智能化。

该系统中的数据采集部分需要将分散在城市主要干道及路口的交通状况的车辆流量、速度和视频图像实时采集并传输到系统。为了实现这一功能,需要在城市各主要交通路口设立一个综合采集点,同时需要有覆盖城市区域的网络系统,连接各监视点,并将信息数字化后经网络传输给监控中心。

在系统设计上,要考虑该系统需要在露天环境下工作,因此要求系统控制核心能在70℃温度下稳定工作。由于系统还需要处理视频图像数据,运算必须准确并及时给出结果,因此处理器的性能要足够高。针对系统需求,系统配置如图 9-6 所示。

图 9-6　城市交通流量监控系统配置

3. 网络管理中的数据采集系统

网络管理系统需要对各种网络设备、服务器和个人终端的信息进行采集。这些信息包括服务器的 CPU、内存、磁盘的利用率,服务器的访问情况,交换机的端口流入/流出量、丢包率、错包率、广播包等信息。

如图9-7所示，在所有被管理设备上必须运行一个代理，网络管理系统每隔规定的采样间隔，通过网络使用SNMP协议向代理发送报文与之通信，采集信息并存储到数据库。

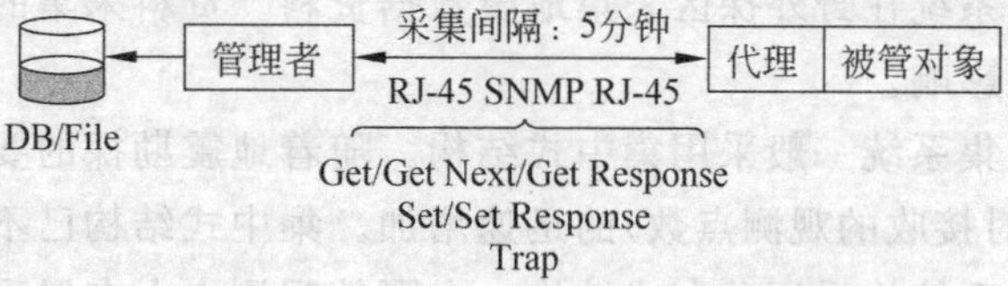

图9-7 基于SNMP的网络管理系统的结构

9.3 数据表示与转换阶段

数据采集是数据集成的首要步骤，不同的数据被采集以后会以不同数据表示格式存储下来，从而成为多种异构的数据源。数据源的异构性是之所以要数据集成的直接原因。本节将讨论数据源的异构性，以及在数据表示和转换技术上解决数据异构的相关技术。

9.3.1 异构数据源

异构性有不同层次上的体现，总的划分一般包括如下四种类型。

1. 系统异构

系统异构是指各数据源有各自独立的运行环境，包括不同的硬件设备、操作系统和通信协议。

2. 结构异构

结构异构是指各类数据使用不同的数据模型。根据数据与其数据模式的关系，可以把数据分成三种类型：结构化数据、非结构化数据和介于两者之间的半结构化数据。

1）结构化数据

结构化数据是指那些有着严格模式的数据，包括关系数据库、面向对象数据库以及对象关系数据库中的数据。这些数据最大特点是数据模式和数据完全分开，数据一般都具有稳定的数据模式，存储数据时严格按照预先定义的模式来存储。结构化数据主要来自各种数据库管理系统，如Oracle、Sybase、SQL Server、DB2、Informix等。

2）非结构化数据

非结构化数据是指完全没有格式的数据，它们以字符流形式存在，如传真、声音、图形、图像文件等，虽然每一种类型的文档本身都有一定的格式，但总的来说是无结构的文件数据，没有统一的数据模式，不能用结构化的数据模型来描述。

3）半结构化数据

对于半结构化数据的定义，还没有一个统一的定义，一般认为半结构化数据是指那些结构隐含或无规则、不严谨的自我描述型数据。它是介于严格结构化的数据（如关系数据库中的数据)和完全无结构的数据(如声音、图像文件)之间的数据形式,具有如下一些特点。

(1) 隐含的模式信息。半结构化数据具有一定的结构,但其结构与数据混在一起,没有显式的模式定义。在关系数据库或面向对象数据库中,都存在着用来描述数据及其间的关系的模式,模式与数据的存储是完全分离的。但是在半结构化环境中,模式信息通常包含在数据中,即模式与数据间的界限混淆,这样的数据称为自我描述型数据。某些自我描述型数据中存在结构但不清晰明显,需要从中提取,如 Web 上的 HTML 文档。

(2) 不规则的结构。某些数据的结构可见,但是不严谨,例如,两个不同关系数据库用不同类型表示的同一个概念,将这两个数据库简单集成后,原有的两个结构相当严谨的数据立即变成了半结构化数据。一个数据集合可能由异构的元素组成,例如,学生集合中某些学生有电子邮件地址,而另一些学生则没有。同样的信息可能由不同类型的数据表示,例如,姓名的表示有些是一个字段,而有些拆成姓和名两个字段。

(3) 没有严格的类型约束。由于没有一个预先定义的模式,以及数据在结构上的不规则性,所以缺乏对数据的严格类型约束。

半结构化数据一般有两种来源:一是直接来自半结构化数据源,如 Web 数据、工程数据、各种类型电子文档(电子表格、TEXT)、电子邮件等,这些数据是典型的半结构化数据;二是作为异构数据源集成系统的公共数据模型引入,如 Versatile、TSIMMIS 和 LORE。

3. 语法异构

语法异构是指各类数据使用不同的语言表示,例如,中文和英文的数据以及不同的数据表达形式。

同一信息采用不同的数据格式来表示,就造成了语法上的异构。对于数值型的数据,数据采用的单位和表示形式不同,数据表示就不一样。这时就需要统一单位和表示形式。对于非数值型的数据转换成数值型数据时,采取不同数据转换技术,数据的表示也各不相同。如对于 2012 年 7 月 14 日这一信息,有的系统表示为 2012-7-14,有的系统则表示为 2012.07.14,有的系统会分年月日三个字段分别表示。

再比如姓名,如图 9-8 所示,对于“王小二”这一姓名,不同的系统采取不同手段转换成数据就会千差万别。若采用只提取姓的手段,“王小二”的数据表示就是“王”;若采用转换成拼音的手段,“王小二”的数据表示就是 WangXiaoEr;若采用姓和名重构的手段,“王小二”的数据表示就是“小二.王”;若采用姓和名拆分的手段,“王小二”的数据表示就变为是“王”和“小二”两个数据。

4. 语义异构

语义异构包括概念一级的语义异构和值一级的语义异构。概念一级的语义异构是指不同的信息源使用多种术语表示同一概念;同一术语在不同的信息源中表达不同的含义。值一级的语义异构主要是由于各信息源中的概念之间存在着各种联系,但由于各信息源的分布自治性,这种隐含的联系不能体现出来(比如度量单位的不一致,划分精度的不一致等)。

在进行数据集成时,就是要对用户屏蔽异构数据源的异构性,提供统一、透明、完整、一致性的访问。许多技术被开发用来解决这些不同类型的异构问题,在本章中会按照数据集

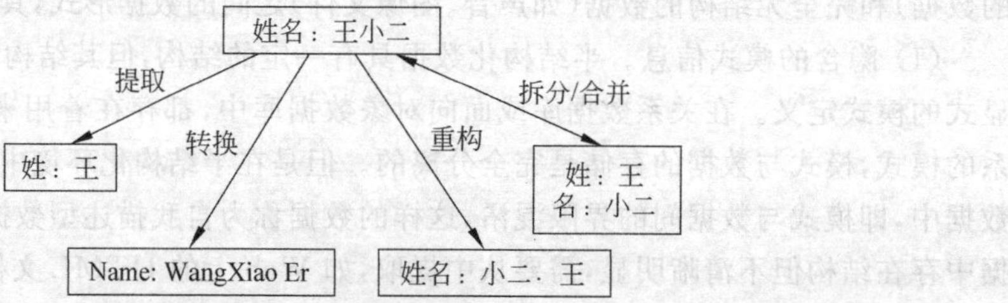

图 9-8　数据语法异构示例

成的不同阶段来对部分技术分别进行介绍。在数据表示和转换这一阶段解决数据源异构的办法就是统一数据的表示和转换的方式,目前普遍采用的方法是 XML 及其相关技术。

9.3.2　XML 技术

如果数据格式不一致,为了统一异构数据源的数据格式,可使用一种规范的数据格式描述语言来表示各种异构的数据,以实现共享。因此,1998 年国际 W3C 联盟(World Wide Web Consortium)开发了用于网络环境下数据交换、数据管理和网页设计的新技术——可扩展标记语言(eXtensible Markup Language,XML)。

XML 是一种可以用于 Web 上的标准的、结构化的、可扩展的数据格式描述语言。它可以描述各种各样结构的信息,并且由于数据内容独立性原则和可自解释性,使得用它表示的数据信息可以很方便地被不同的数据使用者使用。XML 数据以纯文本格式进行存储,因此提供了一种独立于软件和硬件的数据存储方法,这让创建不同应用程序可以共享的数据变得更加容易。XML 具有较为强大的描述数据和管理数据的能力,利用 XML 可较好地实现异构数据源共享。同时,XML 具有跨平台特性和可扩展性,使得基于 XML 异构数据源之间的数据共享具有很强的独立性和灵活性。

XML 不仅提供对资源内容的表示,同时也提供资源所具有的结构信息,适合于表示各种信息,因而被广泛接受。目前已经被应用于许多领域中。异构的数据源采用 XML 统一描述形成 XML 文件以后,就可以实现异构数据库之间的数据交换、跨平台的不同应用程序之间的数据交换以及 Web 数据的发布。

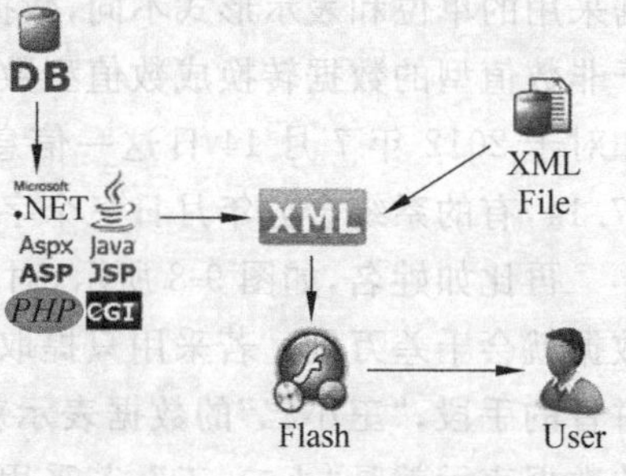

图 9-9　XML 使用示例

由于 XML 技术的日趋成熟和广泛应用,很多应用程序都支持基于 XML 的数据转换和发布,如 Word 应用程序就可以直接将 Word 文档另存为 XML 文件,Web 页面可以利用工具如 HTML Tidy 实现 XML 数据转化或直接用 XML 语言加上样式文件来描述 Web 页面。图 9-9 演示了将来自不同数据源的信息集成展现给用户的示例。

9.3.3　数据 ETL 技术

ETL(Extract Transform Load)即数据的抽取、转换与装载,是从异构的数据源抽取数据并进行转换，最后加载到数据仓库。ETL负责将分布的、异构数据源中的数据(如关系数据、平面数据文件等)抽取到临时中间层后进行清洗、转换、集成，最后加载到数据仓库或数据集市中，成为联机分析处理、数据挖掘的基础。

目前信息系统中容易造成脏数据，主要原因有滥用缩写词、惯用语、数据输入错误、数据中的控制信息、重复记录、丢失值、拼写变化、不同的计量单位和不同的编码等。为了确保数据的质量，需要对业务支撑系统的原始操作数据进行相应的清洗和转换，ETL就是这样一种转换过程。

ETL的主要作用在于屏蔽复杂的业务逻辑，从而为各种基于数据仓库的分析和应用提供了统一的数据接口。ETL是数据仓库建设的重要环节，在整个项目中最难部分是用户需求分析和模型设计，而ETL规则设计和实施则是工作量最大的部分。

如图9-10所示，ETL的具体过程主要包括数据抽取、数据转换和数据加载。

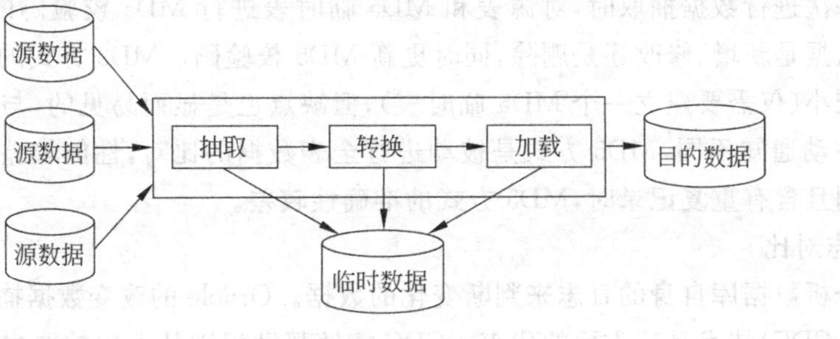

图9-10 ETL过程

1. 数据抽取

数据抽取是所有工作的前提，是捕获数据源的过程，即将数据从各种原始的业务系统中读取出来。实际应用中，数据源较多采用的是关系数据库。从数据库中抽取数据一般有全量抽取和增量抽取两种方式。全量抽取比较简单，类似于数据迁移或数据复制，它将数据源中的表或视图的数据原封不动地从数据库中抽取出来，并转换成ETL工具自己可以识别的格式。增量抽取只抽取自上次抽取以来要抽取的表中新增或修改的数据。

在ETL使用过程中，增量抽取比全量抽取应用得更广。如何捕获变化的数据是增量抽取的关键。对捕获方法一般有两点要求：准确性，能够将业务系统中的变化数据按一定的频率准确地捕获到；性能，不能对业务系统造成太大的压力，影响现有业务。目前增量数据抽取中常用的捕获变化数据的方法有触发器、时间戳、全表对比和日志对比等。

1）触发器

在要抽取的表上建立需要的触发器，一般要建立插入、修改、删除三个触发器，每当源表中的数据发生变化，就被相应的触发器将变化的数据写入一个临时表，抽取线程从临时表中抽取数据，临时表中抽取过的数据被标记或删除。触发器方式的优点是数据抽取的性能较高，缺点是要求业务表建立触发器，对业务系统有一定的影响。

2）时间戳

它是一种基于快照比较的变化数据捕获方式，在源表上增加一个时间戳字段，系统中更新修改表数据的时候，同时修改时间戳字段的值。当进行数据抽取时，通过比较系统时间与时间戳字段的值来决定抽取哪些数据。有的数据库的时间戳支持自动更新，即表的其他字段的数据发生改变时，自动更新时间戳字段的值。有的数据库不支持时间戳的自动更新，这就要求业务系统在更新业务数据时，手工更新时间戳字段。同触发器方式一样，时间戳方式的性能也比较好，数据抽取相对清楚简单，但对业务系统有侵入性（加入额外的时间戳字段），特别是对不支持时间戳的自动更新的数据库，还要求业务系统进行额外的更新时间戳操作。另外，无法捕获对时间戳以前数据的 delete 和 update 操作，在数据准确性上受到了一定的限制。

3）全表比对

典型的全表比对的方式是采用 MD5 校验码。ETL 工具事先为要抽取的表建立一个结构类似的 MD5 临时表，该临时表记录源表主键以及根据所有字段的数据计算出来的 MD5 校验码。每次进行数据抽取时，对源表和 MD5 临时表进行 MD5 校验码的比对，从而决定源表中的数据是新增、修改还是删除，同时更新 MD5 校验码。MD5 方式的优点是对源系统的侵入性较小（仅需要建立一个 MD5 临时表），但缺点也是显而易见的，与触发器和时间戳方式中的主动通知不同，MD5 方式是被动进行全表数据的比对，性能较差。当表中没有主键或唯一列且含有重复记录时，MD5 方式的准确性较差。

4）日志对比

通过分析数据库自身的日志来判断变化的数据。Oracle 的改变数据捕获（Changed Data Capture，CDC）技术是这方面的代表。CDC 能够帮助识别从上次抽取之后发生变化的数据。利用 CDC，在对源表进行 insert、update 或 delete 等操作的同时就可以提取数据，并且变化的数据被保存在数据库的变化表中。这样就可以捕获发生变化的数据，然后利用数据库视图以一种可控的方式提供给目标系统。

ETL 处理的数据源除了关系数据库外，还可能是文件，例如，TXT 文件、XLS 文件、CSV 文件、XML 文件等。对文件数据的抽取一般是进行全量抽取，一次抽取前可保存文件的时间戳或计算文件的 MD5 校验码，下次抽取时进行比对，如果相同则可跳过。

目前在数据抽取过程中采用三种方法：第一种是借助专业的 ETL 工具，第二种是 SQL 编程方式，第三种是 ETL 工具和 SQL 相结合。借助工具可以快速地建立起 ETL 工程，屏蔽复杂的编码任务，提高速度，降低难度，但缺少灵活性；而 SQL 编程的优点是灵活，提高 ETL 运行效率，但是编码复杂，对技术要求比较高；第三种综合了前两种的优点，极大地提高 ETL 的开发速度和效率。

2. 数据转换

从数据源中抽取的数据不一定完全满足目的库的要求，例如，数据格式的不一致、数据输入错误、数据不完整等，因此有必要对抽取出的数据进行数据转换和加工。数据转换是按照预先设计好的规则，将抽取得到的数据进行转换、清洗，处理一些冗余、歧义、不完整、违反业务规则的数据，统一数据的粒度，使本来异构的数据格式统一起来。

数据的转换和加工可以在 ETL 引擎中进行，也可以在数据抽取过程中利用关系数据库的特性同时进行。ETL 引擎中一般以组件化的方式实现数据转换。常用的数据转换组件有字段映射、数据过滤、数据清洗、数据替换、数据计算、数据验证、数据加解密、数据合并、数据拆分等。这些组件是可插拔的，且可以任意组装，各组件之间通过数据总线共享数据。有些ETL 工具还提供了脚本支持，让用户可以通过编程的方式来定制数据的转换和加工行为。

概括起来，数据转换的操作有以下几种方法。

(1) 直接映射。数据源字段和目标字段长度或精度相同，则无须做任何处理。

(2) 字符串处理。从数据源的字符串字段中获取特定信息作为目标数据库的某个字段。对字符串的操作有类型转换、字符串截取等。由于字符类型字段的随意性也可能造成脏数据的出现，所以在处理这种规则的时候，需要异常处理。

(3) 字段运算。对于数值型字段来说，有时数据源的一个或多个字段进行数学运算而得到目标字段，则需要某些字段运算。

(4) 空值判断。对于数据源字段中的 NULL 值，可能在目标数据库进行分析处理时会出问题，因此必须对空值进行判断，并转换成特定的值。

(5) 日期转换。由于目标数据库中的日期类型格式是统一的，所以对数据源字段的日期格式需要相应的转换。

(6) 聚集运算。对于目标数据库表中的一些度量字段，通常是通过数据源一个或多个字段运用聚集函数得来的，比如 sum、count、avg、min、max，因此需要做相应的转换。

(7) 既定取值。这条规则对于目标字段取一个固定的或是依赖系统的值，而不依赖于数据源字段。

同时，数据还可以在数据库中进行转换和加工。关系数据库本身已经提供了强大的 SQL 函数来支持数据的加工，如在 SQL 查询语句中添加 where 条件进行过滤，查询中重命名字段名与目的表进行映射，substr 函数，case 条件判断等。相比在 ETL 引擎中进行数据转换和加工，直接在 SQL 语句中进行转换和加工更加简单清晰，性能更高。对于 SQL 语句无法处理的，再交由 ETL 引擎处理。

3. 数据加载

最后是数据加载，转换后的数据按照计划增量或全部导入到数据仓库中。将转换和加工后的数据装载到目的库中，通常是 ETL 过程的最后步骤。装载数据的最佳方法取决于所执行操作的类型以及需要装入多少数据。

当目的库是关系数据库时，一般来说有两种装载方式。

(1) 直接 SQL 语句进行 insert、update、delete 操作。

(2) 采用批量装载方法，如 bcp、bulk、关系数据库特有的批量装载工具或 API。

大多数情况下会使用第一种 SQL 语句方法，因为它们进行了日志记录并且是可恢复的。但是，批量装载操作易于使用，并且在装入大量数据时效率较高。使用哪种数据装载方法取决于业务系统的需要。

4. ETL 工具

在数据集成中选择 ETL 工具，一般来说需要考虑以下几个方面。

(1) 对平台的支持程度。

(2) 对数据源的支持程度。

(3) 抽取和装载的性能是不是较高，且对业务系统的性能影响大不大，侵入性高不高。

(4) 数据转换和加工的功能强不强。

(5) 是否具有管理和调度功能。

(6) 是否具有良好的集成性和开放性。

ETL 工具从厂商来看分为两种：一种是数据库厂商自带的 ETL 工具，典型的代表产品有 Oracle 的 ODI 和 OWB、Microsoft SQL Server 2005 的 SSIS、Informatica 的 PowerCenter、Ascential 的 Data Stage 等；另一种是第三方工具提供商，如 Kettle，以及很多开源的 ETL 工具，功能各异，强弱不一。

1) Oracle Data Integrator(ODI)

ODI 是一个全面的数据集成平台，它能满足所有数据集成要求，涉及领域包括高容量、高性能批处理、事件驱动的少量传送集成过程以及支持 SOA 的数据服务。ODI 是 Oracle 在 2006 年收购 Sunopsis 公司后整合推出的一款数据集成工具，现在是 Oracle Fusion Middleware 的组件。与 Oracle 自己的 OWB(Oracle Warehouse Build)相比，ODI 支持更多的异构数据源，支持 SOA 和 Jython，和 OWB 正好互补。ODI 和 OWB 和通常所见的 ETL 工具不同，不是采用独立的引擎而是采用 RDBMS 进行数据转换。

ODI 以 Java 图形模块和调度代理访问的模块化信息库为中心进行组织。图形模块用于设计和构建集成过程，代理用于安排和协调集成任务。当 ODI 项目投入生产时，数据管理员可以使用基于 Web 的 Metadata Navigator 应用程序，来根据信息库中的元数据生成报告。现成的知识模块可以使用特定于平台的代码和工具，跨异构平台提取和加载数据。

2) Microsoft SQL Server Integration Services(SSIS)

SSIS 的前身是 DTS(数据转换服务)，DTS 的第一次发布是在 SQL Server 7.0 中，在其中有许多现成的标准任务，包括 Transform Data(数据转换)、Execute Process(执行处理)、ActiveX Script、Execute SQL(执行 SQL)和 Bulk Insert Tasks(块插入任务)。DTS 也是进行 ETL 处理的出色工具，但 SSIS 才是真正的企业级的 ETL。

SSIS 是用于生成企业级数据集成和数据转换解决方案的平台。使用它可解决复杂的业务问题，具体表现为：复制或下载文件，发送电子邮件以响应事件，更新数据仓库，清除和挖掘数据以及管理 SQL Server 对象和数据。这些包可以独立使用，也可以与其他包一起使用以满足复杂的业务需求。SSIS 可以提取和转换来自多种源(如 XML 数据文件、平面文件和关系数据源)的数据，然后将这些数据加载到一个或多个目标。它包含一组丰富的内置任务和转换、用于构造包的工具以及用于运行和管理包的服务。可以使用图形工具来创建解决方案，而无须编写一行代码；也可以对各种对象模型进行编程，通过编程方式创建包并编写自定义任务以及其他包对象的代码。

3) Informatica PowerCenter

Informatica PowerCenter 是建立可伸缩、可扩展的 Informatica 数据集成平台的核心和基础。与 PowerConnect 产品一起使用，PowerCenter 可以提供对广泛的应用和数据源的支持，包括对 ERP 系统的支持(Oracle、PeopleSoft、SAP)，对 CRM 系统的支持(Siebel)，对电子商务数据的支持(XML、MQ Series)等。PowerCenter 是最突出的分析性数据集成平台，可以使大的企业或组织能够按其复杂的业务信息需求，读取、转换、集成遗留系统、关系型 ERP、CRM、消息信息和电子商务数据。PowerCenter 拥有一个功能强大的数据整合引擎，所有的数据抽取转换、整合、装载的功能都在内存中执行，不需要开发者手工编写这些过程的代码。PowerCenter 数据整合引擎是元数据驱动的，通过知识库和引擎的配对管理，可以保证数据整合过程能够最优化执行，并且使数据仓库管理员比较容易对系统进行分析管理，从而适应日益增加的数据装载和用户群。

4) 开源 ETL 工具 Kettle

Kettle 是一款由 Pentaho 公司开发的功能强大的开源的元数据驱动的 ETL 工具软件。Kettle 具有可视化的流程设计工具，良好的插件扩展功能，支持集群操作。

Kettle 使用 Java 平台开发，所以在平台移植性方面支持得非常好，无论是 Windows 还是 Linux 都可以方便使用。Kettle 实际上是一个 ETL 软件包，它主要含有 Spoon、Pan 和 Carte 三个主要模块。其中 Spoon 用来设计数据转换和工作的图形化设计工具；Pan 用来执行 Spoon 设计的数据转换任务的命令行工具；Carte 可以远程执行数据转换任务的 Web 服务器。第 11 章将以其为案例展开分析。

9.4 数据存储与访问阶段

数据会采取不同的表达形式，存储在不同的物理介质（包括硬盘、光盘、磁带等）以及不同的文件系统，造成语法异构性和系统异构性。同时数据存储时还会采用不同的数据模型，成为结构化数据、半结构化数据和非结构化数据，从而导致结构异构性。为了有效地管理大量数据，并根据需要方便、快捷获取所需的数据，大部分数据采用严格的数据模型存储在数据库中。而数据库的种类很多，各自有不同的数据模型和访问接口，又产生了异构数据库之间的数据统一访问问题。

在数据存储和访问阶段，数据集成要解决的问题主要是结构异构性以及不同数据库如何提供统一访问的问题。主要解决的办法是统一数据模型、联邦数据库、数据库拆分、异构数据库相互转化、数据库中间件、数据仓库等。

9.4.1 数据库技术

为了有效地管理大量数据，方便快捷地获取所需数据，被采集数据一般都存储在不同的数据库中。数据库从字面意思来说就是存放数据的仓库，具体而言就是长期存放在计算机内的有组织的可共享的数据集合，可供多用户共享，数据库中的数据按一定的数据模型组织、描述和储存，具有尽可能小的冗余度和较高的数据独立性和易扩展性。

对数据库中存储数据的操作是由数据库管理系统（Database Management System，DBMS）完成的。DBMS 是数据库系统的核心组成，是对数据进行管理的大型系统软件，用户在数据库系统中的一些操作，如数据定义、数据操作、数据查询及数据控制等都是由数据库管理系统来实现的。

目前大部分数据库都支持的数据操作语言，是结构化查询语言（Structured Query Language，SQL）。SQL 是国际标准数据库语言，无论是 Oracle、Sybase、Informix、SQL Server

这样的大型数据库管理系统，还是 Visual FoxPro、Access 这样的小型数据库管理系统，都支持 SQL 语言。SQL 语言的功能包括查询、操纵、定义和控制，利用 SQL 可以进行很复杂的查询。它允许用户在高层数据结构上工作，而不要求用户指定数据的存放方法和了解数据具体的存放方式；因此即使是底层结构完全不同的数据库系统，都可以使用 SQL 语言来操作数据。

不同的数据库系统虽然都支持数据操作语言 SQL，但因为底层结构不一样，实际实现底层操作的应用程序接口(API)是各不相同的。这就给应用程序访问多个数据库实现数据集成的应用带来困难。

为了使应用程序方便地访问某特定的数据库，数据库系统必须定义了一组存取本数据库的客户端 API。如图 9-11 所示，该 API 是由一组专门的驱动程序库(Driver)组成，应用程序与该驱动程序库链接在一起组成一个完整的进程。应用程序调用该驱动程序库提供的功能完成相应的操作。应用程序通常是将 SQL 语句作为库函数的输入来执行 SQL 指定的操作，同时还需要了解数据库的位置与格式。

这种访问方式给数据集成带来问题。不同编程语言编写的应用程序访问同一个数据库系统也需要该数据库系统提供各种编程环境下的客户端驱动程序库。同时由于不同的数据库系统提供的驱动程序库互不相同，如图 9-12 所示，即便是同一个应用程序如果要访问不同的数据库，也必须调用不同的数据库提供的客户端驱动程序库，编程效率低。

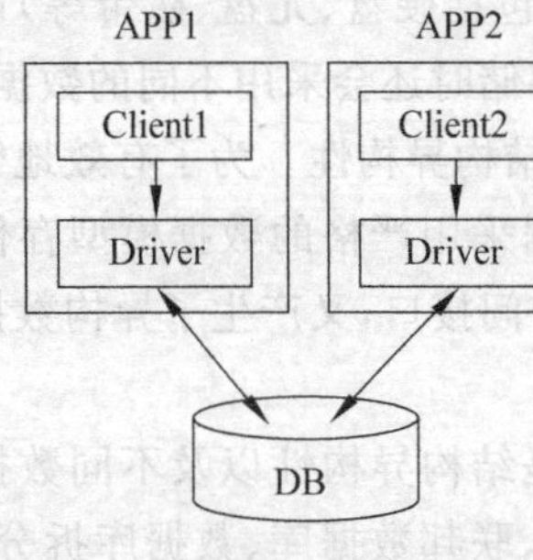

图 9-11 不同的应用程序使用 Driver 访问数据库

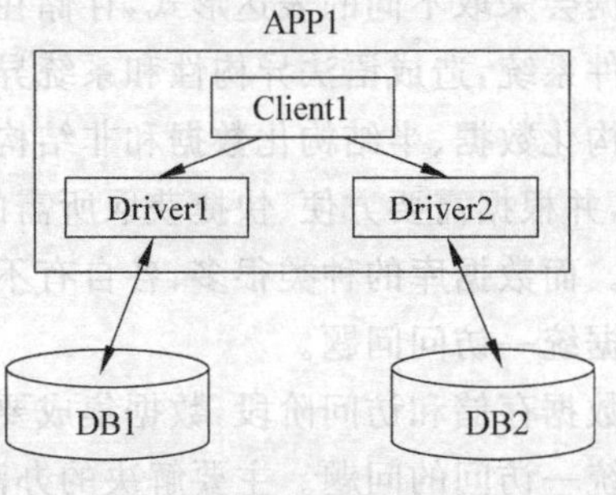

图 9-12 同一应用程序使用不同的 Driver 访问不同的数据库

9.4.2 公共数据模型

数据模型是数据库系统的核心和基础，各种机器上实现的 DBMS 软件都是基于某种数据模型的。数据模型是对现实世界数据特征的抽象，一般由数据结构、数据操作和数据完整性约束三个部分组成，是严格定义的一组概念的集合。

(1) 数据结构。数据结构用于描述系统的静态特性，是所研究的对象类型的集合。数据模型按其数据结构分为层次模型、网状模型、关系模型和面向对象模型。其所研究的对象是数据库的组成部分，它们包括两类：一类是与数据类型、内容、性质有关的对象，例如，网状模型中的数据项、记录，关系模型中的字段、属性、实体关系等；另一类是与数据之间联系有关的对象，例如，关系模型中反映联系的关系等。通常按数据结构的类型来命名数据模型。数据结构类型有层次结构、网状结构、关系结构和面向对象结构 4 种，它们所对应的数据模型分别以此命名。

(2) 数据操作。数据操作用于描述系统的动态特性，是指对数据库中各种对象及对象的实例允许执行的操作的集合，包括对象的创建、修改和删除，对对象实例的检索和更新(例如，插入、删除和修改)两大类操作及其他有关的操作等。数据模型必须定义这些操作的确切含义、操作符号、操作规则(如优先级)以及实现操作的语言等。

(3) 数据完整性约束。数据的完整性约束是一组完整性约束规则的集合。完整性约束规则是给定的数据模型中数据及其联系所具有的制约和依存规则，用以限定符合数据模型的数据库状态以及状态的变化，以保证数据的正确、有效、相容。

数据模型三个要素中任何一个的不同都会导致异构。

随着应用需求的增加和网络技术的发展，越来越多的用户希望能够同时访问和处理来自多个数据源的数据。然而，这些数据源在物理和逻辑上可能存在很大的差异，不仅包括存储在传统数据库中的结构化数据，而且包括存储在 HTML/XML 文档系统中的半结构化数据，甚至还有存储在文件系统中的非结构化数据。这些数据具有不同的数据模型，有的是结构化数据模型，有的是半结构化数据模型，有的则没有规范的数据模型。因此可以采用公共数据模型的办法来解决数据源结构异构这一问题。这种公共数据模型不仅要能表示已有的数据模型，而且还能方便地表示没有预知模式的数据。使用公共数据模型来集成这些来自不同数据源的异构数据，可以为用户提供一个统一的数据访问平台，为应用开发提供无缝平台，集成后的异构数据源对用户来说是统一的和无差异的。

现有的大多数模式集成技术都是在同种模式基础上进行的，集成两个采用同一数据模型描述的模式相对容易一些。而各个异构数据源的模式可能是由不同数据模型表示的，同一概念可能按不同的方式模型化，相似的应用也可能选择不同的模型化技术。

将异构数据源的模型映射成公共数据模型，可以使集成工作容易进行。由于不同数据模型有不同的表达，在模型映射时有时需要添加一些在源模型中欠缺的语义和细节。这样，映射过程就相对方便些。公共数据模型是解决异构数据源中不同模式之间异构性的基础，设计一个异构数据集成系统的首要问题就是选择一个合适的公共数据模型。

一种理想的公共数据模型首先应具有足够的表现力，能表达所需要的信息，即具有语义丰富的特点。同时，一种公共数据模型应足够简单，易于为设计者理解、分析和操作。能准确描述任何系统中各种特点的模型会具备很多特点，但也难于理解和操作，因此理想的公共数据模型在表现力和简单性之间应取得一种折中。

由于半结构化数据产生的异构性问题，数据集成系统按照全局数据模型的不同，可分为两类。

(1) 使用关系模型作为全局数据模型。由 Wrapper 完成底层数据源的数据模式的关系化，然后使用关系模式作为全局数据模式。这种数据集成系统的缺点是无法满足半结构化数据的特殊需要，而且会丢失信息；它也许能满足某些特定情况下的数据集成需求，但是无法从根本上解决数据异构性问题。

(2) 使用半结构化数据模型作为全局数据模型。这种数据集成系统采用半结构化数据模式(或 XML)作为全局模式。这种系统为数掘源的异构性提供了更为灵活的支持，可以管理各种各样的异构数据。TSIMMIS 就是采用半结构化数据模型作为全局数据模型的，而很多的XML数据集成系统则采用XML作为全局模式，从数据模型角度看也是半结构化的。

目前一般采用半结构化数据模型作为统一数据模型，其原因是半结构化数据模型既能描述半结构化数据，同时也能描述结构化数据。

9.4.3 联邦数据库技术

联邦数据库系统出现在20世纪70年代到80年代中期，重点在于使有着不同软硬件设备的计算机系统进行互连和通信，解决了一定程度上的语法和结构异构，实现了地理分布、数据模式等的透明性。

联邦数据库是异构数据集成中最简单的一种方式。它的构成方法是将所有数据源通过数据交互接口进行一对一的连接。这种交互接口可以让数据源Database1使用数据源Database2理解的术语来访问Database2数据源。也就是说，不同的数据源之间使用数据交互接口来实现数据互访。这样，一个数据源就可以访问任何其他数据源的信息；同时，如果有n个异构数据源需要互连，那么就要去构造$n\times(n-1)$个数据交互接口来支持这n个异构数据源之间的互相访问。

图9-13给出了4个异构数据源构造联邦数据库的结构。其中每一个数据源都需要和其他的3个数据源进行交互。这种方法的优点是容易实现，尤其是在集成的数据源种类和个数限定的情况下，而缺点则是不同的接口太多，工作量极大，扩展性差。

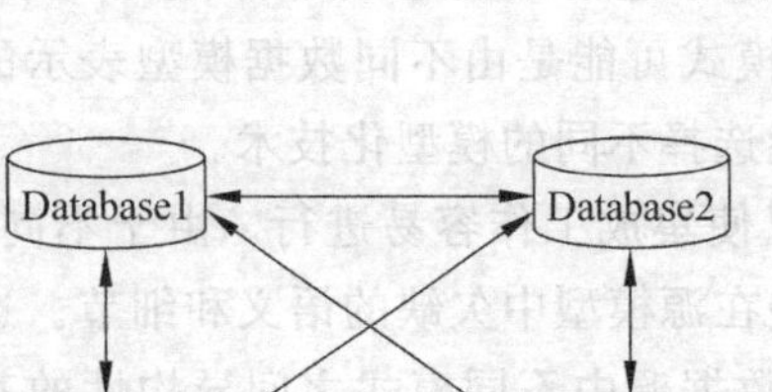

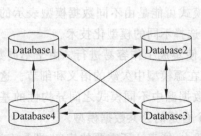

图9-13 联邦数据库法结构图

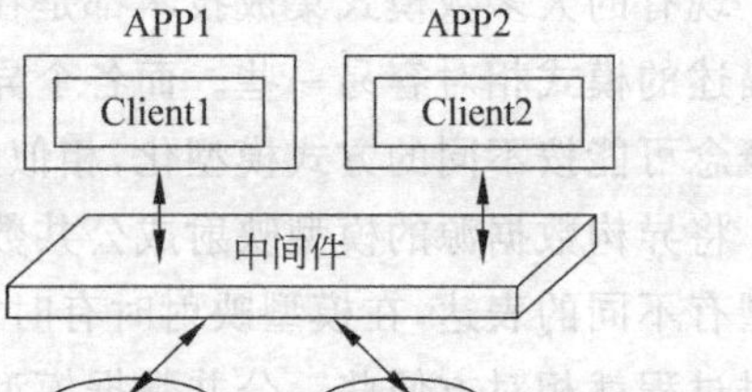

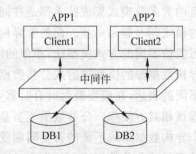

图9-14 应用程序使用中间件访问不同的数据库

9.4.4 数据库中间件

中间件系统通过提供所有数据的虚拟视图来整合异构数据源。这些异构数据源包括数据库、遗留系统和Web资源等。中间件系统向用户提供全局模式即中间模式，用户的查询是基于中间模式的，不必知道数据源的位置、模式或者存取方式。

如图9-14所示，在异构数据库和应用系统之间设置用于数据访问的中间层，向下协调各异构数据库系统之间的数据关联关系，向上为应用系统提供特定的服务功能或服务接口。应用程序调用中间件提供的功能完成相应的操作，中间件可以屏蔽数据的分布地点、DBMS平台、SQL扩展、特殊的本地API等差异，应用程序不用关心数据位置与格式，访问透明。

数据库中间件在所有的中间件中是应用最广泛，技术最成熟的一种。一个最典型的例子就是开放数据库互连(Open DataBase Connectivity，ODBC)。ODBC是一种基于数据库的中间件标准，是 1992 年 Microsoft 和 Sybase、Digital 共同制定的，它允许应用程序和本地或者异地的数据库进行通信，提供了一组存取数据库的标准应用程序接口，使应用程序能够统一地访问异构数据库，改变数据库厂家驱动程序接口互不相同的局面。ODBC 是 Windows 开放服务结构(Windows Open Services Architecture，WOSA)中有关数据库的一个组成部分，它建立了一组规范，并提供了一组对数据库访问的标准 API。这些 API 利用 SQL 来完成其大部分任务。ODBC 本身也提供了对 SQL 语言的支持，用户可以直接将 SQL 语句送给 ODBC。ODBC 为关系数据库的客户软件提供了一种统一的接口，使用 ODBC API 的应用程序可以与任何具有 ODBC 驱动程序的关系数据库进行通信。

ODBC 的基本思想是为用户提供简单、标准、透明的数据库连接的公共编程接口，由开发厂商根据 ODBC 的标准去实现底层的驱动程序。一个基于 ODBC 的应用程序对数据库的操作不依赖任何 DBMS，不直接与 DBMS 打交道，所有的数据库操作由对应的 DBMS 的 ODBC 驱动程序完成。也就是说，无论是 FoxPro、Access、MySQL 还是 Oracle 数据库，均可用 ODBC API 进行访问。由此可见，ODBC 的最大优点是能以统一的方式处理所有的数据库。

ODBC 依靠分层结构来可保证其标准性和开放性，总体结构主要有 6 个组件。

(1) 应用程序。执行处理并调用 ODBC API 函数，提交 SQL 语句并获得结果。

(2) ODBC API。ODBC API 是 ODBC 的应用程序接口。

(3) 驱动程序管理器(Driver Manager)。驱动程序管理器根据应用程序需要加载/卸载驱动程序，处理 ODBC 函数调用，或把它们传送到驱动程序。

(4) ODBC 驱动程序。驱动程序处理 ODBC 函数调用，提交 SQL 请求到一个指定的数据源，并把结果返回到应用程序。如果有必要，驱动程序会修改应用程序的请求，以使请求与相关的 DBMS 支持的语法一致。

(5) 数据源。数据源包括用户要访问的数据及其相关的操作系统、DBMS 及用于访问 DBMS 的网络平台。

(6) ODBC 管理器。ODBC 管理器的其主要任务是管理安装的 ODBC 驱动程序和管理数据源。打开 Windows 系列操作系统的控制面板上 ODBC 数据源，就可以看到该操作系统所管理的 ODBC 驱动程序和数据源。

ODBC 的总体结构如图 9-15 所示。

ODBC 驱动程序管理器把应用程序从具体的数据库调用中隔离开来，针对特定数据库的各个驱动程序进行集中管理，并向应用程序提供统一的标准接口，这就为 ODBC 的开放性奠定了基础。

应用程序要访问一个数据库，首先必须用 ODBC 管理器注册一个数据源，管理器根据数据源提供的数据库位置、数据库类型及 ODBC 驱动程序等信息，建立起与具体数据库的联系。这样，只要应用程序将数据源名提供给 ODBC，ODBC 就能建立起与相应数据库的连接。数据源名(Data Source Name，DSN)是唯一标识某数据源的字符串，标识了一个包含了如何连接某一特定的数据源的信息的数据结构。这个信息包括要使用何种 ODBC 驱动程序及要连接哪个数据库。连接字符串包含 Web 应用程序连接到数据库所需的全部信息。其中，Driver 指定数据库所使用的 ODBC 驱动程序。Server 指定承载数据库的服务器。

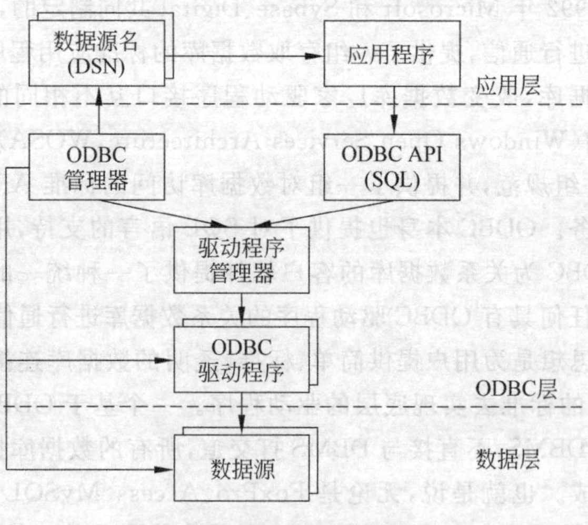

图 9-15 ODBC 的总体结构

Database 为数据库的名称。DBQ 是指向数据库的路径，该路径是在承载数据库文件的服务器上的路径。UID 指定用户名，PWD 指定用户密码。常见示例如下。

(1) Access：Driver＝{Microsoft Access Driver (*.mdb)}；DBQ＝E:\webdb.mdb。

(2) SQL Server：Driver＝{SQL Server}；SERVER＝localhost；UID＝user；PWD＝pass。

(3) Oracle：Driver＝{Microsoft ODBC for Oracle}；Server＝ora；UID＝456；PWD＝456。

(4) Excel：Driver＝{Microsoft Excel Driver (*.xls)}；DBQ＝ D:\data\class.xls。

当需要改变驱动程序时，应用程序不需要重新编译或者重新链接，只需动态加载新的驱动程序，并调用其中的函数即可。如果要同时访问多个 DBMS 系统，应用程序可加载多个驱动程序。ODBC 给开发人员的编程带来了方便。在传统方式中，开发人员要熟悉多个 DBMS 及其 API，一旦 DBMS 端出现变动，则往往导致需要用户端系统重新编译或者源代码的修改，这给开发和维护工作带来了很大困难。在 ODBC 方式中，不管底层网络环境如何，也无论采用何种 DBMS，用户在程序中都使用同一套标准代码，无须逐个了解各 DBMS 及其 API 的特点，源程序不因底层的变化而重新编译或修改，从而减轻了开发维护的工作量，缩短了开发周期。

不同的应用程序使用 ODBC 访问不同的数据库，如图 9-16 所示。ODBC 不能独立运行，应用程序还必须与 ODBC 接口库程序链接在一起组成一个完整的进程，并调用 ODBC 接口库提供的功能完成相应操作。因此就本质而言，ODBC 还不能作为真正意义上的中间件。

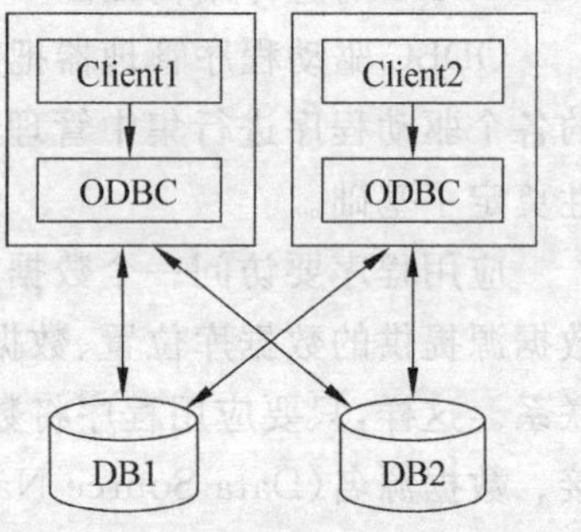

图 9-16 不同应用程序通过 ODBC 访问不同的数据库

目前，ODBC 虽然已经是一个稳定并且执行效率良好的数据存取引擎，但仅支持关系数据库以及传统的数据库的数据类型，不支持其他非传统的数据文件，因而无法满足日渐复杂的数据存取应用，也无法让脚本语言使用。因此又出现了其他的数据存取技术，如 JDBC、OLE DB、

ADO 等以满足不同的需要。

JDBC(Java DataBase Connectivity)是 Java 与数据库的接口规范。JDBC 旨在让各数据库开发商为 Java 程序员提供标准的数据库 API。它允许 Java 程序员发送 SQL 指令并处理结果。通过驱动程序管理器，JDBC API 可利用不同的驱动程序连接不同的数据库系统。JDBC 的设计在思想上沿袭了 ODBC，总体结构类似于 ODBC。JDBC 除了具有 ODBC 的上述特点外，还支持硬件平台和操作系统的异构性。利用 Java 的平台无关性，JDBC 应用程序可以自然地实现跨平台特性，因而更适合于 Internet 上异构环境的数据库应用。

OLE DB、ADO 和 ODBC 技术都属于 Microsoft 开发的数据访问技术，它们之间的相互关系如图 9-17 所示。

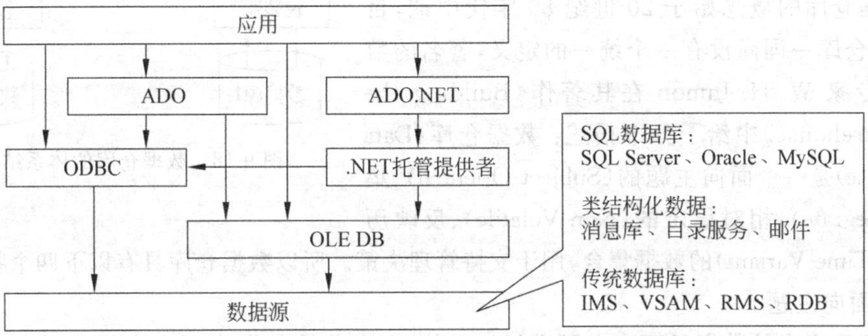

图 9-17　ADO、OLE DB 以及 ODBC 之间的关系

数据源日益复杂化，既可以是传统的关系数据库，也可能是半结构化和非结构化的数据(如 Excel 文件、E-mail 或电子签名信息等)。Microsoft 为了让应用程序能够以统一的方式存取各种不同的数据源，推出 OLE DB。这样，应用程序可以直接通过 OLE DB 来访问数据库、文件系统、消息存储区、目录服务、工作流和文档存储区中的数据。

由于 OLE DB 太底层化，使用非常复杂，因此没有广泛推广。为了解决这个问题，并且让 VB 和脚本语言也能够通过 OLE DB 存取各种数据源。Microsoft 使用部件对象模型(Component Object Model，COM)技术封装 OLE DB，推出 ActiveX 数据对象(ActiveX Data Object，ADO)技术。ADO 在 MDAC 体系结构的上层，通过下层的 ODBC 或者 OLE DB 来访问数据源。ADO 主要是让应用程序或 Web 应用程序存取各种不同的数据源。ADO 封装了 OLE DB 复杂的接口，以极为简单的 COM 接口存取数据。通过 ADO 能够调用 OLE-DB 存取传统的关系数据库，也可以存取非传统的数据如文字、E-mail、声音、图形、影像等。因此，ADO 目前得到广泛应用。

通过数据库接口软件与不同的数据库直接连接，如 ODBC 和 JDBC 等。在同时检索的数据库数量较少时，使用此技术可在一定程度上解决异构检索问题，但数据库达到一定数量时，处理速度很难保证。这种方式仅适用于对少量异构数据库进行统一检索。

数据库中间件虽然得到广泛应用，但 ODBC、OLE DB、ADO 等只适合应用程序与本地异构数据库的访问，并不支持远程通信。目前大型信息系统的应用中异构的数据库通常是分散在各地的，因此数据库中间件具有局限性。

9.4.5 数据仓库方法

数据仓库法将各个数据源中的数据复制到同一个地方,即数据仓库中。数据仓库的体系结构如图 9-18 所示。这里整合器负责从数据源中抽取出数据,进行整理、组织、加工、装载到数据仓库的目标数据库中,并可周期性刷新数据仓库以反映数据源的变化。

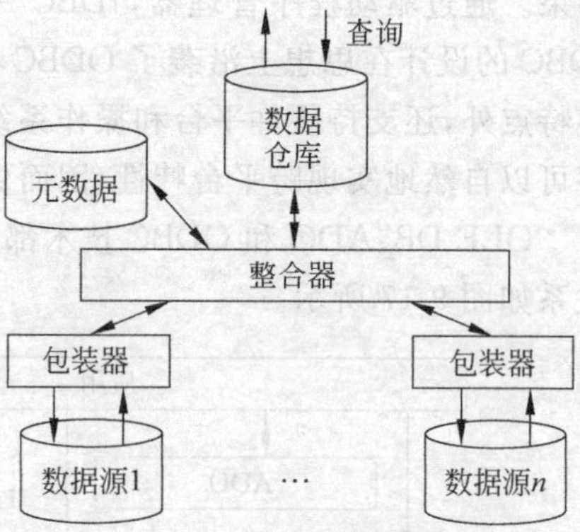

图 9-18 数据仓库的体系结构

1. 数据仓库的概念

数据仓库的概念始于 20 世纪 80 年代中期,目前,数据仓库一词尚没有一个统一的定义,著名的数据仓库专家 W. H. Inmon 在其著作《Building the Data Warehouse》中给予如下描述:数据仓库(Data Warehouse)是一个面向主题的(Subject Oriented)、集成的(Integrate)、相对稳定的(Non-Volatile)、反映历史变化(Time Variant)的数据集合,用于支持管理决策。所以数据仓库具有以下四个特点。

1) 面向主题

数据仓库中的数据是面向主题进行组织的,它与传统数据库面向应用相对应。主题是一个在较高层次上将企业信息系统中的数据综合、归类并进行分析利用的抽象,每一个主题对应一个宏观的分析领域。

如图 9-19 所示,一个保险公司所进行的事务处理可能包括汽车保险、人寿保险、健康保险和意外保险等,而公司的主题范围可能是不同信息系统的顾客、保险单、保险费和索赔等。传统数据库主要是为应用程序进行数据处理,未必按照同一主题存储数据;数据仓库侧重于数据分析工作,是按照主题存储的。

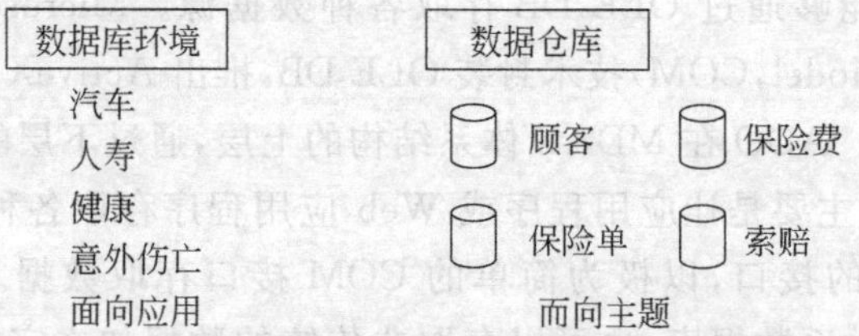

图 9-19 数据仓库和数据库的数据组织对比

2) 集成

数据仓库的主题是集成的,指数据仓库中的信息是根据主题要求进行加工、汇总和整理后的全局信息。数据源中的数据进入数据仓库之前,从原有的分散的数据源中抽取出来,要经过加工与集成、统一与综合。在数据仓库的所有特性中,这是最重要的。面向事务处理的操作型数据库通常与某些特定的应用相关,数据库之间相互独立,并且往往是异构的。而数据仓库中的数据是在对原有分散的数据库数据抽取、清理的基础上经过加工、汇总和整理得到的,必须消除源数据中的不一致性,以保证数据仓库内的信息是关于整个主题的一致的全局信息。如图 9-20 所示，不同应用程序对于同一信息在表达方式、度量单位、描述上各不相同，这些数据放到数据仓库之前必须经过整理，统一存放。

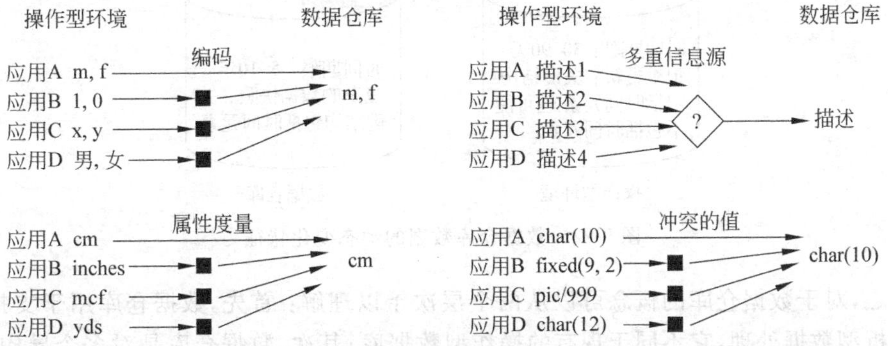

图 9-20　不同数据源的数据的加工、汇总和整理

3）相对稳定

数据仓库的相对稳定特性是指数据仓库的数据是相对不易变化的，它反映的是一段相当长的时间内历史数据的内容，而不是联机处理的数据，因而数据经集成后少有修改。不同数据源的数据进入数据仓库后，将被长期保留，主要进行插入和查询操作，修改和删除操作很少。如图 9-21 所示，操作型数据库中的数据通常实时更新，数据根据需要及时发生变化。数据仓库的数据主要供决策分析之用，所涉及的数据操作主要是数据查询；一旦某个数据进入数据仓库以后，一般情况下将被长期保留。也就是数据仓库中一般有大量的查询操作，但修改和删除操作很少，通常只需要定期地加载、刷新。

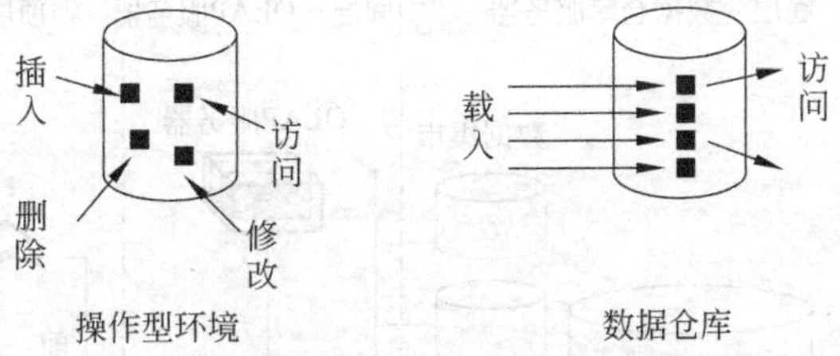

图 9-21　数据仓库与数据库的数据稳定性

4）反映历史变化

指数据仓库内的信息不是当前或某一时刻的信息，而是系统记录了从过去某一时刻到目前各个阶段的信息，以对业务的发展历程和未来趋势做出定量分析和预测。数据仓库的数据是随时间不断变化的，它的稳定是相对的，并不意味着从数据集成输入数据仓库开始到最终被删除的整个数据生成周期中所有的数据永远不变。数据仓库随时间的变化要增加新的数据内容。如图 9-22 所示，数据仓库中的数据时间期限要远远长于传统操作型数据系统中的数据时间期限，传统操作型数据系统中的数据时间期限可能为数十天或数个月，数据仓库中的数据时间期限往往为数年甚至几十年；传统操作型数据系统中的数据含有“当前值”的数据，这些数据在访问时是有效的也能被更新，但数据仓库中的数据仅仅是一系列某一时刻生成的复杂的快照；传统操作型数据系统中可能包含也可能不包含时间元素，如年、月、

日、时、分、秒等，而数据仓库中一定会包含时间元素。

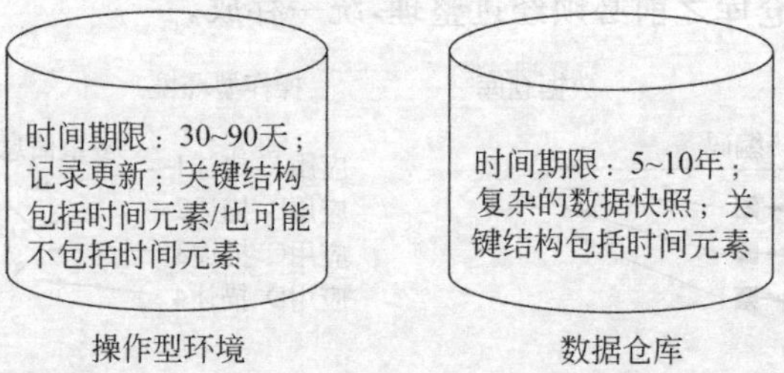

图 9-22　数据仓库数据的动态变化特征

总之，对于数据仓库的概念可以从两个层次予以理解：首先，数据仓库用于支持决策，面向分析型数据处理，它不同于现有的操作型数据库；其次，数据仓库是对多个异构的数据源有效集成，集成后按照主题进行了重组，并包含历史数据，而且存放在数据仓库中的数据一般不再修改。

2. 数据仓库的系统组成

数据仓库的系统组成如图 9-23 所示。数据仓库采用三层结构：底层是数据仓库数据库服务器，它允许客户程序产生 SQL 代码并在服务器上执行，可以通过 ODBC、OLEDB、JDBC 各种数据访问接口访问数据；中间层是 OLAP 服务器，实现多维数据分析；顶层是前端工具，包括查询和报告工具、分析工具或数据挖掘工具。关于多维数据分析和数据挖掘的内容，将在 9.5 节详细介绍。

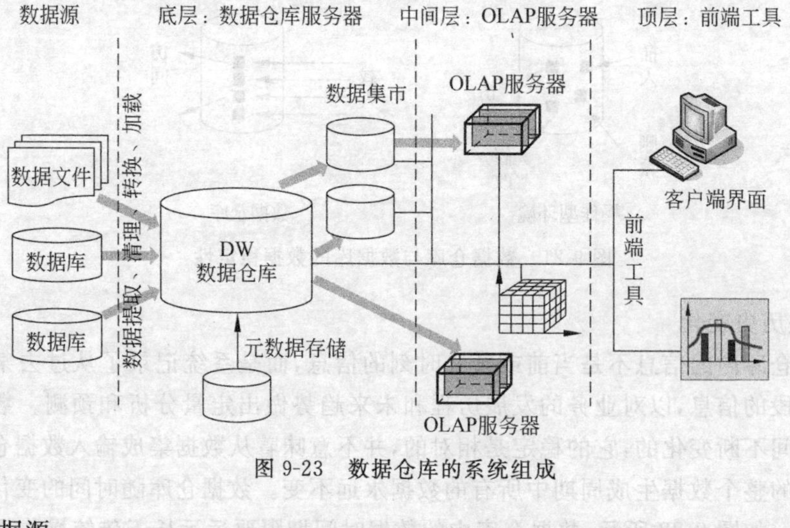

图 9-23　数据仓库的系统组成

1）数据源

提取数据的数据源是数据仓库系统的基础。数据仓库的主要数据来源来自关系数据库，也可以来自其他数据源，如其他数据库、电子表格、文档、其他类型的信息库，还包括多种非结构化的数据信息，如业务规则和流程逻辑、员工自已整理归纳出的知识经验等都是非结构化的数据。

数据源的数据要经过ETL过程，也就是将分散的、不易利用的数据进行整理，变成规则清晰的、易于利用的、集中的数据。这一步骤完成之后，就可以基于报表分析系统、多维分析系统和数据挖掘系统等，进行进一步的数据分析利用。

2）元数据管理

整个数据仓库的组织结构是由元数据来组织的，它不包含任何业务数据库中的实际数据信息。在数据仓库过程的不同阶段（如需求分析阶段、模型建立阶段、ETL阶段、数据挖掘和前端展现阶段），都离不开元数据。在一个数据仓库项目中，保证元数据的统一、有效和规范的管理，是整个项目成功的关键所在。

数据仓库中的元数据通常分为技术元数据和业务元数据。技术元数据是描述关于数据仓库技术细节的数据，这些元数据应用于开发、管理和维护数据仓库，它主要包含以下信息。

(1) 数据仓库结构的描述。包括仓库模式、视图、维、层次结构和导出数据的定义，以及数据集市的位置和内容。

(2) 汇总用的算法。包括度量和维定义算法、数据粒度、主题字段、聚合、汇总和预定义的查询与报告。

(3) 由操作环境到数据仓库环境的映射。包括源数据和它们的内容、数据分割、数据提取、清理、转换规则和数据刷新规则及安全规则。

业务元数据从商业角度描述了数据仓库中的数据，主要包括使用者的业务术语所表达的数据模型、对象名和属性名；访问数据的原则和数据的来源；系统所提供的分析方法及公式和报表的信息。例如，日期、区域、产品、客户年龄和客户状况等维度信息，实际销售、计划销售、预测销售、计划偏差和预测偏差等指标皆属于元数据。这些数据在分析中起到了极为重要的作用。

总之，元数据为访问数据仓库提供了一个信息目录，这个目录全面描述了数据仓库中存有什么数据、这些数据怎么得到的和怎么访问这些数据。元数据是数据仓库运行和维护的中心，数据仓库服务器利用它来存储和更新数据，用户通过它来了解和访问数据。

3）数据仓库服务器

数据仓库的数据库服务系统是整个数据仓库环境的核心，提供海量数据存储和快速检索的支持。数据仓库实现的关键是数据的存储和管理。数据仓库的组织管理方式决定了它有别于传统数据库，同时也决定了其对外部数据的表现形式。要针对现有各业务系统的数据，进行抽取、清理并有效集成，按照主题进行组织构建数据仓库。数据仓库按照数据的覆盖范围可以分为企业级数据仓库和部门级数据仓库（通常称为数据集市）。数据集市是数据仓库的一个部门子集，聚焦在选定的主题上，属于部门范围。

4）OLAP服务器

联机分析处理（On-Line Analytical Processing，OLAP）是将数据仓库中的数据按预先设定的主题进行组织和整理，通过各种分析操作，产生多维分析立方体，供业务人员分析之用。因此OLAP服务器是实现多维数据操作，提供来自数据仓库和数据集市的多维数据。关于OLAP的概念见9.5.1节。

5）前端工具

前端工具包括各种报表工具、查询工具、数据分析工具、数据挖掘工具及各种基于数据仓库或数据集市的开发工具。通过这些工具可以把分析好的数据进行可视化展示，为决策提供依据。

3. 数据仓库的建立

数据仓库的建立包括如下步骤。

(1) 确定分析的业务主题需求。这些需求包括要做的决策类型有哪些？决策者感兴趣的是什么问题？这些问题需要什么样的信息？要得到这些信息需要包含原有数据库系统的哪些部分的数据？要确定系统所包含的主题字段，然后对每个主题字段的内容进行较明确的描述？从而确定维(分析的角度)和度量值(分析的目标)。

(2) 建立数据分析模型和数据仓库的物理设计。设计数据仓库时要考虑访问效率、数据质量、扩展性等问题。首先要效率足够高就不能粒度太粗。客户要求的分析数据一般分为日、周、月、季、年等，可以看出，日为周期的数据要求的效率最高，要求24小时甚至12小时内，客户能看到昨天的数据分析。由于有的企业每日的数据量很大，设计不好的数据仓库经常会出问题，延迟1～3日才能给出数据，显然不行的。其次，关于数据质量，客户要看各种信息，肯定要准确的数据，因此数据仓库流程至少分为3步，2次ETL，复杂的架构层次会更多。否则，导致集成后的数据中有脏数据或者代码不严谨，都可以导致数据失真，客户看到错误的信息就可能导致分析出错误的决策，造成损失，而不是效益。最后，关于扩展性，之所以有的大型数据仓库系统架构设计复杂，是因为考虑到了未来3～5年的扩展性，这样的话，客户不用太快又要花钱去重建数据仓库系统，就能很稳定运行。扩展性主要体现在数据建模的合理性，在数据仓库方案中建立中间层，使海量数据流有足够的缓冲，不至于数据量猛增时，系统无法运行。

(3) 确定供分析的数据源。要针对客户需求选择所需的数据源，而不是将所有的数据源中的数据集成在一起，否则将影响系统的运行效率。

(4) 选择数据仓库平台。根据应用需求和数据特征选择相应的数据库系统、OLAP工具、OLTP工具、开发工具、数据展现工具等。

(5) 数据加载和清洗。从数据源数据库中抽取、净化和转换数据到数据仓库，帮助决策分析得出更准确的结果。

(6) 根据主题进行数据分析。针对客户需求，使用选择好的分析工具按照主题进行数据分析。

(7) 更新数据仓库。根据用户使用情况和反馈来的新的需求，开发人员进一步完善系统，并管理数据仓库的一些日常活动，如刷新数据仓库的当前详细数据、将过时的数据转化成历史数据、清除不再使用的数据、调整粒度级别等。

9.5 数据展示与应用阶段

异构数据源的数据集成在一起的最终目的是为了满足应用的需求。这些应用包括异构数据访问、数据分析、决策支持等。在这一节中，将介绍数据集成后的主要的展示和应用技术：多维数据分析和数据挖掘。

9.5.1　多维数据分析

数据分析技术可以分为两类：联机事务处理(OnLine Transaction Processing，OLTP)和联机分析处理(OnLine Analytical Processing，OLAP)。联机事务处理是传统的关系型数据库的主要应用模式，主要面对基本的、日常的事务处理、查询、统计、报表等，例如，银行交易。简单地说，从联机事务处理中可以得到数据库中都有什么。传统的数据库技术在联机事务处理中获得了成功，但是无法满足随着市场竞争的加剧而带来的管理人员对决策分析数据提供的要求。因此出现了联机分析处理。联机分析处理是数据仓库系统的主要应用，支持复杂的分析操作，侧重决策支持，并且提供直观易懂的查询结果。

1. OLAP 概念

"关系数据库之父"——IBM 公司的 E. F. Codd 于 1993 年提出了 OLAP 概念，认为 OLTP 已不能满足终端用户对数据库查询分析的需要，SQL 对大型数据库进行的简单查询，也不能满足终端用户分析的要求。用户的决策分析需要对关系数据库进行大量计算才能得到结果，而查询的结果并不能满足决策者提出的需求。因此，E. F. Codd 提出了多维数据库和多维分析的概念，即 OLAP。

根据 OLAP 产品的实际应用情况和用户对 OLAP 产品的需求，人们提出了一种对 OLAP 更简单明确的定义，即共享多维信息的快速分析。OLAP 主要有以下一些特点。

(1) 快速性。用户对 OLAP 的快速反应能力有很高的要求，系统应能在 5s 内对用户的大部分分析要求做出反应，这也是 OLAP 的一个显著的特点。

(2) 可分析性。OLAP 系统应能处理与应用有关的任何逻辑分析和统计分析，用户无须编程就可以定义新的专门计算，将其作为分析的一部分，并以用户理想的方式给出报告。用户可以在 OLAP 平台上进行数据分析，也可以连接到其他外部分析工具上，如时间序列分析工具、成本分配工具、意外报警、数据挖掘等。

(3) 多维性。多维性是 OLAP 的关键属性。系统必须提供对数据分析的多维视图和分析，包括对层次维和多重层次维的完全支持。事实上，多维分析是分析企业数据最有效的方法。

(4) 信息性。不论数据量有多大，也不管数据存储在何处，OLAP 系统应能及时获得信息，并且管理大容量信息。这里有许多因素需要考虑，如数据的可复制性、可利用的磁盘空间、OLAP 产品的性能及与数据仓库的结合度等。

(5) 共享性。在大量的用户群中共享潜在的数据是实现安全需求的需要。

OLAP 是数据仓库系统的主要应用，支持复杂的分析操作，侧重决策支持，并且提供直观、易懂的查询结果。OLAP 由高性能服务器和多维分析软件组成，其功能是将数据仓库中的数据按预先设定的主题进行组织和整理，通过各种分析操作，产生多维分析立方体，供业务人员分析之用。也就是说，使用 OLAP 不仅会得知数据库中有什么，还会得知下一步会怎么样，如果采取了某项措施又会怎样。

OLAP 的数据来源与 OLTP 一样，来自底层的数据库系统，但两者面对的用户群不同，数据的特点也不同，两者的区别如表 9-2 所示。

表 9-2 OLTP 和 OLAP 对比表

对比方面	OLTP	OLAP
用户	操作人员,低层管理人员	决策人员,高级管理人员
功能	日常操作处理	分析决策
数据库设计	面向应用	面向主题
数据	原始的、当前的、细节性的、二维的、独立的、可更新的	提炼性的、历史的、综合性和多维的、统一的、周期性增加
存取数据量	少,一次读/写数十条记录	多,一次读上百万条记录
工作单位	简单的事务	复杂的查询
用户数	上千个	上百个
数据库大小	常以 MB 或 GB 计算	常以 GB 或 TB 计算

OLTP 是面向顾客的,用于办事员、客户和信息技术专业人员的事务和查询处理。而 OLAP 是面向市场的,用于经理、主管和分析人员的数据分析。OLTP 系统通常采用实体-关系(E-R)模型和面向应用的数据库设计。而 OLAP 系统通常采用星型或雪花模型和面向主题的数据库设计。OLTP 系统主要关注一个企业或部门内部的当前数据,而不涉及历史数据或不同组织的数据。相比之下,由于组织的变化,OLAP 系统常常跨越数据库模式的多个版本。OLAP 系统也处理来自不同组织的信息,由多个数据存储集成的信息。由于数据量巨大,OLAP 数据也存放在多个存储介质上。OLTP 系统管理当前数据。通常,这种数据太琐碎,难以方便地用于决策。OLAP 系统管理大量历史数据,提供汇总和聚集机制,并在不同的粒度级别上存储和管理信息。这些特点使得 OLAP 更适合用于见多识广的决策。OLTP 系统的访问主要由短的原子事务组成,这种系统需要并行控制和恢复机制。然而,对 OLAP 系统的访问大部分是只读操作,尽管许多操作可能是复杂的查询。最后,数据量大小相差若干个量级。

2. 数据仓库粒度

如图 9-24 所示,在电信公司的客户数据仓库中,高细节—低粒度级别的数据可以是一个顾客一个月内的每个电话的细节,例如每次通话时间、通话长度、主叫或被叫等。低细节—高粒度级别的数据可以是一个顾客一个月内的电话的综合,例如一个月总的通话长度等。

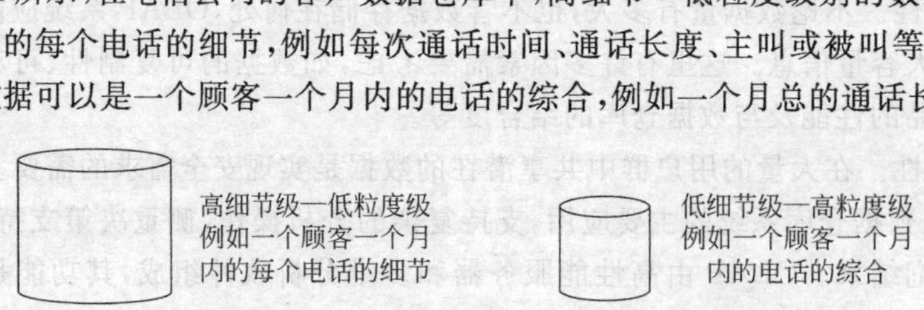

图 9-24 粒度—细节的级别

粒度问题是设计数据仓库的一个最重要方面。粒度是指数据仓库的数据单位中保存数据的细化或综合程度的级别。综合程度越高,粒度级就越大;相反,综合程度越低,粒度级就越小。在数据仓库环境中粒度之所以是主要的设计问题,是因为它深深地影响存放在数据仓库中的数据量的大小，同时影响数据仓库所能回答的查询类型。在数据仓库中的数据量大小与查询的详细程度之间要做出权衡。粒度级对能回答什么问题和回答问题所需什么资源有深刻的影响。如图 9-24 所示的不同粒度级别的数据，低粒度的数据仓库经过一定数量的搜索就能回答该顾客上个星期是否给他在外地的父母打过电话。而高粒度的数据仓库由于细节数据已经消失，已经不能回答这一问题。

在设计数据仓库的粒度时，不能一味强求低粒度高细节，因为在数据仓库中寻找某单个数据的请求不是常见的操作，通常的操作是请求统计的数据，如上个月从长沙打出的长途电话有多少个。对于这样的请求，如图 9-24 所示的低粒度的数据仓库需要搜寻一亿七千五百万条记录，进行四千五百万次 I/O 操作；而高粒度的数据仓库仅需要搜寻一百七十五万个记录，进行四千五百次 I/O 操作。相比之下，低粒度的数据仓库的开销太大。

3. OLAP 操作

在 OLAP 中有维、维的层次、维成员、多维数据集、多维数据集的度量值等基本概念。

维是人们观察数据的特定角度，是考虑问题时的一类属性，属性集合构成一个维，如时间维、地理维等。维的层次是人们观察数据的某个特定角度，即维还可以存在细节程度不同的各个描述方面，如时间维还可以分为日期、月份、季度、年等不同的细节。维成员是维的一个取值，是数据项在某维中位置的描述，如“某年某月某日”是在时间维上位置的描述。多维数据集是决策支持的支柱，也是 OLAP 的核心，有时也称为数据立方体或超立方体。在多维数据集中有一组度量值，这些值是基于多维数据集中事实表的一列或多列，这些值应该是数字。度量值是多维数据集的核心值，是最终用户在数据仓库应用中所需要查看的数据。

OLAP 的核心是多维分析。OLAP 的多维分析使用户从多个角度、多个侧面去观察数据仓库。这样才能深入地了解数据仓库中数据所蕴涵在后面的信息，才能使用户深入地挖掘隐藏在数据背后的商业模式。OLAP 系统根据用户的分析需求有不同的操作，主要的 OLAP 操作有切片、切块、钻取、旋转等。

在多维分析过程中，如果要对多维数据集的某个维选定一维成员，这种选择操作就可以称为切片(Slice)。在切片的概念中，有两个重要的概念：一个是多维数据集的切片数量多少是由所选定的那一维的维成员数量的多寡所决定的；另一个是进行切片操作的目的是使人们能够更好地了解多维数据集，通过切片的操作可以降低多维数据集的维度，使人们能将注意力集中在较少的维度上进行观察。与切片类似，如果在一个多维数据集上对两个及其以上的维选定维成员的操作可以称为切块(Dice)。实际上，切块操作也可以看成进行多次切片操作以后，将每次切片操作所得到的切片重叠在一起而形成的。

举例说明，如图 9-25 所示，某家电超市的销售数据立方体包括产品维、地区维、日期维。产品维的成员包括彩电、冰箱；地区维的成员包括上海、北京；日期维包括 2010 年、2011 年、2012 年。该数据立方体的度量值为销售量。

如图 9-26(a)所示，按产品名彩电和冰箱分别进行切片则分别表示该家电超市在 2010 年、2011 年、2012 年售出的上海产和北京产的彩电的数量分布和

图 9-25　某家电超市的销售数据立方体

冰箱的数量分布。图 9-26(b)、(c)是分别按地区名和时间进行切片的操作。而图 9-26(d)则是按产品名彩电、地区名上海和时间 2010 年进行的切块操作,表示上海产的彩电在 2010 年的销售量。

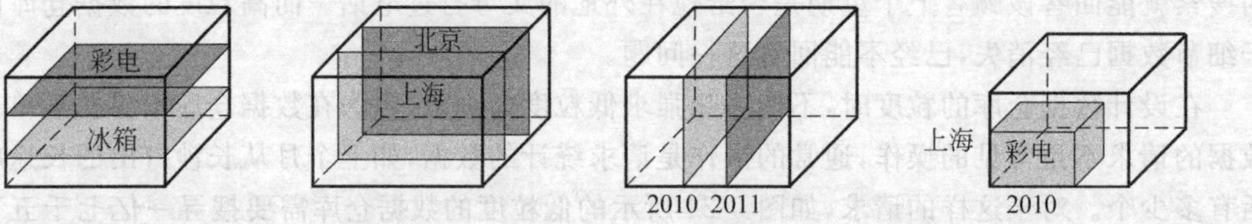

(a) 按产品名切片　(b) 按地区名切片　(c) 按时间切片　(d) 按产品名、地区名、时产切块

图 9-26 数据立方体的切片和切块操作

钻取操作是改变维的层次,变换分析的粒度。钻取包含上钻和下钻。上钻操作通过维的概念分层向上攀升或者通过维规约在数据立方体上进行汇总,以获得概括性的数据。下钻是上钻的逆操作,由不太详细的数据得到更详细的数据。下钻可以沿维的概念分层向下或引入新的维以及维的层次来实现,以获得细节性的数据。如图 9-27 所示,某部门的销售数据按时间维向下钻取得到各部门 2011 年四个季度的销售量数据,即时间维的层次更细和分析粒度更低。反之,则是按时间维向上钻取的操作。

某单位销售情况(万元)	
部门	2011年销售
部门1	90
部门2	60
部门3	80

按时间维向下钻取　　按时间维向上钻取

某单位销售情况(万元)				
部门	1季度	2季度	3季度	4季度
部门1	20	20	35	15
部门2	25	5	15	15
部门3	20	15	18	27

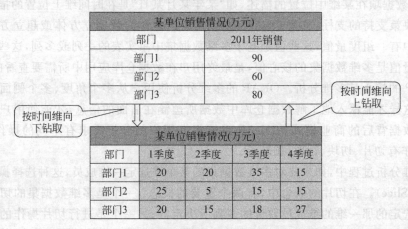

图 9-27 上钻和下钻操作举例

旋转操作是变化维的方向,即在表格中重新安排维的位置。旋转是一种视图操作,通过旋转可以得到不同视角的数据(如季度和年的位置交换或层次变换),如图 9-28 所示,如果分析人员得到该单位各部门每年各个季度的销售额数据视图进行了每个季度销售额的对比,又想知道该单位各部各个季度在不同年的销售情况对比,则需要将该单位销售情况中的年和季度进行旋转操作,就可以得到所需的数据视图。

9.5.2 数据挖掘

随着数据库技术的迅速发展以及数据库管理系统的广泛应用,人们积累的数据越来越多。激增的数据背后隐藏着许多重要的信息,人们希望能够对其进行更高层次的分析,以便

某单位销售情况(万元)								
	2010年				2011年			
部门	1季度	2季度	3季度	4季度	1季度	2季度	3季度	4季度
部门1	20	20	35	15	12	20	25	14
部门2	25	5	15	15	20	18	23	12
部门3	20	15	18	27	20	20	17	27

旋转 ⇨ ⇦

某单位销售情况(万元)								
	1季度		2季度		3季度		4季度	
部门	2010年	2011年	2010年	2011年	2010年	2011年	2010年	2011年
部门1	20	12	20	20	35	25	15	14
部门2	25	20	5	18	15	23	15	12
部门3	20	18	15	20	18	17	27	25

图 9-28 旋转操作举例

更好地利用这些数据。目前的数据库系统可以高效地实现数据的录入、查询、统计等功能，但无法发现数据中存在的关系和规则，无法根据现有的数据预测未来的发展趋势。缺乏挖掘数据背后隐藏的知识的手段，导致了“数据爆炸但知识贫乏”的现象。

1. 数据挖掘概念

数据挖掘是从大量的、不完全的、有噪声的、模糊的、随机的数据中(一般存在于大型数据库或者数据仓库中)发现并提取隐含的、潜在的、有价值的信息或知识(模型或规则)的过程。其目的是帮助分析人员寻找数据之间的关联关系，发现被忽略的要素，而这些信息对于预测趋势和决策行为是十分有用的。例如，网络管理系统中故障关联分析问题，找到故障根源。如表 9-3 所示，从商业数据到商业信息的进化过程中，每一步前进都是建立在上一步的基础上。数据挖掘是从数据到信息的进化过程中的最新阶段。到了数据挖掘阶段，能够回答的问题和支持的技术都进一步得到发展。

表 9-3 商业数据到商业信息的进化过程

进化阶段	商业问题	支持技术	产品特点
数据搜集	“过去五年中公司的总收入是多少?”	计算机、磁带和磁盘	提供历史性的、静态的数据
数据访问	“在上海的分公司去年三月的销售额是多少?”	关系数据库、结构化查询语言、联机事务处理、ODBC	在记录级提供历史性的、动态数据
数据仓库决策支持	“在上海的分公司去年三月销售额是多少? 广州分公司据此可得出什么结论?”	联机分析处理、多维数据库、数据仓库	在各种层次上提供回溯的、动态的数据
数据挖掘	“下个月广州分公司的销售会怎么样? 为什么?”	数据挖掘算法、多处理器计算机、海量数据库	提供预测性的信息

数据挖掘可以应用到商场、电信、银行、金融、证券、保险、电子商务、医学、税务部门、警察机关、军事机关等多个领域，在关联销售、客户行为分析、风险管理、信用评估、欺诈检测、医疗保健、气象预报、流量点击分析、入侵检测、犯罪行为分析、军事情报分析等方面发挥重要的作用。

2. 数据挖掘的知识类型

数据挖掘可以得到广义知识、关联知识、分类知识、预测型知识、偏差型知识等。

(1) 广义知识即概括性描述知识，根据数据的微观特性，发现其表征的、带有普遍性的、较高层次概念的和宏观的知识，反映同类事物共同性质，是对数据的概括、精炼和抽象。数据概括是一种把数据库中的有关数据从低层次抽象到高层次上的过程。例如，营销人员通过对客户流失因素的特征提取，可以得到导致客户流失的一系列原因和主要特征，利用这些特征可以有效地预防客户的流失。广义知识的发现方法和实现技术有很多，如数据立方体等。该方法的基本思想是实现某些常用的代价较高的聚集函数的计算，诸如计数、求和、平均、最大值等，并将这些实现视图储存在多维数据库中。

(2) 关联知识是反映一个事件和其他事件之间依赖或关联的知识。如果两项或多项属性之间存在关联，则从其中一项的属性值可推测或预测其他属性值。最为著名的关联规则发现方法是 R. Agrawal 提出的 Apriori 算法。

(3) 分类知识是反映同类事物共同性质的特征和不同事物之间差异性质的特征的知识。典型的分类法有基于决策树的分类方法、统计方法等。分类的目的是设定一个分类函数或分类模型(也称为分类器)，该模型能把数据库的数据项映射到给定类别中的某一个。例如，一个汽车零售商将客户按照对汽车的喜好划分成不同的类，这样营销人员就可以将新型汽车的广告手册直接邮寄到有这种喜好的客户手中，从而大大增加了商业机会。

(4) 预测型知识是根据时间序列型数据，由历史的和当前的数据去推测未来的数据，也可认为是以时间为关键属性的关联知识。经典的方法和技术有统计方法、神经网络和机器学习等。预测型知识可以应用到市场营销的各个方面，如客户寻求、保持和预防客户流失活动、产品生命周期分析、销售趋势预测及有针对性的促销活动等。

(5) 偏差型知识即孤立点分析，它是对差异和极端特例的描述，揭示事物偏离常规的异常现象，如标准类外的特例，数据聚类外的离群值等。

所有这些知识都可以在不同的概念层次上被发现，并随着概念层次的提升，从微观到中观、到宏观，以满足不同用户不同层次决策的需要。

3. 数据挖掘技术

数据挖掘采用的主要技术包括统计分析、范例推理、决策树、关联规则分析、神经网络、遗传算法、可视化技术等。这里主要介绍决策树和关联规则分析这两种技术。

1) 决策树

决策树(Decision Tree)是根据给定的规则进行分类的方法。决策树是一个类似树型结构的流程图，决策树中最上面的节点称为根节点，是整个决策树的开始。从根到叶子节点都有一条路径，这条路径就是一条“规则”。决策树中每个内部节点表明在一个属性上的测试，树枝描述测试结果，叶子节点指明分类或分类的分布情况。决策树的每个节点子节点的个数与决策树在用的算法有关。

决策树很擅长处理非数值型数据，免去了很多数据预处理工作。树的概念也容易理解，对数据挖掘的使用者来说是一个显著的优点。当然实际中应用的决策树可能非常复杂。假定利用历史数据建立了一个包含几百个属性、输出的类有十几种的决策树，这样的一棵树对人来说可能太复杂了，但每一条从根节点到叶子节点的路径所描述的含义仍然是可以理解的。所以决策树的这种易理解性适合于判断因素比较少、逻辑组合关系不复杂的情况。

2）关联规则分析

关联规则分析是寻找给定数据集中项之间的联系。它是发现一个事物与其他事物之间的相互依存性和关联性的方法。典型的关联规则发现问题是对超市中的货篮数据进行分析。通过发现顾客放入货篮中的不同商品之间的关系来分析顾客的购买习惯。

4. 数据挖掘主要过程

数据挖掘的主要过程如图 9-29 所示。第一阶段是确定业务对象和数据准备。清晰地定义出业务问题，认清数据挖掘的目的是数据挖掘的重要一步。挖掘的最后结构是不可预测的，但要探索的问题应是有预见的；为了数据挖掘而数据挖掘则带有盲目性，是不会成功的。数据挖掘的过程并不是自动的，绝大多数的工作需要人工完成。第二阶段是寻找规则和知识。在这一阶段，对所得到的经过转换的数据进行挖掘。除了选择合适的挖掘算法外，其余一切工作都能自动地完成。第三阶段和第四阶段分别是表现规则和结果评价，主要是解释并评估结果。其使用的分析方法一般应视数据挖掘操作而定，通常会用到可视化技术。

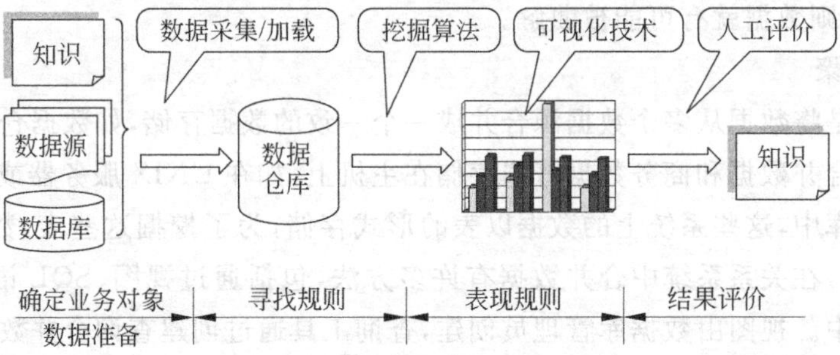

图 9-29　数据挖掘的主要过程

5. 数据预处理

众所周知，SQL 是广泛用于数据库查询的语言，有很多数据挖掘软件提供商利用 SQL 来为数据挖掘做数据准备，但是 SQL 在很多时候显得力不从心，这是因为数据挖掘和分析的一些算法通常要求数据具备特定的格式和规范性。例如，省市和备注那样的信息是描述性信息，而客户年龄、收入水平、兴趣类别和家庭类型等信息则更有价值。这些信息可以从许多公司获取，但在进行挖掘之前，必须对它们进行必要的预处理，使这些数据满足一定的格式和规范性要求。数据预处理包括数据清洗、数据汇聚、数据变换和数据归约等内容。

1）数据清洗

数据清洗（Data Cleaning）要解决如下一些问题。

（1）数据质量。为了保证数据挖掘结果的价值，必须了解数据，这一点至关重要。输入数据库中的异常数据、不相关的字段或互相冲突的字段（比如身份证和生日不一致）、数据的编码方式等都会对数据挖掘输出结果的质量产生影响。数据很少是完全正确的，因此有必要了解作为决策基础的数据的质量。实际上，数据挖掘是一种典型的“垃圾入垃圾出”，即数据的质量越好，则挖掘的结果就越精确。数据不总是“干净”的，可以通过填写空缺值、平滑噪声数据、识别和删除离群点等方法来去掉数据中的杂质，纠正不一致的数据。数据的一些取值常常会发生缺失现象，而有些数据挖掘方法则要求待挖掘的数据记录必须是完整的，因此，在挖掘前如果不设法弥补缺失的数据，就很难从中得到有用的信息，更不用说以此为基础进行预测了。

(2) 冗余数据。文件中存在有冗余数据，而冗余数据必须加以清洗。解决错误的、不一致的数据、打字错误、大小写不一致等问题。例如，客户表中的一个列可能会出现这样一些值："长"、"长沙"、"长沙市"、"市"和"本市"。这些名词代表的是同一个城市，但计算机则不能理解它们。例如，英文单词经常会误拼或误打，汉语词组也有同样的问题。

(3) 过时数据。例如，如果数据集取自 2010 年，那么当时是 24 岁的人在 2012 年时已经是 26 岁了。换句话说，数据已发生了变化。同时，手机号是一个经常出现过时数据的典型例子。由于电信资费的调整和其他原因，人们常常改变他们的手机号，所以一年以上的手机号变得不再可靠。体现在有的客户信息已超过了两年，而且客户已经更换了手机号，但新的手机号并没有在客户表中反映出来。这种不再正确的旧数据被称为失效数据。

(4) 术语定义的变化。确定一个人是偶尔吸烟还是频繁吸烟的标准是什么？如果各有各的衡量标准，则数据就有可能被曲解。

2) 数据汇聚

数据汇聚是将数据从多个数据源合并成一个一致的数据存储，如数据仓库、数据集市或数据立方体。合并数据和商务数据普遍存储在主机上，如在 UNIX 服务器或 Windows 服务器的关系数据库中，这些系统上的数据以表的形式存储，为了挖掘这些表，数据必须组织成二维表的形式。在关系系统中合并数据有许多方法，包括通过视图、SQL 语句和将数据输出到文本文件中。视图由数据库管理员创建，查询工具通过创建查询合并数据，查询将多个表连接起来输出到一个结果文件中。

数据汇聚的关键是获取数据，如访问数据仓库。数据挖掘通常都是在实现了数据仓库和数据集市之后才开始进行的，但这并不是由于进行数据挖掘时必须有数据仓库或数据集市的支持，而是在于如果没有数据仓库和数据集市的支持，在设计数据挖掘这类决策支持系统之前，就必须事先将分散在各处的数据收集到一起，以获取完整的被挖掘对象。

3) 数据变换

数据变换将数据转换或统一成适合于挖掘的形式。数据变换涉及平滑、聚集、数据泛化、规范化、属性构造等内容。平滑是去掉数据中的噪声。这种技术包括分箱、回归和聚类。聚集是对数据进行汇总或聚集。例如，可以聚集日销售数据，计算月和年销售量。通常，这一步用来为多粒度数据分析构造数据立方体。数据泛化是使用概念分层，用高层概念替换低层或"原始"数据。例如，分类的属性如街道可以泛化为较高层的概念(如城市或国家)。类似地，数值属性(如年龄)可以映射到较高层概念如青年、中年和老年。规范化是通过将属性值按比例缩放，使之落入一个小的特定区间，如 0.0～1.0，实现对属性的规范化。对于涉及神经网络或距离度量的分类算法和聚类，规范化特别有用。规范化包括最小-最大规范化、零-均值规范化、小数定标规范化。属性构造(或特征构造)可以构造新的属性并添加到属性集中，以帮助挖掘过程。

噪声是一个测量变量中的随机错误或偏差。引起噪声数据的原因主要是数据收集工具的问题、数据输入错误、数据传输错误、技术限制、命名规则的不一致等。分箱(Binning)首先排序数据，并将它们分到等深的箱中，然后可以按箱的平均值平滑、按箱的中值平滑、按箱的边界平滑等。聚类监测、查找并且去除孤立点。回归通过让数据适应回归函数来平滑数据。最后计算机和人工检查结合，先由计算机检测可疑数据，然后对它们进行人工判断。聚类去噪和回归去噪的算法如图 9-30 所示。

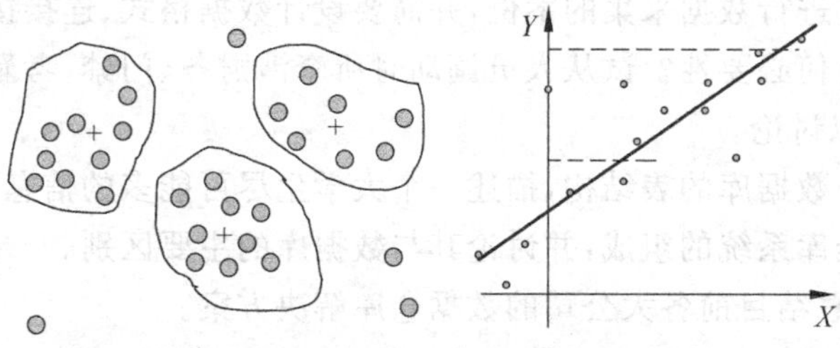

图 9-30　聚类去噪和回归去噪

4）数据归约

数据归约(Data Reduction)又称数据约减，通过聚集、删除冗余特性或聚类等方法来压缩数据。常用的方法是数据立方体聚集、维数约减、数据压缩、数值归约、离散化和概念分层等。以下是对其中一些方法进行的解释：维数约减指通过删除不相关的属性(或维)减少数据量。通常使用属性子集选择方法。属性子集选择的基本启发式方法包括如下技术：逐步向前选择、逐步向后删除、逐步向前选择和逐步向后删除的结合、判定树归纳。数据压缩方法主要有小波变换、主成分分析和分形技术。数值归约方法有回归和对数线性模型、直方图、聚类的选择。离散化技术可以用来减少给定连续属性值的个数。区间的标号可以替代实际的数据值。常用的方法有分箱、直方图分析、聚类分析、基于熵的离散化和基于“自然划分”的数据分段方法。

6. 数据挖掘的工具

在数据挖掘技术日益发展的同时，许多数据挖掘的商业软件工具也逐渐问世。数据挖掘工具主要有两类：特定领域的数据挖掘工具和通用的数据挖掘工具。

特定领域的数据挖掘工具针对某个特定领域的问题提供解决方案。在设计算法的时候，充分考虑到数据、需求的特殊性，并作了优化。对任何领域，都可以开发特定的数据挖掘工具。例如，IBM 公司的 Advanced Scout 系统针对 NBA 的数据，帮助教练优化战术组合；加州理工学院喷气推进实验室与天文科学家合作开发的 SKICAT 系统，帮助天文学家发现遥远的类星体；芬兰赫尔辛基大学计算机科学系开发的 TASA，帮助预测网络通信中的警报。特定领域的数据挖掘工具针对性比较强，只能用于一种应用；也正因为针对性强，往往采用特殊的算法，可以处理特殊的数据，实现特殊的目的，发现的知识可靠度也比较高。

通用的数据挖掘工具不区分具体数据的含义，采用通用的挖掘算法，处理常见的数据类型，一般提供六种模式。例如，IBM 公司 Almaden 研究中心开发的 QUEST 系统，SGI 公司开发的 MineSet 系统，加拿大 Simon Fraser 大学开发的 DBMiner 系统。通用的数据挖掘工具可以做多种模式的挖掘，挖掘什么、用什么来挖掘都由用户根据自行选择。

数据挖掘工具的选择主要是根据可产生的模式种类、解决复杂问题的能力、易操作性、数据存取能力以及与其他产品的接口等指标。

思考题

(1) 试举例需要进行数据采集的案例，并简要设计数据格式、连接接口和通信协议。

(2) 数据集成有何必要性？试从人员调动时所牵涉财务、门禁、考勤、办公流程、权限等一系列系统联动予以讨论。

(3) 试设计一个数据库的表结构，描述一个大学生尽可能多的信息。

(4) 简述数据仓库系统的组成，并讨论其与数据库的主要区别。

(5) 查阅资料，总结目前各大公司的数据仓库解决方案。

(6) 为什么需要进行数据挖掘？简述进行数据挖掘的主要过程。

(7) 试述联机事务处理和联机分析处理的主要区别。

第10章 用户集成与统一认证

面对众多的信息系统，用户需要登录不同系统以完成业务工作，而管理员也需要分别管理独立的应用系统和分散的资源，定制不同的用户信息和安全策略，存在极大的管理压力。以 LDAP 目录服务和 PKI/CA 数字证书等为基础设施，通过用户集中管理、统一身份认证来实现单点登录、多点漫游、共享的信息服务，可有效解决运行多个应用系统所带来的使用不便、维护困难问题，降低安全隐患，提高各系统的管理效率。

10.1 用户集中管理

用户集中管理是业务单位所有应用系统标准化的用户管理基础设施，它集中管理着所有应用系统的用户，包括账号的统一管理、属性的统一管理以及生命周期的管理，并为各个应用系统提供安全的服务与支持，为统一身份认证和单点登录打下坚实的基础。

10.1.1 主要功能

随着信息化建设的推进和信息化水平的不断提升，各级政府和企业已经建设了众多的应用系统并在日常工作中使用。这些应用系统，很多是不同开发商在不同的时期采用不同技术建设的，比如邮件系统、办公系统、短信系统、内容管理系统等。

一般来说，每个应用系统都拥有独立的用户信息管理功能，用户信息的格式、命名与存储方式也多种多样。这种自成一体的用户管理、授权及认证体系，使得用户在进入不同的应用系统时，需要使用不同的用户账号去访问相应的应用系统，不仅给用户的使用带来诸多不便，更严重的是降低了系统的可管理性和安全性。由于各个系统相对孤立，人员信息没有权威统一的来源，由不同的管理员分别手工管理，容易带来管理上的麻烦，造成信息不一致。

如果一个用户需要同时使用多个应用系统，还会带来用户信息同步问题。用户信息同步会增加系统的复杂性，增加管理的成本。例如，用户 X 需要同时使用 A 系统与 B 系统，就必须在 A 系统与 B 系统中都创建用户 X，这样在 A、B 任一系统中用户 X 的信息更改后就必须同步至另一系统。如果用户 X 需要同时使用 10 个应用系统，用户信息在任何一个系统中做出更改后就必须同步至其他 9 个系统。用户同步时如果系统出现意外，还要保证数据的完整性，因而同步用户的程序可能会非常复杂。

解决用户同步问题的根本办法是建立用户集中管理系统。它统一存储所有应用系统的用户信息，应用系统对用户的相关操作全部通过其完成，而授权等操作则由各应用系统完成，即统一存储、分布授权。用户集中管理系统应具备以下基本功能。

(1) 用户信息规范命名、统一存储。用户 ID 全局唯一，区分和标识了不同的个体。

(2) 向各应用系统提供用户属性列表，如姓名、电话、地址、邮件等属性，各应用系统可以选择本系统所需要的部分或全部属性。

(3) 应用系统对用户基本信息的增加、修改、删除和查询等请求由其处理。

(4) 应用系统保留用户管理功能,如用户分组、用户授权等功能。

(5) 应具有完善的日志功能,详细记录各应用系统对其的操作。

1. 所处位置

从图 10-1 中可以看出,用户集中管理系统是所有信息系统的中心枢纽系统,通过它可以对所有信息系统中的人员进行管理。在此基础上,所有客户端才有可能实现单点登录,以一个统一的身份进入到在权限范围内的所有信息系统中。

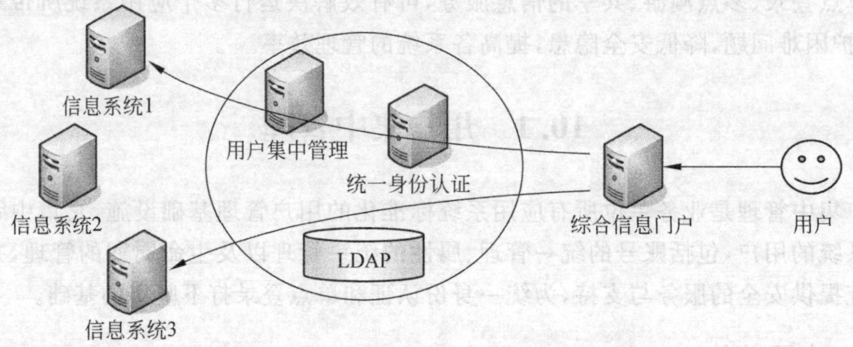

图 10-1 用户集中管理在整个系统中的位置

2. 体系结构

用户集中管理系统主要由各种服务器和各种适配器组成,如图 10-2 所示。

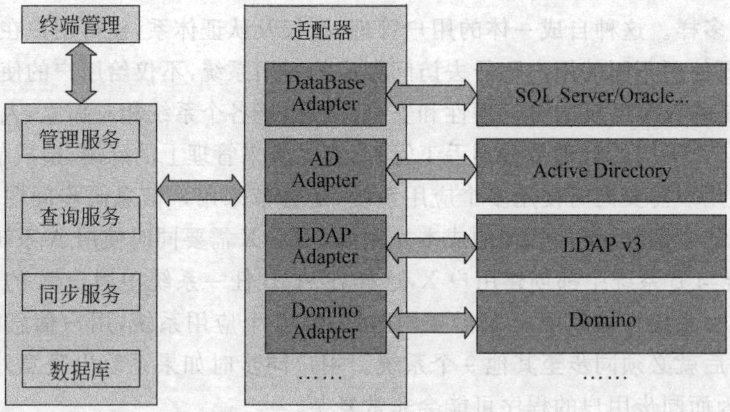

图 10-2 用户集中管理系统体系结构

用户集中管理系统包括以下几个部分。

(1) 管理服务。是整个用户集中管理系统核心的组成部分,它将给管理员和用户提供统一视图,将所有应用系统的用户管理集中到这一点进行。

(2) 查询服务。用户集中管理系统与身份认证网关结合时,网关通过该服务来获取登录用户的账号以及各项属性信息。

(3) 同步服务。用于用户集中管理系统和各应用系统之间的数据交互,主要完成从人力资源系统中获得用户的初始信息,以及将统一管理的用户信息同步到其他系统中。

(4) 数据库。用于存储内部和外部用户的所有用户信息,包括所管理的应用系统信息,以及用户在各应用系统下的所有从账号、从账号与主账号的对应关系等。

(5) 适配器。是同步服务和各应用系统之间实现账号、密码同步的桥梁和纽带,通常部署在应用服务端的网络安全域中。

3. 用户组权限划分

在整个用户集中管理系统中分为三个组群:用户、用户组、资源。其中用户为注册登录过程中的一般应用者;用户组为按特定规则划分的用户;资源则是根据不同系统来断定的,有的系统为某些特定的数据,有的系统为不同的频道,或者是某个功能。用户不与资源产生直接的访问关系,而通过组来完成。

所有的用户都被分到不同的组中,正常情况下,每个用户应只属于一个用户组。对资源的访问关系由组来完成;某一个用户是否对某种资源有访问的权限,是由该用户所属的组是否对该资源有访问的权限决定的。

10.1.2　用户管理服务

用户管理服务作为一个独立的模块,能够统一管理各个系统中用户的公共信息;能够采用各种查询条件方便地查询用户信息;能够实现组织机构分级维护、人员按各种分类方式方便地管理。内部用户可以查询其他用户的联系信息,如邮件、电话等信息,内部系统可以共享这些人员基础信息,消除各个系统中人员信息的冗余和不一致性。

它不仅需要具有丰富而灵活的功能,而且必须采取完善的安全管理措施,对于不同权限级别的用户和管理员都有不同的系统功能和数据访问范围;并采用与 PKI 体系结合的方式增强体系的安全性。用户管理服务需要最大范围地考虑到用户的普遍要求。同时作为单点登录的统一入口,它必须可以很方便地与其他信息系统进行对接。

用户管理服务所需完成的目标如下。

1. 统一账号管理

用户集中管理的核心功能之一,是将用户的身份与在各个应用系统的账号进行关联。该账号的关联是通过用户标识来建立的,即通过用户在各个系统的属性关键项来实现关联。对于没有属性关键项的应用系统,需要个人通过自助服务来进行关联的操作。

2. 统一属性管理

用户集中管理的属性管理功能,即元数据的管理功能支持 TopDown 和 Matrix 模式。TopDown 使各个应用系统都以用户集中管理系统为数据源。Matrix 模式使各个应用系统都成为部分属性的数据源,且每个属性项只能以一个系统的属性数据为来源。

3. 用户生命周期管理

用户集中管理的另外一个重要功能，是实现了业务单位用户的整个生命周期管理，对于入职、调动、离职等过程中的身份的创建、修改、删除等操作的管理。

4. 用户管理的插件(plug-in)

用户管理的插件插入至各个应用中，起代理作用。插件提供组织机构信息访问、用户身份及权限认证、资源管理、日志查询等接口，业务应用可以通过这些插件访问用户管理中心的对应功能。其中组织机构信息管理插件提供了遍历部门树、访问部门信息及用户信息的功能；资源管理插件提供了注册资源的功能；身份及权限认证插件提供了用户登录、身份合法性验证、资源访问权限认证等功能。

另外，系统将接受传过来的登录请求，并依据中心的安全策略配置产生一个标识唯一身份的令牌，再由第三方应用程序把这个令牌写入到 cookie 中。获得该 cookie 的浏览器，可以访问任何一个其他的应用系统(必须是嵌入用户集中管理代理的)而无须重新登录。

5. 用户管理中心

用户管理中心包含一个 LDAP 服务器或一个数据库，也可能是一个第三方的用户信息容器。用户信息容器用来持久化用户的详细信息，以及记录日志、存放配置文件等。中心功能模块包括如下几部分。

(1) Web UI。提供 Web 展示与操作界面，包含用户信息及组织机构管理界面、角色管理界面、资源管理界面、授权管理界面、日志审查界面等主要界面模块。

(2) Application。负责实现 UI 的后台处理，提供逻辑层的实现。

(3) Service。是用户管理的核心部分。其主要提供的服务包括消息交互服务模块(负责与插件通信、对插件提供服务)、认证及授权接口模块实现简单认证(基本认证等)并提供接口、同步及日志、对配置文件的合理性检查、日志的记录。

10.1.3 实现模块

从使用角度来看，用户集中管理可以为各信息系统提供统一权威的组织机构和人员信息，消除各系统中人员信息的数据冗余，同时可以为实现统一身份验证以及单点登录提供强大基础；从用户管理角度来说，它提供信息的统一管理和维护功能，并通过周密的日志管理功能确保系统的稳定运行。

用户集中管理在实现时的主要模块如图 10-3 所示，主要包括如下模块。

1. 机构管理

部门管理员可以管理辖内部门信息，可以修改部门信息，增加、删除子部门。在进行部门管理的时候，需要将维护的部门信息同步到其他信息子系统中，需要同步的数据有部门名称、部门 ID、部门顺序号等。

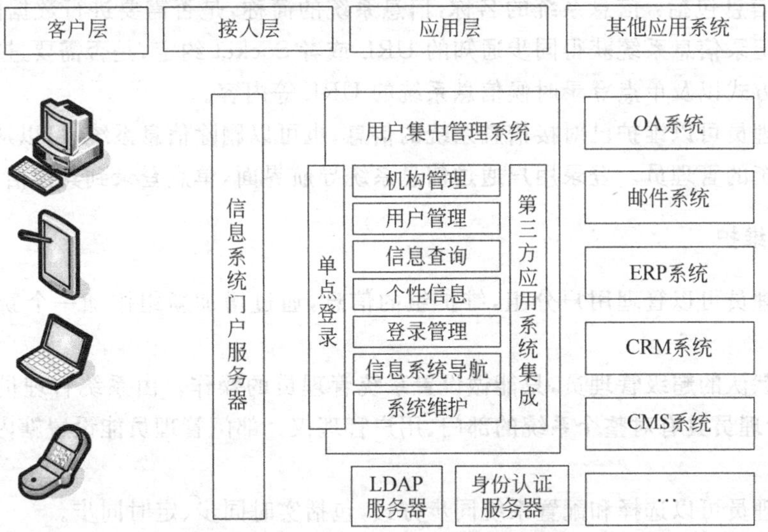

图 10-3　用户集中管理实现的主要模块

2. 用户管理

部门管理员管理辖内人员信息，可以增加、删除和修改人员信息，可以重置人员密码。系统调入或者调走一个人员，则相应地增加或者删除一个账号；每新增一个账号，赋予该账号一个初始化密码。在进行人员管理的时候，需要将维护的人员信息同步到其他信息子系统中，需要同步的数据有人员姓名、人员 ID、人员职务级别，人员与部门的关系，人员在部门中的顺序号等。

3. 信息查询

系统采用目录树的方式展示部门与人员的隶属关系。用户可以在相应的部门列表中查询人员信息，查询条件有电话号码、房间号、人员姓名、人员姓名首字母等。根据列表中的人员可以查询详细信息，包括名称、部门、职务、级别、房间号、电话、邮件地址等。

4. 个性信息

每个登录用户都可以修改自己的通用信息，如电话号码、房间号等。具体哪些信息条目可修改，可由系统管理员设置。每个登录用户都可以修改自己的用户密码。

5. 登录管理

所有用户都可以访问登录模块，登录管理模块包括启动、注册向导、登录、注销等模块，各信息系统可以调用身份验证功能。系统通过对用户进行身份验证，根据其拥有的权限，赋予相应的功能。

6. 信息系统导航

当用户集中管理系统需要对接一个新加入的信息系统时，必须进行信息系统的注册。

需要注册的信息包括：信息系统的名称，信息系统的简称，是否需要进行数据同步，如果需要同步需要记录信息系统获得同步通知的 URL 或者 Socket 约定，是否需要进行单点登录，单点登录的方式以及单点登录时候信息系统的 URL 等内容。

系统管理员可以维护已对接信息系统的信息，也可以删除信息系统，可以从所有人员中指定信息系统的管理员。登录用户通过信息系统导航界面，单点登录到其他信息系统中。

7. 系统维护

系统管理员可以管理用户分组，维护组的信息，通过增加新组添加一个新的用户分类方式。

系统有默认的超级管理员，只能做设置系统管理员的操作。由系统管理员设置部门管理员，部门管理员具有对整个系统的部门、用户管理权。部门管理员能设置辖内下级部门的管理员。

系统管理员可以选择和配置系统同步方式，包括实时同步、定时同步。

系统有完整的日志记录，包括访问日志和操作日志。

系统管理员还可以进行属性配置，包括系统所有属性项、人员列表中可显示属性、人员信息中可显示属性、可以自己维护的属性、部门列表中可以显示的属性、人员的属性、部门的属性等。

10.2 目录服务

轻型目录访问协议(Lightweight Directory Access Protocol,LDAP)是目录访问协议的一种，是一个用来发布目录信息到许多不同资源的协议。简单说来，LDAP 是一个得到关于人或者资源的集中、静态数据的快速方式。通常它都作为一个集中的地址本使用，不过根据组织者的需要也可以做得更加强大。

目录是一个以一定规则排列的对象的属性集合，是一个存储着关于对象各种属性的特殊数据库。这些属性可以供访问和管理对象时使用，类似电话簿和图书馆卡片分类系统。目录服务是指一个存储着用于访问、管理或配置网络资源信息的特殊数据库，它把网络环境中的各种资源都作为目录信息，在目录树结构中分层存储，对这些信息可以存储、访问、管理并使用。网络中的这些资源包括用户、应用系统、硬件设备、网络设备、数据、信息等。

目录服务为有效的集成管理网络目录中的信息提供服务，是支持网络系统的重要底层基础技术之一。

10.2.1 目录服务概况

目录服务将分布式系统中的用户、资源和组成分布式系统的其他对象统一地组织起来，提供一个单一的逻辑视图，允许用户和应用透明地访问网络上的资源。由目录服务支持的应用系统是一个集成的、网络化的、统一的系统，而不是各个独立功能部分的简单聚合。在目录服务系统中对象可以根据名字或功能、属性访问，而不是根据机器 IP 地址、文件服务器名字和邮件地址等访问。

目录信息的共享为应用的开发提供了方便，在目录服务的基础上开发的应用易于使用、功能增强和易于管理。下一代分布式网络的信息模型和模式是基于目录的；当进入网络时，是登录到一个基于目录的网络中，而不是登录到某台机器上。

1. 目录服务可以存储的信息种类

目录服务能够存储的信息非常广泛，可以包括如下。

(1) 用户账号信息（登录名、密码、权限）。

(2) 用户个人信息（电话号码、地址、员工 ID 号）。

(3) 外围设备配置信息（打印机、调制解调器、传真机）。

(4) 应用程序配置信息。

(5) 安全信息。

(6) 网络基础设施配置信息（路由器、代理服务器、网络访问设置）。

(7) 人们可以想得到的，目录中都可以存储。

2. 目录服务的使用方式

这些信息集中在一个标准数据库中，就可以有多种不同的使用方式。其中，最普通的是供系统管理员用于网络访问控制和网络资源访问控制。目录将成为对许多网络活动进行集中控制的地方。控制的例子很多，例如下面一些例子。

(1) 用户登录进入一个网络，系统进行认证和权限判定。

(2) 用户进入网络后，访问网络中的资源，系统向目录服务查询该用户是否具有使用该资源的权限，并返回所请求资源的物理地址。

(3) 个人用户可以使用目录服务存储个人设置信息，并可以对其所有环境进行集中存储和控制。

(4) 通过一些网络设备监视和控制网络传输情况。

3. 目录服务的特点

目录服务的基本功能包括资源信息的目录式表示、分布存储、资源定位和查找、用户的集中认证、系统资源的统一授权、系统资源信息的共享、系统资源的单点统一管理、安全传输的保证、资源的统一监控等。

目录服务的主要优点如下。

(1) 网络管理工作大大减轻，包括管理网络上的各个应用。

(2) 作为网络的集中管理点，可服务于全网的每个对象。

(3) 访问用户信息的集中控制点，消除各个应用自行维护用户的弊端。

(4) 存储在其他条件下很难处理的管理信息。

(5) 系统资源信息的利用率高、管理的可扩展性好。

目录服务和数据库、DNS系统及分布式文件系统的比较如表 10-1 所示。

表 10-1　目录服务和数据库、DNS 系统及分布式文件系统的比较

对象	比　较
数据库	目录服务也是建立在数据库之上，可以看成是一种特殊表现形式的数据库。两者的不同之处如下。 (1) 目录读多于写。目录服务通常供查询为主，写的性能大大低于读的性能。 (2) 目录一般不支持事务处理。 (3) 信息访问方式不同(数据库是 SQL、目录是 LDAP 的 API)。 (4) 目录中的信息一般不要求严格的一致性。 (5) 传统的数据库是平面的，无法表示资源之间及资源使用控制的复杂逻辑关系，不能满足当前资源信息管理的各种要求。
DNS 系统	目录服务与 DNS 系统的相同之处在于都是分布式存储，都采用了树型层次结构，并且都有容错机制。两者的不同之处如下。 (1) DNS 的功能和目录服务不同，DNS 功能单一，本质上是将主机名解析成 IP 地址。目录服务是可以为多个应用提供网络资源的信息存储和管理，具有广泛的应用特性。 (2) DNS 是以一系列文本文件为基础，是一种纯文本式的数据库，无法进行扩展以适应其他功能的要求。
分布式文件系统	目录服务与分布式文件系统的相同在于采用了准树型层次结构，具有一定的授权功能。两者的不同之处如下。 (1) 目录服务表示资源的各种属性信息，可为各种应用提供服务，文件不能表示。 (2) 目录服务有很强的逻辑表示和分类，文件的组织逻辑性单一(主要按存储位置)。 (3) 文件系统的认证功能较差。 (4) 目录服务独立性强。

4. LDAP 的应用前景

目录服务将在越来越多的网络应用系统中使用，特别是一些大型的网络应用或大型网站当中，这也是各个大公司为什么要将此作为网络基础软件来看待。集中管理、分布容错和单一登录点(包括合理的认证服务)的功能是具有巨大的诱人优势。

目录服务是一个在逻辑上集中存储资源信息的特殊数据库，许多数据库开发都可以用 LDAP 替代，而且 LDAP 更易于开发，更灵活。LDAP 从现行的 v2、v3 继续发展，具有目录服务功能的网络(Directory-Enabled Network，DEN)不仅对网络上的高层资源进行集中管理，而且对网络基础设备进行集中管理，将网络服务和网络设备的管理更好地集成到普通管理技术中。

10.2.2　LDAP 协议的特点

LDAP 协议的前身是 X.500 协议。X.500 协议是为了便于建立全局、分布式的目录信息而设计的一套协议。它是一种 C/S 结构的应用协议，支持用户通过网络访问和维护资源信息，但是在用户和开发者的使用过程中却暴露出许多不足之处，阻碍了它的应用和推广。问题主要集中在使用方式和性能开销上这两个方面。由于 X.500 是在 OSI 协议栈上实现的，虽然 X.500 提供了强大的信息查询功能，但是协议所要求的访问格式却十分复杂，往往难以掌握；其次在运行 X.500 服务器时对系统的开销要求较高。

LDAP 协议继承了 X.500 的 90%左右的功能，同时兼容所有使用 X.500 协议建立的服

务端数据库,避免了重复开发的浪费;在运行开销上却只是 X.500 的 10%。正是由于 LDAP 具有巨大的优越性,它从一开始仅仅是作为 X.500 客户层的另一种实现方式,到现在在许多应用中完全替代了 X.500 协议,成为一个完整实用的应用开发协议。

基于 LDAP 的目录服务有以下特点。

(1) 目的是存储网络资源的信息。

(2) 结构化的信息框架(面向对象的信息存储方法),采用树型层次式结构表示。

(3) 在系统中的单点集中(不指物理位置)管理资源,可实现单一登录点。

(4) 读多于写,专为读操作进行优化。

(5) 基于 TCP 协议,使用通用端口。

(6) C/S 逻辑结构,也很容易集成到 B/S 应用的服务器端。

(7) 标准的访问协议 LDAP,支持各种编程语言对接。

(8) 强大的搜索功能,允许用户组织复杂的查询要求。

(9) 维护的分散性(信息可分布存储,具有集中式数据库无可比拟的优越性)。

(10) 可全球唯一命名,空间层次几乎无限扩展。

(11) 动态添加和修改信息。

(12) 容错功能,支持集群服务。

(13) 自动更新和维护存储的信息。

(14) 方便的备份和恢复功能。

(15) 安全访问和信息传输的安全。

(16) 易对资源进行授权管理。

10.2.3 LDAP 四种基本模型

LDAP 定义了四种基本模型。

(1) 信息模型。说明了 LDAP 目录中可以存储哪些信息。

(2) 命名模型。说明了如何组织和引用 LDAP 目录中的信息。

(3) 功能模型。说明了 LDAP 目录中的信息处理,特别是如何访问和更新信息。

(4) 安全模型。说明如何保护 LDAP 目录中的信息不受非授权访问和修改。

1. 信息模型

LDAP 的信息模型是以模式(Schema)为基础,以条目(Entry)为核心的。如图 10-4 所示,模式由若干条目组成。条目是描述客观实体的基本单位,包括描述客观实体具体信息的一组属性(Attribute)。属性只能有一种类型(Type),可以有一个或多个值(Value)。属性的类型具体说明属性值可以存储哪些信息,以及这些信息的行为特性。

例如,属性 cn 的类型是 caseIgnoreString,它意味着属性值是按照词典排序的字符串,并且在比较时忽略大小写,如 BEIJING 和 Beijing 是相同的;属性 tele 的类型是 telephoneNumber,它具有 caseIgnoreString 的全部特性,另外在比较时忽略空格和破折号,如 0731-84573040 和 073184573040 是相同的。

每个条目都有一个属性 objectClass,用于说明条目的类型及必选属性和可选属性。属

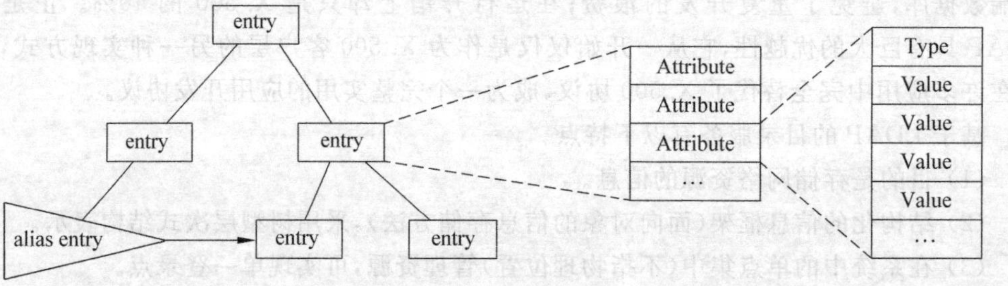

图 10-4 目录的信息模型

性 objectClass 的取值可以是一个或多个，其中必须有一个用于说明条目的基本结构的结构对象类(Structural Object Class)，结构对象类不能轻易改变；除此之外，还可以有若干个对条目结构进行辅助说明的辅助对象类(Auxiliary Object Class)，在访问控制允许的范围内可以新增或删除辅助对象类。

2. 命名模型

在 LDAP 目录中，条目是按照树型结构组织的，根据条目在树型结构中的位置对条目进行命名，这样的命名通常称为唯一标识(Distinguished Name，DN)。DN 由若干元素构成，每个元素称为相对标识(Relative Distinguished Name，RDN)。RDN 由条目的一个或多个属性构成。

LDAP 的命名模型与文件系统有很多相似之处，RDN 与文件系统中的文件名很相似，DN 与文件的绝对路径名很相似。另外，与文件系统一样，兄弟条目(即具有相同父条目的子条目)必然具有不同的 RDN。LDAP 的命名模型与文件系统之间的区别主要如下。

(1) 在 LDAP 目录中，位于叶节点和非叶节点的条目都拥有各自的属性；在文件系统中，只有位于叶节点的文件拥有较丰富的内容，而位于非叶节点的目录的内容相对简单。

(2) 在 LDAP 目录中，DN 中各元素的排序是从叶到根；在文件系统中，文件绝对路径名中各元素的排序是从根到叶。

(3) 在 LDAP 目录中，DN 中各元素之间的分隔符是“,”；在文件系统中，文件绝对路径名中各元素之间的分隔符是“/”或“\”。

(4) 在 LDAP 目录中，允许超越树型结构的别名条目(Alias Entry)，它指向其他条目。

3. 功能模型

LDAP 的功能模型涉及以下三个方面。

(1) 询问(Interrogation)。LDAP 在信息询问方面主要定义了查找(Search)和比较(Compare)两个操作。在查找操作中，根据选取标准在指定范围内选择条目，这个选取标准通常称为查找过滤器(Search Filter)，并且可以规定一组需要返回的属性。另外，还可以规定查找结果的大小和客户端等待结果的时间。比较操作主要是判断指定条目是否包含指定属性(包括类型和值)。

(2) 更新(Update)。LDAP 在信息更新方面定义了增加(Add)、删除(Delete)、修改

(Modify)和更名(Modify RDN)4 个操作。增加操作主要是在 LDAP 目录中插入一个新的条目。删除操作主要是从 LDAP 目录中删除已有条目。修改操作主要是修改已有条目的属性,具体地说,可以增加、删除、修改属性或属性值。更名操作主要是修改条目的名字,即其 RDN。

(3) 身份验证(Authentication)。LDAP 在身份验证方面定义了绑定(Bind)、断接(Unbind)和作废(Abandon) 3 个操作。绑定操作主要是客户端向服务器提供身份信息,包括 DN 和密码,以便于服务器验证客户端的身份,身份验证成功即建立客户端与服务器之间的会话(Session)。断接操作主要是结束客户端与服务器的会话。作废操作主要是中止正在执行的操作。

4. 安全模型

如何控制从网络上来的各种访问请求,防止非授权的访问发生?这对于一个系统而言是十分重要的,因为许多的用户信息(如密码、费用)以及许多的配置参数等都属于敏感信息。它们不希望被随便一个普通使用者访问,而只允许管理员拥有查询和修改的权限。

LDAP 的安全模型是以客户端的身份信息为基础的。客户端的身份信息通过连接操作提供给服务器,服务器根据身份信息对客户端提出的访问请求进行控制。在 LDAP 中存在一个被称为访问控制列表(Access Control List,ACL)的文件,控制各类访问请求具有的权限。ACL 文件中的控制方式具有极大的弹性,既可以在大范围上控制某一类资源可以被某类甚至某个用户访问,还可以具体到资源类中的任何一个属性。其授权的种类有读、搜索、比较和写这几种,既可以单独使用也可以组合使用。一般的格式如下:

```
access to "cn=*,ou=csnet,o=cs,c=cn"
by    "cn=Tom,ou=csnet,o=cs,c=cn"  write
```

上面的控制设置就赋予了 Tom 对 csnet 部门下的所有资源信息写的权限,当然也就有了读等这些权限了。仔细地定制和完善 ACL 文件,可以使目录服务系统提供较好的安全性。此外,还可以根据安全程度的需要,在 LDAP 中集成其他的安全工具,如 Kerberos、SSL 等应用广泛的安全技术,适用不同层次的需要。

10.2.4 OpenLDAP 实例

现在已经有了许多基于 LDAP 协议开发出的资源管理系统和工具,如 OpenLDAP、NDS(Novell Directory Service)和 ADS(Active Directory Service)等。它们已经逐渐地被使用在了各个需要目录服务的领域,并且范围不断地扩大。

OpenLDAP 是 Michigan 大学发布的免费软件,实现了 LDAP v2 的功能,并部分支持 LDAP v3。它提供源代码,可以在大多数的 UNIX 和 Linux 系统中安装。开发者能够直接利用它所附带的一些 shell 工具开发简单的应用,这些 shell 包括了查询(ldapsearch)、修改(ldapmodify)、删除(ldapdelete)、增加(ldapadd)等;也可以调用它提供的 API 来开发应用,接口包括了查询(ldap_search)、修改(ldap_modify)、增加(ldap_add)、删除(ldap_delete)等。从模式的定制到资源信息的组织和输入都可以按照用户的要求进行,开发出满足要求的应用软件。

基于 LDAP 协议的应用开发，大致分为 4 个步骤，这 4 个步骤同时也分别对应了建立协议中 4 种基本模型的过程：信息模型、命名模型、功能模型和安全模型。

首先是建立信息模型，即计划需要管理的资源范围，在 LDAP 中所建立的信息以“条目”(Entry)为单位，数据库的框架被称为“模式”(Schema)，每个条目的属性范围都会在模式中说明。模式的内容可以根据需要随意定制，可以将具有类似属性范围的信息归为一类，对于一类条目的说明采用了基于面向对象的机制，将模式中的每一个信息框架称为一个“类”(Class)，而可以用这个类定义出需要的事例，也就是一个个信息条目。

例如，在模式文件中写入如下内容：

```
objectclass  person
{
    requires
        account,
        userpassword
    allows
        sex,
        …
}
```

其中，requires 所包含的属性是每一个登记的用户都必须填写的属性范围，而 allows 所包含的则是可有可无的内容，这也给信息的存储控制增添了许多灵活性。其中系统管理员这种资源可以与一般用户合并，只是需要在属性中加入“类型”这种属性，用以区分是用户还是管理员。当然，为了安全也可以将管理员单独设置为一类资源，在属性中包括账号名、密码、管辖的范围(机器等设备的标识)和联系方式等。对于其他的资源则根据实际情况分别设计，最后生成一个完整的模式文件。在 OpenLDAP 中，模式文件包括编辑 yourname. oc. conf (定义信息对象类)和 yourname. at. conf(定义对象类中的属性)。

对照上面的信息模型所建立的信息库还仅仅是一个个零散的资源记录，为了表现出它们之间的逻辑联系，需要完成命名模型。在平面式数据库中定位信息记录是通过每一条记录前面的标号或通过某些字段的关键字匹配来完成的，实现过程大多是通过轮询，这在提高处理性能上就造成了许多障碍。LDAP 中采用了更加合理的树型存储方式，将资源信息记录分别放置在树的根到叶的位置上，这种方式总是从不同的方面表现出了信息记录之间的某种从属的逻辑关系。

对于每一个信息条目的定位，使用全球唯一标识，即 DN，信息间的逻辑关系同时从 DN 中得到体现。可以参照 Internet 中的域名来理解 DN 的表示方法，如果将所管理的信息按照地域进行分类，那么 DN 中就会包含分类标准，如从国家，到地区，再具体到某个部门中的人或者机器等，格式是“cn＝???，ou＝???，o＝???，c＝???”(其中的 cn、ou、o、c 都是一些标识关键字，分别表示用户名字、部门、地区和国家)。

这样当需要寻找某人的一些信息(如电话号码、E-mail 地址等)，如果知道他的工作地址，那么可以查找这个单位中所有符合条件的人员信息，如果查找的条件更为具体，那么可以直接找到这个人的信息条目,即使是给出的查找条件比较模糊,也可以找出单位中所有符合条件的人员信息,然后再从中挑选出需要的。信息的逻辑结构如图 10-5 所示。

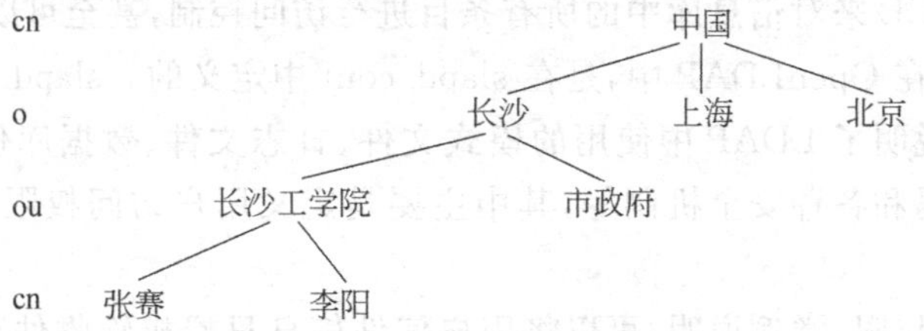

图 10-5 DN 体现信息间的关系

当然,分类方式完全可以按照需要进行选择,将所有的信息组织在信息库中。建立了信息模式之后,就可以开始生成信息库本身了。添加信息库信息可以是先写一个 LDIF (LDAP Data Information Format)格式的文档。每个 LDIF 文件对应一个信息库,在 LDAP 中可以有多个信息库。这种格式是与模式是对应的,将一个个信息条目罗列在文件中,然后使用 shell 工具 ldif2ldbm 将其转换为当前使用的信息库软件的格式,并且在启动服务端时告诉这些信息库文件的存储路径。

如何真正地访问 LDAP 信息库中的记录,则是在其功能模型中定义的内容;在应用开发中就是开发一个 LDAP 的客户端,以及该客户端如何访问 LDAP 服务器。OpenLDAP 提供的仅仅是一系列的 shell 命令和 API,要依靠这些底层调用来建立一个完整的用户访问和显示环境。如果不进行编程开发,尽管也可以使用普通的浏览器或者直接通过 shell 命令来操作,不过这种操作方式需要对 LDAP 的环境、配置情况、存储内容都有相当详细的了解,还要记住 LDAP 中复杂而又烦琐的命令格式。普通用户根本不可能掌握。

一个完整的访问过程包括 4 个步骤:初始化、绑定服务器、访问资源信息和断开连接。其中初始化是分配一个操作句柄;绑定服务器是向服务端提供自己的身份标识(含用户名和密码等);访问资源信息则是提出自己的访问请求(如查询和更新,分别调用对应的标准 API),等待并获取访问结果;断开连接是在所有的访问工作完成之后断开与服务端的连接,释放占用的资源。

安全模型中,OpenLDAP 简化了 X.500 中的许多操作,它在访问资源的方式中主要提供与"读"和"写"相关的操作手段。与"读"相关的有查找和比较,在查找时可以通过设置不同的"过滤器"达到获得自己需要的结果,过滤器中的内容可以涉及任何相关属性的名称及取值范围等,并且支持与、或、非等关系表达式;"比较"则是将特定记录中某属性的值取出与自己的设定进行关系比较。与"写"相关的操作有增加、删除、修改和更名。增加是在信息库中增加新的信息记录,当然不能有相同唯一标识的记录存在;删除是将被认定为无用的信息记录从库中删除;修改是对于库中资源信息的某些属性值进行修改;更名则是更替唯一标识中最后一部分的内容,往往使用在仅仅这个资源的名称有了改变的情况下。

在处理好以上 4 个方面基本模型之后,就可以启动 LDAP 服务了,在 OpenLDAP 中,启动服务器端的 slapd(LDAP 服务器进程),就可以响应用户的访问了。

10.2.5　LDAP 中的访问控制

LDAP 通过 ACL 来对信息库中的所有条目进行访问控制,甚至可以具体到一个条目记录中的某个属性。在 OpenLDAP 中,是在 slapd. conf 中定义的。slapd. conf 是 LDAP 最主要的配置文件,它说明了 LDAP 中使用的模式文件、日志文件、数据库位置、系统管理员账号、系统管理员密码和各种安全机制等,其中主要是定义用户访问权限和建立 LDAP 的主从和主备关系。

对于用户访问权限,举例说明,可以将用户信件信息只授权给收件人,那么当该用户在绑定服务器并提供正确的账号名和密码之后可以访问所有寄给他的信件,而其他用户试图超越自身的权限获取他人的信件信息时,会被立即拒绝。可以这样来描述权限的设置。

```
access to dn=".*, User=Tom, o=XY, c=A" by dn="User=Tom, o=XY, c=A".
```

通过这条限制就将信件的访问权限完全地赋给了信件的收取者。同样,设备的访问权限是授予了相应的设备管理员,而用户这类资源则只能由系统管理员来控制。

对于用户密码这个属性,可以这样定义:

```
access to dn=".*,grp=general,ou=csnet,o=cs,c=cn" attr=userpassword
        by self          write
        by *             none
```

在 slapd. conf 中还可以定义 referral 配置,它的值应是另一个 LDAP 服务器或多个 LDAP 服务器的 URL,当用户进行查询时,没在本地找到,就会去 referral 指定的其他 LDAP 服务器进行查找。OpenLDAP 直接在服务器上实现了 referral,即返回给客户 referral 地址给客户,如图 10-6(a)所示。①客户发出请求;②返回 referral 地址给客户;③客户需重新向 referral 地址发出请求;④referral 返回结果。

为了用户的方便,可屏蔽掉信息所在地址即 referral,实现 Chaining,即在服务器上自动支持 referral,如图 10-6(b)所示。①向客户发出请求;②自动指向 referral 地址并发出请求;③获得结果;④返回结果给客户。

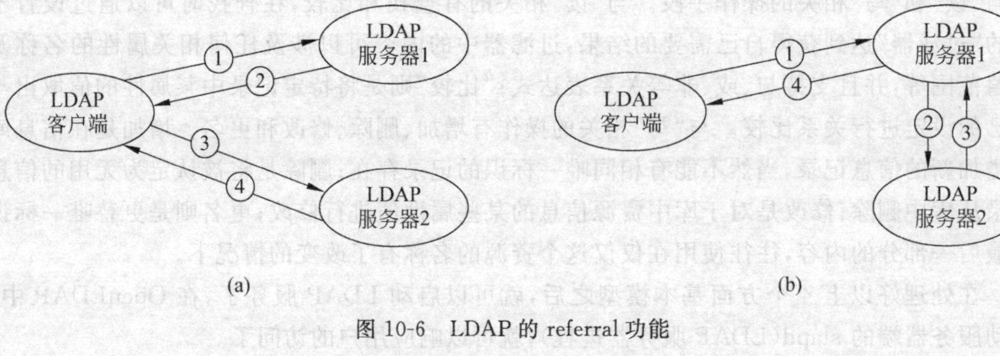

图 10-6　LDAP 的 referral 功能

有了 referral 的功能,就可以把网络内的 LDAP 服务器都建立这样一种联系,使得用户不必记住每个 LDAP 服务器都存储些什么内容以及它们的地址，只要记住离自己最近的 LDAP 服务器就可以了，如果用户要操作的内容不在该服务器上，会自动地寻找直到找到正确的服务器，得到正确的内容为止。

10.2.6　LDAP 的主从备份

安全机制中一个重要的内容就是备份和恢复，在 LDAP 中提供了主从备份服务器的机制，它方便和经济地实现了备份和恢复的功能。

一个主服务器的从服务器个数是没有限制的。可以产生一个由主服务器进程和一个或几个从服务进程组成的服务器集群，主守护进程作为整个服务器集群的核心，始终维持系统信息的一致性；因为除了查询以外的请求都首先由它操作自己的信息库，然后再将该操作广播给各个从服务器，同步更新各自的信息库。而对于查询请求，由于不会造成信息内容的改变，所以可以由各个从服务器完成，这样的方式特别适用于目录服务这样查询请求远远多于修改等请求的应用。

下面是一个主服务器和多个从服务器组成的服务器集群处理访问的步骤，如图 10-7 所示。

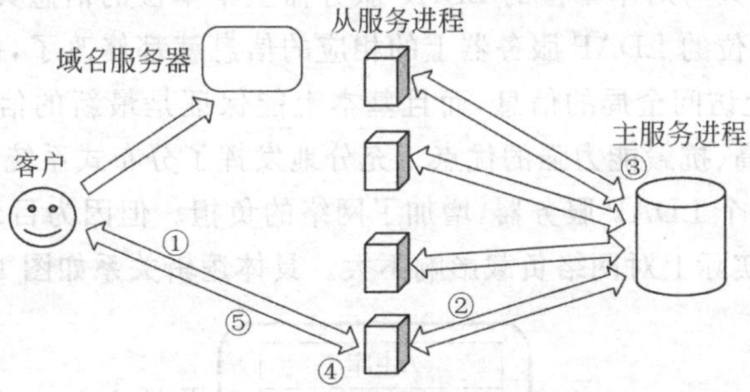

图 10-7　服务器集群处理访问

(1) 客户向服务器集群发出请求(客户使用的可能是 IP 或域名)，此请求可能被一个前端的域名服务器转给一个从服务进程。

(2) 从服务进程将除了搜索以外的请求发向主服务进程。

(3) 主服务进程根据请求成功完成相应操作之后，将操作广播给所有的从服务进程。

(4) 从服务进程此时完成主服务进程要求的操作。

(5) 从服务进程将操作结果返回给客户。

这样的服务器集群，每个从服务器都有一个主服务器信息的完全备份，当出现主服务器因为各种原因无法提供服务或无法恢复其信息数据时，则可将备份服务器上的数据信息转移到主服务器上，继续提供服务；或者直接将备份服务器的配置文件进行修改，重新启动服务进程，将其身份变为主服务进程。而且这些处理都十分方便。如果在平时就做好准备，那么可以在极短的时间内恢复服务。

实际上，不但一个主服务器可以对应多个从服务器，而且一个从服务器可以从多个主服务器上备份信息，形成一个主备的服务器集群。

采用主备关系服务器集群的系统逻辑视图如图 10-8 所示。

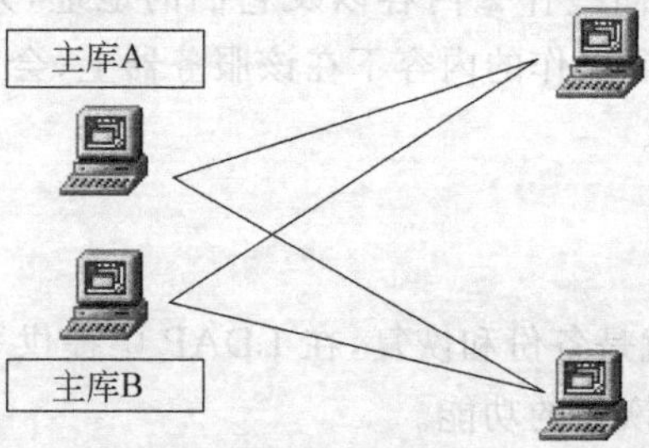

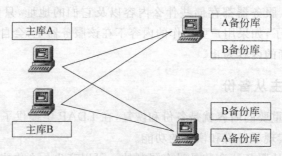

图 10-8 主备关系服务器集群

在图 10-8 中，设置了两个主服务信息库，它们平时可以是各不相干的角色，管理各自的域内事务，而后面的两个备份信息库则为了提高使用效率，同时作为了两个主服务信息库的备份库。对于上面两种方式的实现，其配置文件的写法大体相同。

不仅如此，多个 LDAP 服务器之间可以互为主从关系，即每个服务器都把自己管理部分定义为主服务信息库，而其他所有的 LDAP 服务器把与之相应的信息库定义为该主信息库的从信息库。这样，实际上每个 LDAP 服务器的地位是平等的，存储的信息则包括了全局的信息。每个单位只有对本单位的 LDAP 服务器上本单位的信息具有写和修改的权限。而修改的同时各个单位的 LDAP 服务器上的相应的信息就都修改了，每个单位的用户都可以在本地的 LDAP 上访问全局的信息，而且基本上能保证是最新的信息，这种方式有响应时间短、资源利用率高、抗毁能力强的优点。充分地发挥了分布式系统特点。缺点是每一次写操作都要广播到每个 LDAP 服务器，增加了网络的负担。但因为目录服务的特点是读操作远远大于写操作，实际上对网络负载影响不大。具体逻辑关系如图 10-9 所示。

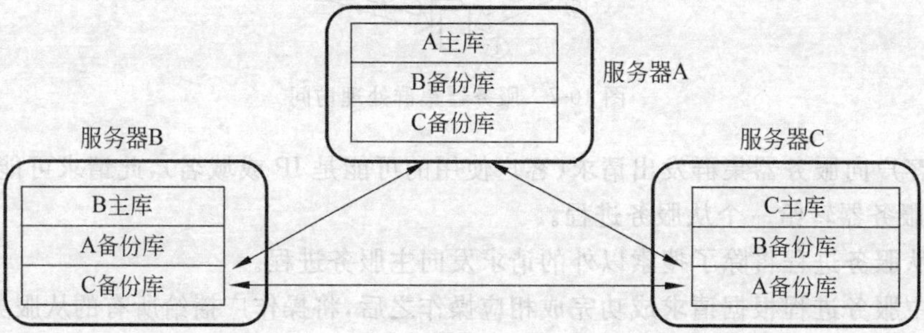

图 10-9 分布式系统互为备份

在配置上需要在每个 LDAP 服务器上建立相应的 slapd. conf 文件，在配置文件中声明哪部分是主服务器，并定义每个从服务器的位置和权限，自己作为从服务器时，从哪些服务器中以什么身份取得哪些信息。

10.2.7 Active Directory 简介

活动目录(Active Directory，AD)是基于 Windows 的目录服务，它存储着网络上各种对象的有关信息，如用户、组、计算机、共享资源、打印机和联系人等，并允许用户和管理员通过图形界面或编程接口来方便地查找和使用这些信息。允许用户使用单个登录进程来访问网络中任意位置的许可资源，这为管理员提供了直观的网络层次视图，和对所有网络对象的单点管理。

Active Directory 起源于 Windows NT 4.0，在 Windows Server 2003/2008 中得到了进一步的发展和应用，它具有信息安全性、基于策略的管理性、可扩展性和可伸缩性，同时还可以进行信息的复制、与 DNS 集成、与其他目录服务互操作等特点，并以结构化数据存储作为目录信息逻辑和分层组织的基础。

1. Active Directory 的内容

Active Directory 完成对网络各种对象有关信息的统一管理和使用，包括目录和与目录相关的服务。目录是存储有关网络上对象信息的层次结构；而目录服务提供了用于存储目录数据并使该数据可由网络用户和管理员使用的方法。在 Active Directory 目录服务中存储了有关用户账号的信息，比如名称、密码、电话号码等，并允许相同网络上的其他已授权用户访问该信息。Active Directory 是一种企业级的目录服务，简化了管理，使用户很容易找到各种资源，提供了非常广泛的特性和功能。

通过登录验证以及目录中对象的访问控制，将安全性集成到 Active Directory 中。通过一次网络登录，管理员可管理整个网络中的目录数据和单位，而且获得授权的网络用户可访问网络上任何地方的资源。基于策略的管理减轻了即使是最复杂的网络的管理。

Active Directory 还具有如下特性。

(1) 一套规则，即架构。定义了包含在目录中的对象类和属性，以及这些对象实例的约束和限制及其名称的格式。

(2) 包含目录中每个对象信息的全局编录。允许用户和管理员查找目录信息，而与目录中实际包含数据的域无关。

(3) 查询和索引机制的建立，允许用户或应用程序发布并查找这些对象及其属性。

(4) 通过网络分发目录数据的复制服务。域中的所有域控制器参与复制并包含它们所控制的域的所有目录信息的完整副本。对目录数据所做的任何更改都被复制到域中的所有域控制器。

(5) 支持 Active Directory 客户端软件。在客户端软件界面上，目录的显示形式将与资源管理器中的文件夹相似。

2. Active Directory 的好处

正是由于所有域成员计算机和域用户都共用这个域的目录服务数据库，域管理员就可以基于域的目录服务数据库来进行集中管理、共享资源，如用户、组、计算机账号、权限设置、组策略设置等。目录服务为管理员提供从网络上任何一个计算机上查看和管理用户和网络资源的能力。目录服务也为用户提供唯一的用户名和密码，用户只需一次登录，即可访问本域或有信任关系的其他域上的所有授权访问的资源，而不需要多次提供用户名和密码登录。使用它的好处如下。

(1) 信息的安全性大大增强。信息的安全性完全与 Active Directory 集成，用户授权管理和目录进入控制已经完全整合(包括用户的访问和登录权限等)，而它们都是操作系统的关键安全措施。Active Directory 集中控制用户授权，目录进入控制不只能在每一个目录中的对象上定义，而且还能在每一个对象的每个属性上定义。除此之外，Active Directory 还可以提供存储和应用程序作用域的安全策略，提供安全策略的存储和应用范围。安全策略可包含账号信息，如域范围内的密码限制或对特定域资源的访问权等。所以从一定程度上可以说操作系统的安全性就是 Active Directory 所体现的安全性。对于管理人员来说，如何配置好 Active Directory 中对象及属性的安全性，是一个网络配置好的关键。

(2) 引入基于策略的管理，使系统的管理更加明朗。Active Directory 服务包括目录对象数据存储和逻辑分层结构(指目录、目录树、域、域树、域林等所组成的层次结构)。作为目录，它存储着分配给特定环境的策略，称为组策略对象(Group Policy Object，GPO)。作为逻辑结构，它为策略应用程序提供分层的环境。组策略对象表示了一套业务规则，它包括与要应用的环境有关的设置，组策略是用户或计算机初始化时用到的配置设置。所有的组策略设置都包含在应用到域或组织单元的 GPO 中。GPO 设置决定目录对象和域资源的进入权限，什么样的域资源可以被用户使用，以及这些域资源怎样使用等。例如，组策略对象可以决定当用户登录时在他们的计算机上看到什么应用程序，当它在服务器上启动时有多少用户可接入，以及当用户转移到不同的部门或组时他们可访问什么文件或服务。组策略对象使得只需管理少量的策略，而不是大量的用户和计算机。通过 Active Directory，就可将组策略设置应用于适当的环境中，不管它是整个单位还是单位中的特定部门。

(3) 具有很强的可扩展性。管理员可以在计划中增加新的对象类，或者给现有的对象类增加新的属性。计划包括可以存储在目录中的每一个对象类的定义和对象类的属性。例如，在电子商务上可以给每一个用户对象增加一个购物授权属性，然后存储每一个用户购买权限作为用户账号的一部分。

(4) 具有很强的可伸缩性。Active Directory 可包含一个或多个域，每个域具有一个或多个域控制器，以便调整目录的规模以满足任何网络的需要。多个域可组成为域树，多个域树又可组成为树林，Active Directory 也就随着域的伸缩而伸缩，较好地适应了企业级网络的变化。目录将其架构和配置信息分发给目录中所有的域控制器，该信息存储在域的第一个域控制器中，并且复制到域中任何其他域控制器。当该目录配置为单个域时，添加域控制器将改变目录的规模，而不影响其他域的管理开销。将域添加到目录使得可以针对不同策略环境划分目录，并调整目录的规模以容纳大量的资源和对象。

(5) 智能的信息复制能力。信息复制为目录提供了信息可用性、容错、负载平衡和性能优势，Active Directory 使用多主机复制，允许在任何域控制器上而不是单个主域控制器上同步更新目录，如图 10-10 所示。多主机模式具有更大容错的优点，因为使用多域控制器，即使任何单独的域控制器停止工作，也可继续复制。由于进行了多主机复制，它们将更新目录的每个副本。在域控制器上创建或修改目录信息后，新创建或更改的信息将发送到域中的所有其他域控制器，所以其目录信息是最新的。域控制器能够只复制更改的目录信息，而不至于大量增加域控制器的负荷。

(6) 与 DNS 集成紧密。Active Directory 使用 DNS 来为服务器目录命名，DNS 是将更容易理解的主机名(如 mail.csnet.cn)转换为数字 IP 地址的 Internet 标准服务，以利于在 TCP/IP 网络中计算机之间的相互识别和通信。DNS 的域名基于 DNS 分层命名结构，这是

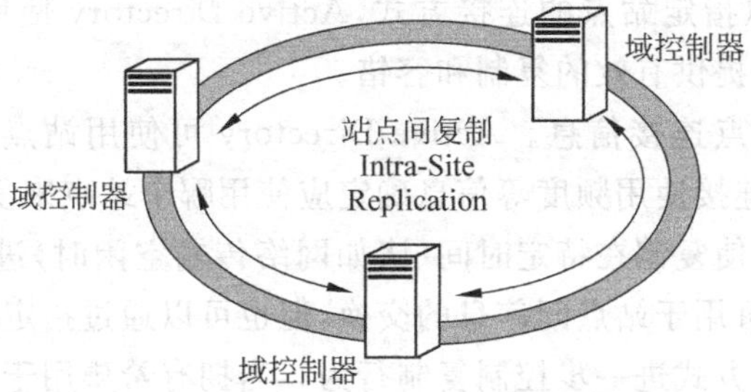

图 10-10　Active Directory 多主机复制

一种倒置的树型结构，单个根域，在它下面可以是父域和子域(分枝和叶子)。

(7) 与其他目录服务具有互操作性。LDAP 是用于在 Active Directory 中查询和检索信息的目录访问协议。因为它是一种工业标准服务协议，所以可使用 LDAP 开发程序，与同时支持 LDAP 的其他目录服务共享 Active Directory 信息，与使用这些协议的其他目录服务相互操作。

10.2.8　Active Directory 的物理结构

Active Directory 的物理结构主要着眼于信息的复制和用户登录网络时的性能优化。物理结构的两个重要概念是站点和域控制器。

1. 站点

站点是由一个或多个 IP 子网组成，这些子网通过高速网络设备连接在一起。站点往往由企业的物理位置分布情况决定，可以依据站点结构配置 Active Directory 的访问和复制拓扑关系，这样能使得网络更有效地连接，并且可使复制策略更合理，用户登录更快速。站点与域是两个完全独立的概念，一个站点中可以有多个域，多个站点也可以位于同一域中。

Active Directory 站点和服务可以通过使用站点提高大多数配置目录服务的效率。可以通过使用 Active Directory 站点和服务向 Active Directory 发布站点的方式提供有关网络物理结构的信息，Active Directory 使用该信息确定如何复制目录信息和处理服务的请求。计算机站点是根据其在子网或一组已连接好子网中的位置指定的，子网提供一种表示网络分组的简单方式，这与邮政编码将地址分组类似。将子网格式化成可方便发送有关网络与目录连接物理信息的形式，将计算机置于一个或多个连接好的子网中充分体现了站点所有计算机必须连接良好这一标准，原因是同一子网中计算机的连接情况通常优于网络中任意选取的计算机。使用站点的意义如下。

(1) 提高了验证过程的效率。当客户使用域账号登录时，登录机制首先搜索与客户处于同一站点内的域控制器，使用客户站点内的域控制器首先可以使网络传输本地化，加快了身份验证的速度，提高了验证过程的效率。

(2) 平衡了复制频率。信息可在站点内部或站点与站点之间进行信息复制，由于网络的原因，Active Directory 在站点内部复制信息的频率高于站点间的复制频率。这样做可以平衡对最新目录信息需求和可用网络带宽带来的限制。可通过站点连接来定制 Active Di-

rectory 如何复制信息以指定站点的连接方式，Active Directory 使用有关站点如何连接的信息生成连接对象以便提供有效的复制和容错。

(3) 可提供有关站点连接信息。Active Directory 可使用站点连接信息，连接使用次数，连接何时可用以及连接使用频度等信息确定应使用哪个站点来复制信息，以及何时使用该站点。定制复制计划使复制在特定时间(诸如网络传输空闲时)进行会使复制更为有效。通常，所有域控制器都可用于站点间信息的交换，但也可以通过指定桥头堡服务器优先发送和接收站间复制信息的方式进一步控制复制行为。当拥有希望用于站间复制的特定服务器时，宁愿建立一个桥头堡服务器而不使用其他可用服务器。或在配置使用代理服务器时建立一个桥头堡服务器，用于透过防火墙发送和接收信息。

2. 域控制器

域控制器是指保存了 Active Directory 信息副本的服务器。域控制器管理目录信息的变化，并把这些变化复制到同一个域中的其他域控制器上，使各域控制器上的目录信息处于同步。域控制器也负责用户的登录过程以及其他与域有关的操作，比如身份鉴定、目录信息查找等，一个域可以有多个域控制器。规模较小的域可以只需要两个域控制器：一个实际使用，另一个用于容错性检查。规模较大的域可以使用多个域控制器。

Active Directory 中的域控制器没有主次之分，采用了多主机复制方案，每一个域控制器都有一个可写入的目录副本，这为目录信息容错带来很大好处。尽管在某一个时刻，不同的域控制器中的目录信息可能有所不同，但一旦所有域控制器执行同步操作之后，最新的变化信息就会一致。

尽管 Active Directory 支持多主机复制方案，然而由于复制引起的通信流量以及网络潜在的冲突，变化的传播并不一定能够顺利进行。因此有必要在域控制器中指定全局目录服务器以及操作主机。全局目录是一个信息仓库，包含 Active Directory 中所有对象的一部分属性，往往是在查询过程中访问最为频繁的属性。利用这些信息，可以定位到任何一个对象实际所在的位置，而全局目录服务器是一个域控制器，它保存了全局目录的一份副本，并执行对全局目录的查询操作。全局目录服务器可以提高 Active Directory 中大范围内对象检索的性能，比如在域林中查询所有的打印机操作。如果没有一个全局目录服务器，那么这样的查询操作必须要调动域林中每一个域的查询过程。如果域中只有一个域控制器，那么它就是全局目录服务器；如果有多个域控制器，那么管理员必须把一个域控制器配置为全局目录控制器。

10.3 数字证书认证

公钥基础设施(Public Key Infrastructure，PKI)是利用公钥理论和数字证书来确保系统信息安全的一种体系。数字证书以数字签名的方式通过第三方权威认证有效地进行网上身份认证，帮助各个实体识别对方身份和表明自身的身份，具有真实性和防抵赖功能。

PKI/CA 数字证书认证通常应用在安全级别要求较高的环境中。数字证书相当于网上的身份证，与物理身份证不同的是，数字证书还具有安全、保密、防篡改的特性，可对网上传输的信息进行有效保护和安全的传递。

10.3.1　PKI 和数字证书

PKI 基础设施采用证书管理公钥，通过第三方的可信任机构——认证中心（CA），把用户的公钥和用户的其他标识信息捆绑在一起，在网上验证用户的身份。PKI 基础设施把公钥密码和对称密码结合起来，实现密钥的自动管理，保证数据的安全传输。

从广义上讲，所有提供公钥加密和数字签名服务的系统，都可称为 PKI 系统。PKI 的主要目的是通过自动管理密钥和证书，可以为用户建立起一个安全的网络运行环境，使用户可以在多种应用环境下方便地使用加密和数字签名技术，从而保证网上数据的机密性、完整性和有效性。数据的机密性是指数据在传输过程中，不能被非授权者偷看；数据的完整性是指数据在传输过程中不能被非法篡改；数据的有效性是指数据不能被否认。

一个有效的 PKI 系统必须是安全的和透明的，用户在获得加密和数字签名服务时，不需要详细地了解 PKI 是怎样管理证书和密钥的。一个典型、完整、有效的 PKI 应用系统至少应具有以下部分。

（1）公钥密码证书管理。

（2）黑名单的发布和管理。

（3）密钥的备份和恢复。

（4）自动更新密钥。

（5）自动管理历史密钥。

（6）支持交叉认证。

由于 PKI 基础设施是目前比较成熟、完善的网络安全解决方案，国外的一些大的网络安全公司纷纷推出一系列的基于 PKI 的网络安全产品，如 Verisign、Entrust 等安全产品供应商为用户提供了一系列的客户端和服务器端的安全产品，为电子商务的发展以及政府办公网、EDI 等提供了安全保证。简而言之，PKI 公钥基础设施就是提供公钥加密和数字签名服务的系统，目的是为了管理密钥和证书，保证网上数字信息传输的机密性、真实性、完整性和不可否认性。

数字证书认证解决了网上交易和结算中的安全问题，其中包括建立电子商务各主体之间的信任关系，即建立安全认证体系；选择安全标准（如 SET、SSL）；采用高强度的加、解密技术。其中安全认证体系的建立是关键，它决定了网上交易和结算能否安全进行，因此，数字证书认证中心 CA 机构的建立对电子商务的开展具有非常重要的意义。

CA 是电子商务体系中的核心环节，是电子交易中信赖的基础。它通过自身的注册审核体系，检查核实进行证书申请的用户身份和各项相关信息，使网上交易的用户属性客观真实性与证书的真实性一致。CA 作为权威的、可信赖的、公正的第三方机构，专门负责发放并管理所有参与网上交易的实体所需的数字证书。

10.3.2　数字证书与身份认证结合

通过和身份认证技术进行结合，数字证书成为认证系统的重要组成部分。系统支持数字证书用户和密码用户两条认证通道的同时存在，也可以由管理员选择性地关闭某条通道，如图 10-11 所示。

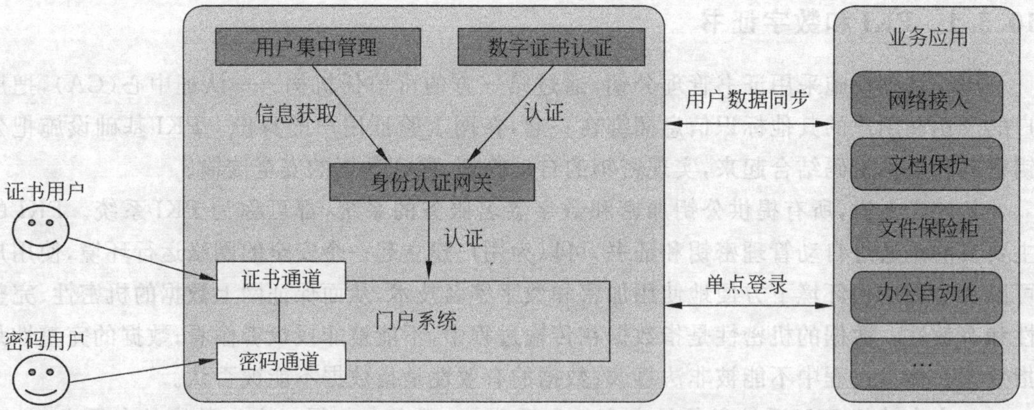

图 10-11　数字证书和认证系统的结合

基于数字证书的用户验证，跟传统的用户名/密码方式的用户验证不同，服务器不是通过比对用户名和密码来判断用户是否合法；而是首先发送一个随机的验证码给用户。用户使用 USB Key 或本地安全存储中的签名私钥对随机码进行签名，然后将用户名、随机码和签名值提交给服务器。服务器将签名值发给认证中心进行签名验证，最后根据验证结果来判断用户是否合法，决定是否允许进入。

数字证书认证模块包含客户端认证组件和服务器端认证组件两部分，它们在认证过程中的位置如图 10-12 所示。关于 USB Key 的原理和使用，将在第 15 章详细讨论。

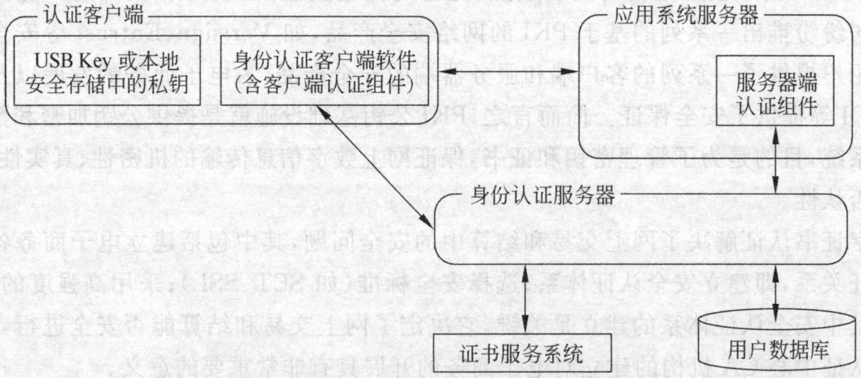

图 10-12　数字证书认证组件原理

如需接入单点登录认证，应用系统服务器端和认证客户端需要分别做两个方面的工作。

(1) 认证客户端。客户端认证组件安装运行在认证客户端，客户端脚本通过调用客户端组件获得经过身份认证的客户端的会话令牌，供应用服务器使用。

(2) 应用系统服务器端。对用户登录部分进行修改为调用服务器端认证组件的接口。

服务器端认证组件安装运行在应用服务器端，应用服务器端脚本通过调用服务器认证组件，向身份认证服务器提交并验证令牌，认证服务器根据令牌进行身份验证，并向认证组件返回合法用户的身份信息或错误代码。

10.3.3　双向身份认证

采用硬件和数字证书的身份认证技术是一种方便、安全的身份认证技术。它采用软硬件相结合的强身份认证方式，很好地解决了安全性与易用性之间的矛盾。

通过数字证书替换"用户名＋密码"，提升了身份认证强度。相对于传统用户名/密码的身份认证，采用数字证书的身份认证可以更加安全有效地解决网络应用系统中通信双方的身份认证问题。身份认证系统的身份认证协议由服务器发起，通过服务器和客户端分别产生仅对一次会话有效的真随机数，可以有效抵御网络重放攻击。

如图 10-13 所示，假设在用户 A 进行第 i 次身份认证时，攻击者截获到 A 发送到服务器 S 的认证信息 SIGN(R)，然后进行重放攻击。由于此时 S 已经产生新的随机数 Rl。根据协议 S 将使用 Rl 验证 SIGN(R)，从数字签名原理可知必然验证失败，因此 S 拒绝攻击者的登录请求，所以攻击者没有机会利用重发攻击假冒 A 的身份登录服务系统。

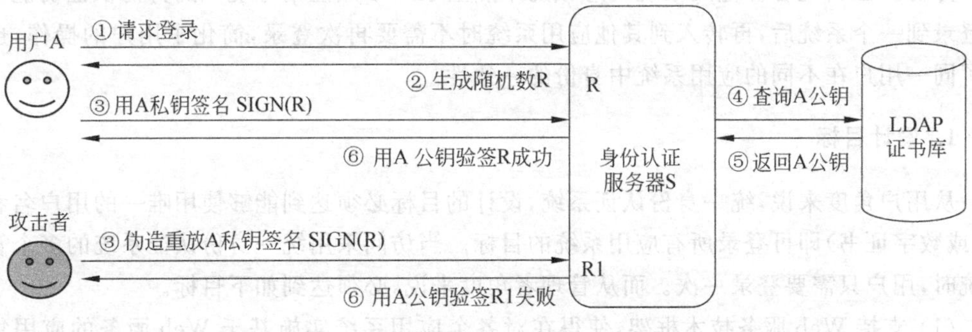

图 10-13　拒绝重发攻击的登录请求

防止重发攻击的办法还有时间戳和序列号递增的办法，但比较起来，采用序列号的方法虽然简单，但由于产生序列号具备一定的可循规律和范围，安全性不如随机数；而采用时间戳的方式由于需涉及第三方基准时间平台（比如北斗授时服务），在系统开销上较大，一般只在有特定需求的情况下使用。

基于 PKI 理论，结合 CA 机构签发的数字证书的验证机制，可以有效确认用户身份信息，通过会话随机数的签名与验签可以确认提交验证信息者是数字证书的私钥持有人，因此可以有效确认用户身份的真实性。采用高强度加密算法和摘要算法实现的数字签名技术，可以很好地抵御暴力攻击和防止网络窃听。

通过用户与认证服务器双方交互验证证书和认证信息，实现了双向身份认证，真正解决了通信双方的身份认证问题。用户每次登录身份认证的签名值，可以自动作为证据保留，用作以后的审计和举证，达到防抵赖的效果。在整个流程中，客户端和服务器需要完成两次握手问答过程，实现双向身份认证服务，确保只有满足安全要求的客户端方可连入系统。

10.4　统一身份认证

统一身份认证系统基于 SOA 的架构，为应用系统提供用户登录、登录检查、会话保持、登录用户信息获取、单点登录等功能，利用 Web Service 作为数据传递和接口调用的桥梁，系统扩展能力强，能够跨平台地与各种应用系统交互。

有了统一身份认证系统，用户可以实现一次登录、全网通行，各种管理应用系统可以通过统一的接口接入信息平台。对用户的统一管理，一方面用在访问各个成员站点时无须多次注册登录，既给用户的使用带来方便，也避免了各个成员站点分散管理统一用户带来的数据冗余和不一致。另一方面也给新的成员站点（新的应用系统）的开发提供方便。

10.4.1　系统设计

用户集中管理实现了对各应用系统的用户、角色和组织机构统一化管理。在此基础上，统一身份认证实现各种应用系统间跨域的单点登录和单点注销等统一的身份认证功能。用户登录到一个系统后，再转入到其他应用系统时不需要再次登录，简化了用户的操作，也保证了同一用户在不同的应用系统中身份的一致性。

1. 设计目标

从用户角度来说，统一身份认证系统，设计的目标必须达到能够使用唯一的用户名和密码（或数字证书）即可登录所有应用系统的目标。当访问采用统一身份认证系统的多个管理系统时，用户只需要登录一次。而从管理者角度来说，必须达到如下目标。

(1) 支持 Web 服务技术框架，使得在对各个应用系统实施基于 Web 服务的应用集成(EAI/B2B)的时候，能够使用这个服务进行身份认证。

(2) 方便使用，能够提供统一、集中、有效的用户管理，能够尽可能地利用现有系统的身份认证模块及现有的用户设置和权限设置，尽量保护现有的投资，减少新用户设置和权限设置的开销，同时避免对现有系统进行大规模的修改。

(3) 具有良好的扩展性和可集成性，不仅能支持现有的应用系统及用户系统，当有新的应用被部署或开发的时候，统一身份认证服务还可以作为其身份认证模块的形式工作。这就要求系统必须具有账号关联的功能，能够记录已有应用系统的用户账号与用户中心的用户账号的对应关系，用户在进行统一身份认证服务之后，自动使用相应的应用系统账号来访问应用系统。

(4) 具备灵活和方便的使用模式，使用者可以通过多种方式自由地使用统一身份认证服务。在进行系统设计时，必须遵循统一用户管理、基于分级角色的权限管理、应用级的安全管理、统一证书管理和统一资源管理的设计思想，以实现数据集中、资源集中和应用集中的建设目标。

2. 设计功能

如图 10-14 所示，统一身份认证系统通过 Web Service 对外发布认证服务，实现了平台的无关性,能与各种操作系统、各种应用系统对接。另外,统一身份认证系统还提供了一套标准的接口,保证与各种应用系统之间对接的易操作性和广泛适应性。

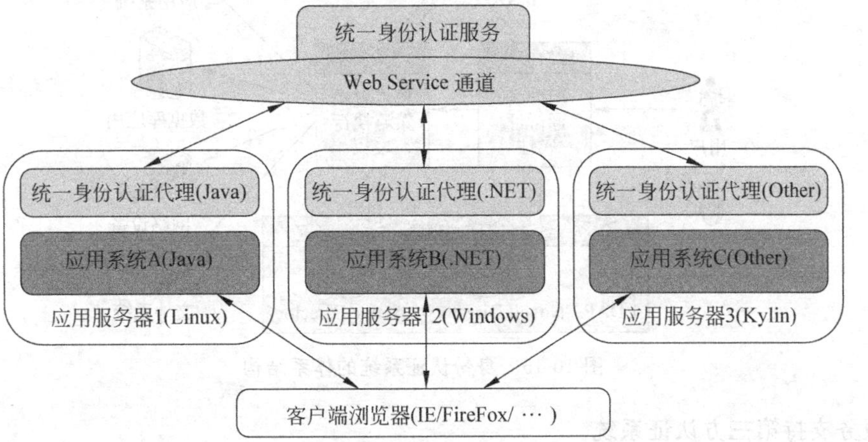

图 10-14　统一身份认证示意图

统一身份认证的主要功能如表 10-2 所示。

表 10-2　统一身份认证的主要功能

功能	简　介
用户管理	利用用户集中管理系统,实现用户与组织创建、删除、维护与同步等功能
用户认证	通过 SOA 服务,支持第三方认证系统
单点登录	共享多应用系统之间的用户认证信息,实现在多个应用系统间自由切换
分级管理	实现管理功能的分散,支持对用户、组织等管理功能的分级委托
权限管理	提供了统一的、可以扩展的权限管理及接口,支持第三方应用系统通过接口调用获取用户权限
会话管理	查看、浏览与检索用户登录情况,管理员可以根据实际情况在线强制用户注销当前的应用登录
广泛支持	支持 Windows、Linux、Solaris 等操作系统;支持 Tomcat、Web Logic、Web Sphere 等应用服务器;支持 SQL Server、MySQL 等数据库系统

3. 统一身份认证的结构

统一身份认证通过统一管理不同应用体系的身份存储方式,以及将认证方式予以统一,使得同一用户在所有应用系统中的身份一致,应用程序不必关心身份的认证过程。从结构上来看,统一身份认证系统主要包括用户元目录、身份鉴别和访问控制三大模块,如图 10-15 所示。

(1) 用户元目录模块。使用各类目录进行用户信息的集中管理,实现用户与组织创建、删除、维护与同步等功能。用户元目录存储身份、权限数据以及 CA 发放的数字证书。服务器可以选择关系型数据库、OpenLDAP、Active Directory 等。通常由用户集中管理系统来提供。

(2) 身份鉴别模块。提供各类身份鉴别方式,包括密码、通行证、USB Key 等,通过

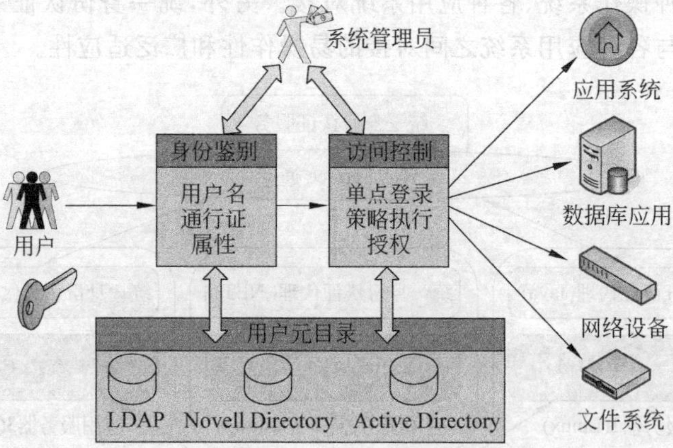

图 10-15　身份认证系统的体系结构

SOA 服务支持第三方认证系统。

(3) 访问控制模块。共享多应用系统之间的用户认证信息，实现在多个应用系统间自由切换；提供统一的，可以扩展的权限管理及接口，支持第三方应用系统通过接口获取用户权限。

4. 和其他应用系统的对接

当需要对接的系统增多，各个系统都有自己的安全策略，采用单点登录机制后，使用单个账号，系统维护自动对接到后台各应用系统的账号管理。灵活可扩展的认证接口，支持 LDAP、AD、PKI 等标准技术。采用软件加密和硬件加密相结合、应用数字证书，对用户身份和敏感数据进行加密，确保数据的安全性和隐私性。

如图 10-16 所示，系统可以将用户的身份和权限数据传递到相对接的各应用系统中。系统通过 Web Service 等接口对外发布认证服务，实现了平台的无关性，能与各种主机、各种应用系统对接。系统还提供了一套标准的接口，保证与各应用系统之间对接的易操作性和广泛适应性。

5. 安全性考虑

身份认证系统是整个网络安全体系的基础层，否则安全问题将随时威胁着系统正常运行。只有建立了基于整个网络的、全面的统一身份认证系统，才能彻底地解决这一隐患，同时也为所对接的各项应用系统提供安全可靠的保证。以下是一些安全考虑。

(1) 系统能够使现有的基础架构更加强壮和智能化，更易于防范未经授权的访问企图。

(2) 建立身份认证仓库，将用户的访问信息独立于应用程序来进行集中管理。

(3) 建立单一的权威目录作为所有数据的数据源。

(4) 采用基于身份认证的单点登录技术，显著降低对最终用户服务支持的成本。

(5) 基于身份认证的网络管理能够帮助管理员集中创建和销毁网络账号。

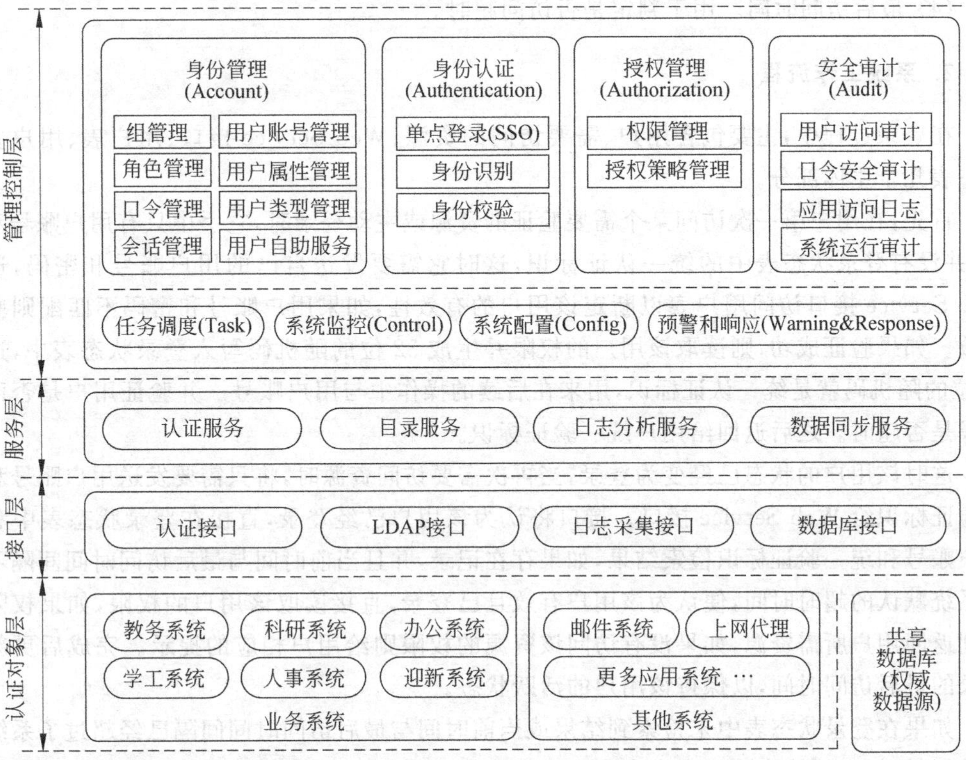

图 10-16　认证系统的分层及和其他应用系统对接

10.4.2　实现思路

统一身份认证系统的基础在于用户集中管理。将所有的用户信息保存于中央数据库中之后，任何用户在访问资源的时候都需要通过 Web Service 进行数据调用。所以系统可以在调用数据前对该用户进行验证，进入中央数据库的用户表中验证该用户的有效性，如果验证成功将把该用户的临时信息写在数据表中，认为是已登录状态，在下次访问时先检测这些临时信息，如果已登录则直接返回数据结果，如果未登录则重新请求验证信息。

1. 重要表设计

在基于 Web Service 的统一用户系统中，除了一般的用户系统中必不可少的用户表、用户组表、用户与用户组关系表、资源清单表等，最重要的表是登录状态表，它起到了一般系统中 Session 或 Cookie 的作用。

在该表中有用户账号、权限标识、统一认证标识、最后访问时间几个字段，其中统一认证标识是该表的主键。由于该表访问极为频繁，因此保存必要字段的最小集是十分必要的。主要字段如下。

(1) 用户账号。记载某个用户是否已经登录。

(2) 权限标识。记载某个已登录用户在系统中的资源访问权限。

(3) 统一认证标识。用于与用户账号一并验证已登录用户的有效性。

(4) 最后访问时间。用于判定是否访问超时。

2. 系统工作流程

在登录过程中，主要包含用户、需要访问的资源、Web Service 接口、用户表、用户登录状态表几个主体部分。

首先，在用户第一次访问某个需要验证的资源或主动登录时，它手中只有用户账号和密码，并没有登录状态表中的统一认证标识，这时它需要发送自己的用户账号和密码，通过 Web Service 接口访问用户表以断定该用户的有效性，如果用户账号和密码不匹配则验证失败。如果验证成功，则读取该用户的权限并生成 32 位的随机码写入登录状态表中，这个 32 位的随机码就是统一认证标识，用来在后续的操作中与用户账号一并验证用户是否已登录或是否超时。之后返回给用户统一验证标识。

这时该用户的状态已经变为登录，当再次需要访问资源时，将只需要发送用户账号和统一验证标识给 Web Service 接口。接口将认为该用户已经登录，直接在登录状态表中利用用户账号和统一验证标识检索结果，如果存在记录，并且当前时间与最后访问时间间隔不超过系统默认的超时时间，便认为该用户有效且已登录，直接读取该用户的权限，如果权限认可则返回用户所需资源，如果没有访问该资源的权限则给用户相应的提示。完成后更新该记录的最后访问时间，以保持该用户的活跃状态。

如果在登录状态表中未检索到结果或当前时间与最后访问时间间隔已经超过了系统默认的超时时间，则认为该用户尚未登录或已经闲置时间过长导致超时。这时将返回提示并重新向该用户请求用户名和密码。

3. 支持多种认证方式

统一身份认证以用户集中管理为基础，对所有应用系统提供统一的认证方式和认证策略，以识别用户身份的合法性。统一身份认证应支持以下几种认证方式。

(1) 匿名认证方式。用户不需要任何认证，可以匿名的方式登录系统。

(2) 用户名/密码认证。这是最基本的认证方式。

(3) PKI/CA 数字证书认证。通过数字证书的方式认证用户的身份。

(4) IP 地址认证。用户只能从指定的 IP 地址或者 IP 地址段访问系统。

(5) 时间段认证。用户只能在某个指定的时间段访问系统。

(6) 访问次数认证。累计用户的访问次数，使用户的访问次数在一定的数值范围之内。

以上认证方式应采用模块化设计，管理员可灵活地进行装载和卸载，同时还可按照用户的要求方便地扩展新的认证模块。

认证策略是指认证方式通过与、或、非等逻辑关系组合后的认证方式。管理员可以根据认证策略对认证方式进行增、删或组合，以满足各种认证的要求。例如，某单位用户多人共用一个账号，用户通过用户名密码访问系统，那么该访问必须限制在某个 IP 地址段上。该认证策略可表示为：用户名/密码“与”IP 地址认证。

建设数字证书认证系统，通过数字证书替换“用户名/密码”，提升身份认证强度。建设身份认证网关，为门户系统提供数字证书认证服务，可为门户提供高安全强度的单点登录服务。

10.4.3　单点登录的三种类型

单点登录(Single Sign-On,SSO)是一种统一认证和授权机制。它允许用户仅需主动进行一次身份认证之后,就可以访问所有被授权的网络资源和应用系统,而不必再次登录。为了在复杂的应用环境下实现单点登录的目标,需要采用了多种认证集成机制,具体可以归纳为三种类型。

1. 基于认证系统的应用漫游

统一身份认证系统存储了全部的身份信息和对应的凭证信息,并提供了不同编程语言(Java、.NET、PHP 等)的认证接口。业务系统完成身份信息同步和认证接口的部署之后,可以使用统一身份认证系统完成身份的认证,不需要自己存储凭证信息和实现认证。图 10-17 描述了业务系统完成认证的相应过程,具体如下。

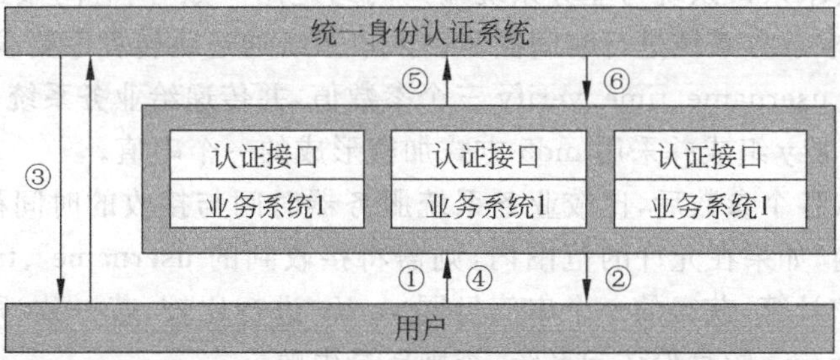

图 10-17　基于统一身份认证系统的应用漫游

(1) 用户请求访问业务系统。

(2) 业务系统在系统中查看是否有对应请求的有效令牌,若有,则读取对应的身份信息,允许其访问;若没有或令牌无效,则把用户重定向到统一身份认证系统,并携带业务系统地址,进入第(3)步。

(3) 在统一身份认证系统提供的页面中,用户输入身份凭证信息,系统验证此身份凭证信息,若有效,则生成一个有效的令牌给用户,进入第(4)步;若无效,则继续进行认证,直到认证成功或注销为止。

(4) 用户携带第(3)步获取的令牌,再次访问业务系统。

(5) 业务系统获取用户携带的令牌,提交到认证系统进行有效性检查和身份信息获取。

(6) 若令牌通过有效性检查,则认证系统会把令牌对应的用户身份信息返回给业务系统,业务系统把身份信息和有效令牌写入会话状态中,允许用户以此身份信息进行业务系统的各种操作;若令牌未通过有效性检查,则会再次重定向到认证系统,返回第(3)步。

通过从统一身份认证系统获取的有效令牌,可以在各个业务系统之间实现应用漫游。

2. 基于共享密钥的协议登录

基于共享密钥的协议登录机制是常用的一种协议认证集成模式,通过共享密钥和其他的信息组合加密完成系统间的认证,它需要在双方系统部署不同程序,但不需要修改原先的认证模块。图 10-18 给出采用协议登录机制形成的一般结构：各个业务系统的登录跳转程序都部署在一个入口系统中，而对应的验证程序则部署在各自的业务系统，跳转程序通过 HTTP 的 get 或 post 方法把双方约定的协议数据提交到业务系统的验证程序，验证程序负责验证数据的有效性，若通过验证则跳转到业务系统，否则拒绝使用。

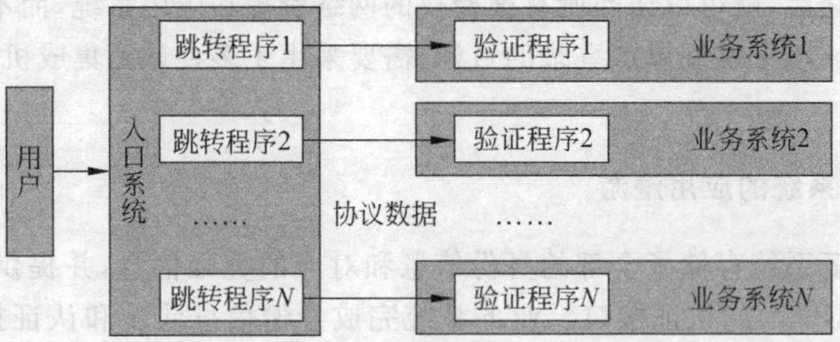

图 10-18 基于共享密钥的协议登录

此机制一般要求入口系统与业务系统端共同约定用户账号、时间戳、校验码、共享密钥四个参数，并且要求双方系统进行时间同步。入口系统通过跳转程序要求访问业务系统时，需要在 url 中加入 username、time、verify 三个参数值，并传递给业务系统。其中 verify 是由 username、time 和 key 组成并采用 md5 方式加密形成的一个串值。

业务系统获取各个参数后，比较业务系统服务器时间与接收的时间戳(time)是否在允许的时间差范围内，如果在允许的范围内，则需将接收到的 username 、time 及原先设定的 key 进行 md5 加密计算，获得的一个串值且同 verify 进行比较，若一致，则完成了本次的认证登录，并以 username 的身份访问系统，否则登录失败。

通过此机制可以实现单点到多点的单向应用漫游，也可以扩展双方认定的协议内容并进行功能的扩展，比如指定业务系统应用模块参数(module)来实现到具体应用模块的跳转。

3. 基于自配置的模拟登录

基于自配置的模拟登录机制是针对那些基于 Form 表单方式登录的 Web 业务系统设计的，它不需要对业务系统的原有认证模块做任何修改。它利用用户自我配置的业务系统账号、密码等信息，模拟用户使用业务系统登录页面完成登录的过程，在后台直接提交相应的信息到业务系统的登录验证模块，从而完成用户登录的过程。图 10-19 描述了该机制的主要体系结构。

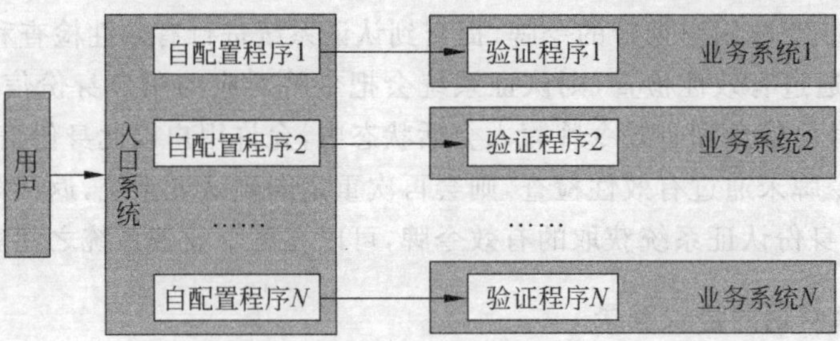

图 10-19 基于自配置的模拟登录

首先在入口系统中的数据库中建立一个账号到各个业务系统账号的映射表，一般需要包含以下信息。

(1) 入口系统账号。存储入口系统自身的账号。

(2) 业务系统 ID。标识不同的业务系统。

(3) 业务系统账号。存储业务系统与入口系统账号对应的账号。

(4) 业务系统基本角色。存储在业务系统中的角色信息。

(5) 业务系统密码。通过加密方式存储业务系统的密码信息。

其次，需要分析业务系统的登录页面和其对应的验证逻辑，并在入口系统中建立对应的自配置程序，包括业务账号密码配置页面、业务账号密码保存页面、业务账号密码修改页面等。

用户在使用入口系统首次登录业务系统时，需使用自配置程序把自己在业务系统中对应的账号、密码、角色存入入口系统的映射表中，之后就可直接通过入口系统完成到业务系统的应用跳转。

4. 三种机制对比

每种机制都需要先进行一定的数据准备，再部署相应的程序，可以产生不同的应用漫游情况，所以它们适用不同系统的认证集成，具体分析如表 10-3 所示。

表 10-3　三种认证集成机制的分析对比

	基于认证系统的应用漫游	基于共享密钥的协议登录	基于自配置的模拟登录
数据准备	业务系统需同步认证系统全部或部分的身份数据	若身份数据不一致，则需要协商处理达成一致意见	通过自我配置添加身份和凭证数据
程序部署	业务系统只需部署认证系统提供的认证接口程序，部分接口可以复用	双方系统都需要部署相应的程序，程序复用程度低	只需在入口系统部署相应的程序，程序基本不能复用，复杂度各异
应用漫游	业务系统及其模块之间可以双向应用漫游	可实现入口系统到业务系统及其模块的单向应用漫游，业务系统之间不能实现漫游	只能实现入口系统到业务系统的单向应用漫游
适用系统	新建立或需要完全改造的业务系统	已运行稳定的并可以找到相应技术支持的业务系统	陈旧的且改造难度较大的遗留业务系统

在系统中具体采用何种机制进行认证集成，需要具体情况具体分析，但是一般优先考虑基于认证系统的应用漫游方式，之后是基于共享密钥的协议登录机制，最后才考虑基于自配置的模拟登录机制。

10.4.4　技术特性

统一身份认证在进行业务系统整合和内容整合的同时，需要更加注重资源整合的效果和统一认证的安全性，达到以下技术特性。

(1) 身份认证和单点登录的高安全性。充分运用了 CA 认证、SSL 加密通道、关键信息加密签名、时间戳等技术，保证了信息传递的保密性、真实性，有效防止了重放攻击。

(2) 系统构建的实施工作量少。业务系统只需安装配置访问前置，并按规范提供关联接口和访问验证接口即可。访问代理支持 Windows、Linux、UNIX 等操作系统，充分满足各种平台下业务系统的需求。

(3) 充分兼顾系统安全与运行效率。在身份认证和单点登录这样的高风险阶段,采用多种技术保证安全性,而在正常访问业务系统数据时,可以综合考虑安全与效率,灵活设置是否采用 SSL 加密通道。

(4) 具有高可靠性和可用性。内嵌先进的统一用户身份认证和授权管理系统,其强大细致的访问控制功能可以确保对数据访问的随需控制,不仅支持普通的列级访问控制,还支持行级访问控制。授权管理体系可以逐级转授权,支持将系统管理和使用权限下发,使得业务人员真正成为数据的控制者。

(5) 方便实用。实现单点登录。用户一次登录后,就可以依靠认证令牌在不同系统之间切换。所有的管理功能都可基于页面实现,管理员只要通过浏览器即可完成管理工作。提出了分级管理员的概念,从而可以管理大量用户。

(6) 跨操作系统和开发平台。统一身份认证的实现基于 SOA 架构。接口采用 SOAP XML 标准,可跨平台与各种编程语言的多种类型的应用系统对接。

(7) 支持多种身份存储方式。包括支持通用关系型数据库、OpenLDAP 和 Active Directory 等。

(8) 安全可靠。系统能够集成成熟的认证体系 CA,可以保证交易和内部活动中的身份不可抵赖,用户签名无法伪造。系统在数据传输过程中,支持 HTTPS 方式的数据加密传输,阻止数据被监听或分析。系统能够定义管理多种权限级别策略。

思考题

(1) 为什么要进行用户集成?如何保证同时位于多个应用系统的用户信息的一致性、权威性和公开性?

(2) 在对用户进行集中管理之后,目录服务在其中起到了什么作用?使用目录服务管理用户信息,同使用关系数据库相比有何优势?

(3) OpenLDAP 和 Active Directory 的互操作性如何?如果说 Active Directory 是一种特殊的 LDAP 实现,那么为什么经常相提并论?

(4) 数字证书是如何保证用户认证过程信息的不被篡改,不怕窃听重放,同时又具有不可抵赖性?

(5) 统一身份认证系统是如何因地制宜地选择不同对接方式,来完成各个应用系统的单点登录的?

第11章 数据交换ETL案例

数据集成是信息系统集成的基础。本章主要通过示例讲解如何使用开源数据集成工具Kettle完成数据集成任务，并介绍Kettle的安装和配置及其工具集的使用。

11.1 Kettle简介

Kettle也称为Pentaho Data Integration(PDI)，是一款基于元数据驱动的开源ETL工具。2006年加入开源商业智能(Business Intelligence,BI)组织Pentaho，是Pentaho软件的核心功能组件。作为数据集成软件，Kettle有以下特点。

(1) 用户友好。提供基于SWT的图形化操作界面和命令行接口，图形化操作界面采用拖曳的方式来设计任务，通常情况不需要编写代码，就能完成整个设计流程。命令行常用于制定定时任务。

(2) 高效。其高效的重要原因就是其多线程和集群功能。Kettle的多线程采用的是一种流水线并发的机制，转换在执行过程中，步骤能够并行处理到达该步骤的数据流，而不用等待获得全部的源数据。集群模式允许转换及转换中的步骤在多个服务器上执行，最后由主服务器整合各从服务器提交的数据。

(3) 兼容多种数据库、服务和文件系统，扩展性强。数据集成过程中各个子应用之间基础平台差异大，各种数据存储介质并存，所以Kettle提供对多种数据库的支持，例如，常见的Oracle、MySQL和SQL Server等。同时也提供从TXT、CSV和XLS等格式的文件中读取数据，如果有需要，还可以开发读取自定义文件格式的输入插件。另外，也支持从Web Service、云计算平台等应用服务中读取。

(4) 跨平台。Kettle是纯Java编写，具有Java的跨平台性。能够在多种系统上稳定运行。

本章节使用的版本为官方正式版Kettle 4.2。

11.1.1 Kettle安装与配置

(1) 下载Kettle。Kettle项目主页为http://kettle.pentaho.com。

(2) 安装Kettle。解压缩Kettle的zip压缩文件到任一目录下。例如，D:\Program Files\kettle。为了方便命令行运行作业或转换，将该路径添加到环境变量path里面。

Kettle提供两个对象来定义一个ETL过程：转换(Transformation)和作业(Job)。Kettle提供了一组工具集来构建和执行转换和作业。

① Spoon：创建转换和作业的图形化设计环境。

② Kitchen：运行作业的命令行工具。

③ Pan：运行转换的命令行工具。

④ Carte：远程运行转换和作业的轻量级 Web 服务器(通过集成 Jetty 实现)。

11.1.2 Spoon 设计器简介

进入安装目录，双击 Spoon.bat(Windows 系统)或 Spoon.sh(Linux 或 Mac OSX 系统)，启动 Spoon(如果出现如图 11-2 所示的资源库连接对话框，单击“取消”按钮)。主界面如图 11-1 所示。

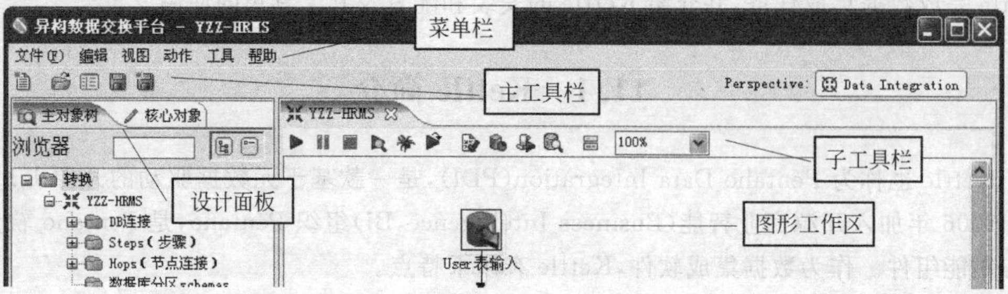

图 11-1 Kettle 主界面

Spoon 主界面上各个组成部分的功能描述如表 11-1 所示。

表 11-1 Spoon 界面上各个组成部分

组成部分	描 述
菜单栏	提供公共属性，如设置、操作和工具的设置
主工具栏	以单击方式创建或打开转换或作业的按钮集
设计面板	设计面板包括主对象树和核心对象
图形工作区	构建和设计转换和作业的主要区域
子工具栏	运行、调试、预览转换或作业

1. 配置资源库

第一次启动 Spoon 的时候，会出现一个用来连接和配置资源库连接对话框，如图 11-2(a)。资源库用于存储 Kettle 的配置及创建的转换和作业。

2. 连接资源库

单击如图 11-2(a)的⊕按钮以添加资源库。弹出选择资源库类型的对话框，如图 11-2(b)所示。

3. 选择资源库类型

资源库有两种类型：①数据库类型，使用关系数据库存储 ETL 的元数据；②文件系统类型，将 ETL 的元数据存储在某一文件夹下的文件里。单击选择一种类型，单击“确定”按钮，创建资源库。

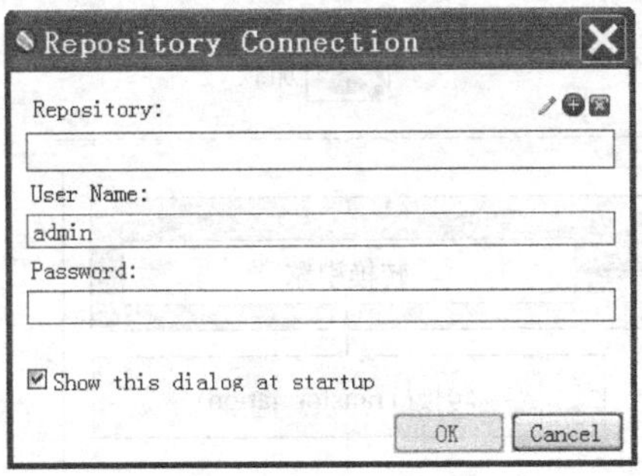

(a)

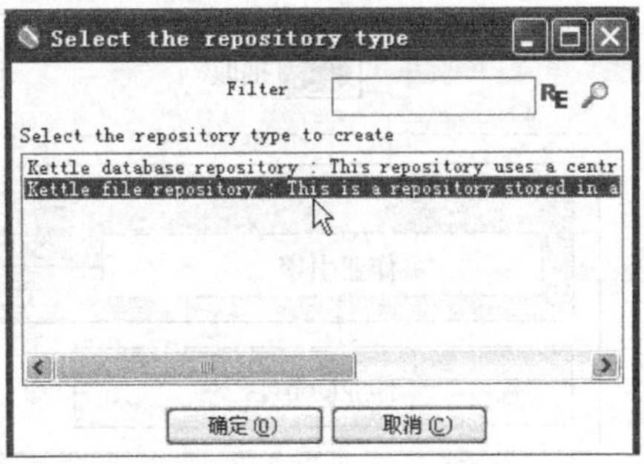

(b)

图 11-2 "资源库"对话框

如果创建数据库类型的资源库,如图 11-3(a)所示。单击"新建"按钮创建一个数据库连接,ID 是资源库的唯一标识,名称是资源库的名字。单击"创建或更新"按钮新建一个资源库。

(a)

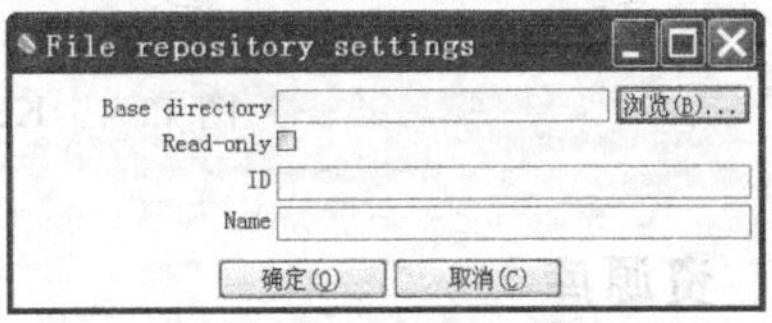

(b)

图 11-3 数据库和文件类型的资源库

如果创建文件系统类型的资源库,如图 11-3(b)所示。单击"浏览"按钮,选择要作为资源库文件夹的目录,如果选择只读选择框,目录将不能写入,ID 是资源库的唯一标识,名称是资源库的名字,单击"确定"按钮创建资源库。

资源库创建完成后,在菜单栏中选择"工具"→"资源库"→"连接资源库",连接资源库,选择"工具"→"资源库"→"探索资源库"查看资源库的资源。

11.2 Kettle 的架构

Kettle 使用多线程并行处理和集群来实现 ETL 的高效执行。图 11-4 描述了 Kettle 的各个组件、实用工具集及数据在抽取过程的流转。

11.2.1 数据集成引擎

数据集成引擎的主要功能是解释和执行数据集成作业和转换,作业和转换在引擎内部实际上作为不同的对象处理。但是,作业本身有能够执行转换,这意味着运行一个作业可能要运行一个或者多个转换。所以可把作业引擎和转换引擎作为一个整体来考虑。

数据集成引擎的实现被设计成一个 Java 库,这样前端工具就可以通过调用公共的 API 以运行作业或者转换,来响应用户请求。以这样的方式使用引擎并不局限于前端工具,它能被任何程序调用。

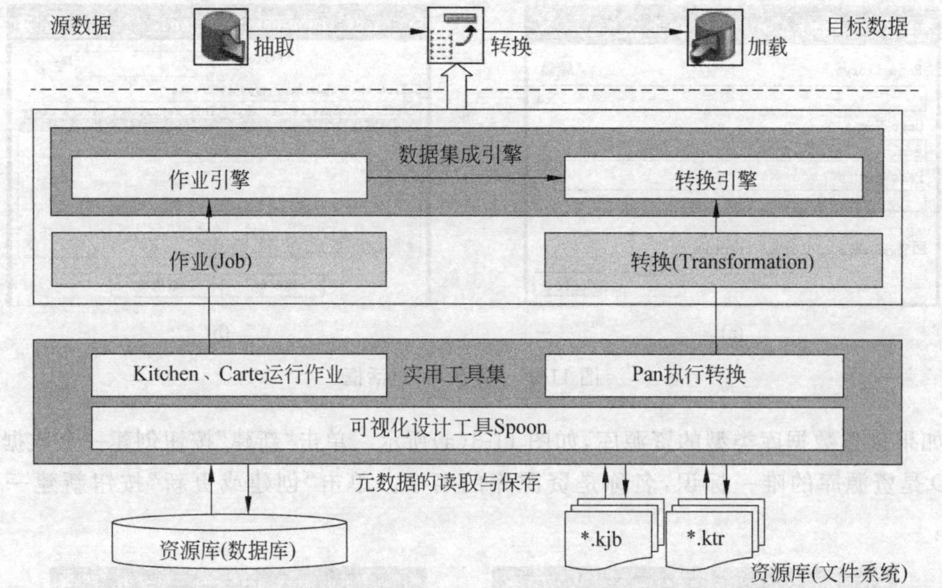

图 11-4 Kettle 的工具集及组件

11.2.2 资源库

作业和转换可以存储在数据库形式的资源库中，后台工具能够从资源库中获得其存储的转换和作业。当多个开发者协同工作时，使用资源库是一个简单易行的方式来协调开发者的工作，如图 11-5 所示。

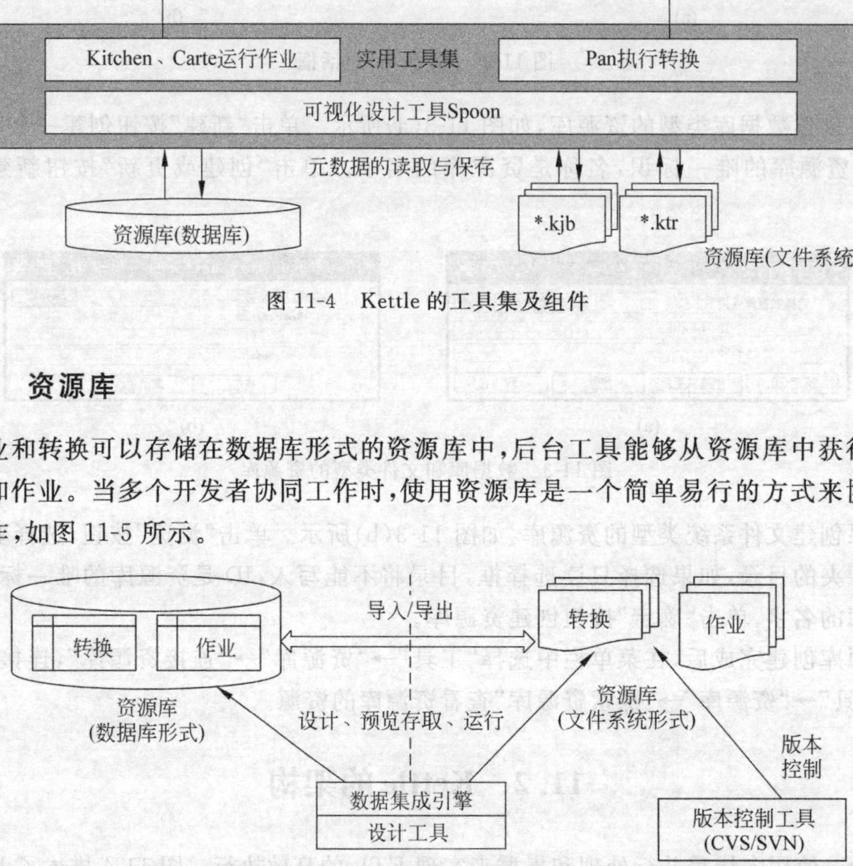

图 11-5 资源库示意图

资源库并不是必需的，当不使用资源库的时候，转换和作业将保存为 XML 格式的文件。在这种情况下，可以使用版本控制工具，如 Subversion 或 CVS。

11.2.3 作业和转换

作业和转换是 Kettle 的可执行脚本文件。前面已经提到在内部 Kettle 的数据引擎解释并执行作业和转换，从这个角度讲，作业和转换是非常相似的；另外，两者的文件格式也是如出一辙，但两者是完全不同的两个概念。

作业和转换的设计是一种高度图形化的方式。通过拖曳构成元件到设计面板，连接它们形成一个图或示意图的方式来创建作业和转换，类似于绘制一个流程图。作业和转换能够包含一些能够执行脚本（例如，JavaScript、SQL、Java 等）的元件。这些元件只是众多元件中的个别几个。作业和转换都是由一组相关的元件构成，元件之间通过连接（hop）相连。在这方面，作业和转换是相似的，从表现上看，两者都被表述成一个图，因此在设计上，两者也是类似的。

但是，详细地比较作业和转换，会发现从根本上讲，作业和转换两者相差甚远，而且它们的构成元件的语义和连接也有很大的区别。下面将详细地描述两者。

1. 转换

一个转换狭义地表述一个 ETL 任务。转换是面向数据的，它的目的仅仅是抽取、转换、加载数据。转换由一系列的步骤构成，步骤定义了一个操作来处理一个或多个记录流。相关步骤之间通过连接符（箭头符号）连接。一个连接相当于一个管道，数据从一个步骤流向另外一个步骤。

记录流是一组记录集，一条记录是一组值的结构化集合，其中每一个值都与一个固定的字段关联。与记录中所有值相关的字段集合，叫做记录类型，在记录流里的所有记录必须有相同的记录类型。

在记录类型中每个字段的命名必须是唯一的，不能重复。字段包含表述记录中相关联值的属性，例如，数据类型、数据格式、精度等，这些值的属性称为元数据，即描述数据的数据。与之类比，记录类型就是记录的元数据，从图 11-6 可以直观地看到这些概念。

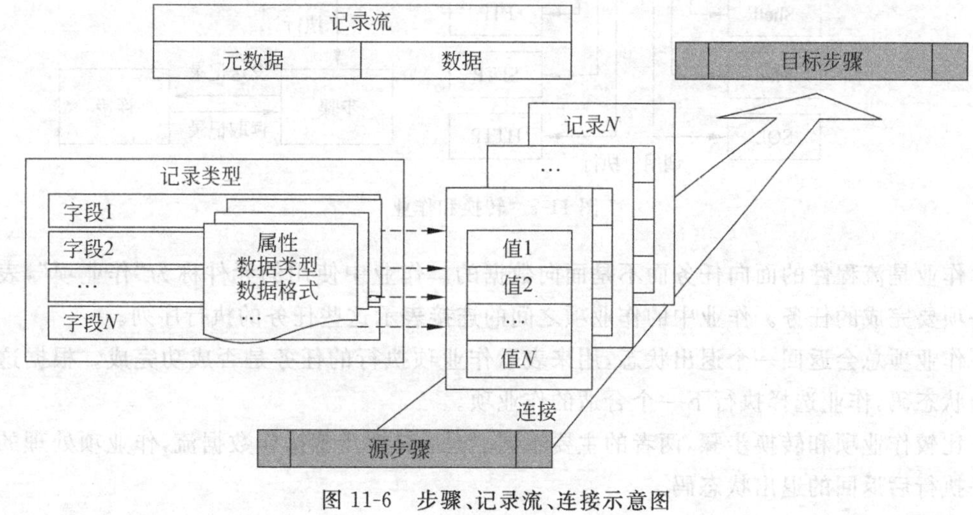

图 11-6　步骤、记录流、连接示意图

转换步骤以一种连续的方式生成记录，记录产生之后，立即通过连接传送到另外一个步骤，记录在传送过程中以队列的方式等待接收步骤接收，对于每个流入接收步骤的记录，接收步骤都会按照预定的操作进行处理。常见的操作，例如，生成新的输出记录，并把它放在输出记录流里面，继续向下传送。

对于整个 ETL 过程，步骤的异步执行还是同步执行是一个关系到性能的关键问题。当运行一个转换时，步骤获得元数据后，开始按照预先定义的数据处理方式，基于输入数据生成新的记录，整个过程持续到没有新的数据输入。生成的新记录会立刻流向下一个或多个步骤，记录到达下一个步骤，被尽可能快地进一步处理，该步骤不依赖上一个步骤数据处理的完成度，但受其影响。记录流按照这样的方式，在步骤之间流转，直到最终输出。

转换步骤预定义的操作依赖步骤类型和步骤的具体配置。步骤类型有多种：一些步骤为每一条输入记录生成单独一条输出记录；另外一些步骤聚合多条输入记录到一条输出记录。也有一些步骤能从一条输入记录的集合中分离出多条输出记录。对于大多数步骤，记录类型在转换过程中是不改变的，但也有些步骤可以添加、删除和重命名输入记录的字段。

2. 作业

一般地，作业包含一个或多个转换，例如，加载一个星型结构，需要创建一个转换执行抽取，为每个维度表创建一个转换，再为每个实体表创建一个转换。作业用来按照执行顺序（首先抽取，然后加载所有维度表，最后加载所有实体表）整合这些转换。和转换一样，作业也是由一系列的元件构成，如图 11-7 所示。

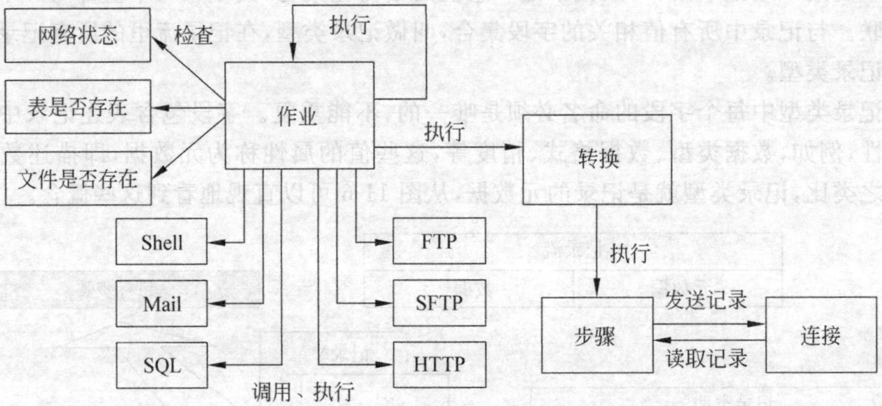

图 11-7　转换和作业

作业是流程性的面向任务而不是面向数据的。作业中使用的元件称为“作业项”，表示某一项要完成的任务。作业中的作业项之间的连接表示这些任务的执行序列。

作业项总会返回一个退出状态，用来表示作业项执行的任务是否成功完成。根据这个退出状态码，作业选择执行下一个合适的作业项。

比较作业项和转换步骤，两者的主要不同点是：转换步骤操作数据流，作业项处理的是任务执行后返回的退出状态码。

作业项用来执行转换，但它们也能执行其他的任务，例如，判断数据库中表是否为空，从远程主机上下载文件，或者发送邮件等支持的任务。

11.3　使用实例

本节将演示如何使用 Kettle 构建一个转换，以及与其相关的基础概念，示例的源数据是一个存储有销售信息的 CSV 文件，数据经过处理，生成一个邮件地址列表，然后导入到一个数据库中。为了演示数据处理过程，数据记录中一些客户信息缺少邮编。在导入数据库之前，必须解决这个问题。整个过程逻辑图如图 11-8 所示。

受篇幅限制，本节只简述关键步骤的配置。

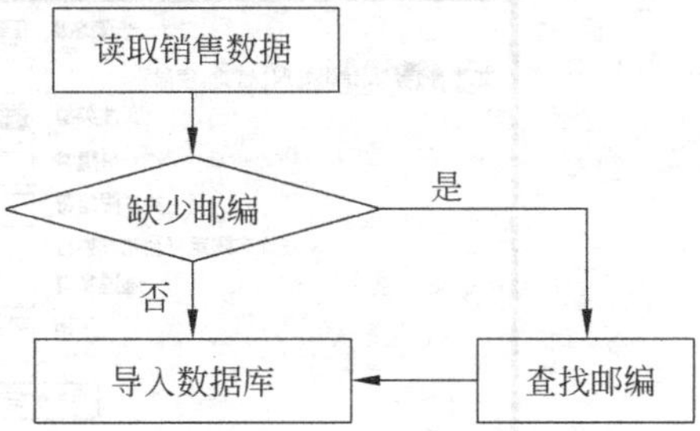

图 11-8　流程示意图

11.3.1　从 CSV 文档中抽取数据

这个步骤是从一个 CSV 格式的文档中录入销售数据。一般来说，Kettle 转换都是从数据抽取开始的。详细配置如下。

(1) 单击菜单栏"文件"→"新建"→"转换"创建新的转换。另外，双击"主对象树"选项卡的"转换"，或者使用快捷键 Ctrl+N，同样可以创建一个新的转换。

(2) 选择左边"核心对象"选项卡，展开"输入"节点，选择并拖曳"文本文件输入"到右面的设计面板里面。

(3) 双击"文本文件输入"步骤，出现该步骤的编辑属性窗口，如图 11-9 所示。通过设置对话框显示的选项，对数据的输入进行控制。

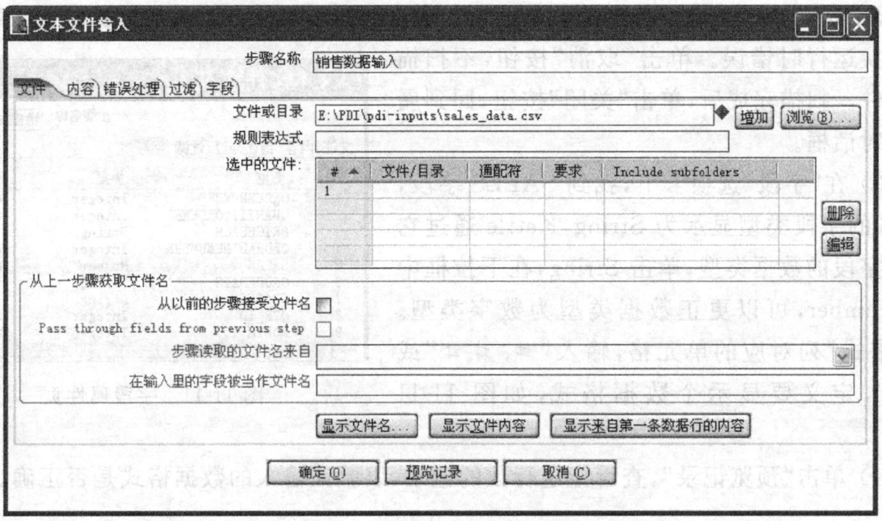

图 11-9　"文本文件输入"窗口

(4) 在"步骤名称"文本框中，输入"销售数据输入"以重命名步骤名称。

(5) 单击"浏览"按钮定位到数据源文件。例如，文件在 E:\PDI\pdi-inputs\路径下面 sales_data.csv。定位到该文件夹并选择文件，单击"打开"按钮。

(6) 单击"增加"按钮，添加文件路径到选中的文件列表中。单击"显示文件内容"按钮。可以查看文件内容的详细格式，使用了什么分隔符，是否有行首(列标)。例如，文件使用了逗号(,)作为分隔符，使用引号(")作为文本限定符，以及包含一行标题。

(7) 单击"内容"选项卡，来设置输入数据文件的格式，如图 11-10 所示。

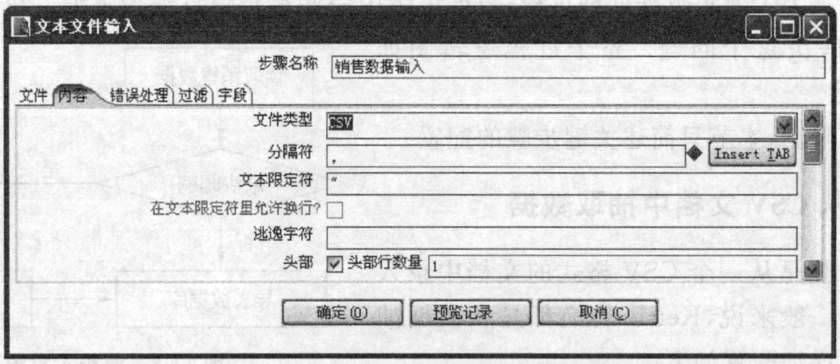

图 11-10 内容属性页

(8) 在“分隔符”文本框中，输入“,”(请注意中英文逗号不同)。在“文本限定符”文本框中，输入“"”，因为文件 sales_data.csv 中有行首，选中“头部”并在“头部行数量”文本框中，输入 1。

(9) 单击“字段”选项卡，单击“获得字段”，从数据文件中读取字段。此时会弹出一个对话框，要求指定要扫描数据的行数，可以设置任意值，0 表示扫描整个文件，网格中的每一行都允许定义字段的属性，比如格式、长度和精度、是否允许有重复行出现等。单击“确定”按钮，将显示定义格式下输入数据的汇总信息。通过扫描可以检查输入的数据是否正确，从而减少转换运行时错误。单击“取消”按钮，不扫描数据文件。扫描完成后，单击“关闭”按钮，回到属性设置对话框。

(10) 在“字段”选项卡下，找到 SALES 字段，SALES 的字段类型显示为 String，Kettle 通过它来确定字段的数据类型，单击 String，在下拉框中选择 Number，可以更正数据类型为数字类型。单击“格式”列对应的单元格，输入“#.##”或“0.00”，定义要显示个数据格式，如图 11-11 所示。

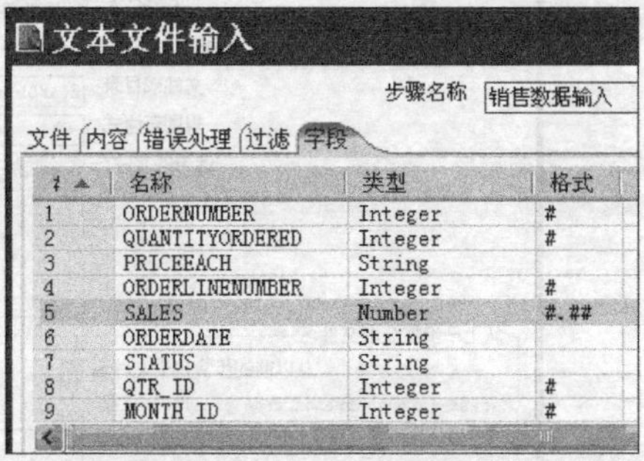

图 11-11 字段属性页

(11) 单击“预览记录”，查看指定行数的记录，以验证输入的数据格式是否正确。

11.3.2 过滤列缺失的记录

资源文件中有许多缺少邮编的记录，使用过滤记录步骤过滤出这些记录，以便在下一个步骤中解决。

(1) 添加“过滤记录”到设计面板里。

(2) 在“销售数据输入”步骤和“过滤记录”步骤之间创建一个连接。连接表示数据在转换中的流向。单击“销售数据输入”步骤，然后，长按 Shift 键，在“销售数据输入”图标上按着鼠标左键拖曳到过滤记录步骤。这样两个步骤之间出现一个箭头，表示数据的流向，如图 11-12 所示。

另外，把鼠标悬停在“销售数据输入”步骤上，过一会儿，会出现悬停窗口，拖曳步骤的向

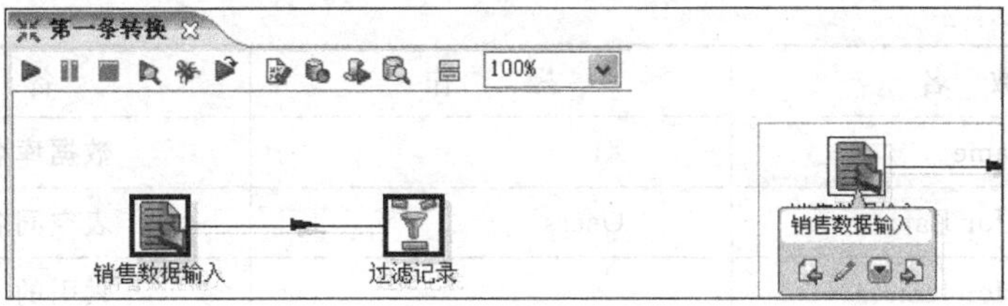

图 11-12 步骤设置

右指针按钮到“过滤记录”，同样可以创建一个连接。

(3) 双击“过滤记录”步骤，在属性设置对话框中编辑属性。

(4) 在“步骤名称”文本框中输入“过滤缺失邮编”。

(5) 在“条件”下面，单击<field>。在弹出的对话框中将会显示可用于设置转换条件的字段项。

(6) 在字段对话框中选择 POSTALCODE，单击“确定”按钮。

(7) 单击比较操作符(默认设置为“＝”)，选择 IS NOT NULL，单击“确定”按钮退出“过滤字段属性”对话框。

11.3.3 加载数据到目标数据库

将 POSTALCODE 不为空的记录加载到数据库中的表。

(1) 在“核心对象”选项卡中，展开“输出”文件夹。

(2) 单击并拖曳“表输出”步骤到设计面板，在“过滤缺失邮编”和表输出步骤创建连接，选择“Result is TRUE”，如图 11-13 所示。

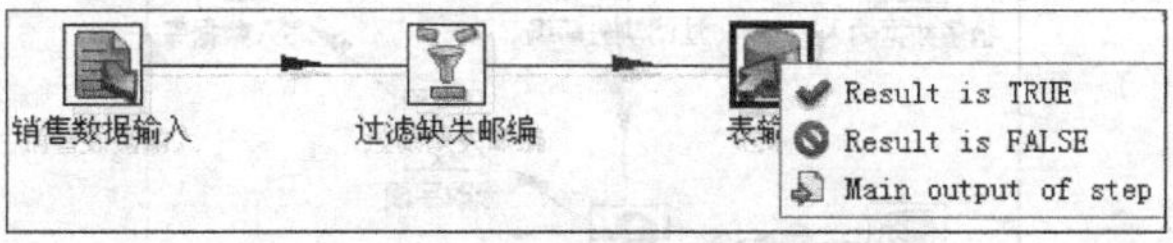

图 11-13 有选择的连接

(3) 双击“表输入”步骤，打开属性对话框。

(4) 将步骤名称重命名为“写入数据库”。

(5) 单击“数据库连接”文本框后面的“新建”按钮，弹出一个“数据库连接”对话框，配置属性，创建一个数据库连接。

(6) 配置数据库连接参数实例如表 11-2 所示。

表 11-2 配置“表输入”的数据库连接参数

参数名	操作	备注
Connection Name	输入“Simple Data”	连接名
Connection Type	选择 Oracle	连接类型
Host Name	127.0.0.1	主机名

续表

参 数 名	操 作	备 注
Database Name	XE	数据库名
Tablespace for Data	Users	表空间名
Tablespace for Indices		索引的表空间名
Port Number	1521	端口号
User Name	数据库用户名	用户名
Password	登录密码	密码

(7) 单击“测试”检验数据库配置是否正确。单击“确定”按钮退出窗口。

(8) 单击“确定”按钮退出数据库连接对话框。

(9) 在“表输入”属性对话框中，选择“裁剪表”属性。

(10) 在“目标表”文本框中输入 SALES_DATA。数据表在目标数据库中并不存在，Kettle 提供根据输入字段生成 DDL 语句来创建表。但用户必须对数据库有足够的权限。

(11) 单击 SQL 生成创建目标表的 DDL 语句。

(12) 单击“执行”运行 SQL 语句。在 SQL 语句执行完成后，会有一个显示结果的对话框弹出，单击“确定”按钮关闭对话框。单击“关闭”按钮关闭 SQL 编辑对话框，单击“确定”按钮关闭表输入编辑对话框。

最终配置形成的完整步骤如图 11-14 所示。

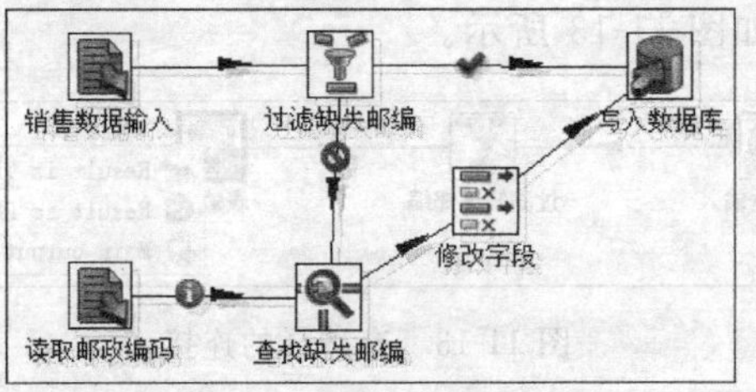

图 11-14　完整的转换

11.3.4　执行转换

转换有三种执行方式：本地执行、远程执行和集群执行，它们适用于各种不同 ETL 项目的需求。

(1) 在 Spoon 图形界面设计器上，单击执行按钮▶(用于执行转换或者作业)，将会出现一个“执行转换”对话框。从中可以选择执行方式。这里选择“本地执行”。

(2) 单击“启动”。转换开始执行，在设计面板下面是“执行结果”面板，其中 Step Metrics 选项卡显示转换中各个步骤的统计结果，包括读写记录和输入、输出及处理速度等相关信息。如果某个步骤出错，该步骤的信息会高亮显示为红色，如图 11-15 所示。

“日志”选项卡显示详细的日志记录，对于错误信息红色高亮显示并包含错误信息。

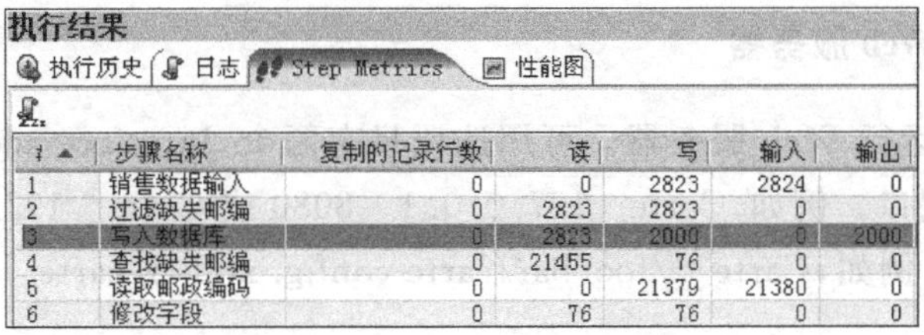

执行结果

执行历史 | 日志 | Step Metrics | 性能图

#	步骤名称	复制的记录行数	读	写	输入	输出
1	销售数据输入	0	0	2823	2824	0
2	过滤缺失邮编	0	2823	2823	0	0
3	写入数据库	0	2823	2000	0	2000
4	查找缺失邮编	0	21455	76	0	0
5	读取邮政编码	0	0	21379	21380	0
6	修改字段	0	76	76	0	0

图 11-15　结果统计窗口

“执行历史”选项卡显示历史执行记录，该功能需要在转换设置对话框中的“日志”选项卡中配置日志数据库连接。

“性能分析”选项卡显示各个步骤执行的性能。该功能需要在转换设置对话框中的“监控”选项卡中选择开启步骤性能监控，如图 11-16 所示。

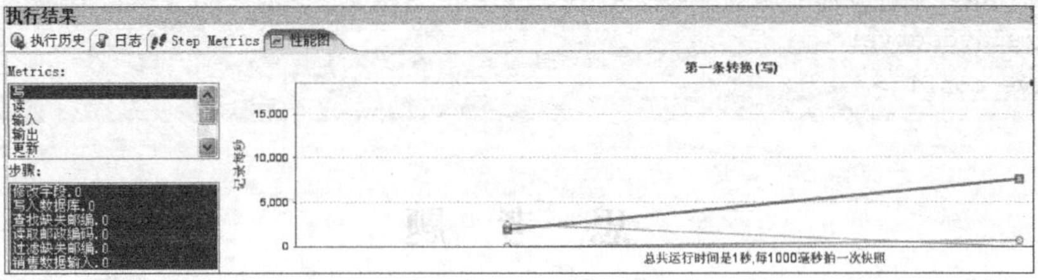

图 11-16　性能分析图

1. Kitchen 定时功能

Kettle 有一个定时功能可以每日、每周等方式执行，对于周期性的数据交换很有帮助。

(1) 当作业存放在资源库(一般资源库都使用数据库)中时，使用 Kitchen. bat 执行作业时，需使用如下的命令行：

```
Kitchen.bat /rep kettle /user admin /pass admin /job 作业名
```

(2) 当作业没有存放在资源库而存放在文件系统时，使用 Kitchen. bat 执行作业时，需使用如下的命令行：

```
Kitchen.bat /norep /file  user-transfer-job.kjb
```

(3) 调试好可以使用命令行执行作业后，就可以使用 Windows 或 Linux 的任务调度来定时执行作业了。

(4) 如果出现如下异常语句，请按上面的操作排除。

```
Unexpected error during transformation metadata load
No repository defined!
```

2. Carte 运行 Web 服务器

如果从命令行运行 Web 服务器。可用选项只有两个：Interface address 表示服务器监视地址，Port 表示端口。例如，Carte 127.0.0.1 8080 或 Carte 192.168.1.221 8081。或者使用配置文件，例如，Carte /foo/bar/carte-config.xml 或 carte http://127.0.0.1/carte-config.xml。

配置文件 carte-config.xml 格式如下：

```
<slave_config>
    <slaveserver>
        <name><!-服务器名称 --></name>
        <hostname><!-Ip 地址 --></hostname>
        <port><!-监听端口--></port>
    </slaveserver>
</slave_config>
```

思 考 题

(1) Kettle 是如何做到跨不同操作系统、跨异构数据库、跨数据源形式的？

(2) 试阐述 Kettle 的作业和转换之间的异同之处。

(3) 请实现一个转换，从 CSV 文件中抽取数据，进行截断字符串等转换操作之后，加载到系统 ODBC 指向的 DSN。

(4) 如果希望将 Kettle 作为后台服务，当 Web 应用程序修改了某项数据源之后触发数据同步操作，有何途径实现？

第12章　单点登录案例

CAS是一个企业级的单点登录系统，其中心认证服务是开源的。它之所以得到广泛使用，是因为它简单易用，不依赖平台，而且支持代理。

12.1 CAS简介

CAS起初是耶鲁大学2001年发起的一个开源项目，旨在为Web应用系统提供一种可靠的单点登录方法，CAS在2005年12月正式成为JA-SIG的一个项目。当前的最新版本3.x基于Spring Framework创建，具有良好的可扩展性和灵活性。

12.1.1　CAS原理及协议

CAS包含两个部分：CAS Server和CAS Client。CAS Server需要独立部署，主要负责对用户的认证工作；CAS Client负责处理对客户端受保护资源的访问请求，需要登录时，重定向到CAS Server。

CAS Client与受保护的客户端应用（一般是Web应用系统）部署在一起，以Filter方式保护受保护的资源。认证过程如图12-1所示，对于访问受保护资源的每个Web请求，①CAS Client会分析该请求的HttpRequest中是否包含服务票据（Service Ticket，ST），如果没有，则说明当前用户尚未登录，于是②将请求重定向到指定好的CAS Server登录地址，并传递Service，也就是要访问的目的资源地址，以便登录成功过后转回该地址。用户在③中输入认证信息，如果登录成功，CAS Server随机产生一个相当长度、唯一、不可伪造的ST，并缓存以待将来验证，之后④系统自动重定向到Service所在地址，并为客户端浏览器设置一个票据许可Cookie（Ticket Granted Cookie，TGC），CAS Client在拿到Service和新产生的Ticket过后，在⑤和⑥中与CAS Server进行身份核实，以确保ST的合法性。

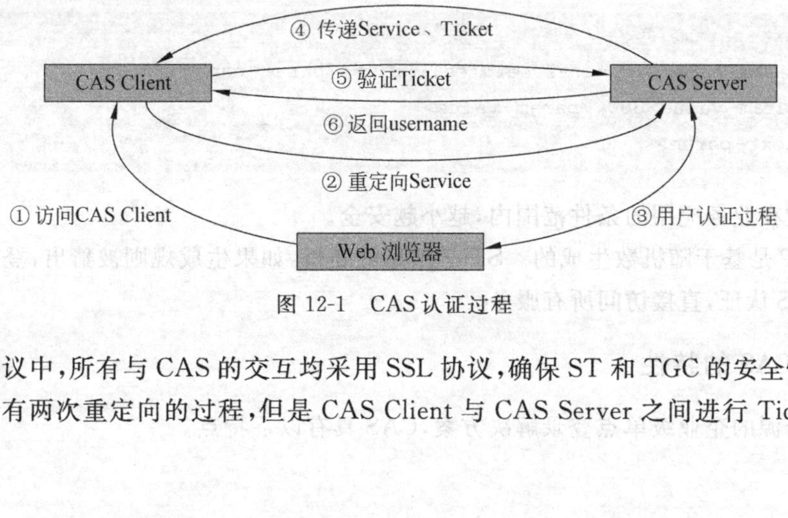

图12-1　CAS认证过程

在该协议中，所有与CAS的交互均采用SSL协议，确保ST和TGC的安全性。协议工作过程中会有两次重定向的过程，但是CAS Client与CAS Server之间进行Ticket验证的过程对于用户是透明的。

另外，CAS协议中还提供了Proxy（代理）模式，以适应更加复杂的应用场景。

12.1.2 CAS的安全性

前文已经提到CAS通过使用SSL协议确保ST和TGC的安全，单点登录系统的安全问题是一个热点问题，因为它关联着多个系统，只要一个应用的TGC或ST被截获，那么与该用户相关的所有系统都将有可能被暴露，这也是CAS Server与客户端交互时使用SSL协议的原因。

另外，TGC也有自己的存活周期。在CAS的web.xml中，通过grantingTimeout来设置CAS TGC存活周期的参数，参数默认是120min，需要在合适的范围内设置最小值。如果太短会影响用户体验，而如果太长又会增加安全性风险。

```
<context-param>
    < param-name>org….cas.grantingTimeout</param-name>
    < param-value>7200</param-value>
</context-param>
```

TGC面临的风险主要并非传输窃取。例如，一个用户登录了之后，没有注销而离开了计算机，其他人就可以打开该用户浏览器，直接访问该用户授权访问的应用。设置一个TGC的有效期，可以减少被别人盗用的可能性，用户计算机即使被黑客入侵并直接获取系统目录下的Cookie也不一定有用。

ST是通过HTTP传送的，这意味着所在网络中的用户可能嗅探到其他人的Ticket。因此CAS协议从几个方面让Service Ticket变得更加安全。

(1) ST只能使用一次。CAS协议规定，无论ST验证是否成功，CAS Server都会将服务端的缓存中清除该Ticket，从而可以确保一个ST不会被使用两次。

(2) ST在一段时间内失效。假设用户拿到ST之后，他请求服务的过程又被中断了，ST就被空置了；事实上，此时ST仍然有效。CAS规定ST只能存活一定的时间，然后CAS Server会让它失效。通过在web.xml中配置下面的参数，可以让ST在多少秒内失效。

```
<context-param>
    <param-name>org….cas.serviceTimeout</param-name>
    <param-value>300</param-value>
</context-param>
```

该参数在业务应用的条件范围内，越小越安全。

(3) ST是基于随机数生成的。ST必须足够随机，如果生成规则被猜出，登录过程就等于绕过CAS认证，直接访问所有服务。

12.1.3 CAS的特性

作为开源的企业级单点登录解决方案，CAS具有以下特点。

(1) 开源、可定制、可扩展性强。

(2) 服务端与客户端独立。

(3) 支持多种客户端，包括 Java、.NET 和 PHP 等。

(4) 支持多种认证方式，如 LDAP、JDBC、Radius 和 XML 文件等。

12.2　CAS 部署

本节将从服务器端和客户端两个方面，讲述 CAS 的部署过程。

12.2.1　下载部署包

本节使用的 Web 容器为 Tomcat，下载网址为 http://tomcat.apache.org。本节使用的 tomcat 版本是 6.0.23。

CAS 官方网站下载 CAS Server 和 Client，地址为 http://www.jasig.org/cas/download。本节使用的服务端版本是 CAS Server 3.4.12，客户端版本是 CAS Client 3.2.1。

12.2.2　服务端部署

CAS Server 是一套基于 Java 实现的服务，该服务以一个 Java Web Application 单独部署在与 Servlet 2.3 兼容的 Web 服务器上。另外，由于 Client 与 CAS Server 之间的交互采用 HTTPS 协议，因此部署 CAS Server 的服务器还需要支持 SSL 协议。当 SSL 配置成功过后，和普通 Web 应用一样，将 CAS Server 部署在服务器上就能正常运行。但在实际应用中，还需要进一步地配置应用属性和定制应用功能。

1. 配置 HTTPS 协议

HTTPS 的全称是 HTTP over Secure Socket Layer，是以安全为目标的 HTTP 通道，简单讲是 HTTP 的安全版，即 HTTP 下加入 SSL 层。这个系统的最初研发由 Netscape 公司进行，提供了身份验证与加密通信方法，现在它被广泛用于网络上安全敏感的通信，例如，交易支付方面。下面配置 Tomcat 启用 HTTPS 协议。

首先生成 server.keystore 文件，使用 JDK 自带的 keytool 工具，在终端中执行。

```
keytool -genkey -alias mykey -keyalg RSA -keystore server.keystore
```

根据提示输入密码，Tomcat 的默认密码为 changeit，建议在 server.xml 中修改为其他密码。按提示完成证书信息输入。其中用户名为部署主机名或 IP 地址。

更改 Tomcat 配置文件 server.xml，在 Connector 节点中配置如下。

```
<Connector protocol="org.apache.coyote.http11.Http11NioProtocol"
        port="8443" SSLEnabled="true"
        maxThreads="150" scheme="https" secure="true"
```

```
        clientAuth="false" sslProtocol="TLS"
        keystoreFile="C:/Users/Liyang/server.keystore"
        keystorePass="changeit"/>
```

Connector 节点的 protocol 属性是 org. apache. coyote. http11. Http11NioProtocol，即使用的是无阻塞的 Java SSL Coyote HTTP/1.1 Connector。如果使用 APR，请参考 Tomcat 的官方文档。

回到命令行终端，生成证书文件，并导入到 JRE 的证书信任库中。

```
keytool -export -trustcacerts -alias tomcat -file server.cer -keystore server.
keystore -storepass changeit
keytool -import -trustcacerts -alias tomcat -file server.cer -keystore "%JAVA_
HOME%/jre/lib/security/cacerts" -storepass changeit
```

2. 部署 CAS Server

CAS Server 是一个 Web 应用包，将前面下载的 cas-server-3.4.12-release.zip 解开，把其中的 cas-server-webapp-3.4.12.war 复制到 Tomcat 的 webapps 目录，并更名为 cas.war。由于前面已配置好 Tomcat 的 HTTPS 协议，可以重新启动 Tomcat，然后访问 https://localhost:8443/cas，如果能出现正常的 CAS 登录页面，如图 12-2 所示，则说明 CAS Server 已经部署成功。

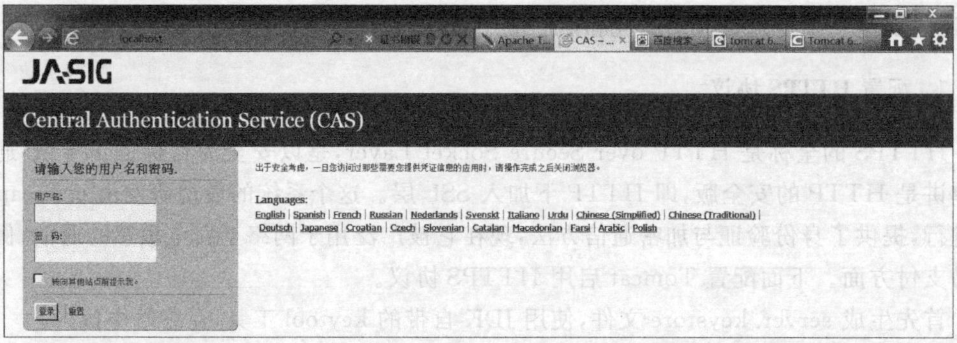

图 12-2 服务端界面

CAS Server 部署成功后，就可以根据实际应用情况进行扩展和定制。必须完成的是扩展认证(Authentication)接口，和定制 CAS Server 的认证界面。

3. 扩展认证接口

CAS Server 负责完成对用户的认证工作，它会处理登录时的用户凭证(Credentials)信息，用户名/密码对是最常见的凭证信息。CAS Server 可能需要到数据库检索用户账号信息，也可能在 XML 文件中检索用户名/密码，还可能通过 LDAP Server 获取等。在这种情况下，CAS 提供了一种灵活但统一的接口和实现分离的方式；实际使用中 CAS 采用哪种方式认证，是与 CAS 的基本协议分离开的，可以根据认证的接口去定制和扩展。

1）扩展 AuthenticationHandler

CAS 提供扩展认证的核心是 AuthenticationHandler 接口。该接口定义如下。

```
public interface AuthenticationHandler {
  /**@param credentials The credentials to validate.
    * @return true if valid, return false otherwise.
    * @throws AuthenticationException It can contain
    * details about why a particular authentication request failed.
    * /
boolean authenticate(Credentials credentials)
      throws AuthenticationException;
  /**@param credentials The credentials to check.
    * @return true if the handler supports the Credentials,
      false othewrise.
    * /
   boolean supports(Credentials credentials);
}
```

该接口定义了两个需要实现的方法，supports()方法用于检查所给的包含认证信息的 Credentials 是否受当前 AuthenticationHandler 支持；而 authenticate()方法则担当验证认证信息的任务，这也是需要扩展的主要方法，根据情况与存储合法认证信息的介质进行交互，返回 boolean 类型的值，true 表示验证通过，false 表示验证失败。

CAS 中还提供了对 AuthenticationHandler 接口的一些抽象实现，例如，可能需要在执行 authenticate()方法前后执行某些其他操作，如抽象类 AbstractPreAndPostProcessing AuthenticationHandler。该类新定义了 preAuthenticate()方法和 postAuthenticate()方法，而实际的认证工作交由 doAuthentication()方法来执行。因此，如果需要在认证前后执行一些额外的操作，可以分别扩展 preAuthenticate()和 ppstAuthenticate()方法，而 doAuthentication()取代 authenticate()成了子类必须要实现的方法。

由于实际运用中，最常用的是用户名和密码方式的认证，CAS 提供了针对该方式的实现，AbstractUsernamePasswordAuthenticationHandler。基于用户名密码的认证方式可直接扩展它实现具体认证，验证用户名密码的具体操作通过实现 authenticateUsername-PasswordInternal()方法达到。另外，通常情况下密码会是加密过的，setPasswordEncoder()方法就是用于指定适当的加密器。该类中 doAuthentication()方法的参数是 Credentials 类型，这是包含用户认证信息的一个接口，对于用户名密码类型的认证信息，可以直接使用 UsernamePasswordCredentials，如果需要扩展其他类型的认证信息，需要实现 Credentials 接口，并且实现相应的 CredentialsToPrincipalResolver 接口，其具体方法可以借鉴 UsernamePasswordCredentials 和 UsernamePasswordCredentialsToPrincipal Resolver。

2）JDBC 认证方法

用户的认证信息通常保存在数据库中，CAS 基于 Java 构建，通过 JDBC 连接数据库。

将前面下载的 cas-server-3.4.12-release.zip 包解开后，在 modules 目录下可以找到包 cas-server-support-jdbc-3.4.12.jar，它提供了通过 JDBC 连接数据库进行验证的默认实现，基于该包的支持，要实现 JDBC 认证，只需要做一些简单的配置即可。

JDBC 认证方法支持多种数据库，DB2、Oracle、MySQL、SQL Server 等均可，这里以 DB2 作为例子介绍。并且假设 DB2 数据库名为 CASTest，数据库登录用户名为 db2user，数据库登录密码为 db2password，用户信息表为 userTable，该表包含用户名和密码的两个数据项分别为 username 和 password。

(1) 配置 DataStore。

打开文件 webapps/cas/WEB-INF/deployerConfigContext.xml，添加一个新的 bean 标签。对于 DB2，内容如下所示。

```
<bean id="casDataSource" class="org.apache.commons.dbcp.BasicDataSource">
    <property name="driverClassName">
        <value>com.ibm.db2.jcc.DB2Driver</value>
    </property>
    <property name="url">
        <value>jdbc:db2://127.0.0.1:50000/CASTest</value>
    </property>
    <property name="username">
        <value>db2user</value>
    </property>
    <property name="password">
        <value>db2password</value>
    </property>
</bean>
```

其中 id 属性为该 DataStore 的标识，在后面配置 AuthenticationHandler 会被引用，另外还需要提供 DataStore 所必需的数据库驱动程序、连接地址、登录用户名以及密码。

(2) 配置 AuthenticationHandler。

在 cas-server-support-jdbc-3.4.12.jar 包中，提供了三个基于 JDBC 的 AuthenticationHandler，分别为 BindModeSearchDatabaseAuthenticationHandler、QueryDatabaseAuthenticationHandler 和 SearchModeSearchDatabaseAuthenticationHandler。其中 BindModeSearchDatabaseAuthenticationHandler 使用所给的用户名和密码去建立数据库连接，根据连接建立是否成功来判断验证成功与否；QueryDatabaseAuthenticationHandler 通过配置一个 SQL 语句查出密码是否与所给密码匹配；SearchModeSearchDatabaseAuthenticationHandler 通过配置存放用户验证信息的表、用户名字段和密码字段，构造查询语句来验证。

使用哪个 AuthenticationHandler，需要在 deployerConfigContext.xml 中设置，默认情况下，CAS 使用一个简单的 username=password 的 AuthenticationHandler，在文件中可以找到如下一行。

```
<bean class="org.jasig.cas.authentication.handler.support.
SimpleTestUsernamePasswordAuthenticationHandler" />
```

如果需要自定义认证方式,可以将 Bean 的 class 属性换成 AuthenticationHandler 的任意一个子类,比如使用 QueryDatabaseAuthenticationHandler,配置如下。

```
<bean class="org.jasig.cas.adaptors.jdbc.QueryDatabaseAuthenticationHandler">
<property name="dataSource" ref=" casDataSource " />
<property name="sql"
      value="select password from userTable where lower(userName) =lower(?)" />
</bean>
```

另外,由于存放在数据库中的密码通常是加密过的,所以 AuthenticationHandler 在匹配时需要知道使用的加密方法。在 deployerConfigContext.xml 文件中,可以为具体的 AuthenticationHandler 类配置一个 property,来指定相应的加密器类。比如对于查询数据库的 QueryDatabaseAuthenticationHandler,加密器类如下所示。

```
<bean class="org.jasig.cas.adaptors.jdbc.QueryDatabaseAuthenticationHandler">
      ⋮
      <property  name="passwordEncoder"  ref="myPasswordEncoder"/>
</bean>
<bean id="passwordEncoder"
class="org.jasig.cas.authentication.handler.MyPasswordEncoder"/>
```

这里 MyPasswordEncoder 是根据实际情况自己定义的加密器,实现 PasswordEncoder 接口及其 encode()方法。

(3) 部署依赖包。

配置完成以后,还需要复制几个依赖的包到 CAS 应用下,包括如下。

① JDBC 驱动。将 cas-server-support-jdbc-3.4.12.jar 复制到 webapps/cas/WEB-INF/lib 目录。

② 数据库驱动。由于这里使用 DB2,将%DB2_HOME%/java 目录下的 db2java.jar、db2jcc.jar 和 db2jcc_license_cu.jar 复制到 webapps/cas/WEB-INF/lib 目录。对于其他数据库,同样将相应数据库驱动程序复制到该目录。

③ 其他依赖包。DataStore 依赖于 commons-collections-3.2.jar、commons-dbcp-1.2.1.jar 及 commons-pool-1.3.jar 等,需要到 Apache 网站的 Commons 项目下载,然后放进 webapps/cas/WEB-INF/lib 目录。

3) LDAP 认证方式

在企业应用中,用户往往通过 LDAP 来进行管理。CAS 提供了两个使用 LDAP 认证的基于 AuthenticationHandler 子类,即 FastBindLdapAuthenticationHandler 和 BindLdapAuthenticationHandler。当用户的唯一标识(DN)和登录名完全一致时,可以用 FastBindLdapAuthenticationHandler,而实际应用中当 DN 是由登录名和其他标识(比如邮件地

址)组成的,可以使用 BindLdapAuthenticationHandler。这两个认证方式都需要配置一个 Spring ContextSource 用于连接 LDAP 服务。同时 CAS 也支持使用连接池,可以通过配置 ContextSource 实现。

使用 LDAP 认证方式的配置文件(WEB-INF/deployerConfigContext. xml)如下所示。

```
<bean id="contextSource"
class="org.springframework.ldap.core.support.LdapContextSource">
  <property name="pooled" value="false"/>
  <property name="url" value="ldaps://directory.example.com" />
  <property name="userDn" value="manager"/>
  <property name="password" value="your_manager_password"/>
  <property name="baseEnvironmentProperties">
      ⋮
  </property>
</bean>
```

4. 扩展 CAS 界面

虽然 CAS 提供了一套默认的认证页面,但是在部署 CAS 之前,可能还需要定制一套新的 CAS Server 页面,添加一些个性化的内容。最简单的方法就是复制一份 default 文件到 cas/WEB-INF/view/jsp 目录下,比如命名为 newUI,接下来是实现和修改必要的页面。

有四个页面是必须修改的。

(1) casConfirmView. jsp。当用户选择了 warn 时会看到的确认界面。

(2) casGenericSuccess. jsp。在用户成功通过认证而没有目的 Service 时会看到的界面。

(3) casLoginView. jsp。当需要用户提供认证信息时会出现的界面。

(4) casLogoutView. jsp。当用户结束 CAS 单点登录系统会话时出现的界面。

页面定制完过后,还需要做一些配置从而让 CAS 找到新的页面,在目录 cas/WEB-INF/classes/下,重命名 default_views. properties 为 newUI_views. properties,并修改其中所有的值到相应新页面。最后是更新 cas/WEB-INF/cas-servlet. xml 文件中的 viewResolver,将其修改为如下内容。

```
<bean id="viewResolver"
class="org.springframework.web.servlet.view.ResourceBundleViewResolver">
    <property name="basenames">
        <list>
            <value>${cas.viewResolver.basename}</value>
            <value>newUI_views</value>
        </list>
    </property>
</bean>
```

12.2.3　客户端应用

CAS 支持多种客户端，有官方的和非官方的。官方 CAS Client 包括 Java、PHP 和 .NET 等多种版本。

1. Java 客户端

1）配置 Tomcat

创建测试客户端 TestClient，将 cas-client-java-3.2.1.zip 解压缩，复制目录 modules 下的 *.jar 到 TestClient/WEB-INF/lib 目录下。仿照服务端配置，设置 HTTPS 协议。

2）配置 CAS Filter

通过配置 web.xml 的过滤器参数来自定义 CAS 功能。必需的参数如下所示。

(1) AuthenticationFilter。认证过滤器，决定用户是否需要认证，如果需要，则重定向到指定的 CAS 服务器。

```
<filter>
<filter-name>CAS Authentication Filter</filter-name>
<filter-class>org.jasig….AuthenticationFilter</filter-class>
<init-param>
  <param-name>casServerLoginUrl</param-name>
  <param-value>https://localhost/cas/login</param-value>
      ⋮
  <param-name>serverName</param-name>
  <param-value>http://localhost:8080/TestClient</param-value>
</init-param>
</filter>
```

(2) TicketValidationFilter。用于 Ticket 校验，必须要有的过滤器。当前 CAS 支持 CAS 1.0 协议、SAML 1.1 协议(SAML 是 OASIS 制定的一种安全性断言标记语言，用于在复杂的环境下交换用户的身份识别信息)和 CAS 2.0 协议。

```
<filter>
<filter-name>CAS Validation Filter</filter-name>

<filter-class>org...Cas20ProxyReceivingTicketValidationFilter</filter-class>
<init-param>
  <param-name>casServerUrlPrefix</param-name>
  <param-value>https://localhost/cas</param-value>
      ⋮
  <param-name>serverName</param-name>
  <param-value>http://localhost:8080/TestClient</param-value>
</init-param>
</filter>
```

(3) HttpServletRequestWrapperFilter。该过滤器用于封装 HttpServletRequest，让其支持使用 getUserPrincipal 和 getRemoteUser 方法来取得登录的用户信息。

```
<filter>
<filter-name>CAS HttpServletRequest Wrapper Filter</filter-name>
<filter-class>org….HttpServletRequestWrapperFilter</filter-class>
</filter>
```

(4) AssertionThreadLocalFilter。ThreadLocal 为每一个使用该变量的线程都提供一个变量值的副本，使每一个线程都可以独立地改变自己的副本，而不会和其他线程的副本冲突。从线程的角度看，就如同每一个线程都完全拥有该变量。AssertionThreadLocalFilter 作用就是将 Assertion 绑定到 ThreadLocal。

```
<filter>
<filter-name>CAS Assertion Thread Local Filter</filter-name>
<filter-class>org….AssertionThreadLocalFilter</filter-class>
</filter>
```

2. PHP 客户端

从 CAS 网站上下载客户端库 phpcas-*.zip，该库提供了一套简单的 API，用于 PHP 应用访问 CAS 认证服务。通过静态方法如 phpCAS::client() 和 phpCAS::setCasServerCACert() 配置 phpCAS，然后就可以进行认证，如图 12-3 所示。

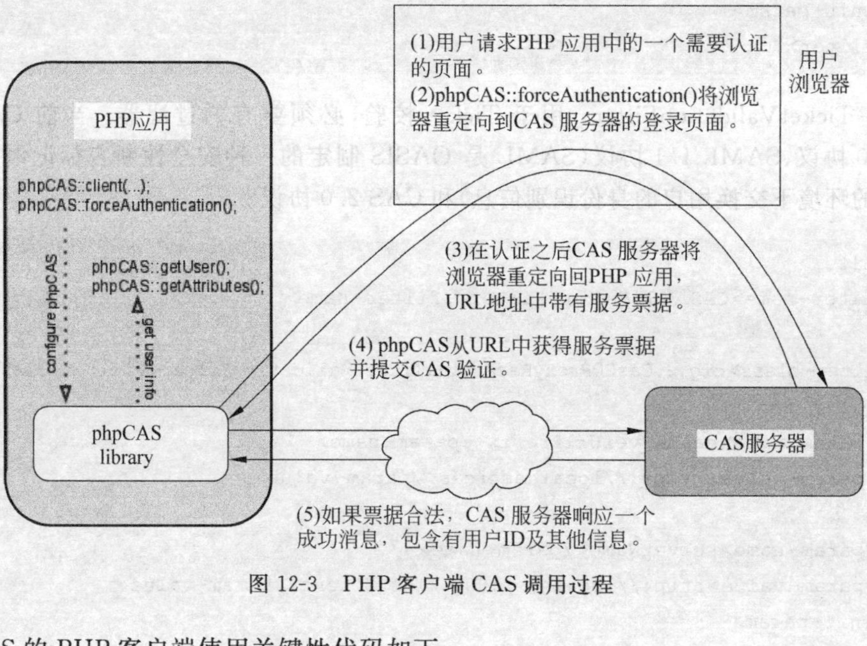

图 12-3 PHP 客户端 CAS 调用过程

CAS 的 PHP 客户端使用关键性代码如下。

```
include_once('CAS.php');                              //加载 phpCAS 库
phpCAS::setDebug();                   //用于调试,可以通过服务端的 cas.log 看到验证过程
phpCAS::client(CAS_VERSION_2_0,'localhost',8443,'cas');  //初始化
phpCAS::setNoCasServerValidation();                   //不使用 SSL 服务校验
phpCAS::forceAuthentication();                        //访问 CAS 的验证
```

这时候就验证完毕了。获得用户名可以通过如下代码。

```
phpCAS::getUser();
```

注销操作一般使用如下代码。

```
if (isset($_REQUEST['logout'])) {
phpCAS::logout();
}
```

3. .NET 客户端

CAS 的.NET 客户端同 Java 客户端一样,支持 CAS 1.0、2.0 协议、SAML 1.1 协议,以及 CAS 单点注销功能,通过集成表单验证框架(Forms Authentication Framework)支持 ASP.NET 平台。

从 CAS 主页上获得.NET CAS 客户端,然后部署到 Web 应用程序的 Bin 目录下面,并将其添加到.NET 全局程序集缓存里。在 ASP.NET 应用中集成 CAS 的.NET 客户端,需要在 web.config 文件中配置一个实现 IHttpModule 接口的 CasAuthentication 模块。该模块通过一些钩子程序(hook)注入 ASP.NET 应用程序的请求/响应流程,以实现与应用的集成。此外还需要配置登录表单,指定 CAS Server 地址,如下所示。

```
<system.web>
  <httpModules>
  <add name="DotNetCasClient"
    type="DotNetCasClient.CasAuthenticationModule,DotNetCasClient"/>
</httpModules>
<authentication mode="Forms">
  <forms
   loginUrl="https://server.example.com/cas/login"
   timeout="30"
   defaultUrl="~ /Default.aspx"
   cookieless="UseCookies"
   slidingExpiration="true"
   path="/ApplicationName/" />
</authentication>
</system.web>
```

思考题

(1) 用户集中管理系统采用 LDAP 服务存放信息，那么 CAS 在验证身份时能否调用其中的信息？

(2) CAS 是 Java 编写的，为什么能够支持 ASP. NET 或 PHP 应用程序的单点登录？

(3) 将 CAS 配置成使用 HTTPS 协议之后，浏览器访问站点时有可能会提出报警，用户体验不佳。除了在每台客户机配置浏览器之外，还有什么方法解决这个问题？

第四部分　应用集成

第13章 应用软件集成技术

应用集成将截然不同的，基于各种不同平台、用不同方案建立的应用软件和系统，有机地集成到一个无缝的、并列的、易于访问的单一系统中，并使它们犹如一个整体，进行业务处理和信息共享。应用集成主要目的是为了实现应用的互联。本章主要讨论分布式对象、消息中间件、Web Service 技术等应用软件集成技术。

13.1 中间件技术概述

中间件(Middleware)是基础软件的一大类，属于可复用软件的范畴。顾名思义，中间件是位于中间层的软件，是处于应用软件和系统软件之间的软件，如图 13-1 所示，因其承上启下的作用，故名“中间件”。

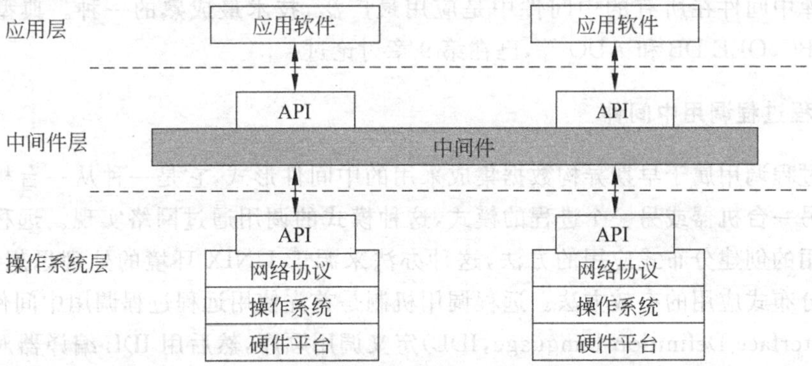

图 13-1 中间件

13.1.1 中间件的由来

人们在使用中间件时，往往是一组中间件集成在一起，构成一个平台(包括开发平台和运行平台)，但在这组中间件中必须要有一个通信中间件，即中间件=平台+通信，这个定义也限定了只有用于分布式系统中才能称为中间件，同时还可以把它与支撑软件和实用软件区分开来。

按照全球 IT 产业分析机构 IDC 对中间件的定义，中间件是一种独立的系统软件或服务程序，分布式应用软件借助这种软件可在不同的技术之间共享资源，中间件位于客户机或服务器的操作系统上，管理计算资源和网络通信。

中间件的概念最早诞生在 20 世纪 90 年代初。为解决分布式应用中异构等问题，人们提出了中间件的概念，力求在网络计算平台上部署分布计算环境，提供开发工具和公共服务，支持分布式应用。在中间件技术产生以前，开发者不得不直接解决许多如异构平台、多种网络协议、多种数据库、安全等棘手的问题,应用开发过程中大约70%的时间和精力用于解决这些与业务逻辑没有直接关系的难题。因此有必要将分布式应用软件所要面临的共性问题进行提炼、抽象,形成一个可复用的软件部件,供应用软件重复使用。产业界遵循这一技术路线,产生了一系列行之有效的技术和广为用户接受的中间件产品。如今,中间件技术已成为构筑分布式应用的关键技术。

13.1.2 中间件的分类

按照IDC的分类方法,中间件可分为五类,分别是数据库中间件(Database Middleware,DM)、远程过程调用中间件(Remote Procedure Call,RPC)、消息中间件(Message Oriented Middleware,MOM)、对象中间件(Object Oriented Middlewave,OOM)、事务处理中间件(Transaction Processing Middleware,TPM)。

1. 数据库中间件

这类中间件适用于应用程序与数据源之间的互操作模型,客户端使用面向数据库的API,以请求直接访问和更新基于服务器的数据源,数据源可以是关系型、非关系型和对象型。数据库中间件在所有的中间件中是应用最广泛,技术最成熟的一种。典型的例子如ODBC、JDBC、OLE DB和ADO等,已在第9章讨论过。

2. 远程过程调用中间件

远程过程调用属于早期异构数据集成采用的中间件形式,它是一种从一台机器或一个进程调用另一台机器或另一个进程的模式,这种模式的调用通过网络实现。远程过程调用是广泛应用的创建分布式应用的方法,这种办法来源于UNIX环境的处理思想,被普遍认为是创建分布式应用的有效方法。远程调用机制是首先使用远程过程调用中间件的接口定义语言(Interface Definition Language,IDL)定义调用顺序,然后用IDL编译器对此定义进行编译,从而生成支持客户端和服务器进行通信的管道Stub。

远程过程调用在客户/服务器计算方面,比数据库中间件又迈进了一步。应用程序可以和调用本地过程一样在程序中调用远程过程,启动远程过程,然后将运行结果返回给本地程序。不但如此,远程过程调用还可以将程序的控制传递到远端的服务器当中去。RPC的灵活特性使得它有比数据库中间件更广泛的应用,它可以应用在更复杂的客户/服务器计算环境中。远程过程调用的灵活性还体现在它的跨平台性上面,它不仅可以调用远端的子程序,而且这种调用是可以跨不同操作系统平台的。

RPC也有一些缺点,主要是因为RPC一般用于应用程序之间的通信,而且采用的是同步通信方式,因此对于比较小型的简单应用还是比较适合的,因为这些应用通常不要求异步通信方式。但是对于一些大型的应用,这种方式就不太适合,因为此时需要并发操作、缓冲、流量控制以及进程同步等一系列复杂问题。

3. 消息中间件

消息中间件的优点在于能够在客户和服务器之间提供同步和异步的连接,并且在任何时刻都可以将消息进行传送或者存储转发。另外，消息中间件不会占用大量的网络带宽，可以跟踪事务，并且通过将事务存储到磁盘上实现网络故障时系统的恢复。当然和远程过程调用相比，消息中间件不支持程序控制的传递，不过这种功能和它的优势比起来却是无关紧要的。消息中间件适用于需要在多个进程之间进行可靠的数据传送的分布式环境。

例如，Microsoft 数据交换平台是基于消息总线（消息中间件）的企业应用集成技术，实现企业内部不同系统间或分支机构系统间的信息交换与共享，以及企业与企业间的信息交换。该平台完全基于 XML 标准进行数据交换，方便企业内部系统和外部系统集成，通过适配连接器方式连接原有系统。只需配置不需编码即可集成原有系统，提供可视化的快速，开发、部署、配置与管理工具，开发工具统一集成在 Visual Studio 开发环境中，采用成熟的互联互通中间件平台。

4. 对象中间件

面向对象的技术通过封装、继承及多态性，提供了良好的代码重用功能。但是，这些对象只存在于一个程序中，外界无法访问它们。对象中间件就是要解决这些问题，它提供一个标准的构件框架，使不同厂家的软件通过不同的地址空间交互访问。而该构件的具体实现、位置及所依附的操作系统对客户来说都是透明的。

对象中间件是近年来才发展起来的一项新技术，它可以看做和编程语言无关的面向对象的 RPC 应用，被视为从面向对象过渡到分布式计算的强大推动力量。从管理和封装的模式上看，对象中间件和远过程调用有些类似，不过对象中间件可以包含比远过程调用和消息中间件更复杂的信息，并且可以适用于非结构化的或者非关系型的数据。目前有两种对象中间件的标准，分别是 CORBA 和 DCOM，下面将详细介绍。

5. 事务处理中间件

事务处理中间件是提供事务处理所需要的通信、并发访问控制、事务控制、资源管理和其他必要的服务的中间件，又称事务处理监控器（TP Monitor）。一般事务处理中间件体系结构可分为三个层次，包括事务服务器、工作流控制器和表现服务器，其中事务服务器主要由用户开发的执行业务逻辑的事务程序构成。工作流控制器主要负责根据请求类型将用户的请求映射到事务服务器的事务程序上。表现服务器用于以菜单或表格的形式收集输入信息，如用户名和密码、输入设备号、服务请求类型和参数等。另外，表现服务器还负责安全管理和日志管理。

13.2　分布式对象技术

分布式对象技术是分布式计算技术和面向对象思想相结合的一种技术，它要解决的主要问题是位于分布式环境中的对象之间的调用问题。在中间件系统、Web Service 以及面向服务架构（Service Oriented Architecture，SOA）的研究与开发等许多重要领域，分布式对象技术都发挥着不可替代的作用。

13.2.1 分布式对象技术概述

分布式对象技术主要是在分布式异构环境下建立应用系统框架和对象组件，在此框架的支撑下，开发者可以将软件功能包装为更易管理和使用的对象，这些对象可以跨越不同的软硬件平台进行互操作。

分布式对象技术将分布在网络上的全部资源都按照对象的概念来组织，每个对象都有明晰的访问接口，这些对象可存在于网络的任何地方，通过方法调用的形式访问。一般来说，创建和维护分布式对象实体的应用称为服务器，按照接口访问该对象的应用称为客户端。分布式对象技术的最大特点是具有分布的透明性，这种透明性体现在客户端访问某个对象时，它不需要知道该对象在网络中的具体位置，以及运行在何种操作系统上，更不需要知道该对象使用何种程序设计语言和编译器所创建。

分布式对象技术的实质性进步在于，使面向对象技术能够在异构的网络环境中得以全面、彻底和方便地实施，从而能够有效地控制系统的开发、管理和维护的复杂性。

1. 分布式对象技术原理

分布式对象计算技术的主要思想是在分布式系统中引入一种分布的、可互操作的对象机制，并且把分布于网络上可用的所有资源看做公共可存取的对象集合，使得不同的对象可以集合在一起。此外，一个对象客户能够通过定义在分布对象模型上的接口来访问分布系统的可用对象，如图 13-2 所示。

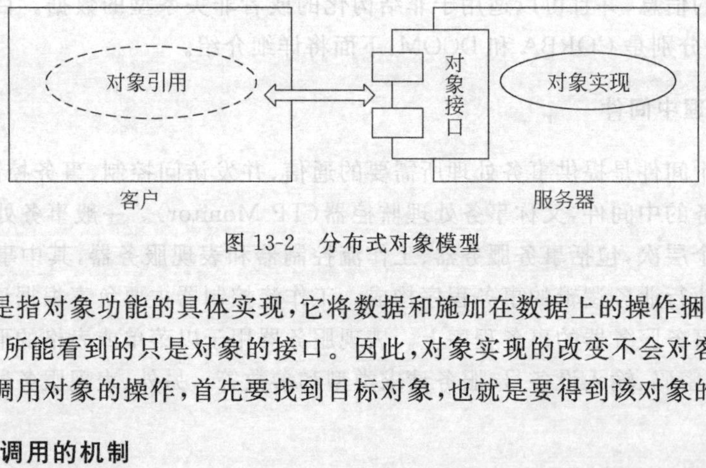

图 13-2 分布式对象模型

对象实现是指对象功能的具体实现，它将数据和施加在数据上的操作捆绑在一起，封装在对象中，客户所能看到的只是对象的接口。因此，对象实现的改变不会对客户程序产生任何影响。客户调用对象的操作，首先要找到目标对象，也就是要得到该对象的句柄。

2. 分布式调用的机制

分布式调用的机制包括远程过程调用、对象请求代理和分布式虚拟存储器三种，分别适用于不同场景。

(1) 远程过程调用(RPC)。RPC 把本地过程调用的语义扩展到分布式环境，它利用底层的消息传输设施来为远程构造本地进程的抽象，通过消息传递，使应用犹如调用本地进程一样来调用远程过程，这样，用户在开发分布式应用时，便可以不关心“系统是分布的”这一事实。

(2) 对象请求代理(Object Request Broker，ORB)。是对象管理组织(Object Manage-

ment Group,OMG)在 CORBA 中的规范,其作用是把客户发出的请求传给目标对象,并且把目标对象的执行结果返回给发出请求的客户。因此,ORB 提供了客户和目标对象之间的交互透明性,其中就包含位置透明性和访问透明性。

(3) 分布式虚拟存储器。该技术把虚拟存储器的概念扩展到分布式环境中,其核心思想是在分布式系统中建立跨越多个节点的虚拟地址空间,当访问一个对象时,首先确定该对象所在的位置,然后把它装入本地的地址空间,这样便可以使用标准的过程调用来处理分布式调用。该技术比较适合于客户端需要不断地访问某个特定对象的情况。

同一服务在不同的对象中可以具有不同的实现,这种具有多个实现的服务称为通用服务。支持通用服务的异构分布式系统可以为同一个服务提供多个不同的实现,这些实现提供等价的接口。客户只需发出请求,系统将根据目标对象所在系统不同而运行不同的代码。

目前分布式对象技术领域最具代表性的主流技术包括 COM/DCOM、Java RMI 和 CORBA 等。

13.2.2 COM/DCOM

1. COM

组件对象模型(Component Object Model,COM)是 Microsoft 自 1993 年提出的组件式软件平台,用于进程间通信(Inter-Process Communication,IPC)以及当做组件式软件开发的平台。COM 提供了跟程序语言无关的方法实现一个对象,因此可以在其他环境中执行。COM 并要求某个软件组件必须遵照一个共同的接口,该接口与实现无关,因此可以隐藏实现内容,并且被其他组件在不知道其内部实现的情形下正确地使用。

COM 并不限于 Windows 操作系统,但只有 Windows 最常使用 COM,且某些功能已被目前的.NET 平台取代。

它是一种基于二进制标准与编程语言无关的软件规范。该规范定义了怎样以一种独立于语言和位置的方式调用对象,怎么定义和标识组件,以及怎样创建对象。基于 COM 构架的中间业务逻辑层能够很好地采用这些特性来构建一个稳定的、易于维护和升级、能支持扩展的应用系统。COM 不是一个特殊类型的应用程序,而是一个可以用来为任何类型的应用程序构建组件的普遍的模型。例如,ActiveX 和 OLE 都使用 COM,但两者都不是 COM。COM 具备了软件集成所需要的许多特征。

(1) 面向对象。COM 是在面向对象的基础上发展起来的,它继承了对象的所有优点,并在其实现上进行了进一步的扩充。

(2) 客户/服务器。COM 以客户/服务器(C/S)模型为基础,且具有很好的灵活性,在 COM 应用中有四种 C/S 计算模型。

(3) 语言无关性。COM 规范的定义不依赖于特定的语言,因此编写构件对象所使用的语言与编写客户程序使用的语言可以不同,只要它们都能够生成符合 COM 规范的可执行代码即可。

(4) 进程透明性。COM 提供了三种类型的构件对象服务程序:进程内服务程序、本地服务程序和远程服务程序。

(5) 可复用性。可复用性是任何对象模型的实现目标，尤其对于大型的软件系统，可复用性非常重要，它使复杂的系统简化为一些简单的对象模型，体现了面向对象的思想。而且由于 COM 标准是建立在二进制代码级的，因此 COM 对象的可复用性与一般的面向对象语言(如 C++)中对象的复用过程不同；COM 用两种机制(包容和聚合)来实现对象的复用。对于 COM 对象的客户程序来说，它只是通过接口使用对象提供的服务，并不需要关心对象内部的实现过程。

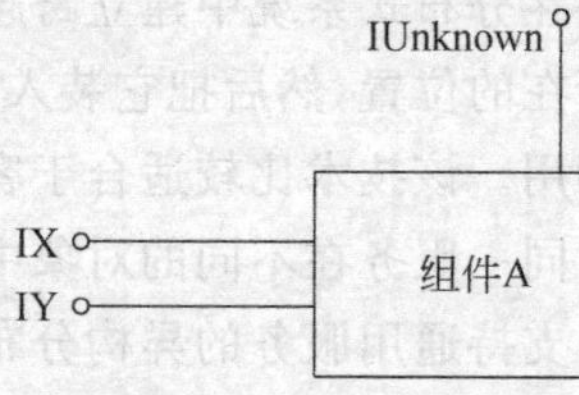

图 13-3 COM 组件接口

根据 COM 规范，COM 通过接口对外提供所有的功能，每一个 COM 组件都实现一定的接口，至少实现 IUnknown 接口，如图 13-3 所示。IUnknown 是由 COM 定义的最重要的接口，它是所有 COM 对象必须实现的一个接口。所有组件对象都必须实现该接口，而且所有 COM 的其他接口和 OLE 接口都由该接口派生而来。

在客户看来，一个组件其实就是接口的集合。客户只有通过接口才能使用 COM 组件，组件本身是接口的实现细节。一个组件可以从软件系统中删除并用另一个组件替代，只要新的组件和旧的组件支持相同的接口。只要接口不变，那么组件可以任意更换，接口对一个软件系统产生决定性的作用。使用组件来构造软件系统的最大优点在于可以复用软件系统的结构。

接口定义了一组成员函数，这组成员函数是组件对象暴露出来的所有信息，客户程序利用这些函数获得组件对象的服务。客户程序用一个指向接口数据接口的指针来调用接口成员函数，如图 13-4 所示。

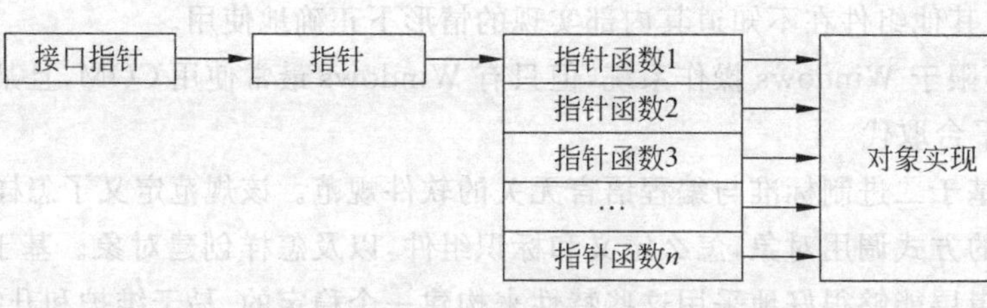

图 13-4 COM 接口

接口指针实际上又指向另一个指针，这个指针指向一组函数组成的接口函数表，接口函数表中的每一项为 4 个字节长的函数指针，每个函数指针与对象的具体实现连接起来。对于一个接口来说，它的虚函数表是确定的，因此接口的成员函数的个数是不变的。而且成员函数的先后顺序也是不变的，对于单个的成员函数而言，参数和返回值也是确定的，所有的这些信息都必须在二进制一级确定，不管什么语言，只要能支持这样的内存结构就可以定义接口。

2. DCOM

分布式 COM(Distributed COM，DCOM)扩展了 COM 技术，使其能够支持在局域网、广域网甚至 Internet 上不同计算机的对象之间的通信。使用 DCOM，应用程序就可以在位置上达到分布式，从而满足各类应用的需求。

对于客户程序而言，组件程序所处的位置是透明的，不必编写任何处理远程调用的代码，因为DCOM是组件技术COM的无缝扩展，所以可以将现在对基于COM的应用、组件、工具以及知识转移到标准化的分布式计算领域中来。当在做分布式计算时，DCOM处理网络协议的低层次的细节问题，从而能够使开发人员集中精力解决用户所要求的问题。

在操作系统中，各个进程之间是相互屏蔽的。当一个客户进程需要和另一个进程中的组件通信时，它不能直接调用该进程，而需要遵循操作系统对进程间通信所做的规定。COM使得这种通信能够以一种完全透明的方式进行：它截取从客户进程来的调用并将其传送给另一进程的组件。图13-5表明了COM/DCOM运行库是怎样提供客户进程和组件之间的联系的。

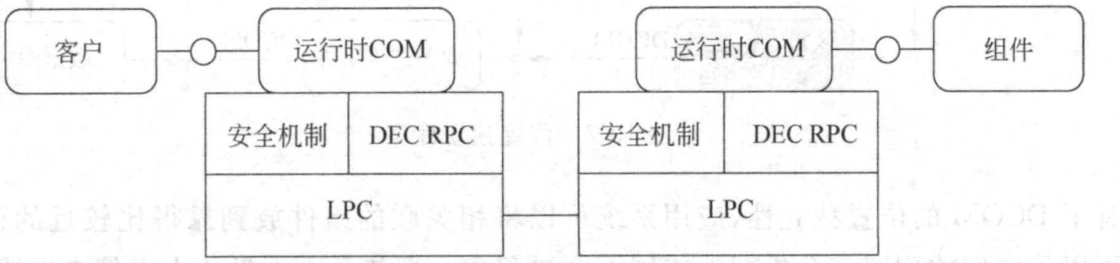

图13-5 不同进程中的COM组件

当客户进程和组件位于不同的机器时，DCOM仅仅只是用网络协议来代替本地进程之间的通信。无论是客户还是组件部不会知道连接它们的线路比以前长了许多。

DCOM使用的网络协议称为对象RPC(Object Remote Procedure Call，ORPC)，它建立在DCE RPC协议的基础上。DCOM隐藏了底层网络传输的细节，提供了远程过程调用、位置透明性、可扩展性及基本的安全机制，使COM的应用从桌面扩展到了分布式环境。图13-6显示了DCOM的整体结构。COM运行时库向客户和组件提供了面向对象的服务，并且使用RPC和安全机制产生符合DCOM线路协议标准的标准网络包。

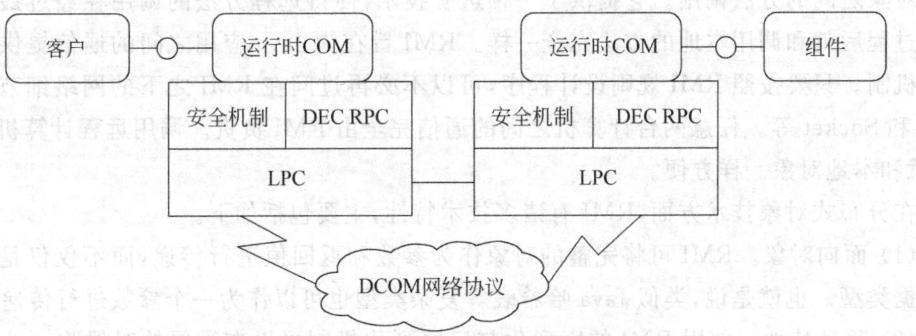

图13-6 DCOM：不同机器上的COM组件

DCOM的位置独立性极大地简化了将应用组件分布化的任务，使其能够达到最合适的执行效果。例如，设想某个组件必须位于某台特定的机器上或某个特定的位置，并且此应用有许多小组件，就可以通过将这些组件配置在同一个LAN上，或者同一台机器上，甚至同一个进程中来减少网络的负载。当应用是由比较少的大组件构成时，网络负载并不是问题，此时可以将组件放在速度快的机器上，而不用去管这些机器到底在哪儿。

图 13-7 显示了相同的“合法性组件”在两种不同情况下是如何分别配置的。一种情况是当客户机和中间层机之间的带宽足够大时，它就配置在客户机上；另一种情况是当客户进程通过比较慢的网络连接来访问组件时，它又可配置在中间层机上。

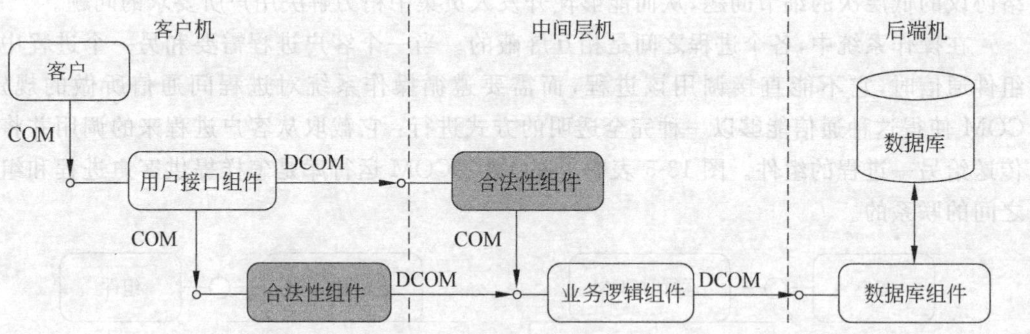

图 13-7 位置独立性

有了 DCOM 的位置独立性，应用系统可以将相关联的组件放到靠得比较近的机器上，甚至可以将它们放到同一台机器上或同一个进程中。即使是由大量的小组件来完成一个具有复杂逻辑结构的功能，它们之间仍然能够有效地相互作用。当组件在客户机上运行时，将用户界面和有效性检查放在客户端或离客户端比较近的机器上会更有意义；集中的数据库事务应该将服务器靠近数据库。

13.2.3 RMI

1. RMI 概述

远程方法调用(Remote Method Invocation，RMI)是 Java 的 RPC 机制，支持 Java 的分布式对象之间的方法调用。它提供了一种透明技术，使得远程方法的调用在经过最初的初始化过程后就和调用本地的方法完全一样。RMI 旨在为 Java 应用之间的通信提供一个简单的机制。只要按照 RMI 规则设计程序，可以不必再过问在 RMI 之下的网络细节，例如，TCP 和 Socket 等。任意两台计算机之间的通信完全由 RMI 负责。调用远程计算机上的对象，就和本地对象一样方便。

在分布式对象技术方面，RMI 有诸多技术特性，主要包括如下。

(1) 面向对象。RMI 可将完整的对象作为参数和返回值进行传递，而不仅仅是预定义的数据类型。也就是说，类似 Java 哈希表等复杂类型也可以作为一个参数进行传递。

(2) 移动特性。使用 RMI 的序列化与反序列化机制可以在需要的时候将一个运行时 Java 对象序列化成字节码，并通过网络传递到任何地方，再结合动态类加载技术可以在目标机器上重新构造对象。这也使 RMI 技术具有很强的灵活性。

(3) 安全。RMI 使用 Java 内置的安全机制保证下载执行程序时用户系统的安全。RMI 使用专门为保护系统免遭恶意小应用程序侵害而设计的安全管理程序，可保护系统和网络免遭潜在的恶意下载程序的破坏。在情况严重时，服务器可拒绝下载任何执行程序。

(4) 分布式垃圾收集。RMI 采用其分布式垃圾收集功能收集不再被网络中任何客户程序所引用的远程服务对象。与 Java 虚拟机内部的垃圾收集类似，分布式垃圾收集功能允许根据自己的需要定义服务器对象，并且明确这些对象在不再被客户机引用时会被删除。

(5) 互操作性。RMI 同时运行在两种协议之上，RMI 和对象请求代理间协议(Internet Inter-ORB Protocol，II-OP)，其中 RMI 是私有协议，而 II-OP 是 CORBA 中定义的分布式互操作协议，因此 RMI 和 CORBA 之间具有良好的互操作性。

2. Java RMI 架构

RMI 应用程序通常包括服务端程序和客户端程序。服务端应用程序创建多个远程对象，使这些远程对象能够被引用，然后等待客户端调用那些远程对象上的方法。客户端程序从服务器中得到一个或多个远程对象的引用，然后调用远程对象的方法。

一个正常工作的 RMI 系统由几部分组成：远程服务的接口定义、远程服务接口的具体实现、Stub 和 Skeleton 文件、运行远程服务的服务器、RMI 名字服务(允许客户端去发现这个远程服务)、类文件的提供者(HTTP 或者 FTP 服务器)和需要这个远程服务的客户端程序。

如图 13-8 所示，按层次可分为代理层、远程引用层和传输层三层结构，每一层的边界由确定的接口和协议加以定义。每一层都独立存在，层与层之间松耦合，可以在不影响其他层的情况下用可选的实现替代。

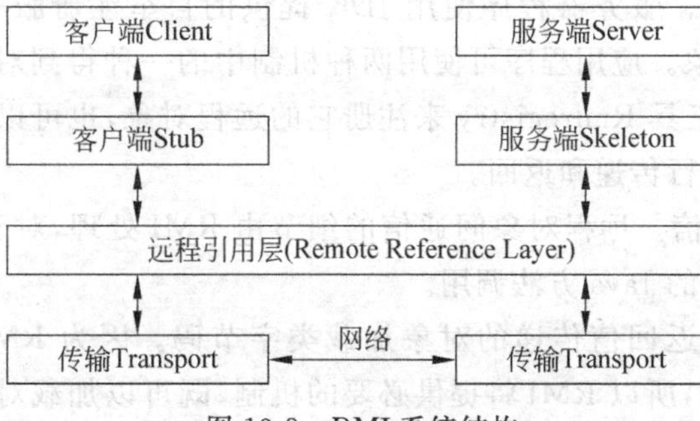

图 13-8　RMI 系统结构

(1) 代理层(Stub/Skeleton Layer)。代理层包括客户端 Stub 和服务器 Skeleton，它隐藏了远程引用层和传输层的技术细节，提供了 Java 应用程序调用远程对象方法的透明接口。这一层是应用层 RMI 系统与其他部分之间的接口。

(2) 远程引用层(Remote Reference Layer)。远程引用层处理较低层次的传输接口，也负责执行具体的远程引用协议。

(3) 传输层(Transport Layer)。传输层负责连接设置、连接管理以及对位于传输在空间上的远程调用目标的跟踪和调度。

3. RMI 实现细节

如上所述，RMI 为服务器和客户机进行通信和信息传递提供了一种机制。在与远程对象的通信过程中，RMI 使用标准机制 Stub。远程对象的 Stub 担当远程对象的客户端本地代表或代理人角色。调用程序将调用本地 Stub 的方法，而本地 Stub 将负责执行对远程对象的方法调用。在 RMI 中,远程对象的 Stub 与该远程对象所实现的远程接口集相同。图 13-9 展示了调用 Stub 的方法时执行的一些操作。

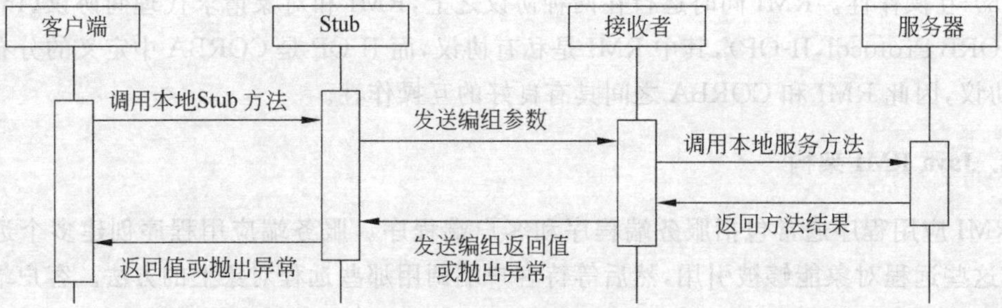

图 13-9　RMI 调用过程

(1) 初始化与包含远程对象的远程虚拟机的连接,调用本地 Stub 方法。

(2) 对远程虚拟机的参数进行编组(写入并传输)。

(3) 等待方法调用结果。

(4) 解编(读取)返回值或返回的异常。

(5) 将值返回给调用程序。

利用 RMI 编写分布式对象应用程序时,需要完成以下工作。

(1) 定位远程对象。服务器程序使用 JDK 提供的自举注册服务(Bootstrap Register Service)来注册远程对象。应用程序可使用两种机制中的一种得到对远程对象的引用。既可用 RMI 的简单命名工具 Rmiregistry 来注册它的远程对象,也可以将远程对象引用作为常规操作的一部分来进行传递和返回。

(2) 与远程对象通信。远程对象间通信的细节由 RMI 处理,对于程序员来说,远程通信看起来就类似于标准的 Java 方法调用。

(3) 给作为参数或返回值传递的对象加载类字节码。因为 RMI 允许调用程序将纯 Java 对象传给远程对象,所以 RMI 将提供必要的机制,既可以加载对象的代码又可以传输对象的数据。在 RMI 分布式应用程序运行时,服务器调用注册服务程序以使名字与远程对象相关联。客户机在服务器上的注册服务程序中用远程对象的名字查找该远程对象,然后调用它的方法。

方法调用从客户对象经 Stub、远程引用层和传输层向下,传递给主机,然后再次经传输层,向上穿过远程调用层和 Skeleton,到达服务器对象。Stub 扮演着远程服务器对象的代理的角色,使该对象可被客户激活。远程引用层处理语义,管理单一或多重对象的通信,决定调用是应发往一个服务器还是多个。传输层管理实际的连接,并且追踪可以接受方法调用的远程对象。服务器端的 Skeleton 完成对服务器对象实际的方法调用,并获取返回值。返回值向下经远程引用层、服务器端的传输层传递回客户端,再向上经传输层和远程调用层返回。最后,Stub 获得返回值。

13.2.4　CORBA

公共对象请求代理体系结构(Common Object Request Broker Architecture,CORBA)

是由对象管理组织(OMG)提出的组件模型的体系结构和组件接口标准，是为解决分布式处理环境中，硬件和软件系统的互连而提出的一种解决方案。CORBA 可以称为通信中间件，它可以看成是把应用程序和通信核心的细节分离的软件，支持异构分布式应用程序间的互操作性及独立于平台和编程语言的对象重用。

OMG 在 1990 年制定了对象管理体系结构(Object Management Architecture，OMA)参考模型，该模型描述了 OMG 规范所遵循的概念化的基础结构。它是比 CORBA 更高一层的概念，定义了一种体系结构，在 OMA 之上可以用任何方法来实现。CORBA 是其中的一种实现方案。OMA 以分布式的对象为集成单位。以对象为基础来构造分布式应用系统的最大优点是对象的封装性：对象的数据和状态只能通过对象上定义的一组运算来访问，而不允许直接存取。因此易于处理平台的异构性，因为数据表达的差别已被隐藏，从而简化了系统的集成。

1. 对象管理体系结构 OMA

OMA 由对象模型(Object Model)和参考模型(Reference Model)组成。对象模型主要定义了如何描述在异构环境中的分布式对象。参考模型则刻画了对象之间的交互，其组成如图 13-10 所示。

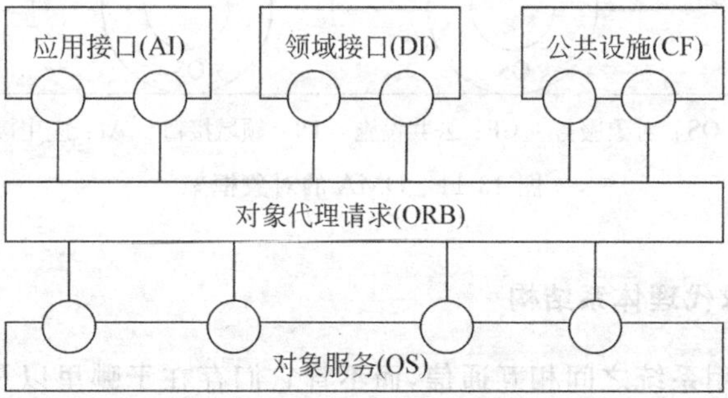

图 13-10 OMA 参考模型

其中 ORB 作为对象互相通信的软总线，用来联系客户端和对象间的通信。ORB 是 OMA 参考模型的核心。ORB 提供了一种机制，使得可以在分布式异构环境中对象可以透明地发出请求和接收响应，帮助实现应用组件之间的互操作。

在 ORB 之上有四个对象接口。

(1) 对象服务(Object Services，OS)。定义加入 ORB 的系统级服务，如安全性、命名和事务处理，它们是与应用域无关的。对象服务是一些最有可能被用来支持分布式对象环境 F 构造应用的标准化组件。目前通过的对象服务包括对象命名服务、事件服务、对象生存期服务、永久对象服务、对象关系服务以及事务服务、并发控制服务等。

(2) 公共设施(Common Facilities，CF)。定义应用程序级服务，如复合文档等。公共设施是比对象服务粒度更大的可重用的组件块。它主要用来帮助构造跨多个应用域的应用程序。典型的公共设施包括用户接口、信息管理、系统管理和任务管理等。

(3) 领域接口(Domain Interfaces，DI)。面向待定的领域，在 OMA 中所处的位置与对象服务与公共设施相似。

(4) 应用接口(Application Interfaces,AI)。面向指定的现实世界应用,是指供应商或用户借助于ORB、公共对象服务及公共设施而开发的特定产品,它不在CORBA体系结构中标准化。

同时,OMA还定义了OMA参考模型的应用:对象框架(Object Framework)。它是多个组件组成的一种面向特定领域的框架结构,每个组件由一个OMA接口组成。其组成如图13-11所示。

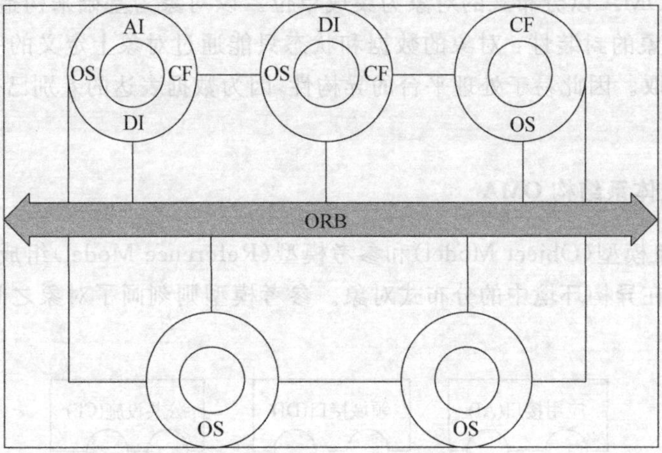

图13-11 OMA的对象框架

2. 公共对象请求代理体系结构

CORBA允许应用系统之间相互通信,而不管它们存在于哪里以及是谁设计的。CORBA 1.1于1991年由OMG发布,其中定义了IDL以及在ORB中实现客户对象与服务器对象之间交互的API。CORBA 2.0于1994年发布,规定了各个供应商之间的ORB的通信规则。CORBA 3.0于2002年发布,增加了CORBA Component Model(CCM)。CCM扩展了传统的CORBA对象模型,通过定义允许应用开发者去应用、管理、配置和展开集成了CORBA服务的模块特性和服务,如容忍度、安全事务和事件服务。

CORBA的核心思想是采用标准的接口定义语言将软件接口与软件实现部分相分离。如图13-12所示,CORBA主要分为三部分:IDL、ORB和ORB之间的互操作协议(Interoperability Between ORB)。CORBA规范充分利用了业界软件技术发展的成果,在基于网络的分布式应用环境下实现应用软件的集成,使得面向对象的软件在分布、异构环境下实现可重用、可移植和互操作。

IDL语言是一种中性语言,使用IDL可以根据IDL接口中的信息来决定如何发出请求和接收响应,使得客户对象完全独立于具体对象实现所在的位置、使用的编程语言及其他跟对象接口无关的方面CORBA交互基本过程。

CORBA通过对象系统为客户提供服务,对象间的交互通过ORB传递。对于一个交互

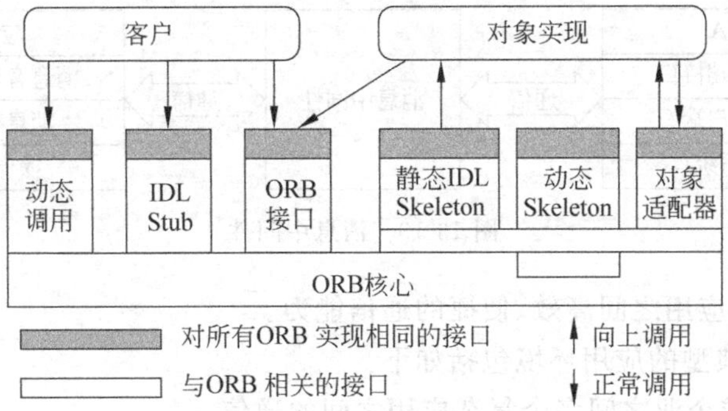

图 13-12　CORBA 对象模型

来说有客户方和服务方之分，在 CORBA 中称为客户(Client)和对象实现(Object Implementation)。客户通过构造一个请求(Request)来要求得到服务，与请求相关的信息包括操作、目标对象、零或多个参数，以及请求上下文。对象实现使用接口来描述对它执行的操作。ORB 将请求交付给目标对象并返回响应给发出请求的客户。

13.3　消息中间件技术

消息中间件(Message Oriented Middleware,MOM)是利用可靠高效的消息递送机制帮助分布式应用进行数据交流的系统软件。MOM 独立于操作系统和网络，屏蔽底层异构操作系统、网络平台、通信协议、消息格式的差异，为应用提供一致的通信标准。原理是基于消息队列的存储，转发机制和特有的异步传输机制，能够基于消息传输和异步事务处理实现应用整合与数据交换。

13.3.1　消息中间件概述

使用 MOM 的应用之间不需直接对话，消息发送者把消息放在消息队列中，接收者从队列中取出消息，有时间的时候再处理。应用程序无须涉及网络通信的复杂性，维护消息队列、在网络中传递消息等与通信有关的活动都由 MOM 负责。应用之间通过消息中间件对话，降低了耦合性。MOM 支持通信程序之间一对多和多对一方式，甚至是多种方式组合的对话。

MOM 在 TCP/IP 网络体系结构中处于应用层，网络应用程序建立在消息中间件之上，实现各种分布式应用服务。采用队列技术的消息中间件能够让异构平台上的分布式软件进行快速、可靠的消息传播，并且在传输消息的时候发送者不需阻塞等待消息的发送也不需关心接收者是否处于正常工作状态。消息的接收者在需要消息的时候才会从消息队列读取需要的消息，这样大大降低程序间的耦合度。消息中间件主要提供两种通信模型：一个是点对点传输(P2P)，另一个是订阅/发布(Subscribe/Publish)。

消息中间件主要应用于应用程序的集成，如图 13-13 所示。

消息中间件主要提供应用集成所必需的数据的递送、收集、翻译、过滤、映射和路由等功能，屏蔽不同的硬件平台、操作系统、消息格式、通信协议之间的差异，简化了应用之间的复

图 13-13 消息中间件

杂交互，提供应用到应用之间高效、便捷的通信能力。

消息中间件最典型的应用环境包括如下。

(1) 企业内部或企业之间多个复杂应用之间的通信。

(2) 多个应用采用不同的计算机语言编写。

(3) 设计阶段就希望系统能使用很长时间，要求扩展性高。

(4) 系统需要处理高吞吐量的信息。

(5) 多个应用使用的硬件平台、数据库、操作系统是异构的，有多个数据源。

(6) 存在旧的系统，新系统需要与这些系统融合。

消息中间件包含以下几个特征。

(1) 可靠高效的通信。消息中间件支持可靠传输方式，确保"一次并且只有一次"的递送。消息分为两种类型，非永久性消息和永久性消息。非永久性消息存储在内存中，当系统突然掉电后重新启动时，将不可恢复。如果对消息的可靠性要求不高，比较侧重性能表现，可以采用该种类型的消息。永久性消息是存储在硬盘上，并且记录操作日志，它具有高可靠性，在网络和系统发生故障等情况下都能确保消息不丢、不重。

(2) 具有数据递送和转换设施。消息中间件的核心是一个独立的消息传递协议层，实现真正的网络通信。有专门的消息格式库定义控制消息和应用消息的格式。对于单个的消息，可以根据消息的源、目的地、类型等定义多个处理步骤，包括消息的格式转换、记录日志和定时传送等。

(3) 强大的事务处理能力。消息中间件可以跟踪事务，通过把事务存储到硬盘上实现网络故障时消息和系统状态的恢复。

(4) 不断完善的安全机制。消息中间件需要保证消息的机密性、完整性、发送方、接收方的身份鉴别以及操作不可抵赖性。利用非对称密钥、对称密钥、数字签名等措施，可以帮助 MOM 保障消息传输、存储、访问的安全。

13.3.2 消息传递系统

消息传递系统是一种特别的中间件，它支持通用消息在分布式应用环境中进行交换。在这个环境中数据以消息的形式进行交换，消息同时支持在分布的应用环境中以同步或异步的方式进行交互。消息中间件系统通过提供目录服务、安全服务和管理服务等支持消息来确保消息队列的可靠性。消息传递系统主要是基于 C/S 结构的，通过允许应用分布到不同的异构平台来提高系统的互操作性和弹性，降低了开发多操作系统和多网络协议的应用的复杂性，把开发者和不同操作系统以及网络接口 API 函数等的细节问题隔离开了。

1. 消息通道

消息通道可以看做是消息传递系统中的逻辑地址，对于应用间的不同连接，传递系统中有不同的通道且每一个通道有唯一的标识。这样一个应用发送消息时，将消息添加到不同的通道中去，虽然应用不知道最终由哪个应用获取到消息，但可以确定地知道获取到消息的应用肯定对消息感兴趣。同样，接收方只用根据需要的消息类型绑定通道，就一定能获得想要的数据。

应用间传送的信息的数据可能是多种类型的，发送方很清楚自己发送的是哪种类型的数据，但它如何告知接收方呢？一种做法是在信息首部放入一个标志，告诉接收方自己发送的是哪一类的数据。但这样一来就必须修改接收方应用，在其程序中加入几条判断语句。但是在很多情况下，应用是被封装好的，很难对其进行修改。

另一种做法就是不同类型的数据使用不同的通道。这样指定通道上的数据都是同一类型的。发送者的不同消息送入不同类型的通道，接收者只要知道在某条通道上接收消息，也就知道了消息类型，从而也就知道了如何处理消息。

2. 消息

在消息中间件中，不同的应用程序进程之间传递交换的信息统称为消息，它是数据交换的基本单位，消息是由一些位和字节组成的字符串，这些位和字节在具体的一个或多个应用程序中具有特殊的含义，程序把它视为一个字段的序列，其中每一字段都有自己的数据类型和含义。

消息通常由两部分组成。除了应用数据之外，消息中还包含了一些控制信息，常被称为消息描述子，来指定消息的属性，或者被消息队列服务用来决定消息的处理方式。其中一些信息必须由应用程序本身来指定(例如，消息的目的地址)。应用数据由发送方应用程序提供并给予定义，在形式上没有任何的数据类型限制。消息中可以不包含任何应用数据，这种类型的消息同样非常重要，通常用于标识某种特殊事件的发生。控制信息由消息中间件定义，具体内容应当由发送方应用程序来指定，它们描述了消息的各种不同的属性。

消息中间件中的消息类型一般分为四种：数据报、请求、应答以及报告。应用程序可以使用前三种类型的消息进行相互的信息传送，报告用于应用程序和队列管理器报告事件信息。

3. 消息路由

在企业应用集成中通常要连接许多异构的系统，利用消息通道既可以将这些系统集成到一起，又可以保持其相互的松耦合。在前文中已经论述过，为了使接收者知道如何处理各类不同类型的消息，可以为每一种消息类型分别创建单独的消息通道，并将这些通道与所需的处理步骤连接起来。但是，这就要求消息的创建者知道不同处理步骤的选择标准，这样才能把消息发布给正确的通道。采用这种方法会导致消息通道个数的激增，而通道并不是一种无代价的资源，会消耗 CPU 和内存。此外，消息在传送到目的地之前要经过哪些操作和处理步骤，消息源并不知道。因此，消息源也就不能把消息正确地发给正确的通道。

针对这些问题，消息传送系统就必须要有消息路由机制。消息路由器可以根据多种标准来确定输入消息的输出通道。根据路由标准的不同可以将消息路由器分成：基于消息类型的路由器、消息过滤器、接受表、分解器、聚合器和重排器。

4. 消息转换器

企业应用集成的目的是松耦合地把已有应用连接起来，并与此同时适应这些应用的变化。消息通道实现了应用的松耦合，使它们不必知道相互的位置；消息路由器甚至不要求应用之间协商建立共同的消息通道。但是，如果应用之间还要依赖相互的数据格式，那么这种形式的松耦合只能是有限的。消息转换器可以消除这种不必要的耦合。

可以利用通道和过滤器将多个消息转换器连接起来，从而实现数据在语法和语义等多个层面的转换。而且把多个消息转换器连接起来，即使修改了其中某层的转换方式，也不会影响其他的层面和转换组件。消息传递系统中有各种类型的消息转换器，包括封装器、内容扩充器、内容过滤器等。

5. 消息端点

大多数应用在设计时没有考虑与消息传递系统配合工作，具体应用为用户提供某种功能，消息传递系统负责消息通道及消息设施的维护和管理。利用消息传递系统的异步性实现集成应用间的松耦合是很有好处的，但这也增加了通过消息传递访问外部功能的复杂性。消息传递系统是一种服务器，它接受请求并返回应答，具体应用是消息服务器的客户。类似于其他服务器，消息传递系统提供一套 API。应用要想使用消息传递，就必须包含一组使用该 API 的代码，这组代码把应用和消息传递系统连接起来，从而实现消息传递。这组代码可以内嵌在应用之中，但因为应用的封闭性和对应用集成灵活性的要求，这种方式并不值得推荐。利用消息端点将消息传递系统的 API 封装起来，是一种更合适和经济的方法。大多数消息传递系统都提供了专有的 API，采用消息端点，在变更消息传递系统的时候，只要对端点进行修改就可以了。

对消息传递系统来说，端点扮演了消息传递客户的角色，它通过应用提供的接口调用程序的功能。同样，端点也能监听应用的事件并调用消息传递系统对这些事件做出响应。只要编制正确的消息端点，任何应用都能连接到消息传递系统，并和其他应用集成。在一般情况下，消息端点的代码都是定制的。

13.3.3 消息通信的主要模型

消息中间件可以既支持同步通信方式，又支持异步通信方式，但实际上它是一种点到点的传输机制。虽然消息的传输最终都是基于点到点的，但消息中间件一般都提供三种通信模型：点对点、发布/订阅和消息队列。

1. 点对点模型

点对点的传输模型中，允许多个发送者同时向一个接收者发送消息，但一个消息只能发给一个接收者。如图 13-14(a)所示，点对点的传送模型一般建立在消息队列的基础上，每个接收节点对应一个消息接收队列，发送者把消息发送到接收者的消息接收队列，接收者从自己的接收消息队列读取消息。因为消息是发送到接收者的接收消息队列，而不是直接发给接收者，因此允许接收者不必处于运行状态，而且接收者在需要消息的时候才会从接收队列读取消息。

点对点模型是一种程序到程序的直接通信模式。应用请求通过消息的形式直接从一个程序发送至另一个程序。双方的程序采用面向连接的形式相互通信，程序之间必须维持一条逻辑链路连接，所以点对点模式并不适合松耦合、时间独立应用程序采用。

点对点传输模型的特点如下。

(1) 传送器可以提供阻塞或者非阻塞的行为，通常与一些类型服务保证相关联。

(2) 参与消息传送的组件在交换过程中处于活动状态，共享一个逻辑通信会话。

(3) 应用程序组件通常注册一个全局名字空间，以实现位置的独立以及灵活的路由。

2. 发布/订阅模型

发布/订阅是一种匿名的通信方式，它允许一个或多个发送者同时向多个接收者发送消息，发送者和接收者之间的消息传递通常交给发布服务器处理，因此彼此没有任何联系，即发送者不知道接收者的存在，接收者也不知道消息的发送者是谁。在发布/订阅系统中，通常把发送者、接收者称为发布者和订阅者。发布者发布消息时，只需要把发布的消息交给发布服务器即可。发布服务器会根据消息的订阅信息，把消息发送给每一位订阅者。由于发布/订阅方式更加智能有效，实际上已成为异步消息中间件的事实标准。发布/订阅模型如图 13-14(b)所示。

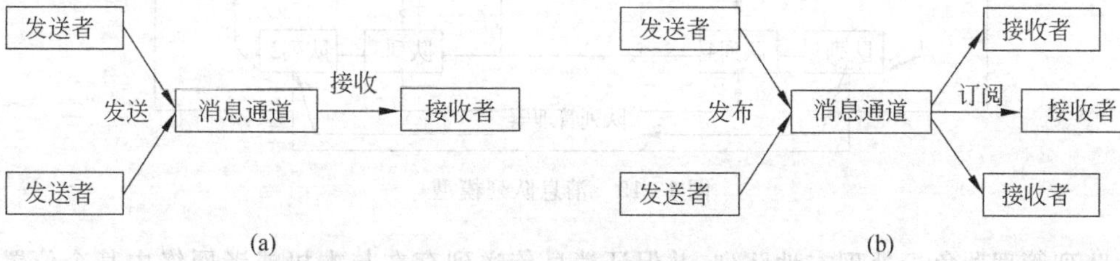

图 13-14　点对点模型和发布/订阅模型

发布/订阅模型的特点如下。

(1) 通过消息代理进行通信发布消息的客户端将消息传递给消息代理，由消息代理负责路由消息给相应的订阅消息的客户端。由于消息代理可以实现消息的动态路由功能，因此该方式能够提供较好的容错性能。

(2) 多维空间上松耦合。发布/订阅模式最大的优点是发布者和订阅者在多维空间上是松耦合的。这种模式下，客户端和服务器不需要知道对方的地址和具体的数量，简化了应用的配置，并且使组件更易重用。

当前，发布/订阅系统主要有两大类：基于主题的发布/订阅和基于内容的发布/订阅。

(1) 基于主题的发布/订阅系统发布的消息都属于特定的主题，而每个主题就是先前定义好的名字。订阅者在订阅消息之前需要了解主题的名字，然后根据名字进行订阅。发布者发布主题消息时，系统会根据消息的主题和订阅消息把消息转发给每一个订阅者。

在这样的系统中，所有的消息处理都是围绕着主题进行，因此如何对主题进行定义，发布的消息属于哪个主题，灵活处理主题间的关系都会影响整个发布/订阅系统性能。

(2) 基于内容的发布/订阅系统发布的消息并不属于特定的主题，因而消息的订阅者在订阅之前不需要了解主题的名字和该主题的内容，因此较基于主题的系统具有灵活性，但因为没有了主题的概念，发布系统也就不能根据主题确定消息的订阅者，取而代之的则是订阅者所设定的过滤规则。系统使用订阅者设定的规则对发布的消息进行过滤，符合要求的就把消息转发给订阅者，订阅者就可以获得内容符合自己要求的消息。

基于内容的发布/订阅系统最大的问题是过滤规则的设定，即采用哪种算法能够实现发布的消息和大量订阅者之间的高效匹配。

3. 消息队列模型

消息队列模式是一种程序之间的非直接的通信模式。它允许程序通过消息队列进行通信，消息队列模式通常意味着无连接模式，并不强制要求对方程序一定可用。如图 13-15 所示，消息放入队列(通常基于内存或者硬盘)直接或者按顺序传送。这种方式允许程序按照不同的速度独立运行，而不需要在双方之间建立一条逻辑连接。

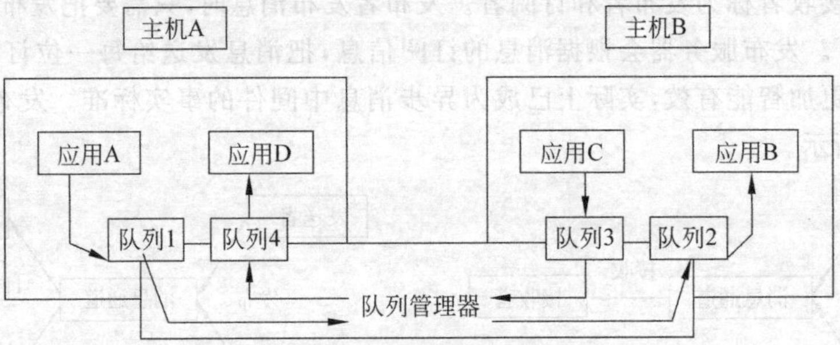

图 13-15 消息队列模型

队列管理器负责处理本地队列，并保证消息传送到存在与本机或者网络中某个位置的目的地。消息队列管理器还包含其他一些功能，包括消息确认的不同级别、优先级以及负载均衡等。

队列是一种用以存储消息的数据结构。作为一般的操作，队列主要用于应用程序或队列管理器放置或获得消息。队列的存在不依赖于使用它们的应用程序。当消息放入队列之前，队列必须建立。每个队列都属于一个队列管理器，队列管理器将它接收到的消息放入正确的队列中，一个队列管理器可以拥有除此之外的多个队列，但是每个队列在拥有该队列的队列管理器中必须拥有一个独一无二的名字。

队列可以存在于本地系统中(称为本地队列)，或者其他的队列管理器中(称为远程队列)。使用一个队列之前，必须打开该队列，指定想要进行的操作。例如，浏览消息、接收消息、向队列中放置消息以及查询队列属性、设置队列属性等。

13.3.4 消息中间件的主流方案

下面介绍当前市场上消息中间件的主流方案,包括 WebSphere MQ、Java Message Service 和 Microsoft Message Queue。

1. WebSphere MQ 概述

WebSphere MQ 也称为 MQ 或 MQ Series,是 IBM 的商业通信中间件(Commercial Messaging Middleware)。WebSphere MQ 提供一个具有工业标准、安全、可靠的消息传递系统。它的功能是控制和管理一个集成的商业应用,使得组成这个商业应用的多个分支程序(模块)之间通过传递消息完成整个工作流程。WebSphere MQ 基本由一个消息传输系统和一个应用程序接口组成,其资源是消息和队列。

(1) 消息。消息就是一个信息单元,这个信息单元可以是一个请求消息(Request Message),也可以是一个应答消息(Reply Message),或者是一个报告消息(Report Message)或一份报文消息(Datagram Message)。一个消息包含两个元素,即消息描述(用于定义诸如消息传输目标等)和数据消息(如应用程序数据或数据库查询等)。程序之间的通信通过传递消息而非直接调用程序完成。

(2) 队列。一个安全的存储消息的地方,消息的存储一般是有顺序的,队列是消息分阶段的传送和接收。因为消息存放在队列中,所以应用程序可以以不同的速度、在不同的时间、在不同的地点相互独立地运行。

(3) 消息传输系统。用于确保队列之间的消息提供,包括网络中不同系统上的远程队列之间的消息提供,并保证网络故障或关闭后的恢复。

(4) 应用程序接口。应用程序和消息系统之间通过 WebSphere MQ API 实现的接口进行调用。API 只有 14 个调用,两个关键动词:发送(PUT)和接收(GET)。如图 13-16 所示,虽然应用程序 A 和应用程序 B 运行于同一系统 A,它们不需要直接通信。应用程序 A 向队列 Q1 发送一条消息,而当应用程序 B 需要时就可以得到该消息。

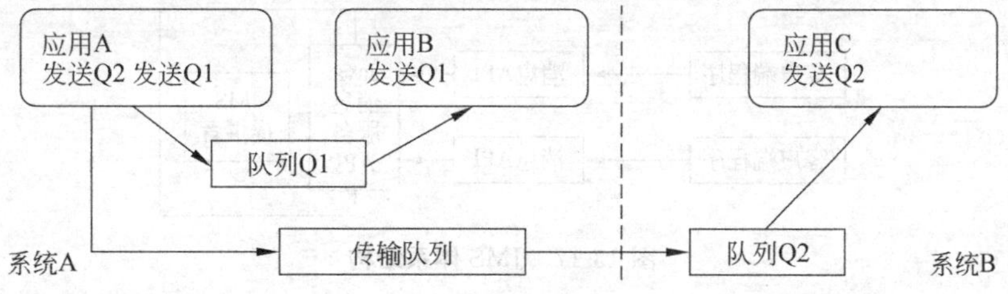

图 13-16 WebSphere MQ

如果消息传输的目标改为在系统 B 上的应用程序 C,这种变化不会对应用程序 A 产生影响,应用程序 A 向队列 Q2 发送一条消息,系统 A 的 WebSphere MQ 发现 Q2 实际上在系统 B,它将消息放到本地的一个特殊队列——传输队列。然后系统 A 的 WebSphere MQ 建立一条到系统 B 的通信连接,传递一条消息到系统 B,并等待确认。只有 WebSphere MQ 接到系统 B 成功地收到消息的确认后,才从传输队列中移走消息。如果通信线路不通,或系统B没有运行，消息会留在传输队列中，直到被成功地传送到目的地。这是WebSphere MQ最基本同时也是最重要的技术——可靠消息传输。

事实上，WebSphere MQ具有特殊的技术来防止消息重复传送，确保消息一次且仅一次(Once-and-Only-Once)传递。

2. JMS概述

JMS(Java Message Service)是客户端访问企业消息系统的标准规范API，是Java为异构系统整合提供的一种架构协议。它使不同的应用程序进行消息交换成为可能，使得Java应用能够和IBM MQ Series、Microsoft MSMQ及纯Java的Sonic MQ等异构的消息中间件进行通信。从JMS规范的提出到JMS规范的商讨，到最终JMS规范的确立和广泛应用的这个过程中，很多大型厂商包括IBM、Oracle等都积极参与了这个规范化的过程，这也正是JMS如今成为当下中间件技术核心焦点的主要原因。当然JMS规范也考虑了不同需求的可扩充性，有很多可选内容可以由中间件实现者自己提供。

JMS通过提供创建消息、发送消息、接收消息和读取消息等标准服务来简化JMS操作。通过JMS API，客户不需要了解不同消息产品的使用方法，而可以使用统一的JMS API来操作，同时JMS是建立在Java技术上的，不仅具有Java语言的所有优点，而且可以和其他J2EE技术进行协作应用。这就最大可能地提高了消息应用的可移植性和可扩充性。因此把JMS简单理解为一组消息接口和相关语义，一种消息应用的标准接口规范，实现异构消息中间件的整合，即可移植性。JMS具有Java语言的跨平台性，当然也有Java语言局限性，即语言相关性。

如图13-17所示，在JMS的体系结构中主要包括三部分：客户端程序、JMS消息API和JMS服务提供者。处于分布式环境下的客户端程序可以通过JMS消息API进行通信，而JMS API对实现进行了封装，所以客户端不需要了解底层机制就可以实现信息交换，因此服务对客户端是透明的，同时也增加了系统的可移植性，而JMS服务提供者主要负责双方通信的底层细节，提供JNDI服务、RMI服务和数据持久化机制等重要的基础服务。

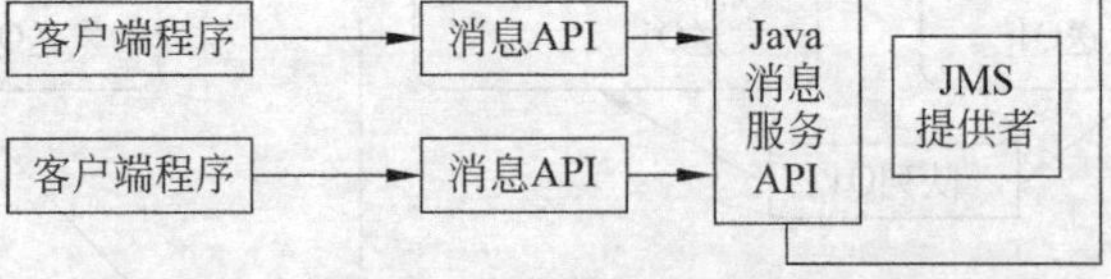

图13-17 JMS体系结构

在JMS应用系统中，所有的数据和事件都以消息的方式进行通信。JMS消息由以下几部分组成：消息头、属性和消息体。消息头包含消息的识别信息和路由信息，消息头包含一些标准的属性如JMSDestination、JMSMessageID等。除了消息头中定义好的标准属性外，JMS提供一种机制增加新属性到消息头中，这种新属性包含：应用需要用到的属性、消息头中原有的一些可选属性和JMS Provider需要用到的属性。JMS API定义了五种消息体格式，也叫消息类型，用户可以使用不同形式发送接收数据并可以兼容现有的消息格式。具体如表13-1所示。

表 13-1　消息类型表

消息类型	消　息　体
TextMessage	Java. lang. String 对象,如 xml 内容
MapMessage	名/值对的集合,名是 string 对象,值类型可以是 Java 任何基本类型
BytesMessage	包含未解释字节流;编码主体以匹配现存的消息格式
StreamMessage	Java 中的输入输出流:通过标准流操作按顺序进行填充和读取
ObjectMessage	Java 中的可序列化对象
Message	最简单的消息,它是其他 5 类消息的超类

3. MSMQ 概述

Microsoft 消息队列(Microsoft Message Queue,MSMQ)是 Windows 2003 操作系统中消息应用程序的基础,也是用于创建分布式,松散连接的消息通信应用程序的开发工具。目前 MSMQ 已集成到. NET 框架中。

MSMQ 是在多个不同的应用之间实现相互通信的一种异步传输模式,相互通信的应用可以分布于同一台机器上,也可以分布于相连的网络空间中的任一位置。MSMQ 消息队列模型如图 13-18 所示。在 MSMQ 的运作机制中,消息发送程序先把发送的消息放入一个容器中,然后把它保存到一个系统公用空间的消息队列中;本地或者是异地的消息接收程序再从该队列中取出发给它的消息进行处理。

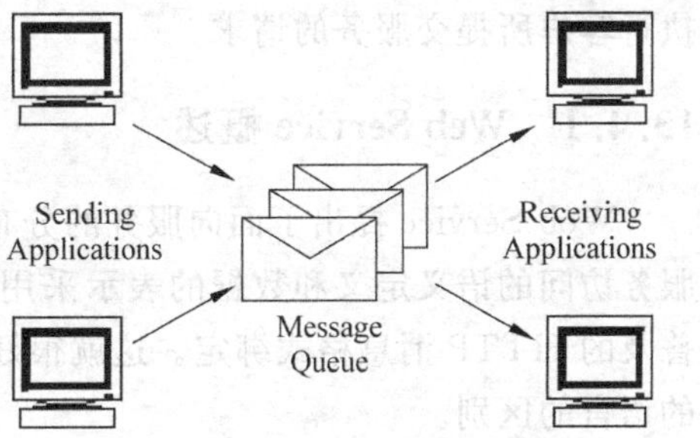

图 13-18　MSMQ 消息队列模型

MSMQ 的消息队列主要分为公共队列、专用队列、日志队列、死信队列、管理队列、响应队列、报告队列和系统队列。

(1) 公共队列。可以被所有的 MSMQ 客户机访问,由 MSMQ 服务器在 Active Directory 中为所有客户显示。

(2) 专用队列。不在整个网络中发布。相反,它们仅在所驻留的本地计算机上可用。专用队列只能由知道队列的完整路径名或标签的应用程序访问。

(3) 日志队列。可选地存储发送消息的副本和从队列中移除的消息副本。每个"消息队列"客户端上的单个日记队列存储从该计算机发送的消息副本。在服务器上为每个队列创建了一个单独的日记队列。此日记跟踪从该队列中移除的消息。

(4) 死信队列。存储无法传递或已过期的消息的副本。如果过期或无法传递的消息是事务性消息,则被存储在一种特殊的死信队列中,称为"事务性死信队列"。死信存储在过期消息所在的计算机上。

(5) 管理队列。包含确认在给定"消息队列"网络中发送的消息回执的消息。发送消息时由发送应用程序通过编程指定。任意有效的非事务处理队列都可以指定为管理队列。

(6) 响应队列。包含目标应用程序接收到消息时返回给发送应用程序的响应消息。响应队列由发送应用程序在发送消息时通过编程指定。任意有效的队列都可以指定为响应队列。需要响应队列和管理队列时,根据它们的功能可以合并成一个队列。然而,由于所有的管理队列都必须是非事务处理的,因此该队列只接受非事务处理消息。

(7) 报告队列。包含指示消息到达目标所经过的路由的消息,还可以包含测试消息。每台计算机上只能有一个报告队列。只有先启动消息路由跟踪,才能创建报告队列。

(8) 系统队列。消息队列可以使用最多 5 个系统队列。所有 5 个队列都作为专用队列执行,它们将不在活动目录中发布。不能删除系统队列。

以上 8 种队列,按照创建者的不同可以分为两类:用户队列,由用户创建的队列,包括公共队列、专用队列、管理队列和响应队列;系统队列,由系统生成的队列,包括日志队列、死信队列、报告队列和系统队列。

13.4　Web Service 技术

根据 W3C 的定义,Web Service 应当是一个软件系统,用以支持网络间不同机器的互动操作。网络服务通常是许多 API 所组成的,它们通过网络,如 Internet 的远程服务器端,执行客户所提交服务的请求。

13.4.1　Web Service 概述

Web Service 提出了面向服务的分布式计算模式。由于其采用的协议简单、灵活,远程服务访问的语义定义和数据的表示采用最为通用的 XML 格式,而消息的格式又支持最为普及的 HTTP 消息格式绑定。这就很好地解决了服务与客户之间的系统异构和服务提供的语言的区别。

为了实现跨平台的互操作性,Web Service 完全基于 XML,独立于平台、独立于软件供应商的标准,是创建可互操作的、分布式应用程序的新平台。从外部使用者的角度而言,Web Service 是一种部署在 Web 上的对象/组件,它具备以下几个特征。

(1) 完好的封装性。Web Service 既然是一种部署在 Web 上的对象,自然具备对象的良好封装性,对于使用者而言,它能且仅能看到该对象提供的功能列表。

(2) 松耦合。这一特征也是源于对象/组件技术,当一个 Web Service 的实现发生变更的时候,调用者是不会感到这一点的,只要 Web Service 的调用界面不变,Web Service 的实现任何变更,对于调用者来说都是透明的,甚至是当 Web Service 的实现平台从 J2EE 迁移到了.NET 或者是相反的迁移流程,用户也都可以对此一无所知。对于松耦合而言,尤其是在 Internet 环境下的 Web Service 而言,需要有一种适合 Internet 环境的消息交换协议,而 XML/SOAP 正是目前最为适合的消息交换协议。

(3) 使用协约的规范性。这一特征从对象而来,但相比一般对象其界面规范更加规范化和易于机器理解。首先,作为 Web Service,对象界面所提供的功能应当使用标准的描述语言来描述(比如 WSDL)。其次,由标准描述语言描述的服务界面应当是能够被发现的,因此这一描述文档需要被存储在私有的或公共的注册库里面。同时,使用标准描述语言描述的使用协约将不仅仅是服务界面，它将被延伸到 Web Service 的聚合、跨 Web Service 的事务、工作流等，而这些又都需要 QoS 的保障。再次，由于安全机制对于松耦合的对象环境非常重要，因此需要对诸如授权认证、数据完整性（比如签名机制）、消息源认证以及事务的不可否认性等运用规范的方法来描述、传输和交换。最后，在所有层次的处理都应当是可管理的，因此需要对管理协约运用同样的机制。

（4）使用标准协议规范。作为 Web Service，其所有公共的协约完全需要使用开放的标准协议进行描述、传输和交换。这些标准协议具有完全免费的规范，以便由任意方进行实现。一般而言，绝大多数规范将最终由 W3C 或 OASIS 作为最终版本的发布方和维护方。

（5）高度可集成能力。由于 Web Service 采取简单的、易理解的标准 Web 协议作为组件界面描述和协同描述规范，完全屏蔽了不同软件平台的差异，无论是 CORBA、DCOM 还是 EJB 都可以通过这一种标准的协议进行互操作，实现了在当前环境下最高的可集成性。

13.4.2　Web Service 的原理

一个完整的 Web Service 包括三种逻辑组件：服务提供者（Web Service Server Endpoint）、Web Service 注册中心（UDDI Registry）和服务请求者（Web Service Client Endpoint）。服务提供者提供服务，并进行注册以使服务可以使用。Web Service 注册中心起中介作用，充当服务提供者和服务请求者之间的媒介；服务请求者可以在应用程序中通过向服务代理请求服务，调用所需服务。其体系结构图如图 13-19 所示。

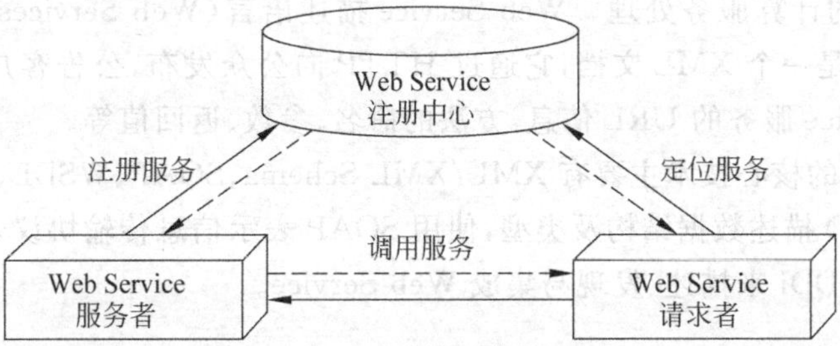

图 13-19　Web Service 体系结构

三种逻辑组件之间主要有三种操作：服务注册（Service Register）、服务定位（Service Location）、服务调用（Call Service）。

（1）发布（Publish）。服务提供者在 Web Service 注册中心发布所提供的服务。该操作对服务进行一定的描述并在 Web Service 注册中心进行注册。在发布过程中，服务提供者可以增加 Web Service，也可以删除 Web Service。

（2）发现（Find）。服务请求者向 Web Service 注册中心提出服务查询请求。Web Service 注册中心提供规范的接口来接收服务请求者的查询请求。通常的方法是，服务请求者根据通用的行业分类标准来浏览，或通过关键字来搜索并逐步缩小查找范围，直到找到满意的服务为止。

（3）绑定（Binding）。服务的具体实现：分析从 Web Service 注册中心得来的调用该服务的详细的绑定信息，包括服务的访问路径、调用的参数、返回的结果、传输协议和安全要求等。根据这些信息，服务请求者可以编程实现对服务的调用。

Web Service 建立于传统 Web 编程模型的松耦合特性之上。Web Service 和传统的 Web 运用有三个主要区别。

(1) Web Service 采用 SOAP 消息进行通信。SOAP 使用 XML 从一个程序向另一个程序传递数据，从 MIME 消息到 SOAP 消息的转变是传统的基于浏览器的 Web 客户端与 Web Service 客户端的关键不同之处。

(2) Web Service 并不指定传输协议。SOAP 规范定义了在 HTTP 协议上的实现，但也可以选择 SMTP、TCP 或者任何其他的传输协议。

(3) Web Service 是自描述的，它提供了信息产生和使用时的元数据描述。这种信息交换模式表达了 Web Service 具有的行为、使用的物理传输协议和逻辑访问地址。Web Service 使用 XML Schema 来定义其消息格式，描述的消息范围更广。

与传统的 RPC、DCOM 和 CORBA 等分布式编程模型相比，Web Service 具有更为松散的关联性。其他任何用于构筑分布式应用的方法都不及 Web Service 更为快速和广泛。

13.4.3 Web Service 的关键技术

通俗地讲，Web Service＝SOAP＋HTTP＋WSDL。其中，简单对象访问协议(Simple Object Access Protocol，SOAP)是 Web Service 的主体，它通过 HTTP 或者 SMTP 等应用层协议进行通信，自身使用 XML 文件来描述程序的函数方法和参数信息，从而完成不同主机的异构系统间的计算服务处理。Web Service 描述语言(Web Services Description Language，WSDL)也是一个 XML 文档，它通过 HTTP 向公众发布，公告客户端程序关于某个具体的 Web Service 服务的 URL 信息，方法的命名、参数、返回值等。

Web Service 的核心技术主要有 XML/XML Schema、SOAP、WSDL、UDDI 和 HTTP。它使用 XML/XSD 描述数据结构及类型，使用 SOAP 表示信息传输协议，使用 WSDL 进行内容描述，使用 UDDI 来描述、发现与集成 Web Service。

1. WSDL 的本质：服务内容的标准化描述

一个 XML 格式文档，用以描述服务端口访问方式和使用协议的细节。通常用来辅助生成服务器和客户端代码及配置信息。

为了在 UDDI 注册中心发布和查找服务，WSDL 被分成两种类型：服务接口(Service Interface)和服务实现(Service Implementation)，如图 13-20 所示。

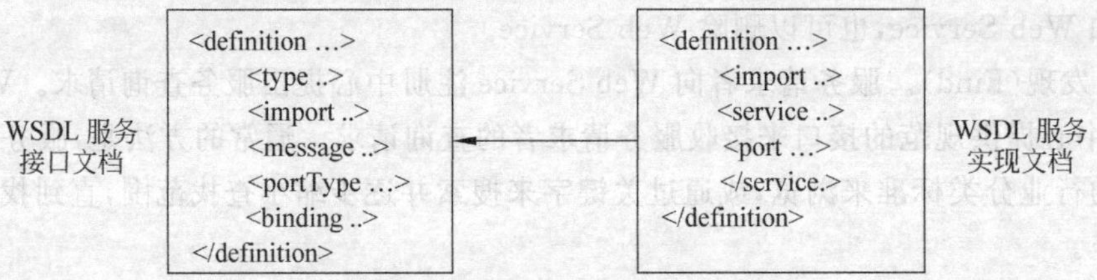

图 13-20 WSDL 文档类型

服务接口由 WSDL 服务定义文档来描述，这种文档包含服务接口的 types、import、message、portType 和 binding 等元素。服务接口文档包含将用于实现一个或多个服务的 WSDL 服务定义。

通过使用一个 import 元素，一个服务接口文档可以引用另一个服务接口文档。例如，一个仅包含 message 和 portType 元素的服务接口，可以被另一个仅包含此 portType 的绑定的服务接口引用。

WSDL 服务实现文档包含 import 和 service 元素。服务实现文档包含实现一个服务接口的服务描述。import 元素中至少会有一个将包含对 WSDL 服务接口文档的引用。一个服务实现文档可以包含对多个服务接口文档的引用。WSDL 服务实现文档中的 import 元素包含两个属性 namespace 和 location。namespace 的属性值是一个与服务接口文档中的 targetNamespace 相匹配的 URL。location 属性是一个用于引用包含完整的服务接口定义的 WSDL 文档的 URL。port 元素的 binding 属性包含对服务接口文档中某个特定绑定的引用。

服务接口文档由服务接口提供者开发和发布。服务实现文档由服务提供者创建和发布。服务接口提供者与服务提供者这两个角色在逻辑上是分离的，但可以是同一个商业实体。

在 Web Service 中，WSDL 负责描述 SOAP 消息的一个集合以及这些消息如何相互交换。可以将 WSDL 类比为 CORBA 的 IDL。WSDL 不仅描述一个 Web Service 的内容，也描述了其调用规范，这使得可以对 Web Service 进行检索。图 13-21 介绍了 WSDL 在用户对 Web Service 检索过程中的作用。

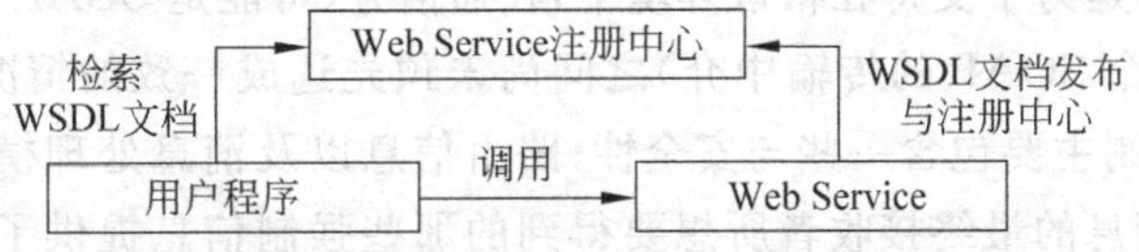

图 13-21 WSDL 作用

Web Service 在发布的时候同时在 Web Service 注册中心发布了一个指向 Web Service 的 WSDL 文档链接。当一个客户端应用程序（比如一个 SOAP 客户）搜索注册中心查找 Web Service 时，客户端就可以访问注册中心的 WSDL 文档，以获取有关该 Web Service 的信息，从而创建具有适当结构的 SOAP 消息与该 Web Service 进行通信。然后，客户端通过使用 WSDL 文档中的信息，通过相应机制调用该 Web Service 所提供的操作。

2. SOAP 的本质——标准的传输协议

SOAP 是一种简单、轻量级的协议，用于在 Web 传输、交换 XML 数据。客户应用程序正是通过 SOAP 协议来访问的 Web Service 的。SOAP 规范定义了消息传输的信封（Envelope）格式，提供了数据编码的基准并提供代表远程过程调用的一系列规则。SOAP 协议可以构建在 TCP、SMTP、HTTP 等协议之上。最常用的是 HTTP，因为 HTTP 协议可以方便地穿过防火墙，使得在 Internet 上执行分布式计算可以畅通无阻地进行。

和许多标准协议一样，SOAP 也采用采用客户和服务器型的请求。由客户程序发出请求、送出参数，服务器程序做出相应的响应，两种消息均为 XML 格式。客户端的 SOAP 请求以 HTTP 头部构架和所需的 XML 格式被封装成 HTTP 包发送至服务器。SOAP 响应的格式与请求格式类似，只不过响应元素的子元素名前必须加 Response 后缀。当服务器识别 SOAP 请求后，调用相应的具体过程并将结果封装在 SOAP 响应中返回给客户端。SOAP 体系结构如图 13-22 所示。

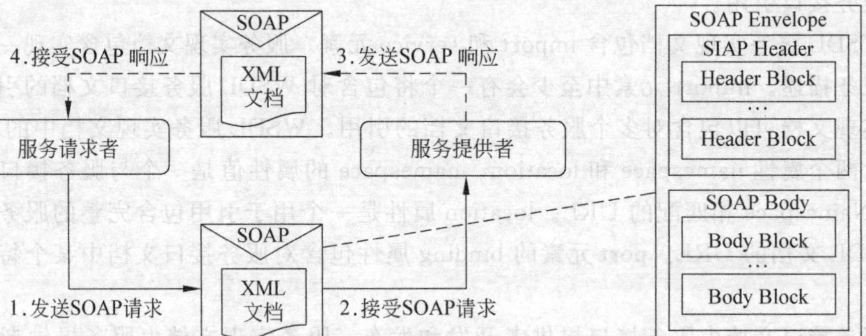

图 13-22 SOAP 体系结构

SOAP 协议包括三个主要部分：SOAP 信封(Envelope)、SOAP 编码规则(Encoding Rule)和 SOAP RPC 表示(RPC Representation)。

(1) SOAP 信封是定义 SOAP 消息的顶级容器，结构如图 13-22 右图所示，包含 SOAP 头部(Header)和主体(Body)两部分，其中头部信息是可选的，但所有 SOAP 消息都必须有主体部分。Header 是为了支持在松散环境下，在通信方(可能是 SOAP 发送者、SOAP 接收者或者是一个或多个 SOAP 的传输中介)之间尚未预先达成一致的情况下，为 SOAP 消息增加特性的通用机制主要包含一些与安全性、路由信息以及消息处理模型相关的一些重要信息。Body 为该消息的最终接收者所想要得到的那些强制信息提供了一个容器用于传输的实际信息，此外 SOAP 定义了 Body 的一个子元素 Fault 用于报告错误。

(2) SOAP 编码规则定义了数据的编码机制，用以交换应用程序定义的数据类型的实例。SOAP 编码是 XML 规定的一个子集。用户也可以定义自己的编码规则，并通过属性 encodingStyle 指明。SOAP 编码体系说明了 SOAP 消息中包含的数据的类型定义，它基于一个简单的类型系统，概括了编程语言、数据库和半结构化数据等类型系统的共同特性。

(3) SOAP RPC 表示定义了远程过程调用和应答的协定，通过 SOAP 绑定，可以将 SOAP 信封在 HTTP、SMTP 等协议上进行传送。

3. UDDI 的本质——服务的公共网址服务集成和工作流

统一描述、发现和集成(Universal Description，Discovery and Integration，UDDI)是在 Microsoft 的 DISCO(Discovery of Web Service)和 IBM 的 ADS(Advertisement and Discovery of Service)的基础上发展而来的。是一套基于 Web 的、分布式的、为 Web Service 提供信息注册中心的实现标准规范，同时也包含一组使企业能将自身提供 Web Service 注册以使得别的企业能够发现的访问协议的实现标准。该标准不仅使得企业能够注册自身提供的 Web Service，而且使得别的企业能够发现已注册的 Web Service。

概括来讲，UDDI 是一个用来发布和搜索 Web Service 的协议，应用程序可利用此协议在设计或运行时找到目标 Web Service。UDDI 注册中心有 4 种主要的数据类型：业务实体(BusinessEntity)、业务服务(BusinessService)、绑定模板(BindingTemplate)和规范描述指针和技术标志(tModel)。图 13-23 展现了这些数据类型的关系。

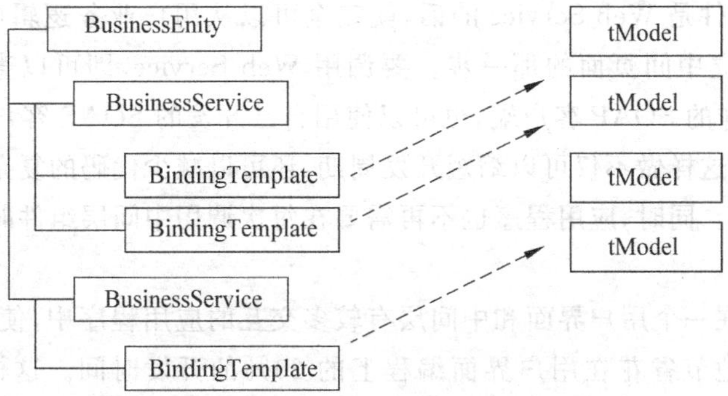

图 13-23　UDDI 注册中心的数据类型

BusinessEntity 描述关于服务提供商的信息，可以包含一个或多个 BusinessService。BusinessService 和 BindingTemplate 定义 Web Service 的技术和业务描述，每个 BindingTemplate 包含一个或多个 tModel 引用。tModel 定义服务的技术规范。

每个 Web Service 都会包含这四种数据类型，通过它们，用户可以查找其他用户提供的 Web Service，也可以发布自己的 Web Service。从理论上来说，所需要发布的企业所有信息由 UDDI 商业注册中心提供，UDDI 目录条目包括三个部分。"白页"介绍提供服务的公司：名称、地址、联系方式等；"黄页"包括基于标准分类法的行业类别；"绿页"详细介绍了访问服务的接口，以便用户能够编写应用程序以使用 Web Service。服务的定义是通过一个称为类型模型(tModel)的 UDDI 文档来完成的。多数情况下，tModel 包含一个 WSDL 文件，用于说明访问 XML Web Service 的 SOAP 接口；但是 tModel 非常灵活，可以说明几乎所有类型的服务。

UDDI 在本质上是一个保存 Web Service 信息以供用户检索的数据库，企业可以建立内部的 UDDI 注册中心，也可以通过商用的 UDDI 注册中心来实现 Web Service 的发布与查找调用。目前，各大平台厂商，包括 IBM、Microsoft、Oracle 等都提供商用的 UDDI 注册中心。一般而言，使用商用的 UDDI 注册中心比较简单，费用也很低，企业不需要考虑维护的问题；但因为向所有用户开放，安全性会比较差。采用企业自建 UDDI 注册中心安全性比较有保障，但企业的开发成本与维护成本会比较高。

13.4.4　应用的场景以及优点

1. 跨防火墙的通信

对于分布在世界各地、拥有成千上万的用户的应用程序来说，客户端和服务器之间的通信会是一个棘手的问题。那是因为客户端和服务器之间通常都会有防火墙或者代理服务器。在这种情况下，如果使用比如DCOM这样的技术，就不是那么简单的事了，而且，通常发布如此之多的客户端程序会带来很多维护负担、版本问题及安全隐患。针对C/S在这样应用环境下的种种不适用，人们往往考虑采用B/S模式，采用ASP.NET、PHP或JSP技术，写下一堆动态页面，把应用程序的中间层暴露给最终用户。结果是得到了一个开发难度很大而成效甚微的应用系统，根本无法后继维护并且安全风险很高。

如果中间层组件是Web Service的话，就完全可以从用户业务逻辑中直接调用中间层组件，从而省掉建立中间页面的那一步。要调用Web Service，即可以直接使用Microsoft SOAP Toolkit这样的SOAP客户端，也可以使用自己开发的SOAP客户端，然后把它和应用程序连接起来。这样做不仅可以缩短开发周期，还可以减少代码的复杂度，并增强整个应用程序的可维护性。同时，应用程序也不再需要在每次调用中间层组件时，都跳转到相应的“结果页”了。

以经验来看，在一个用户界面和中间层有较多交互的应用程序中，使用Web Service这种结构，可以轻松地节省花在用户界面编程上的20%的开发时间。这样做还有另一个好处，就是将得到一个由Web Service组成的中间层，这一层完全可以在应用程序集成或其他场合下被重用。最后，通过Web Service把应用程序的逻辑和数据有限制地暴露出来，还可以让其他平台上的客户重用该应用程序。

2. 应用程序集成

企业级应用程序开发者经常都要把用不同语言写成的、在不同平台上运行的各种程序集成起来，而这种集成将花费很大的开发力量。应用程序经常需要从运行在古老的IBM大型机上的程序中获取数据；或者再把数据发送到手机或UNIX应用程序中去。即使是在同一个平台上，不同的软件厂商生产的各种软件也常常需要集成起来。通过Web Service，应用程序可以用标准的方法把功能和数据暴露出来，供其他的应用程序使用。

例如，有一个订单登记程序，用于登记从客户来的新订单，包括客户信息、发货地址、数量、价格和付款方式等信息。同时，还有一个订单执行程序，用于实际货物发送的管理。这两个程序是来自不同软件厂商的。一份新订单进来之后，订单登记程序需要通知订单执行程序发送货物。通过在订单执行程序上面增加一层Web Service，订单执行程序可以把AddOrder函数暴露出来。这样，每当有新订单到来时，订单登记程序就可以调用这个函数来发送货物了。

3. B2B的集成

用Web Service集成应用程序可以使公司内部的业务处理更加自动化。但当交易跨越了供应商和客户，突破了公司的界线时又会怎么样呢？跨公司的业务交易集成通常叫做B2B集成。

Web Service是B2B集成成功的关键。通过Web Service，公司就可以把关键的业务应用暴露给指定的供应商和客户。例如，把电子下单系统和电子发票系统暴露出来，客户就可以以电子的方式发送购货订单，而供应商则可以以电子的方式把原料采购的发票发送过来。

当然，这并不是一个新的概念，电子文档交换(EDI)早就是这样了。

Web Service 和 EDI 之间的主要区别在于，Web Service 的实现要比 EDI 简单得多，而且 Web Service 是运行在 Internet 上的，在世界任何地方都可轻易实现，这样其运行成本就相对较低。不过，和 EDI 不同，Web Service 是文档交换或 B2B 集成的一套完整的解决方案。Web Service 只是 B2B 集成的一个关键部分，还需要许多其他部分才能完成集成。

用 Web Service 来实现 B2B 集成的最大好处在于，可以轻易实现互操作性。只要把业务逻辑暴露出来成为 Web Service，就可以让任何指定的合作伙伴轻松地调用内部业务逻辑，而不管他们的系统在什么平台上运行，使用的是什么开发语言。这样就大大减少了花在 B2B 集成上的时间和成本。这样的低成本让许多原本无法承受 EDI 的投资成本的中小企业也能实现 B2B 集成。

4. 软件和数据重用

软件重用是一个很大的主题，它有很多的形式和不同程度。最基本的形式是源代码模块或者类一级的重用。另一种形式是二进制形式的组件重用。当前，类似于表格控件或用户界面控件这样的可重用软件组件在市场上都占有很大的份额。但这类软件的重用都有一个很严重的限制：重用仅限于代码，而数据不能被重用。原因在于发布组件甚至源代码都可以很容易，但要发布数据就没那么容易了，除非那些数据都是不会经常变化的静态数据。

Web Service 允许在重用代码的同时，重用代码后面的数据。使用 Web Service 之后，不再像以前那样要先从第三方购买、安装软件组件，再从应用程序中调用这些组件；而只需要直接调用远端的 Web Service 就可以了。举个例子，如果想在应用程序中确认用户输入的邮寄地址，那么只需把这个地址直接发送给相应的 Web Service，由它去查阅街道地址、城市、省区和邮政编码等信息，确认这个地址的确在相应的邮政编码区域。Web Service 的提供商可以按时间或使用次数，来对这项服务进行收费。而这样的服务如果要通过组件重用来实现是不现实的，因为那样的话就必须下载并安装好包含街道地址、城市、省区和邮政编码等信息的数据库，而且这个数据库还不能实时更新。

另一种软件重用的情况是把好几个应用程序的功能集成起来。例如，想要建立一个局域网上的门户站点应用，让用户既可以查询他们的 EMS 快递包裹，查看股市行情，又可以管理日程安排，还可以在线购买电影票。现在 Web 上有很多应用程序供应商，都在其应用中实现了上面的这些功能。一旦把这些功能都通过 Web Service 暴露出来，就可以非常轻易地将它们都集成到门户站点中，为用户提供一个统一的、友好的界面。

用 Web Service 来集成各种应用中的功能，为用户提供一个统一的界面。许多应用程序都会利用 Web Service，把当前基于组件的应用程序结构扩展为组件和 Web Service 的混合结构。也可以在应用程序中使用第三方的 Web Service 提供的功能。还可以把自己的应用程序的功能通过 Web Service 提供给别人。所有这些情况下，都可以重用代码和代码后面的数据。总之，Web Service 将是软件重用的一种非常有力的形式。

思考题

(1) 中间件技术是分布式应用软件集成的关键技术。请思考它是如何解决异构应用平台、多种网络协议、多种数据库等棘手问题的?

(2) DCOM 作为 COM 的扩展,其位置独立性为什么能够简化组件分布式的任务,如何对相关联的组件实现就近部署?

(3) 对于消息中间件,既然其通信机制实际上都是点对点的,那么为什么有三种通信模型? 消息通道如何保障所传递消息的安全性?

(4) 在手机客户端程序中,调用 Web Service 得到某项结果,和调用 SD 卡数据得到某项结果,有何不同,各有何优缺点? 试以手机归属地查询和驾车导航为例分别进行分析。

第14章　SOA集成开发

SOA集成(SOA Integration)也称为面向服务的集成(SOI),是基于面向服务框架,利用业务驱动(Business-Driven)的方法构建松耦合的集成应用。本章主要讨论如何在SOI开发中使用.NET框架的WCF技术以及Java的Java Web Services技术构建Web Service并给出两者可操作的实例。

14.1　使用.NET构建Web Service

WCF(Windows Communication Foundation)是使用托管代码建立和运行面向服务应用程序的统一框架。它使得开发者能够建立一个跨平台的、安全的、可信赖的和事务性的解决方案,且能与已有系统兼容协作。在Windows平台上,WCF是开发Web Service、构建SOA应用的最简单、最高效的方式。

14.1.1　WCF简介

WCF整合了Windows平台下的ASMX、.NET Remoting、Enterprise Service、WSE和MSMQ等通信技术,通过一种面向服务的编程模型简化了关联应用程序的开发。通过提供分层的体系结构,如图14-1所示,支持多种风格的分布式应用程序开发。

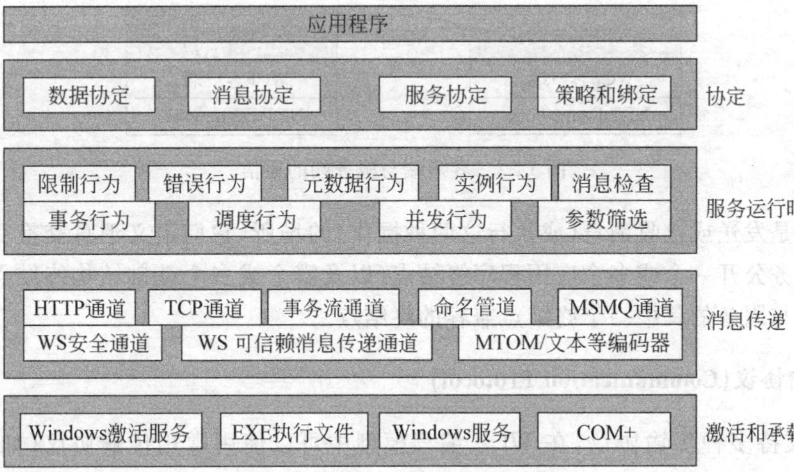

图14-1　WCF体系结构的主要层

WCF通道体系结构在底层提供了异步的非类型化消息传递基元,而建立在此基础之上的是用于进行安全可靠的事务处理数据交换的各种协议功能,以及广泛的传输协议和编码选择。对于开发者,因为WCF是由托管代码编写的,与其他.NET应用开发差别不大,学习曲线平缓,仍然可以应用已有的编码经验利用 WCF 来创建面向服务的应用程序。

总的来说,WCF 具有三个突出特点。

(1) 统一了多种现有.NET Framework 通信技术,降低了学习难度。

(2) 基于 SOAP 通信机制,对互操作性的支持,可以跨进程、跨机器甚至跨平台地通信。

(3) 安全、可靠,SOAP 消息中添加了多种认证与事务管理机制,支持多种 WS-*标准,有效保证数据完整性和安全性。

14.1.2 WCF 基础

WCF 是一个运行库和一组 API,用于创建在服务与客户端之间发送消息的系统。WCF 涵盖了托管(Hosting)、服务实例管理(Service Instance Management)、异步调用等关于服务的基础功能模块,是一系列业界标准定义和协议的实现。

WCF 服务的实现包含在动态链接库 System.ServiceModel.dll 中。在 Windows Vista 和 Windows 7 上,服务承载于 Windows 激活服务(Windows Process Activation Services,WAS)中。在 Windows XP 和 Windows Server 2003 上,服务由 IIS 和 ASP.NET 承载。WCF 服务包含三个要素:地址(Address)、绑定(Binding)和协定(Contract)。

1. 消息(Message)和终结点(Endpoint)

消息是 WCF 通信的基础,用于 WCF 通信模型中客户端和服务端的交互,如图 14-2 所示。服务端暴露出提供了某些可用功能的终结点,等待客户端与其进行通信并响应该通信。客户端按照与服务端的协定来构建消息,并将消息发送到服务端来访问由其提供的服务。单个应用程序既可以充当客户端,也可以充当服务。

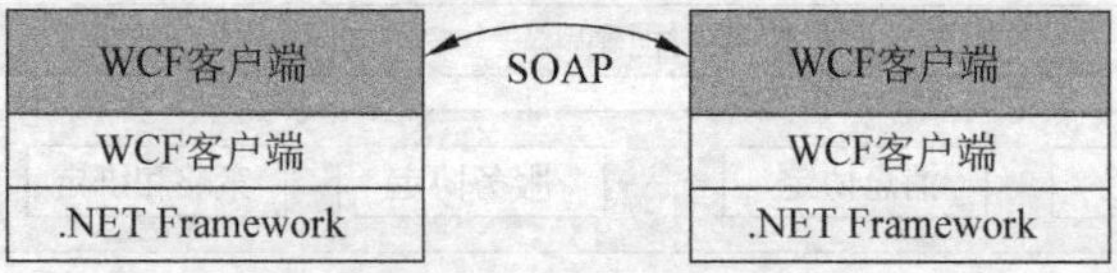

图 14-2 客户端与服务端的通信

终结点是发送或接收消息(或执行这两种操作)的场所,它们定义消息交换所需要的所有信息。服务公开一个或多个应用程序终结点(以及零个或多个基础结构终结点),而客户端生成一个与服务的其中一个终结点兼容的终结点。

2. 通信协议(Communication Protocol)

WCF 支持多种传输协议,在 WCF 编程模型中可以使用常用传输协议(如 HTTP 和 TCP)通过网络发送消息,也可以使用其他支持与 MSMQ 应用程序和对等网络网格上的节点进行通信的传输协议。当需要使用其他 WCF 未提供的传输协议时,可以使用 WCF 的内置扩展点可以添加新的传输机制。

WCF 提供了 3 种编码格式,对消息进行格式化编码。编码方法包括如下。

(1) 文本编码。一种可互操作的编码,在 ASP.NET Web Service 中使用的编码格式。

(2) 二进制编码。用于实现高效传输，在.NET Remoting 中使用。

(3) MTOM 编码。消息传输优化机制(Message Transmission Optimization Mechanism,MTOM)是 W3C 的标准，该编码是一种可互操作的方法，用于高效地将非结构化二进制数据发送到服务或从服务接收这些数据。原理是将二进制数据作为 SOAP 消息的附件发送，从而达到二进制数据传输的目的。MTOM 描述了处理数据的一个标准过程：从 XML 信息集中提取出数据内容，对其进行压缩，然后把它封装为 MIME 附件，最后在信息集中用一个引用来代替原来的数据。MTOM 使用的封装编码方式是 XOP(XML-binary Optimized Packaging)。XOP 用一个 xop:include 元素取代 Base-64 编码内容，用来引用以二进制 8 位比特流编码的 MIME 相应部分。如果数据已经是可以使用的二进制 8 位比特流，则可直接放在 XOP 包中。

同传输协议一样，当需要使用其他 WCF 未提供的编码格式时，可以使用 WCF 的内置扩展点可以添加新的编码格式。

3. 消息交换模式(Message Pattern)

WCF 支持 3 种不同的消息交换模式，包括单向(One-Way)、双工(Duplex)和请求-响应(Request/Reply)。不同传输协议支持不同的消息交换模式，因而会影响它们所支持的交互类型。

(1) 单向模式。又称为数据报模式，是指发送端负责把消息发送给对方并且收到确认消息之后，就完成交互的方式。通过设置[OperationContract]属性的 IsOneWay＝True 可以将消息模式设置为单向模式。

(2) 双工模式。客户端和服务端都可以任意地向对方发送消息，并且对方可以按任意次序来接收消息。双工通信的典型应用是事件通知系统等。

(3) 请求-响应模式。客户端发送一个信息并且接收一个返回消息来完成一次交互。在这种模式下，通信一定由客户端发起，一个响应严格对应一个请求。客户端发送请求后，必须等待响应，然后才能发送下一个请求。该模式是默认的信息交换模式。

4. 地址(Address)

地址指定接收消息的位置。地址以统一资源标识符(URI)的形式指定。URI 架构部分指定用于到达地址的传输机制，如 HTTP、TCP、IPC、MSMQ 和对等网络地址等。URI 的层次结构部分包含一个唯一的位置，其格式取决于传输机制。

使用终结点地址可以为服务中的每个终结点创建唯一的终结点地址，或者在某些条件下在终结点之间共享一个地址。下面的示例演示了一个将 HTTPS 协议和一个非默认端口结合使用的地址。

```
HTTPS://localhost:8080/Examples/OneService
```

5. 绑定(Binding)

绑定定义终结点与外界进行通信的方式。它由一组称为绑定元素的要素构造而成，这些元素“堆叠”在一起以形成通信基础结构——信道。绑定元素表示绑定的特定部分，如传输协议、编码或基础级协议的实现等。最基础的绑定元素是传输协议（如 HTTP 或 TCP）和所使用的编码（如文本或二进制），还可以包含有关安全和事务的绑定元素。

WCF 内置 9 种预定义绑定，如表 14-1 所示。

表 14-1 WCF 预定义绑定比较

绑定名称	传输协议	编码格式	消息级安全	WS-*事务支持	消息交换模式		
					单向	双工	请求/响应
basicHttpBinding	HTTP/HTTPS	Text/MTOM	支持		支持		支持
wsHttpBinding	HTTP/HTTPS	Text/MTOM	支持	支持	支持		支持
wsDualHttpBinding	HTTP	Text/MTOM	支持	支持	支持	支持	支持
netTcpBinding	TCP	Binary	支持	支持	支持	支持	支持
netPeerTcpBinding	P2P	Binary			支持	支持	支持
netNamedPipeBinding	IPC	Binary		支持	支持	支持	支持
netMsmqBinding	MSMQ	Binary	支持		支持		
netFederationHttpBinding	HTTP/HTTPS	Text/MTOM	支持		支持		
msmqIntegrationBinding	MSMQ	Binary			支持		

（1）basicHttpBinding 用于配置和公开能够与基于 ASMX 的 Web Service 和客户端进行通信的终结点，以及符合 WS-I Basic Profile 1.1 标准的其他服务。

（2）wsHttpBinding 除了为异构平台之间提供互操作通信，还支持更高层次上的 WS-*标准协议，如 WS-Security、WS-Transactions 等。从.NET Framework 3.0 开始，只要使用基于 Web Service 的互操作通信，默认会使用该绑定。

（3）wsDualHttpBinding 提供与 wsHttpBinding 相同的 Web Service 协议支持，但用于双工协定，支持双工通信。wsDualHttpBinding 仅支持 SOAP 安全，且需要可靠的消息传递。

（4）netTcpBinding 用于支持部署于不同机器上.NET 应用程序之间的通信，这些机器分布于网络之上，因此通信也可以跨越网络。netTcpBinding 使用二进制编码和 TCP 协议，以此获得跨网络传输的最佳性能。在大多数场合，应该使用 netTcpBinding 进行跨机的.NET 应用程序间通信。

（5）netPeerTcpBinding 用于为对等网络应用程序提供安全绑定。

（6）netNamedPipeBinding 用于支持进程间与进程内通信场景，该绑定使用命名管道作为传输手段。在进行进程间通信时，其性能比 WCF 中的其他标准绑定有非常大的提升。

（7）netMsmqBinding 和 msmqIntegrationBinding 通过 MSMQ 技术实现使用队列通信。netMsmqBinding 允许客户端直接向队列递送消息，而服务从队列中读取消息。在客户端和服务器之间并没有直接的通信，因此，通信是脱机的、单向的。msmqIntegrationBinding 用于让一个 WCF 应用程序和一个直接使用 MSMQ 的应用程序通信。

(8) netFederationHttpBinding 用于基于 WS-＊的高级 Web Service,使用统一身份验证。

6. 协定(Contract)

在 WCF 中,有以下 5 种协定。

(1) 服务协定(Service Contract)。服务协定描述了服务端所实现的服务操作。协定可以定义服务级设置,如服务的命名空间、对应的回调协定以及其他此类设置。在大多数情况下,协定的定义方法是用所选的编程语言创建一个接口,然后将 ServiceContract 属性应用于该接口。通过实现该接口,可生成实际的服务代码。服务协定将.NET 类型的类方法映射到 WSDL 中的服务、端口类型及操作。

(2) 操作协定(Operation Contract)。操作协定定义参数并返回操作的类型。在创建定义服务协定的接口时,可以通过将 OperationContract 属性应用于协定中包含的每个方法定义来表示一个操作协定。

(3) 消息协定(Message Contract)。消息协定描述消息的格式,允许服务直接与消息交互,精确地控制 SOAP 信头和信体。例如,它会声明消息元素应包含在消息头中还是包含在消息正文中,应该对消息的何种元素应用何种级别的安全性等。

(4) 错误协定(Fault Contract)。错误协定描述服务抛出的错误,以指示可能返回到调用方的错误。一个操作可以具有零个或多个与其相关联的错误。这些错误是在编程模型中作为异常建模的 SOAP 错误。

(5) 数据协定(Data Contract)。数据协定描述客户端与服务端通信时使用的数据类型,这些类型可以在消息的任何部分使用(例如,作为参数或返回类型)。如果服务仅使用简单类型,则无须显式使用数据协定。一般地,通过将 DataContract 和 DataMember 属性应用于类或类成员来表示一个数据协定。

14.1.3　构建基本 WCF 服务实现

本节使用 Visual Studio 2010 作为 WCF 开发的集成开发环境,.NET 版本为 4.0。Visual Studio 2010 中已经集成了完整的 WCF 开发包,单独的 SDK 或.NET 安装包及详细的 WCF 开发技术指导可以从 MSDN 网站的.NET 主页获得。

使用 WCF 实现一个 Web Service,要执行的基本任务依次如下。

1. 定义服务协定

服务协定指定服务的签名、服务交换的数据和其他协定要求的数据。通过用 ServiceContract 属性将一个接口类标识为一个服务协定。在这个接口类中使用 OperationContract 属性将类方法标识为可通过服务接口调用的服务。在 Visual Studio 中新建 WCF 项目 ExampleWCF,然后添加 WCF 服务页 AuthService.svc,将自动添加接口类(服务协定)IAuthService.cs。默认的消息交换模式是请求/响应模式。

```
using System;
using System.ServiceModel;

namespace ExampleWCF
{
    [ServiceContract]                              //服务协定定义
    public interface IAuthService                  //定义用于对外提供身份认证服务的接口
    {
        [OperationContract]                        //操作协定定义
        bool loginAuth(String name, String password);   //定义身份认证方法
    }
}
```

2. 实现协定

WCF 服务文件 AuthService. svc,SVC 文件中定义引用服务的实现类,一般情况下,Visual Studio 将服务的实现类,编译为 DLL 动态链接文件。也可以通过在 SVC 文件中编写服务实现类,这样可以在运行时动态修改代码,这一点类似于 aspx 页面。在 AuthService. svc 或 AuthService. cs 中编写实现接口类 IAuthService 的类 AuthService,添加具体的认证逻辑。

3. 通过指定终结点信息和其他行为信息来配置服务

在配置文件 Web. config 中配置服务属性,在<system. serviceModel>节点下,指定服务、绑定、行为、扩展和客户端等的设置,最少必须有一个<services>节点,在这个节点中定义服务地址和终结点。这样的方式使得整个 WCF 服务应用更加灵活。本示例的 Web. config 的简要配置如下。

```
<? xml version="1.0" encoding="utf-8"? >
<configuration>
     ⋮
  <system.serviceModel>
    <services>
      <service name="ExampleWCF.AuthService">
        <host>
          <baseAddresses>
            <add baseAddress="http://localhost:8080/ExampleWCF"/>
          </baseAddresses>
        </host>
        <endpoint address=""
                  binding="basicHttpBinding"
```

```
                contract="ExampleWCF.IAuthService" />
        </service>
      </services>
      <behaviors>
        ⋮
      </behaviors>
      <serviceHostingEnvironment multipleSiteBindingsEnabled="true" />
    </system.serviceModel>
        ⋮
</configuration>
```

4. 在应用程序中运行服务

Visual Studio 已经集成了 Web 服务器，在应用程序部署之前可以在其中调试，右击 ExampleWCF 项目，在快捷菜单中选择"属性"项，打开项目属性页。选择 Web 分页，在"服务器"项下面选择"使用 Visual Studio 2010 开发服务器"，在"特定端口"的文本框中输入 8080，并在"虚拟路径"的文本框中输入"/ExampleWCF"，然后保存。

14.1.4　构建 REST 风格的 Web Service 实现

表象化状态转变(Representational State Transfer，REST)是指符合一定约束和架构原则的服务。REST 遵循基于下列约束的原则。

(1) 服务是无状态的。

(2) 系统组件使用一致的接口进行交互。

(3) 在基于 REST 的架构中，所有信息都被抽象为资源，并用 URI 来唯一标识。

(4) REST 组件通过交互资源的表述(Representations)来对资源进行处理。

WCF Web HTTP 编程模型提供了构建 REST 风格 Web Service 的基础框架。它使用 UriTemplate 和 UriTemplateTable 类来提供 URI 处理功能。UriTemplate 提供了一致的方式来基于模式构造和分析 URI。另外，除了使用各种调用谓词来进行数据修改和远程调用之外，Web HTTP 服务还使用 GET 谓词进行数据检索。WCF Web HTTP 编程模型使用 WebGet 和 WebInvoke 将服务操作与 GET 和其他 HTTP 谓词(如 PUT、POST 和 DELETE)相关联。webHttpBinding 绑定提供内置对 POX(Plain-Old-XML)和 JSON(JavaScript Object Notation)的支持，并支持 Http 谓词，包括基于 URI 的分派。

REST 风格的服务使用 WebGet 或 WebInvoke 属性的 webHttpBinding 绑定暴露。每种属性都指定了暴露操作所需要的 Http 谓词、消息格式和消息体风格。

WebGet 属性用于将服务操作标记为响应 HTTP GET 请求的操作。使用该操作需要在操作说明中查找此元数据的行为(WebHttpBehavior)添加到服务的行为集合中。与其他 HTTP 谓词相比，GET 有明显的优势。首先，在 Web 浏览器的地址栏中输入服务的 URI 就能直接访问端点。在 URI 中，参数既可以通过查询字符串参数发送，也可以嵌入在 URI 中发送。其次，客户端和诸如代理服务器的其他下游系统能够依据服务的缓冲策略来缓存资源。由于有缓存能力,WebGet 属性只应用于资源获取。

WebInvoke 属性类似于 WebGet,但它用于将服务操作标记为响应 HTTP 请求(GET 除外)的操作。默认使用 POST,可以通过设置属性的 Method 特性来进行修改。这些操作用来更改资源,WebInvoke 属性用于对资源进行修改。

用 WebGet 和 WebInvoke 属性暴露服务如下所示。

```
[ServiceContract]
    public interface ITestServer
    {
        [WebGet(UriTemplate="/images/{id}")]
        Stream GetImage(int id);
        [WebInvoke(UriTemplate ="UploadFile/{fileName}")]
        void UploadFile(string fileName, Stream fileContents);
    }
```

WebHttpBinding 绑定配置元素通过 WebHttpBinding 绑定暴露服务,并用端点行为来指定 WebHttpBinding 绑定暴露服务的返回消息格式。和 WebHttpBinding 一同使用的 WebHttp 行为端点行为能用 JSON 和 XML 格式化消息,它默认使用 XML。

14.1.5 AJAX 集成和 JSON 支持

异步 JavaScript 和 XML(Asynchronous JavaScript and XML,AJAX)是当前 Web 开发中的重要技术。它通过使用 JavaScript 和 XMLHttpRequest 与服务器进行异步通信,浏览器不用加载整个页面,从而有效地减轻了浏览器到服务器的通信负荷,并能够创建如同桌面程序那样更加丰富的用户界面体验。

JavaScript 对象表示法(JavaScript Object Notation,JSON)是一种高效的数据格式,JSON 比 SOAP 高效很多,在减少传输的字节数的同时,它也提供了明显可见的好处,适合于那些需要高效解析服务响应的浏览器程序。对于 AJAX 应用程序而言,它是代替 XML 的优秀选择。

WCF 支持 AJAX 和 JSON 数据格式,允许 WCF 服务向 AJAX 客户端公开操作。AJAX 客户端通过运行 JavaScript 代码并使用 HTTP 请求访问这些 WCF 服务。

从.NET Framework 3.5 开始,通过 WebScriptEnabling 行为端点行为引入对 ASP.NET AJAX 应用程序的支持,默认情况下,对 JSON 支持,还支持 ASP.NET 客户端代理的生成。在 Visual Studio 2010 中通过在解决方案资源管理器中右击项目,然后新建"启用了 AJAX 的 WCF 服务"的项,服务协定定义如下。

```
namespace AJAXServices
{
    [ServiceContract(Namespace ="AJAXServices")]
    [AspNetCompatibilityRequirements(RequirementsMode=
```

```
        AspNetCompatibilityRequirementsMode.Allowed)]
    public interface AuthService
    {
        ⋮
    }
}
```

为了启用对 AJAX 和 JSON 的支持，还要在 Web.config 配置文件中设置 webHttpBinding 绑定和 enableWebScript 端点行为。

14.2　使用 Java 构建 Web Service

Java Web Service 是由一组在 Java 中创建和使用 Web Service 的支持技术组成。JSR 标准中与 Java Web Service 相关的内容包括 JAX-RPC、JAX-WS、JAXB、WS-Metadata 和 Web Service for J2EE，这些标准构成了 Java Web Service 的系统框架，如图 14-3 所示。在标准之外，也存在 Axis2 项目的开源 Web Service 开发框架，这些项目也提供对标准的支持。

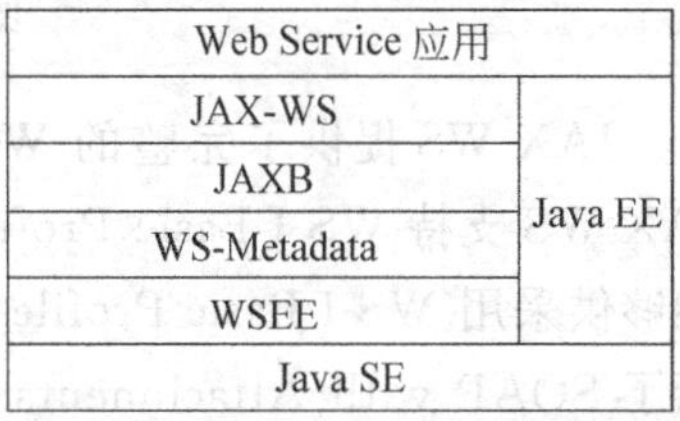

图 14-3　Web Service 系统架构

本节主要就 Java Web Service 开发的基础技术及规范做简要介绍，并对目前流行的开发框架进行了对比，最后，讲解如何使用 Eclipse 集成开发环境进行 Web Service 开发。

14.2.1　Java Web Service 基础

1. JAX-RPC 规范

Java API for XML-based RPC(JAX-RPC)是早期 Java Web Service 开发包 WSDP 的 API，JAX-RPC 能使 Java 开发者在 Web 服务或其他的 Web 应用程序中使用 RPC。它可以被看做是 Java RMI 在 Web Service 协议上的实现。JAX-RPC 是 J2EE 1.4 平台的组成部分。

JAX-RPC 和其他技术规范一样，本身只是一组类和接口并非具体实现。使用 JAX-RPC 技术可以开发基于 SOAP 1.1 规范的 Web Service 服务端应用和客户端应用，它提供了一种简单的编程方式来开发基于 SOAP 协议的 Web Service，屏蔽了的大多数技术细节，开发人员在不需要了解底层协议的情况下就可以进行 Web Service 的开发。JAX-RPC 还提供了一系列工具，用于 WSDL 文档与 Java 类代码转换。

JAX-RPC 致力于要使应用程序或 Web Service 调用其他应用程序或 Web Service 变得更加容易。它定义并使用了一种基于 XML 的远程过程调用机制，并使服务提供者能够用标准的 API 定义服务，用 WSDL 描述服务，同时使客户端能够用标准 API 与服务器进行通信。

2. JAX-WS 规范

Java API for XML Web Service(JAX-WS)是继 JAX-RPC 1.1 之后推出的规范，解决了 JAX-RPC 在 Web Service 实现上的诸多问题。它是一个完全基于标准的实现，在 Binding 层，使用的是 Java Architecture for XML Binding(JAXB)，在 Parsing 层，使用的是 Streaming API for XML(StAX)，同时它还完全支持 schema 规范。

JAX-WS 从 Java EE 5 开始，加入到 Java EE API 中替换原来的 JAX-RPC API。JAX-WS 规定了 Java Web Service 的调用、部署及序列化方面的部分内容。图 14-4 展示了 JAX-WS 服务端和客户端的通信方式。

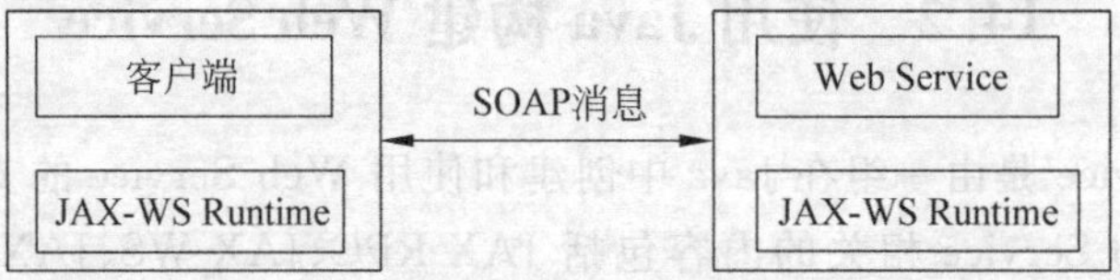

图 14-4 JAX-WS 服务端和客户端

JAX-WS 提供了完整的 Web Service 堆栈，可减少开发和部署 Web Service 的任务。JAX-WS 支持 WS-I Basic Profile 1.1，后者可确保使用 JAX-WS 堆栈开发的 Web Service 能够供采用 WS-I Basic Profile 标准使用任意语言开发的任意客户机使用。JAX-WS 还包括了 SOAP with Attachments API for Java(SAAJ)。SAAJ 提供了标准的方法，来处理 SOAP 消息中包含的 XML 附件。

JAX-WS 使用了 Java SE 5 引入的 Java 标注(Annotation)机制来简化 Web Service 客户端和服务端的开发和部署，使用标注可以将传统 Java 对象(Plain Old Java Object，POJO)类转换为 Web Service。主要的 JWS 标注有@WebService(javax.jws.WebService)、@WebMethod(javax.jws.WebMethod)、@WebResult(javax.jws.WebResult)、@WebParam(javax.jws.Param)，各标注功能描述如表 14-2 所示。

表 14-2 JWS 标注功能描述

标　注	功　能
@WebService	表示一个 Java 类实现/接口定义了某个 Web Service
@WebMethod	表示要发布为 Web Service 操作的一个方法
@WebResult	按照 WSDL 中的定义，为返回类型提供局部名称和命名空间
@WebParam	按照 WSDL 中的定义，为方法参数提供局部名称和命名空间

标注示例：

```
import javax.jws.WebService;
import javax.jws.WebMethod;
import javax.jws.WebResult;
import javax.jws.WebParam;
```

```
@WebService(name ="TestService", targetNamespace =
          http://www.example.com/test)
public class TestService {
  @WebMethod
  @WebResult(name ="area",
          targetNamespace="http://www.example.com/wew")
  public double getArea(
     @WebParam(name ="r",
          targetNamespace="http://www.example.com/req")
            double r) {
     return java.lang.Math.PI * (r * r);
   }
}
```

JAX-WS 借鉴了很多 Java 远程方法调用(RMI)的设计。与 Java RMI 相似,JAX-WS 也用本地方法调用另一台主机上的服务,但与 Java RMI 不同,JAX-WS 允许调用的服务实现不是 Java 应用程序。

3. JAXB 标准

JAXB 是一个定义了如何将 Java 类映射为 XML 表示方式的标准,即一种 Java/XML 绑定机制。JAX-RPC 定义了自己的 Java/XML 绑定,JAX-WS 不再定义 Java/XML 绑定,而是使用 JAXB。同 JAX-WS 一样,JAXB 是 Java EE 的 API 之一,它也是 J2SE 1.6 的一部分。

JAXB 规范提供了 XML Schema 的 Java 绑定机制,让 Java 更容易处理 XML Schema 的 XML 实例。提供了一种比 SAX、DOM、XPath 的 Java 实现(或者其他用 Java 来处理 XML 的方法)还要更高级别的抽象。绑定这种机制是将一套 Java 类与 XML Schema 相关联,这样就可以用 Java 方法来处理相应的模式实例。

JAXB 提供两种主要特性:将一个 Java 对象序列化为 XML,以及反向操作,将 XML 解析成 Java 对象,即 JAXB 允许以 XML 格式存储和读取数据,而不需要程序的类结构实现特定的读取 XML 和保存 XML 的代码。图 14-5 展示了 JXB 在 Web Service 处理消息的调用过程。

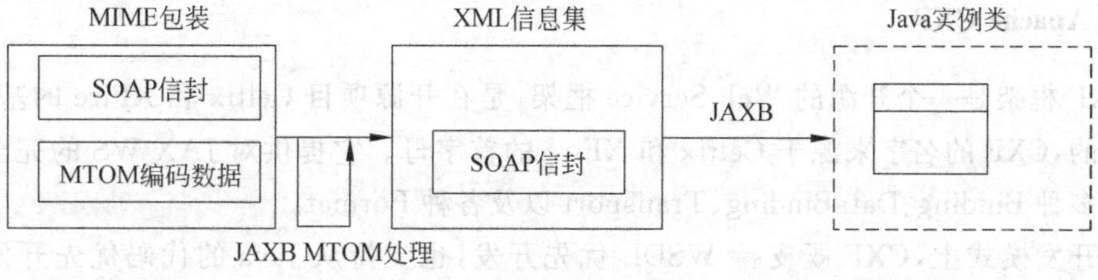

图 14-5　JAXB 调用过程

JAXB 使用 Java 标注定义 Java 和 XML 的绑定关系,如@XmlRootElement 和@XmlElement。通过标注,每个 Java 类都映射为一个唯一的 XML Schema 组件。标注用法如下所示。

```
public class Test {
    ⋮
    @XmlElement(name="id")})
    String getId();
    void setId();
}

<xs:element name="id" type="xs:string"/>
```

JAXB 同时也提供了一个模式编译器,它可以根据 XML Schema 来生成派生于 JAXB 模式的 Java 程序元素。通常根据复杂类型而生成的模式派生的程序元素称为 Java 值类。每个值类都是通过它的 get/set 属性来访问与它相关联的 XML 模式组件的内容。从 XML 模式组件映射 Java 属性示例如下。

```
<xs:element name="user">
  <xs:complexType>
    <xs:attribute name="id" type="xs:int" />
    <xs:attribute name="name" type="xs:string" />
  </xs:complexType>
</xs:element>

String getUser();
void setUser(String s);
```

14.2.2 使用框架

目前在 Java Web Service 构建方面有三大开发框架:Apache CXF、Apache Axis2 和 Metro。开发框架实现并扩展了业界的标准规范,在全方位支持 Web Service 开发技术的同时,也有效地简化了 Web Service 的开发。本节分别对这三种框架进行简单介绍和对比。

1. Apache CXF

CXF 框架是一个开源的 Web Service 框架,是在开源项目 Celtix 和 XFire 的基础上发展起来的,CXF 的名字来源于 Celtix 和 XFire 的首字母。它提供对 JAX-WS 的完全支持,并支持多种 Binding、DataBinding、Transport 以及各种 Format。

在开发模式上,CXF 既支持 WSDL 优先开发,也支持从 Java 的代码优先开发模式。CXF 很大程度上简化了 Web Service 的开发,同时也继承了 XFire 的传统,可以和 Spring 进行无缝集成。

CXF 的设计是一种可插拔的架构,既可以支持 XML,也可以支持非 XML 的类型绑定,比如 JSON 和 CORBA。CXF 的整体架构如图 14-6 所示。

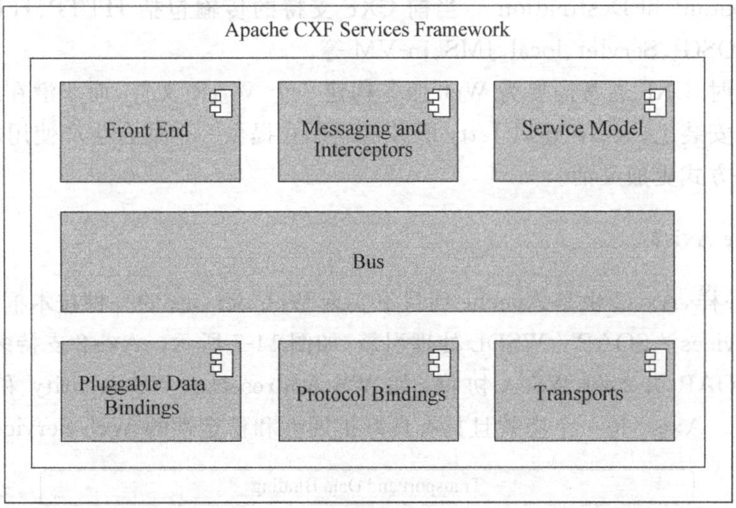

图 14-6　CXF 框架

CXF 主要由 7 个部分组成。

(1) 前端(Front End)。为 CXF 提供创建服务的编程模型，当前主要的前端是 JAX-WS，另外还有 JAX-RS、Simple 和 JavaScript 前端。

(2) 消息传递和拦截器(Interceptor)。CXF 是以消息处理为中心的，使用拦截器和拦截器链(InterceptorChain)处理消息，拦截器有两个主要的方法：handleMessage 和 handleFault，分别用于消息处理和错误处理。跟 JSP/Servlet 中的 Filter 相似，拦截器不是线程安全的。

(3) 服务模型。CXF 中的服务通过服务模型来表示，主要有两部分：ServiceInfo 和服务本身。ServiceInfo 作用类似于 WSDL，包含接口消息、绑定、端点等消息；服务则包含 ServiceInfo、数据绑定、拦截器和服务属性等消息。可使用 Java 类和 WSDL 来创建服务。一般是由前端负责服务的创建，由 ServiceFactory 完成。

(4) Bus。Bus 是 CXF 架构的主干，为共享资源提供了一个可配置的场所，使用 Bus 能够容易地扩展自定义的资源和服务，默认的 Bus 实现基于 Spring Framework。SpringBusFactory 会搜索 classpath 下的 META-INF/cxf 文件夹下的所有 bean 配置文件(如 cxf.xml、cxf-extension.xml 和 cxf-property-editors.xml)，构建应用程序上下文。

(5) 数据绑定。CXF 允许选择不同的数据绑定技术，如 JAXB 2.0、Aegis、XMLBeans、Service Data Objects(SDO)和 JiBX(开发中)数据绑定方式。默认 CXF 使用 JAXB 2.0。并且在从 WSDL 生成 Java 代码时也使用 JAXB 标准。CXF 同时提供一组接口可以根据需要扩展数据绑定方式。

(6) 协议绑定。协议绑定提供了在传输上映射具体格式和协议的方法，主要的两个类是 Binding 和 BindingFactory。其中 BindingFactory 负责从服务模型的 BindingInfo 创建 Binding。CXF 当前支持的协议绑定包括 SOAP 1.1、SOAP 1.2、REST/HTTP、pure XML 和 CORBA。

(7) 传输。为了向绑定和前端隐藏传输细节，CXF 实现了自己的传输抽象层。主要包含两个类：Conduit 和 Destination 。当前 CXF 支持的传输包括 HTTP、HTTPS、HTTP-Jetty、HTTP-OSGI、Servlet、local、JMS、In-VM 等。

部署服务时，CXF 通常需要为 Web 服务构建一个 WAR 文件，而非潜在地部署多个服务到单个服务安装上。CXF 还以 Jetty 服务器的形式提供一个适合生产使用的集成 HTTP 服务器。部署方式更加灵活。

2. Apache Axis2

同 CXF 一样，Axis2 也是 Apache 项目下实现 Web Service 的一种技术框架。它是模块化的 Web Services / SOAP / WSDL 处理引擎，如图 14-7 所示。Axis2 支持多种协议，包括 SOAP 1. 1、SOAP 1. 2 和 WS-＊ 协议（如 WS-Addressing、WS-Security 和 WS-Reliable Messaging）等。Axis2 是一个高效且具有良好扩展性和稳定性的 Web Service 开发框架。

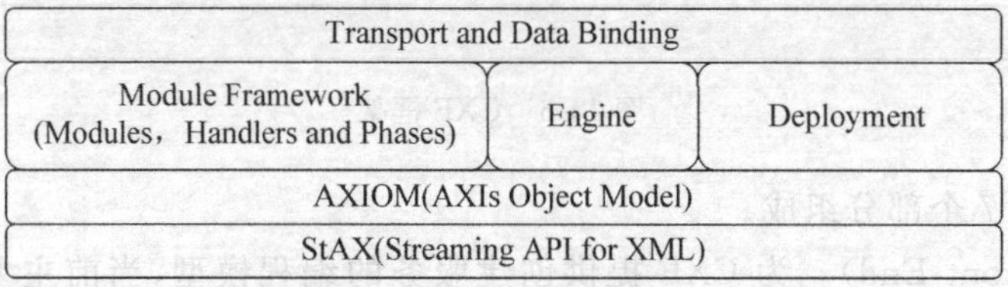

图 14-7 Axis2 组件模块

Axis2 采用 AXIs 对象模型（AXIs Object Model，AXIOM），利用 StAX 解析器提供的灵活性按需构造对象模型，AXIOM 是 Axis2 中一个主要的创新，并且是 Axis2 能够比原来的 Axis 提供更好性能的原因之一。

AXIs 对象模型是一个 XML 对象模型，被设计用于提高 XML 处理期间的内存使用率和性能。AXIOM 与其他文档模型的不同之处在于，它支持根据需要绑定模型，而不用一次性完成此工作。当使用数据绑定框架在 XML 和应用程序数据结构之间进行转换时，数据绑定 XML 通常只是 AXIOM 文档模型的一个虚拟部件。除非由于某些原因而需要此模型（用于使用 WS-Security 进行加密或签名时），否则就不会扩展为完整文档模型。AXIOM 的这种方式称为延迟构建。

此外，AXIOM 内置了 MTOM 支持。对于 AXIOM 体系结构，可以通过实现 AXIOM 接口并将其插入到 Axis2 中来执行自己的对象模型。由 AXIOM 最初是作为 Axis2 的对象模型而开发的，因此 AXIOM 提供了构建于基础 AXIOM API 之上的 SOAP 接口。这允许直接使用 envelope. getHeaders 和 envelope. getBody 之类的便利方法查看 SOAP。

与 CXF 框架类似，Axis2 允许选择不同的数据绑定技术，可以直接使用 AXIOM，也可以使用 XMLBeans、JiBX 或 JAXB 2. 0 等专用数据绑定框架。Axis2 实现了对 JAXB 的支持，但将它作为数据绑定替代选择的其中之一，可以在使用 WSDL2Java 从 WSDL 服务定义中生成代码时进行选择。和大多数其他替代选择一样，使用 JAXB 2. x 从 WSDL 中生成的代码创建了一组链接（Linkage）类和一组数据模型类。这些链接类，包括一个客户端 Stub 和一个服务器端消息接收器，充当应用程序代码和 Axis2 之间的接口。数据模型类表示实际的消息数据。

Axis2 是一个纯 SOAP 处理器，并不依赖于任何 Java 特定的规范。例如，JAX-WS 将作为 Axis2 上的一个层实现，而不会进入核心部分中。Axis2 的可扩展消息传递引擎模型如图 14-8 所示。引擎通过传输协议接收到消息后，将调用之前注册的一系列拦截器（即 Handlers 组件）。拦截器通常处理 SOAP Header 内的信息，不过并不限制同时对消息的其他部分进行处理。随后会将消息传递给消息接收者。消息接收者同时也负责对消息进行相应的处理，大部分时候都会将此消息传递给服务实现类进行处理。

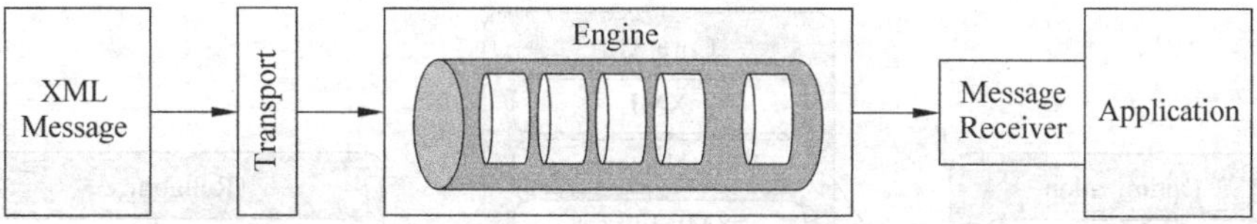

图 14-8　可扩展消息传递引擎

Axis2 支持不同的消息交换模式，包括 In-Only、Robust-In 和 In-Out。In-Only 消息交换模式只有 SOAP 请求，而不需要应答；Robust-In 消息交换模式发送 SOAP 请求，只有在出错的情况下才返回应答；In-Out 消息交换模式总是存在 SOAP 请求和应答。Axis2 使用由可配置组件组成的请求和响应处理流。

Axis2 的模块化设计为服务器提供了一个扩展机制。Axis2 中的每个模块都包含一组相关的处理程序。模块的扩展名为. mar，指示其为模块存档（module archive）。例如，WS-Addressing 模块将包含一组为 Axis2 引擎提供 WS-Addressing 支持的处理程序。Axis2 管理员可以下载 WS-Addressing 模块，并将其部署到 Axis2 引擎中，从而为 Axis2 引擎添加 WS-Addressing 支持。module. xml 文件包含指定处理程序应属于哪个管道和阶段的规则。Axis2 引擎的可扩展模块体系结构如图 14-9 所示。

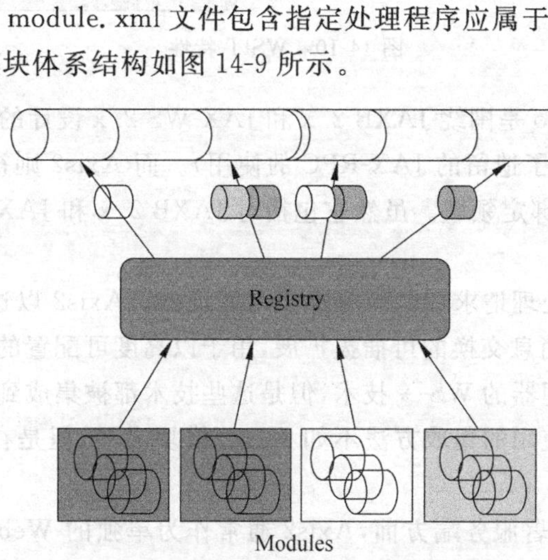

图 14-9　可扩展模块体系结构

另外，Axis2 还支持使用 POJO 和 Spring 构建 Web Service。

3. Metro

Metro Web Service 框架开始是由 Sun 公司开发的一个开源工具，目前已成为 GlassFish 开源项目的一部分。它将 JAXB 数据绑定和 JAX-WS 规范的参考实现与其他与 XML 相关的 Java 标准相结合。Metro 还添加了 Web Service 互操作性技术(Web Services Interoperability Technologies，WSIT)组件，以支持基本 JAX-WS 服务的定义和使用以及 SOAP 消息交换的各种 WS-＊扩展。图 14-10 展示了 WSIT 实现的 WS-＊特性。

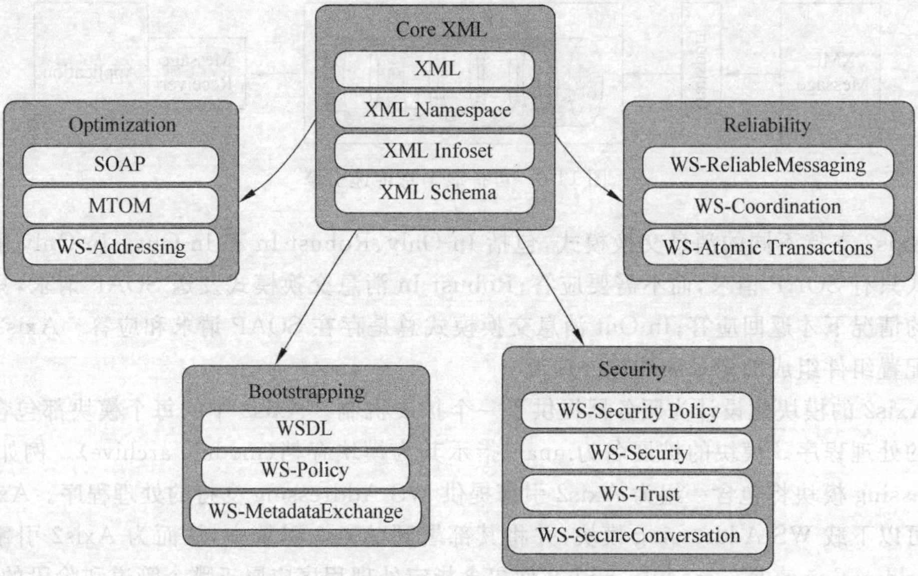

图 14-10 WSIT 特性

与 Axis2 相比，Metro 是围绕 JAXB 2. x 和 JAX-WS 2. x 设计的，无意支持这两种技术以外的任何替代技术(除了遗留的 JAX-RPC 的使用)。而 Axis2 则被设计为支持无限种技术，尤其是在 XML 数据绑定领域。虽然它包括对 JAXB 2. x 和 JAX-WS 2. x 的支持，但是两者并无特殊地位。

Metro 和 Axis2 在处理请求和响应时都使用处理器。Axis2 以这种处理器方法为基础实现模块：基本 SOAP 消息交换的可插拔扩展，用于以高度可配置的方式实现 WS-＊技术。Metro 支持多种实现处理器的 WS-＊技术，但是这些技术都被集成到 Metro 引擎，而不是作为可分离组件。Metro 使用的集成方法不如 Axis2 模块灵活，但是在配置和使用 WS-＊扩展方面有一些优势。

与 Axis2 相比，在部署服务端方面，Axis2 通常作为单独的 Web 应用程序(一个 WAR 程序)，另外还有任意数量的服务被部署到该 Axis2 Web 应用程序(不过也可以将它打包到应用程序 WAR 中)。可以通过 Web 页面上传和部署服务，也可以通过直接将 Axis2 服务 AAR 文件拖放到扩展的 Axis2 Web 应用程序的适当目录中来部署服务。通常，在构建时，Axis2 从 WSDL 服务定义生成各个服务的配置信息，然后将其包括在服务 AAR 文件中。标准的 Axis2 Web 应用程序还通过 Web 页面提供多种监视和控制工具。

相反，Metro 要求为每个 Web Service 应用程序构建单独的 WAR 文件，而 Metro 库 JAR 文件要么包括在 WAR 中，要么包含在类中（作为 HTTP 服务器的一部分），WAR 中还有一个 WEB-INF/web.xml 文件，该文件引用服务和 Metro Servlet。当单独使用 Metro 时，还需要创建一个 sun-jaxws.xml 配置文件，该文件提供关于服务配置的附加信息。这些配置文件中的信息与实际 Web Service 类中的 JAX-WS 标注相结合，一同为服务配置 Metro。由于 Metro 被设计为以这种嵌入式的方式使用，所以不提供任何直接监视或控制的工具。

14.2.3 Axis2 构建 Web Service 实现

本节使用 Axis2 作为 Java 开发 Web Service 的框架，使用 Eclipse 集成开发环境开发 Web Service。项目中使用的 Axis2 版本为 1.6.2，开发工具为 Eclipse 3.7 for Java EE，Web 服务器为 Tomcat 6.0.32。

另外在 Axis2 主页提供了两个 Eclipse 的插件，用于生成代码和打包服务。这两个插件分别为 axis2-eclipse-codegen-plugin-1.6.2.zip 和 axis2-eclipse-service-plugin-1.6.2.zip。

1. 配置 Axis2 开发环境和运行环境

安装 Eclipse 插件，在 Eclipse 的安装目录中，打开 dropins 文件夹，新建文件夹 axis2-codegen 和 axis2-service，然后分别解压缩 axis2-eclipse-codegen-plugin 和 axis2-eclipse-service-plugin 插件包到新建目录。启动 Eclipse，在 File→New→Other，可以看到两个新工具，如图 14-11 所示。

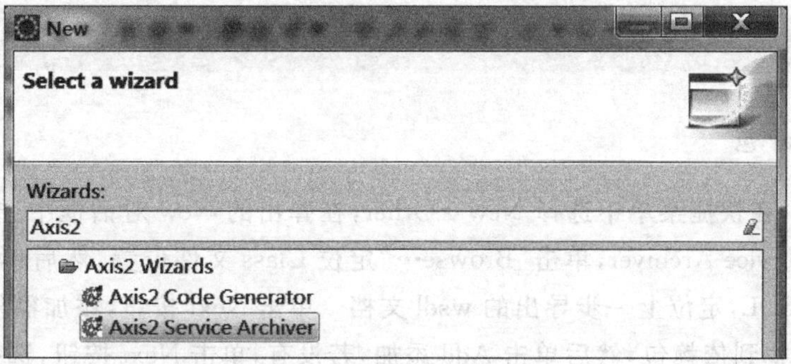

图 14-11 Axis2 Eclipse 插件

安装配置 Tomcat，然后将下载的 Axis2 war 包复制到 Tamcat 安装目录的 webapps 文件夹下。

2. 创建项目

开发 Web Service 有两种方法：一是契约优先，即从 WSDL 契约生成 Java 类来实现服务；二是代码优先，即从 Java 类生成 WSDL 契约文件和 Java 接口。

本节采用代码优先的方式开发 Web Service。Axis2 支持使用 POJO 创建 Web Service，所以可以和开发普通 Java 应用一样创建 Web Service。

在 Eclipse 中单击 File→New→Java Project，创建 Java 项目 WeatherService。然后添加服务类 WeatherService，示例仿照 Axis2 提供的一个天气服务。Weather 代码如下。

```
package book.axis2.example.data;
public class Weather{
    float temperature;
    String forecast;
    boolean rain;
    float howMuchRain;
    ⋮
    /* get、set 方法 */
}
```

WeatherService 代码如下。

```
import book.axis2.example.data.Weather;
public class WeatherService{
    Weather weather;
    public void setWeather(Weather weather){
        this.weather =weather;
    }
    public Weather getWeather(){
        return this.weather;
    }
}
```

3. 生成 aar 包

右击项目，在快捷菜单中选择 New→Other，在弹出的 New 对话框中选择 Axis2 Wizards→Axis2 Service Archiver，单击“Browse…”定位 Class 文件位置，然后单击 Next 按钮，选择 Select WSDL，定位上一步导出的 wsdl 文档。单击 Next 按钮，添加额外的依赖包，单击“Browse…”找到依赖包，然后单击 Add 添加，若没有，单击 Next 按钮，选择 Generate the service xml automatically，单击 Next 按钮，配置生成 Service XML 文件，如图 14-12 所示。

单击 Next 按钮，输入 aar 文件输出位置和 aar 文件名。然后复制 test. aar 文件到部署在 tomcat 中的 axis2 目录下的 WEB-INF/services 目录。

Axis2 提供了一个基于 Web 的图形化 Web Service 管理工具，支持 Web Service 热部署，运行时更改服务参数设置等功能。在部署的 Axis2 应用首页，单击 Administration，输入用户名密码，默认配置为用户名 admin，密码 axis2，通过更改 axis2 目录下的 conf/axis2 . xml 文件，可以自定义用户名密码和其他功能。

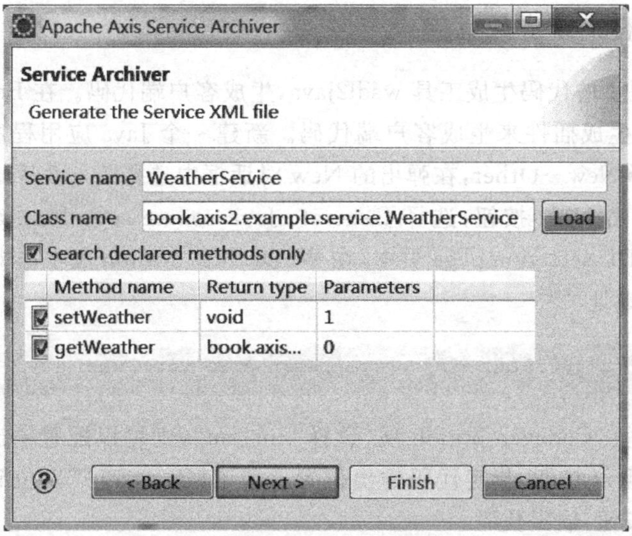

图 14-12　Service xml 配置

14.3　Web Service 互操作

本节以调用前面两节中生成的 Web Service 为例，讨论其互操作性。

14.3.1　.NET 客户端应用程序

在.NET 客户端中，无论在 ASP.NET 网站还是 WinForm 桌面程序，都可以通过 Visual Studio 的"添加服务引用"来调用服务，右击项目，选择"添加服务引用"，按照对话框中的要求配置一些内容，比如 14.1.3 节的服务地址

```
http://localhost:8080/ExampleWCF/AuthService.svc?wsdl
```

便会创建客户端源代码文件和 app.config 配置文件。该方法实际调用 svcutil 工具。如果直接使用 svcutil.exe 生成客户端代理类和配置文件，其方法如下。

```
svcutil -config:app.config
```

生成配置文件 app.config 及代理类之后，可以使用这个代理类来调用一个服务操作。代理类的类名命名规则是服务协定的名称再加上"Client"，AuthService 类的代理类的类名是 AuthServiceClient。

```
// 调用 Web Service 验证密码
AuthServiceClient client =new AuthServiceClient();
client.loginAuthRequest(name, password);
Console.ReadLine();
```

14.3.2 Axis2 客户端应用程序

使用 Axis2 提供的代码生成工具 wsdl2java,生成客户端代码。在 Eclipse 中,可以使用 Axis2 提供的代码生成插件来生成客户端代码。新建一个 Java 应用程序,然后右击项目,在快捷菜单中选择 New→Other,在弹出的 New 对话框中选择 Axis2 Wizards→Axis2 Code Generator,然后单击 Next 按钮,选择 Generate Java source code from a WSDL file,单击 Next 按钮,在 WSDL selection page 页中,在 WSDL file location 文本框中输入 14.2.3 节部署的服务的 wsdl 地址

```
http://localhost:8080/axis2/services/WeatherService?wsdl
```

然后,在代码配置页,Codegen option 项,选择"custom",则可以配置输出代码。此处选择"default"。单击 Next 按钮,指定代码输出位置。单击"Browse…"定位到新建项目的根目录。单击 Finish 按钮,输出代码。

在项目下新建类 Client,调用服务,主要代码如下。

```
// 调用 Web Service 取得天气
WeatherServiceStub stub =new WeatherServiceStub();
GetWeather req =new GetWeather();
GetWeatherResponse res =stub.getWeather(req);
return res.get_return();
```

14.3.3 调用异构 Web Service

不管 WCF 还是 Axis2,都是基于相同的 SOAP 协议,因此在理论上,它们是完全互通的。但实际应用中,往往出现调用异常。主要原因还是因为围绕 SOAP 协议而产生了众多的 WS-* 标准协议,而 WCF 服务和 Axis2 框架对其支持不统一造成的。例如,针对使用 wsHttpBinding 的 WCF 服务,Axis2 需要额外安装支持 WS-Addressing 协议的模块。

思 考 题

(1) 构建一个基本 WCF 服务,对外提供校验身份证号码最后一位服务。输入参数为身份证号码字符串,返回结果是布尔值。

(2) 构建一个 JSP 应用,运行在 Tomcat 上,调用(1)题产生的 Web Service。

(3) 构建一个 ASP.NET 站点,运行在 IIS 上,调用(1)题产生的 Web Service。

第15章 软硬件集成

随着各类硬件外设和嵌入式设备的加入，信息系统的易用性、现实性和安全性都得以极大地加强，在开发上包含了大量的软硬件集成内容。为了有效控制各类输入/输出设备，如读卡器、手写板、摄像头、云台、传感器等设备，以及使用 USB Key 增强系统安全可信度，需要掌握串口、RFID、浏览器插件(ActiveX 及 Applet)等相关知识。

15.1 串口通信

在应用程序的开发中，常常会遇到计算机(或单片机)与外围数据源设备进行通信的问题。这些硬件设备最为常见的接口就是串口，需要设计相应的串口通信程序来完成数据通信任务。串口的用途非常广泛，支持的设备类型包括了大部分的调制解调器、GPRS 模块、短信猫、LED 大屏幕、税控器、身份证阅读器、RFID 读卡器和银联 POS 机等。

15.1.1 串口通信的过程

串口是计算机一种常用的接口，具有连接线少、通信简单等特点，被广泛地使用。常用的串口是 RS-232-C 接口(又称 EIA RS-232-C)，它是在 1970 年由美国电子工业协会(EIA)联合贝尔系统、调制解调器厂家及计算机终端生产厂家共同制定的用于串行通信的标准。它的全名是“数据终端设备(DTE)和数据通信设备(DCE)之间串行二进制数据交换接口技术标准”。该标准规定采用一个 25 个脚的 DB25 连接器，对连接器的每个引脚的信号内容加以规定，还对各种信号的电平加以规定。

串行端口的本质功能是作为 CPU 和串行设备间的编码转换器。当数据从 CPU 经过串行端口发送出去时，字节数据转换为串行的位。而在接收数据时，串行的位又被转换为字节数据。典型地，串口通信使用 3 根线完成：地线、发送、接收。由于串口通信是异步的，端口能够在一根线上发送数据同时在另一根线上接收数据。其他线用于握手，但不是必需的。

接口技术有两个重要概念，即上位机和下位机。

(1) 上位机。也就是通信双方较为主动的一方，也称为主机，可以是两台计算机中的其中一台，可以是两台设备间的其中一台，也可以是计算机与设备间的其中一台，关键是看哪一方处于比较主动的位置。一般情况下是指计算机。

(2) 下位机。是通信双方相比而言处于较为被动的一方，一般是指设备(例如，单片机)，也可以是某台计算机。

这两种称谓是相对的，区分的方式是确定主动方与被动方。常见的通信类型如图 15-1 所示。

为了适应近年来计算机的串口装机量有所减少的趋势，很多硬件设备在设计上通过加装 USB 转串口芯片实现。那种设备对外看上去是 USB 接口，其实在进行软硬件集成的编

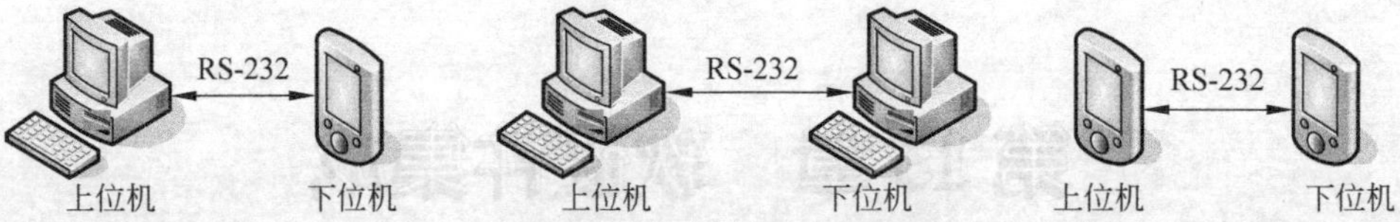

图 15-1 各种类型的上位机和下位机

程开发时，仍然使用通用串口的开发方法。针对传统串口设备，市面上也有 USB 转串口以及 PCMCIA 转串口线缆，分别如图 15-2(a)和 15-2(b)所示。

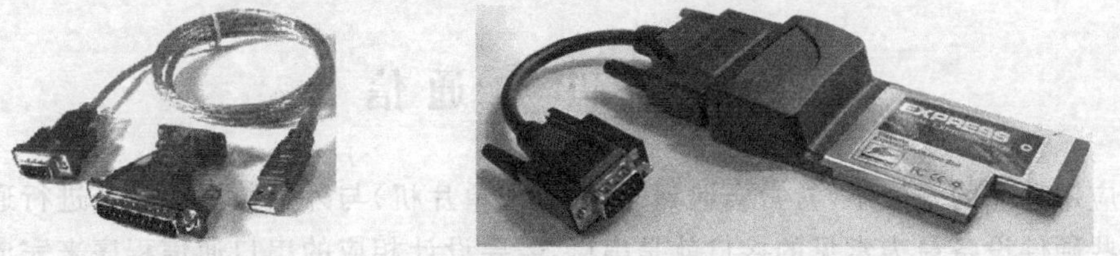

(a) USB转串口　(b) PCMCIA转串口

图 15-2 串口转接线缆

在不同的操作系统中，串口的设备文件名是不一样的，如表 15-1 所示。

表 15-1 串口设备文件名

操作系统	串口 1	串口 2	USB/RS-232 转换器
Windows	COM1	COM2	—
Linux/UNIX	/dev/ttyS0	/dev/ttyS1	/dev/ttyUSB0

通常可按以下四步实现串行通信。

(1) 按协议的设置初始化并打开串口。这样做的目的是通知操作系统本应用程序需要这个串口，并让其封锁其他应用程序，使它们不能使用此串口。

(2) 配置串口。

(3) 在串口上往返的传输数据，并在传输过程中进行校验。在编写程序时主要代码集中在这一步。

(4) 不需要此串口时，关闭串口，即释放串口以供其他应用程序使用。

15.1.2 串口的参数设置

在串口编程中，比较重要的是串口的设置。需要设置的部分包括波特率、数据位、停止位和奇偶校验位等。要注意的是，每台机器的串口默认设置可能是不同的，如果没设置这些，仅仅按照默认设置进行发送数据，很可能出现很多意想不到而又查不出来的情况。所以在真正通信前，必须设置这些参数。

串口通信最重要的参数是波特率、数据位、停止位和奇偶校验。对于两个进行通信的端口，这些参数必须匹配。

(1) 波特率。这是一个衡量通信速度的参数。它表示每秒钟传送的 bit 的个数。例如，300 波特表示每秒钟发送 300 个 bit。当提到时钟周期时，就是指波特率。例如，如果协议需要 4800 波特率，那么时钟是 4800Hz。这意味着串口通信在数据线上的采样率为 4800Hz。通常电话线的波特率为 14 400、28 800 和 36 600。波特率可以远远大于这些值，但是波特率和距离成反比。高波特率常常用于放置得很近的仪器间的通信，典型的例子就是 GPIB 设备的通信。

(2) 数据位。这是衡量通信中实际数据位的参数。当计算机发送一个信息包，实际的数据不会是 8 位的，标准的值是 5、7 和 8 位。如何设置取决于希望传送的信息。比如，标准的 ASCII 码是 0～127(7 位)。扩展的 ASCII 码是 0～255(8 位)。如果数据使用简单的文本(标准 ASCII 码)，那么每个数据包使用 7 位数据。每个包是指一个字节，包括开始/停止位、数据位和奇偶校验位。由于实际数据位取决于通信协议的选取，术语"包"指任何通信的情况。

(3) 停止位。用于表示单个包的最后一位。典型的值为 1、1.5 和 2 位。由于数据是在传输线上定时的，并且每一个设备有其自己的时钟，很可能在通信中两台设备间出现了小小的不同步。因此停止位不仅仅是表示传输的结束，并且提供计算机校正时钟同步的机会。适用于停止位的位数越多，不同时钟同步的容忍程度越大，但是数据传输率同时也越慢。

(4) 奇偶校验位。在串口通信中一种简单的检错方式。有四种检错方式：偶、奇、高和低。当然没有校验位也是可以的。对于偶和奇校验的情况，串口会设置校验位(数据位后面的一位)，用一个值确保传输的数据有偶个或者奇个逻辑高位。例如，如果数据是 011，那么对于偶校验，校验位为 0，保证逻辑高的位数是偶数个。如果是奇校验，校验位为 1，这样就有 3 个逻辑高位。高位和低位不真正地检查数据，简单置位逻辑高或者逻辑低校验。这样使得接收设备能够知道一个位的状态，有机会判断是否有噪声干扰了通信，或者是否传输以及接收数据是否不同步。

串行通信程序的调试相对来说比较麻烦。一般可以采用以下步骤。

(1) 检查连线是否正确。在三线制方式中，要注意"交叉"问题；还要注意握手信号线的正确连接。

(2) 简单地用逻辑笔检查发接信号的有无(注意逻辑笔只能检查 TTL 信号。因此，检查点一般为经接口芯片转换后的 TXD 和 RXD)。

(3) 在确认有接发信号的前提下，如果收发数据不正常，则重点应检查通信协议是否一致，例如波特率的设置、奇偶校验、停止位数和通信的应答等设置。

(4) 在只有单机的情况下进行串口程序调试时，可采用将串口的 TXD 与 RXD 直接相连的办法，简单方便。

15.1.3 Windows 串口通信方法

常用的 DOS 系统主要是工作在响应中断方式下。PC 串行通信程序大多利用其 BIOS 块的 INT14H 中断，以查询串口的方式完成异步串行通信。

与 DOS 响应中断的工作方式不同，在 Windows 环境下串口是系统资源的一部分。应用程序如果想通过使用串口进行通信，则必须在使用之前向操作系统提出资源申请要求(打开串口),通信完成后必须释放资源(关闭串口)。Windows 系统函数已经包含了通信支持中断功能。Windows 系统为每个通信设备开辟了用户定义的输入/输出缓冲区(即读/写缓冲区),数据进出通信口均由系统后台来完成,应用程序只需完成对输入/输出区操作即可。

详细的过程是这样的:每接收一个字符,系统产生一个低级硬件中断,Windows 系统中的串行驱动程序就取得了控制权,并将接收到的字符放入输入数据缓冲区,然后将控制权返回正在运行的应用程序。如果输入缓冲区数据已满,串行驱动程序用当前定义的流控制机制通知发送方停止发送数据。队列中的数据按"先进先出"的次序处理。

Windows 系统通过使用一个数据结构对串口和串行通信驱动程序进行配置,这个数据结构被称为设备控制块(Device Control Block,DCB)。打开串口通信的具体流程如图 15-3 所示。

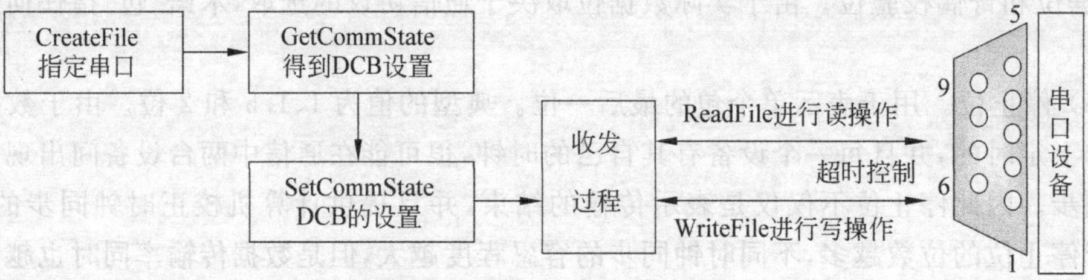

图 15-3 实现串口通信的过程

Windows 通过串口进行通信,一般有三种方法。

(1) 以文件方式打开串口。这里使用的是 Win32 API 函数,所以无论在 C++ Builder 或 Visual C++ 下都可以实现。具体的函数的意义可以参考 Win32 API 的帮助。

(2) 使用现成的控件。易于使用的是 MsComm 控件,它是作为一个.ocx 提供的。可以用 Import ActiveX Control 将它加入到编程面板中(默认加载在 ActiveX 页中),就可以作为一个普通的控件来使用了。还有不少第三方提供的其他硬件操作控件,也可以加入使用。

(3) 直接嵌入汇编法。利用直接嵌入汇编功能,可以在程序中用汇编语言直接对串口进行操作。这种方法可以把原来在 DOS 下开发的汇编程序经过修改后移植到 Visual C++ 中继续使用。这种方法一般面向底层开发人员使用。

15.1.4 Linux 串口通信方法

因为串口和其他设备一样,在类 UNIX 系统中都是以设备文件的形式存在的,所以,理所当然地可以使用 open 系统调用/函数来访问它。但 Linux 系统中却有一个稍微不方便的地方,那就是普通用户一般不能直接访问设备文件。可以选择以下方式做一些调整,以便编写的程序可以访问串口。

(1) 改变设备文件的访问权限设置。

(2) 以 root 超级用户的身份运行程序。

(3) 将程序编写为 setuid 程序,以串口设备所有者的身份运行程序。

假如已经准备好了让串口设备文件可以被所有用户访问,就可以在 Linux 系统中实验串口编程了，与读写文件区别不大。

15.1.5 串口服务器

随着网络的广泛普及，“让全部设备连接网络”已经成为业界的共识，这就必须建立高品位的数据采集、生产监控、即时成本管理的联网系统。某些应用需要对分布于世界各地的设备进行远距离监控，某些应用需要连接多个设备，但计算机的一个串口只能够接一台设备的串口方案不易于扩展。现有成千上万原有的串口设备已存在，对这些设备的大批量改造以适应于网络显然不是一蹴而就的，这样作为暂时的解决方案——将串口转化为网口的串口联网服务器就应运而生了。

利用基于 TCP/IP 的串口数据流传输的实现来控制管理的设备硬件，无须投资大量的人力、物力来进行管理、更换或者升级。串口服务器提供串口转网络功能，能够将 RS-232/485/422 串口转换成 TCP/IP 网络接口，实现 RS-232/485/422 串口与 TCP/IP 网络接口的数据双向透明传输。串口设备能够立即具备 TCP/IP 网络接口功能，连接网络进行数据通信，极大地扩展串口设备的通信距离。

整个串口服务器的关键，在于串口数据包与 TCP/IP 数据报之间的转换，以及双方数据因为速率不同而存在的速率匹配问题，在对串口服务器的实现过程中，也必须着重考虑所做的设计和所选择的器件是否能够完成这些功能。以太网接口及控制模块在串口服务器的硬件里面起着很重要的作用，它所处理的是来自于以太网的 IP 数据包。通过主处理模块对于以太网控制芯片数据及寄存器的读/写，就可以完成对 IP 数据包的分析、解压包的工作。

在处理流程上，主处理器首先初始化网络及串口设备，当有数据从以太网传过来，处理器对数据包进行分析，如果是 ARP(物理地址解析)数据包，则程序转入 ARP 处理程序；如果是 IP 数据包且传输层使用 UDP，端口正确，则认为数据包正确，数据解包后，将数据部分通过端口所对应的串口输出。反之，如果从串口收到数据，则将数据按照 UDP 格式打包，送入以太网控制芯片，由其将数据输出到以太网中。可以知道，主处理模块主要处理 TCP/IP 的网络层和传输层，链路层部分由以太网控制芯片完成。应用层交付软件系统来处理，用户可以根据需求对收到的数据进行处理。

串口服务器的一个应用场景实例如图 15-4 所示。

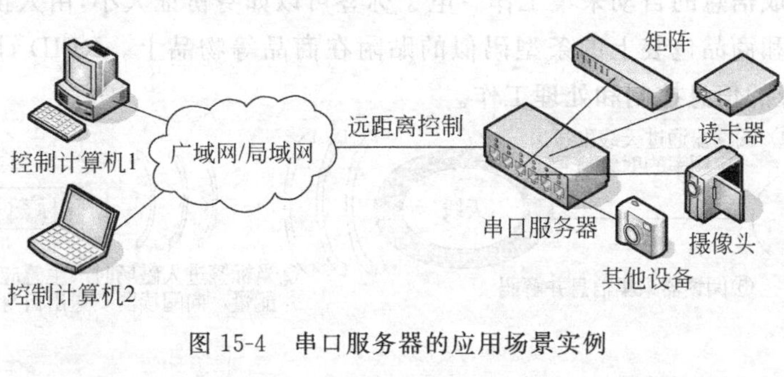

图 15-4 串口服务器的应用场景实例

串口服务器的通信模式主要有如下三种。

(1) 点对点通信模式。转换器成对使用，一个作为服务器端，一个作为客户端，两者之间建立连接，实现数据的双向透明传输。该模式适用于将两个串口设备之间的总线连接改造为 TCP/IP 网络连接。

(2) 使用虚拟串口通信模式。一个或者多个转换器与一台计算机建立连接,实现数据的双向透明传输。由计算机上的虚拟串口软件管理下面的转换器,可以实现一个虚拟串口对应多个转换器,N 个虚拟串口对应 M 个转换器($N \leqslant M$)。该模式适用于串口设备由计算机控制的 485 总线或者 232 设备连接。

(3) 基于网络通信模式。计算机上的应用程序基于 Socket 协议编写了通信程序,在转换器设置上直接选择支持 Socket 协议即可。

串口服务器的应用领域很广,主要应用在门禁系统、考勤系统、售饭系统、POS 系统、楼宇自控系统、自助银行系统、电信机房监控和电力监控等。

15.2　RFID 技术

射频识别(Radio Frequency Identification,RFID)技术是一种非接触式自动识别技术,它是通过射频信号自动识别目标对象并获取相关数据。识别工作无须人工干预,可工作于各种恶劣环境。它能对相距几厘米到几十米范围内的物体进行识别,而且可以批量读取、可识别静止和运动状态下的物体、设备、车辆和人员。

RFID 技术并不是全新的技术,其应用最早可以追溯到第二次世界大战时期英国空军基地的军事设施上。近年来随着微电子、计算机和网络技术的发展,RFID 技术的应用范围和深度都得到了迅速发展。美国在多处局部战争中对 RFID 技术的成功应用,以及全球有影响的大企业正在零售商店和货栈大规模使用 RFID 系统,使得该技术现在迅速成为全球瞩目的焦点,并被列为 21 世纪最有前途的重要产业和应用技术之一。

15.2.1　RFID 的工作原理

一套典型的 RFID 系统包含有电子标签、阅读器和信息处理系统,其工作原理如图 15-5 所示。当带有射频识别标签(以下简称标签)的物品经过特定的信息读取装置(以下简称"阅读器")时,标签被阅读器激活并通过无线电波开始将标签中携带的信息传送到阅读器以及计算机系统,完成信息的自动采集工作。电子标签可以如身份证大小,由人携带并当作信用卡使用,也可以和商品包装上的条型码似的贴附在商品等物品上。RFID 计算机系统则根据需求承担相应的信息控制和处理工作。

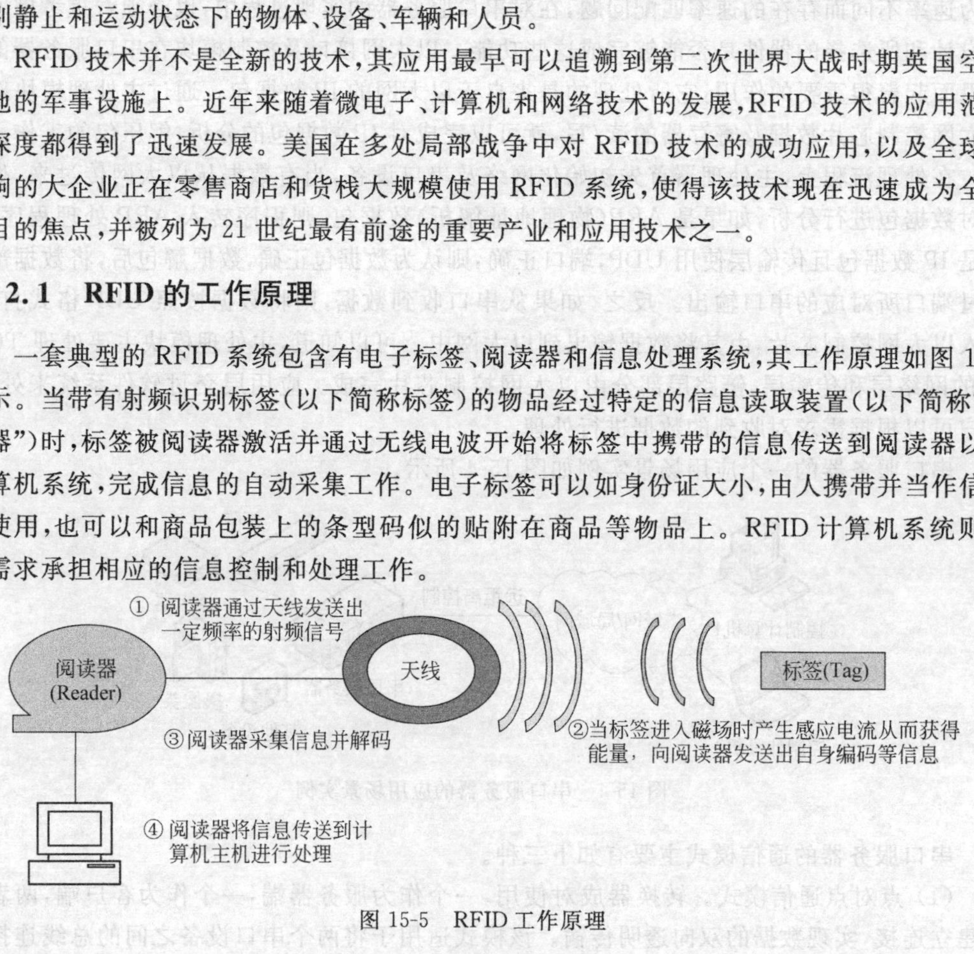
① 阅读器通过天线发送出一定频率的射频信号
阅读器 (Reader)
天线
标签(Tag)
③阅读器采集信息并解码
②当标签进入磁场时产生感应电流从而获得能量，向阅读器发送出自身编码等信息
④ 阅读器将信息传送到计算机主机进行处理

图 15-5　RFID 工作原理

阅读器通过天线发送出一定频率的射频信号，当标签进入天线辐射场时，产生感应电流从而获得能量，发送出自身编码等信息，被阅读器读取并解码后发送至上位机进行有关处理。读取（有时还可以写入）标签信息的设备，可设计为手持式或固定式，如图 15-6 所示。阅读器可无接触地读取并识别电子标签中所保存的电子数据，从而达到自动识别物体的目的。通常阅读器与计算机相连，所读取标签信息被传到计算机上进行下一步处理。

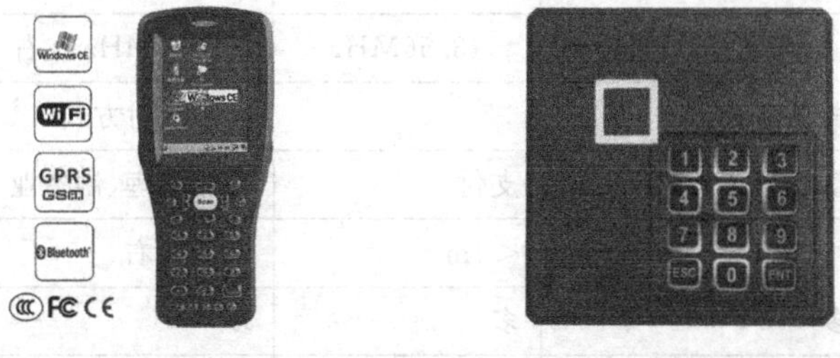

(a)　　　　(b)

图 15-6　手持式阅读器和台式阅读器

阅读器根据使用的结构和技术不同可以是读或读/写装置，是 RFID 系统信息控制和处理中心。阅读器通常由耦合模块、收发模块、控制模块和接口单元组成。阅读器和应答器之间一般采用半双工通信方式进行信息交换，同时阅读器通过耦合给无源应答器提供能量和时序。在实际应用中可进一步通过 Ethernet 或 WLAN 等实现对物体识别信息的采集、处理及远程传送等管理功能。以 RFID 卡片阅读器及电子标签之间的通信及能量感应方式来看，大致上可以分成感应耦合（Inductive Coupling）及后向散射耦合（Backscatter Coupling）两种。一般低频的 RFID 大都采用第一种式，而较高频大多采用第二种方式。

阅读器与标签之间通过无线信号建立双方通信的通道，阅读器通过天线发出电磁信号，电磁信号携带了阅读器向标签的查询指令。当标签处于阅读器工作范围时，标签将从电磁信号中获得指令数据和能量，并根据指令将标签标识和数据以电磁信号的形式发送给阅读器，或根据阅读器的指令改写存储在 RFID 标签中的数据。阅读器可接收 RFID 标签发送的数据或向标签发送数据，并能通过标准接口与后台服务器通信网络进行对接，实现数据的通信传输。

1. 频率分类

经过多年的发展，13.56MHz 以下的 RFID 技术已相对成熟，目前业界最关注的是位于中高频段的 RFID 技术，特别是 860～960MHz（UHF 超高频段）的远距离 RFID 技术发展最快。从分类上看，RFID 技术根据工作频率的不同通常可分为低频系统（125kHz、134.2kHz）、高频系统（13.56MHz）、超高频（860～960MHz）和微波系统（2.45GHz、5.8GHz）等。

(1) 低频和高频系统的特点是阅读距离短、阅读天线方向性不强等，其中，高频系统的通信速度也较慢。两种不同频率的系统均采用电感耦合原理实现能量传递和数据交换，主要用于短距离、低成本的应用中。

(2) 超高频、微波系统的标签采用电磁后向散射耦合原理进行数据交换，阅读距离较远

(可达十几米),适应物体高速运动,性能好;阅读天线及电子标签天线均有较强的方向性,但该系统标签和阅读器成本都比较高。

不同频段的电子标签性能比较如表 15-2 所示。

表 15-2 不同频段的电子标签性能比较

频段		低频	高频	超高频	微波
		小于 135kHz	13.56MHz	900MHz 左右	2.45GHz
通信方式		电感耦合方式		电磁发射方式	
主要通途		畜牧业、门禁	支付	物流管理、制造业	交通管制
读取距离		<10cm	<1m	10m 左右	2m 左右
使用区域	美国	多	多	多	多
	欧洲	多	多	较少	多
	日本	多	多	很少	多

2. 标签分类

电子标签又称为射频标签、应答器,一般由耦合元件(天线)及专用芯片组成。电子标签是射频识别系统真正的数据载体,每个标签具有唯一电子编码(ID 号),而且标签一般保存有约定格式的电子数据。目前应答器大多是由耦合元件(线圈、微带天线等)和微芯片组成无源单元。

在实际应用中,RFID 标签通常贴在不同类型、不同形状的物体表面,甚至嵌入到物体内部,因此会采用不同的天线设计和封装材料,制成多种形式不同形状的标签,如车辆标签、货盘标签、物流标签、金属标签、图书标签、液体标签、人员门禁标签、门票标签、行李标签等。

根据电子标签供电方式的不同,电子标签可分为无源标签(Passive Tag)、半有源标签(Semi-Passive Tag)和有源标签(Active Tag)三种。

(1) 无源电子标签不含电池,它接收到阅读器发出的微波信号后,利用阅读器发射的电磁波提供能量,无源标签一般免维护,重量轻、体积小、寿命长、较便宜,但其阅读距离受到阅读器发射能量和标签芯片功能等因素限制。

(2) 半有源标签内带有电池,但电池仅为标签内需维持数据的电路或远距离工作时供电,电池能量消耗很少。

(3) 有源标签工作所需的能量全部由标签内部电池供应,且它可用自身的射频能量主动发送数据给阅读器,阅读距离很远(可达 30m),但寿命有限,价格较贵。

3. 与条形码相比较的优点

条形码是一种已经应用非常广泛的自动识别技术,但 RFID 与之相比优势非常明显,如表 15-3 所示。

表 15-3 RFID 与条形码对比的优点

优 点	简 述
快速扫描	每次只能有一个条形码受到扫描；RFID 阅读器可同时辨识读取数个 RFID 标签
体积小型化、形状多样化	RFID 不需要为读取精确度而配合纸张的固定尺寸和印刷品质，更适合往小型化与多样化发展，以方便嵌入或附着在不同形状、类型的产品上
抗污染能力和耐久性	传统条形码的载体是纸张，因此容易受到污染，但 RFID 对水、油和化学药品等物质具有很强抵抗性。此外，由于条形码是附于塑料袋或外包装纸箱上，所以特别容易受到折损；RFID 卷标是将数据存在芯片中，因此可以免受污损
可重复使用	现今的条形码印刷上去之后就无法更改，RFID 标签内储存的数据可以动态地更新，可以回收并多次使用
穿透性和无障碍阅读	条形码扫描机必须在近距离而且没有物体阻挡的情况下，才可以辨读条形码。RFID 能够穿透纸张、木材和塑料等非金属和非透明的材质，进行穿透性通信，不需要光源，读取距离更远。但不能透过金属等导电物体进行识别
数据的记忆容量	一维条形码的容量是 50B，二维条形码最大容量可储存 2～3000 字符，RFID 最大的容量则有数 MB。随着记忆载体的发展，数据容量也有不断扩大的趋势。未来物品所需携带的资料量会越来越大，对标签所能扩充容量的需求也相应增加
安全性	由于 RFID 承载的是电子信息，其数据内容可经由密码保护，使其内容不易被伪造及变编造，安全性更高

15.2.2 RFID 的应用和趋势

射频识别可以用来跟踪和管理几乎所有物理对象，因此可广泛应用于各行各业，典型应用包括如下。

(1) 在零售业中，替代条形码技术的运用，管理数以万计的商品种类、价格、产地、批次、货架、库存等。

(2) 采用车辆自动识别技术，使得路桥、停车场等收费场所避免了车辆排队通关现象，减少了时间浪费，从而极大地提高了交通运输效率及交通运输设施的通行能力。

(3) 在自动化的生产流水线上，整个产品生产流程的各个环节均被置于严密的监控和管理之下。

(4) 在粉尘、污染、寒冷和炎热等恶劣环境中，远距离射频识别技术的运用减少了卡车司机必须下车办理手续的不便。

(5) 在公交车的运行管理中，自动识别系统准确地记录着车辆在沿线各站点的到发站时刻，为车辆调度及全程运行管理提供实时可靠的信息。

从技术上看，RFID 最本质的特性就是无线通信技术和识别技术，有很多种技术实现方法，也有很多种应用形态。但从技术发展趋势来看，目前所采用的 RFID 技术主要从两个技术领域演变而来：自动识别技术和非接触型智能卡技术。以 RFID 技术为基础，添加不同的技术特征，会出现多种不同名称的扩展应用领域，如图 15-7 所示。

智能化程度主要包含芯片的可重复读写技术、芯片和识读器之间的安全技术、高速率数据传输技术、在无源或低功耗情况下传输其他动态信息的技术等。而价格主要取决于芯片

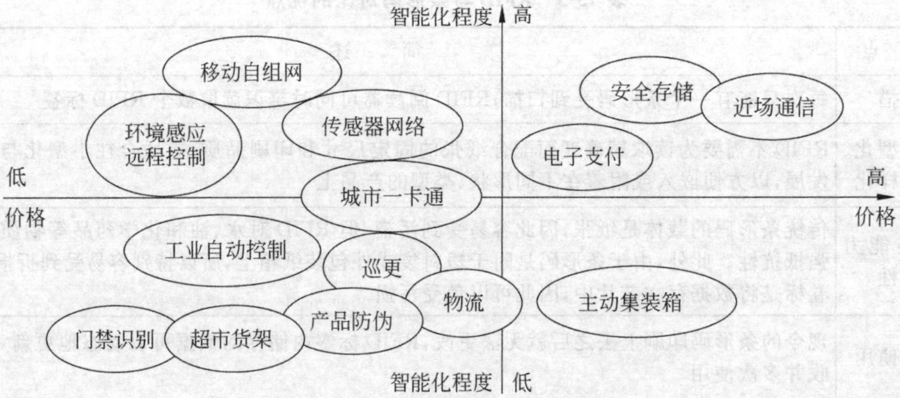

图 15-7 RFID 技术的应用领域

的大小尺寸、天线封装成本等因素。

可以看到,价格低廉的标签是 RFID 广泛应用于物流管理的关键,而用于电子支付的 RFID 技术则需要考虑鉴权和重复记录存储,对价格则不是很敏感;标签的识别和无线传输同时也是传输环境参数的较好载体,这也是 RFID 延伸到未来传感网络的技术基础;此外,RFID 技术也可以应用于短距离无线通信领域,与蓝牙等技术一样成为家庭网络的候选技术。RFID 技术是目前标准化组织和产业联盟的研究重点,也是国际标准化组织和产业联盟互相竞争的焦点。

在未来的几年中,RFID 技术将继续保持高速发展的势头。电子标签、阅读器、系统集成软件、公共服务体系和标准化等方面都将取得新的进展。随着关键技术的不断进步,RFID 产品的种类将越来越丰富,应用和衍生的增值服务也将越来越广泛。

(1) RFID 芯片设计与制造技术的发展趋势是芯片功耗更低,作用距离更远,读写速度与可靠性更高,成本不断降低。芯片技术将与应用系统整体解决方案紧密结合。

(2) RFID 标签封装技术将和印刷、造纸、包装等技术结合,导电油墨印制的低成本标签天线、低成本封装技术将促进 RFID 标签的大规模生产,并成为未来一段时间内决定产业发展速度的关键因素之一。

(3) RFID 阅读器设计与制造的发展趋势是阅读器将向多功能、多接口、多制式并向模块化、小型化、便携式、嵌入式方向发展。同时,多阅读器协调与组网技术将成为未来发展方向之一。

(4) RFID 技术与条码、生物识别等自动识别技术,以及与 Internet、通信、传感网络等信息技术融合,构筑一个无所不在的网络环境。海量 RFID 信息处理、传输和安全对 RFID 的系统集成和应用技术提出了新的挑战。RFID 系统集成软件将向嵌入式、智能化、可重组方向发展,通过构建 RFID 公共服务体系,将使 RFID 信息资源的组织、管理和利用更为深入和广泛。

15.2.3 RFID 中间件

RFID 中间件是应用支撑软件的一个重要组成部分,是衔接硬件设备(如标签、阅读器)

和企业应用软件(如企业资源规划、客户关系管理等)的桥梁。中间件的主要任务是对阅读器传来的与标签相关的数据进行过滤、汇总、计算、分组,减少从阅读器传往企业应用的大量原始数据、生成加入了语义解释的事件数据。可以说,中间件是 RFID 系统的“神经中枢”。

对于 RFID 中间件的设计,有诸多问题需要考虑,例如,如何实现软件的诸多质量属性、如何实现中间件与硬件设备的隔离、如何处理与设备管理功能的关系、如何实现高性能的数据处理等。

中间件的功能主要是接受应用系统的请求,对指定的一个或者多个阅读器发起操作命令,如标签清点、标签标识数据写入、标签用户数据区读写、标签数据加锁、标签杀死等,并接收、处理、向后台应用系统上报结果数据。其中,标签清点是最为基本也是应用最为广泛的功能。

1. 标签清点功能

标签清点的工作流程可简单描述为:应用系统以规则的形式定义对标签数据的需求,规则由应用系统向中间件提出,由中间件维护。规则中定义了需要哪些阅读器的清点数据,标签数据上报周期(事件周期)的开始和结束条件,标签数据如何过滤,标签数据如何分组,上报数据为原始清点数据、新增标签数据还是新减标签数据,标签数据包含哪些原始数据等。

整个工作流程如图 15-8 所示,包含如下步骤。

(1) 应用系统指定某项规则,向中间件提出对标签数据的预订。

(2) 中间件根据应用系统对标签数据的预订情况,适时启动事件周期并向阅读器下发标签清点命令。

(3) 阅读器将一定时间周期(读取周期)中清点到的数据,发送给中间件。读取周期可由中间件与阅读器制定私下协商确定。

(4) 中间件接收由收阅读器上报的数据。

(5) 中间件根据规则的定义,对接收数据做过滤、分组、累加等操作。过滤过程可去除重复数据、应用系统不感兴趣的数据,大大降低了组件间的传输数据量。

(6) 中间件在事件周期结束时,按照规则的要求生成数据结果报告,发送给规则的预订者。

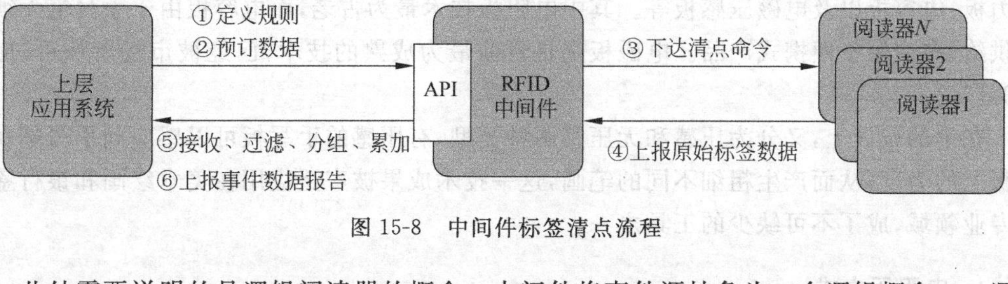

图 15-8　中间件标签清点流程

此处需要说明的是逻辑阅读器的概念。中间件将事件源抽象为一个逻辑概念——逻辑阅读器,一个逻辑阅读器可以包含多个物理阅读器,甚至可更细化为包含多个物理阅读器的多个天线。

逻辑阅读器的划分可以根据实际的系统部署情况来确定，例如，某一个仓库两个出口部署了4个阅读器，可根据需要将这4个阅读器配置成为一个逻辑阅读器，不妨命名为“仓库出口”。应用系统在需要仓库出口的标签数据时，可基于这个逻辑阅读器下发清点命令，而逻辑阅读器名称作为部分应用程序接口调用的参数。

2. RFID中间件发展方向

(1) 与阅读器管理系统的融合。中间件是阅读器与后台应用系统之间的桥梁，而阅读器通常有设备管理需求，比如软件版本下载、设备告警管理、参数配置等，阅读器管理系统也是直接与阅读器交互的软件模块。于是，如何处理好中间件与阅读器管理系统之间的关系成为一个亟待解决的问题。从软件部署(部署在同一台主机上)、软件模块重用(重用阅读器通信模块)等角度考虑，中间件与阅读器管理系统的融合势必成为中间件本身的一个优势。

(2) 对多标准标签的支持。RFID技术在国内外的发展和应用方兴未艾，国际上多个标准组织都试图统一RFID标准，但在一定的时期内，势必出现多标签并存的情况。于是，对多标准标签的支持也是中间件系统的一个发展方向。

(3) 对多厂商阅读器的支持。中间件与阅读器之间的接口、通信方式以及信息格式，也无法做到统一标准。对多厂商阅读器的支持，至少对少数几家主流厂商的阅读器的支持，已经是对中间件所提出的基本要求。

15.3 手写板

手写绘图输入设备对计算机来说是一种输入设备，最常见的是手写板。从功能上来说主要用于输入文字或者绘画，也带有一些鼠标的功能。在手写板的日常使用上，除用于文字、符号、图形等输入外，还可提供光标定位功能，从而手写板可以同时替代键盘与鼠标，成为一种独立的输入工具。

15.3.1 常见手写板种类

市场上常见的手写板通常使用USB接口与计算机连接，在某些计算机中出于特殊功能需要，键盘也会附带一块手写板，如图15-9所示。从单纯的技术上讲，手写板主要分为电阻压力板、电容板以及电磁压感板等。其中电阻板技术最为古老，而电容板由于手写笔无须电源供给，多应用于便携式产品。电磁板则是目前最为成熟的技术，已经被市场所认可，应用最为广泛。

在笔的设计上，又分为压感和无压感两种类型，有压感的手写板可以感应到手写笔在手写板上的力度，从而产生粗细不同的笔画，这一技术成果被广泛应用在美术绘画和银行签名等专业领域，成了不可缺少的工具之一。

1. 电阻压力式

电阻压力式手写板是由一层可变形的电阻薄膜和一层固定的电阻薄膜构成，中间由空气相隔离。其工作原理是：当用笔或手指接触手写板时，上层电阻受压变形并与下层电阻

(a) USB手写板

(b) 键盘附带手写板

图 15-9　手写板示例

接触，下层电阻薄膜就能感应出笔或手指的位置。优点：原理简单、工艺不复杂、成本较低、价格也比较便宜。缺点：由于通过感应材料的变形判断位置，感应材料易疲劳，使用寿命较短；感触不很灵敏，使用时压力不够则没有感应，压力太大时又易损伤感应板。

2. 电磁压感式

电磁压感式手写板是通过在手写板下方的布线电路通电后，在一定空间范围内形成电磁场，来感应带有线圈的笔尖的位置进行工作。这种技术目前被广泛使用，主要是由其良好的性能决定的。使用者可以用它进行流畅的书写，手感也很好，绘图很有用。电磁式感应板也有缺点：①对电压要求高，如果使用电压达不到要求，就会出现工作不稳定或不能使用的情况；②抗电磁干扰较差，易与其他电磁设备发生干扰；③手写笔笔尖是活动部件，使用寿命短（一般为一年左右）；④必须用手写笔才能工作，不能用手指直接操作。

3. 电容触控式

电容触控式手写板的工作原理是通过人体的电容来感知手指的位置，即当使用者的手指接触到触控板的瞬间，就在板的表面产生了一个电容。在触控板表面附着有一种传感矩阵，这种传感矩阵与一块特殊芯片一起，持续不断地跟踪着使用者手指电容的“轨迹”，经过内部一系列的处理，从而能够每时每刻精确定位手指的位置（X、Y 坐标），同时测量由于手指与板间距离（压力大小）形成的电容值的变化确定 Z 坐标，最终完成 X、Y、Z 坐标值的确定。因为电容式触控板所用的手写笔无须电源，特别适合于便携式产品。这种触控板是在图形板方式下工作的，其 X、Y 坐标的精度可高达每毫米 40 点（即每英寸 1000 点）。

15.3.2　功能结构

手写板一般使用一只专门的笔，或者手指在特定的区域内书写文字。手写板通过各种方法将笔或者手指走过的轨迹记录下来，然后识别为文字。对于不喜欢使用键盘或者不习惯使用中文输入法的人来说是非常有用的，因为它不需要学习输入法。手写板还可以用于精确制图，例如，可用于电路设计、CAD 设计、图形设计、自由绘画以及文本和数据的输入等。

有的手写板集成在键盘上，有的是单独使用，单独使用的手写板一般使用 USB 接口或者串口。目前手写板种类很多,有兼具手写输入汉字和光标定位功能的,也有专用于屏幕光标精确定位以完成各种绘图功能的。购买时首先要明确购买手写板的用途。另外,手写板在价格上的差异也很大,可根据自己需要和经济情况作相应选择。另外,如果要进行绘画,推荐使用有压感的数位板。

数位电磁板和压感式电磁板的工作原理都是采用了电磁感应技术。它由手写笔发射出电磁波,由写字板上排列整齐的传感器感应到后,计算出笔的位置后报告给计算机,然后由计算机做出移动光标或其他的相应动作。由于电磁波不需要接触也能传导,所以手写笔即使没有接触到写字板,写字板也能感应到,这样就使得书写更加地流畅。

但仅仅依靠电磁感应技术,无论用的力重还是用的力轻,反应出的线条都是一样的粗细。因此在第五代产品——压感电磁板中又加入了压力感应技术:笔尖可以随着用力的大小微微地伸缩,一个附加的传感器能感应到在笔尖上所施加的压力,并将压力值传给计算机,计算机则在屏幕上放映出该值笔迹的粗细。这样一来,手写板完全就可以同真正的笔相匹敌了;除了手写文字输入以外,还可以用来画画或模仿毛笔泼墨。压感电磁板目前市场上比较常见的有256级和512级两种,即可表现出256级压力和512级压力。这两种产品虽在压力级数上相差一倍,但并不意味着价格上相差一倍,两者的价格相当接近,因此建议选购512级的产品。

15.3.3 安装方法

手写板的安装也十分简单,关掉计算机,按照说明书,插上手写板装上驱动,按部就班地安装即可。目前的手写板多采用方便快捷即插即用的USB接口进行连接,而一些产品还是采用串口或PS/2+串口进行连接,或者表面上是USB接口而实际还是占用系统的串口连接。在使用该类接口时如果出现了硬件冲突这方面的故障,有可能是通信端口被其他设备(如网卡、还原卡、传真卡)占用而造成的。

假设是与某个设备发生串口冲突这种情况,可以先将冲突设备的串口驱动删掉,重新启动。再将手写板连上,安装手写板驱动。待手写板能够使用以后,再将冲突设备安装上去,并且更改其端口地址和中断。

安装好之后首先检查手写板上的指示灯是否正常操作。笔离开手写板时灯会熄灭,笔在手写板上方1cm距离内时灯会一直闪烁,笔点在板子上时灯会亮。如果这样就表示硬件运作正常。如果不是,那就有可能是手写板电源连接线未接妥,或者是手写板故障。其次,进入操作系统后,手写笔在基板上凌空移动时,光标也会跟着移动。这样表示驱动程序和硬件都运作正常。最后,激活手写识别系统,再开启一个编辑程序,然后写几个字看看是否有笔迹出现,以及字迹识别后会不会送入编辑程序内。如果达到效果,表示手写识别系统与手写板软硬件都运作正常。

15.3.4 手写签批

在实际应用中经常需要领导对各类公文进行手写批注、圈阅及签字,这使得基于键盘的签批方式不能适应领导的工作习惯,也不能保留原样字迹。文档手写签批的作用是效仿人们在纸质文件进行批注的习惯,为业务流转文档提供直接手写签批功能。支持压感的手写板或数位屏可以产生带笔锋的效果，和纸质文件上签批十分类似，如图 15-10 所示。手写签批系统由签批硬件(包括 USB 手写板、大尺寸数位屏等)和支持该硬件的签批中间件组成。

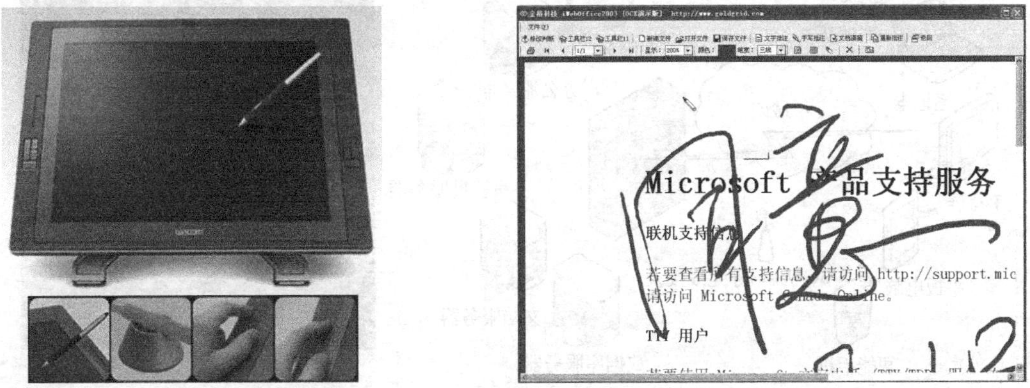

(a)　(b)

图 15-10　大尺寸数位屏及带笔锋的手写签批

签批中间件是对电子文件进行全文批阅的技术支撑，支持全文手写批注和键盘批注功能，不同用户的笔迹可以保存在同一文件中，并能够保留批注痕迹和选择不同的线宽、颜色等，批注内容直接透明显示在文字上方，可选择批注人姓名来显示不同批注人的批注，批注确认后无法复制、移动、删除。文字大小与颜色都可以任意选择，更加方便用户的使用。

用户用手写板、数位屏或者平板电脑直接在文档上进行连续纸张的全文批注，同时可以根据自己的书写习惯，用铅笔、钢笔或者毛笔的风格进行书写。用户的笔迹以矢量方式通过安全的加密方式和文档一起保存，每一个签批的人的笔迹是一个层次，可以任意有选择性地查看某单个人的笔迹，同时任意流程情况下均可以按照需要生成带有笔迹的文档，提供历史版本追述，以实现归档管理的要求。

除了手写、绘图等多种在线编辑功能，手写签批中间件还需要提供多种查看查询模式。比如围绕着签批内容的查询，有缩略页、模式设置、查看指定人员等，方便进行在线批阅文件。签批内容随时都会保存，批注人、创建时间、修改时间都会记录下来。

15.3.5　移动签批

各级领导经常出差在外，导致大量待签批公文滞压严重，既影响了办公效率，也加大了领导的工作负担。随着智能移动终端的迅速普及，有必要为几家主流的移动终端厂商量身定制基于移动平台的手写签批应用。

用户通过平板电脑或大屏幕智能手机登录系统客户端，即可对自己的公文进行下载、浏览、签批、提交、删除等管理操作。签批功能也不仅限于桌面端应用，在平板电脑上可轻松实现手写签批，修改、圈阅、签名等日常办公需求。在智能手机端可快速浏览公文，及时处理文件，无论外出还是在办公室都能达到同等的办公效果。移动签批系统充分发挥平板电脑具有便携性、可移动、签批方便等优势，为决策者们带来更高效、更便捷、更稳妥的移动办公体验。全面支持移动办公的手写签批如图 15-11 所示。

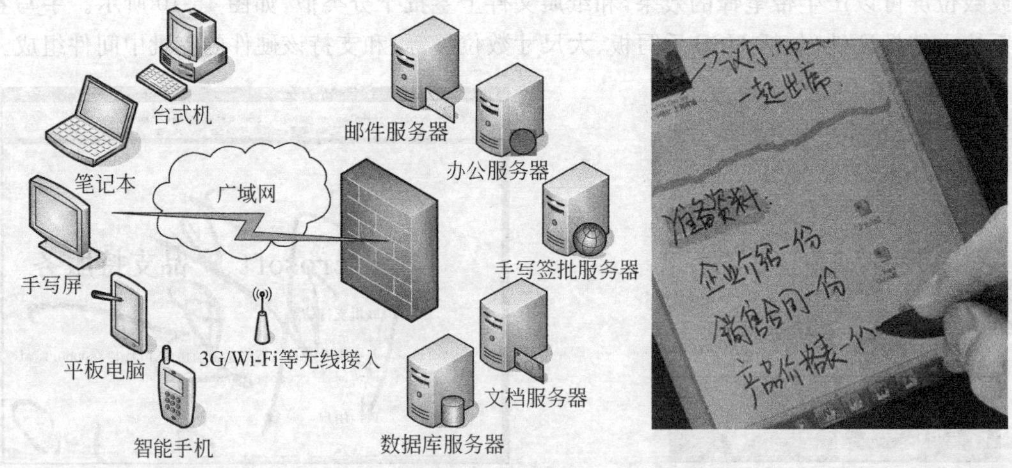

图 15-11　全面支持移动办公的手写签批

15.4　USB Key 技术

随着 Internet 和电子商务的发展，USB Key 作为网络用户身份识别和数据保护的“电子钥匙”，正在被越来越多的用户所认识和使用。在系统中实现对 USB Key 的集成，已经成为保护软件本身、识别用户身份和保护交易安全的一项常见手段。

15.4.1　USB Key 的发展

软件保护思想的发展催生了 USB Key。USB Key 这个概念最早是由加密锁厂家提出来的，加密锁是用来防止软件盗版的硬件产品，加密锁的概念是使安装在计算机内的应用程序脱离加密锁硬件无法运行来达到保护软件不被盗版的目的。随着网络应用的不断深入和应用软件销售模式的改变，未来的软件用户可能不需要购买软件在本地计算机上安装运行，而是将要处理的数据通过网络上传到专门运行该软件服务的应用服务器上处理，再通过网络取得数据处理的结果，软件开发商通过提供该应用服务收取软件费用。这个时候，软件厂商面临的问题就不再是如何防止本地软件被复制，而是如何确认网络用户的身份和用户数据的安全。于是加密锁厂商提出了 USB Key 的概念，用于识别用户身份。

此后，随着电子商务和 PKI 应用的兴起，数字证书作为确认用户身份和保护用户数据有效手段越来越被人们所接受。然而数字证书实质上表现为带有用户信息和密钥的一个数据文件，如何保护数字证书本身又成为 PKI 体系中最薄弱的环节。数字证书可以保存在各种存储介质上，如软盘、硬盘等。国内 CA 早期颁发的数字证书都是以软盘的形式发放，或者由用户从网络上下载，然后导入到系统中保存在硬盘上。然而，用软盘保存数据是非常不可靠和不安全的，软盘虽然便于携带，却非常容易损坏，而用硬盘保存数据虽然不容易损坏，但是不便于携带，更致命的是不论用硬盘还是用软盘保存数字证书都非常容易被复制或被病毒破坏。虽然一般数字证书都带有密码保护，然而一旦证书被非法复制，整个安全系统的安全性就降低到仅仅靠密码保护的级别。于是，专门用于存储秘密信息的 USB Key 就很自然地成为数字证书的最佳载体。

目前市场上见到的 USB Key 按照硬件芯片不同可以分为使用智能卡芯片和不使用智能卡芯片两种。按照 CPU 是否内置加密算法又可以分为带算法和不带算法两种。一般把不带加密算法的称为存储型 USB Key，带加密算法的称为加密型 USB Key。

存储型的 USB Key 由于其硬件功能的限制，仅能实现简单的数据摘要算法，对于 PKI 中广泛使用的对称和非对称加密算法只能通过运行在 PC 上的中间件来实现。这样在加密和签名运算中用户的密钥就会出现在内存中，有可能被技术高超的黑客获取。

随着用户对信息安全要求的提高，市场出现了由硬件实现加密运算的需求。智能卡技术的发展，智能卡运算能力不断提高，出现了可以运行加密算法的智能卡。然而，以卡片形式存在的智能卡在使用时必须通过读卡器与计算机通信，非常不方便用户使用。

于是出现了将智能卡芯片和读卡器结合在一起的 USB Key。与智能卡技术结合增强了 USB Token 的安全性。带有智能卡芯片的 USB Key 可以通过内置的智能卡芯片在 Key 内部硬件实现 DES/3DES、RSA 加解密运算，并支持 Key 内生成 RSA 密钥对，杜绝了密钥在客户端内存中出现的可能性，大大提高了安全性。

USB Key 的发展过程如图 15-12 所示。

图 15-12　USB Key 的发展过程

随着电子政务和电子商务的发展，国内各地区和各行各业都建立了自己的 CA 并向各自的客户提供数字证书服务，使用数字证书的用户越来越多。由于 USB Key 在证书存储方面的优越性，越来越多的 CA 和用户选择了 USB Key 作为证书存储介质。因此，随着市场的扩大，越来越多的厂家特别是原来的智能卡厂家相继进入，从而有力地带动了 USB Key 相关产业的发展和应用。

1. USB Key 安全性高

(1) 可有效防止黑客或他人盗取证书。证书一旦下载到 USB Key 中，便无法复制、导出，因此黑客无法窃取证书。

(2) USB Key 有 PIN 码保护，且 PIN 码有输错次数限制，一旦连续输错次数超过限制，USB Key 自动锁死，重新启用需办理较为复杂的手续。

(3) 证书存放在 USB Key 中，不受计算机硬盘格式化、重装系统等的影响，可有效防止证书损毁和丢失。

2. 和 USB Disk 的区别

USB Key 样子虽然和 USB Disk(俗称 U 盘、优盘、闪存盘等)差不多，都是插在计算机的 USB 接口中使用，但两者具有很大区别。

(1) 两者的作用不同。U 盘是用来存储数据的，因此容量都比较大，以 GB 计算；而 USB Key 属于智能存储设备，主要用于存放数字证书，一般容量较小，以 KB 计算。

(2) U 盘中数据随意进行读写、复制，而数据一旦存放在 USB Key 中，则不可被复制和导出，可有效防止证书被他人复制窃取，安全性非常高。

(3) USB Key 中有 CPU 芯片，具有较强的计算能力，可进行数字签名和签名验证时所需的运算，而 U 盘一般没有。

15.4.2 三种使用方式

目前身份识别主要有三种手段：最常见的是使用用户名加密码的方式，当然这也是最原始、最不安全的身份确认方式，非常容易由于外部泄露等原因或通过密码猜测、线路窃听、重放攻击等手段导致合法用户身份被伪造。第二种是生物特征识别技术(包括指纹、声音、手迹、虹膜等)，该技术以人体唯一的生物特征为依据，具有很好的安全性和有效性，但实现的技术复杂，技术不成熟，实施成本昂贵，在应用推广中不具有现实意义。第三种也是现在电子政务和电子商务领域较为流行的身份方式——基于 USB Key 的身份认证系统。基于 USB Key 的身份认证技术是一种比普通的"用户名＋密码"方法更安全，而又比生物特征身份识别技术更低廉的解决日益严峻的身份识别问题的方法。

USB Key 厂家将 USB Key 与 PKI 技术相结合，开发出了符合 PKI 标准的安全中间件，利用 USB Key 来保存数字证书和用户私钥，并对应用开发商提供符合 PKI 标准的编程接口如 PKCS＃11 和 MSCAPI，以便于开发基于 PKI 的应用程序。由于 USB Key 本身作为密钥存储器，其自身的硬件结构决定了用户只能通过厂商编程接口访问数据，这就保证了保存在 USB Key 中的数字证书无法被复制；并且每一个 USB Key 都带有 PIN 码保护，这样 USB Key 的硬件和 PIN 码构成了可以使用证书的两个必要因子。如果用户 PIN 码被泄露，只要保存好 USB Key 的硬件就可以保护自己的证书不被盗用；如果用户的 USB Key 丢失，获得者由于不知道该硬件的 PIN 码，也无法盗用用户存在 USB Key 中的私钥。

USB Key 主要用作基于公钥体系的数字证书和私钥的安全载体。RSA 密钥对是在 USB Key 内生成的，私钥永远不能导出，确保证书持有人的信息安全。同时采用"Key ＋PIN 码"的双因子认证，保证数字证书和私钥的合法使用。"Key ＋PIN 码"的双因子认证是指通过 PIN 码保护钥匙，钥匙又可以保护数字证书，既有 USB-Key 插入计算机，且验证其 PIN 码后才能使用 Key 里的私钥进行签名。

与 PKI 技术的结合，使 USB Key 的应用领域从仅确认用户身份，扩展到可以使用数字证书的所有领域，广泛用于安全交易等场合。其功能层次如图 15-13 所示。

1. 身份认证应用

USB Key 的签名和验签机制，利用 PKI 数字证书机制，实现了服务器和客户端的双向身份认证，如图 15-14 所示。

通过验证用户证书的有效性和合法性，来确认用户具有系统赋予的角色权限。通过交易系统的用户名密码结合证书的方式，甚至不需要用户名密码的方式就可登录系统，确定用户身份。平台服务器可配置服务器证书，建立起 SSL 安全通道，用户或者客户端必须使用

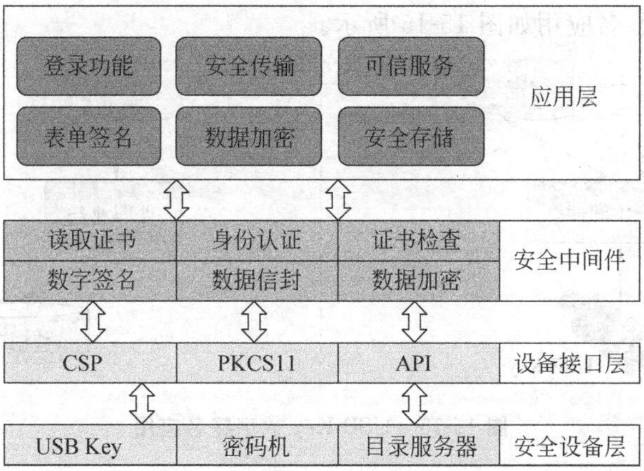

图 15-13　USB Key 功能层次

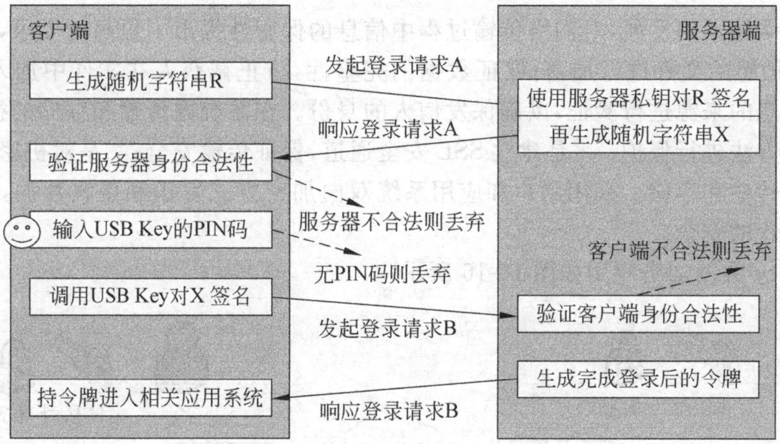

图 15-14　USB Key 身份认证应用

证书才能登录到系统。通过双向的认证机制，保证登录者的真实身份。

2. 数字签名应用

使用数字签名中间件，可以对文字、表格、文件、图像、图形等类型的数据进行签名，制作数字信封、证书解析、数据编码、数据摘要、获取数据原文等功能。网上交易平台与数字签名中间件结合，当用户要提交电子数据时，客户端程序通过签名中间件读取用户的个人证书，验证个人证书信息及有效性，然后使用签名中间件的标准签名方法对电子文件进行签名，最后发送到网上交易平台。

数字签名验证的内容包括如下。

(1) 正确性。数字签名的密文能否通过标准的验签算法验证出签名者信息。

(2) 完整性。验证出来的原文哈希值是否与原文的哈希值一致。

(3) 真实性。验证的签名者证书信息是否与原签名者证书一致。

(4) 可靠性。签名者证书是否由可靠的 CA 权威机构颁发；签名时间是否在签名证书的有效期内；实施签名时，签名证书是否已经被吊销。

USB Key 数字签名应用如图 15-15 所示。

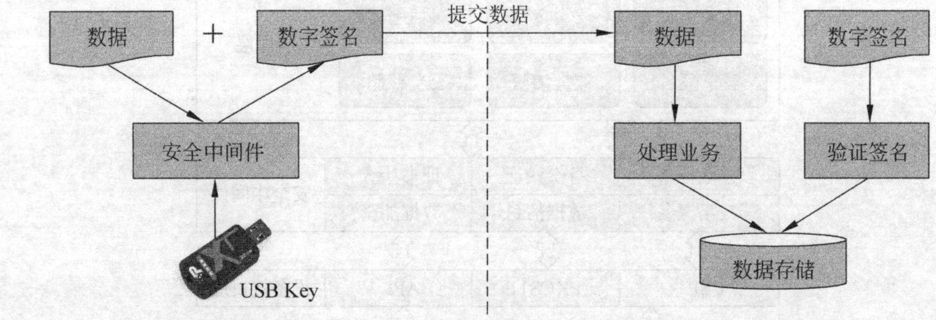

图 15-15　USB Key 数字签名应用

3. 数据加密应用

随着网络技术的发展，对网络传输过程中信息的保密性提出了更高的要求，这些要求主要包括：对敏感的文件进行加密；保证数据的完整性，防止截获人在文件中加入其他信息；对数据和信息的来源进行验证，以确保发信人的身份。在系统内传输和存储的机密资料，可以通过两种方法进行保护：一是建立 SSL 安全通道，保证传输安全；二是对机密信息进行加密处理后再传输和存储。采用用户和应用系统双向加密方式发送和接收数据，可有效保障数据加密过程的安全。

USB Key 数据加密应用如图 15-16 所示。

图 15-16　USB Key 数据加密应用

USB Key 采用非对称加密技术，发送方用接收方的公钥对原文进行加密，接收方用自己的私钥进行解密：因为只有接收方才拥有自己的私有密钥，所以即使其他人得到了经过加密的会话密钥，也因为无法进行解密而保证了会话密钥的安全性，从而也保证了传输文件的安全性。

15.4.3　电子签章

电子签章指所有以电子形式存在，依附于电子文件并与其逻辑相关，可用以辨识电子文件签署者身份，保证文件的完整性，并表示签署者同意电子文件所陈述事项的内容。原理大致为：由程序将密钥和需传送的文件浓缩成信息摘要予以运算，得出数字签章，将数字签章并同原交易信息传送给交易对方，后者可用来验证该信息确实由前者传送、查验文件在传送过程是否遭他人篡改，并防止对方抵赖。

对于内嵌于文档中的电子签章来讲，主要的技术难点在于如何保证它不依赖于宿主的安全，能独立控制签章及公文的安全。电子签章子系统将传统的印章、手写签名以数字化的形式技术表现出来，利用数字签名技术保障电子签章及签章所在实体的安全。

电子签章的主要功能包括签章制作、加盖签章、签章验证、签章脱密等。

(1) 签章制作。根据单位公章图片或个人手写签名的图片，使用证书进行签名和授权，制作成电子签章，通过密码保存成 XML 文件，或者保存在签章服务器上。

(2) 加盖签章。为了保证签章后的公文不能被非法修改、不允许复制、插入到其他文档中，在文档上通过密码调用电子单位公章或手写签名章，然后加盖在文档的任意位置。电子签章可以设置为位置允许移动或不允许移动。

(3) 签章验证。可以查看本文档中存在几个签章，以及各个签章的验证合法情况。在对文档进行电子签章之后，如果再有修改，则该电子签章立即失效，直观表现为图像上出现两条删除线，也可以通过签章验证功能得到证实。

(4) 签章脱密。允许用户将文档中签章脱密保存，脱密成功后签章生成为黑色，方便用户分发已经签章的文档给第三方，保护签章安全可靠。当文档需要输出离开电子签章环境，可以使用脱密输出功能，签章图像将会变成黑白形式，不影响打印但无法验证其真实性，避免在其他环境中篡改。当文档已经进行脱密输出到其他环境，将不允许再次签章，除非先行撤销脱密签章。

签章验证的示例如图 15-17 所示。

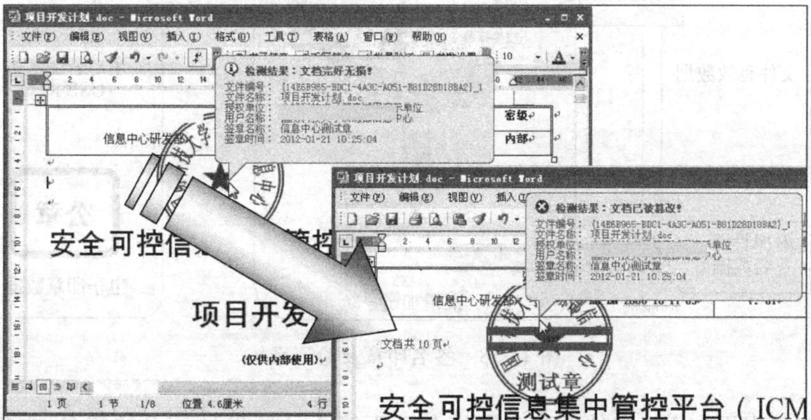

图 15-17　电子签章验证文档改动

《电子签名法》确立电子签名活动中的相关要素，如表 15-4 所示。

表 15-4　电子签名的相关要素

相关要素	简　　介
数据电文	以电子、光学、磁或者类似手段生成、发送、接收或者储存的信息
电子签名	是指数据电文中以电子形式所含、所附用于识别签名人身份并表明签名人认可其中内容的数据
电子签名认证证书	可证实电子签名人与电子签名制作数据有联系的数据电文或者其他电子记录
电子签名验证数据	用于验证电子签名的数据，包括代码、密码、算法或者公钥等

可靠签名需要满足如下要求：电子签名制作数据用于电子签名时，属于电子签名人专有；签署时电子签名制作数据仅由电子签名人控制；签署后对电子签名的任何改动能够被发现；签署后对数据电文内容和形式的任何改动能够被发现；可靠的电子签名与手写签名或者盖章具有同等的法律效力。

1. 电子签章原理

电子签章系统是一整套采用 ActiveX/COM 技术开发的应用软件，它可实现在 DOC、XLS、PDF 等文件上实现手写电子签名上加盖电子印章，并将该签章和文件通过数字签名技术绑定在一起，一旦被绑定的文档内容发生改变(非法篡改或传输错误)，签章将失效。只有合法拥有印章钥匙盘并且有密码权限的用户才能在文件上加盖电子签章，保证文档防伪造、防篡改、防抵赖，安全可靠。

电子签章的核心技术是数字签名。签名印章及验证系统的工作过程如图 15-18 所示。

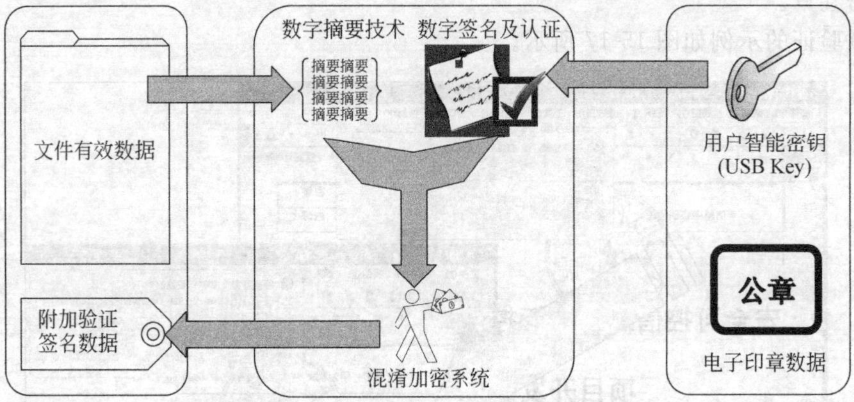

图 15-18 签名印章及验证系统

数字签名作用在于：文件发送者即签名者不能否认所发送信息的签名；文件接收者能够验证发送者所发送信息签名的真实性；采用数字签名技术，只要保证签名方私钥信息的秘密性，就能够保证任何其他人都无法对签名进行伪造；因为任何更改都可以导致签名的无效，所以不能对发送者的原始信息进行任何更改。

2. 印章制作流程

(1) 印章申请用户提供电子印章申请，提供相应信息，例如，名称、印章图片等，详细参数指标以内部制定的电子签章标准为准。

(2) 信息交互模块完成印章用户的信息采集，将所有信息提交给印章生成模块。

(3) 根据收集的信息生成电子印章。

(4) 电子印章写入签章服务器中，然后再对印章的分配进行授权管理，其他信息通过信息交互提供给用户。

3. 文档签章流程

(1) 盖章者插入 USB Key，提供需要盖章的文档。

(2) 电子印章管理模块进行印章系统自身的检验，检验印章是否有效，若无效，盖章失败；若有效进行步骤(3)。

(3)加盖印章模块对文档进行签名，将签名结果、数字证书和印章图片等信息生成符合规范的盖章结构生成符合文档。

电子签章服务的逻辑结构图 15-19 所示。

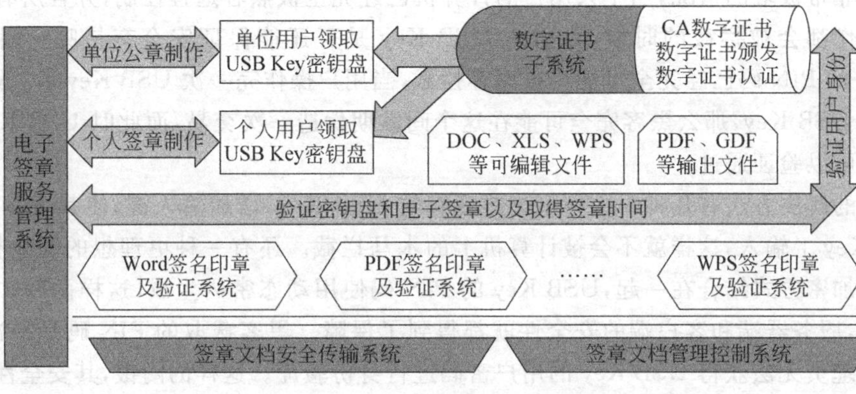

图 15-19　电子签章服务逻辑结构

15.4.4　网银中的风险

当使用网银系统的时候，在计算机上插入 USB Key，然后输入 PIN 码，如果验证通过，则可以进行相关交易，如图 15-20 所示。这种加密方式使用了双钥加密，私钥安全地保存在 Key 中，在网络应用的环境下，可以更安全，弥补了动态密码锁单钥加密的一些缺陷。

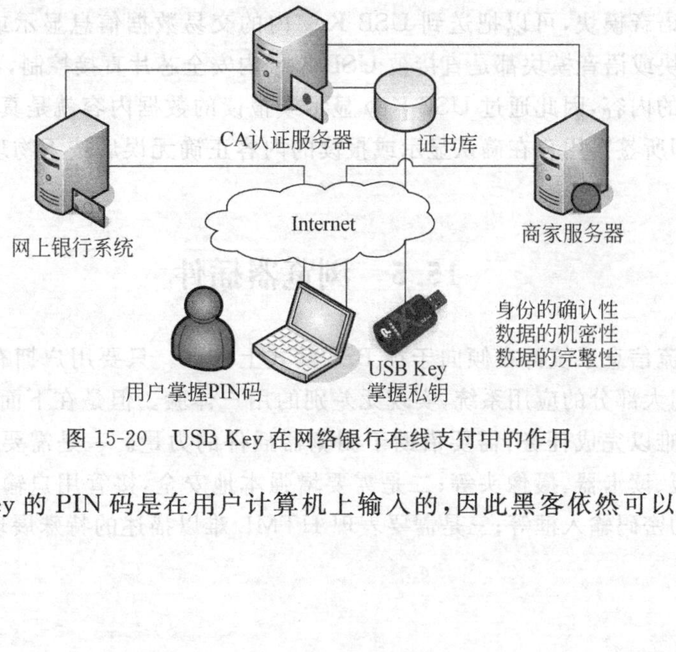

图 15-20　USB Key 在网络银行在线支付中的作用

由于 USB Key 的 PIN 码是在用户计算机上输入的，因此黑客依然可以通过程序截获用户 PIN 码，如果用户不及时取走 USB Key，那么黑客可以通过截获的 PIN 码来取得虚假认证，仍然存在安全隐患。而动态密码锁使用随机的一次性密码，不存在这样的问题。

USB Key 内置 CPU 或智能卡芯片，可以实现数据摘要、数据加解密和签名的各种算法，加解密运算在 USB Key 内进行，保证了用户私钥不会出现在计算机内存中。虽然 USB Key 内置 CPU 或智能卡芯片可以完成加密运算，但是数据从计算机上传入 USB Key 的过程中还是有可能被拦截和修改，USB Key 内置的 CPU 只能保证自身的运算安全，却难以保证数据传入前不被修改。客户的一笔交易在送入 USB Key 加密前，可能会被黑客拦截屏篡改为另外一笔交易，这样可以在用户不知情的情况下篡改交易而认证通过。

一个非常极端的情况，当个人用户的计算机已经完全被黑客远程控制，并且所有键盘和屏幕的操作都会被拦截的时候，目前的 USB Key 是否还能保证安全交易呢？因为此时 USB Key 的 PIN 码已经完全可能会被黑客拦截，当用户操作完一次 USB Key 后，假如没有立即拔出 USB Key，那么黑客完全可能在这个间歇期伪造一次交易，而此时 USB Key 以及 PIN 码都可以验证通过。

较好的解决方法有几种。一种是改造现有的 USB Key，增加输入键，使其 PIN 码可以在 USB Key 上输入，这样就不会被计算机上的木马拦截。还有一种更理想的安全模式，是将这两种加密方式结合在一起，USB Key 的 PIN 码使用动态密码生成，这样两种加密锁结合在一起，服务器端和客户端的安全性就都得到了保障。黑客截取的 PIN 码是一次性的，而网银管理员无法获得 USB Key 的用户密码进行身份验证。这样的网银，其安全性就比较高了。但这几种方法的成本较高，不适宜大规模推广。

目前有些 USB Key 已经从硬件形态上增加了一个物理按键。当需要使用 USB Key 内私钥进行签名时，就会启动按键等待操作。在有效时限内(用户可以自行设定时限长短)按下物理按键后签名才能成功，否则签名操作失败。即使 USB Key 的密码被人截取，木马程序发起一个非法的交易申请，由于无法进行物理上的按键操作致使整个交易不能进行下去。更重要的是这种实现方式对银行端没有任何影响，只需改变的是用户的操作习惯。

另外，面对交易数据在用户客户端提交到 USB Key 过程中被篡改的危险性，还可以增加显示模块或语音模块，可以把送到 USB Key 内的交易数据信息显示或报读出来。USB Key 的显示模块或语音模块都是直接被 USB Key 内安全芯片直接控制，不会被木马程序更改显示或报读的内容，因此通过 USB Key 显示或报读的数据内容就是真正被签名的内容。实现了“所见即所签”，用户在确认显示或报读的内容正确无误后按下物理按键即可完成整个交易。

15.5 浏览器插件

现在的主流信息系统都在倾向于往 B/S 模式上迁移。只要用户拥有一个合适的浏览器，就可以访问大部分的应用系统，实现无差别的用户体验。但是在下面几种情况下，纯粹的客户端代码难以完成任务，需要借助于浏览器插件的力量。一是需要访问本地资源，例如，调用手写板、读卡器、摄像头等；二是需要增强本地安全，接管用户输入并进行混淆，例如，网上银行的密码输入框等；三是需要表现 HTML 难以描述的特殊展现形式以及触发本地事件，例如，点击下载或直接播放。

通常采用的手段有两种：一种是 ActiveX 技术，另一种是 Java Applet 技术。

15.5.1　浏览器插件概念

在处理浏览器问题的时候，经常会接触到插件（Plug-in）、控件（Control）、附加组件（Add-on）、扩展（Extension）、应用（App）等名词，大多时候都是混着用的，有时也将它们笼统地称为"插件"。按照安装方式区分，大致可以将它们分为两种：外挂和内嵌。

即使计算机上没有安装浏览器，也可以安装插件和控件，因为它们是不依附于浏览器而独立存在的，是通过注册了一些文件，以"外挂"的形式来提供给浏览器进行调用。当然，如果不安装浏览器的话，这些东西也没什么实际意义。

而附加组件、扩展、应用之类则是离开了浏览器就毫无意义。如果没有相应支持的浏览器的话，这些东西都不能安装，更谈不上运行。这些内容和特定的浏览器相关性更强，它们是建立在浏览器本身的架构上的增值功能，所以说是"内嵌"。

插件是一种遵循一定规范的应用程序接口编写出来的程序。很多软件都有插件，插件有无数种。例如，在 IE 中，安装相关的插件后，浏览器能够直接调用插件程序，用于处理特定类型的文件。IE 浏览器常见的插件，例如，Flash 插件、RealPlayer 插件、MMS 插件、MIDI 五线谱插件、ActiveX 插件等；再比如 Win amp 的 DFX，也是插件。

如果按照生产商的品牌分，浏览器的种类起码有成百上千种。但是如果按浏览器核心分类，它的种类就会少得多。当今浏览器核心的种类值得一提的大约只有 4 个，分别是 Trident、Gecko、WebKit 和 Presto。它们的主要特点及代表如表 15-5 所示。

表 15-5　常见浏览器的内核和特点

内核	代表浏览器	特　点
Trident	Internet Explorer、遨游、Maxthon 遨游、世界之窗、腾讯 TT、360 安全浏览器等	市场占有率过半，又经常称为 IE 核心。只能应用于 Windows 平台，且是不开源的
Gecko	Mozilla FireFox 和 Netscape 6 至 9	最大优势是跨平台，能在 Windows、Linux 和 Mac OS X 等主要操作系统上运行
WebKit	Apple Safari 和 Google Chrome	包含了来自 KDE 项目和苹果公司的一些组件，主要用于 Mac OS 系统
Presto	Opera 7.0 及以上	加入动态功能，阅读 JavaScript 效能得以最佳化，被称为速度最快的引擎

针对这些浏览器的插件开发方法各异，从而导致开发商经常为达到各种浏览器的适配而花费不少精力。在此只讨论在软硬件集成过程中，针对各种浏览器最为常用的两种插件技术：专用于 IE 内核的 ActiveX 技术，可用于多个浏览器的 Java Applet 技术。

补充说明一下，不到万不得已最好不要在网页上使用浏览器控件技术，主要基于以下几个原因。

(1) 功能过于强大，强大到一旦安装，所具有的权限可以做任何事，极易被人利用做坏事（相信大家都有浏览网页后莫名被安装流氓软件的经历，当然流氓软件利用的方式不止控件一种)。

(2) 通过网页下载控件的中间过程受到操作系统、杀毒软件、浏览器等多方面因素限制,这使得控件产品未必能在所有用户的计算机上正常使用。

(3) 未签名没有正规安全证书的控件,在最新的浏览器上默认安全策略是直接屏蔽掉的;而如果想要获取这个信任,需要向少数单位申请,花费比较高。

15.5.2 ActiveX 技术

ActiveX 是 Microsoft 提出的一组使用 COM 使得软件部件在网络环境中进行交互的技术集,它与具体的编程语言无关。作为针对 Internet 应用开发的技术,ActiveX 被广泛应用于 Web 服务器以及客户端的各个方面。同时,ActiveX 技术也被用于方便地创建普通的桌面应用程序。ActiveX 控件这种技术涉及了几乎所有的 COM 和 OLE 的技术精华,如可链接对象、统一数据传输、OLE 文档、属性页、永久存储以及 OLE 自动化等。

ActiveX 控件可以使 COM 组件从外观和使用上能与普通的窗口控件一样,而且还提供了类似于设置 Windows 标准控件属性的属性页,使其能够在容器程序的设计阶段对 ActiveX 控件的属性进行可视化设置。ActiveX 控件提供的这些功能都基于浏览器对其的信任,如图 15-21 所示。

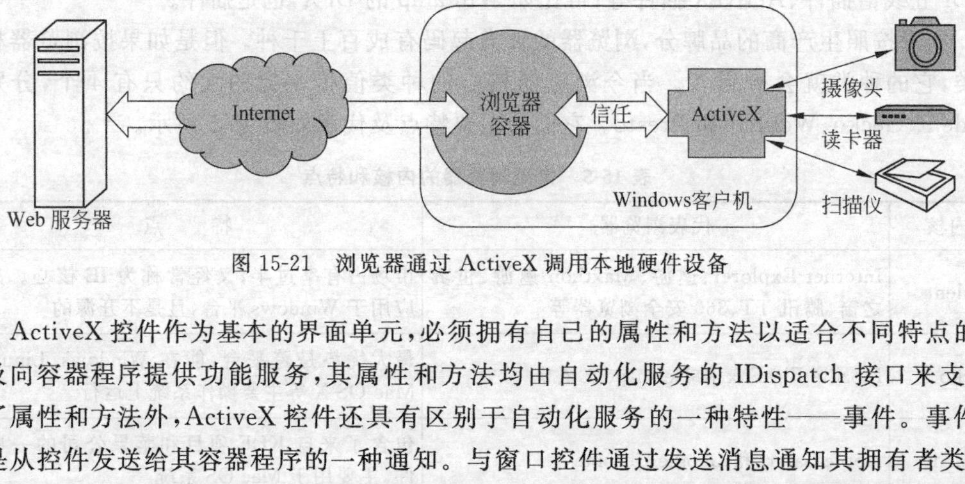

图 15-21 浏览器通过 ActiveX 调用本地硬件设备

ActiveX 控件作为基本的界面单元,必须拥有自己的属性和方法以适合不同特点的程序及向容器程序提供功能服务,其属性和方法均由自动化服务的 IDispatch 接口来支持。除了属性和方法外,ActiveX 控件还具有区别于自动化服务的一种特性——事件。事件指的是从控件发送给其容器程序的一种通知。与窗口控件通过发送消息通知其拥有者类似,ActiveX 控件是通过触发事件来通知其容器的。事件的触发,通常是通过控件容器提供的 IDispatch 接口来调用自动化对象的方法来实现的。在设计 ActiveX 控件时就应考虑控件可能会发生哪些事件,以及容器程序将会对其中的哪些事件感兴趣并将这些事件包含进来。

与自动化服务不同,ActiveX 控件的方法、属性和事件均有自定义(Custom)和库存(Stock)两种不同的类型。自定义的方法和属性也就是是普通的自动化方法和属性,自定义事件则是自己选取名字和 Dispatch ID 的事件。而所谓的库存方法、属性和事件则是使用了 ActiveX 控件规定了名字和 Dispatch ID 的"标准"方法、属性和事件。

ActiveX 控件的开发可以分为三种:第一种是直接用 COM 的 API 来开发,这样做显然非常麻烦,对程序员要求也非常高,因此一般是不予考虑的;第二种是基于传统的 MFC,采用面向对象的方式将 COM 的基本功能封装在若干 MFC 的 C++ 类中,开发者通过继承这些类得到 COM 支持功能。MFC 为广大 Visual C++ 程序员所熟悉，易于上手学习，但缺点是 MFC 封装的东西比较多，因此用 MFC 开发出来的控件相对会比较大，因此比较适于开发桌面 ActiveX 控件，尤其是有 GUI 界面的控件；第三种就是基于 ATL 的，ATL 可以说是专门面向 COM 开发的一套框架，使用了 C++ 的模板技术，在运行时不需要依赖于类似 MFC 程序所需要的庞大的代码模块，更适合于 Web 应用开发；但是需要重新学习新的 ATL 框架，入门难度略大。

ActiveX 控件运行在客户端，从中可以获得客户端的一些信息，如 IC 卡的信息、客户端的验证等。但是 ActiveX 控件的客户端部署很困难，如客户端不能正确下载，下载了以后不能正确执行，安装的时候需要设置 IE 的安全级别等。但是，有时候别无选择，必须使用 ActiveX 控件(*.ocx)嵌入到网页中执行来获取客户端的信息，比如调用本地读卡器。

15.5.3 Applet 技术

Java 最初出现的形式就是 Applet。Applet 运行于浏览器上，可以生成生动活泼的页面，进行友好的人机交互，同时还能处理图像、声音、动画等多媒体数据。

Java Applet 是用 Java 语言编写的一些小应用程序，这些程序是直接嵌入到页面中，由支持 Java 的浏览器解释执行能够产生特殊效果的程序。它可以大大提高 Web 页面的交互能力和动态执行能力。包含 Applet 的网页被称为 Java-powered 网页。当用户访问这样的网页时，Applet 被下载到用户的计算机上执行，但前提是用户使用支持 Java 的网络浏览器。

Applet 小应用程序的实现主要依靠 java.applet 包中的 Applet 类。与一般的应用程序不同，Applet 应用程序必须嵌入在 HTML 页面中，才能得到解释执行；同时 Applet 可以从 Web 页面中获得参数，并和 Web 页面进行交互。含有 Applet 的网页的 HTML 文件代码中必须带有<applet>和</applet>这样一对标记，当支持 Java 的网络浏览器遇到这对标记时，就将下载相应的小程序代码并在本地计算机上执行该 Applet 小程序。

Java 以其跨平台的特性深受人们喜爱，而又正由于它的跨平台的目的，使得它和本地机器的各种内部联系变得很少，约束了它的功能。解决 Java 对本地操作的一种方法就是 Java 原生接口(Java Native Interface,JNI)。Java 可以通过 JNI 调用 C/C++ 的库。

Java 通过 JNI 调用本地方法，而本地方法是以库文件的形式存放的(在 Windows 平台上是 *.dll 文件形式，在 Linux 机器上是 *.so 文件形式)。通过调用本地的库文件的内部方法，使 Java 可以实现和本地机器的紧密联系，调用系统级的各接口方法，如图 15-22 所示。

在 B/S 架构下经常需要实现客户端的硬件(读卡器)设备通信，得到硬件(读卡器)的数据。在此与硬件设备通信的 C 或其他的语言一般由设备商提供。系统集成商只负责实现 JavaScript 与 Applet 的通信，以及 JNI 与 C 的通信。

在此需要解决的主要问题是 JavaScript 和 Applet 怎样通信? JNI 怎样调用 C 来实现和硬件通信? 由于 Applet 的安全级别非常高，那么怎样实现安全认证或数字签名? 由于在 B/S 架构下程序一般放在服务器端，怎样来实现对客户端的硬件(读卡器)操作?

下面是在 Linux 下 Java JNI 调用 C 语言动态链接库的具体操作步骤。

(1) 创建一个 Java Applet(Hello.java)定义原生的 C/C++ 函数。

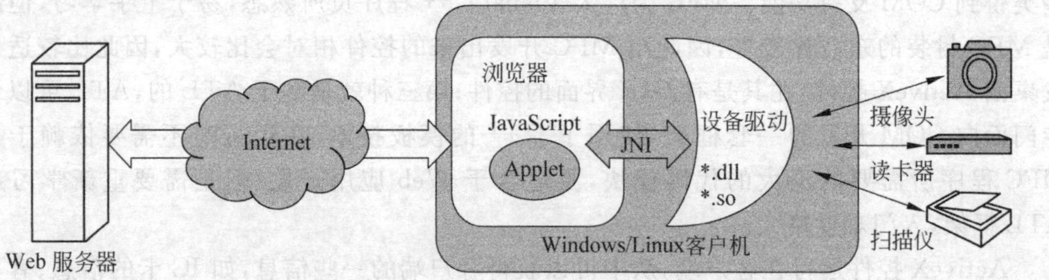

图 15-22 浏览器 Applet 通过 JNI 调用本地硬件设备

(2) 用 javac 编译 Hello. java 生成 Hello. class。

(3) 用 javah 带-jni 参数编译 Hello. class 生成 Hello. h 文件，该文件中定义了 C 的函数原型。在实现 C 函数的时候需要。

(4) 创建 Hello. c，实现 Hello. h 定义的函数。在此可以调用本地硬件，比如 RFID 阅读器、摄像头等设备，实现与本地硬件的交互。

(5) 编译 Hello. c 生成 libHello. so。

(6) 在 Java 虚拟机运行程序 Hello。

15.6 摄像头和云台

摄像头是一种视频输入设备，被广泛地运用于视频会议、远程医疗及实时监控等方面。人们也可以彼此通过摄像头在网络进行有影像、有声音的交谈和沟通。另外，还可以将其用于当前各种流行的数码影像和影音处理。为了固定大型摄像头和摄像机，还有可能需要采取云台设备，以远程操纵摄像方向。

15.6.1 摄像头

摄像头表现形式多样，如图 15-23 所示，从大体上可以分为数字摄像头和模拟摄像头两大类。数字摄像头可以将视频采集设备产生的模拟视频信号转换成数字信号，进而将其储存在计算机里。模拟摄像头捕捉到的视频信号必须经过特定的视频捕捉卡将模拟信号转换成数字模式，并加以压缩后才可以转换到计算机上运用。

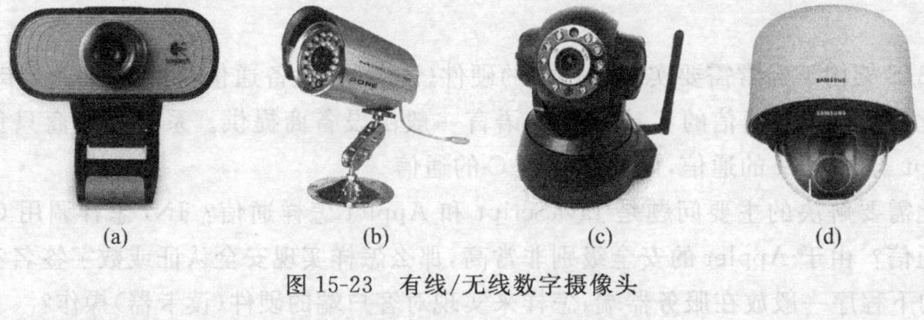

(a) (b) (c) (d)

图 15-23 有线/无线数字摄像头

数字摄像头可以直接捕捉影像，然后通过串口、并口或者 USB 接口传到计算机里。现在市场上的摄像头基本以数字摄像头为主，而数字摄像头中又以使用新型数据传输接口的

USB 数字摄像头为主,目前市场上可见的大部分都是这种产品。除此之外还有一种与视频采集卡配合使用的产品,但目前还不是主流。由于个人计算机的迅速普及,模拟摄像头的整体成本较高等原因,USB 接口的传输速度远远高于串口、并口的速度,因此现在市场普通用户选择的热点主要是 USB 接口的数字摄像头。

摄像头的工作原理大致为:景物通过镜头生成的光学图像投射到图像传感器表面上,然后转为电信号,经过 A/D(模数转换)转换后变为数字图像信号,再送到数字信号处理芯片(DSP)中加工处理,再通过 USB 接口传输到计算机处理,通过显示器就可以看到图像了。

从摄像头的工作原理就可以列出摄像头的主要结构和组件。

(1) 镜头(Lens)。透镜结构由几片透镜组成,有塑胶透镜(Plastic)或玻璃透镜(Glass)。

(2) 图像传感器(Sensor)。可以分为两类,即 CCD(Charge Couple Device,电荷耦合器件)和 CMOS(Complementary Metal Oxide Semiconductor,互补金属氧化物半导体)。

(3) 数字信号处理芯片(DSP)。DSP 生产厂商较多,较为流行的有 VIMICRO(中星微)301P/L、SONIX(松瀚)102/120/128、ST(罗技 LOGITECH 的 DSP 提供商)等。

(4) 电源。摄像头内部需要两种工作电压:3.3V 和 2.5V,最新工艺芯片有用到 1.8V。

15.6.2　云台

如果一个监视点上所要监视的环境范围较大,则在摄像部分中必须设置云台。云台是承载摄像机进行水平和垂直两个方向转动的装置,如图 15-24 所示。云台是安装、固定摄像机的支撑设备,分为固定和电动云台两种。固定云台适用于监视范围不大的情况,在固定云台上安装好摄像机后可调整摄像机的水平和俯仰的角度,达到最好的工作姿态后只要锁定调整机构就可以了。电动云台适用于对大范围进行扫描监视,它可以扩大摄像机的监视范围。电动云台高速姿态是由两台执行电机来实现,电机接受来自控制器的信号精确地运行定位。在控制信号的作用下,云台上的摄像机既可自动扫描监视区域,也可在监控中心值班人员的操纵下跟踪监视对象。

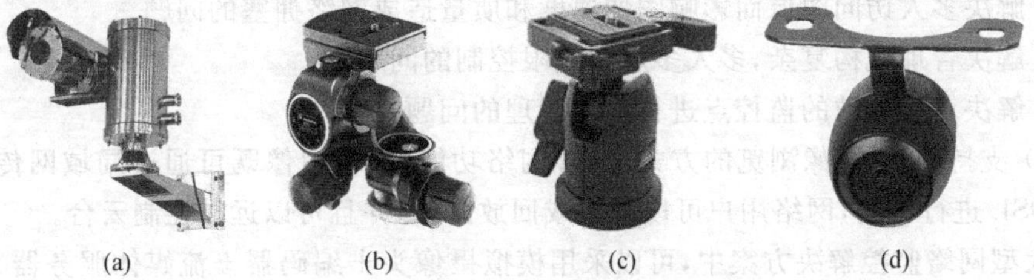

(a)　(b)　(c)　(d)

图 15-24　可安装摄像机的云台装置

要注意此处所说的云台区别于照相器材中的云台,照相器材的云台一般来说只是一个三脚架,只能通过手来调节方位;而监控系统所说的云台,是通过控制系统在远程可以控制其转动以及移动的方向的。

全方位云台内部有两个电机,分别负责云台的上下和左右各方向的转动。其工作电压的不同也决定了该云台的整体工作电压,一般有交流 24V、交流 220V 及直流 24V。当接到上、下动作电压时，垂直电机转动，经减速箱带动垂直传动轮盘转动；当接到左、右动作电压时，水平电机转动并经减速箱带动云台底部的水平齿轮盘转动。

云台大致分为室内云台及室外云台。室内云台承重小，没有防雨装置。室外云台承重大，有防雨装置。有些高档的室外云台除有防雨装置外，还有防冻加温装置。两者作用大体一致，只是由于室外防护罩重量较大，使云台的载重能力必须加大。同时，室外环境的冷热变化大，易遭到雨水或潮湿的侵蚀。因此室外云台一般都设计成密封防雨型。另外室外云台还具有高转矩和扼流保护电路以防止云台冻结时强行启动而烧毁电机。在低温的恶劣条件下，还可以在云台内部加装温控型加热器。

15.6.3 联网视频监控应用

在监控系统的构建中，部署上一般都要求联网。对于64路以上这种较为大型的网络视频监控解决方案，一般都是分散式分布集中监控管理。由于监控点较多，如果系统构架不合理，很极容易造成网络拥塞。如果不同用户通过不同上网方式、不同地点访问图像，同一时间访问图像人员较多则极易影响图像速度和质量。因此需要注意解决以下几个问题。

(1) 大型网络集中监控系统一般分为多个站点，网络成多级分布式管理，需要通过网络传输到监控中心进行统一管理及控制。

(2) 在前端每个站点架构一台视频服务器。每个站点既是大型集中监控系统的一个组成部分，又可以独立控制本区的所有监控情况。

(3) 对整个监控系统进行统一管理，进行用户认证、管理、前端设备管理等，对于登录用户较多、频繁的监控点，可用相应的流媒体服务器进行转发并进行带宽调节，用组播的方式进行访问。

(4) 本地和监控中心均可录像，录像资料进行统一管理，建立使用有效的检索机制，方便检索查找。

(5) 解决跨网络访问图像，没有固定IP地址的问题。

(6) 解决通过不同上网方式、不同地点访问图像的问题。

(7) 解决多人访问图像而影响图像速度和质量造成网络拥塞的问题。

(8) 解决管理机构复杂，多人多层次权限控制的问题。

(9) 解决对于分散的监控点进行集中管理的问题。

(10) 支持Web图像浏览的方式，完善网络功能，使得图像既可通过局域网传输，也可通过ADSL进行传输，网络用户可以观看或回放图像，并且可以远端控制云台。

在大型网络监控解决方案中，可以采用模拟摄像头＋编码器＋流媒体服务器＋存储设备的方式进行架构，在监控中心配备一台服务器，安装网络视频监控管理平台软件，构建网络视频监控管理服务器，同时在网络视频监控管理服务器上配备相应容量与数量的磁盘，以满足录像存储周期的要求。

远程控制云台方向如图15-25所示。

视频数据通过编码器转化为IP数据包，然后穿过网络到达监控中心，然后通过流媒体服务器将数据进行分发，一路上传至显示终端，一路到达存储设备，进行长期保存。另外管理服务器进行前端设备的系统设置和维护，Web服务器可提供客户端基于计算机或平板电

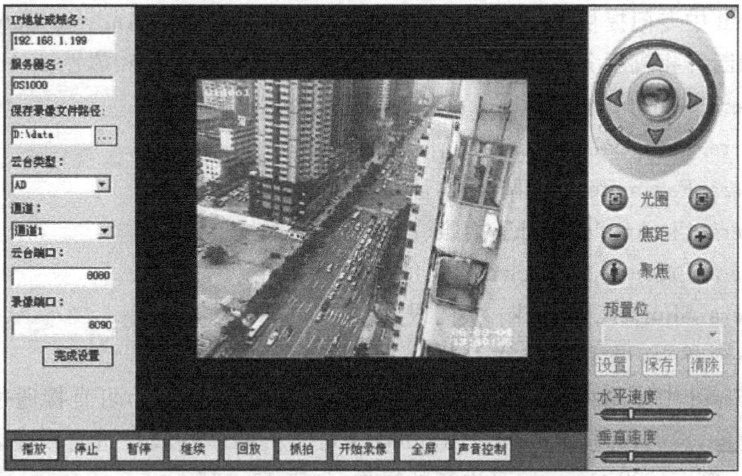

图 15-25 远程控制云台方向

脑的 B/S 或 C/S 架构的浏览或管理。

15.6.4 移动执法应用

今天的移动终端不仅可以通话、拍照、听音乐、玩游戏，而且可以实现包括定位、信息处理、指纹扫描、身份证扫描、条码扫描、RFID 扫描、IC 卡扫描以及酒精含量检测等丰富的功能，成为移动执法、移动办公和移动商务的重要工具。

移动政务是基于移动通信无线互联平台开发出来的现代化电子办公系统，通过它，政府公务人员之间、政府与企业、政府与公众之间可以随时随地实现相互间的信息传递，彻底摆脱有线网络的束缚。公务员办公将摆脱空间的限制，而大众也可以在各种场合利用移动通信终端随时办理各种事务。所以说，移动政务是电子政务发展的必然趋势。

在移动执法中，离不开摄像头所提供的手机拍照、拍照预览、图片的存储、图片资料编辑、图像上传等功能。执法人员需要进行现场取证，并及时上传到后台系统进行备案，作为公正判案的依据。移动执法终端首先根据 GPS 进行定位，再开启摄像头进行拍照，随后填写表单，实时上传到后台数据库，其流程如图 15-26 所示。

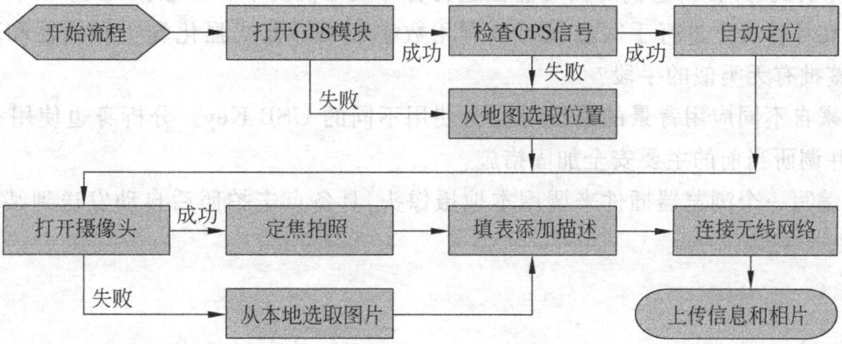

图 15-26 定位、拍照和上传的流程

在 Android 中专门提供了 Camera 来处理相机相关的事件。Android Camera 是一个专门用来连接和断开相机服务的类，Camera 下面包括如下几个事件和属性。

(1) Camera. AutoFocusCallback：自动调焦功能。

(2) Camera. ErrorCallback：错误信息捕捉。

(3) Camera. Parameters：相机的属性参数。

(4) Camera. PictureCallback：拍照、产生图片时触发。

(5) Camera. PreviewCallback：相机预览设置。

(6) Camera. ShutterCallback：快门设置。

(7) Camera. Size：图片的尺寸。

要在 Android 中使用相机服务很简单，Camera 没有构造方法，可直接通过 open()方法来打开相机设备，然后通过 Camera. Parameters 对相机的一些属性进行设置，例如，输出图片的格式、大小等。使用 Camera 可进行的操作，如表 15-6 所示。

表 15-6 Camera 的方法

方　法	说　明	方　法	说　明
autoFocus	设置自动对焦	setPreviewDisplay	设置预览
getParameters	得到相机的参数	startPreview	开始预览
open	启动相机服务	stopPreview	停止预览
release	释放 Camera 服务	takePicture	拍照
setParameters	设置预览的参数		

思考题

(1) 为什么说串口通信是学习软硬件集成所必须掌握的技能？在不改造原有系统的前提下，用什么方法可以克服其传输距离有限的问题？

(2) RFID 作为物联网的基础设施之一而广泛应用于各个领域。试举出身边的一些 RFID 标签实例，并分析它们有无可能性进行合并以方便携带和管理。

(3) 在计算机上进行手写签批可以利用数字证书等方式强化真实有效性和不可抵赖性，移动签批有无类似的手段？

(4) 来自不同应用背景的系统可能会使用不同的 USB Key。分析身边使用 USB Key 的情形，并调研当前的主要安全加固措施。

(5) 编写一个浏览器插件来调用本地摄像头，具备点击拍照后自动发送到某个特定邮箱的功能。

第16章　跨操作系统集成

当前主流操作系统包括 Windows 系列、Linux/UNIX 等，它们的安全性能、应用范围和应用领域有着较大的差异性。在国内，Windows 系列广泛应用于服务器和客户机，但 Linux/UNIX 操作系统占据了大量服务器市场，也在扩展到终端桌面。从另一个角度来讲，允许不同部门不同层次的管理员或普通用户使用不同的操作系统，可有效降低整个网络系统的安全风险。系统集成有必要跨越主流操作系统平台，以增强其生命力。

16.1　桌面应用跨平台开发

跨平台概念是软件开发中一个重要的概念，即不依赖于操作系统，也不依赖硬件环境。一个操作系统下开发的应用，放到另一个操作系统下依然可以运行。

16.1.1　跨平台编程语言

跨平台泛指程序语言、软件或硬件设备可以在多种操作系统或不同硬件架构的计算机上运作。广义而言，一般的计算语言都可做到跨平台，只需要它有各种平台下的运行时或中间件环境即可。严格而言，是指用某种计算机语言编制的程序只需要做小量的修改，编译之后即可在另外一种平台下运行，并不提供运行时或中间件环境。例如 Java、C# 都是需要提供运行时环境的跨平台解决方案，而 C/C++ 是一种标准且严格的跨平台语言。

相对而言，如果某种计算机语言不用修改代码即可做到高度跨平台，那么此语言就越抽象，硬件控制力就越低，只适合开发高度抽象的模型系统。例如，Java 可以在多种系统下开发、运行和维护，但是对底层硬件的操作只能通过 JNI 封装调用。

从绝对意义而言，大部分计算机语言都是跨平台的。因为都是以高级的、人类可读的方式来对 CPU 发送指令，这样也就没必要依赖于任何操作系统。但如果要用系统的部件工具箱，来创建用户图形界面(GUI)，就可能会用到特定系统中的 API 函数或类库。虽然 C++ 本身是跨平台的，但 Windows 下用到 Win32 API 的 C++ 程序，一般就不能在 UNIX 机器上编译。不同编译器对语言规范的解释也有所差异，在针对不同系统进行构建之前，必须对此加以考虑。

一些高级语言，从一开始就意识到要在各个平台下运行，所以跨平台在其平台的本地语言环境中已经实现。例如，Java 桌面应用之所以可以跨平台使用，正是由于 Swing 库存在许多平台下的实现。类似地，能进行跨平台的文件存取，是因为有各自平台下文件存取的库。以此类推，各种跨平台问题都需要各自的本地库来解决。wxWidgets 框架就是这样的一个跨平台库，根据不同的跨平台问题，提供了许多不同的解决方案；类似的库有许多，可以根据不同语言的跨平台开发，而采用相应的库。

跨操作系统开发环境如表 16-1 所示。

表 16-1 跨操作系统开发环境

开发环境	跨操作系统平台示例
数据库管理系统(DBMS)	MySQL、Oracle、DB2
应用程序服务器	Apache、Tomcat
网络浏览器	FireFox
编译语言	C、Java(JVM)、C#(CLI)、OpenGL、Erlang
解释语言	PHP、Perl、Python、JavaScript
编程工具/类库	Qt、Mono Developer、Eclipse、wxWidgets

针对每种操作系统和 CPU,而提供并测试各自的编译版本,这种做法的可行性很小;开源软件则允许用户自己来编译目的码(Object Code),这样在跨平台方面更好一些。类似地,那些解释型语言(比如 PHP、Perl 等),或者需要虚拟机的语言(比如 C#),也更加符合跨平台的要求,因为用户也要自己进行编译。Java 虚拟机只针对几种而不是全部平台,提供编译好的二进制文件。例如,Java 对于 GNU/Linux 只支持 x86 和 x64 平台,但如果谁在 PowerPC 或者 SPARC 计算机上运行 Linux,就只好自己编译本地的机器码(Machine Code),或者使用第三方软件,才能运行 Java 程序。

许多 API 依赖于平台。OpenGL 可以看做是跨平台的,因为其不依赖于任何特定的操作系统、CPU 构架或者某个牌子的图形设备。特定平台的 API 可以在其他系统上作为兼容层而新建,例如,通过 Wine 的库,Windows 程序就可以在 UNIX 系统上运行。另外许多编程语言还有跨平台的扩展以及中间件,这样程序员对于同样的源代码,只要进行一点小修改,就可以在不同平台下编译/运行,例如,Qt 和 wxWidgets。

Web 应用虽然由不同的语言来编写,但在不同的平台下,通常由网页浏览器来访问。这是由于代码在服务器端运行,然后再通过 HTTP 和(X)HTML 与用户端进行通信。网页如果可以通过任何浏览器,或者说任何较新的浏览器正常访问,只要通过合适的代码来掩盖各类网络标准实现上的细微差异,有时就可以被认为是跨平台的,或者跨浏览器的。当通过各种设备(比如屏幕阅读器、盲文网页浏览器,以及小型设备诸如手机、PDA 等)来访问同一个网页,跨平台的网页亲和力就需要了解不同的用户,以及各种技术标准。

16.1.2 C/C++ 跨平台开发

标准 C 和标准 C++ 是源代码级跨平台的。也就是说用标准 C/C++ 写的代码,如果在 Windows 下编译后就可以在 Windows 下运行,在 Linux 下编译后就可以在 Linux 下运行。这种跨硬件平台的实现依赖于编译器,比如要输出一个字符,C 里用 printf("C");,而硬件平台 a 用中断 A 输出,硬件 b 用中断 B 输出;那么就得有两个不同的编译器,对于 C 的同一条语句使用不同的方法实现。

在此所讨论的跨平台性,是比较狭义的,主要是浅显地讨论一下跨 Windows 和 Linux 这两个最流行的操作系统。

1. MinGW 及 Cygwin

MinGW 是指只用自由软件来生成纯粹的 Win32 可执行文件的编译环境，它是 Minimalist GNU on Windows 的略称。这里的“纯粹”是指只使用 msvcrt. dll 而不需使用 MFC 类库的应用程序。

开源社区中存在着大量使用 C/C++ 编写的项目，大部分是基于 Linux 开发的；能在 Windows 上运行主要是借助了两个环境：MinGW 及 Cygwin。在这两个环境下分别执行

```
gcc  -o  hello  hello.c
```

都能生成在 Windows 下可执行的 hello. exe 文件。但是如果希望脱离编译环境单独运行 Cygwin/gcc 编译出来的 hello. exe，需要编译时加入参数-mno-cygwin，也就是说 gcc -mno-cygwin 编译出来的程序可以不需要 Cygwin1. dll。对于一般的程序，可以认为 Cygwin 的 gcc -mno-cygwin 与 MinGW 的 gcc 是等同的。

为了编译生成静态链接库 libadd. a，需要执行：

```
gcc -c add.c
ar crs libadd.a add.o
```

为了编译生成动态链接库 libadd. dll，则需要执行：

```
gcc  -shared  -o libadd.dll  add.c
```

Visual C++ 制作的静/动态库与 gcc 制作的动静态库是可以相互替换的。之所以能够达到相互调用，因为这两个环境编译出来的都是 Windows 下的程序，存在一定的共性。两者调用方法如下。

(1) MinGW 编译生成的动态链接库 libadd. dll，可以被 Visual C++ 的任何一个环境调用。Visual C++ 的开发人员在调用 libadd. dll 的时候，和调用其他 DLL 一样，需要用 LoadLibrary 及 GetProcAddress 这些函数一个个地把 DLL 中的函数导入进来调用。

(2) Mingw 编译生成的静态链接库 libadd. a 也可以被 Visual C++ 的任何一个环境调用，只不过要自己手动改名字，将 libadd. a 改为 libadd. lib 就可以使用了。

(3) 实践表明，只有 Visual C++ 6 版本生成的 libadd. lib 及 libadd. dll 才能被 MinGW/gcc 调用，主要是因为 MinGW/gcc 和 Visual C++ 6 都使用 COFF 格式。

2. wxWidgets

wxWidgets 是一个跨平台的软件开发包。它诞生于 1992 年，最初是被设计成跨平台的 GUI 软件开发包，但后来随着越来越多的人参与进来，为 wxWidgets 加入了许多非 GUI 的功能，如多线程、网络等。并且从最初的只支持 C++ 语言，逐渐发展成为支持数种语言(如 Python、Perl、C＃、Basic 等)。因此现在的 wxWidgets 已经不再是单纯的跨平台的 GUI 软件开发包，而是一个可以支持多种操作系统平台的能够在多种语言中使用的通用跨平台软

件开发包。

目前支持 C++ 的软件开发包非常多，比较有名的除了 wxWidgets 外，还有一些其他的软件开发包，如 MFC、Qt、ACE 等。它们的特性对比如表 16-2 所示。

表 16-2 wxWidgets、MFC、Qt、ACE 的特性对比表

特　　性	wxWidgets	MFC	Qt	ACE
跨平台	支持	不支持	支持	支持
支持操作系统种类	多	只有 Windows	多	比较多
支持多种语言	支持	不支持	支持	不支持
支持 GUI	支持	支持	支持	不支持
支持多线程等	支持	支持	支持	支持
免费	是	否	是/否	是
开源	是	否	是/否	是

其中"免费"栏中的"是/否"代表 Qt 在 Linux 平台上的 Free Edition 是免费的，同时提供有 GPL 和商业授权。而"开源"栏中的"是/否"代表 Qt 有一个基于 GPL 的开源版本，但如果要进行商业开发则需要使用它的商业版本。

wxWidgets 的主要功能是实现跨平台的 GUI。应用程序在不同操作系统的运行界面如图 16-1 所示。

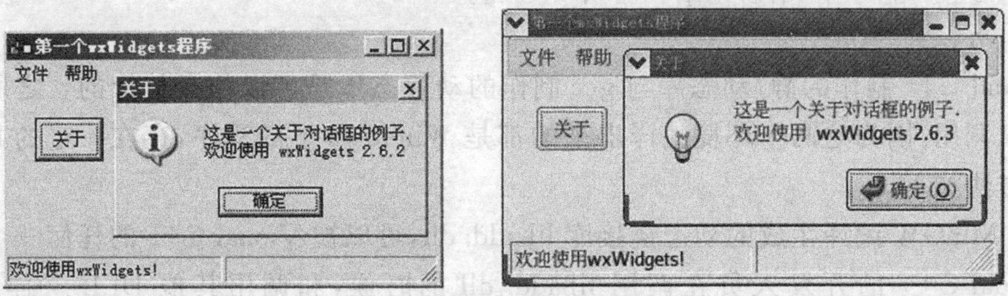

(a)　　　　(b)

图 16-1 wxWidgets 在 Windows 和 Linux 下分别编译的程序

在开发跨平台的软件上，wxWidgets 有着许多其他软件开发包不具备的优势。下面总结一下 wxWidgets 所具有的优势。

(1) 跨平台。wxWidgets 支持非常多的操作系统平台，如 Windows、Linux/UNIX 等。

(2) 丰富的组件。wxWidgets 拥有上百个组件可供用户选择。有了这些组件，将会带来更加丰富的用户体验。

(3) 支持多种语言。wxWidgets 不仅可以在 C++ 中使用，而且也可以在其他语言中使用，包括 Python、Perl、C# 等。

(4) 使用本地控件。从上面给出的两个应用程序界面可以看出，在 Windows 和 Linux 下运行这个应用程序保持了各自的风格。这是因为 wxWidgets 采用了本地的 API，而不像其他的跨平台库去模拟它们。使用 wxWidgets 开发和在 Windows 下使用 Win32 API 或在

Linux 下使用 GTK 开发没有什么区别。

(5) 免费开源。这个世界上免费的开发包很多，强大的开发包也很多，当然，开源的开发包就更多了。但是要想同时满足这三点：免费、开源、强大，又同时具有本地程序一样的性能，wxWidgets 是比较好的选择。

下面是 wxWidgets 的不足之处。

(1) IDE 支持不够。虽然可以使用常用 IDE（如 Visual Studio、Eclipse 等）作为 wxWidgets 的开发环境，但对其支持都不十分理想，不适合做大型系统的开发。

(2) 对双字节字符的支持不理想。wxWidgets 中的有些组件，如 XML 组件，无法识别双字节字符，如汉字会被认为是非法字符而无法装载 XML 文档。

16.1.3 Java 跨平台开发

Java 天生就是跨平台的语言，主要是因为在不同的系统上面安装不同的 Java 运行时环境（Java Runtime Environment，JRE）。这样，相同的代码在不同的操作系统上面，运行的效果是一样的。编译之后的 Java 字节码文件，由每个平台的虚拟机来解释执行。而每个平台的虚拟机，对 Java 字节码的解释是不同的，比如说 Java 中调用方法，这些方法的实现都是虚拟机实现的，而不同平台的虚拟机实现手段不一样但是结果一样。

Java 不仅提供了一个丰富的语言和运行环境，而且还为常见的各个操作系统都提供了一个免费的 Java 开发工具集（Java Development Kit，JDK）。开发人员和最终用户都可以利用这个工具来开发 Java 程序。

编写 Java 程序时，可以通过任何文本编辑器（如记事本、UltrEdit、Editplus、FrontPage 以及 Dreamweaver 等）编写源文件，然后在命令行模式下通过 javac 命令将源程序编译成字节码，通过 Java 命令来执行编译后的 class 文件。Java 初学者一般都采用这种方式。

采用 JDK 开发 Java 程序能够很快理解程序中各部分代码之间的关系，有利于理解 Java 面向对象的设计思想。JDK 的另一个显著特点是随着 Java（J2EE、J2SE 以及 J2ME）版本的升级而升级。但它的缺点也是非常明显的，就是从事大规模企业级 Java 应用开发非常困难，不能进行复杂的 Java 软件开发，也不利于团体协同开发。

Java 开发领域的各种集成开发环境呈现出百花齐放的局面，从 Borland 的 Jbuilder，到 IBM 的 VisualAge for Java、WebSphere Studio，Oracle 的 Jdeveloper，TogetherSoft 的 Together，BEA 的 WebLogic，WebGain 的 Visual Café，Allaire 的 Jrun。还有开放源代码的 Eclipse、NetBeans 等种类 10 种有余。这么多种类的 IDE 繁荣了 Java 开发工具家族，在此只讨论其中一两种。

1. NetBeans 与 Sun Java Studio

NetBeans 是开放源码的 Java 集成开发环境，适用于各种客户机和 Web 应用。Java Studio 是 Sun 公司发布的商用全功能 Java IDE，支持 Solaris、Linux 和 Windows 平台，适于创建和部署两层 Java Web 应用和 n 层 J2EE 应用的企业开发人员使用。

NetBeans 是第一款支持创新型 Java 开发的开放源码 IDE。开发人员可以利用强大的开发工具来构建桌面、Web 或移动应用。同时，通过 NetBeans 和开放的 API 模块化结构，第三方能够非常轻松地扩展或集成 NetBeans 平台。

NetBeans 主要针对一般 Java 软件的开发者，而 Java Studio 则主要针对企业级网络服务等应用的开发者。NetBeans 与其他开发工具相比，最大区别在于不仅能够开发各种台式机上的应用，而且可以用来开发网络服务方面的应用，或者基于 J2ME 的移动设备上的应用等。Java Studio 基于 NetBeans 平台集成了针对企业应用开发的功能模块，提供了一个更加先进的企业编程环境。在 Java Studio 里有一个应用框架，开发者可以利用这些模块快速开发网络服务方面的各种应用程序。

2. Eclipse

Eclipse 是一种可扩展的开放源代码 IDE。集成开发环境经常将其应用范围限定在"开发、构建和调试"的周期之中。为了帮助集成开发环境克服目前的局限性，业界厂商合作创建了 Eclipse 平台。Eclipse 允许在同一个 IDE 中集成来自不同供应商的工具，并实现了 Java 开发工具之间的互操作性，从而显著改变了项目工作流程，使开发者可以专注在实际的目标上。

Eclipse 框架的这种灵活性来源于其扩展点。它们是在 XML 中定义的已知接口，并充当插件的耦合点。扩展点的范围包括从用在常规表述过滤器中的简单字符串，到一个 Java 类的描述。任何 Eclipse 插件定义的扩展点都能够被其他插件使用，反之，任何 Eclipse 插件也可以遵从其他插件定义的扩展点。除了由扩展点定义的接口外，插件不知道它们通过扩展点提供的服务将如何被使用。

利用 Eclipse 可以将高级设计(如采用 UML)与低级开发工具(如应用调试器等)结合在一起。如果这些互相补充的独立工具采用 Eclipse 扩展点彼此连接，那么当使用调试器逐一检查应用时，UML 对话框可以突出显示正在关注的器件。事实上，由于 Eclipse 并不需要理解开发语言，所以无论对 Java 语言调试器、C/C++ 调试器还是汇编调试器都是有效的，并可以在相同的框架内同时关注不同的进程或节点。

Eclipse 的最大特点是它能接受由 Java 开发者自己编写的开放源代码插件，这类似于 Visual Studio 和 NetBeans 平台。Eclipse 为工具开发商提供了更好的灵活性，使他们能更好地控制自己的软件技术。Eclipse 是一款非常受欢迎的 Java 开发工具，实际上使用它的 Java 开发人员是最多的。缺点是较为复杂，对初学者来说，理解起来比较困难。Eclipse 界面如图 16-2 所示。

16.1.4 C#跨平台开发

Visual C#是由 Microsoft 设计开发的、符合 C#规范的开发语言，其编译后的可执行文件运行于.NET Framework(或者相关平台如.NET Compact Framework)之上。该语言的主要设计目标是为了尽可能地提高开发效率。C#与 Java 一样，其编译结果是一种中间码，而非机器码。C#是面向对象语言，已同时具备了支持托管和非托管代码、高性能、健壮性、安全性、垃圾回收、快速开发、跨语言和跨平台等特性。

C#语言本身是一种开放的跨平台标准，在开放源代码项目 Mono 项目的支持下，C#也是一个可以在 Linux 和 Mac OSX 上开发的语言。只是一般所说的 Visual C#更多的是

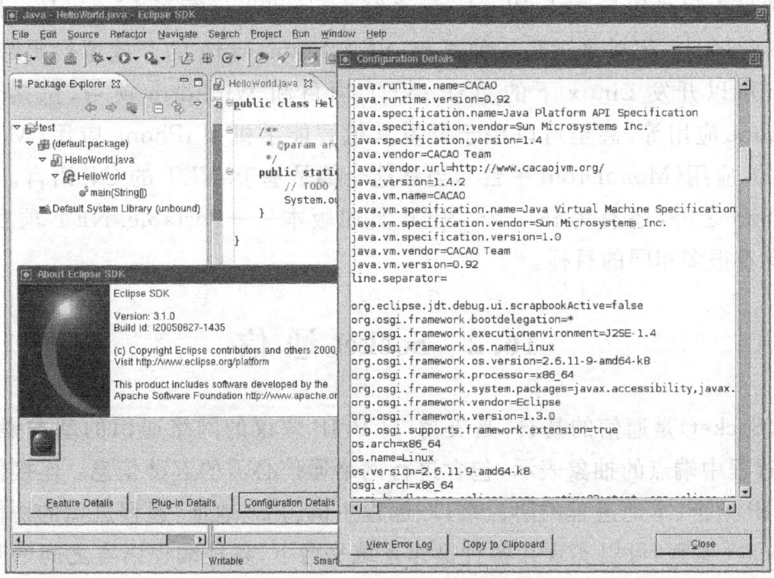

图 16-2　Eclipse 界面

指 Microsoft 所开发的，用于编写、编译、调试 C# 程序的集成开发环境 Visual Studio 或者独立的 Visual C# Express。

Mono 是一个由 Novell 公司主持的项目（现在由 Xamarin 公司提供支持）。该项目的目标是创建一系列符合 ECMA 标准（Ecma-334 和 Ecma-335）的.NET 工具，包括 C# 编译器和共通语言执行平台，以及 Mono 所指定的第三方类库。用户还可以将 Mono 运行时（Runtime）嵌入到应用程序中，使得程序的打包和发布更为简便快捷。此外，Mono 提供了一个集成开发环境，一个调试器，还有一个文档浏览器。其中界面如图 16-3 所示。

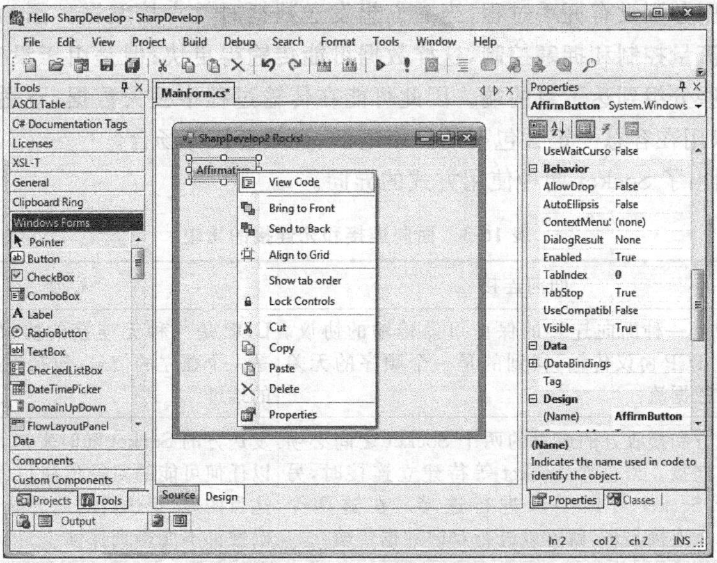

图 16-3　Mono Develop 界面

Mono项目不仅可以运行于Windows系统上，还可以运行于Linux、FreeBSD、UNIX、Mac OSX和Solaris。简单来讲是一种基于.NET Framework的开放源代码跨平台的解决方案。Mono可以开发Linux下的ASP.NET项目和WinForm项目，包括MVC项目、Windows Phone应用等，甚至可以用于开发其他智能手机如iPhone应用(MonoTouch平台)和Android应用(MonoDroid平台)，当然这全部是基于.NET的C#语言。

除了Mono之外，还有另外一个.NET实现版本——Portable.NET项目，该项目与Mono项目有着很多相同的目标。

16.2 Socket通信

套接字(Socket)是通信的基石，是支持TCP/IP协议的网络通信的基本操作单元。它是网络通信过程中端点的抽象表示，包含进行网络通信必需的五种信息：连接使用的协议、本地主机的IP地址、本地进程的协议端口、远程主机的IP地址、远程进程的协议端口。

通过Socket编程，可以实现在各种操作系统平台下，各种编程语言之间的互通互操作，达到相关信息系统的紧密集成。由于Socket通信在每个操作系统、每种编程语言中都得到了充分的支持，它是两台机器通信的最为通用手段。

关于Socket通信的编程方法，请参考相关资料。在此只讨论几个方向性问题。

16.2.1 面向连接和无连接

应用面向连接的服务时，客户和服务器在进行数据发送前，彼此向对方发送控制分组，这就是所谓的握手过程，使得客户和服务器都做好分组交换准备。面向连接服务与很多其他的服务捆绑在一起，包括可靠的数据传输、流量控制和拥塞控制等，依赖连接以正确的顺序无错地传递所有数据，还要使用确认和重传机制实现来可靠性。

而无连接服务则没有握手过程，当一方想发送数据时就直接发送。因为没有握手过程也就没有什么流量控制和拥塞控制，这样数据可能传输得更快；但是由于没有确认过程，源端就不知道哪些分组到达了目的端。因此可能在传输过程中丢失数据，不适合用在一些文件的传输，可以用在容忍一定丢包率的网络电话、视频会议等场合。

表16-3列出了Socket两种使用方式的异同。

表16-3 面向连接和无连接的比较

	面向连接	无连接
典型协议	TCP是一种面向连接的保证可靠传输的协议。通过TCP协议传输，得到的是一个顺序的无差错的数据流	UDP是一种无连接的协议，每个数据报都是一个独立的信息，包括完整的源地址或目的地址
工作过程	发送方和接收方的成对的两个Socket之间必须建立连接。当一个Socket等待建立连接时，另一个Socket可以要求进行连接。在这两个Socket连接起来，就可以进行双向数据传输	发送方的Socket随时发送，数据报在网络上以任何可能的路径传往目的地，因此能否到达目的地、到达目的地的时间以及内容的正确性都不能得到保证

续表

	面向连接	无连接
特点	(1) 面向连接的协议,在 Socket 之间进行数据传输之前必然要建立连接,所以需要连接时间。 (2) 传输数据大小限制,一旦连接建立起来,双方的 Socket 就可以按统一的格式传输大的数据。 (3) 确保接收方完全正确地获取发送方所发送的全部数据	(1) 每个数据报中都给出了完整的地址信息,因此无须建立发送方和接收方的连接。 (2) 传输数据时有大小限制,每个被传输的数据报必须限定在 64KB 之内。 (3) 不可靠的协议,发送方所发送的数据报并不一定以相同的次序到达接收方
应用场景	文件传输(FTP/HTTP 对数据准确性要求高,速度可以相对慢),发送或接收邮件(POP/IMAP/SMTP 对数据准确性要求高,非紧急应用),远程登录(Telnet/SSH 对数据准确性要求高),网络数据库,分布式高精度计算系统的数据传输	即时通信(聊天对数据准确性和丢包要求比较低,但速度必须快),在线视频(RTSP 要保证视频连续,偶尔丢几个图像帧是能接受的),网络语音电话(VoIP 语音数据包必须实时,偶尔断音没有问题),服务系统内部之间的数据传输(网络稳定,错包率非常低)

16.2.2 和 B/S 模式比较

在开发跨平台应用集成系统时,经常面临着采取 C/S 还是 B/S 模式的选择。例如,设计 Android 手机和服务器之间数据交互应用时,在实现数据传输这个环节,Socket 和 Web Service 都可以用来实现数据传输。但两种传输方式有什么各自的特点和缺点,如何选择合适的传输方式呢?

Socket 工作在 C/S 模式,实现服务器和客户端之间的物理连接并进行数据传输,处于网络协议的传输层。协议开销小,端口自定义,效率较高。

目前基于 B/S 模式传输的方式主要有 HTTP 协议和基于 HTTP 协议的 SOAP 协议(Web Service),常见的方式是 HTTP 的 POST 和 GET 请求、Web Service。由于工作在应用层,开发难度小,端口由 Web 服务器决定,协议开销大。

表 16-4 列出了两种数据交互方式的异同,给出了优缺点比较。有个比较形象的描述:HTTP 是轿车,提供了封装或者显示数据的具体形式;Socket 是发动机,提供了网络通信的底层能力。在实际开发中,需要根据应用特点选择合适的方式。

表 16-4 Socket 方式和 HTTP 方式比较

	Socket 方式	HTTP 方式
工作层次	低。处于网络协议的传输层。可以使用 TCP 或 UDP 协议	高。基于 TCP 协议,工作在应用层上,在 Web 服务器容器中
使用端口	可使用任意端口,包括 80 端口等保留端口以跳过防火墙拦截	一般使用通用的 HTTP 协议周知的 80 端口,也可由 Web 服务器自定义
优点	(1) 传输数据为字节级,传输数据可自定义,数据量小(对于手机应用讲,流量费用低)。 (2) 传输数据时间短,性能高。 (3) 适合于客户端和服务器端之间信息实时交互。 (4) 可以随意加密,数据安全性强	(1) 基于应用级的接口使用方便。 (2) 程序员开发水平要求不高,容错性强。 (3) 对各操作系统的差异性完全屏蔽,无须关心何种服务器平台

续表

	Socket 方式	HTTP 方式
缺点	(1) 需额外对传输的数据进行解析，转化成应用级的数据。 (2) 对开发人员的开发水平要求高。 (3) 相对于 HTTP 协议传输，增加了开发工作量	(1) 传输速度慢，数据包大(HTTP 协议中包含辅助应用信息)。 (2) 如需实时交互，Web 服务器协议开销大，性能压力大。 (3) 数据传输安全性差
适用范围	适合于对传输速度、安全性、实时交互、费用等要求高的应用中，如网络游戏、手机应用、银行内部交互等	适合于对传输速度、安全性要求不是很高，交互复杂且需要快速开发的应用，如公司 OA 系统、对象服务等

16.3 远程过程调用

远程过程调用(Remote Procedure Call，RPC)协议是一种通过网络从远程计算机程序上请求服务，而不需要了解底层网络技术的协议。RPC 协议假定某些传输协议的存在，如 TCP 或 UDP，为通信程序之间携带信息数据。在 OSI 网络通信模型中，RPC 跨越了传输层和应用层。RPC 使得开发包括网络分布式多程序在内的应用程序更加容易。

16.3.1 工作原理

RPC 采用客户/服务器模式。请求程序就是一个客户机，而服务提供程序就是一个服务器。首先，客户机调用进程发送一个有进程参数的调用信息到服务进程，然后等待应答信息。在服务器端，进程保持睡眠状态直到调用信息的到达为止。当一个调用信息到达，服务器获得进程参数，计算结果，发送答复信息，然后等待下一个调用信息，最后，客户端调用进程接收答复信息，获得进程结果，然后调用执行继续进行。

运行时，一次客户机对服务器的 RPC 调用其内部操作大致如图 16-4 所示。

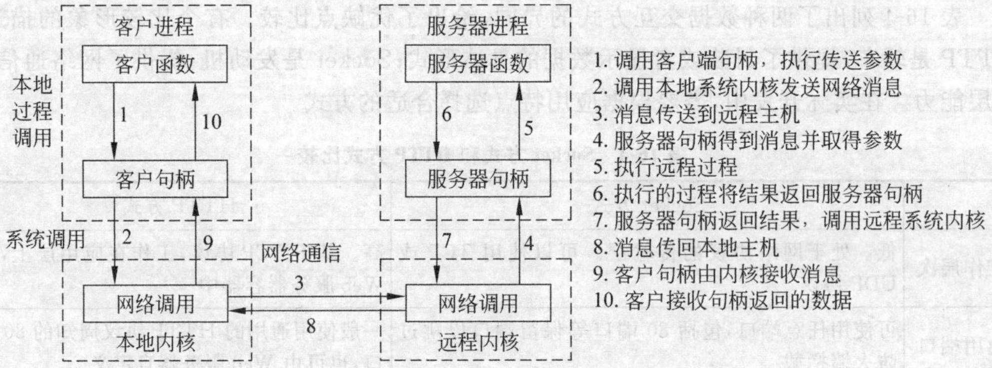

图 16-4 远程过程调用流程图

16.3.2 XML-RPC 调用

XML-RPC 发表于 1998 年。在新的功能不断被引入下，这个标准慢慢演变成为后来的

SOAP 协定。但是，由于 SOAP 含有很多额外的特性而变得非常庞大，所以 XML-RPC 还是值得注意的。

XML-RPC 是一套允许运行在不同操作系统、不同环境的程序实现基于过程调用的规范和一系列的实现。这种远程过程调用使用 HTTP 作为传输协议，XML 作为传送信息的编码格式。XML-RPC 的定义尽可能地保持简单，但同时也还能够传送、处理、返回复杂的数据结构。一个 XML-RPC 消息就是一个请求体为 XML 的 HTTP-POST 请求，被调用的方法在服务器端执行，并将执行结果以 XML 格式编码后返回。此外，还有 JSON-RPC 跟 XML-RPC 相类似。

XML-RPC 主要通过消息（Message）调用工作，消息的 Body 部分是 XML 格式，同样当结果返回的时候也是 XML 格式。过程的参数可以是基本变量，还可以是一个结构（struct）或者是一个数组（array）。一次调用示例如图 16-5 所示。

请求示例

```
POST /RPC2 HTTP/1.0
User-Agent: Frontier/5.1.2 (WinNT)
Host: www.nudt.edu.cn
Content-Type: text/xml
Content-length: 181

<?xml version="1.0"?>
<methodCall>
<methodName>
        examples.getCityName
</methodName>
<params><param>
<value><i4>430105</i4></value>
</param></params>
</methodCall>
```

响应示例

```
HTTP/1.1 200 OK
Connection: close|
Content-Length: 158
Content-Type: text/xml
Date: Fri, 27 Jul 2012 19:55:08 GMT
Server: UserLand Frontier/5.1.2-WinNT

<?xml version="1.0"?>
<methodResponse>
<params><param>
<value><string>
        ChangSha
</string></value>
</param></params>
</methodResponse>
```

图 16-5　XML-RPC 的一次调用示例

调用头部中，User-Agent 和 Host 是必需的。Content-Type 是 text/xml，Content-Length 必须提供，而且必须是正确的。Body 部分是一个 XML 格式的文本。主体部分是一个 methodCall 元素，包含着方法名称（methodName）及其调用参数（params）。

如果调用成功，返回必须是 200 OK，Content-Type 是 text/xml，Content-Length 也是必需的，而且必须是正确的。主体部分是一个 methodResponse 元素，包含着返回参数（params）及其类型。如果调用不成功，主体部分是一个 methodResponse 元素，包含着一个<fault>及其原因<value>，原因是一个<struct>，里面包含错误号（faultCode）和错误原因（faultString）。params 和 fault 不能同时存在。

16.3.3　应用场合

比起 DCOM、CORBA、SOAP 等，XML-RPC 的优点主要如下。

(1) 简单易用、轻量级。

(2) XML 编码，可读性增强，同时也便于手工修改。

(3) 利用 HTTP 传输，方便穿透防火墙（80 端口），便于使用 SSL 加密等。

主要缺点在于对字符编码的支持不够，通常需要用 Base-64 编码来解决中文问题，并且 Datetime 数据类型没有时区。

综合而言，作为使用 XML 来做 Web Service 的鼻祖，如果多个跨操作系统的应用程序之间只需相对简单的请求，或者能够控制服务器端和客户端而不需要发布 WSDL，或者想简单地解析客户端(比如 AJAX 应用程序),那么 XML-RPC 还是一个很好的选择。

16.4 守护进程开发

守护进程是运行在后台的一种特殊进程。它独立于控制终端,并且周期性地执行某种任务或等待处理某些发生的事件。它在操作系统后台执行,提供某些系统服务,受到时间或事件触发。

由于守护进程通常没有控制终端,所以,几乎不需要与用户交互。守护进程用于提供那些没有任何用户交互就可以在后台做得很好的服务。例如,一个在后台运行观察网络活动并且记录任何可疑通信日志的进程,就可以开发成守护进程。

在 Linux/UNIX 中,它被称为"守护进程(Daemon)";在 Windows 系列中,它被称为"服务(Service)"。可以说,基本上所有需要对外提供服务的计算机,都利用了守护进程的机制来实现。至于它守护的是 Socket、HTTP 还是 RPC,使用何种语言开发,就各有千秋了。

16.4.1 Windows 系统服务

如果想让自己的应用程序在 Windows Server 登录前运行,除了编写底层的 VXD 驱动外,就只能做成系统服务。Microsoft 提供了一个名为 Windows 2003 Resource Kits 的包,里面有各式各样的小工具,其中有两个就是用来将普通程序变成系统服务的:一个是 instsrv. exe,另一个是 srvany. exe。

先装好资源包。假设程序名为 chatServer. exe,需要它成为系统服务,在系统启动但是未登录的情况下运行。

控制台下输入命令:

```
instsrv chatServer d:\chat\chatServer.exe
```

将其注册为系统服务,进入管理工具的服务中查看,多了一项 chatServer。尝试启动,如果能够正常启动它,一切顺利。如果启动失败,则表明该程序不太适合做成系统服务。Microsoft 提供了一个 srvany. exe 程序,用于将任何程序变成系统服务。

(1) 进入注册表,找到 HKEY_LOCAL_MACHINE\SYSTEM\ControlSet001\Services\chatServer,把 ImagePath 的内容改为指向 srvany. exe,如"d:\tools\srvany. exe"。

(2) 新建 Parameters 项目,添加 application 子键,内容为应用程序的路径,如 d:\chat\chatServer. exe。

(3) 回到进入管理工具的服务中,启动 chatServer,完成。

(4) 将该服务改为自启动。

16.4.2 Linux 守护进程

Linux 的大多数服务器就是用守护进程实现的。例如,Internet 服务器 inetd,Web 服务器 httpd 等。同时,守护进程完成许多系统任务。例如,作业规划进程 crond,打印进程 lpd

等。守护进程的编程本身并不复杂，复杂的是各种版本的 Linux 的实现机制不尽相同，造成不同 Linux 环境下守护进程的编程规则并不一致。

在 Linux 中，每个系统与用户进行交流的界面称为终端，每个从该终端开始运行的进程都会依附于这个终端。这个终端就称为这些进程的控制终端；当控制终端被关闭时，相应的进程都会自动关闭。但是守护进程却能够突破这种限制，它从被执行开始运转，直到整个系统关闭时才退出。如果想让某个进程不因为用户或终端或其他地变化而受到影响，那么就必须把这个进程变成一个守护进程。

守护进程最重要的特性是后台运行。其次，守护进程必须与其运行前的环境隔离开来。这些环境包括未关闭的文件描述符、控制终端、会话和进程组、工作目录以及文件创建掩模等。这些环境通常是守护进程从执行它的父进程(特别是 shell)中继承下来的。最后，守护进程的启动方式有其特殊之处。它可以在 Linux 系统启动时从启动脚本/etc/rc. d 中启动，可以由作业规划进程 crond 启动，还可以由用户终端(通常是 shell)执行。

总之，除了这些特殊性以外，守护进程与普通进程基本上没有什么区别。因此，编写守护进程实际上是把一个普通进程按照上述的守护进程的特性改造成为守护进程。

Linux 的守护进程基本上有两类。

(1) 总在运行的服务。当操作系统启动的时候，这些服务从/etc/rc 等启动文件自动启动。在引导时间启动的服务通常应当对用户的请求提供快速的服务，必须从单个服务过程中处理很多网络请求或者两者都需要。这类服务通常有 sendmail、httpd 等。

(2) 只当需要时才运行的服务。这些服务总是从 inetd(xinetd) UNIX Internet Daemon 中启动。inetd 超级服务监听多个 TCP/IP 端口的请求，并且能按需要自动启动守护进程。当收到请求时，它就会派生一个相应的服务。通过使用超级服务，其他服务就可以只在需要时才派生，从而节省了系统资源。当连接终止时，派生的服务也就停止运行。

16.4.3 Linux 守护进程编程要点

不同 UNIX 环境下守护进程的编程规则并不一致。所幸的是守护进程的编程原则都一样，那就是要满足守护进程的特性，区别在于具体实现细节不同。同时，Linux 是基于 System V 的 SVR4 并遵循 POSIX 标准，实现起来与 BSD 4 相比更方便。编程要点如下。

1. 在后台运行

为了避免挂起控制终端，将守护进程放入后台执行。方法是在进程中调用 fork 使父进程终止，让守护进程在子进程中后台执行。

```
if(pid=fork())
exit(0); //是父进程,结束父进程,子进程继续
```

2. 脱离控制终端，登录会话和进程组

有必要先介绍一下 Linux 中的进程与控制终端，登录会话和进程组之间的关系：进程属于一个进程组，进程组号(GID)就是进程组长的进程号(PID)。登录会话可以包含多个进

程组。这些进程组共享一个控制终端。这个控制终端通常是创建进程的登录终端。控制终端,登录会话和进程组通常是从父进程继承下来的。必须摆脱它们使之不受影响。方法是在第 1 点的基础上,调用 setsid()使进程成为会话组长:

```
setsid();
```

说明:当进程是会话组长时 setsid()调用失败。但第 1 点已经保证进程不是会话组长。setsid()调用成功后,进程成为新的会话组长和新的进程组长,并与原来的登录会话和进程组脱离。由于会话过程对控制终端的独占性,进程同时与控制终端脱离。

3. 禁止进程重新打开控制终端

现在,进程已经成为无终端的会话组长。但它可以重新申请打开一个控制终端。可以通过使进程不再成为会话组长,来禁止进程重新打开控制终端:

```
if(pid=fork()) exit(0); //结束第一子进程,第二子进程继续(第二子进程不再是会话组长)
```

4. 关闭打开的文件描述符

进程从创建它的父进程那里继承了打开的文件描述符。如果守护进程留下一个普通文件处于打开状态,这将阻止该文件被任何其他进程从文件系统中删除。它也阻止包含该打开文件的已装配的文件系统被卸下。在终端文件(通常是 stdin、stdout 和 stderr)的情况下,关闭不必要的连接更加重要。因为当在该终端上的用户退出系统后,将执行 vhangup()系统调用,守护进程访问该终端的权限将被撤销。这表示守护进程认为处于打开状态的文件描述符,事实上它已不再能通过这些文件描述符访问该终端。

最简单的做法是关闭所有的文件描述符,它将使守护进程和这些问题隔离开。将 close()系统调用用在没有打开的文件描述符上不存在任何问题,所以可以使用如下代码段:

```
for (id=1;i<NOFILE;++i)  { close(i);}
```

符号常量 NOFILE 给出一个进程一次可以打开文件的最大个数。

5. 改变当前工作目录

进程活动时,其工作目录所在的文件系统不能卸下。一般需要将工作目录改变到根目录。对于需要转储核心,写运行日志的进程将工作目录改变到特定目录,如 /tmp:

```
chdir("/tmp");
```

6. 重设文件创建掩模

进程从创建它的父进程那里继承了文件创建掩模。它可能修改守护进程所创建的文件的存取位。为防止这一点,需将文件创建掩模清除:

```
umask(0);
```

7. 处理 SIGCHLD 信号

处理 SIGCHLD 信号并不是必需的。但对于某些进程，特别是服务器进程往往在请求到来时生成子进程处理请求。如果父进程不等待子进程结束，子进程将成为僵尸进程(Zombie)从而占用系统资源。如果父进程等待子进程结束，将增加父进程的负担，影响服务器进程的并发性能。在 Linux 下可以简单地将 SIGCHLD 信号的操作设为 SIG_IGN，

```
signal(SIGCHLD,SIG_IGN);
```

这样，内核在子进程结束时不会产生僵尸进程。这一点与 BSD4 不同，BSD4 下必须显式等待子进程结束才能释放僵尸进程。

16.5 跨平台桌面共享

一般单位均建有规模不等的局域网，其中既有 Mac OSX、Linux 也有 Windows。这些操作系统可以在同一个网络中实现互相通信，并且可以通过跨平台的桌面共享，达到远程操作的效果。

16.5.1 Telnet/SSH

Linux/UNIX 等天生就是作为一种服务器操作系统开发，内置了对远程登录的支持。以前经常使用的方式是 Telnet，但是由于用登录时所使用的用户名和密码，以及在配置管理当中所输入的命令，都以明文方式传送而没有采取任何安全措施，在网络上非常容易被嗅探到。而且，这些网络服务程序容易受到"中间人"(man-in-the-middle)方式的攻击。所谓"中间人"的攻击方式，就是"中间人"冒充真正的服务器接收传给服务器的数据，然后再冒充客户端把数据传给真正的服务器。服务器和客户端之间的数据传送被"中间人"做了手脚之后，就会出现很严重的问题。

现在 Telnet 基本上已经被 SSH 取代。SSH 最常见的应用就是登录到远程机器执行希望进行的工作与命令。在不安全的网络通信环境中，它提供了很强的验证机制与非常安全的通信环境。在 Windows 下，最为常用的 SSH 客户端是 Putty。

1. SSH 协议组成

SSH 协议是建立在应用层和传输层基础上的安全协议，它主要由以下三个部分组成，共同实现 SSH 的安全保密机制。

(1) 传输层协议。提供诸如认证、信任和完整性检验等安全措施，此外还可以任意地提供数据压缩功能。通常情况下，这些传输层协议都建立在面向连接的 TCP 数据流之上。

(2) 用户认证协议层。用来实现服务器跟客户端用户之间的身份认证，运行在传输层协议之上。

(3) 连接协议层。分配多个加密通道到一些逻辑通道上,运行在用户认证层协议之上。

服务端一般是 sshd 进程,提供了对远程连接的处理,一般包括公共密钥认证、密钥交换、对称密钥加密和非安全连接;而客户端包含 ssh 程序以及比如 scp(远程复制)、slogin(远程登录)、sftp(安全文件传输)等应用程序。工作机制大致是本地的客户端发送一个连接请求到远程的服务端,服务端检查申请的报文和 IP 地址再发送密钥给 SSH 的客户端,本地再将密钥发回给服务端,自此连接建立。

当安全的传输层连接建立之后,客户端将发送一个服务请求。当用户认证层连接建立之后将发送第二个服务请求。这就允许新定义的协议可以和以前的协议共存。连接协议提供可用作多种目的通道,为设置安全交互 Shell 会话和传输任意的 TCP/IP 端口和 X11 连接提供标准方法。

2. 安全认证级别

SSH 提供两种级别的安全验证:SSH1 和 SSH2。

(1) SSH1(基于密码的安全验证)。只要知道自己的账号和密码,就可以登录到远程主机,并且所有传输的数据都会被加密。但是,这种验证方式不能保证正在连接的服务器就是希望连接的服务器。可能会有别的服务器在冒充真正的服务器,也即容易受到"中间人"攻击方式的攻击。

(2) SSH2(基于密钥的安全验证)。需要依靠密钥,也就是必须为自己创建一对密钥,并把公钥放在需要访问的服务器上。如果需要连接到 SSH 服务器上,客户端软件就会向服务器发出请求,请求用密钥进行安全验证。服务器收到请求之后,先在该服务器的用户根目录下寻找公钥,然后把它和客户端发送过来的公钥进行比较。如果两个密钥一致,服务器就用公钥加密"质询"(challenge)并把它发送给客户端软件。客户端软件收到"质询"之后就可以用本地私钥解密再把它发送给服务器。

与 SSH1 相比,SSH2 不需要在网络上传送用户密码。另外,SSH2 不仅加密所有传送的数据,而"中间人"攻击方式也是不可能的(因为他没有客户端私钥)。但是整个登录的过程可能慢一些。

16.5.2 VNC

VNC(Virtual Network Computing)是一种使用 RFB 协定的屏幕画面分享及远程操作软件。此软件可通过网络传送键盘与鼠标的动作及即时的屏幕画面。VNC 与操作系统无关,因此可跨平台使用,例如,可用 Windows 连接到某 Linux 的计算机,反之亦同。甚至在没有安装用户端程序的计算机中,只要有支持 Java 的浏览器,也可使用。

1. VNC 的发展

VNC 由 Olivetti & Oracle 研究室所开发,此研究室在 1999 年并入 AT&T。AT&T 于 2002 年中止了此研究室的运作,并把 VNC 以 GPL 释出。因为它是免费的并可用于数量庞大的不同操作系统,它的简单、可靠和向后兼容性使之进化成为最为广泛使用的远程控制软件。多平台的支持对网络管理员十分重要,它使网络管理员可以使用一种工具管理几乎所有操作系统。

由于 VNC 以 GPL 授权,衍生出了几个 VNC 软件。

(1) RealVNC。由 VNC 团队部分成员开发,分为全功能商业版及免费版,是当前最活跃和强大的主流应用。

(2) TightVNC。强调节省带宽使用。

(3) UltraVNC。加入了 TightVNC 的部分程序及加强效能的图形映射驱动程序,并结合 Active Directory 及 NTLM 的账号密码认证,但目前仅有 Windows 版本。

(4) Vine Viewer。Mac OS X 的 VNC 用户端。

这些软件各有所长,例如,UltraVNC 支持档案传输以及全屏幕模式,而这些软件间大多遵循基本的 VNC 协定,因此大多可互通使用。

从 Windows 通过 VNC 连接到 Linux 如图 16-6 所示。

图 16-6 从 Windows 通过 VNC 连接到 Linux

2. 原理

VNC 对于简单的远程控制几乎完美,但是缺少对于大机构的桌面辅助功能,主要是日志记录和安全功能没有足以达到此目的。VNC 为远程工作人员或瘦客户机也没有做好准备,因为目前还不支持远程应用程序的本地打印。

VNC 系统由客户端、服务端和一个协议组成。VNC 服务端的作用是分享其所运行机器的屏幕,服务端被动地允许客户端控制它。VNC 客户端(或 Viewer)观察控制服务端,与服务端交互。VNC 协议 RFB 是一个简单的协议,传送服务端的原始图像到客户端(一个 X、Y 位置上的正方形的点阵数据),客户端传送事件消息到服务端。

服务器发送小方块的帧缓存给客户端,在最简单的情况下 VNC 协议将使用大量的带宽，因此发明了各种各样的方法出来减少通信的开支，比如有各种各样的编码方法，来决定最有效率的方法来传送这些点阵方块。

协议允许客户端和服务端去协商使用哪种编码。最简单的编码（被大多数客户端和服务端所支持）是从左到右的像素扫描数据的原始编码，当原始的满屏被发送后，只发送变化的方块区域。这种编码在帧间只有小部分屏幕变化的情况下工作得非常好（例如，鼠标键在桌面移动的情况，或在光标处敲击文字），不过如果大量的像素同时变化带宽将会增加得非常高（例如，拖动一个窗口或观看全屏录像）。

VNC 默认使用 TCP 端口 5900 至 5906，而 Java 的 VNC 用户端使用 5800 至 5806。一个服务端可以在 5500 口用“监听模式”连接一个客户端，使用监听模式的一个好处是服务端不需要设置防火墙。

UNIX 上的 VNC 称为 xvnc，同时扮演两种角色，对 X Window 系统的应用程序来说它是 X Server，对于 VNC 用户端来说它是 VNC 守护程序。

3. 工作流程

VNC 运行的工作流程如下。

(1) VNC 客户端通过浏览器或 VNC Viewer 连接至 VNC Server。

(2) VNC Server 传送对话窗口至客户端，要求输入连接密码。

(3) 在客户端输入连接密码后，VNC Server 验证客户端是否具有存取权限。

(4) 若是客户端通过 VNC Server 的验证，客户端即要求 VNC Server 显示桌面环境。

(5) VNC Server 通过 X Protocol 要求 X Server 将画面显示控制权交由它负责。

(6)VNC Server 将来自 X Server 的桌面环境利用 VNC 通信协议送至客户端，并且允许客户端控制 VNC Server 的桌面环境及输入装置。

4. 安全性

VNC 本来是为局域网的环境而开发的，如果用在 Internet 上存在安全隐患。VNC 并非是安全的协定，虽然 VNC 守护程序需设定密码才可接受外来连接，且 VNC 用户端与 VNC 守护程序之间的密码传输经过加密，但仍可被轻易地拦截到并可能使用暴力搜寻法破解。

不过 VNC 可设计以 SSH 或 VPN 传输，以增加安全性。当计划在远程位置访问远程计算机时，应该考虑一个专用的 ISDN 的拨号连接、VPN 隧道或使用 SSL 来加密 VNC 通信。有些 VNC 软件，如 UltraVNC，更进一步支持 Active Directory 及 NTLM 的账号密码认证。

出于安全的考虑，一般建议不要直接以超级用户账号运行 VNC 守护程序。如果确实需要超级用户的环境，请以普通用户登录后，再使用 su 命令登录到超级用户账号。

5. 浏览器访问

即使目前操作的主控端计算机没有安装 VNC viewer，也可以通过一般的网页浏览器来控制被控端，只要该浏览器支持 Java 即可，如图 16-7 所示。

图 16-7　使用 Windows 上的浏览器直接 VNC 访问 Linux 服务器

16.5.3　远程桌面

远程桌面最初是为了方便 Windows 服务器管理员对服务器进行基于图形界面的远程管理，但是后来其核心协议远程桌面协议（Remote Desktop Protocol，RDP）发展成了通用协议，受到了各种操作系统的支持。

1. 概念

RDP 是一个多通道（multi-channel）的协议，让使用者（所在计算机称为用户端或本地计算机）连上提供远程桌面服务的计算机（称为服务端或远程计算机）。大部分的 Windows 版本都有用户端所需软件，有些其他操作系统，例如 Linux、FreeBSD 和 Mac OS X 等，也有用户端软件。服务端方面，则默认侦听传送到 TCP 端口 3389 的数据。

2. 功能

（1）多种显示支持，包括 8、15、16、24 和 32 位色。用户可以根据带宽予以选择。

（2）128 位加密，使用 RC4 加密算法（这是默认的加密方式，比较旧版的用户端可能使用较弱的加密强度）。

（3）支持传输层安全（Transport Layer Security，TLS，前身为 SSL）协议。

（4）声音重定向支持，使用者可以在远程服务端执行有声音的应用程序，并将声音导引至用户端音箱播放。

（5）文件系统重定向支持。使用者可在使用远程服务端的过程中，引用用户端本地的文件系统，访问本地文件。

（6）打印机重定向支持。在使用远程服务端时，可以通过用户端本地的打印机输出，包括直接连在用户端计算机的打印机或网络共享打印机。

（7）通信端口重定向支持。远程服务端上的应用程序可以使用用户端本地的串行端口或并行端口。

(8) Windows 的剪贴板数据可以在远程服务端及本地用户端之间互通。

3. 优点

与远程桌面协议兼容的用户端可在多种操作系统上执行，许多 Linux 系统上甚至将 RDP 用户端功能列为内核功能之一。Linux 可以很容易地连接到 Windows 服务器，如图 16-8 所示。此外，使用者也不一定要有宽带网络才能连上他们的远程服务端桌面，RDP 即使在 56kb/s 拨号网络下，仍然可以提供每秒更新 5～6 个画面的效果。

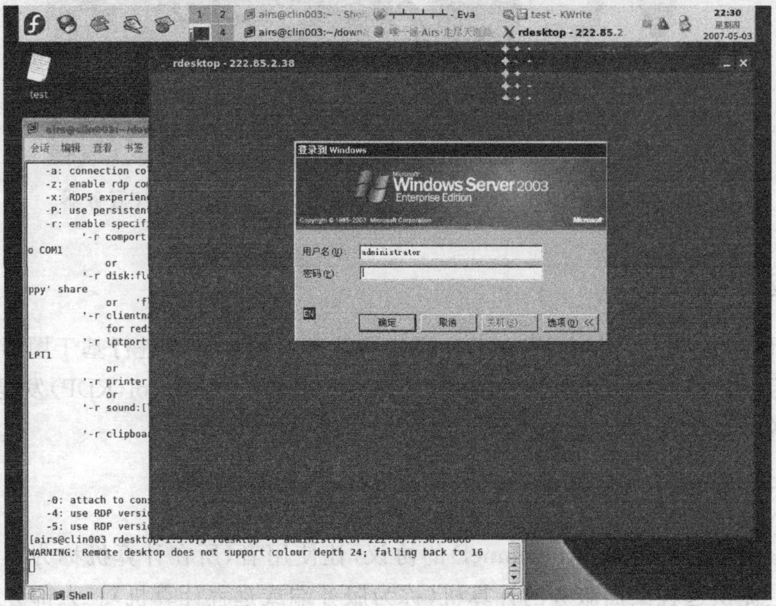

图 16-8　从 Linux 远程桌面到 Windows

4. 在云终端的应用

云终端是集云计算概念、桌面虚拟化概念、计算迁移与分享概念于一体的网络计算机；既可以作为迷你 PC 单独运行来进行网页浏览，又可以构架共享式网络以创新的成本优势开展业务运营网络。狭义的云终端指的是专用的云终端，它仅具有浏览器功能，数据处理、存储和程序应用都在网络或服务器上完成，不需要进行大量的本地操作。

在共享的工作模式下，通常使用 RDP 协议技术，构架共享计算网络，云终端桌面机共享使用中心主机(服务器)的软硬件资源，实现远程桌面，带来与单独 PC 桌面机相同的使用体验。所有的软件均安装在服务器上，并且均在服务器上运行，运行的结果送往云终端显示，云终端只负责显示及键盘、鼠标输入，不运行软件。当不同的终端登录时，服务器会为它开辟一片空间；即使不同的终端运行同一个软件，也不会冲突。软件运行的性能效果取决于服务器。

云终端的典型接口如图 16-9 所示。其优点如下。

(1) 节省采购及运营成本。据统计，云终端系统与传统 PC 系统相比，在采购环节将省

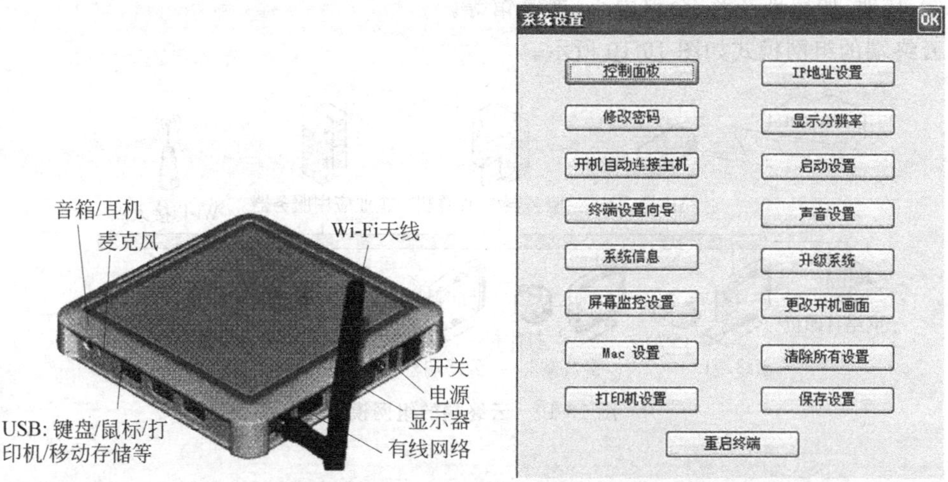

图 16-9　一个典型的无线云终端外设连接接口及开机设置

下 70%的投入。在系统运维环节，将减轻 90%的成本负担。在使用成本上，云终端只需 5W 的超低功耗，50 台云终端才相当于一台普通台式机的功耗，电费节省相当可观。

（2）强安全性，避免了信息的流失。而且易于集中管理，很大程度上提高了工作效率。在云终端系统之下，一切都是可控的，云终端的用户就如同在通过不同的账号使用同一台计算机，大家遵循同样的管理规则，使用同样的应用系统，信息共享与协作也将变得前所未有的简单。

（3）云终端是一台不需要 CPU、硬盘和光驱的多用户网络终端设备，可以最大地发挥计算机的潜能。它设计小巧精致，无须升级，安装简便，易于操作，无须主机，一按即用；它运用通用的 RDP 技术远程访问后端服务器主机，并且没有用户数量限制，大大降低成本。

（4）同时也是一款精巧别致的网络计算机，可以架构共享网络计算。云终端的价格低廉，节电省耗，小巧机身，无须风扇散热，无噪音干扰，低辐射，绿色健康环保；硬件使用周期长，一次投资，长期使用，采用软硬件一体化设计，即利于维护又方便管理。另外，USB 可控制开放或关闭，故障率极低。

（5）利用云终端解决方案，可以让多位用户（不受限制）独立、同时运用一台主计算机的软硬件资源和所有外部设备资源，即实现一台计算机主机拖（变/转）多个云终端。可以说云终端将低成本、低能耗、易管理等诸多优点集于一身。

云终端最为适用的场景主要如下。

① 窗口服务行业：银行、税务、保险、证券、卫生等。

② 教育领域：网络教室、图书馆、学生宿舍等。

③ 高安全要求机构或部门，设计院、政府部门以及公司的研发部门等。

④ 公共场所的信息查询机，机场、火车站、街道办事处等。

⑤ 安置在酒店宾馆的客房提供上网服务，而无须担心自行拆卸和更换主机设备。

⑥ 纯粹作为上网机使用的客户，如个人用户，构建家中的第二台计算机。

⑦ 其他，如房地产商、会议中心、展览馆等。

云终端的组网模式如图 16-10 所示。

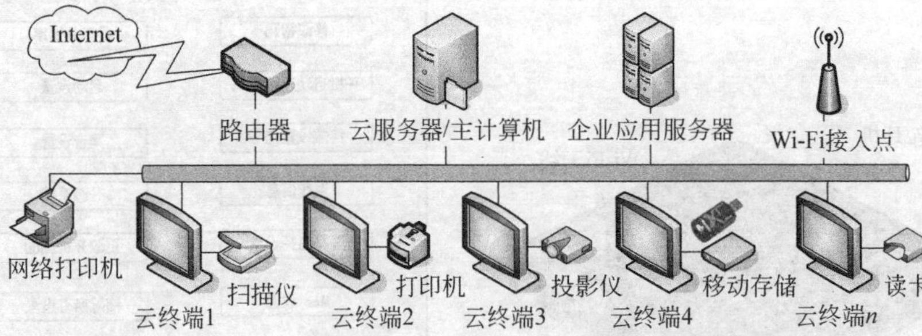

图 16-10 云终端的组网模式

16.6 跨平台文件共享

通过使用合适的网络设备和各种操作系统的工具，就可以实现跨平台的系统之间共享文件。目前最为常用的三种方式是 FTP/SFTP、Samba 和 NFS。

16.6.1 FTP/SFTP 上传下载

文件传输协议(File Transfer Protocol，FTP)的客户端基本上已经集成到大部分操作系统中，表现为命令行或图形化工具，可以方便地从 FTP 服务器下载数据到本地或从本地上传数据到 FTP 服务器。尽管 FTP 已不常用于大众的文件交换分享，但是对于服务器、远程工作站的管理员来说，还是经常需要通过它传输文件，因为效率高、稳定并支持续传。

传统 FTP 在传输机制和实现原理上是没有考虑安全机制的，因为它们在网络上用明文传送数据、用户账号和密码，别有用心的人非常容易地就可以截获这些信息。另外还和 Telnet 类似，也很容易受到"中间人"方式攻击。

安全文件传送协议(Secure File Transfer Protocol，SFTP)可以为传输文件提供一种安全的加密方法。SFTP 与 FTP 有着几乎一样的语法和功能。SFTP 为 SSH 的一部分，是一种传输文档至服务器的安全方式。SFTP 本身没有单独的守护进程，它必须使用 sshd 守护进程(端口号默认是 22)来完成相应的连接操作。

SFTP 和 SSH 一样使用加密传输认证信息和传输的数据，可以把所有传输的数据进行加密，而且能够防止 DNS 欺骗和 IP 欺骗。但是，由于这种传输方式使用了加密/解密技术，虽然将传输的数据压缩以加快传输的速度，但是传输效率仍然比普通的 FTP 要低得多。如果对网络安全性要求较高时，建议使用 SFTP 代替 FTP。

如果需要使用 SFTP，首先使 FTP 服务器支持 SFTP 协议，并且在客户端使用 SFTP 访问服务器，就可以进行上传、下载文件，建立、删除目录等操作。常见的软件如表 16-5 所示。

表 16-5　支持 SFTP 的常见软件

	Windows	Linxu/UNIX 等
服务器	VShell Server、F-Secure SSH 等	openSSH 等，一般内置支持
客户端	WinSCP、Core FTP、FileZilla、Xftp、Entunnel、SecureCRT、SecureFX、F_SECRUE 等	sftp、scp、gSTM 等，一般内置支持

16.6.2　Samba 网络共享

现在，Windows、Linux、Mac OS X 等均支持 Samba。为什么 Samba 应用这么广泛？原因是 Samba 最先在 Linux 和 Windows 两个平台之间架起了一座桥梁，正是由于 Samba 的出现，在 Linux 系统和 Windows 系统之间可以互相通信，比如复制文件、实现不同操作系统之间的资源共享等。

使用它可以架设成一个功能非常强大的文件服务器，也可以架设成打印服务器提供本地和远程联机打印，甚至可以使用 Samba Server 完全取代 Windows NT/2000/2003 中的域控制器，做域管理工作，使用也非常方便。

1. Samba 的应用场景

Samba 主要应用于如下场景。

(1) 文件和打印机共享。文件和打印机共享是 Samba 的主要功能，SMB 进程实现资源共享，将文件和打印机发布到网络之中，以供用户可以访问。

(2) 身份验证和权限设置。smbd 服务支持 user mode 和 domain mode 等身份验证和权限设置模式，通过加密方式可以保护共享的文件和打印机。

(3) 名称解析。Samba 通过 nmbd 服务可以搭建 NBNS(NetBIOS Name Service)服务器，提供名称解析，将计算机的 NetBIOS 名解析为 IP 地址。

(4) 浏览服务。局域网中，Samba 服务器可以成为本地主浏览服务器(LMB)，保存可用资源列表，当使用客户端访问 Windows 网上邻居时，会提供浏览列表，显示共享目录、打印机等资源。

2. Samba 的背景

Samba 服务基于服务器信息块(Server Message Block，SMB)协议，用于在计算机间共享文件、打印机、串口等资源。SMB 不仅提供目录和打印机共享，还支持认证、权限设置。在早期，SMB 运行于 NBT 协议(NetBIOS over TCP/IP)上，使用 UDP 协议的 137、138 及 TCP 协议的 139 端口。后期 SMB 经过演化发展成通用网际文件系统(Common Internet File System，CIFS)，可以直接运行于 TCP/IP 协议上，没有额外的 NBT 层，使用 TCP 协议的 445 端口。

Samba 是一款免费开源软件，使得类 UNIX 操作系统应用 CIFS 协议。CIFS 是 Microsoft 采用的文件共享协议，通过 CIFS 协议就可以完成类 UNIX 平台和 Microsoft 系统之间的资源共享。Samba 执行了 SMB/CIFS 的一个版本，这个版本在很大程度上与大多数的 Windows 版本兼容。无论是从 Windows 连接到 Linux 还是从 Linux 连接到 Windows 机器，Samba 系统对于实现文件和打印服务来说总是很稳定的。可以通过 Windows 的网络邻居，来轻松访问安装了 Samba 的 Linux/UNIX 服务器。

大部分 Linux 只默认安装了 Samba 客户端，如果要成为服务器则需要安装相应的包。对于 Solaris 操作系统而言，Solaris 10 以后的版本在系统安装的时候就已经包含了 Samba，只需要做一些配置就可以成为服务器。

如果 Solaris 要访问一台安装 Windows XP 系统的主机，在 Nautilus 文件浏览器的地址栏输入命令“smb://machinename/sharefolder”即可。其中 machinename 是指另一台主机的 IP 地址，sharefolder 是指该主机的共享目录或隐含共享的磁盘分区，连接时输入 Windows 系统的用户账号和密码就可以访问。

使用 CIFS 协议实现类 UNIX 系统与其他系统（主要是 Windows 系统）间的文件共享，与采用 FTP 方式相比，更为简单，几乎不需要安装什么额外的软件，而且可以直接采用“复制粘贴”的方式在系统间共享大容量的文件。

3. Samba 的工作流程

当客户端访问服务器时，信息通过 SMB 协议进行传输，其工作过程可以分成 4 个步骤，如图 16-11 所示。

图 16-11 Samba 工作流程

(1) 协议协商。客户端在访问 Samba 服务器时，发送 negprot 指令数据包，告知目标计算机其支持的 SMB 类型。Samba 服务器根据客户端的情况，选择最优的 SMB 类型，并做出回应。

(2) 建立连接。当 SMB 类型确认后，客户端会发送 session setup 指令数据包，提交账号和密码，请求与 Samba 服务器建立连接，如果客户端通过身份验证，Samba 服务器会对 session setup 报文做出回应，并为用户分配唯一的 UID，在客户端与其通信时使用。

(3) 访问共享资源。客户端访问 Samba 共享资源时，发送 tree connect 指令数据包，通知服务器需要访问的共享资源名，如果设置允许，Samba 服务器会为每个客户端与共享资源连接分配 TID，客户端即可访问需要的共享资源。

(4) 断开连接。共享使用完毕，客户端向服务器发送 tree disconnect 报文关闭共享，与服务器断开连接。

4. Samba 的相关进程

Samba 服务是由两个进程组成，分别是 nmbd 和 smbd。

(1) nmbd。其功能是进行 NetBIOS 名解析，并提供浏览服务显示网络上的共享资源列表。

(2) smbd。其主要功能就是用来管理 Samba 服务器上的共享目录、打印机等，主要是针对网络上的共享资源进行管理的服务。当要访问服务器时，要查找共享文件，这时就要依靠 smbd 这个进程来管理数据传输。

由于 NetBIOS 协议对于 Windows 来讲监听 TCP 的 139 端口和 UDP 的 137、138 端口，所以 nmbd 在 Linux 上模拟出了 UDP 的 137 和 138 端口，以及 TCP 的 139 端口，smdb 上模拟出 TCP 的 445 端口。而 Samba 将在 Linux 上同时监听这 4 个端口。

16.6.3 NFS 网络共享

网络文件系统(Network File System，NFS)是分布式计算系统的一个组成部分，可实现在异种网络上共享和加载远程文件系统。NFS 服务是基于 RPC 来实现的一个方便的共享文件系统，使得 Linux 和 Windows 之间共享文件变得非常便利。NFS 提供了除 Samba 之外，各种操作系统之间共享文件的另一种方法。

1. NFS 简介

NFS 最初由 Sun 公司于 1984 年研发，是一种分布式文件系统，主要是让网络上的 UNIX 主机可以共享目录和文件。其原理是，在客户端通过网络将远程主机共享的文件系统，使用挂载的方式加入到本机的文件系统，以后的操作和本机操作一样。

NFS 目前已经成为文件服务的一种标准(RFC1904，RFC1813)。其最大的功能就是可以通过网络，让不同操作系统的计算机共享数据，所以也可以将它看做是一个文件服务器。Linux 中 NFS 已经被完全整合进了内核，只要在编译内核的时候选择编译文件系统，那么默认就支持 NFS。

NFS 主服务进程使用的端口是 2049 UDP 和 2049 TCP，其他进程端口都是半随机的，基于 portmap。建议在/etc/sysconfig/nfs 将随机端口定义成静态端口，使端口不混乱，并且利于配置 iptables 防火墙策略。

Client 端可以挂载 NFS Server 所提供的目录，并且挂载之后这个目录看起来就和本地的磁盘分区一样，可以使用 cp、cd、mv、rm、df 等磁盘相关的指令。NFS 有属于自己的协议与使用的端口号码，但是在资料传送或者其他相关信息传递的时候，NFS Server 使用的则是 RPC 协议来协助 NFS Server 本身的运作。

NFS 本身的服务并没有提供资料传递的协议，却能进行文件的共享。原因就是 NFS 使用到一些其他相关的传输协议，而这些传输的协议就是 RPC。NFS 也可以视为一个 RPC Server。需要说明的是，要挂载的 Client 主机也需要同步启动 RPC。这样 Server 端和 Client 端才能根据 RPC 协议进行数据共享。

使用 NFS Server 需要启动至少两个守护进程：一个用来管理 Client 端是否可以登录

的问题,另一个管理登录主机后的 Client 能够使用的文件权限。说明如下。

(1) rpc. nfsd 的主要功能就是管理 Client 端登入主机的权限,其中包含这个登入者的 ID 的判别。

(2) rpc. mountd 的主要功能是管理 NFS 的文件系统。当 Client 端顺利地通过 rpc. nfsd 而登录主机之后,在使用 NFS Server 提供的文件前,还必须取得使用权限的认证。程序会读取 NFS 的/etc/exports 配置来比对 Client 端的权限。

要激活 NFS 必须要有两个系统服务才行,它们分别是 portmap 和 nfs-utils。NFS 其实可以被视为一个 RPC Server,要激活任何一个 RPC Server 之前,需要做好端口的映射工作才行。这个工作就是由 portmap 这个服务所负责的。nfs-utils 则提供 rpc. nfsd 及 rpc. mountd 这两个 NFS 守护进程与其他相关说明文件。

2. NFS 访问过程

使用 NFS,客户可以透明地访问服务器上的文件和文件系统。这不同于提供文件传输的 FTP 协议。FTP 会产生文件一个完整的副本。NFS 只访问一个进程引用文件的那一部分,并且 NFS 的一个目的就是使得这种访问透明。这就意味着任何能够访问一个本地文件的客户程序不需要做任何修改,就应该能够访问一个 NFS 文件。

NFS 是一个使用 Sun RPC 构造的客户服务器应用程序。NFS 客户通过向一个 NFS 服务器发送 RPC 请求来访问其上的文件。尽管这一工作可以使用普通用户进程来实现,即 NFS 客户可以是一个用户进程,对服务器进行显式调用。而服务器也可以是一个用户进程。但是因为两个原因,NFS 一般不这样实现。

首先,访问一个 NFS 文件必须对客户透明。因此 NFS 的客户调用是由客户操作系统代表用户进程来完成的。其次,出于效率的考虑,NFS 服务器在服务器操作系统中实现。如果 NFS 服务器是一个用户进程,每个客户请求和服务器应答(包括读和写的数据)将不得不在内核和用户进程之间进行切换,这个代价太大。

如图 16-12 所示,演示了一个 NFS 客户和一个 NFS 服务器的一次典型访问过程。

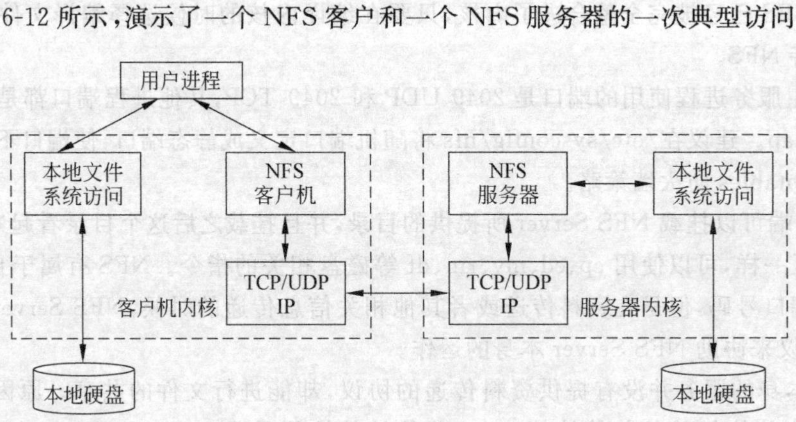

图 16-12　NFS 客户和 NFS 服务器的访问过程

(1) 访问的是一个本地文件还是一个 NFS 文件,对于客户来说是透明的。当文件被打开时,由内核决定这一点。文件被打开之后,内核将对本地文件的所有引用传递给"本地文件系统访问"调用,而将对 NFS 文件的所有引用传递给"NFS 客户机"调用。

(2) NFS 客户通过它的 TCP/IP 模块向 NFS 服务器发送 RPC 请求。NFS 主要使用 UDP,最新的实现也可以使用 TCP。

(3) NFS 服务器在端口 2049 接收作为 UDP 数据报的客户请求。尽管 NFS 可以被实现成使用端口映射器,允许服务器使用临时端口,但是大多数的实现都是直接指定 UDP 端口 2049。

(4) 当 NFS 服务器收到一个客户请求时,它将这个请求传递给本地文件访问例程,后者访问服务器主机上的一个本地的磁盘文件。

(5) NFS 服务器需要花一定的时间来处理一个客户的请求。访问本地文件系统一般也需要一部分时间。在这段时间间隔内,服务器不应该阻止其他的客户请求。为了实现这个功能,大多数的 NFS 服务器都是多线程的,即服务器的内核中实际上有多个 NFS 服务器在 NFS 本身的加锁管理程序运行。具体怎么实现依赖于不同的操作系统。大多数的 UNIX 内核不是多线程的,只提供了轻量进程的支持,限制了更高效的线程模型的实现;一个共同的技术就是启动一个用户进程(常被称为 nfsd)的多个实例。这个实例执行一个系统调用,使自己作为一个内核进程保留在操作系统的内核中。

(6) 同样,在客户主机上,NFS 客户需要花一定的时间来处理一个用户进程的请求。NFS 客户向服务器主机发出一个 RPC 调用,然后等待服务器的应答。为了给使用 NFS 的客户主机上的用户进程提供更多的并发性,在客户内核中一般运行着多个 NFS 客户。同样,具体实现也依赖于操作系统。

3. Windows 的 NFS 支持

Windows 通过 NFS Client 来访问 Linux 的共享,或用 NFS Server 来作为 NFS 文件服务器。有如下四种支持方式。

(1) Windows Service for UNIX(SFU)下的 NFS 支持。

(2) Cygwin 下的 NFS 支持(http://www.csparks.com/CygwinNFS/index.xhtml)。

(3) Windows Server 2008 中的 feature 来支持 NFS(Services for NFS)。

(4) Windows NFS Server 和 Client 软件(haneWIN NFS Server for Windows + nfsAxe)。

Services for UNIX(SFU)是 Windows Server 2003 的一个组件,为具有混合 Windows 和 UNIX/Linux 的环境的企业提供文件共享解决方案,如图 16-13 所示。它是以前在 UNIX 服务 3.5 中可用的 NFS 组件的更新,具有下列功能。

(1) 支持 64 位操作系统。

(2) NFS 服务组件可以在所有版本的 Windows Server 2003 上安装,包括 64 位版本。

(3) 更新的"Microsoft 管理控制台(MMC) Microsoft NFS 服务管理"管理单元。

(4) 增强的可靠性。

(5) 支持 UNIX 特殊设备(mknod)。

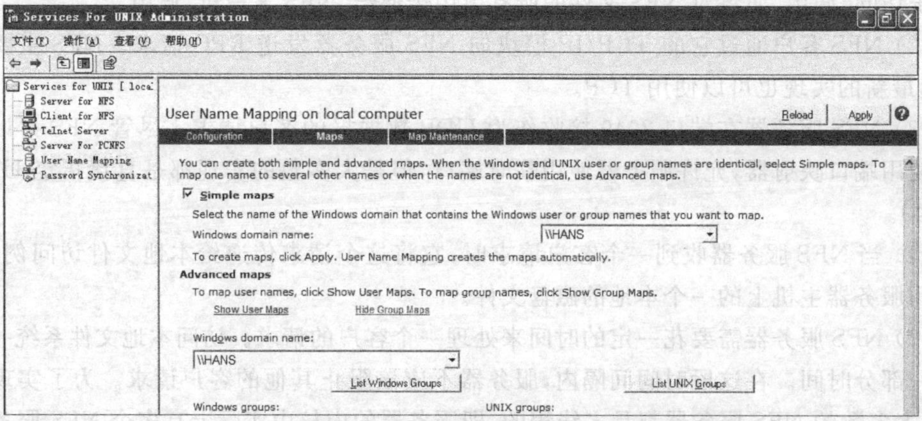

图 16-13 Services For UNIX Administration 界面

16.6.4 Linux 加入 Active Directory 域

许多 IT 组织都采用 Active Directory 为内部的 Windows 桌面和服务器提供统一的身份验证服务，解决需要在网络上跨多个服务器维护重复用户账号的问题。与其针对 Linux 环境维护一个不同的身份验证基础结构(加上一组不同的用户名和密码)，还不如让 Linux 计算机也采用 Active Directory。

自 Windows 2000 开始，Microsoft 便从 NTLM(NT LAN Manager)移到了 Active Directory 及其集成 Kerberos 身份验证服务。与 NTLM 相比，Kerberos 更安全，而且更适合调整。此外，Kerberos 更是 Linux 和 UNIX 系统早已采纳的行业标准，从而为 Linux 平台打开了与 Windows 集成的大门。

Linux(以及在其上面运行的 GNU 工具和库)当初并不是以单一身份验证机制的设计理念进行构建的。因此，Linux 应用程序开发人员就逐渐养成了一种习惯，即创建属于自己的身份验证方案。他们设法通过在/etc/passwd 中查询名称和密码哈希，或者提供截然不同的机制，来实现这一目标。

由此产生了很多身份验证机制，以至于无法对其进行管理。1995 年，Sun 提出了可插入身份验证模块(Pluggable Authentication Modules，PAM)机制。PAM 提供了一组所有应用程序开发人员都可以使用的通用身份验证 API，以及管理员配置的后端，允许多种“可插入”身份验证方案。通过使用 PAM API 进行身份验证，以及使用 Name Server Switch (NSS) API 来查询用户信息，Linux 应用程序开发人员可以少编写一些代码，并且 Linux 管理员可从同一个地方配置和管理身份验证过程。

大多数 Linux 发布版本都会随附多个 PAM 身份验证模块，其中包括支持对 LDAP 目录进行身份验证和使用 Kerberos 进行身份验证的模块。用户可以使用这些模块对 Active Directory 进行身份验证，但这其中存在一些明显的限制。

1. Samba 和 Winbind

Samba 包含的组件使 Linux 计算机有权访问 Windows 文件和打印服务，同时还提供了基于 Linux 的服务来模拟 Windows NT 4.0 DC。使用 Samba 客户端组件，Linux 计算机便可利用 Windows NT 和 Active Directory DC 所提供的 Windows 身份验证服务。

为了达到预期效果，就要使用 Samba 中名为 Winbind 的相关部分。Winbind 是在 Samba 客户端上运行的守护进程，它的作用是充当在 Linux 计算机上运行的 PAM 和 NSS 与在 DC 上运行的 Active Directory 之间通信的代理。具体来说，Winbind 使用 Kerberos 来对 Active Directory 和 LDAP 进行身份验证，以检索用户和组信息。Winbind 还提供其他服务，例如，使用类似于 Active Directory 中 DCLOCATOR 的算法来查找 DC，以及通过使用 RPC 与 DC 进行通信来重置 Active Directory 密码。

Winbind 解决了仅使用 Kerberos 和 PAM 无法解决的多个问题。具体来说，Winbind 并不是将 DC 进行硬编码以便按照 PAM Kerberos 模块的方式进行身份验证，而是以类似于 Microsoft DC LOCATOR 模块运行的方式通过搜索 DNS 定位程序记录来选择 DC。

2. 三种身份验证策略

假设 Linux 计算机上提供了 LDAP、Kerberos 和 Winbind 三种身份验证，可以采用三种不同的实现策略允许 Linux 计算机使用 Active Directory 来进行身份验证。

(1) 使用 LDAP 身份验证。使用 Active Directory 进行身份验证的最简单但成效最低的方法是，将 PAM 配置为使用 LDAP 身份验证，如图 16-14 所示。虽然 Active Directory 属于 LDAP v3 服务，但 Windows 客户端使用 Kerberos(回退到 NTLM)而不是 LDAP 进行身份验证。LDAP 身份验证(称为 LDAP 绑定)通过网络以明文形式传递用户名和密码。对于大多数用途来说，这不仅不安全，而且也是无法接受的。

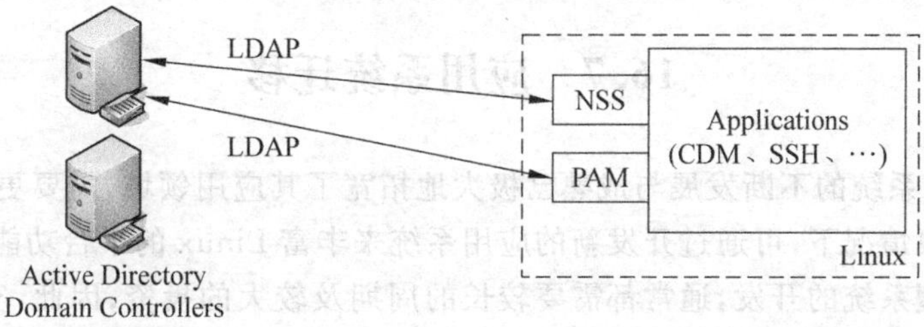

图 16-14 使用 LDAP 对 Active Directory 进行身份验证

降低以明文形式传递凭据风险的唯一方法，是使用类似于 SSL 的协议加密客户端与 Active Directory 进行通信所使用的通道。这当然是可行的，但会增加在 DC 和 Linux 计算机上管理 SSL 证书的负担。此外，使用 PAM LDAP 模块并不支持更改已重置的或过期的密码。

(2) 使用 LDAP 和 Kerberos。利用 Active Directory 进行 Linux 身份验证的另一种策略是，将 PAM 配置为使用 Kerberos 身份验证，以及将 NSS 配置为使用 LDAP 查找用户和组信息，如图 16-15 所示。此方案的优点是，它相对来说比较安全，而且它利用的是 Linux 的内置功能。但是它不利用 Active Directory DC 发布的 DNS 服务位置(SRV)记录，所以会被迫挑选一组特定的 DC 来进行身份验证。对于管理即将过期的 Active Directory 密码或是直至最近的适当组成员身份查询，它提供的方法也不是很直观。

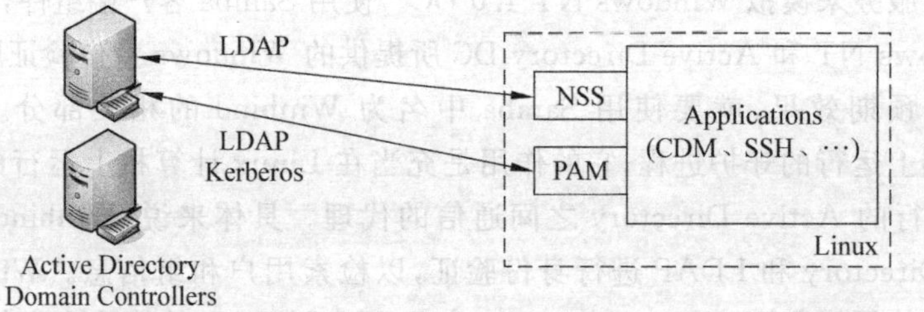

图 16-15 使用 LDAP 和 Kerberos 对 Active Directory 进行身份验证

(3) 使用 Winbind。利用 Active Directory 进行 Linux 身份验证的第三种方法是，将 PAM 和 NSS 配置为调用 Winbind 后台程序。Winbind 将使用 LDAP、Kerberos 或 RPC (使用其中最合适的一个)，将不同的 PAM 和 NSS 请求转换为相应的 Active Directory 调用。图 16-16 说明了这一策略。

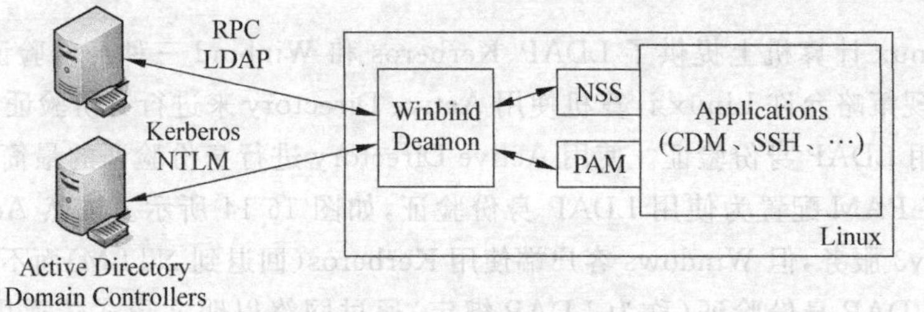

图 16-16 使用 Winbind 对 Active Directory 进行身份验证

16.7 应用系统迁移

Linux 操作系统的不断发展与成熟已极大地拓宽了其应用领域，需要更多、更丰富的应用来支撑。一般情况下，可通过开发新的应用系统来丰富 Linux 的平台功能。然而，由于新系统尤其是大型系统的开发，通常都需要较长的周期及较大的投资；因此，实际中也常常采用另外一种软件技术：应用系统跨平台移植技术，来满足应用的需求。现有 Windows 应用系统大都经过实践验证、性能稳定且资源丰富；因此，将已有异构平台的应用软件移植到 Linux 平台就更有意义。

16.7.1 Wine：迁移 Windows 程序

Wine 是一个在 x86、x86-64 上，允许类 UNIX 操作系统在 X Window System 下运行 Windows 程序的软件。开发人员能经由 Wine 的程序库将 Windows 的程序迁移到类 UNIX 操作系统中运行。

1. Wine 简介

虽然 Wine 有最为常用的非官方名称 Windows Emulator，即 Windows 模拟器，但 Wine 其实是 Wine Is Not an Emulator 的缩写，即 Wine 不是模拟器。Wine 只是运用 API 转换技

术实现 Linux 对应到 Windows 函数，来调用 DLL 以运行 Windows 程序。Wine 是自由软件，在 GNU GPL 下发布。

Wine 计划是在 1993 年由 Bob Amstadt 及 Eric Youngdale 发起的，最初的目的是为了使 16 位的 Windows 3.1 的程序可以在 Linux 上执行，但现在已将目的变为使 32 位的 Windows 程序在 Linux 上执行。Wine 虽然最初是为 Linux 而开发，但也能够支持 FreeBSD、Mac OS X(Intel 版)与 Solaris-x86。

因为 Windows 的 DLL 是封闭源代码的，所以程序设计师只能由最底层的设计开始，耗费大量的时间来编写和测试，最后达到兼容。但这个过程往往会有很多困难，而且也可能会出现很多错误。

2008 年，Wine 已经能够完美运行很多知名程序，例如，Lotus Notes 及 Microsoft Office 2007、Photoshop CS2，但其可靠性及稳定性仍有待改善。如果该程序包含原生的 Windows 程序库，那样 Wine 便可很顺利运行该程序。但有些 Wine DLL 亦已能完美地取代 Windows 原来的 DLL，使得有些程序可完美运行。图 16-17 演示了 Visual Basic 6、HTML to RTF Converter 等软件在 Linux 上的运行。

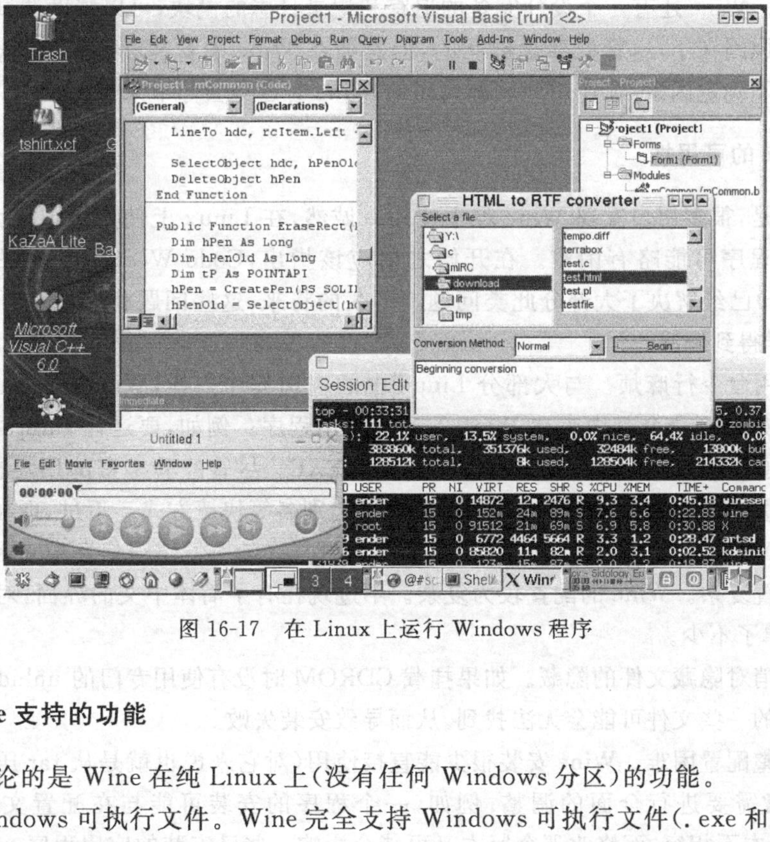

图 16-17　在 Linux 上运行 Windows 程序

2. Wine 支持的功能

下面讨论的是 Wine 在纯 Linux 上(没有任何 Windows 分区)的功能。

(1) Windows 可执行文件。Wine 完全支持 Windows 可执行文件(.exe 和.dll)的二进制加载。

(2) DLL。Wine 有几百个 Windows DLL 的内部实现；不过，其中没有多少是完全的实现。例如，包含有用户界面相关函数的 userd32.dll 在开放源代码的 Wine 中实现了 92%。

(3) COM。这是一种几乎被所有的大型 Windows 应用程序所使用的 Windows 技术，它支持诸如将一个 Excel 电子数据表嵌入到 Word 文档中等功能。这一技术得到了 Wine 的很好支持。

(4) 注册表。这是另一个几乎任何一个 Windows 应用程序都会使用的关键技术，Wine 实现了大约 90%的 Windows 注册表管理 API。

(5) 核心功能。核心系统功能也得到了特别好的支持。如前面提到的，尽管 Linux 和 Windows 之间存在区别，但是基本的层次上还有很多类似之处，因此与进程、线程、文件和消息队列相关的核心系统 API 得到了近乎完美的支持。

(6) 音频和视频。Wine 支持 Windows 音频和视频文件的运行(还可以使用 Windows 媒体播放器)。

(7) 打印。可以从一个在 Wine 中运行的 Windows 应用程序进行打印。

(8) ODBC。Wine 支持那些需要通过 ODBC 访问数据库的 Windows 应用程序。

(9) 调试。Wine 有一个强大的内置调试器，除了支持标准的调试功能外，它还为调试运行于 Linux 上的 Windows 二进制程序进行了定制。它是 Wine 为其开发者提供的最重要工具之一。Wine 还有一个设计完备的追踪和记录日志的模块，可以帮助调试。之所以强调这一点的原因在于，尽管框架是健壮的，但是当在 Wine 中安装和运行 Windows 应用程序时有很多不确定因素，在使用开放源代码的 Wine 时迟早会停下来进行调试。

3. Wine 的可用性

不幸的是，很多用户发现 Wine 难于使用。诚然，在 Linux 上使用类似于大型 DirectX 游戏的应用程序可能略有困难。在开始之前应该指出，Code Weavers 提供的商用 Wine (Cross Over)已经解决了大部分此类问题。不久的将来，这些问题将可能在开放源代码的 Wine 中同样得到解决。

(1) 使用命令行麻烦。与大部分 Linux 中的应用程序一样，Wine 必须在命令行中安装。用户只好回到命令行中来在 Wine 下运行应用程序。例如，要运行 Internet Explorer，用户通常需要在 shell 中输入 wine IEXPLORE.EXE。尽管经验丰富的用户喜欢这样做，但初学者会发现这比较困难，而且不太可能懂得起别名等快捷方式。不过，现在用户也可以直接双击 EXE 文件运行(如果进行了关联)，尽管这样会给查看错误信息带来困难。

(2) 配置复杂。Wine 的配置较为复杂。不过现在有了简体中文的界面，对于初学者来说，配置简单了不少。

(3) 取消对隐藏文件的隐藏。如果挂载 CDROM 时没有使用专门的 unhide 选项，那么安装 CD 上的一些文件可能会无法找到，从而导致安装失败。

(4) 调整配置困难。Wine 安装很少能直接使用(对它来说也就是从 tar 压缩文件中解压开)。通常需要进行全面的调整；例如，一个程序的安装可能与在配置文件中设置的 Windows 版本不相容；而修改那个版本又可能会影响一些已安装的应用程序。对很多 DLL 来说也是如此。为此，Wine 提供了一个巧妙的修复，可以设置特定于应用程序的属性。不过，一般的用户可能达不到这么满意的效果。

(5) 额外的安装步骤。大部分应用程序的安装过程都不是标准的。例如，当安装

Internet Explorer 6 时，必须跳过一些步骤，比如 DCOM 98 的定位与安装。对用户来说，这类事情可能是最大的障碍。

注意：这些并不是病症，而是举例说明了是哪些种类的事情，导致对一般用户来说 Wine 看起来复杂而且困难。

4. Wine 的常见问题

看完 Wine 的可用性问题后，下面总结在尝试使用 Wine 时一些常见的技术问题。

(1) 缺少 DLL。这可能是最常见的问题：很多安装由于缺少 DLL 而失败。人们应该熟练使用调试器来决定下一步如何去做。

(2) DLL 版本问题。一些安装程序在开始之前会检查现有的系统 DLL。Wine 解决这一问题的方法是创建假 DLL 以满足安装程序的需要。不过，有一些安装程序会更进一步并深入检查 DLL 以获得它们的版本。这对假的 DLL 来说要求太高了，会导致安装失败。

(3) DLL 加载次序。Wine 有对很多 Windows DLL 的实现，而且如果可用，它还可以使用原始的 Windows DLL。如果两种 DLL 都可用，看上去显然应该选择总是使用 Windows 自己的 DLL，但实际上 Windows DLL 有时会包含不能被满足的依赖。要确定是更应该使用 Wine 的 DLL 还是应该使用本机 DLL，唯一的方法是基于各个应用程序反复进行试验。

(4) DLL 中的函数。当一个 Wine DLL 没有实现 Windows 中相应的 DLL 的全部功能时，应用程序可能会遭遇函数调用失败。由于 DLL 是动态加载的，可能没有办法事先知道会发生这样的事情。这是一个复杂的问题，有一些可做的工作，但最终实际来说它只是取决于应用程序的代码如何编写。

(5) Wine 中还没有实现的 Win32 API。在 Wine 中很多 Win32 API 的函数是残缺不全的。最常见的原因是，相当多的 Win32 API 并没有被文档化。这就意味着应用程序可能会调用某个函数，但完全找不到关于此函数的可用资料。例如，在运行一个简单的 RPC 程序时发现了 RtlAnsiCharToUnicodeChar 这个函数。在 MSDN 上的搜索结果显示没有关于这个函数的资料，而且没有关于所有 RtlXXXX 类别函数的资料。因此，如果它们在 Wine 中的实现对一些应用程序来说至关重要，那么那些应用程序就可能达不到预期结果。

遇到的那些问题可能其他人曾遇到过并已经解决(而且解决方案已经公布出来)。Wine 用户组非常活跃，会提供许多帮助。

16.7.2　Mono：迁移 ASP.NET 应用

长久以来 ASP.NET 令大规模部署所诟病的便是其成本高，IIS 所在的 Windows Server 价格昂贵，SQL Server 也不便宜。Mono 的出现为.NET 应用程序打开了通往 Linux 的一扇大门，使得.NET 应用程序低成本部署成为可能。目前国内外已经有了很多基于 Mono 运行的商业化网站案例。

前面已经介绍过，Mono 是.NET Framework 的一种开源实现。Mono 项目将使开发者用各种语言(C#、VB.NET 等)开发的.NET 应用程序，能在任何 Mono 支持的平台上运行，当然包括 Linux、UNIX 等。Mono 项目使得开发出各种跨平台的应用程序成为可能，并能极大提高开源领域的开发效率。

从 ASP. NET 的执行原理来看，它通过一个 Web Server 处理 TCP 请求，然后把 ASPX 执行和呈现交于使用. NET 实现的托管环境中。Apache 是目前最经济的 IIS 替代品。可以通过类似 Linux＋Apache/Nginx＋Mono 的组合，来代替 Windows＋IIS 来架构完全免费的 ASP. NET Web Server。

ASP. NET 的全面迁移如图 16-18 所示。

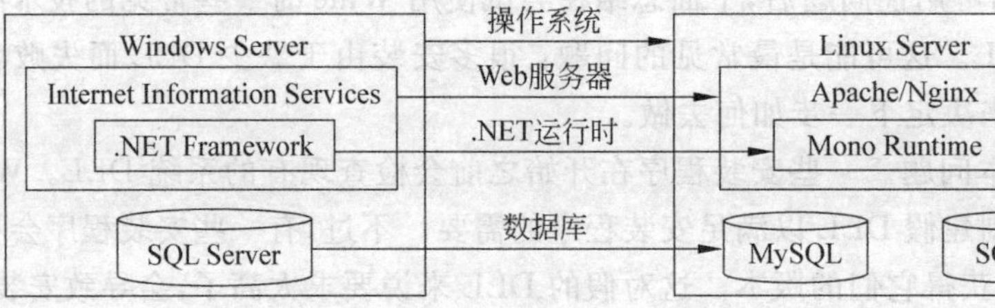

图 16-18 ASP. NET 的全面迁移

1. 二进制迁移

严格来讲，Mono 是一个开源的、跨平台的 C＃语言及其 CLR 的实现，并与 Microsoft 的. NET 二进制兼容。也就是说，即使使用 Visual Studio 编译后发布的 ASP. NET 网站，基本上也可以直接发布到 Apache 的 Web 服务器目录中；一般不必使用 MonoDevelop 再编译一次。

如果直接把用 Visual Studio 编译好的程序拿到 Mono/Linux 下来运行，出现任何问题，都无法简单地通过它的异常提示消息，来得到很详细的问题原因。相同的一个功能，如果出现在 Windows 下运行正常，而 Mono/Linux 下出错的话。除了调试，基本也没有更好的手段来排错。因此必须做好使用在 Mono/Linux 下调试程序的准备。

可能目前唯一的选择的是，在 Linux 下只能通过 MonoDevelop 运行程序来调试，这是目前最为简单的方法。一个在 Visual Studio 编译好的程序，一般可以直接在 Mono/Linux 下运行，没有问题。但是这个程序的代码如果要用 MonoDevelop，使用 Mono 运行时来编译的话，可能就没有那么轻松过关了。不过，不用担心，只要把那些编译错误解决之后，使用 MonoDevelop＋XSP 来调试的话，用户体验还是不错的。

2. 迁移注意事项

以下是从 Windows 平台的开发到 Linux 平台的迁移需要注意的一些要点。

(1) 大小写敏感问题。这是第一个，也是最经常出错的问题。虽然大家都知道在 Liunx 下面，任何字符串都是大小写敏感的，包括文件路径，但还是一不小心就会在这个问题上栽跟头。经常是一个样式或脚本怎么请求都无效，需要到处检查是不是哪些解析有问题；但过了几十分钟之后发现，原来是路径中某个字符大小写不一致导致的。

(2) 路径分隔符。在不同的平台上文件分割符的不同，Windows 上使用“\”，Linux/UNIX 上使用“/”。程序员经常在代码中直接使用“\”来拆分或合并路径，这种情况应绝对杜绝。为了使程序能适应不同的文件系统，可以使用 System.IO.Path.DirectorySeparatorChar 来获取当前系统的文件分割符。但是更好的办法是用 System.IO.Path.Combine 方法来完成。System.IO.Path 这个类里面提供了很多 API 来帮助处理这些问题，请尽量养成用这个类的习惯。

(3) 绝对路径问题。在 Linux 下面，绝对路径的表达方式与 Windows 会有所不同，因此尽量使用一些系统的静态 API 来解决这些问题。Linux/UNIX 在文件系统布局上也有特别之处，它们只有一个逻辑分区那就是 root 根目录(即"/")，而 Windows 通常包含不只一个逻辑分区(D:\、E:\、F:\)，当需要针对逻辑分区操作时，可以使用 System.IO.Directory.GetLogicalDrives()来获取当前系统所有逻辑分区。

(4) Win32 专用操作必须禁止。比如 P/Invoke、注册表等，这种操作是绝对不允许的。因为所调用的 Win32 API，它所依赖的运行平台没有办法做到跨平台调用。底层的计算机汇编指令的控制，也是不允许内嵌的。

总之，它所有的要求就是遵从所有平台所共同具有的特性，尽量避免使用具备明显特定平台特征的代码。除了现有的 Mono 官方文档所指出的明显不支持的那些功能之外，还会遇到各种它所没有提及的、没有实现或来不及实现的一些技术细节，比如对 DataContractSerializer 序列化和反序列化的格式不一致，不支持 Health Mornitoring 功能。对某些语言特性的编译不一致造成的编译失败。

关于 Mono 平台的兼容性，可以通过 Compatibility 文档了解一下，但是某些功能的兼容性在新版本已经有所变化。比如在 2.10.2 小节中，已经完全解决了 MVC3 的兼容问题。对于 API 的兼容性，可以通过链接 http://www.go-mono.com/status/ 来具体了解。

3. 兼容性检测工具 MoMA

Mono 迁移分析器(Mono Migration Analyzer，MoMA)是一个用于开发者使用的兼容性检测工具，用于检测.NET 下开发的应用程序能否迁移到 Mono 平台。工具通过分析.dll 或者.exe 程序集的代码是否符合 ECMA CLI。如果程序符合 ECMA CLI 标准，就可以同时运行于.NET 和 Mono 平台。这个工具使用 Cecil，那是一个用于检测代码是否符合 ECMA CLI 标准的类库。

MoMA 的最新版本可以到 http://www.mono-project.com/MoMA/下载。解压后即可运行 MoMA.exe，选择一个要分析的程序集，也可以选择一组程序集一起分析。在程序集分析过程中，它会分析程序集中的所有方法、属性、事件引用的所有方法，并报告方法存在的问题。MoMA 的使用方法很简单，如图 16-19 所示。不过它的分析结果有可能过于严格；一些实现方式上 MoMA 提示不兼容，但在 Mono 中是可以正常使用的。

思 考 题

(1) 大部分的 Java 代码具有"一次编译处处执行"的特性，其原理是什么？ C# 代码能否也具有这个特性，为什么？试从原理和实际两个方面予以讨论。

(2) 云终端广泛运用于电子阅览室、证券交易所等场所。身边看到的基本上都是

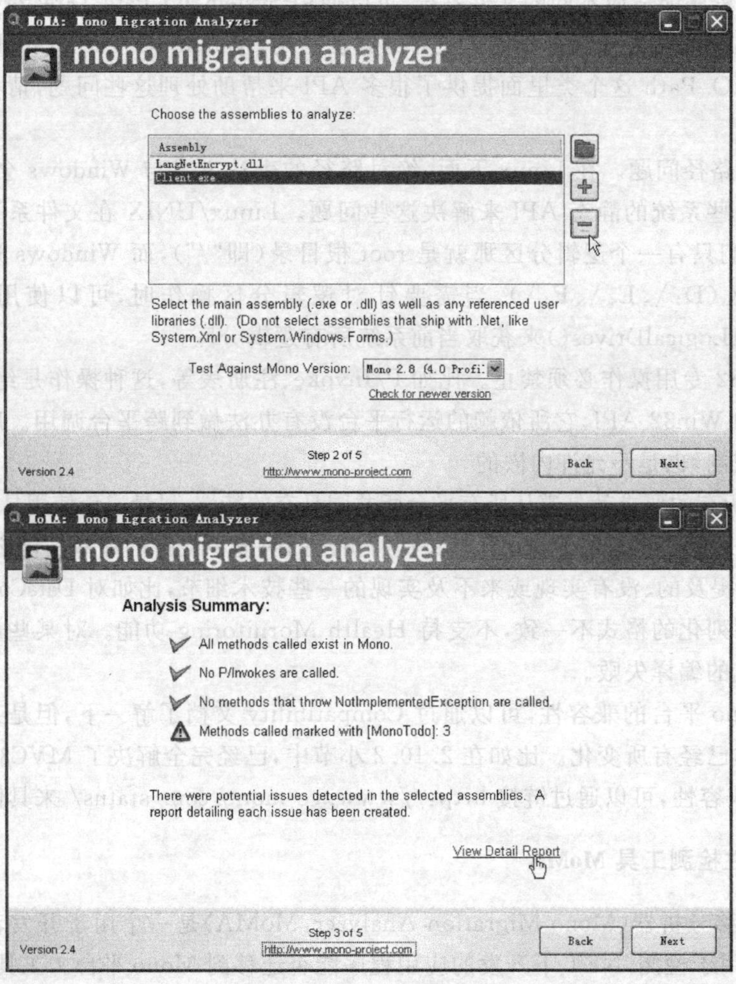

图 16-19 使用 MoMA 来检测程序集兼容性

Windows 终端，试从技术上讨论 Linux 云终端的可能性，并从市场上寻找相关产品。

(3) 在混杂了各类操作系统环境的企业级网络，为了达到用户集中管理以及统一身份认证，结合前几章内容讨论有哪些途径将它们进行互连互通。

(4)试将一个程序改造成 Windows 系统服务或 Linux 守护进程。其中有何需要重点注意的事项？

第17章　移动支付案例

移动支付也称为手机支付，就是允许用户使用移动终端（通常是手机）对所消费的商品或服务进行账务支付的一种服务方式。移动支付价值链包括移动运营商、支付服务商（如银行、银联等）、应用提供商（如公交、校园、公共事业等）、设备提供商（如终端厂商、卡供应商、芯片提供商等）、系统集成商、商家和终端用户。严格来讲手机支付其实是支付卡、网上银行、代收费、第三方支付等多种电子支付一种融合发展之后的集成支付方式。

17.1　移动支付简介

移动支付以无线通信技术作为数据传播手段，可以在任何时间、任何地点为用户提供安全有力的支付媒介，使支付行为彻底摆脱线路制约，开辟了新的支付天地。对用户来说，移动支付提供了随时随地通过移动设备购买商品的机会；对于商品或服务的提供商来说，移动支付可以增加产品与服务的价值，扩展市场并建立较高的客户忠诚度。

移动支付的本质是信息流到资金流之间的转换过程，在此过程中，消费者、移动运营商、银行、商家、认证机构等多个角色之间会发生关联，形成一个新的价值链，但是每一个角色在这个价值链中所关心的重点又有所不同。

消费者最关心的是安全性、使用便利性以及隐私权是否能得到保护等问题；移动运营商关心的主要是系统的标准和交互功能，移动支付是移动运营商重要的增值业务，是移动网络经营者下一阶段重要的利润增长点；金融机构希望支付系统是完善的，并且减少欺诈风险；而商人或内容提供者则希望支付过程对用户而言是透明的，因为这会鼓励更多的使用，另外，他们也希望支付系统能快速和便利地完成支付程序以便及时获得支付。

移动支付业务的出现、新的价值链的形成为消费者和商人带来了巨大的利益，但同时也对支付业务提供者施加了巨大的压力，要求这些机构提供强有力的安全保证，并且要求系统具有交互式职能。

17.1.1　移动支付发展历程

根据手机通信技术的发展及商业模式的变迁，移动支付业务的发展可划分为以下3个阶段。

阶段一：短信＋IVR支付。移动支付通过短信、IVR（互动语音应答）作为支付信息流载体。其中短信支付是短信和彩信业务的扩展，IVR是语音通信业务的扩展，这些业务门槛低，模式简单。持卡人手机号码与银行卡账户绑定，通过短信支付。

阶段二：WAP＋手机客户端软件支付。WAP解决了短信输入繁杂和短信中密码明文显示的问题，支付完成时间也大大缩短。结合手机客户端软件，可以实现更加复杂的支付业务，相对短信支付而言用户体验更好。

阶段三：智能卡移动支付。智能卡移动支付通过将手机与智能 IC 卡有机结合，利用集成在移动终端上具有非接触功能的智能 IC 卡作为支付信息载体，通过 NFC（近距离通信）技术和移动通信网络分别实现非接触现场支付和远程支付功能。智能卡手机现场支付的交易流程与金融 IC 卡的传统金融交易（非接触式）模式基本一致。远程支付功能可以通过手机客户端软件与用户交互，操作更加便捷。

17.1.2 移动支付分类

移动支付通过一系列接入手段，将移动运营商的无线通信网络和银行金融系统相连，随时随地为移动运营商签约用户提供银行卡信息查询、支付、交易通知等交易支付服务。在移动支付业务中，费用支取一般有两种途径：第一种是费用通过手机账单收取，用户在支付其手机账单的同时支付这一费用，在这种方式中，移动运营商为用户提供了信用；第二种途径是费用从用户的银行账户（即借记账户）或信用卡账户中扣除，在该方式中，手机只是一个简单的信息通道，将用户的银行账号或信用卡号与其手机号连接起来。

目前用户在交易中使用的移动支付主要包括远程支付（Remote Payment）和现场支付（on-Site Payment）。

(1) 远程支付定义为通过无线移动网络进行接入的服务，主要通过基于浏览器方式的平台进行传送数据，或通过基于 SMS /USSD /WAP /IVR /KJAVA 等方式进行传送数据，完成交易支付。

(2) 现场支付是以现场近距离为特征，使用类似于蓝牙技术（Bluetooth）、红外线（Infrared）、RFID 或非接触式芯片（Contact-less Chip）进行支付，现场购买商品或服务。从用户行为角度分析，现场支付又分为接触性支付（Proximity Payment）和非接触性支付（Contact-less Payment）两种。

17.1.3 移动支付难点

(1) 手机用户智能终端占比低，系统平台具有多样性。根据截至 2012 年 3 月份的数据，全国移动电话用户超过 10 亿户，3G 网络已覆盖了全国所有县城及大部分乡镇，3G 用户数达到 1.5 亿户。但其中智能手机的占比依然较低，这在很大程度上限制了远程支付的发展。而智能机的操作系统和版本繁多，开发商需要进行大量的适配工作。

(2) 安全性担忧、消费者使用习惯不成熟阻碍移动支付发展。近一两年，移动支付逐步走入了人们的生活，然而一些与之相关的安全性事件，如木马病毒、资金被盗等情况也屡屡发生，在很大程度上阻碍了移动支付的推广。一项用户调研数据显示，“安全性差”和“对业务不了解”是消费者不使用移动支付业务的主要原因。特别指出的是，“对业务不了解”表明移动支付的应用场景还相对较少，用户的使用习惯也远未建立起来。

(3) 现场支付标准的选择。在现场支付方面，我国近端支付标准一直未有定论，这使得长期以来市场一直在两种标准的选择之间徘徊不前。这不仅影响上游产业链的制造商们对硬件研发和生产的投入，也使得在下游的商户们不得不安装多个种类的 POS 机，不仅消耗了社会资源，也使消费者在多个标准的产品面前无所适从，在很大程度上影响了移动支付的普及。

17.1.4　标准之争

目前，中国银联主推的 13.56MHz 标准和中国移动力推的 2.4GHz 标准是国内两大主流移动支付标准。中国移动运营商拥有 10 亿用户，银联拥有 POS 机 330 万台以及众多金融资源以及客户，谁搭台、谁唱戏，形成了两大巨头之间博弈的焦点。与此同时，移动支付的标准之争、安全之虑、开放之辩也成了热点。

中国移动主导的 2.4GHz 手机支付是一种本土化手机支付方案，用户只需要更换一个特制的带有射频的支付 SIM 卡就可以实现支付。不过，因与银行、公交等主要行业的 POS 机频率不一致，支付产品的产业链并不成熟，这种标准的使用还需要与公共和金融部门进行协调，并且大面积更换设备。

而获银联支持的 13.56MHz 支付方案是一种国际移动支付标准，专利由诺基亚、索尼等国际巨头掌控，发展较为成熟，广泛应用在交通、金融、社保、加油等非接触卡片领域，适用于大部分现有的 POS 终端机。但是，用户必须更换为运营商特制的手机或带天线的 SIM 卡；其次信号易受金属结构影响，为保证信号的强度，手机后盖一般不能使用金属。

统一标准涉及三大运营商内部、运营商与银联以及背后产业链的利益博弈，目前最后的结果尚不明朗。导致的后果就是有些场合多台读卡器并立，而相关厂商犹豫再三。

17.2　远程支付实现方案

远程支付对手机终端、移动运营商以及支付服务商的依赖性都较小。它采取基本上通用的协议，资金流在系统后台完成转移。

17.2.1　短信支付

短信支付指的就是通过手机短信，从后台付费代替现金支付的一种支付方式，它的资金来源可以是手机里的话费，也可以是签约银行的个人账户。前者多用于移动运营商的代扣费业务，支付金额受限。这种方式从 2001 年运营商就开始推广，比如在网上购买计算机杀毒软件，其中就有手机支付方式，输入手机号码并确认付款后，手机会收到一个短信密码验证，输入后就完成交易。目前这种支付方式较为广泛，但是只能是小额支付；大金额的支付运营商并不支持，而且功能也比较简单。

短信支付方式存在两个明显的弊端：一是大多数手机所发送的信息全部为明码，致使手机支付的安全性较低；二是通过短信支付方式的实时性较差，信号不稳和网关拥塞都难免会造成资金流和物流的停滞。若要使短信支付达到理想的快捷、安全的层面，至少还要从技术角度解决两个方面的问题。

首先是 SIM 卡与 STK 卡的融合问题。STK 卡是一种小型编程语言的软件，可以固化在 SIM 卡中，它能接收和发送 GSM 的短信数据，起到 SIM 卡与短信之间的接口作用，同时它还允许 SIM 卡运行自己的应用软件。其次是要通过技术手段保障信息传输的及时性。利用手机支付一般要求通信的实时性较强，采用短信手段在遇到某些情况时，由于存储等原因，往往使其不能及时转发而有一定的时延。

此外有些物品的购买，不能用短消息，而需用语音实现，这样会产生通话费用，导致交易成本增加。如何利用语音回拨等方式，以及对 SMS、WAP、GPRS 等传输手段的综合比较等问题尚待研究。

17.2.2 手机电话银行

电话银行是近年来日益兴起的一种技术，它通过电话这种现代化的通信工具把用户与银行紧密相连，使用户不必去银行，无论何时何地，只要通过拨通电话银行的特服号码，就能够得到电话银行提供的其他服务(往来交易查询、申请支付、利率查询等)。

手机电话银行的好处是比在线支付更方便，随时随地无须上网；比现金、汇款更安全，拨打的是发卡行的电话银行号码；比 POS 机更好用，手机和座机都可以做"虚拟 POS"。它的缺点在于其过程开销较大，尤其在电话处于长时间等待状态时。

17.2.3 二维码支付

二维码是用特定的几何图形按一定规律在平面(二维方向上)分布的黑白相间的矩形方阵记录数据符号信息的新一代条码技术，由一个二维码矩阵图形和一个二维码号，以及下方的说明文字组成，具有信息量大，纠错能力强，识读速度快，全方位识读等特点。将手机需要访问、使用的信息编码到二维码中，利用手机的摄像头识读，这就是手机二维码。

手机二维码的应用有两种：主读与被读。所谓主读，就是使用者主动读取二维码，一般指手机安装扫码软件。被读就是指电子回执之类的应用，比如火车票、电影票、电子优惠券等。

二维码将现代移动通信技术和二维码编码技术结合在一起，把传统凭证的内容及持有者信息编码成为一个二维码图形，并通过短信、彩信等方式发送至用户的手机上，使用时通过专用的读码设备对手机上显示的二维码图形进行识读验证即可。它最大的特点是唯一性和安全性，不仅节约了成本，更重要的是节省奔波时间提高效率方便使用，同时还非常环保和时尚。

二维码电子凭证广泛应用在电子支付凭证和个人身份鉴别两大业务领域，用做各种电子化票据、证据，如电子票(电影票、演出票、火车票、飞机票等)、电子优惠券、电子提货券、电子 VIP、积分兑换凭证等，技术已经相对成熟。

17.3 现场支付实现方案

目前可以通过独立芯片、智能 SD 卡、手机 SIM 卡三种载体搭载不同应用实现移动支付。现阶段不同厂家利用这些载体实现了 RFID-SIM、SIMpass、iSIM、RF-SD 卡和 NFC 手机等多种解决方案。

17.3.1 RFID-SIM 技术

RFID-SIM 卡是 RFID 技术向手机领域渗透的产品，是一种全新的手机 SIM 卡。它不仅具有普通 SIM 卡的移动通信功能，还能够通过内部的天线与 RFID-SIM 卡感应器进行近距离无线通信。由于采用了 2.4GHz 频率，天线可以集成到 SIM 卡内部。对于用户而言，这种 SIM 卡和普通的 SIM 卡没有区别，换卡不换号即可使用，用户体验最佳。

RFID-SIM 卡支持接触与非接触两个工作接口，接触接口负责实现 SIM 卡的应用，完成手机卡的正常功能；非接触界面可以实现非接触式门禁、考勤、消费、身份认证等应用。RFID-SIM 卡由于支持空中下载相关规范(如 OTA 和 WIB 规范)，用户可随时更新手机中的应用程序或者给账户充值，从而使手机真正成为随用随充的智能化电子钱包。

在安全性方面，由于 RFID-SIM 卡是 CPU 卡，卡内带有片上操作系统(COS)，支持卡与感应器之间的双向认证，安全可靠。由于有移动通信网络的支持，手机 RFID-SIM 卡可实现空中发卡和注销功能。同时还可提供考勤、消费的短信账单提醒等增值服务。用户还可通过手机中 STK 菜单随时查询卡信息，并可对卡做相应的操作。

该技术方案是将非接触通信模块、应用及安全数据完全集成在 SIM 卡上，SIM 卡在实现普通应用功能的同时，也能通过射频模块完成各种移动支付，用户不用为此更换手机。但是由于频率不一致，银行、公交等主要行业的 POS 机都不支持，需要改造加装 RFID 读头。移动运营商自然希望选择自己能控制的、能掌握的核心技术，从这个角度看对基于 2.4GHz 的 RFID-SIM 技术具有明显倾向性。

17.3.2　SIMpass 卡

SIMpass 技术融合了 DI 卡技术和 SIM 卡技术，也被称为双界面 SIM 卡。SIMpass 是一种多功能的 SIM 卡，支持接触与非接触两个工作接口，接触界面实现 SIM 功能，非接触界面实现支付功能，工作在 13.56MHz 频率，兼容多个智能卡应用规范。

利用 SIMpass 技术，可在无线通信网络及相应的手机支付业务服务平台的支持下，开展各种基于手机的现场移动支付服务。使用 SIMpass 的用户只需在相应的消费终端前挥一下，即可安全、轻松完成支付过程。SIMpass 卡除了支持 GSM 或 CDMA 规范外，还与低成本非接触 CPU 卡兼容，这也为 SIMpass 卡片的广泛应用提供了基础应用环境。

为解决非接触界面工作所需的射频天线的布置问题，有两种解决方案：定制手机方案和低成本的天线组件方案。

(1) 定制手机方案。通过改造手机电池或主板，将天线布置在电池或主板上，并在主板上设计天线与卡片上的天线触点的连接通路。这种方案使非接触应用与手机融为一体，工作稳定可靠。其缺点是需要设计专用的手机，用户若想使用手机支付就需要更换手机，使得应用推广的成本增高并可能阻碍手机支付系统的应用。

(2) 低成本的天线组件方案。无须改造手机，将天线与 SIMpass 直接连接，为 SIMpass 提供射频信号，如图 17-1 所示。这种方案具有天线组件成本低廉，用户不需要更换手机的优势，有利于 SIMpass 的应用推广。其不足之处在于，需要考虑天线的可靠连接；需要考虑天线的电气特性满足工作要求，比如尽量不要使用金属后盖的手机；此外还需要考虑增加天线之后对手机便携

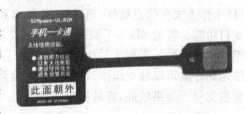

图 17-1　SIMpass 卡(天线夹在电池和手机后盖之间)

性的影响。

17.3.3 iSIM 卡

类似于SIMpass的还有一种iSIM卡(又称贴片卡、薄膜卡、贴膜卡等),内置金融IC芯片。贴片卡与SIM卡黏合后可与手机交互,手机的指令先经过贴片卡截获处理之后,再传递给SIM卡。在手机菜单上通常表现为STK形式,支持远程应用。如果从中引出13.56MHz天线,可支持非接触支付功能。贴片卡和SIMpass卡的主要比较如表17-1所示。

表17-1 贴片卡和SIMpass卡的异同

项目	异同比较
卡与POS端的交互	相同,均支持离线交易和在线交易,视POS的设置而定
卡的充值	SIMpass支持空中圈存和网点圈存;iSIM只支持网点圈存
与手机的绑定上	SIMpass是号卡一体,而iSIM是通过后台对号码进行绑定
使用锁定	SIMpass不存在用户转网风险;iSIM则通过监控绑定号码的状态,可进行钱包账户的锁定(POS端锁定)
交易通知	均可实现交易成功后的短信提醒
交易查询	SIMpass可以实时查询到交易记录;iSIM则必须在POS点或者通过专用软件才能查询到交易记录

17.3.4 RF-SD 卡

智能存储卡RF-SD是按照存储卡实现的一种把大容量数据存储、安全、RFID有机融合的产品,可在具有普通存储卡插槽的手机、移动数字电视、PSP、PC以及行业终端(比如水电气表)上使用。它具有用户鉴权、数据加解密、大容量数据存储、非接触式刷卡功能,可以广泛用于各类场合。

智能存储卡RF-SD作为支付客户端的安全实现载体,和手机、机顶盒、PC安全客户端软件配合使用,并与适用于各种固定/移动支付场景下的应用软件系统相协同。尤其是它的SD-KEY硬证书、SD-OTP动态令牌和无线射频等多种功能,大大地提高了方案的安全性、实用性、方便性和兼容性。

智能SD卡移动支付通过将手机与智能SD卡有机结合,利用具有非接触功能的智能SD卡作为支付信息载体,通过NFC技术和移动通信网络,分别实现非接触现场支付和远程支付功能。智能SD卡手机现场支付的交易流程,与金融IC卡的传统金融交易(非接触式)模式基本一致。远程支付功能可以通过手机客户端软件与用户交互,操作更加便捷。银行使用此方案可以独立运作,不再受移动运营商的约束,有利于银行控制用户。智能SD卡在远程支付上效果较好,容易被市场接受。

17.3.5 NFC 技术

近场通信(Near Field Communication,NFC)通过在单一芯片上集成感应式读卡器、感应式卡片和点对点通信的功能，利用移动终端实现移动支付、电子票务、门禁、移动身份识别、防伪等应用。NFC 采用 13.56MHz 作为近距离通信频率标准，兼容 ISO 14443、ISO 15693、Felica 等射频标准。

NFC 手机具有三大功能：卡模式、读卡器模式和点对点模式。卡模式是指 NFC 手机模拟成一张卡，这张卡下载应用后，可以进行刷卡消费。读卡器模式是指 NFC 手机可以读卡，比如读银行卡上的余额、公交卡余额等，还可以当 POS 机用。点对点模式是指两个 NFC 手机可以交换数据。

NFC 终端与其他设备通信时可以采用主动通信模式或被动通信模式，主动通信模式下通信的双方均产生射频场；被动通信模式下通信双方只有一方产生射频场，产生射频场的一方为另一方提供通信所需的工作电源。

NFC 终端根据应用场景的不同，可以采用三种不同的工作模式。在卡模拟模式和读卡器模式下，终端与其他设备通信时采用被动通信模式。在点对点模式下，NFC 终端与其他设备通信既可以采用被动通信模式，也可以采用主动通信模式。

在不久的将来，当智能手机成为人们的生活标配时，NFC 有可能逐渐成为智能手机的标配。NFC 的多样化将增强智能手机用户的使用体验和工作效率，在各领域中的应用也将随之普及。但是现阶段，还存在成本过高、手机平台不统一、消费者还没有建立起使用习惯等一系列问题。

17.3.6　实现方案比较

在上述几种产品形态中，RF-SD 卡、独立芯片的 NFC 手机以及 iSIM 产品可脱离 SIM 卡，完全基于金融账户开展支付应用，由金融机构主导，而移动运营商在这些产品模式中只承担无线通信的职责。未来上述产品模式的发展将主要取决于合理的商业模式设计，以及移动运营商、内容提供商、发卡银行和中国银联等的资源整合效率以及总体推动力度。

SIMpass 产品以及 RFID-SIM 产品主要基于手机 SIM 卡中的芯片，移动运营商对客户的控制以及应用的把握更为直接，对提高其用户的忠诚度和品牌黏性更为有利。一方面，移动运营商在相关资源和成本的投入方面动力较强，一直在不懈努力；另一方面，真正与支付直接相关的金融体系则有可能因为对此种模式的政策合规性、产品安全性以及客户的服务质量等疑虑，而采取更为谨慎小心的合作态度。

17.4　NFC 手机抄表缴费实例

利用最新的 NFC 技术，将用户手机和智能电表之间的通信通道打通，再利用原有电表—电力公司后台系统—银行后台系统—NFC 支付手机的通信渠道，构成一个完整的通信环路，从而可产生各种可能的新型支付电费和信息查询模式。

17.4.1　远程集中抄表

集中抄表就是给每个表计安装通信模块，使每个表计都具有通信功能，实现表计与表计管理处的通信，这样就可以实现集中抄表工作。集中抄表具有抄收速度快，计算精度高，抄表同时性好，可直接与营业计算机联网等突出的优点。采用自动集中抄表系统可以缓解抄表人员的劳动强度、降低人为因素造成的抄表误差、并能迅速地统计低压实时线损，降低用电成本，同时对于加强用电管理、防止电力资源的大量流失、杜绝贪污腐败现象都具有积极的意义。

电力载波集中抄表系统集微电子技术、电力载波通信技术和网络管理技术于一体；采用正交同步调制、接力传递、自适应电力载波通信方式，以同一变压器内220V低压电力线为信道，由集中器汇总本配变台区的电表数据，再由市话网将所有台区集中器连入供电局计算机进行远程抄表的系统。

集中抄表系统由中央计算机、集中器、电力载波表组成；中央计算机通过电话网连接集中器；集中器利用电力线与载波电度表进行通信。正因为此，它存在如下缺陷。

(1) 高频载波信号只能在一个台区内传输，无法跨台区传送信号。

(2) 载波信号易受干扰，实现全天候对电能表的可靠抄收比较困难。

(3) 由于单表模块尺寸和成本的限制，使得很难进一步提高模块的可靠性和稳定性。

17.4.2 NFC 新的通信通道

目前智能电表到电力公司已有用电信息集中抄表系统支持双向通信；电力公司和银行之间也已有签约代理扣费等双向通信；而网上银行和手机远程支付在银行和手机之间建立起了双向通道，如图17-2(a)所示。

现在，如图17-2(b)所示通过NFC通信技术，将手机和电表之间的通道打通，就可以实现用户—银行—电力公司之间的闭环通道，进而实现全新的营销模式。NFC手机抄表缴费业务的开发，将有力地减轻用户工作量，解决了电力公司当前集中抄表系统的很多问题。

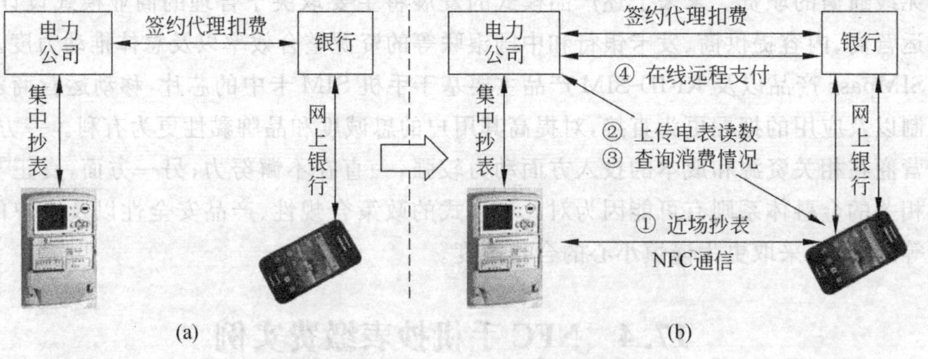

图17-2 基于NFC的新型通信通道

手机和电表间的通道有多种技术选择，NFC、RF是较优的候选。相对而言，NFC技术一直以专业的近场支付为设计目标，具有安全性高、终端依托手机解决(NFC已被手机行业接收并写入标准，今后加入该标准的NOKIA、HTC、三星等众多厂商推出的手机都将具备NFC功能)、成本更低(不用另行配置终端机)等优点，同时NFC手机支付已被中国银联列为标准，国内的银行将都能接收该种方式的支付，更利于推广。在现有基础上，只需要在智能电表内增加NFC模块，补充相应的管理软件即可打通电表和手机的通道，实现图17-2(b)的闭环通道。

17.4.3　业务信息流

利用图 17-2(b)的通道，可以实现全新的业务模式。电表和手机之间身份认证后，电表的信息通过手机抄送到电力公司后台，然后再完成支付，为用电信息采集提供多一种渠道。手机除了移动支付之外，还成为一个高效的信息采集终端。可能的业务信息流如下。

(1) 手机和电表通信，触发业务，应用程序启动。

(2) 手机读取电表身份，送电力公司后台核对(电力公司处有用户的电表和 NFC 账户信息)，返回确认信息手机，再到电表，认证成功(需要电力公司后台处同时有用户的电表和 NFC 账户信息，并升级现有用电信息采集系统功能)。

(3) 电表将用电信息发送给手机，用户获取用电信息，手机将该信息发送给电力公司，完成一次用户的用电信息采集(需要对现有用电信息采集系统的接口和管理软件进行升级)。电力公司后台将代扣费信息传送给银行后台，更新用户的用电信息数据。

(4) 手机和银行后台通信，完成电费支付；银行和电力公司后台通信，完成结算；银行和电力公司更新数据。

(5) 业务结束。

除为用户提供查询和缴费功能外，本模式还为电力公司提供一条用电信息采集的渠道，与原有集中抄表系统形成备份，或者取代之。其系统建设和运维的工作量在用户侧有所增大，需要升级电表和手机。业务开展过程中抄表要使用用户的手机流量，需要明确责权。

17.4.4　系统结构设计

当用手机靠近电表时，电表的 RFID 电子标签进入 NFC 适配器的磁场，接收手机发出的射频信号，凭借感应电流所获得的能量发送出存储在电表中的信息，再通过移动支付终端软件通过 Web Service 将电表信息发送到电力公司后台进行处理。电力公司后台收到手机传来的信息并解密后，会主动将解密的电表信息回传给手机，用户也可以通过手机终端软件主动发送查询或是支付请求，并得到电力公司后台的响应。整体系统结构设计如图 17-3 所示。

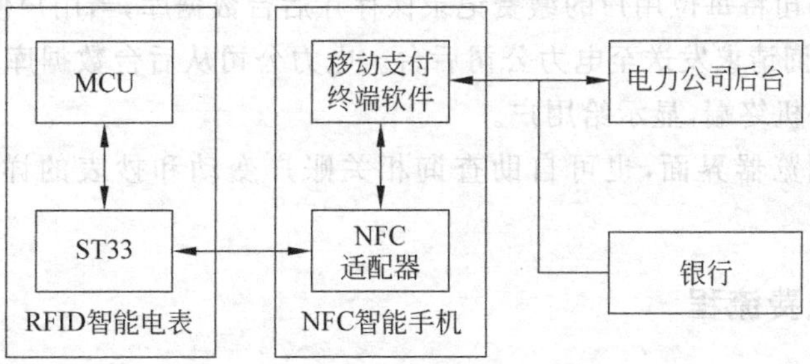

图 17-3　NFC 移动支付系统结构

移动支付终端系统主要包括以下几个结构模块。

(1) NFC 手机接口调用。可以通过移动支付终端软件实现对手机 NFC 适配器的访问。

(2) RFID 卡识别。实现手机对 RFID 电子标签的识别。

(3) 移动终端与 RFID 卡的数据传输。RFID 电子标签对数据进行加密并传输到手机。

(4) 电力公司对用户 RFID 电表的管理。电力公司向用户发放 RFID 电表并为用户提供网上自助服务,包括查询电量、缴费记录等。

为了使用户获得更好的终端体验,在用户自助服务模块部分,需要分别设计上传电量、查询最近抄表记录、查询最近缴费记录三个服务,如图 17-4 所示。

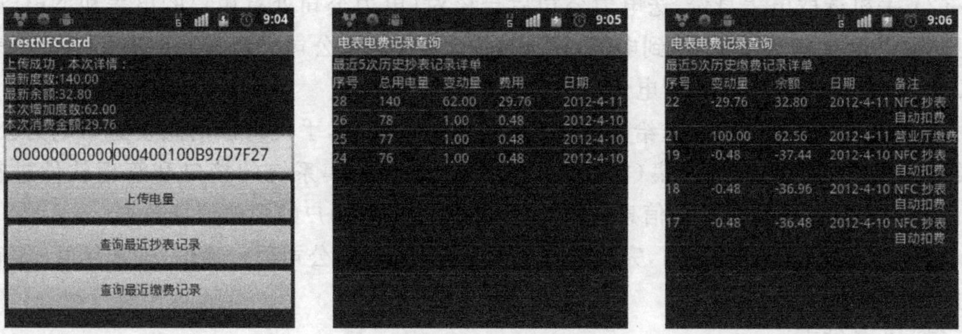

(a) (b) (c)

图 17-4 上传电量并查询最近缴费记录(测试数据)

(1) 上传电量。当用 NFC 手机靠近 RFID 电表时,手机对电表实现抄表操作。当用户使用上传电量服务时,手机通过 3G 网络将经过 RFID 电表加密的电量数据上传至电力公司后台。电力公司后台对该数据进行解密处理,并主动将解密后的电量数据附带该用户的账户信息一并发送回手机终端,显示给用户。

(2) 查询最近抄表记录。查询最近抄表记录服务用来为用户提供最近 5 次抄表记录的查询服务。电力公司将每位用户的抄表记录保存在后台数据库,当用户使用该服务时,手机通过 3G 网络将查询请求发送至电力公司后台。电力公司从后台数据库中查找到相应的抄表记录并发送回手机终端,显示给用户。

(3) 查询最近缴费记录。查询最近缴费记录服务用来为用户提供最近 5 次缴费记录的查询服务。电力公司将每位用户的缴费记录保存在后台数据库,当用户使用该服务时,手机通过 3G 网络将查询请求发送至电力公司后台。电力公司从后台数据库中查找到相应的缴费记录并发送回手机终端,显示给用户。

使用通用的浏览器界面,也可自助查询相关账户变动和抄表的详细信息,如图 17-5 所示。

17.4.5 支付缴费流程

在移动支付的全过程中,相关的参与实体包括电力公司、第三方支付网关、银联交换中心以及发卡银行。流程如图 17-6 所示。

(1) 用户上传电表数据到电力公司后台。

(2) 电力公司根据用户电表数据,自动计算应缴纳的费用生成付款单,并调用支付网关

账户变动详细情况

流水号	缴费时间	余额变动量	余额	备注
22	2012-4-11 9:03:44	-29.76	32.8	NFC 抄表自动扣费
21	2012-4-11 9:03:43	100	62.56	营业厅缴费
19	2012-4-10 15:48:11	-0.48	-37.44	NFC 抄表自动扣费
18	2012-4-10 15:44:52	-0.48	-36.96	NFC 抄表自动扣费
17	2012-4-10 15:41:00	-0.48	-36.48	NFC 抄表自动扣费
16	2012-4-10 15:38:28	-36	-36	NFC 抄表自动扣费

抄表详细情况

流水号	抄表时间	抄表度数	增加度数	单价	扣费	备注
28	2012-4-11 9:03:43	140	62	0.48	29.76	NFC 抄表
26	2012-4-10 15:48:11	78	1	0.48	0.48	NFC 抄表
25	2012-4-10 15:44:52	77	1	0.48	0.48	NFC 抄表
24	2012-4-10 15:41:00	76	1	0.48	0.48	NFC 抄表
23	2012-4-10 15:38:28	75	75	0.48	36	NFC 抄表

图 17-5　从浏览器查询详细信息(测试数据)

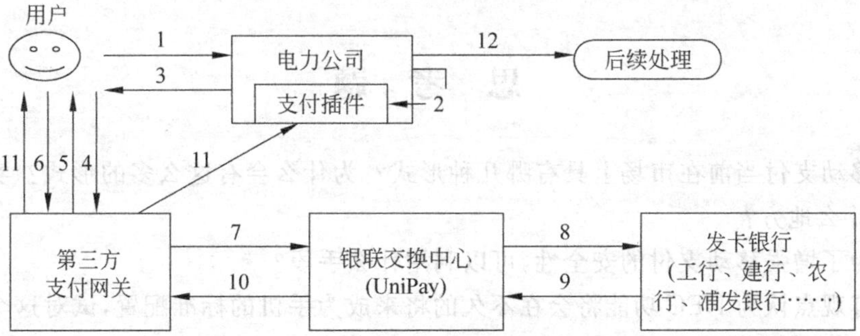

图 17-6　支付缴费流程

商户端接口插件,对付款单进行数字签名。

(3) 电力公司将付款单和电力公司对该付款单的数字签名一起交用户确认。

(4) 一旦用户确认支付,则该付款单及数字签名将自动转发至第三方支付网关。

(5) 支付网关验证该付款单的商户电力公司身份及数据一致性,再次生成支付页面显示给用户,同时在用户浏览器与支付网关之间建立 SSL 连接。

(6) 用户填写银行卡卡号、密码和有效期(适合信用卡),通过支付页面将支付信息加密后提交支付网关。

(7) 支付网关验证交易数据后,按照银联交换中心的要求组装消费交易,并通过硬件加密机加密后提交银联交换中心。

(8) 银联交换中心根据支付银行卡信息将交易请求路由到用户发卡银行。

(9) 发卡银行系统进行交易处理,然后将交易结果返回到银联交换中心。

(10) 银联交换中心将支付结果回传到第三方支付网关。

(11) 支付网关验证交易应答,并进行数字签名后,发送给电力公司,同时向用户显示支付结果。

(12) 电力公司接收交易应答报文,并根据交易状态码进行后续处理。

流程贯穿了移动通信和金融支付领域的所有环节,囊括了 SIM/UIM 卡无线通信鉴权、智能卡技术、手机终端、金融发卡系统、商户收单系统、资金账户系统、短信/3G 等通信系统等一系列相关技术业务领域。它横跨了如图 17-7 所示的移动支付业务的三大功能域，是个较为典型的案例。

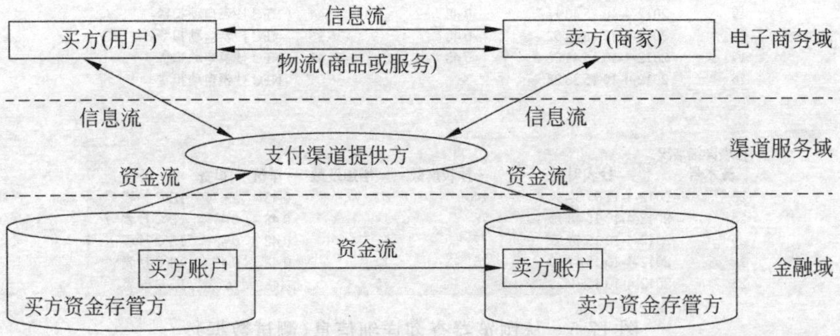

图 17-7　移动支付业务的三大功能域

思 考 题

(1) 移动支付当前在市场上具有哪几种形式？为什么会有这么多的形式？实现标准化的难点在什么地方？

(2) 为了增强移动支付的安全性，可以利用什么手段？

(3) 有观点认为 NFC 功能将会在不久的将来成为手机的标准配置，试对这个观点予以分析。

第五部分　综合案例

第18章 平安城市

平安城市是目前中国最大的视频监控系统工程，它在一定程度上代表着安防行业目前的最高水平。平安城市不是简单的一套系统，它需要融合先进的安防技术、智能视频分析技术、图像处理技术、网络互联技术、数字通信技术等这些技术是实现平安城市统一平台的先决基础，在安全性、稳定性、扩展性以及接入容量方面均需要着重考虑。基于对公共安全领域的深入研究以及物联网、云计算和 3G 无线前沿技术的投入，才能确保所建项目的高质量、广覆盖、大容量、新技术、可融合、易管理等。

18.1 平安城市的概念

什么是“平安城市”？这是一段时间人们关注的热点话题。如何让我们生活的场所更加安全？如何构建一个强大的安防网络来保证整个城市的安全？答案就是运用科学、先进的技防手段是最为行之有效的方案。在这种前提下，城市安防应急系统的建设将显得愈发重要。平安城市技防系统是一个大型，甚至是特大型的，综合性非常强的管理系统，构建三防系统（技防系统、物防系统、人防系统）是建设平安城市的必由之路。一个完整的安全技术防范系统，由技防系统、物防系统、人防系统和完善的管理系统构成，四个系统相互配合相互作用来实现安全防范的目的。

18.1.1 平安城市的发展

平安城市项目最初起源于公安部开展的一系列科技强警示范城市建设工程以及后续的 3111 工程。随着北京奥运会安保工程、上海世博会安保工程以及以广州、深圳为代表的珠三角地区大规模社会治安视频监控建设工程项目的陆续启动，通过不断扩大城市报警与监控系统的覆盖面，推进互联互通和资源共享的同时，为未来平安城市建设指明了方向。平安城市逐渐演进成为一个全国范围的以治安视频监控应用为主导，兼顾城市管理、交通管理、应急指挥等应用的综合体系。

目前教育系统对考场和校园安全环境的监控、环保系统中对重大排污源的监控以及城市重大活动中的临时可布置监控等这些业务领域，都开始有了很明确的联网视频监控的需求。因而，平安城市建设也就从单独的公安部门应用，向城市级的综合视频管理应用转化。而联网视频管理应用技术在城市中的大量应用，又极大地推动了城市不同部门、不同行业之间信息互动和共享水平。以公安治安应用为主轴的平安城市系统逐步演进成了以城市联网安防视频监控为基础，涵盖公安、交通、城管、安监、教育、环保、应急等跨部门、多行业的综合信息化管理应用体系，对城市综合信息化水平的提升发挥了越来越重要的作用。

平安城市是现代城市信息化建设的第一步，未来会进一步在物联网的基础上向数字城市、智慧城市发展。有人提出业务发展的五个阶段：传统安防、平安城市、大安防体系、数字城市、智慧城市。智慧城市将涵盖平安城市与城市应急、水体与气体检测、垃圾处理等，数字城管、智能建筑、工业与自动化控制、城市一卡通等各个方面。

智慧城市理念中最为重要的是关于数据共享化的设计，包括政府职能部门的各私有数据库的有限信息共享，共享的对象是其他部门及全体市民。除了政府可以更加有效快捷地提升工作效率外，最重要的一点是规范、高效地为市民提供各种服务，把医疗、教育、交通、家居、居住安全、卫生环境等整体统一建设，并逐步将功能及能力拓展到统一的平台中来。

18.1.2 总体组成框架

从传统意义上来说，平安城市综合平台整体由警用地理信息系统、三台合一报警系统、GPS车辆定位系统、移动警务通系统、智能交通管理系统和视频监控管理系统六大部分组成，以及包含其下属子系统模块，包含预案管理、警情分析模块、综合查询模块、系统管理模块以及显示控制模块等。

由于平安城市综合平台的重要性和复杂的集成要求，必须具备灵活的、易扩展的系统构架，并提供明确简单的应用思路。因此，在系统设计上将平台的构建分离为三个层次，由下而上为数据层、服务层和应用层。平台的总体架构图如图18-1所示。

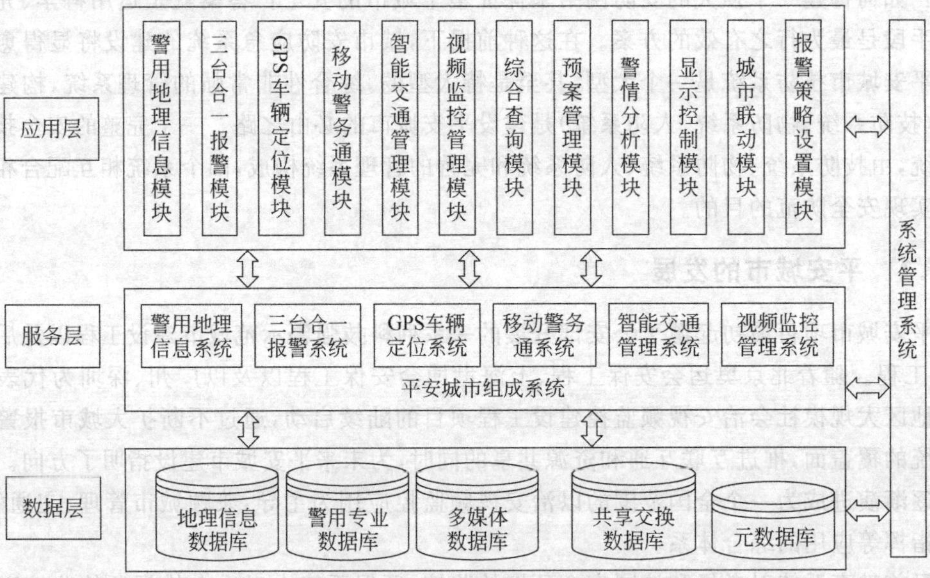

图18-1 平安城市总体架构图

通过系统管理软件的城市联动与报警策略设置模块，实现各系统之间基于视频的跨系统联动集成，包括图像与城市报警、图像与环境报警、图像与城市接处警系统等，联动内容方式包括图像自动预览切换、报警录像、报警云台自动控制，更可以运用专家帮助系统实现关联录像、逃逸路线预测录像等功能，提高系统效能和效率。

18.1.3 系统集成方式

(1) 数据库访问方式。子系统直接开放其数据库接口，集成系统直接通过数据库访问，并进行获取或操作相关的数据，从而达到和子系统进行数据传输的作用。

(2) 调用子系统服务。通过传递指令数据到子系统提供的系统服务，并获取返回的数据集合，并在集成系统中展示返回的数据。

(3) 调用子系统API。通过子系统提供的ActiveX控件，调用其相应的API进行指令数据的发送，从而达到和子系统交互的效果。

(4) 调用子系统页面。集成系统直接调用带有参数的子系统页面，从而达到和子系统进行数据交互的效果。

18.2 平台集成的系统

下面对警用地理信息系统、三台合一报警系统、GPS车辆定位系统、移动警务通系统、智能交通管理系统和视频监控管理系统这六个系统的集成进行简要介绍。由于篇幅有限，很多的术语和名词不做太多解释，请自行查阅相关资料。

18.2.1 警用地理信息系统

警用地理信息系统(Police GIS,PGIS)作为系统集成中的基础平台，提供警用地理信息的数据接口，实现对城区各类地理信息的直观可视化显示，以及导航定位、空间分析、空间查询等各类相关操作功能。它包含有一系列的工具和大批地图标注库。

将相关的公安业务系统与警用地理信息系统进行关联整合，可在电子地图上实现精确定位展示、综合查询和研判分析，形成跨地区、跨警种的综合应用，做到决策指挥可视化、打防控一体化、信息应用集约化，为提升战斗力、提高决策分析的科学化提供有力支持。

平安城市的指挥中心综合信息系统采取基于GIS的多系统集成，主要原因如下。

(1) 一个现代的指挥中心综合信息系统，是由不同应用范围、不同系统类型的多个信息化应用系统组成，以前的系统都是自成体系，每一个系统都有各自的操作平台，且都有各自操作风格的界面，而且随着技术的发展、随着对公安指挥中心管理认识的深化，将来还会诞生很多新系统。如果还是各自为政的传统应用模式，则意味着每增加一个系统就要增加一个前台操作平台，这样一来，不但难以提高指挥决策和应用水平，而且会使某些系统使用率不高，甚至还可能会闲置起来。

(2) 多系统集成的主要目的是要实现“集成应用”，多个信息化系统需要集成在一个日常的主要应用平台上，以充分挖掘每个系统的潜力、共享每个系统的功能和发挥每个系统的作用，而GIS系统是指挥中心绝大部分系统的基础平台，也是日常使用最多、应用最广泛的系统，因此将它作为集成的基础应用平台更有利于“集成应用”的需要。其数据采集和使用的情况如图18-2所示。

(3) 指挥中心的主要任务是获取突发事件信息以及决策指挥警力处理各种案件、火灾和交通事故、处置突发性事件、完成警保卫任务和其他重大事项等，而接处警系统便是指挥中心完成上述任务的主要工具和手段，指挥中心其他的应用系统都是围绕这一主要任务服务的。因此，将它作为集成的基础应用平台更有利于指挥中心实际工作任务的需要。

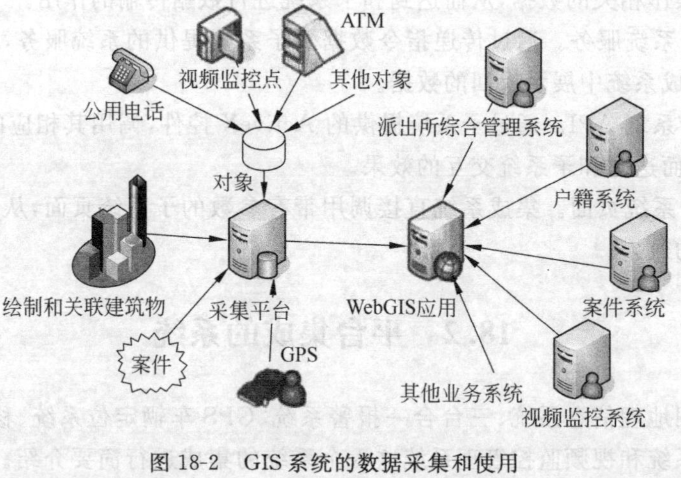

图 18-2 GIS 系统的数据采集和使用

18.2.2 三台合一报警系统

随着城市的发展和日趋复杂，对城市公共安全也就有着更高的要求，无论是自然灾害的应对，还是突发公共事件，人为破坏，甚至战时的防空等公共安全的破坏因素都需要纳入有效的监控和管理。在此形势下，加快城市三台合一系统建设已成为当务之急。很多城市都在把公安(110)、消防(119)、交警(122)等政府职能部门中处理各类危机事件的职能统一纳入到应急机制，实现统一接警、统一处警、统一指挥、资源共享、联合行动，实现三台快速反应、协调作战和协调运转。

三台合一报警系统可实现语音报警或电子报警，高效完成事(案)件的信息记录以及报警后的连动处警操作，其结构如图 18-3 所示。记录报警信息后能根据报警信息自动启动电

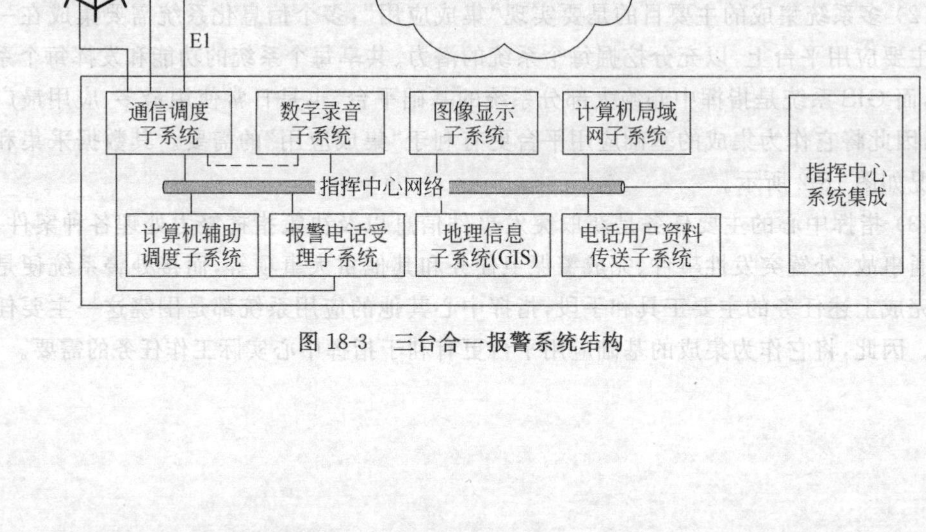

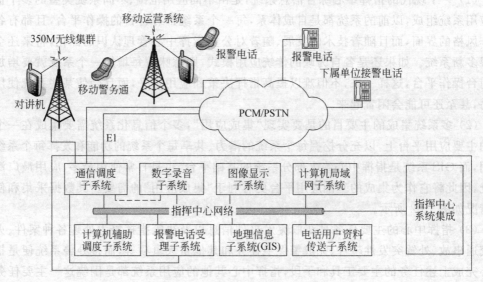

图 18-3 三台合一报警系统结构

子地图区域定位,搜索附近摄像头开屏显示,启动报警音频提示附近值班人员,自动启动录音录像功能及警力分布预案。数字接警系统能自动定位报警位置信息,探测器分布信息可进行 GIS 界面查询。实现三台合一报警中心中固定电话的报警定位,警情位置定位后的现场情况展示、预案匹配等功能;实现 GPS 车辆信息查询、GPS 实时监控、GPS 越界报警、GPS 轨迹回放等功能;实现警情综合查询和包括警情地理分析、各类业务统计分析、各类业务同期比较分析等警情综合分析功能。

1. GPS 系统的集成处理

GPS(全球卫星定位系统)系统的集成处理,通过 GPS 系统接口实现将 GPS 系统的集成到指挥中心综合信息系统中,将 GPS 系统的定位功能、调度功能和显示功能引入到本系统的接处警平台,通过两个平台的融合,促进指挥调度的现场化。

实现的功能目标包括如下。

(1) 能实现基于车辆编号的车辆查找,在接处警台计算机屏幕上动态显示。

(2) 能实现基于半径范围内的车辆寻找。

(3) 能完成对指定车辆的跟踪和轨迹回放。

(4) 当接收到 110、技防自动报警系统、旅店业治安管理系统等系统的报警时,可根据报警电话的定位信息,自动查找出距离最近的巡逻警车。

(5) 与交通信号控制系统、视频服务系统配合,实现警、保卫车队的自动跟踪。

(6) 接收车辆的报警,接处警台微机产生声音告警并自动切换到报警处置屏。

2. 与旅店业治安报警系统的集成处理

旅店业治安报警系统的集成处理,主要处理从该系统发来的嫌疑人报警信息,包括报警的旅店,住店的登记信息,身份证的比对信息、照片等,接警人员分析后,可派警前往或取消处理。

旅店业治安管理系统既要给公安等相关管理部门及时、准确、方便地提供全市各旅店住宿人员的有关登记信息,又要提高治安部门对这些信息的综合处理能力,特别是要实时、充分地利用综合信息业务处理平台的各种信息源,进行综合比对,实现多方位报警。

实现的功能目标如下。

(1) 自动接收旅店业治安管理系统的报警,接处警台多媒体音箱发出警报声,接处警台计算机切换至旅店业治安管理系统的报警处置屏,地图弹到报警旅店的位置、弹出相关信息和处置预案。

(2) 具备完善的旅店业治安管理系统的接处警信息管理功能,包括该类信息的打印、统计和查询。

3. 与技防联网自动报警系统的集成处理

技防联网自动报警系统是电子报警系统,是在技防的各网点无人值守的地方,通过电子探测技术判断非法入侵行为、火灾或其他紧急救助事件,然后自动在现场发出警报,并同时自动将警情传送到专门处理警情的报警中心。在该系统的集成中主要处理从该系统发来的报警信息,报警点的定位,与报警点相关的人员信息,以及报警点所在单位的信息。处置方案可以是派警或通知相关的单位人员。

实现的功能目标如下。

(1) 实现技防联网报警系统与110报警指挥系统在统一的接处警平台接警与调度。

(2) 实现技防联网报警系统与110报警指挥系统的统一管理,包括统计、查询和打印;处置技防联网报警系统特定的服务,包括布防、撤防和新增用户的注册等。

(3) 对技防联网报警系统的报警,地图定位到报警单位的位置、弹出相关信息和处置预案。

4. 三台合一系统集成的总体考虑

为实现多系统集成,必须研制指挥中心前台处理系统上的统一操作使用平台,即将每个系统的人机会话操作界面从同一个显示屏上展现,因此它不但要涵盖各个系统分开使用时的人机会话操作内容,而且还需增加各系统相关联的显示和操作内容,该平台将在GIS的基础上采用人性化设计,以方便和优化指挥人员的使用。

与这些系统的集成有两个方面的内容:一部分是实时信息的集成;另一部分是数据库(包括GIS信息)信息的集成。实时信息的集成通过业务流程控制与数据交换服务器,接收并分配与该系统检测到事件相关的消息,供其他系统使用产生相应的处理。与数据库相关的信息通过在应用服务器上部署相应的部件服务,然后其他系统通过访问这些部件得到相应的服务。

随着公安部门的信息化应用系统的不断扩展,今后集成的内容将会不断增加。因此,建立一种公安部门信息化应用系统的接口标准,为目前和今后的系统集成开发一种通用的API,是系统集成项目的一个重要内容。无论今后最底一层的应用系统怎样增加或改变系统的提供厂商,只要遵循API的接口标准,都可以实现多系统的集成。

不论是市局中心还是各下属单位的接处警座席,当报警呼入时的处理如下。

(1) 座席电话将按动态分组策略振铃,值班员提起话筒后,该话机对应的座席计算机的接处警屏自动弹出主叫号码、机主名称,装机地址以及报警电话所对应的警区名和电话号码等。

(2) 当操作员提起话机时,系统的电子地图屏根据报警电话的局向区域,自动弹到以该区域中心为圆心的圆圈范围,如果是技防自动报警、重点单位报警时,则自动弹到以准确地点为圆心的圆圈范围,实现快速定位并显示出与该位置距离最近的巡逻车辆、警区和警力以及其他信息,如图18-4所示。

18.2.3 GPS车辆定位系统

通过与GPS服务的关联实现警用车辆分布显示,车辆、人员信息的查询,车辆周边信息查询。在地图上可以实时显示单个GPS终端的位置,也可以按组查看GPS终端的位置。既可以实时定位到GPS终端的位置,也可以显示GPS终端历史位置。定位显示的示意如图18-5所示。

图 18-4 电话接通时弹出窗口快速定位并显示周边警力

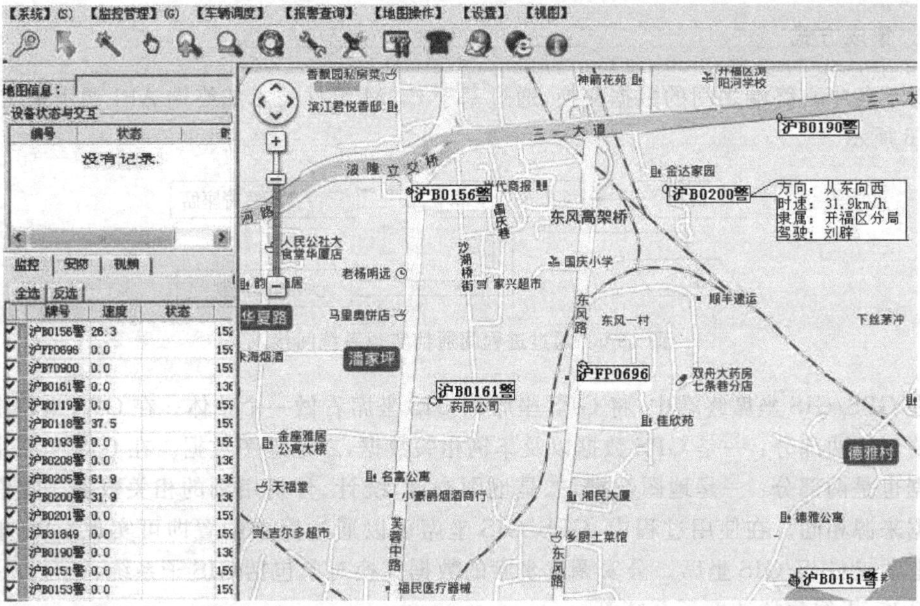

图 18-5 GPS 警车定位效果

1. GPS 车辆信息查询

利用 GPS 终端实时监控功能，查看车辆的 GPS 终端信息。通过输入 GPS 终端车辆的车牌号码，可以查询到车辆的具体信息。并且，在地图上还可以显示该车辆目前的行驶位置、速度、方位角、行驶轨迹等。

2. GPS 实时监控

用户可以通过 GPS 实时监控了解到警力的实时分布情况和关注目标的活动情况。用户选择需要查看的 GPS 终端组(如巡警组、交警组等)来查看这些 GPS 组中的 GPS

终端当前所在位置,及其速度、行进方向等信息,用户可以选择定位到某一个感兴趣的 GPS 终端进行细致查看。

由于技术条件的限制,GPS 终端的定位在某些情况下可能会稍有偏差。系统将在可能出现偏差的情况下,向用户发出警告。

3. GPS 越界报警

用户可以预先设定某些 GPS 终端的允许活动范围,如给某辆运钞车指定"两点一线"的活动范围,系统将实时监视这些受限 GPS 终端的地理位置,一旦其位置超越了允许的活动范围,系统将向相关用户发出通告。

4. GPS 轨迹回放

系统可以根据用户的需要,回放指定的 GPS 终端在指定时间段的行动。允许回放的时间段受 GPS 服务所保存的历史记录决定。

5. 集成方式

对于各中心终端之间的数据交换,通过基于 COM 组件技术的终端 API 调用来实现,如图 18-6 所示。

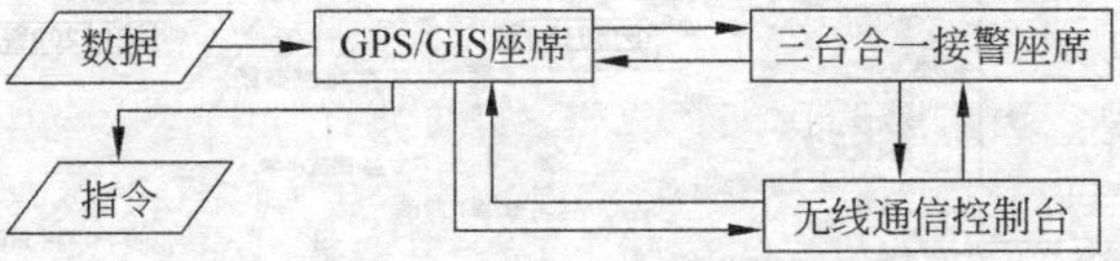

图 18-6 通过进程间通信实现系统间接入

在 GPS/GIS 坐席终端中,将 GPS 坐席和 GIS 坐席看做一个整体。在 GPS 坐席中其数据主要包括两部分:一是 GPS 数据以及车辆相关数据,二是地图数据。在 GIS 坐席中其主要数据也是两部分:一是地图数据,二是地图查询、统计、分析用到的相关数据。它们的地图数据来源相同。在使用过程中,GPS/GIS 坐席可以通过简单配置即可实现 GPS 坐席或 GIS 坐席或 GPS/GIS 坐席。公安调度坐席的数据交换对象包括 GIS 子系统、三台合一接处警子系统、无线集群调度子系统等。

18.2.4 移动警务通系统

移动警务通是一种利用无线网络实现警察现场执法的信息化移动执法系统,它包括移动终端、后台处理平台以及相应的网络安全机制。移动警务通系统融合了 3G 移动技术、智能终端、VPN、数据库同步、身份认证及 Web Service 等多种移动通信、信息处理和计算机网络的最新的前沿技术,以专网和无线通信技术为依托,使得系统的安全性和交互能力有了极大提高,为警务人员提供了一种安全、快速的现代化移动执法机制。

移动警务通适用于交警、巡警、治安警等几乎所有的警种。经过严格的安全接入,公安干警在手机上都可以实现调阅并比对公民身份、查询常住/暂住人员信息、比对车辆信息、获取在逃及通缉人员信息以及传递公安部门内部信息等功能。警务通通过在订制的手机菜单就可以完成上面提到的应用,支持目前市场上绝大多数手机。

1. 移动办公,紧急通知

公安行业紧急事件较多,通知通告需要及时传达到位,但外勤干警大都在外分散办公,急需通过方便、快捷的方式获知相关警务信息。

应用效果:在外执法时,通过移动终端即可实时访问公安内网,获取人口、机动车等相关信息,大大提高了工作效率;短信办公使警务人员能够随时了解部门信息,不错过重要部门会议。

2. 路面电子监视、警用车辆定位

远程实时监控重要的道路、公共场所、车辆,获得社会治安或路况等实时情况;通过位置平台获得警用车辆的位置信息,以便调用警用车辆。

应用效果:警务人员能实时获取路面状况信息,随时应对突发事件;对警用车辆的定位使得调度人员能实时了解警用车辆的位置,遇有紧急事件可合理高效地进行车辆调配。

3. 旅店住宿人员管理、公民身份证核查

对宾馆、小旅店等入住人员信息录入、上传到公安平台并核查相关信息;为商家签订合约、协议等提供身份信息确认。

应用效果:运用现代化手段,对外来流动人口信息进行备案,统一管理;身份信息的实时、安全调用,为正常的经济活动提供了保障。

4. 交通违章、公民证照办理

将违章信息、护照等证件办理阶段状态信息等发送给当事人或办理人,使其了解情况。用户也可以主动查询。

应用效果:使得当事人能及时了解相关信息,有利于执法公开。

18.2.5 智能交通管理系统

智能交通管理系统主要通过电子警察管理软件的数据接口实现对交通路口的视频监控,对路口红绿灯和交通诱导屏的显示内容进行远程控制,对治安卡口记录的各类信息进行查询管理等功能。

1. 红绿灯控制

提供单个和批量信号机红绿灯控制,并可一键复位;在警用地理信息系统界面上提供红绿灯图标显示及控件进行远程控制。

2. 交通诱导

提供交通诱导屏控制及显示内容的输入;在警用地理信息系统界面提供图标选择及设备基本信息显示。

3. 治安卡口

(1) 设备选择。可提供条件查询和区域查询查找所需设备,并可在警用地理信息系统界面提供图标选择及设备基本信息显示。

(2) 报警关联设置。可进行发现被盗抢车辆的报警关联设置;同时可在警用地理信息系统界面自动定位至报警地点并记录显示报警内容。

(3) 报警记录查询。可按照卡口传输数据信息自动生成报警记录储存,并可归类统计。

18.2.6 视频监控管理系统

在警用地理信息系统的数据采集部分,会收集视频系统的视频摄像头所在位置等地理信息,并保存在电子地理信息数据库中,通过这些数据可以实现与视频监控系统相关的功能,实现通过可视化点击摄像头调用相应的视频监控图像。

视频监控属于一类特殊的业务对象,它能够通过接入视频服务器查看到视频设备的实时影像。业务对象查询和业务对象分析功能会使视频监控对象显示在地图上,只要单击这些对象,便能够查看到响应的视频监控实时影像。同时,系统提供一个列表将视频监控按照类别分类列出,方便查看和定位。

1. 监控点部署分析

通过 GIS 对监控点的位置部署进行合理化分析。

2. 摄像头定位与查询

调用视频监控子系统数据库,视频摄像头地理信息数据在视频摄像头图层上显示。同时也可以根据摄像头编号信息对摄像头进行图上定位查询功能。

3. 摄像头状态查询

可以对前端摄像机进行选择,视频监控系统与应急处理指挥中心系统连接,可以实现电子地图上摄像头的圈选、框选方式的实时多路视频调用。

4. 摄像头控制

在 GIS 上就能完成对摄像头的伸缩、上下左右等方位控制,在偷窃、抢劫、围捕等突发事件中,实现对移动目标的跟踪。

5. 地图管理

在电子地图上进行监控点实时标注,不同颜色代表监控点当前状态,如绿色:正常;红色:故障;灰色:建设中。

视频监控查看示意图如图 18-7 所示。

6. GIS 系统集成方式

与第三方 GIS 平台的集成,主要通过 Web Service 接口技术来实现,平台提供一整套的

图 18-7 视频监控查看示意图

标准接口和控件，GIS 平台通过接口和控件能够实现。

获取监控设备、报警点和视频通道目录信息的列表，用于 GIS 系统将监控点、报警点添加到地图上。

提供用户登录的通道和身份的鉴权，为 GIS 用户获取视频报警系统平台合法用户和访问控制权限。

提供视频预览、快球控制、录像检索、播放的请求和操作控件。

将报警信息向 GIS 平台客户端传送，用于报警信息的显示。

18.3 其他相关模块

在集成的系统之外，还有很多相关模块，主要完成综合查询、预案管理、警情分析、显示屏控制、系统管理等功能。

18.3.1 综合查询模块

综合查询主要针对警务信息，包括公安单位、人员、设施、重点场所等的查询。以及人口、被盗抢车辆查询，内部电话及政策文件等方面查询。模块功能如表 18-1 所示。

表 18-1 综合查询模块功能

功　能	简　介
警务查询	对重点场所、警务人员、消防信息、公安单位等进行多条件组合查询功能
人口信息	在地图上选择某个区域，并附加各种不同的查询条件进行查询，并显示定位查询结果，在地图上单击某标注信息，可查看人口的详细情况

续表

功 能	简 介
车辆信息	在地图上选择某个区域,通过车辆不同的查询条件进行查询,并显示定位查询结果。单击结果可以定位车辆在地图上的位置,并可查看车辆的详细信息
CCIC查询	通过多条件对CCIC(中国犯罪信息中心)系统数据进行查询
内部电话	通过多条件查询电话号码信息
政策文件	通过多条件查询政策文件数据

18.3.2 预案管理模块

预案管理用于对不同案(事)件发生后需要即时启动的各种信息查询显示、空间分析结果、视频监控信息显示、相关GPS车辆位置图上显示、警务力量分布显示等处警行动的预先组合设置生成预案的管理,可以对各类预案进行增加、删除、修改等操作,从而使应急指挥调度以流程化的形式为应急处警全程提供信息化支持。模块功能如表18-2所示。

表18-2 预案管理模块功能

功能	简 介
预案制作	主要用于重点场所可能发生的治安事件进行预先分析,并确定临场的指挥调度方案。可人工或自动启动,提供警用地理信息系统界面的自动标绘。显示事件处理的进度和态势
预案编辑	可以通过元数据事先定义不同类型治安事件的空间分析参数,事件发生后,系统将自动查询处与该事件相关的单位、设施、警力,并且分析到达现场的路线,并将这些信息按照治安事件处理流程分类呈现出来
预案审批	领导可以审核业务部门制定的预案,并对预案提出调整和修改意见
预案更新	指挥人员可根据领导意见、演练和实战等情况对预案进行修正、补充和完善,得出更趋合理的处置方案
预案启动	调度方案通过标绘的方式,预先定义了相关单位的协同方式,启动预案后将结合电子地图直观地演示事件处理过程及关联信息
预案管理	通过信息能够新建、检索、整理预案。指挥中心针对可能发生的治安事件、特殊任务、重要地域都可以新建相应的预案

18.3.3 警情分析模块

警情分析可以更加灵活地按照案(事)件的具体情况,对各类数据进行综合查询、统计、分析、实时监控、指挥调度和事件管理等,从而为指挥中心做出正确的处警决策提供重要信息支持。模块功能如表18-3所示。

表18-3 警情分析模块功能

功能	简 介
路径分析	提供最短路线;候补路线;路线修订;可启动红绿灯系统对路线管控

续表

功能	简 介
报警分析	可按类别、数量、辖区、周期、时间、区域提供统计和对比，以报表或直方图、折线图方式表示
警情“三高”分析	针对高发案时间、高发案地区、高发案案件性质，按时间、地区、案件性质三个因素的任意组合查询、统计和分析
警情异常告警	统计分局、派出所、社区在某段时间的警情数量及判断指定周期、区域、警情类别接报警情数量超出设定常态值时系统自动告警
警力部署与发案率对比	根据对某一时间段、某一区域投入警力情况和报案情况进行分析的结果，提出警力部署调整方案；当发案率与警力分布失调时提供自动告警

18.3.4 显示屏控制模块

显示屏控制模块可以对无缝拼接墙主显示屏的显示参数进行各类设置，提供不同需要的信息展示，为决策者提供直观决策支持。模块功能如表 18-4 所示。

表 18-4 显示屏控制模块功能

功能	简 介
主屏控制	提供输入/输出设备信号选择，定义定屏、开屏、分屏或画中画显示方式
副屏控制	提供输入/输出设备信号选择，定义定屏、轮巡、编组、间隔时间参数

18.3.5 系统管理模块

系统管理模块是专门从公安行业特有的安全性要求出发，从多层次多级别对系统的数据、操作和访问安全性进行保护。不同用户权限的设置、设备故障监控、详细的日志记录管理、数据的加密与备份等，都为应急管理系统提供了强有力的安全保障。模块功能如表 18-5 所示。

表 18-5 系统管理模块功能

功能	简 介
设备管理	服务器集群：显示设备状态，包括离线、在线；设备故障提供故障设备报警信息显示并记录。子系统通信状态：显示子系统通信状态，包括离线、在线。磁盘阵列：显示磁盘阵列的工作状态，包括使用空间和剩余空间等。编解码设备：可对编解码进行参数设置、批量设置、设备重启、状态查询等操作，并可以在警用地理信息系统界面自动定位故障设备位置并记录故障信息
密码权限管理	通过密码设置对各模块不同功能的使用权限进行级别控制，指挥中心、各分局、派出所等具有不同级别的权限，对各级警务管理人员也可以灵活设定相关权限范围。可进行单一、批量设置，提供级别及级别抢占机制，对被抢占控制权限者显示文字提示，各子系统内可提供自动注册服务
Web 服务	提供点对点、点对多点的 Web 服务和访问界面，以及相关不同权限授予的功能模块界面；提供外部 Web 访问客户端监测

续表

功能	简　介
打印服务	各类图片、报表、查询结果、写字板均可嵌入打印，并进行其他打印相关参数设置
日志管理	日志自动生成；并可进行导出和查询，其中查询条件可根据来源、级别、操作、操作对象、操作类型、用户等进行综合设置

思考题

(1) 平安城市从单独的公安部门应用，到发展为政府各部门共享互通的综合视频管理系统，再到涵盖跨部门、多行业的城市综合信息化管理应用体系，其主要原因是什么？

(2) 很多城市已经在建立应急联动一体化指挥平台，以应对公共安全、国家安全、自然灾害等一系列突发事件，它在指挥调度方面需要和哪些系统对接？

(3) 视频监控虽然无处不在，但所有权归属于物业、社区、街道、城管、交通、楼宇、安保公司等，如何将它们接入到平安城市，以达到应用更为广泛的实时监控和统一指挥？

第19章 智能仓储

智能仓储管理系统是在现有仓储管理中引入RFID技术，对到货检验、入库、出库、调拨、移库移位、库存盘点等各个作业环节的数据进行自动化的数据采集，保证仓储管理各个环节数据输入的速度和准确性，确保企业及时准确地掌握库存的真实数据，合理保持和控制相应的企业库存。通过科学的编码，还可方便地对物品的批次、保质期等进行管理。利用系统的库位管理功能，更可以及时掌握所有库存物资当前所在位置，有利于提高仓储管理的工作效率。

19.1 概　　述

仓储管理在企业的整个管理流程中起着非常重要的作用，如果不能保证及时准确地进货、库存控制和发货，将会给企业带来巨大损失，这不仅表现为企业各项管理费用的增加，而且会导致客户服务质量难以得到保证，最终影响企业的市场竞争力。

传统的仓储管理，一般依赖于一个非自动化的、以纸张文件为基础的系统来记录、追踪进出的货物，完全由人工实施仓储内部的管理，因此仓储管理的效率极其低下，所能管理的仓储规模也很小。随着信息技术的应用普及，目前大多数企业的仓储管理数据资料已开始采用信息系统系统管理，但数据还是采用先纸张记录、再手工输入系统的方式进行采集和统计整理。这不仅造成大量的人力资源浪费，而且数据录入速度慢、准确率低。

智能仓储的各种设备如图19-1所示。

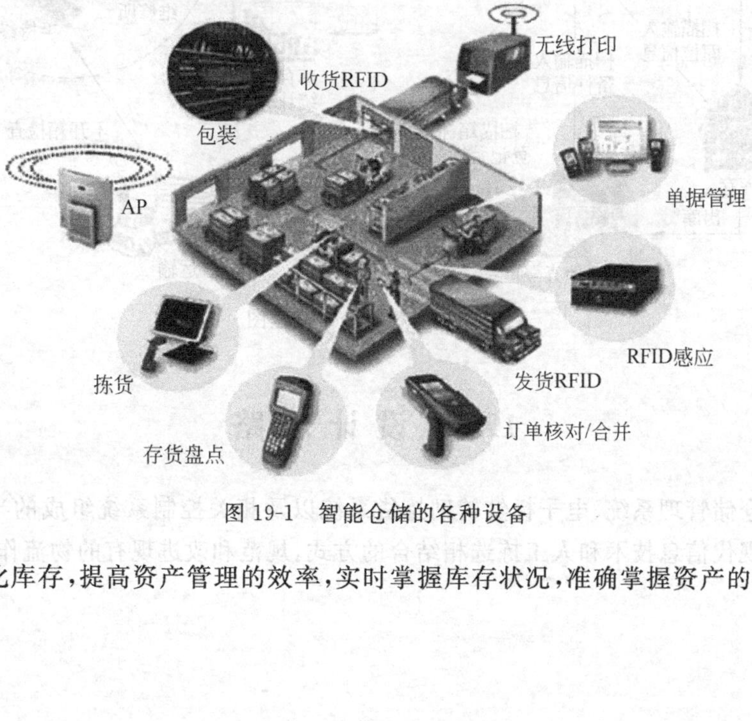

图19-1　智能仓储的各种设备

为了优化库存，提高资产管理的效率，实时掌握库存状况，准确掌握资产的流向，实现库存管理的智能化、科学化和自动化，有效控制由于库存资产管理的不善带来的资产丢失或闲置，提高管理效率和服务形象，基于智能货架的资产在位管理，采用作为物联网基础设施之一的 RFID 技术，以电子标签作为信息存储媒介并粘贴在资产上，在芯片中存储该资产的基本信息和领用归还状态，可以实现资产的登记、入库、查找、清点、出库、在线检测等工作过程的信息化管理。

采用 RFID 技术后，将为企业带来以下效益。

(1) 节省人工采集数据成本。

(2) 自动化的仓储管理作业，提高工作效率。

(3) 减少管理成本和人为差错。

(4) 更精确的进、销、存控制。

(5) 增进合作伙伴关系。

(6) 快速响应顾客需求，扩大产品销售量。

智能仓储流程图如图 19-2 所示。

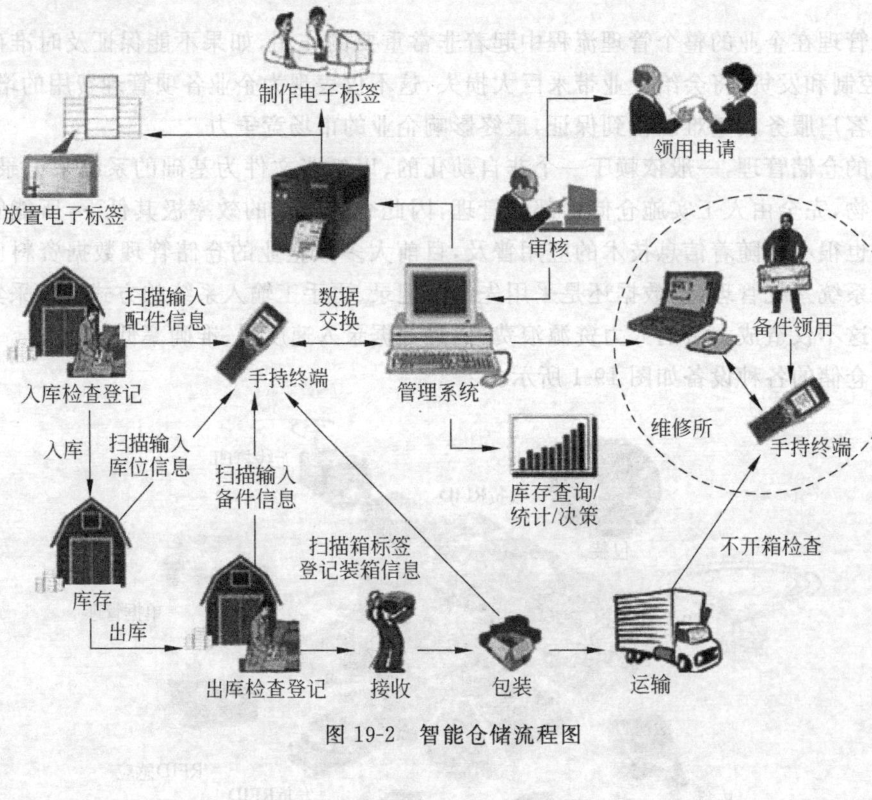

图 19-2 智能仓储流程图

19.2 设计思路

建立由仓储管理系统、电子标签辅助拣货系统以及相关控制系统组成的半自动化立体仓库。利用现代信息技术和人工拣选相结合的方式，规范和改进现有的物流作业流程。

19.2.1 功能要求

系统对资产进行统一编号、建账、建卡，能够对仓库内的物品进行严格的状态管理，实现物品出入库精确登记、智能库存清点、物品流向追踪等功能。系统能够严格地监控仓库内所有物品的在库情况，即某件物品是否在库。如果物品借出，不再需要手工方式进行记录，只需要在系统中执行资产借出操作，就能够自动实现资产借出。系统实现了多级单位/部门的网络化资产管理，能够实时记录资产从哪个单位/部门的仓库借出，被哪个单位/部门借入，并能随时查询所有单位的资产出入库和在库情况。

RFID 智能货架能实时对在位资产的物、账、卡进行清查、清点，定期进行统计打印报表，从而改进现有库存物品管理方式，提高管理水平，降低工作强度，实现对企业资产的定位及跟踪，帮助企业实现资产与账面相一致，为企业建立一套先进的、规范的、优化的管理机制，帮助企业最大程度降低运营成本和风险，从而提高企业资源的利用率，提高资产盘查效益及投资回报率。

电子标签系统是一套无纸化的计算机辅助拣选系统。它提供了新型的、快速准确的、数字化仓库出入库拣选解决方案，该系统可以使仓库的出入库处理过程准确化、简单化。电子标签辅助拣选系统由灯光、声音与数字显示作为辅助工具，引导拣货人员正确、快速、轻松地完成拣货和码货工作。该系统与仓储管理系统相结合，由仓储系统发出控制指令，对电子标签的声光和显示内容进行在线控制，出入库作业数据一目了然。

1. 资产标签粘贴方式

由于企业的资产种类繁多，体积各异，物品的个体差异很大，而且物品的金属特性不同，这样既难以为粘贴标签制定标准化的规则，也对标签的尺寸和规格提出较高的要求。所以在粘贴标签前，必须先按资产的类型进行分类管理。

对在库资产，可以大体分为大包装箱类、小包装箱类、金属物品类、普通无包装物品类四大类物品。

(1) 大包装箱类指使用外包装箱包装，体积大的资产，包装箱内可能包括一件或多件物品。对于这类物品，由于体积大，上架或清点管理比较困难，借出和归还登记时也比较困难，所以一个资产使用一个标签进行管理，标签粘贴在外包装箱上。在借出和归还登记时使用 RFID 手持机进行登记管理。

(2) 小包装箱类物品指使用外包装箱包装且体积比较小的资产，包装箱内可能包括一件或多件物品。对于这类物品，标签粘贴在外包装箱上，在借出或归还登记时使用 RFID 资产借还工具进行登记。

(3) 金属物品类指单件金属物品，由于金属对标签的识别有干扰，所以将采用吊牌的方式，悬挂在金属物品上，在借出和归还登记时使用 RFID 资产借还工具进行登记。

(4) 普通无包装物品类指单件物品，采用吊牌或粘贴的方式，在借出和归还登记时使用 RFID 资产借还工具登记。

2. 智能货架设计

每一个 RFID 智能货架都是模块化设计，外形隐蔽性好，能够根据用户资产管理的实际需求进行定制化生产，也可以直接在现有的货架基础上进行改造。智能货架带有 LED 指示灯提示装置，如果检测到需要的资产在货架上面，指示灯就会被点亮。这种智能货架能够在各种场合使用。

货架内嵌的平板天线采用水平方式安置，平放于每一层货架的底面，能够感应放置于本层的资产标签。分局标准货架的层高为 50cm，长度约为 150cm，所以每层货架需要并列摆放三个平板天线。每个货架有四层，共需要内嵌 12 个平板天线。这样每个智能货架需要配置一台 4W 读写器以及两台多路器，读写器信号分配到多路器上，再连接到 12 个平板天线上。货架的定位原理如图 19-3 所示。

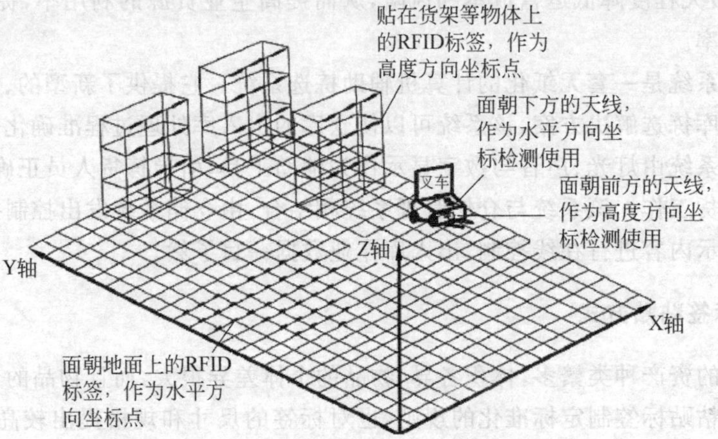

图 19-3 仓储中的三维空间定位原理

19.2.2 软件功能

基于 RFID 智能货架的资产管理能够实现资产出/入库控制、资产存放位置及数量统计、信息查询过程的自动化，以及进出资产的自动选库，从而方便管理人员进行统计、查询和掌握物资流动情况，以达到方便、快捷、安全、高效的管理目标。

软件功能如图 19-4 所示。

(1) 实现实体资产的唯一标识。首先根据 RFID 标签的唯一性，实现与实物资产的一一对应，然后通过 RFID 读写设备在标签中录入资产的名称、类别、产地、数量、存放位置等信息，最后在该资产上安装标签。

(2) 实现资产的自动定位。系统能够根据输入的资产编号或名称，实时扫描智能货架上的在位资产，当定位到该资产后，智能货架将自动开启指示灯，提示该资产所在的货架位置，整个过程仅需要数秒钟就能完成。

(3) 实现在位资产的自动清点。进行清点时，不需要人工对每一件资产进行一一清点，只需要启动“在线清点”功能，智能货架将依次循环读取资产上的 RFID 电子标签信息，并通

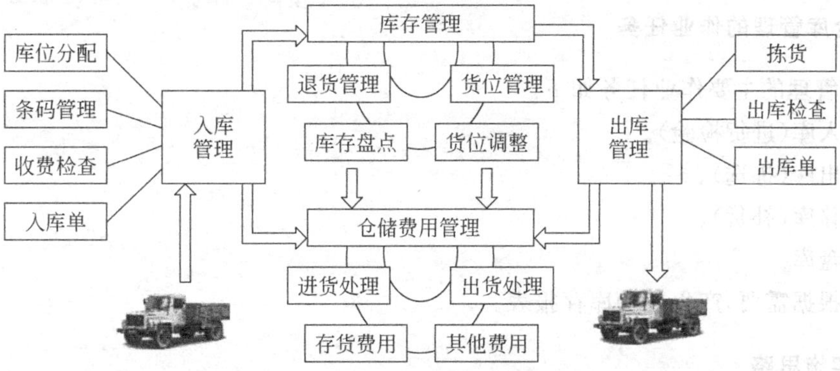

图 19-4　软件的功能结构

过通信接口将所读取到的资产信息传给服务器，服务器通过应用软件再对资产信息进行相应的处理，实时对在位资产进行清点和计数，并与库存数据进行比对。如果发现扫描的数据和数据库中现存的数据有冲突时，则产生提示信息，最后服务器可以根据用户的需求打印资产清点表。

(4) 资产入库管理。当资产需要入库时，管理人员会根据发货单制作入库单，系统根据入库单信息确定该资产应该存放的仓库及货架，通过 RFID 读写设备读取资产的 RFID 标签，记录该资产的信息，并将资产放置到指定的货架，然后与货位上的电子标签信息核对，最后将信息记录到系统数据库中。

(5) 资产出库管理。当资产需要出库时，管理人员会根据销售合同制作出库单，系统根据出库单信息确定该资产应该存放的仓库及货架，智能货架上实时检测并定位到该资产，并与货位上的电子标签信息核对，最后将信息记录到系统数据库中。

(6) 资产的安全管理。通过在仓库门口安装智能安全检测门，实时地收集标签信息，如果资产未经过授权出库，系统就会马上与保安系统联动报警，保证资产的保管安全。如果是经过授权的资产出库，软件就会自动记录出库信息，并进行统计。

19.2.3 对象和任务

1. 仓库管理对象

仓库管理的主体是仓库管理员，其管理对象如下。

(1) 库存品。放在仓库中保管的物品，它是仓库管理的根本对象；库存品按存在形式分为托盘、箱体和散装三种形式，限于目前 RFID 还不适合管理到每一个细小的单件物品，因此使用 RFID 管理物品的单位是整箱和整个托盘(含大件单品)。

(2) 库位。仓库中用来摆放库存物品的、在空间上互不重叠的区域，一般一个库位可以摆放多个库存品；也可以一个较大的库存品占用几个库位。

(3) 库管设备。用于仓库管理的设备，如叉车、手推车等；在大型、繁忙仓库中需要对这些设备进行合理调度、实时定位，以提高设备的利用率。

2. 仓库管理的作业任务

仓库管理的主要作业任务如下。

(1) 入库(进货检验)。

(2) 出库(拣选)。

(3) 移库(补货)。

(4) 盘库。

(5) 根据需要,产生各种库存报表。

3. 实施思路

(1) 给每一库位贴电子标签,该标签称为库位标签。在进行库房管理作业时,读取该标签编号,就可判定当前作业的位置是否正确。

(2) 在物品入库时,给每个库存管理物品贴电子标签,该标签为货物标签。贴放标签的物品应该是整托盘、整箱或便于安装标签的大件物品。在进行库房作业时,读取标签的编号,确定作业物品是否正确。为了节省运行成本,货物标签设计成可重复使用。在货物出库时取下,送到入库处再重新使用。

(3) 架设无线网络,覆盖整个仓库作业区,所有作业数据实时传输。在叉车上安装固定无线数据终端,手工作业人员配手持式无线数据终端。无线数据终端具有接受作业指令、确认作业位置与作业货物是否准确、返回作业实况等功能。

(4) 使用自动导引车(Automatic Guided Vehicle,AGV)作为平台,在上面安装 RFID 识读器、控制设备、无线通信设备。安装识读器设备的 AGV 车,每天在设定时间自动对库房进行盘点,并把盘点结果传输给系统管理中心。

19.3 总体设计

19.3.1 系统架构

如图 19-5 所示,仓储管理系统设计采用如下三层架构。

第一层是采集,主要是通过射频识别设备以及其他自动识别设备采集数据,包括库位标签、货物标签、无线数据终端、AGV 车等。

图 19-5 仓储管理系统的三层架构

第二层是传输，即通过无线通信技术，把采集来的数据传递到中央数据库，包括无线接入设备和相关的网络设备。

第三层是管理，对采集的数据进行管理，包括数据库服务器、网络服务器等设备和仓库管理系统软件。

19.3.2　系统构成

仓储管理信息系统由三部分子系统组成，其信息流如图 19-6 所示。

(1) 仓储管理中心子系统。负责仓库管理数据库的集中管理与维护，负责进货计划、出库计划的制定和指令下达；打印生成各种管理报表。

(2) 仓储现场管理子系统。发行入库标签、进行实时库存管理(库位管理)、通过无线网络发布仓库管理作业指令。

(3) 仓储管理执行子系统。完成入库、出库、移库、盘库等作业具体操作，并返回执行实况。

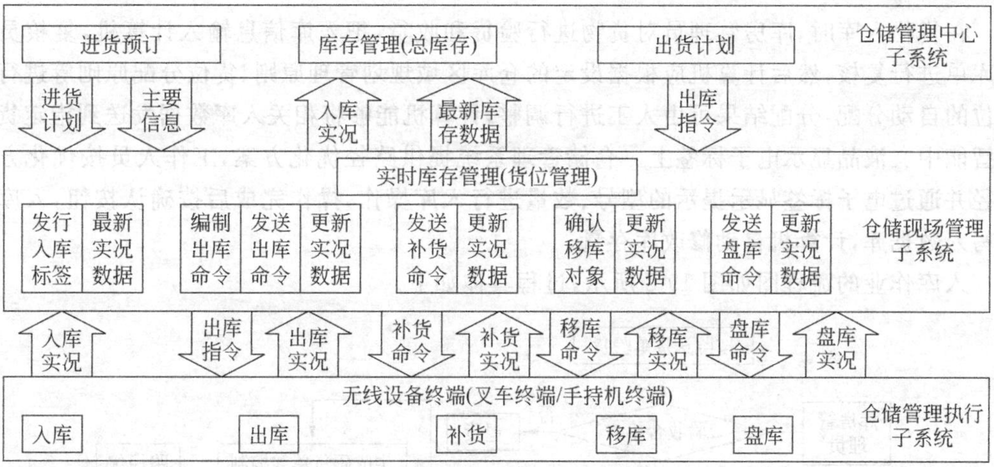

图 19-6　仓储管理系统的三个子系统

系统的实施拓扑图如图 19-7 所示。

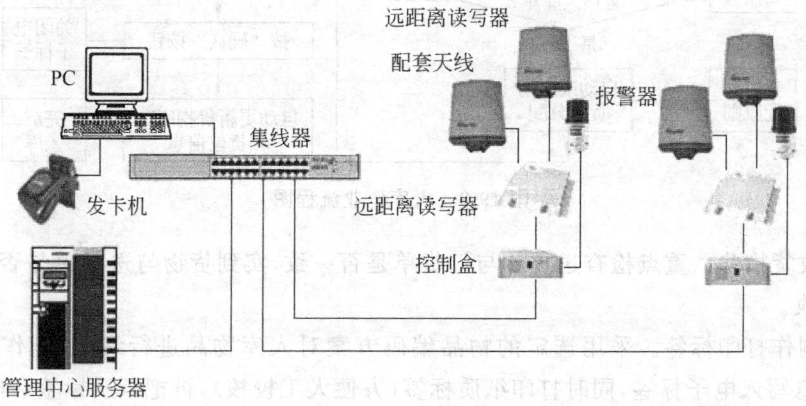

图 19-7　实施拓扑图

19.3.3 作业流程

1. 库位标签的制作与安装

除非库位调整或标签损坏，一般库位标签只需制作安装一次。操作步骤如下。

(1) 先对库位进行编码。

(2) 使用仓库管理现场子系统和RFID读写器把库位编码等信息写入电子标签。

(3) 使用标签打印机，在纸标签上打印库位编码文字和条码信息。

(4) 把纸标签贴在电子标签上生成库位标签。

(5) 把库位标签安装到库位上。要求安装牢固，以防脱落；标签尽量统一安装在库位正下方的支撑横梁上。

2. 入库作业流程

在货物入库时，库房管理员对货物进行验货和收货，把入库信息输入计算机，复核员对入库单进行复核，然后计算机应根据设定的仓库区域规划管理原则、货位分配原则等进行仓储位的自动分配，分配结果可由人工进行调整，计算机能够将相关入库数据发送到指定货位的智能中文液晶显示电子标签上。仓储管理系统提供路径优化方案，工作人员按优化方案路径并通过电子标签显示提示的型号、数量进行入库操作，操作完成后按确认按钮，入库数据写入数据库，计算机自动修改库存量。

入库作业的流程图如图19-8所示，过程具体如下。

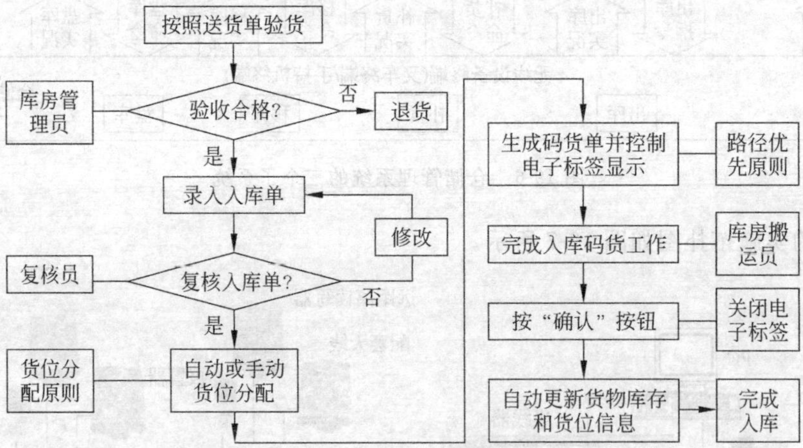

图19-8 入库作业流程图

(1) 收货检验。重点检查送货单与订货单是否一致，实到货物与送货单是否一致，如果不符则拒收。

(2) 制作打印标签。采用选定的物品编码方案对入库物品进行编码；制作货物标签：把编码信息写入电子标签，同时打印纸质标签(方便人工校核)，再把纸质标签和电子标签黏合在一起就成为货物标签。

(3) 在库存品上固定标签。如果为了方便电子标签的回收以节约成本，一般采用悬挂的方式把标签固定到物品上。如果不回收则可以采用粘贴方式固定。

(4) 现场计算机自动分配库位，并逐步把每次操作的库位号和对应物品编号下载到无线数据终端(手持终端或叉车终端)上。

(5) 作业人员运送货物到指定库位，核对位置无误后把货物送入库位(如有必要，修改库位标签中记录的货物编号和数量信息)。

(6) 无线数据终端把入库实况发送给现场计算机，及时更新库存数据库。

3. 出库作业流程

在货物出库时，仓库管理员按照领货单录入出库信息，经复核员复核后，系统按先进先出原则自动生成拣货单，可以手动进行调整。同时系统将相关出库数据(包括货物的型号、规格、等级、数量等)发送到指定货位的智能中文液晶显示电子标签上，同时提供优化的取货路径，通过电子标签的灯光闪烁(或声音)提示仓库管理员进行取货操作。操作完成后按"确认"按钮，出库数据写入数据库，计算机自动修改库存量。

出库作业的流程图如图 19-9 所示，过程具体如下。

(1) 中心计算机下达出库计划。

(2) 现场计算机编制出库指令，并下载到数据终端。

(3) 作业人员按数据终端提示，到达指定库位。

(4) 从库位上取出指定数量的货物，改写库位标签内容。

(5) 货物运送到出口处，取下货物标签。

(6) 向现场计算机发回完成出库作业信息。

(7) 更新中心数据库。

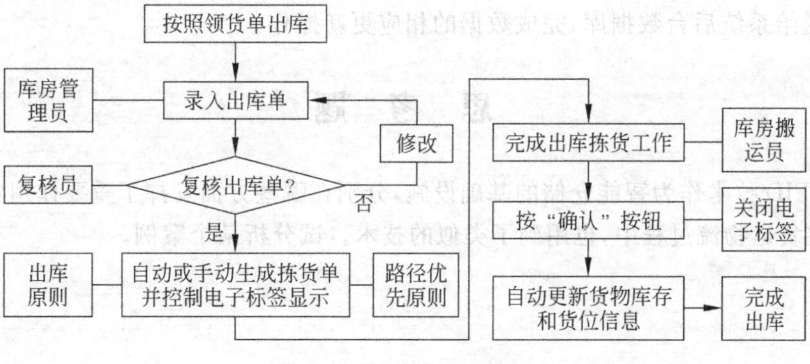

图 19-9 出库作业流程图

4. 移库作业流程

移库作业流程如下。

(1) 根据需要，现场计算机编制移库指令，并下载到数据终端。

(2) 作业人员按数据终端提示，到达指定库位。

(3) 从库位上取出指定数量的货物，并改写库位标签内容。

(4) 把货物运到目的库位，货物送入库位，修改库位标签内容。

(5) 向现场计算机发回移库作业信息。

5. 盘库作业流程

盘库作业流程如下。

(1) 现场计算机根据盘库计划，向盘库机器人(装备有 RFID 识读设备的 AGV 车)发出盘库指令。

(2) 盘库机器人按照事先设定的路线和行驶速度行进，在行进中读取库位标签和物品标签编码，如发现两者不能互相匹配，则向现场计算机发出报警提示。

(3) 盘库机器人按照指定路线行驶一遍后，向现场计算机发出盘库结束信息。

19.3.4 数据传输方式

仓储管理员无论进行入库、出库、移库、盘库等哪种操作，都需要使用手持式读卡器与系统数据库后台进行间接的数据传输。传输方式如图 19-10 所示。

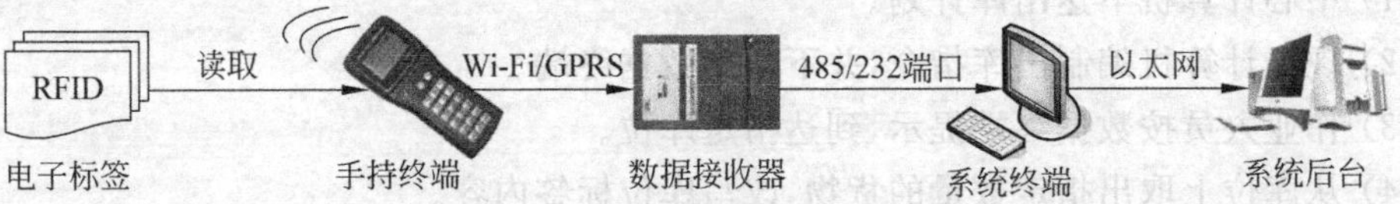

图 19-10 数据传输流程图

手持终端首先读取电子标签数据，在接收到信号之后通过 Wi-Fi/GPRS 等网络将数据发送到数据接收器。数据接收器通过 485/232 接口与系统终端连接，并由系统终端将接收的信号传送给系统后台数据库，完成数据的相应更新操作。

思 考 题

(1) RFID 技术作为智能仓储的基础设施，分别在哪些方面发挥了重要作用?

(2) 在货运物流过程中，也用到了类似的技术。试分析某个案例。

第20章 城市一卡通

城市一卡通工程将以身份认证和小额支付为核心的多个项目，建设成以单一 IC 卡作为储值卡支付手段，以公共通信网络为连接纽带，以计算机系统为信息处理方法的现代化信息管理系统。

20.1 城市一卡通概述

随着电子货币与电子支付的应用发展，城市一卡通工程已先后在国内外多个城市建设推广，取得了良好的社会效益与经济效益。很多城市在许多领域已开始采用IC卡作为电子货币进行交易，但系统间各自为政、互不兼容，难以形成规模效益，使用和管理很不方便。在信息化日益发达的今天，有必要整合各个部门的系统，结合国民经济发展水平、居民消费水平及信息产业基础设施建设情况，围绕百姓日常生活中的小额消费行为，建设一套统一、标准、规范的跨行业、跨系统使用的基于非金融 IC 卡的小额支付综合服务体系，解决多领域跨行业的小额支付问题。

20.1.1 国内外现状和趋势

城市一卡通一方面提高了服务效率和工作效率，方便了市民、提高了服务质量；另一方面能够减少社会现金流量，缩短在途资金周期，加快金融商贸的现代化建设；同时能够快速自动地处理系统内各行业的营运信息、准确结算，保障各行业利益，提高城市公共服务水平，提高城市综合管理能力，为政府宏观调控及城市科学发展提供系统的决策支持。

在国外，新加坡、英国伦敦、意大利罗马、韩国首尔/釜山、日本东京等地已实施了城市公共交通一卡通系统，其中新加坡、首尔/釜山等地一卡通应用系统已具有相当规模。

在国内，中等以上城市均已实施或正在实施一卡通系统，截止到 2010 年底已有累计 380 个城市，占城市总数的 57%，累计发卡量逾 2 亿张，日交易量达到 1 亿笔。以北京市为例，到 2009 年底总发卡量约 3000 万，49.3 亿宗的年刷卡交易量全国第一，而公交刷卡比例达 90%，地铁刷卡比例达 78%，普及率非常高。上海交通卡日交易量达到 1800 万笔，已经实现部分长三角地区的互联互通，现有服务网点有 2600 个以上。广州“羊城通”于 2001 年 12 月底投入运行，到 2011 年底发卡总量已达到 2500 多万张，在 2005 年即有每天 400 万元交易额。中国香港“八达通”是一卡通项目中最成功的典范之一，从 1997 年发卡以来，到 2010 年底发行量超过 1900 万张，这相当于在香港每人平均有 2.7 张八达通卡，2000 多家服务供应商接受八达通付款，逾 5 万部八达通收费器或读写器遍及多个行业，系统平均每天处理逾 1000 万宗交易，已经应用于停车场、快餐店、便利店、超级市场、自动售卖机、公共电话、影印机、影院、康乐设施的预订以及学校缴付杂费等领域。

归纳国内外城市一卡通系统实施经验，表现在：起步于轨道交通，公交为辅助；重视一卡通系统清算、发卡储值的系统实现尤其是系统服务功能的实现；市场化手段运作，达到各建设单位和运营实体之间经济和社会效益的综合平衡。

20.1.2 市场及产业化前景

从产业价值链的组成来看，城市小额支付一卡通工程表现为消费者→服务提供商→一卡通运营商→技术提供商(网络、通信、软件开发等)→产品提供商(IC卡、机具、配件等)。

以服务提供商为代表的应用领域包括公共交通、公用事业、行政事业、商业零售、通信服务、旅游服务、金融服务、社区管理、物业管理、企业管理等。一卡通项目的主要功能是提供小额电子支付服务，具有广泛的行业应用前景和消费者基础，如表 20-1 和表 20-2 所示。

表 20-1 城市一卡通的行业应用领域

行业	基本需求	应用服务	让渡价值
公共交通	方便乘客，降低成本；准确、安全、可靠，减少假残币损失，减员增效；提高乘客满意度	市内交通、长途客运、轮渡、地铁、出租车、停车场、加油站、路桥收费、交通罚款等	① 提高信息化管理水平。 ② 提高运营效能和收入。 ③ 提高结算质量。
公用事业	方便用户，改进服务手段	自来水、电、煤气、有线电视缴费等	① 提高社会认同感。 ② 丰富公用事业服务功能。 ③ 获取专业技术服务。
行政事业	方便服务，优化管理	企业、商标、证照等注册、登记、变更、年检；信息、资料查询等	① 提高行政服务水平，简化手续，提高效率。 ② 提升政府服务质量，建设服务型政府。
商业零售	方便顾客，简化结算，提高效率；降低成本，提高效益	便利店、超级市场、快餐、商场、购物中心、自助服务等	① 提高信息化服务水平。 ② 促销应用平台，扩大顾客来源。
通信服务业	方便用户，丰富结算手段	移动电话、固定电话、寻呼、网络应用缴费等	① 丰富服务手段。 ② 增加衍生服务。
旅游	方便用户，简化结算；增加旅游服务	旅游门票、宾馆、酒店、旅游景点消费等	① 提升旅游服务品质。 ② 提高政府、社会认同感。 ③ 提高信息化管理水平。
金融服务	完善小额支付，促进卡消费，减少现金流通	接入银联系统及各银行通存通兑业务系统	① 缩短在途资金周期。 ② 减少资金体外循环。 ③ 简便资金聚集。 ④ 简化电子支付手段。 ⑤ 增强金融服务体系。
其他	简化支付，提高客户满意度，提高经济效益	书报销售、康乐设施、物业管理、企业管理、社区服务等	① 提高服务水平。 ② 提高信息化建设水平。 ③ 丰富衍生服务。

城市一卡通工程是以方便百姓的身份认证和日常小额消费为核心，做到一卡多用，一卡通用。根据消费者职业、年龄、收入、使用用途的不同，其需求偏好也有所区别。

表 20-2　城市一卡通的消费者用途

用户类别	应用服务	让渡价值
工薪族	交通、公用事业、商业零售等	打折、多领域服务
学生	交通、购物、校园卡、上网服务等	优惠
高收入者	停车、加油、路桥收费、旅游、餐饮购物等	连接银行账户，扩充卡功能
普通居民	交通、公用事业、物业管理等	打折，多领域服务
外来人员	旅游、餐饮、购物、交通等	各种优惠
青年人	旅游、餐饮、购物等	个性化、时尚
商业用户	商业馈赠、广告载体	郑重、品牌效应

一卡通工程对提高上游产业信息化应用水平，提高其产业服务能力与综合竞争力具有极大的促进作用。同时，一卡通综合服务体系涉及电子、计算机、网络通信、数据库、软件开发等技术，包括与各行业应用管理系统联网的交易信息交换和管理平台，其广泛的应用服务领域和庞大的市场空间对促进行业技术进步，带动下游产业生产建设发展起到积极的推动作用。

城市一卡通的广泛应用如图 20-1 所示。

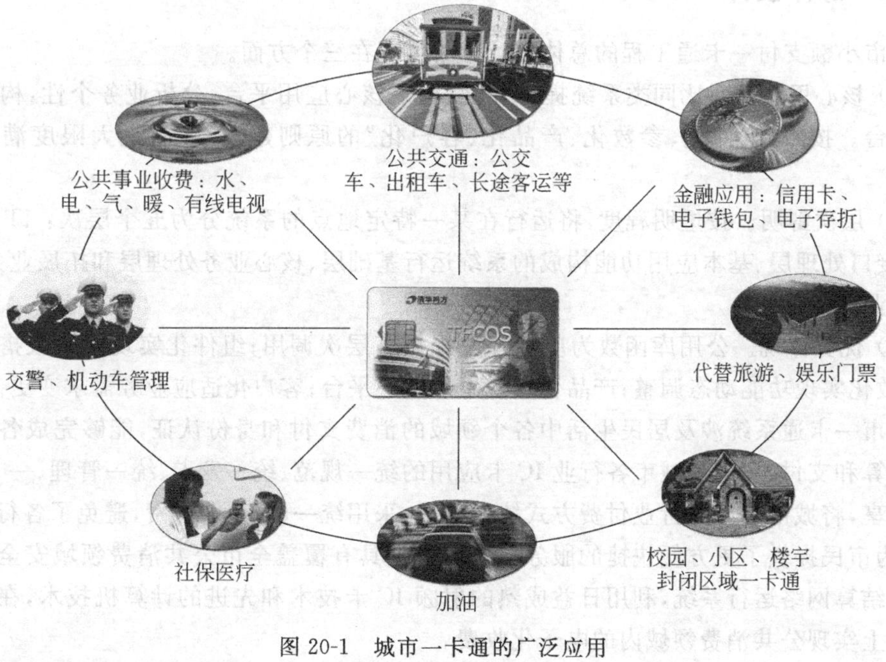

图 20-1　城市一卡通的广泛应用

20.1.3　经济效益与社会效益

城市一卡通工程作为现代化都市的一个标志，反映出一个城市的科技和生活发展水平，并极大地推进了城市信息化建设的进程。从国内外多个城市的实际运作情况来看，具有较好的经济效益和良好的产业发展前景。需要指出的是,一卡通工程是一个社会影响力大、涉及面广、技术含量高、协调难度大、建设周期长的城市信息化基础建设项目。政府认识、推动和协调力度,将是该项目能否得以全面发展的重要促进因素。

城市一卡通工程的功能范围是与百姓日常生活密切相关的身份认证和小额支付领域,并进一步减少了现金的流通,方便了广大市民的日常生活。同时,小额支付功能的使用,弥补了银行卡在该领域的不足,其与银行卡的优势互补将进一步推动商贸金融领域及各项事业的发展。

20.2 建设思路

城市一卡通工程是城市信息化基础建设项目,其建设目标是建立一个信息共享、方便、快捷、安全的身份认证和小额支付平台,作为银联银行卡支付网络的补充,进一步完善电子支付环境的建设,推动城市信息化的建设发展。系统的技术特点如下。

(1) 采用非接触 IC 卡作为用户卡介质。

(2) 采用离线交易系统,统一技术标准、统一发卡、统一清算。

(3) 采用数据集中处理的大集中架构。

20.2.1 总体设计

城市小额支付一卡通工程的总体设计思路体现在三个方面。

(1) 核心思想。对比同类系统提炼共性,构筑核心应用平台,分析业务个性,构筑业务管理平台。按照“组件化、参数化、产品化、客户化”的原则建设系统,最大限度满足用户需求。

(2) 层次鲜明。按透明程度,将运行在某一特定地点的系统分为五个层次: IT 基础设施层、接口处理层、基本应用功能构成的系统运行基础层、核心业务处理层和拓展业务层,完成用户业务需求。

(3) 优势体现。公用库函数为应用开发提供高层次调用;组件化实现模块级搭建子系统;参数化实现功能动态调整;产品化实现系统核心平台;客户化适应业务需求变更。

城市一卡通系统涉及居民生活中各个领域的消费支付和身份认证,能够完成各行业的快速结算和支付,实现了城市各行业 IC 卡应用的统一规范、统一发卡、统一管理、一卡多用、信息共享,将城市中相关行业付费方式统一起来,采用统一的 IC 卡付费,避免了各行业重复投资,为市民提供了更方便快捷的服务。建设一个具有覆盖全市公共消费领域安全可靠的清算与结算网络运行系统,利用日益成熟的射频 IC 卡技术和先进的计算机技术,在这个公共平台上实现公共消费领域内的电子化收费。

城市一卡通整体框架如图 20-2 所示。

系统建设规划主要包括如下要求。

(1) 建立统一的技术管理规范和平台。

(2) 建立相应的业务管理规范和模式。

(3) 制定相应的政策和法规。

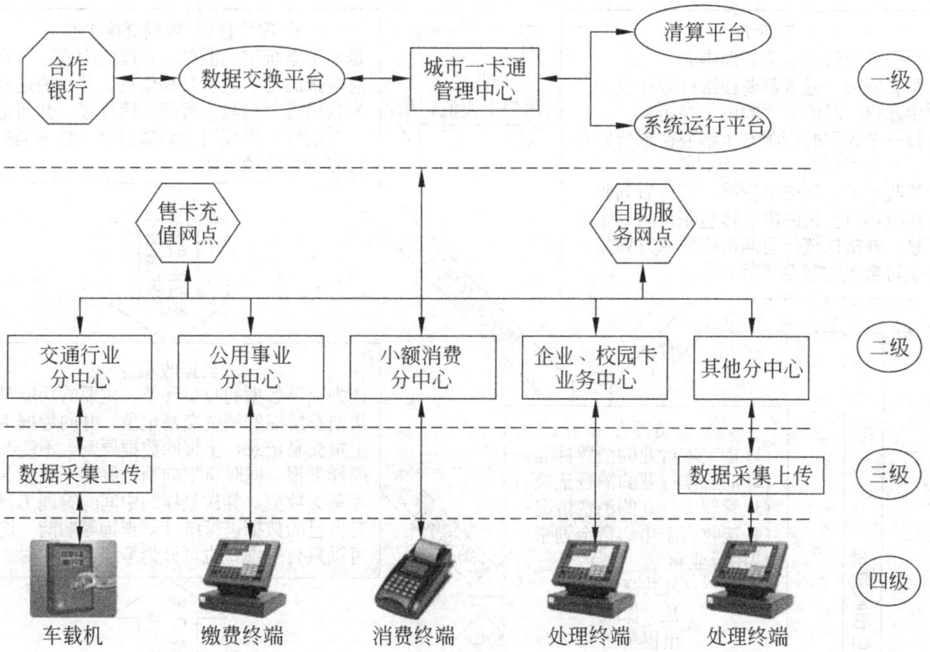

图 20-2　城市一卡通整体框架

(4) 符合国内外行业标准或应用规范。

(5) 建立安全体系结构和密钥管理系统。

(6) 实现一卡多用，保证城市一卡通。

(7) 建立完善的应用业务信息管理系统。

(8) 实现和银行业务管理系统的联网。

(9) 建立完善的售后服务管理系统。

(10) 保证系统具有较高的安全性和可靠性。

(11) 能够提供较好的可扩展性和可维护性。

城市一卡通消费领域包括公交汽车、出租车、路桥收费、小额消费、水电煤缴费等，要全面实现 IC 卡一卡通工程，应具备层次式体系结构及清晰的数据处理流程。

系统的数据流程结构示意如图 20-3 所示。

20.2.2　卡片选型

IC 卡是实施城市一卡通的重要信息载体，IC 卡的选型和应用规划是项目能否成功的关键技术环节。IC 卡根据内部芯片结构和功能不同，分为存储器卡（包括逻辑加密卡）和微处理器卡（即 CPU 卡、智能卡）。

存储器卡内部芯片只是一个存储器，最多增加一个逻辑电路保护，应用于一卡通项目存在如下技术隐患。

(1) 安全性较差，卡内数据很容易被修改和伪造。

(2) 读写可靠性较差，卡自身无法知道卡内的数据读写和存储是否正确，在用户插拔卡

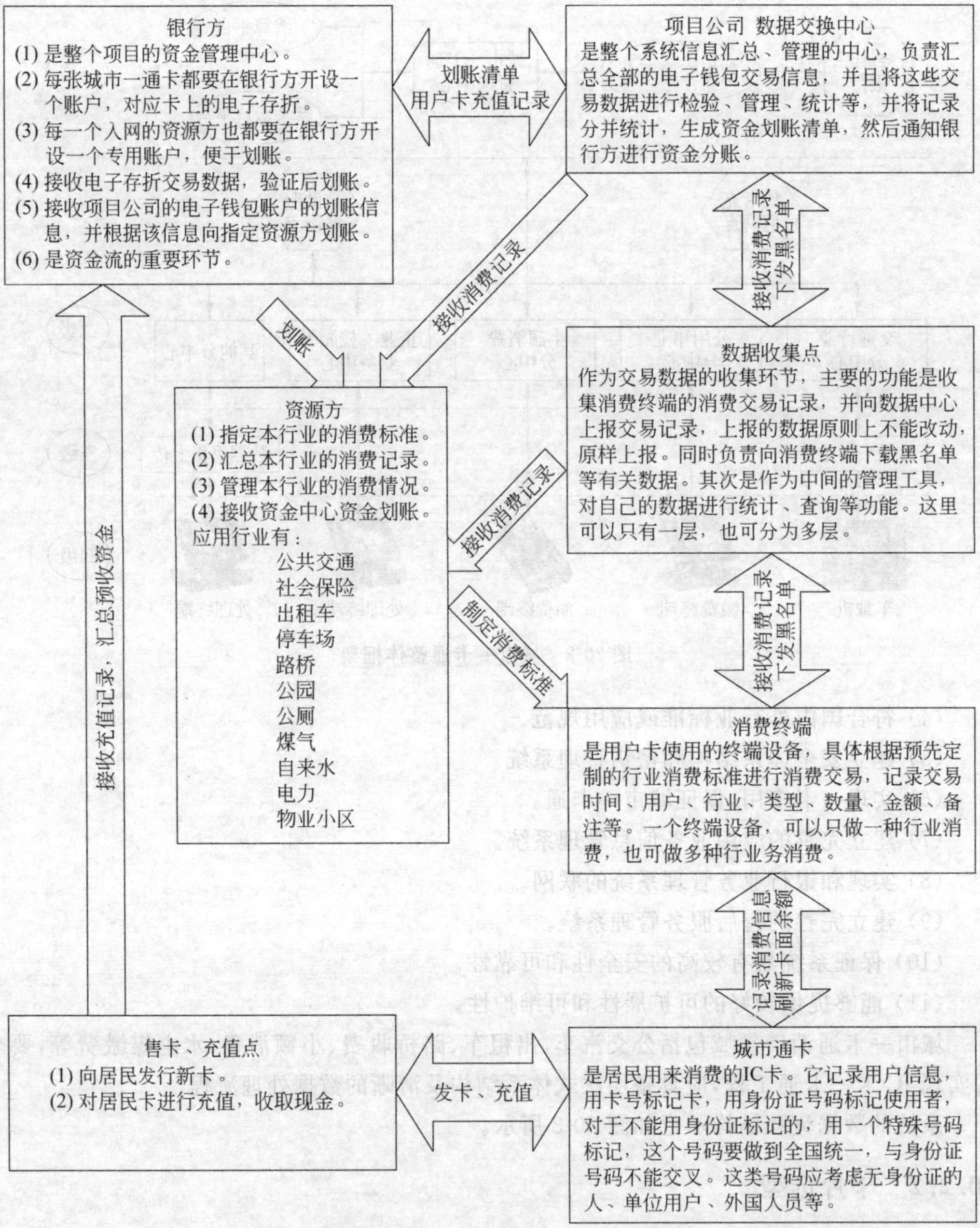

图 20-3 城市一卡通数据流程示意图

不规范或其他不确定因素下，可能造成数据混乱。

（3）可兼容性和可扩展性较差。

从国际 IC 卡技术发展趋势看，非智能 IC 卡技术已趋于萎缩，而智能卡技术应用处于方兴未艾。因此，一卡通系统在产品设计上应跟上国际形势发展。

智能卡芯片具备计算机的软硬件配置：CPU、RAM、ROM、EEPROM、操作系统，同时还具有用于信息安全保护的加密器、随机数发生器以及物理攻击自毁电路。而非智能卡的芯片上只是一个简单存储器逻辑电路。因此,从可靠性、安全性和智能性而言,智能卡具有天生的优势。

智能卡芯片内的物理资源由储存在 ROM 内的芯片操作系统(COS)来进行统一管理和调度。可以根据具体应用要求设计卡片应用规则和规范、建立卡片应用安全结构体系,并通过 COS 实现智能卡的具体应用功能。因而,智能卡具有灵活性较强的、开放式的应用设计平台,一般在城市一卡通公用事业应用系统中选用 CPU 卡。

智能卡的一个重要技术特征是能够通过统一技术规划实现一卡多用技术功能。在用户卡设计上,可以进行不同应用分区,并对不同的应用分区定义独立行业应用名称。不同应用分区存储不同的应用信息,并建立不同的密钥安全系统,使得卡内不同应用分区独立受控于不同的应用提供方,保证各个应用提供方的利益互不干涉。城市一卡通公用事业应用系统用户卡规划如图 20-4 所示。

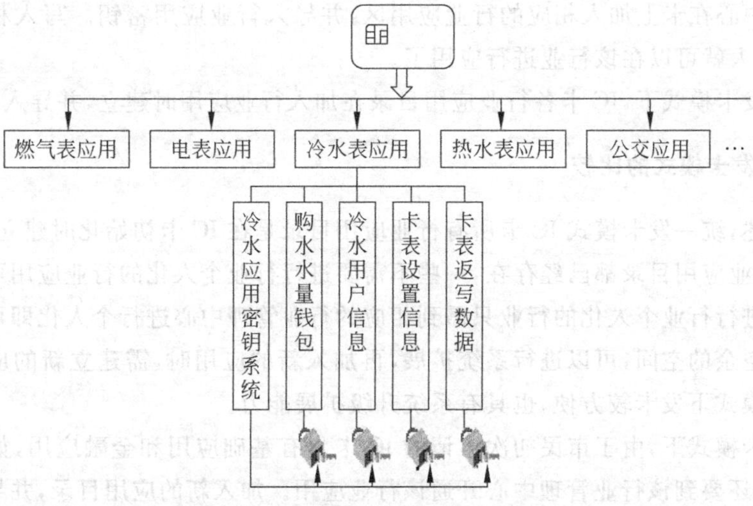

图 20-4　用户卡一卡多用分区规划示意图

20.2.3　发卡模式

城市一卡通系统所发行使用的卡是跨行业、多应用的 IC 卡,同时还要具有金融功能,所以在发卡方面涉及的单位或行业较多。另外也要考虑卡应用的可扩充性。在 IC 卡发行方面有两种模式:一种是统一发卡模式,另一种是分散发卡模式。

1. 统一发卡模式

在统一发卡模式下,银行和各行业将自己的密钥卡及密钥控制卡交数据交换中心,由数据交换中心统一对 IC 卡进行初始化,并导入相应的密钥。

用户申请一卡通时,在售卡、充值点填入相应的个人信息,并在银行中建立相应的电子存折账户。售卡、充值点将相应的发卡信息上传到数据交换中心和银行,并通过网络下传到各行业应用中心,这样在整个系统中该卡就能应用了。对于一些特殊行业(比如社保),持卡人在拿到IC卡后，还要到相应的行业管理中心进行注册，行业管理中心在IC卡上该行业的应用目录中填入相应的信息(如社保要加入个人社保信息)后，该IC卡才能在该行业中使用。

在统一发卡模式下，各行业应用目录在初始化时就全部在卡上建立起来了，相应的密钥也已经导入。

2. 分散发卡模式

在分散发卡模式下，数据交换中心在对IC卡进行初始化时仅建立基本应用目录，导入交换中心的基础密钥，然后IC卡再拿到银行进行初始化。城市居民在申请一卡通时，填入个人基础信息，银行为持卡人建立电子存折账户，即在通卡上开通金融应用。售卡、充值点将发卡信息和个人信息传输入到银行主机和数据交换中心。

如果持卡人要在卡上开通其他行业应用，要到相应的行业管理中心开通该行业应用。由行业管理中心在卡上加入相应的行业应用区，并导入行业应用密钥。写入相应的行业信息，这样持卡人就可以在该行业进行应用了。

在分散发卡模式下，IC卡各行业应用目录在加入行业应用时建立，并导入相应的密钥。

3. 两种发卡模式的比较

如上所述，统一发卡模式IC卡所有行业应用目录是在IC卡初始化时建立，用户拿到卡时，所有的行业应用目录都已经存在，一些不需要进行行业个人化的行业应用可以当时就开通。对于要进行行业个人化的行业只需到相应的行业管理中心进行个人化即可。因为在卡上已经留有空余的空间，可以进行系统扩展，再加入新的应用时，需建立新的应用目录。所以统一发卡模式下发卡较方便，也具有系统升级扩展能力。

分散发卡模式下，由于市民初次申请的IC卡只有基础应用和金融应用，如果要加入某一行业应用，还要到该行业管理中心开通该行业应用。加入新的应用目录，并导入该行业密钥，卡使用时开卡较复杂。但这种发卡方式较统一发卡模式其升级时较简，只需加入新的行业应用就可以了。

20.2.4 行业应用扩展

在城市一卡通中必须具有一定的行业应用扩展性。对除了以上提到的几个行业以外，其他行业的扩展分为金融扩展和系统扩展两种扩展模式。

金融扩展主要指金融消费扩展到其他行业，也就是说其他行业以金融消费特约商户的形式加入到城市一卡通项目中。这类行业包括非月票制的公园收费、公厕收费、路桥收费和出租车收费等，以及部分水电缴费也可以采用这种模式扩展。

系统扩展主要是指要在卡上加入新应用的行业，如煤、水、电预收费等应用，在卡上要开辟专用的区域，存放专用数据，以便在这些应用中使用。

如果行业以系统扩展模式加入一卡通项目，首先要申请卡应用区，然后生成行业使用密钥，与其他行业应用中需要的密钥合起来生成行业PSAM卡，并在IC卡中加入该行业的应用区。然后行业根据城市一卡通和行业 PSAM 卡的要求，依据该行业的特点建立行业管理信息系统，作为一卡通项目的一个行业节点加入项目中。

以预付费水表应用以系统扩展的方式为例：卡片上建立一个水表应用目录，该目录内包括一个计量文件和相应的密钥，当用户去预购水量，在从银行应用的电子存折或电子钱包中扣除购水费用的同时，向计量文件中写入购买用水的数量。通常以立方米为单位。然后在用户将卡片插入到自家的水表中时，经过合法性认证后，计量文件内的数值转移到水表中，完成了整个购水的过程。

20.3　系统结构和组成

整个系统由下列子系统组成：密钥管理子系统、发卡和充值管理子系统、业务信息管理子系统、用户信息管理子系统、用户卡和表具终端，如图 20-5 所示。

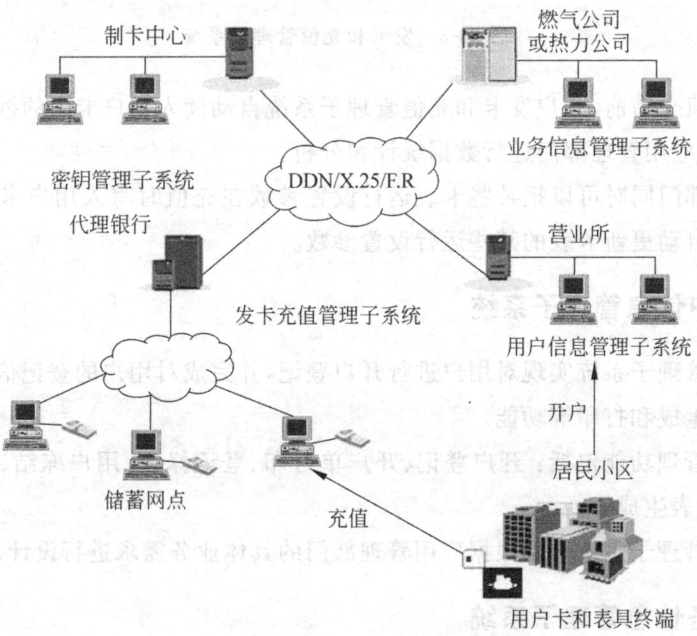

图 20-5　系统结构示意图

20.3.1　密钥管理子系统

密钥管理子系统完成整个系统的各种密钥生成、分配、装载和更新功能。通过密钥管理子系统，使管理部门能够对整个系统进行安全布控，从而实现整个系统运行置于管理部门的安全控管之下，消除了研制、生产单位对系统安全构成的威胁。这样，从根本上保护了应用管理部门的利益不受侵害。

密钥管理子系统通过逐级发卡初始化实现密钥生成、分配、装载。各城市首先由主管领导生成城市总控卡，并结合全国发放的城市主密钥卡生成城市密钥母卡。由城市密钥母卡生成并装载 ISAM 卡、ESAM 模块和用户卡密钥。

20.3.2 发卡和充值管理子系统

发卡和充值管理子系统实现对空白用户卡的开户发卡，并完成对用户卡的充值功能。

发卡和充值管理子系统安装在发卡和充值代理网点，应用管理部门通过配备 ISAM 卡授权代理网点进行发卡和充值。

网点进行发卡或充值时，发卡和充值管理子系统使用 ISAM 卡对用户卡进行身份合法认证，并对用户卡发卡或充值操作进行权限认证，认证通过后才能有权限往用户卡写入相应的开户信息或充值交易处理，如图 20-6 所示。

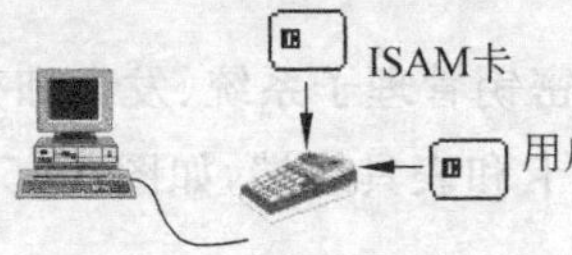

图 20-6 发卡和充值管理子系统

在进行充值交易前，开户发卡和充值管理子系统自动读入用户卡内的抄表数据，存入相应的数据库，供应用管理部门进行数据统计和分析。

应用管理部门同时可以把某些卡表运行设置参数在充值时写入用户卡，通过用户卡插入卡表终端时自动更新卡表的某些运行设置参数。

20.3.3 用户信息管理子系统

用户信息管理子系统实现对用户进行开户登记，并完成对用户的登记信息、进行各种查询、统计、报表生成和打印等功能。

登记信息管理功能包括：开户登记、开户单打印、登记修改、用户冻结、用户注销、登记查询、统计和报表生成等。

用户信息管理子系统必须根据应用管理部门的具体业务需求进行设计。

20.3.4 业务信息管理子系统

业务信息管理子系统实现对应用管理部门日常运营管理，并通过和代理银行联网实现数据共享。一方面，为银行代理网点提供用户开户信息，作为网点开户和充值依据；另一方面，银行把充值交易明细以及抄表数据传送给应用管理部门，供业务管理部门分析统计。具体设计必须在对应用管理部门进行详细的系统调研和需求分析后，才能确定设计方案。

20.3.5 表具终端

根据国家有关部门《建设事业 IC 卡管理技术》要求，表具内部必须安装安全模块——ESAM 模块。而且，用户卡和表具交易流程必须符合交易规范。

安全模块(ESAM 模块)是一种具有特殊密钥管理功能、特殊封装形式智能卡,其内核芯片和智能卡芯片一样,其内部功能结构如图 20-7 所示。安全模块是表具终端最核心部件,储存卡表内有关应用数据,以及装载用户卡的各种权限密钥,并完成和用户卡的各种权限认证。

图 20-7 安全模块内部功能结构示意图

20.4 和移动支付的融合

移动支付作为一种新兴的支付方式,目前对许多行业造成了相当的影响,移动支付在城市一卡通应用也是一个发展的趋势,随着城市一卡通涉及的行业应用逐渐增加,移动支付能够给使用者带来越来越丰富的应用体验。城市一卡通和移动支付的相互融合和渗透,能够带动从城市一卡通运营商、直到商户整个产业链的发展;移动支付业务的发展会带来相应的利益,是"城市一卡通运营商"和"商户"双向的利益共同分享的结果。

在第 17 章已经讨论过,移动支付技术目前存在基于 13.56MHz 的 SIMpass 卡、iSIM 卡、NFC、RF-SD 卡方案和基于 2.4GHz 的 RF-SIM 卡方案等多种手段,各有各自技术的特点和在应用衔接上的优缺点,作为建设事业 IC 卡的主管部门,住房和城乡建设部 IC 卡应用服务中心已经就统一移动支付在城市一卡通中的技术、产品、服务及应用模式,综合有关行业专家、应用单位及通信运营机构的意见和建议,编制了《城市一卡通手机支付应用白皮书》,就移动支付的技术模式及应用提出了指导意见。

近年来,中国各地均在推行城市一卡通的应用,其应用已经渗透到市民生活的方方面面,涉及公共交通、公用事业缴费、数字社区、园林等小额支付领域,极大地提高了城市信息化水平。众所周知,城市一卡通系统现在采用的载体是基于 13.56MHz 的非接触式 CPU 卡,目前,城市一卡通涉及的行业应用领域也是移动支付业务所大力开拓发展的重要领域,城市一卡通将是移动支付的一个重要合作伙伴和应用载体,为实现和现有城市一卡通系统基础设施的无缝兼容,13.56MHz 的这一技术标准很有可能成为城市一卡通领域的相关移动支付的技术标准。

移动支付作为城市一卡通应用系统的一个新兴载体,必成为未来发展的一种趋势。尽管移动支付在城市一卡通领域中刚刚起步,但相信在确保现有 IC 卡系统架构、业务规则及技术体系不变的条件下,移动支付将为城市信息化高速发展提供极大推动力。

思 考 题

(1) 统计数据显示，城市一卡通庞大的刷卡量主要来自于公交和地铁等，而其他应用相对使用较少。原因是什么？试从安全性、方便性、商家配合性等方面予以分析，并提出改进建议。

(2) 中小城市同样有着使用城市一卡通的需求，但是公交、公用事业和商业消费的量都不大，单独建立城市一卡通不够经济，试讨论能否以建立省级清算中心的方式解决。

第21章　数字化校园

数字校园是在传统校园的基础上，利用先进的信息化手段和工具，将现实校园的各项资源数字化，形成的一个数字空间，使得现实校园在时间和空间上延伸开来。建设数字化校园，实现教育信息化，强化各项管理，提升综合实力，是各高校的一项紧迫任务。从某种意义上讲，数字化校园还是学校的一张 Internet 名片。一流的高校必将拥有一流的数字化校园，并通过此窗口展示自身的实力和形象。

21.1　数字化校园的概念

数字化校园以网络为基础，从环境（包括设备、教室等）、资源（如图书、讲义、课件等）到活动（包括教学、管理、服务、办公等）的全部数字化。校园网络及其应用系统构成整个校园的神经系统，完成校园的信息传递和服务。在数字校园里，可以通过现代化手段，方便地实现学校的教学、科研、管理、服务等活动的全部过程，从而达到提高教学质量、科研水平、管理水平的目的。

关于数字校园的明确定义目前还没有一个统一的标准，国内各高校在建设数字校园时很多是参照清华大学所提出的大学资源计划（University Resource Planning，URP）理念来规划和建设自身的校园网络，如图 21-1 所示。

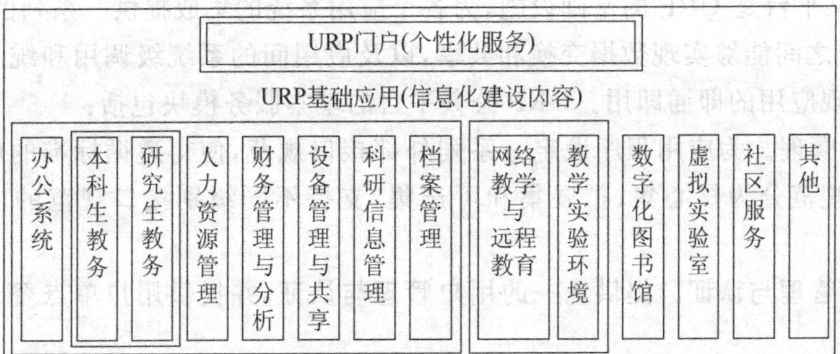

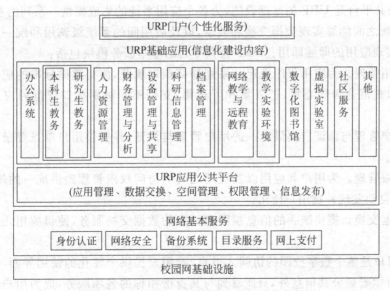

图 21-1　基于 URP 方案的数字校园系统结构图

简单地说，URP 就是涵盖了大学校园网中各种应用系统的集成系统，以及使这些应用系统能够集成的基础系统。URP 提出了 $1+N+1$(即 1 个基础平台 $+N$ 个应用系统 $+1$ 个门户平台)的系统构架和建设方案。URP 借鉴了 ERP 的思想却又不同于 ERP 系统中各种业务数据和业务逻辑密切相关的紧耦合方式,而是通过一个基础平台,使得各个应用系统能够以一种松耦合的方式实现集成。

URP 是大学信息系统的总集成,它利用统一的平台和接口规范,将学校的各种信息系统集成起来,实现信息的共享和交换,为用户提供统一的访问界面,并为后续的应用系统设计和实施提供统一、规范化的要求。为了实现 URP,需要建立一个公共的平台来集成各分立的系统,并确保各种应用系统只需要经过少量的修改(而不需要推倒重做)就可以集成进来构成一个有机的总体,使本来相对独立的系统之间能够很好地实现信息交换和共享,并且用户能够统一访问。

要实施 URP,需要从学校全局的高度来分析,理清学校的信息流、资金流和物流之间的关系,界定各部门之间联系,建立统一的信息标准和应用支撑平台,在此基础上集成、开发大学的应用系统,形成一个有机集成的学校信息系统。

基于 URP 方案的数字校园系统结构图中,上面 3 层就是 URP。可以看出 URP 的具体组成如下。

(1) 1 个 URP 门户。包括应用的聚集与展现、个人桌面的定制、单点登录与应用漫游、可用资源的检索和查询等功能。

(2) N 个 URP 应用。包括各种管理信息系统、网络办公系统、数字图书馆、网络教学和网络服务等相关网络应用系统。

(3) 1 个 URP 公共平台。包括应用管理、用户管理与认证、权限管理、数据交换等服务模块。

URP 公共平台是 URP 的基础设施,为各个应用系统的集成提供一系列的基础服务,使得各应用系统之间能够实现数据交换和共享,以及应用间的系统级调用和统一的用户访问接口,从而实现应用的即插即用。URP 公共平台的基本服务模块包括:

(1) 应用管理。为应用程序设定一系列外部接口规范,使得遵循标准的应用能够方便地集成,接口规范分为核心集、扩展集和可选集,支持不同级别接口规范的应用的集成度不同。

(2) 用户管理与认证。提供统一的用户管理与认证,并提供用户单点登录和应用之间漫游的支持。

(3) 权限管理。为用户和应用以及应用之间的访问权限管理提供统一的规范,使得新应用能够被自动发现并被用户使用。

(4) 数据交换。提供统一的信息视图和标准的数据交换服务,使得应用之间数据交换规范化。

URP 门户是整个数字校园的访问入口点,给用户提供个性化的使用界面,用户进入门户后,除了可以看到公共信息外,只能看到与其身份相称的各项服务,成为用户的个性化网络门户。门户的主要功能如下。

(1) 统一访问入口。采用统一的用户管理和身份认证,实现用户单点登录(SSO),用户一次登录后就可以访问数字校园的各个应用;通过统一的访问控制管理,使得门户展现用户有权访问的应用,新增的应用也能够自动加入到用户的个性化门户中。

(2) 应用系统的集成与导航。能够集成遵循应用管理接口规范的系统,使得遵循标准的应用中的资源和功能能够得到更好的展示;能够根据各个应用在“应用管理”中注册的属性,指导用户更加高效、快捷地使用好各个应用系统。

(3) 个性化定制。用户可以和定制桌面一样根据自己的喜好设计和编辑门户使用界面,例如选择喜欢的门户样式、添加需要的门户工具、设置经常访问的 Web 资源等。

(4) 资源检索和查询。提供给用户方便的检索功能,使用户在众多的数字化校园中迅速查找到自己所需要的资源和信息。

N 个 URP 应用是指用于学校教学、科研、管理、服务的各种应用系统,用于解决各类用户对信息管理和信息服务的需求,是高校信息化建设的主要内容,一般来说归属于各个业务部门对口管理。现阶段高校信息化的主要应用系统将在 21.2.4 节中讨论。

各应用系统需要遵循 URP 的应用规范,如采用统一的认证与授权、数据交换和信息发布接口,提供统一的应用访问接口,甚至提供可与门户直接集成的用户界面。URP 平台是整个 URP 方案的关键,是应用能够集成的基础,是松耦合系统集成的支撑。

21.2 需求分析

数字校园作为高校信息化建设的全面解决方案,它不仅是提供计算机与网络的硬件基础平台,更重要的是根据学校的自身特点提供全面的软件系统,并利用这些软件系统实现管理的现代化。

21.2.1 用户管理

1. 电子身份

数字校园是现实校园在数字空间的反映,因此对于数字校园中的每一个成员,他在数字空间也相应地需要有一个固定的身份,即电子身份。但是,在现有的校园数字化建设中,各个系统是独立建立起来的,每个系统都有自己的用户管理体系,各系统之间互不相通,造成了用户在不同的系统中拥有不相干的身份,给用户的使用和系统的用户管理都带来了很大的麻烦。因此,对于数字校园来说,首要的任务就是要建立一套统一的电子身份管理系统,学校的每一个成员都有一个与其真实身份相对应的电子身份,用户可以使用自己的电子身份访问数字校园中有权访问的任何系统。

2. 身份认证

身份认证(authentication)是判断一个用户是否真是他所声称的身份的处理过程。最常用的简单身份认证方式是系统通过核对用户输入的用户名和口令,看其是否与系统中存储的该用户的用户名和口令一致,来判断用户身份是否正确。复杂一些的身份认证方式采用一些复杂的加密算法与协议,需要用户出示更多的信息(如私钥)来证明自己的身份,如 USB key Kerberos 身份认证系统。

身份认证一般与授权控制(authorization)是相互联系的,授权控制是指一旦用户的身份通过认证以后,确定哪些资源该用户可以访问、可以进行何种方式的访问操作等问题。在数字校园中,应该有一个统一的身份认证系统供各应用系统使用,但授权控制可以由各应用系统自己管理。

3. 用户注册

用户注册是根据学校成员的真实身份来赋予其相应的电子身份的处理过程。传统的管理方式中用户注册分别在不同的部门,并且使用不同的管理系统,如教师注册在人事处、学生注册在教务处、网络用户注册在网络中心等。在数字校园中,应该有一个统一的用户注册系统来为各部门提供服务,保证用户信息的准确性与一致性。

21.2.2 数据管理

数字校园的数据量非常庞大,数据的存储方式对于数据的有效管理起着决定性的作用。一般来说,有集中存储、分散存储和分布存储等不同的数据存储策略,不同的存储策略有不同的优势和缺陷。根据学校数据分布的实际情况,建议采用以集中存储为主的分布存储策略,即将绝大多数数据集中存放在数据中心,将一些有特殊需求的数据分布存储在相关部门(如财务数据、学生成绩等安全要求等级高的数据),各部门数据服务器采用统一托管的形式存放在学校数据中心,但整个系统的数据采用统一的视图,实施统一的管理。

数据是学校的宝贵财富,特别是在管理高度依赖于信息化设施的今天,数据支撑着学校的正常运行。因此,保证数据的安全,使数据不因意外的灾难而损毁就显得特别重要。因此,做好数据备份,并且是在校园中不同区域的分布式数据备份,是保持学校可持续发展的稳妥之路。

21.2.3 信息管理

在校园数字化建设中,大量信息数字化后被存入计算机系统。如何管理好这些信息,使之发挥最大作用,是数字校园建设成功与否的关键。

1. 信息分类

信息分类是做好信息管理的前提,杂乱无章的信息只有很少的利用价值,信息只有按照一定的规则进行分类,才能更好地提供给用户使用。

信息分类的方法有很多种,从数字校园对于信息的使用角度来说,最常用的分类方法有如下几种。

(1) 根据信息来源分类:有教学资源、办公信息、管理信息、图书资源、档案信息、科研信息等。

(2) 根据组织形式分类:有文本信息(如办公通知、规章制度、信息通报等)、多媒体信息(包括视频、音频、图形、图像信息)、数据库信息(如教务、科研、人事、财务、设备等信息)。

(3) 根据使用范围分类:有全局信息(全校共享信息,如电话号码、图书资源、教学课件等)、局部信息(如各院系的内部资料)、私有信息等。

这三种方法在信息系统中都需要使用，在实现业务部门的信息系统时根据信息来源分类，在信息发布时需要考虑信息的存储类型和信息的使用范围分类。

2. 信息标准

信息标准是做好信息管理的基础，信息只有遵循一个统一的标准进行组织，才能构成一个可流通、可共享的信息库。数字校园所要求的统一数字空间需要各个层次的信息标准来规范整个学校的数字化建设工作。

信息标准是数字校园中不同层次的系统尤其是应用系统能够互相访问的基础，是学校信息化建设的必要条件；同时信息标准的水平也反映了学校信息化建设的水平和高度。

3. 决策支持

决策支持是信息服务的高级形式。在信息积累的基础上，建立数据仓库，逐步建立决策支持系统，该系统依据信息系统中积累的大量数据，对学校上层管理人员提出的决策主题，进行数据挖掘，发现关联信息，为学校重大问题提供决策依据，如教学评估、招生评估、毕业评估、学科评估等。

21.2.4　管理信息系统

管理信息系统是数字校园最重要的应用支撑系统之一，它直接管理各部门的信息资源，将现实校园的信息数字化后按照一定的规范存储到数字空间，并根据相关的业务逻辑组织起来支持用户的管理活动，使用户实现管理现代化。

管理信息系统是学校数字化建设的重要任务，校园网络应该提供的主要管理信息系统介绍如下。

(1) 综合教务管理系统。综合教务管理系统在本科生教务系统中提供了教学计划、课程、注册、收费、选课、排课、学籍、成绩、毕业资格审查、系级查询等多个子系统；在研究生教务管理中提供了培养方案、课程、注册、收费、选课、排课、学籍、成绩、毕业资格审查、系级查询、学位管理等子系统。

(2) 科研管理系统。科研管理系统建立科技处—学院(部门)科研—教师的数据沟通渠道，教师申请项目、填报表等项工作在网上进行，学(院)部门领导在网上审查，科技处与主管校长在网上审批，使科研管理在网上进行。

(3) 设备资产管理系统。设备资产管理系统为实验室管理提供网络管理服务，使得校、院各级实验室管理人员能够利用网络共同进行实验室数据的管理，可以充分发挥各实验室的功能以及各实验室的大型、贵重仪器设备的作用，方便全校师生使用各种仪器设备，提高大学主要实验室的利用率。系统能够为用户提供各实验室的基本信息及预约服务，并对大型仪器设备等信息提供共享功能。

(4) 人力资源管理系统。人事管理信息化建设是高校信息化建设的一个重要组成部分，它可以有效地提高人事管理工作的效率和质量，并且能够及时提供可靠数据，为校领导的科学化决策提供重要依据。人力资源管理建立人事信息的交换功能，建立以教师个人为核心的人员信息系统，来自教师的信息如论文、兼职、教学、学位、科研项目等由教师个人维护，基层单位审查，建立个人信息库，作为职能部门的管理的参考信息。

(5) 财务管理系统。财务管理系统将各项基金管理工作统一到计算机的应用管理平台之上，提高财务人员的工作效率。可以实现科研项目的立项申请、经费查询、通用基金管理(代交税金、退休基金、个人公积金)、预算管理、财务分析等。

(6) 外事管理系统。外事管理系统建立教师与外事办公室的沟通渠道，自动生成各类审批报表并进行流程化管理，简化办事程序。

21.3 数字校园总体方案设计

一个完整的数字校园系统，应该包含对教学、管理、资源、信息四个方面的全面支持，将校园网、广播网、有线电视网、电话网四网合一，通过数字化的网络环境，数字化的教学资源，数字化的教学与学习环境，数字化的管理手段和工作环境，实现数字化学习、数字化教学、数字化科研和数字化管理，创建数字化的生活空间，创建虚拟社区空间，为学生、教师、管理者提供数字化学习与生活体验。

要实现上述的目标，无论从经济上，还是技术上都还需要有一个很长的时间过程，不可能一步到位。下面仅从校园信息化建设与规划方面展开论述。

21.3.1 体系结构

数字校园的体系结构是一个层次结构，图 21-2 是用轮图来表示的效果。图中着重表示的是功能的层次划分，在这里，内圆是基础，外圆是在内圆的基础上提供的更进一步的服务。

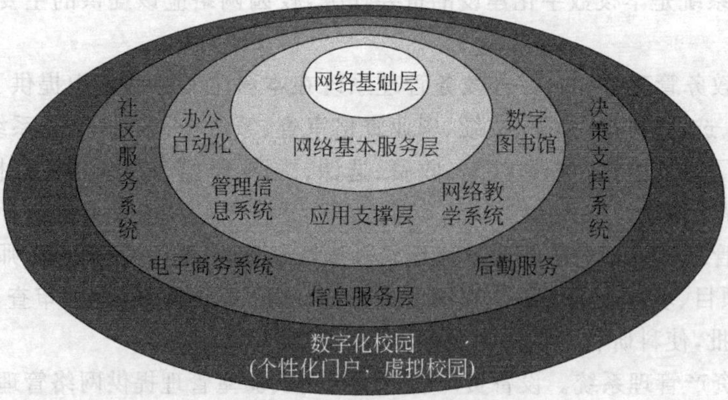

图 21-2 校园网络体系结构

从图 21-2 中可以看出，数字校园可以分为五个层次。

(1) 最内圆是“网络基础层”：网络是数字校园的基础设施，没有相应的网络基础设施，数字不能流动，就不可能形成数字的空间。

(2) 次内圆是“网络基本服务层”：网络基本服务是数字流动的软件基础，包括域名服务、身份认证、目录服务、网络安全以及公共服务(如电子邮件、文件传输)等。

(3) 其次是“应用支撑层”：它主要处理业务逻辑，将各类数据按照业务的逻辑规范管理、组织起来，包括办公自动化系统、数字图书馆、管理信息系统和网络教学系统等，它们是数字校园的核心支持系统。

(4) 再往外是“信息服务层”：它主要处理用户逻辑，将规范化的数据按照用户的需要提取出来提供给用户，为用户提供服务，如后勤服务、信息查询、决策支持、电子商务等。

(5) 最外层是“个性化门户(虚拟大学)”：它是数字校园的总入口，各类用户通过门户进入数字校园，可以获得与其身份相对应的信息与服务。在校园充分数字化后，大学的功能就将突破围墙的限制，成为一个可以覆盖网络可达范围的无疆域的校园，用户进入门户就等于进入了虚拟校园。

21.3.2　总体框架结构

管理信息系统位于应用系统层，属信息发布系统层的原始信息系统，其中的各管理信息系统是面向二级学院、职能部门等一线管理人员的基本操作和管理平台，用于管理类基础数据的录入和日常维护，为校内各类用户享有各类服务提供原始信息。

按照学校划分的管理职能实际情况，学校数字校园至少需建设教务管理、科研管理、学生管理、研究生管理、人事管理、党群管理、外事管理、财务管理、设备管理、宿舍与房产管理等管理子系统。各管理信息系统、公共数据库、信息服务系统及门户平台的层次关系，如图 21-3 所示。

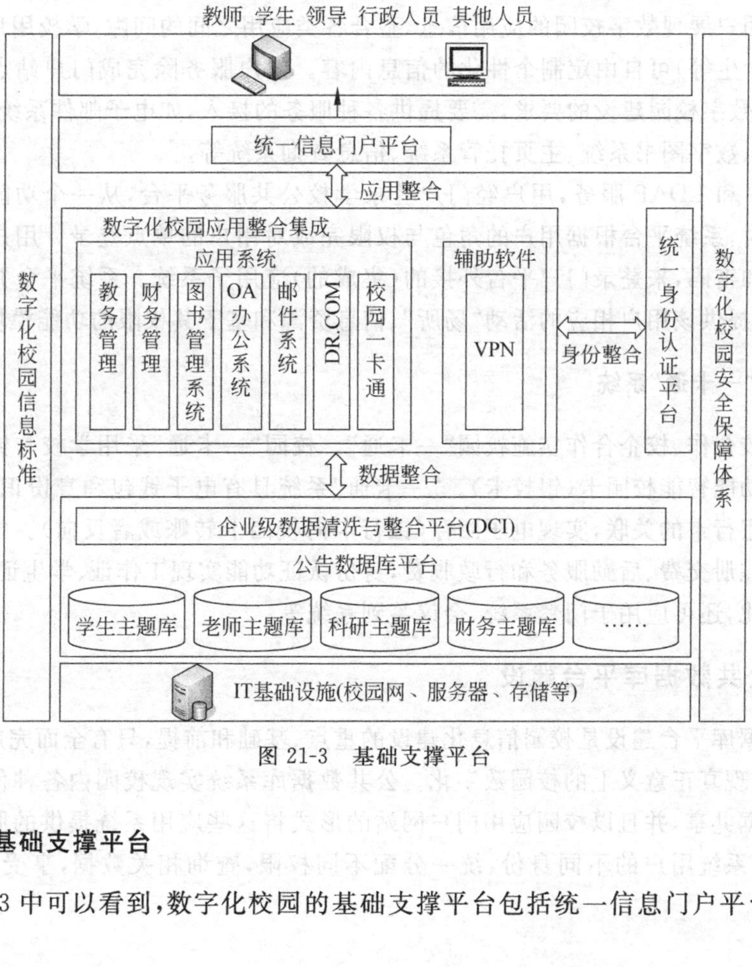

图 21-3　基础支撑平台

1. 三大基础支撑平台

从图 21-3 中可以看到，数字化校园的基础支撑平台包括统一信息门户平台、统一身份认证平台、公共数据库平台三大基础支撑平台。

基础支撑平台的建设目的是解决学校信息化建设过程中不同厂家、不同运行环境、不同开发工具开发的应用系统的松耦合集成。

(1) 统一信息门户平台。该平台系统建设位于校园信息化体系结构中的最上层,实现校园信息化各应用系统与用户的交互服务过程,给老师、学生提供一个访问信息化服务的统一入口,是校园信息化对内、对外服务的窗口。

(2) 统一身份认证平台。统一身份认证平台提供统一管理多个应用系统的用户和身份认证功能,提高应用系统用户管理的水平。通过使用该平台系统,教师、学生无须再记忆多套不同的密码和身份,实现应用系统的单点登录。

(3) 公共数据库平台。公共数据库平台是对校园信息化中的各种结构化数据,包括数据库、数据仓库、数据集市中的数据进行统一管理的平台。采用统一的数据交换平台集成全校异构数据。公共数据库平台的建设将统一学校各业务系统的数据标准,整合各应用系统的共享数据信息,同时为上层综合应用提供一致准确的数据来源和积累。

2. 基于统一身份认证的门户平台

门户服务是数字校园的高级表现形式,位于各类应用之上,作为数字校园窗口,以浏览器的方式向用户展现数字校园的应用信息,整合各类应用之间的间隙,学校用户(领导、管理人员、教师,学生等)可自由定制个性化的信息内容。门户服务除完成门户站点本身的所有功能,并根据数字校园建设的要求,需要提供各种服务的接入,如电子邮件系统、网上教学系统、办公系统、数字图书系统、主页托管系统、信息查询系统等。

建立 CA 和 LDAP 服务,用户经门户登录学校公共服务平台,从一个功能进入到另一个功能应用时,系统平台根据用户的角色与权限完成对用户的单点登录。用户无须一次次输入用户名和密码,来登录门户平台外接的(集成的)应用子系统。系统平台并依据用户的角色与权限,提供该用户相应的活动“场所”、信息资源和基于其权限的功能模块和工具。

3. 校园“一卡通”系统

通过银校合作、校企合作实施校园“一卡通”。校园“一卡通”采用学校与银行联合发行的具有金融功能智能校园卡(银校卡)。“一卡通”系统具有电子钱包和身份识别功能,并建立校园卡与银行卡的关联,实现电子圈存(银行卡向校园卡转账或者反向)。电子钱包功能应用于学生注册交费、后勤服务和行政收费,身份认证功能实现工作证、学生证、上机证和借书证的电子化,还可应用于门禁系统、会议签到系统等。

21.3.3 公共数据库平台建设

公共数据库平台建设是校园信息化建设的重点、基础和前提,只有全面完成公共数据库建设,才能实现真正意义上的校园数字化。公共数据库系统实现校园内各种信息系统的互通互连和数据共享,并且以校园应用门户网站的形式将这些应用系统提供的服务集成在一起,根据进入系统用户的不同身份,统一分配不同权限,查询相关数据,享受相应服务,如图 21-4 所示。

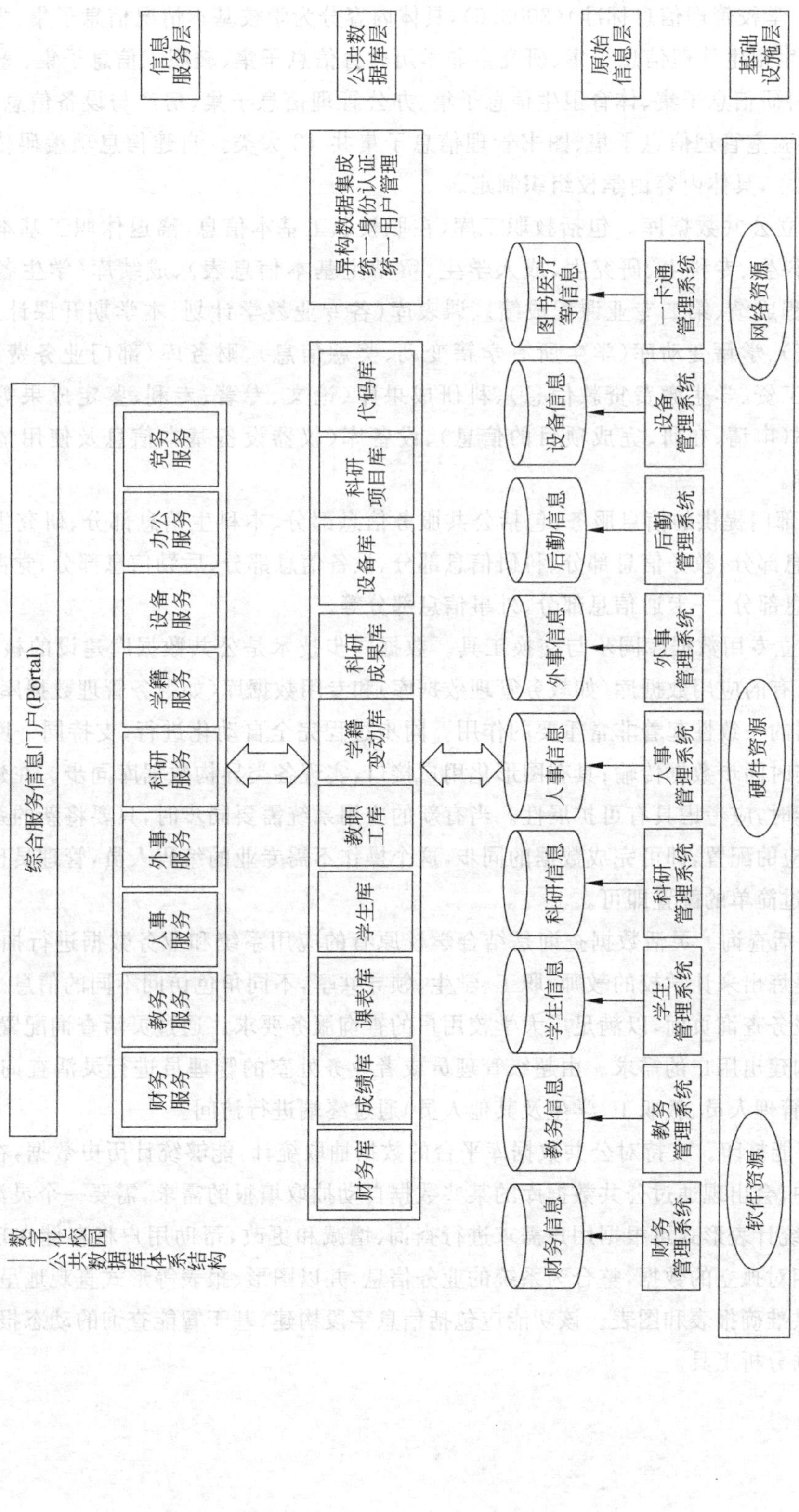

图 21-4　数据库层次关系图

公共数据库的具体建设内容主要包括以下几个方面。

(1) 建立全校数据信息标准。公共信息项编码严格执行教育部《教育管理信息化标准》(第一部分：学校管理信息标准)(2003.6)，具体内容分为学校基本情况信息子集、学生信息子集、研究生招生管理信息子集、研究生非学历教育信息子集、教职工信息子集、教学管理信息子集、科研信息子集、体育卫生信息子集、办公管理信息子集、房产与设备信息子集、仪器设备与实验室管理信息子集、图书管理信息子集共12大类。自建信息项编码依照上述标准规则建立，具体内容由学校组织制定。

(2) 建立公共数据库。包括教职工库(在职教职工基本信息、离退休职工基本信息)、学生库(本科生、专科生、研究生、成人学生、留学生基本信息表)、成绩库(学生各门课成绩、辅修课程成绩、第二专业课程成绩)、课表库(各专业教学计划、本学期开课计划、本学期排课列表)、学籍变动库(学生所有学籍变动、奖惩信息)、财务库(部门业务费、科研经费、教职工工资、学生缴费贷款信息)、科研成果库(论文、专著、专利、鉴定成果等信息)、科研项目库(申请、在研、完成项目的信息)、设备库(仪器设备基本信息及使用情况)、基础代码库等。

(3) 各部门提供的信息服务，包括公共服务信息部分、本科生信息部分、研究生信息部分、人事信息部分、教务信息部分、科研信息部分、设备信息部分、后勤信息部分、党群信息部分、财务信息部分、一卡通信息部分、外事信息部分等。

(4) 建立专用数据库同步与交换工具。数据同步技术是公共数据库建设的核心技术，对于保证已有的应用数据库(如教务管理数据库)和专用数据库(如财务管理数据库)与公共数据库数据的一致性起着非常重要的作用。同步过程完全自动化进行，支持同一网段或不通网段的实时同步数据传输；具有图形化用户接口，实现各类异构数据库同步。在建立数据库同步功能时，应考虑具有可扩展性。当有新的应用系统需要同步时，只要将新的系统进行分析，做相应的配置，即可完成数据的同步，这个操作不需专业的编码人员，管理员也能完成此操作，通过简单的配置即可。

(5) 灵活查询。灵活数据查询是结合学校原有的应用系统和业务数据进行抽取，把公共的数据提炼出来让学校的教师、职工、学生、领导共享，不同角色访问不同的信息。系统管理员配置服务查询页面，以满足广大学校用户的查询服务要求。通过灵活查询配置，系统可以快速地构建出用户的需求。由超级管理员或者业务处室的管理员进行灵活查询的配置。终端用户(管理人员、教职工、学生及其他人员)通过终端进行访问。

(6) 智能打印。支持对公共数据库平台的数据抽取统计，能够统计历史数据，在数字化校园运行中，会出现通过公共数据库的某些数据自动抽取填报的需求，需要一个灵活的自动报表工具，统计表形式可根据用户需求进行查询、增减和更改，帮助用户将存储在现有计算机系统中相对孤立的数据，整合为系统的业务信息，并以图形、报表等形式直观地呈现出来。为学校提供准确报表和图表。该功能应包括信息字段构建、基于智能查询的动态报表、固定报表和数据分析工具。

思 考 题

(1) 高等院校的数字校园经过近十年的发展，硬件基础设施一般都已经建立起来，但是来自于各业务单位的应用系统之间信息孤岛的现象日益突出。如何解决这个难题?

(2) 中小学对数字校园的需求同样迫切，但是无论从资金投入还是维护力量上都显得有心无力。试从服务托管和应用租赁的角度，讨论由教育主管部门或电信运营商建立公共通用平台的可能性。

参考文献

[1] 邓苏,张维明,黄宏斌等.信息系统集成技术(第2版).北京:电子工业出版社,2004.

[2] 项目管理协会(美).项目管理知识体系PMBOK指南(第四版).王勇,张斌译.北京:电子工业出版社,2009.

[3] kathy schwalbe(美)著.IT项目管理(第6版).杨坤等译.北京:机械工业出版社,2011.

[4] 工业和信息化部计算机系统集成资质认证办公室.计算机信息系统集成企业资质等级评定条件实施细则.工业和信息化部,2012.

[5] Johanna Rothman(美)著.项目管理修炼之道.郑柯译.北京:人民邮电出版社,2009.

[6] 中国项目管理研究委员会.中国项目管理知识体系.北京:电子工业出版社,2008.

[7] 刘黎虹.工程招投标与合同管理(第2版).北京:机械工业出版社,2012.

[8] 孟祥茹.物流项目招投标管理.北京:北京大学出版社,2010.

[9] 北京信息安全评测中心.信息系统工程监理.北京:中国标准出版社,2003.

[10] 黎连业.网络综合布线系统与施工技术.北京:机械工业出版社,2011.

[11] 余明辉,尹岗.综合布线系统设计、施工、测试、验收与维护.北京:人民邮电出版社,2010.

[12] 刘化君.综合布线系统(第2版).北京:机械工业出版社,2008.

[13] 王勇,刘晓辉.网络综合布线与组网工程(第2版).北京:科学出版社,2011.

[14] 王勇,刘晓辉.网络系统集成与工程设计(第3版).北京:科学出版社,2011.

[15] 陈鸣.网络工程设计教程:系统集成方法(第2版).北京:机械工业出版社,2008.

[16] 林小村.数据中心建设与运行管理.北京:科学出版社,2010.

[17] 朱伟雄,王德安,蔡建华.新一代数据中心建设理论与实践.北京:人民邮电出版社,2009.

[18] 钟志鲲,丁涛.数据中心机房空气调节系统的设计与运行维护.北京:人民邮电出版社,2009.

[19] 高峰,高泽华,文柳等.无线城市:电信级Wi-Fi网络建设与运营.北京:人民邮电出版社,2011.

[20] 黎连业.智能大厦和智能小区安全防范系统的设计与实施(第2版).北京:清华大学出版社,2008.

[21] 杨炼等.三网融合的关键技术及建设方案.北京:人民邮电出版社,2011.

[22] 宋晓宇.数据集成与应用集成.北京:水利水电出版社,2008.

[23] 顾兵.XML实用技术教程.北京:清华大学出版社,2007.

[24] 贾君君,李为卫等.企业网中信息孤岛问题的研讨.信息技术,2009.

[25] 孟立凡,蓝金辉.传感器原理与应用.北京:电子工业出版社,2011.

[26] 李念强、魏长智等.数据采集技术与系统设计.北京:机械工业出版社,2009.

[27] David Hunter(美)等著.XML入门经典.吴文国译.北京:清华大学出版社,2009.

[28] 张俊玲,王秀英等.数据库原理与应用(第2版).北京:清华大学出版社,2010.

[29] Abraham Silberschatz(美)等著.数据库系统概念(第6版),杨冬青等译.北京:机械工业出版社,2012.

[30] 何玉洁,张俊超.数据仓库与OLAP实践教程.北京:清华大学出版社,2008.

[31] Jiawei Han(加)等著.数据挖掘概念与技术(第二版).范明,孟小峰译.北京:机械工业出版社,2007.

[32] 杨露菁,余华.多信息融合理论与应用.北京:北京邮电大学出版社,2011.

[33] David Marco(美)等著.元数据仓储的构建与管理.张铭,李钦等译.北京:机械工业出版社,2004.

[34] Inmon, W. H(美)等著.数据仓库(原书第4版).王志海等译.北京:机械工业出版社,2006.

[35] Ralph Kimball(美)等著. 数据仓库生命周期工具箱(第二版). 唐富年等译. 北京：清华大学出版社，2009.
[36] 张云勇等. 中间件技术原理与应用. 北京：清华大学出版社,2005.
[37] 李建新. 公钥基础设施(PKI)理论及应用. 北京：机械工业出版社,2010.
[38] 孟宪福. 分布式对象技术及其应用. 北京：清华大学出版社,2008.
[39] Michael P. Papazoglou(荷)等著. Web 服务原理与技术. 龚玲等译. 北京：机械工业出版社,2010.
[40] 单建洪,卢中延. SOA 整合之道. 北京：电子工业出版社,2008.
[41] Jeff Davis(美)著. 开源 SOA. 高宇翔译. 北京：电子工业出版社,2010.
[42] 邓子云. SOA 实践者说：分布式环境下的系统集成. 北京：电子工业出版社,2010.
[43] 程曦. RFID 应用指南——面向用户的应用模式、标准、编码及软硬件选择. 北京：电子工业出版社,2011.
[44] 米志强. 射频识别(RFID)技术与应用. 北京：电子工业出版社,2011.
[45] 高飞,薛艳明,王爱华. 物联网核心技术 RFID 原理与应用. 北京：人民邮电出版社,2010.
[46] 李景峰等. Visual C++ 串口通信技术详解. 北京：机械工业出版社,2010.
[47] 张宏林. 精通 Visual C++ 串口通信技术与工程实践(第三版). 北京：人民邮电出版社,2008.
[48] Longan, S. (美)等著. C++ 跨平台开发技术指南. 徐旭铭译. 北京：机械工业出版社,2009.
[49] 吴越胜、李新磊等. Eclipse 3.0 程序开发技术详解. 北京：清华大学出版社,2010.
[50] Kenneth L. Calvert(美)等著. Java TCP/IP Socket 编程(原书第 2 版). 周恒民译. 北京：机械工业出版社,2009.
[51] 金汉信,王亮,霍炎. 仓储与库存管理. 重庆：重庆大学出版社,2008.
[52] Wallace B. McClure(美)等著. iPhone 高级编程：使用 Mono Touch 和. NET /C#. 田尊华译. 北京：清华大学出版社,2011.
[53] 李蔚泽. Linux 与 Windows 整合：跨平台操作 · 资源共享 · 数据转移. 北京：机械工业出版社,2007.
[54] Sarah Allen(美)等著. 智能手机跨平台开发高级教程. 崔康译. 北京：清华大学出版社,2011.
[55] 张雄,陆绯云. 2007 上海暨长三角城市社会发展报告——平安城市与社会发展. 上海：上海财经大学出版社,2008.
[56] 刘克兴. 管理信息系统理论与开发. 北京：中国电力出版社,2011.